Brasil:
arquiteturas após 1950

Supervisão editorial: J. Guinsburg
Preparação de texto: Marcio Honorio de Godoy
Revisão: Luiz Henrique Soares
Projeto gráfico e capa: Sergio Kon
Produção: Ricardo W. Neves e Sergio Kon.

Brasil:

Maria Alice Junqueira Bastos

arquiteturas

Ruth Verde Zein

após 1950

PERSPECTIVA

CIP-BRASIL. CATALOGAÇÃO-NA-FONTE
SINDICATO NACIONAL DOS EDITORES DE LIVROS, RJ

B326b

Bastos, Maria Alice Junqueira
    Brasil : Arquiteturas após 1950 / Maria Alice Junqueira Bastos, Ruth Verde Zein. - São Paulo : Perspectiva, 2015.
    il.

    2. reimpr. da 1. ed. de 2010
    Inclui bibliografia
    ISBN 978-85-273-0891-5

    1. Arquitetura moderna – Séc. XX – Brasil. I. Zein, Ruth Verde. II. Título.

10-4243   CDD: 720.981
                     CDU: 72.036(81)

25.08.10   10.09.10   021329

1ª edição – 2ª reimpressão
[PPD]

Direitos reservados à
EDITORA PERSPECTIVA LTDA.
Av. Brigadeiro Luís Antônio, 3025
01401-000 São Paulo SP Brasil
Telefax: (11) 3885-8388
www.editoraperspectiva.com.br
2019

Sumário

Nota Introdutória
 11

Interpretação Dialética para um Continente de Arquitetura
 15   [por Josep Maria Montaner]

Continuidade (1945-1955)

23	1.	A Exemplar Arquitetura Moderna Brasileira
29	2.	O Gênio Nacional: A Preeminência de Oscar Niemeyer
35	3.	Continuidades e Descontinuidades na Arquitetura dos Anos de 1945-1955
41	4.	As Críticas Internacionais, no Ambiente Paulistano, à Escola Carioca
45		Notas

Diálogos (1955-1965)

51	1.	Identidade Nacional: Mudanças nos Paradigmas Arquitetônicos nos Anos de 1950
57	2.	Diálogos Alternados: Lina, Reidy e Vice-Versa
63	3.	A Utopia Desnudando-se: O Concurso de Brasília
67	4.	Palácios de Brasília: Novos Rumos na Trajetória de Oscar Niemeyer
75	5.	Brutalismo: Uma Nova Sensibilidade Superficial e Plástica
85	6.	Industrialização: A Experiência da UnB e Outras Experiências
101		Notas

Pós-Brasília (1965-1975)

107	1.	Brasília, Pós-Brasília: Inflexões e Mudanças
111	2.	A Exploração Plástica das Estruturas de Concreto no Brutalismo Paulista e Outros Desdobramentos
127	3.	Niemeyer: Do Plasticismo Simbólico ao Partido Estrutural e ao Volume Escultórico
141	4.	As Arquiteturas do Desenvolvimentismo Brasileiro
157	5.	A Questão do Planejamento Urbano
163	6.	Habitação Social: Das Utopias Tecnológicas e Urbanísticas à Repetição de Modelos
185		Notas

Crise e Renovação (1975-1985)

193	1.	Crise da Pós-Modernidade: Especificidades Brasileiras
199	2.	A Nova Crítica e as Conexões Latino-Americanas
205	3.	Pragmatismo Cultural e Urbano: Arquitetos e Obras
221	4.	Pós-Mineiridade Antropofágica e Experimental
241	5.	Outras Arquiteturas Brasileiras e os Debates Latino-Americanos do Regionalismo
259	6.	A Cidade dos Negócios: Espaços da Promoção Privada
276		Notas

Novos Rumos (1985-1995)

285	1.	Dois Concursos
293	2.	(Ainda) Concursos Públicos de Arquitetura
303	3.	Habitação Popular: O Direito à Arquitetura
319	4.	O Comprometimento com o Lugar e a Diversificação Tecnológica
333	5.	Reciclagens, Espaços de Cultura e Cidade
353	6.	Revisitando os Mestres: Niemeyer, Mendes da Rocha
370		Notas

Contemporaneidade (1995-2000)

377	1.	A Arquitetura na Encruzilhada do Fim do Século
383	2.	Arquiteturas em Diálogo com as Paisagens Urbanas
393	3.	Revendo as Narrativas sobre a Arquitetura Brasileira
396		Notas

397	Bibliografia
405	Créditos das Imagens
417	Índice

Nota Introdutória

Brasil: *Arquiteturas após 1950* possui um precedente notável no catálogo da editora Perspectiva: a obra de Yves Bruand, *Arquitetura Contemporânea no Brasil* (1ª edição, 1981), que tece um panorama histórico da arquitetura no Brasil ao longo da primeira metade do século XX. A importância assumida por esse livro no meio arquitetônico nacional levou a editora a considerar a publicação de um outro trabalho panorâmico, que acompanhasse os acontecimentos da arquitetura brasileira até o final do século XX.

Já em 2003, Jacó Guinsburg apresentou o projeto à arquiteta Maria Alice Junqueira Bastos, incitando-a a desempenhar essa tarefa. Mas o livro só começou a ser escrito em 2005 quando, instada novamente a enfrentar esse desafio, Maria Alice convidou a arquiteta Ruth Verde Zein a juntar forças, considerando a amizade que já então as unia e a proximidade de suas abordagens conceituais; e ainda o fato de ambas estarem terminando suas teses de doutoramento, tratando de diferentes aspectos da arquitetura brasileira dos anos de 1950-1970.

Bastos e Zein elaboraram em conjunto a súmula do livro, assumindo cada qual a responsabilidade por diferentes capítulos. Ao longo do trabalho a estrutura do livro foi se ajustando gradualmente: uns capítulos deram cria, outros se metamorfosearam, alguns se mostraram resistentes, outros fáceis. Todos foram e voltaram entre as duas autoras, e sofreram alterações por sugestão de uma e de outra, e, assim, o resultado é de responsabilidade conjunta. Restou certa variação de estilo entre capítulos que é perceptível à leitura[1], resultado da alternância na autoria principal, sem prejuízo da consistência no conteúdo do livro.

A leitura empreendida por Yves Bruand sobre a arquitetura no Brasil na primeira metade do século XX privilegiava, em acordo com a visão do momento em que foi escrita, a unidade e certa linearidade de abordagem, elegendo de maneira relativamente triunfal uma determinada arquitetura como "brasileira e moderna", celebrada de maneira inequívoca. Apesar de seu valor então e agora, tal mirada não poderia mais alimentar uma visão contemporânea, nutrida também pelos embates, questionamentos e crises deflagrados sobre o campo arquitetônico desde então. Em contraponto, a narrativa deste livro se apresenta como polifônica, privilegiando a diversidade, deliberadamente não assumindo um foco ou uma linha central privilegiada e/ou exclusiva. Ademais, não almeja traduzir de maneira completa e inequívoca o panorama da segunda metade do século XX, que desde qualquer olhar sempre se descortinará como denso e complexo.

Um aspecto que aproxima e afasta a proposta de Bruand da deste livro é a opção tomada pelas autoras dar tratamento preferencial aos temas arquitetônicos, embora as questões urbanísticas estejam sempre presentes, e tenham pelo menos um dos capítulos de cada parte do livro a elas dedicado. As razões para isso são muitas, inclusive por já haver no Brasil uma literatura relativamente extensa e aprofundada sobre temas urbanos, resultado das muitas pesquisas levadas a cabo, nas últimas décadas, em universidades e institutos, enquanto poucos autores têm organizado visões panorâmicas sobre o campo da arquitetura brasileira pós-Brasília; e por ser esse o campo principal de interesse de pesquisa das autoras. Outra boa razão é a paixão das autoras pela arquitetura enquanto obra edificada, tema que consideram não ser nem modesto nem limitado, e sim amplo o suficiente a ponto de exigir uma enorme dedicação de estudo, de tempo e de espaço – sem que, mesmo assim, se possa abrangê-lo completamente.

Apesar da distancia no tempo e de enfoque, há certo esforço de conexão com o precedente notável estabelecido por Yves Bruand, entendendo o momento de maior interesse de seu livro como a abordagem que ele faz da escola carioca dos anos de 1930-1945, e de seus desdobramentos em todo o país na década seguinte, estabelecendo uma base a partir da qual – ou mesmo contra a qual – muitos outros bons trabalhos vêm sendo desde então escritos e publicados. É nesse ponto que este livro se inicia: ou seja, a partir de meados dos anos de 1950; cuidando de fazer uma introdução que, para ganhar impulso e saltar, necessariamente recua uns passos no tempo. E também porque, ao apontar a pluralidade de caminhos que a arquitetura brasileira claramente assumirá após 1960, fazia-se necessário perceber que essa variedade não irrompe subitamente e de surpresa, mas já estava sendo gestada desde antes. Fato que naquele momento talvez não fosse tão perceptível quanto é agora.

A organização das partes do livro por décadas quebradas resultou mais adequada aos objetivos das autoras, mas só nasceu após várias outras tentativas de periodização, e não pretende tampouco ser absoluta. É importante assinalar que essa periodização se recusa a relacionar de maneira biunívoca fatos políticos e momentos arquitetônicos, admitindo não haver conexões simplistas entre ambos, nem que uns possam ser reduzidos a outros. Ademais, as meias décadas permitem escapar da ideia vaga e acriticamente repetida, de que a "verdadeira" arquitetura "brasileira" se teria encerrado na época da inauguração de Brasília (1960), após o que se seguiria um vazio que só voltaria a ser significativo nos anos de 1980. Muito ao contrário: uma releitura cuidadosa dos anos de 1955-1975 (tema dos doutorados das autoras) resgata a importância fundamental daquele período, não apenas em seu momento histórico, mas para a compreensão do panorama atual, embora esse período tenha sido mais ou menos relegado ao esquecimento, tanto na historiografia brasileira como na internacional.

Qualquer trabalho intelectual apoia-se em seu momento presente, e por ele está inevitavelmente contaminado. Não se restaura o passado, mas pode-se reciclá-lo com a finalidade de ampliar o entendimento do hoje; sabendo que o amanhã necessitará de outras abordagens que complementem, questionem e transcendam as que já foram propostas. Esta não é uma obra aberta, mas sim uma obra de dupla autoria, que se inscreve em um processo infindável que não pretende dominar, subordinar ou de dar plena conta; não apenas por estar consciente de suas limitações, mas também porque admite sua relatividade, e a de quaisquer outras abordagens – com as quais deseja tranquilamente conviver.

Assim como deve a Yves Bruand, e a muitos outros estudiosos da arquitetura brasileira (abundantemente citados no corpo do livro), este livro também é tributário da contribuição do arquiteto, historiador e crítico catalão Josep Maria Montaner, autor de *Depois do Movimento Moderno*, obra cujo exemplo inspirou a realização de uma tarefa absurda e assemelhada: tentar resumir meio século de arquitetura em um número limitado de páginas. Gentilmente, Montaner aceitou prefaciar esta obra; gesto generoso, que os editores imensamente agradecem.

NOTA DA EDIÇÃO: Em alguns casos, este livro faz uso de uma terminologia específica de larga utilização nas escolas de arquitetura, apoiada em obras de referência como o *Dicionário da Arquitetura Brasileira*, de E. Corona e C. Lemos (São Paulo: Edart, 1972), e o *Dicionário Ilustrado de Arquitetura*, de C. M. Lima e M. P. Albernaz (São Paulo: Proeditores, 1997). Todas as traduções dos textos em língua estrangeira citados nesta obra foram realizadas pelas autoras.

Interpretação Dialética para um Continente de Arquitetura

JOSEP MARIA MONTANER

publicação do livro de Maria Alice Junqueira Bastos e Ruth Verde Zein é um fato sumamente importante e um texto necessário. Um fato importante porque, por sua qualidade, se situará na tradição das interpretações criticas da arquitetura brasileira contemporânea. E um texto necessário porque aporta uma nova visão que era vital para reenfocar a história contemporânea da arquitetura brasileira, aprisionada por preconceitos, tópicos e esquemas, em geral enfatizando uma pretensa e insuperável idade de ouro. Não há nada mais frustrante do que ter que viver as vicissitudes de uma arquitetura que tem como passado um auge insólito e inesperado, situado em meados do século XX, e em relação ao qual se está condenado a viver eternamente como epígono, quando não, como sucessor decadente.

Bastos e Zein conhecem o que escreveu Alois Riegl há mais de um século em seu livro *A Arte Industrial Tardo-Romana* (1901): na historia da arte e da arquitetura não há períodos de auge e decadência, mas a expressão dos sentidos da história a cada período: vontade coletiva de forma, continuidade e evolução dialética. Poucos frutos tem dado certa historiografia, tanto interna como externa ao Brasil, ao estabelecer um "estado de graça" insuperável, que afinal apenas atua como uma espécie de lápide.

Para Riegl era vital ir além dos relatos clássicos de heróis e das metáforas biologistas, alcançando uma interpretação culta, complexa e dialética. O livro de Ruth e Maria Alice supera a tradição restritiva dos livros de Philip Goodwin, Henrique E. Mindlin e Yves Bruand, trazendo em boa hora uma necessária revisão.

Não faria sentido hoje um prólogo como o que fez Sigfried Giedion em 1956 para Mindlin, totalmente surpreendido por uma qualidade e exuberância imprevistas pela ortodoxia da arquitetura moderna, na arquitetura de um país como Brasil, que Giedion caracterizou como sendo de industrialização incipiente e estrutura produtiva ainda agrária. A tarefa agora seria interpretar a arquitetura brasileira reconhecendo as razões de sua qualidade e diversidade; e partindo do que escreveram as autoras deste livro.

Tampouco é casual que tal contribuição tenha sido feita por duas mulheres, estudiosas de arquitetura, somando suas visões especialmente criticas e abertas. Nesse sentido, Ruth e Maria Alice continuam a tradição de um pais em que as mulheres arquitetas tem tido um papel crucial, mesmo se pouco reconhecido; um pais de paisagistas, que tem como nome de destaque a arquiteta Rosa Klias. E uma das protagonistas do livro é, como não, Lina Bo Bardi, a primeira arquiteta do mundo, além de Alison Smithson, a atuar com rigor como crítica de arquitetura.

Um Trabalho de Síntese

O trabalho de Bastos e Zein nasce não apenas de suas pesquisas pessoais, mas aproveita o clima de debate que vem resultando em muitas e boas pesquisas específicas de vários autores brasileiros. Como o trabalho de Alberto Xavier em sua imprescindível compilação *Arquitetura Moderna Brasileira: Depoimento de uma Geração* (1987); como o de Carlos Eduardo Comas, máximo especialista na análise formal da arquitetura moderna brasileira, autor de ensaios memoráveis, como o que dedicou ao edifício do Ministério da Educação e Saúde no Rio de Janeiro; ou como todas as publicações sobre a história da paisagem e as arquiteturas brasileira e latino-americana de Hugo Segawa. Além das contribuições de outros pesquisadores já consagrados como Paulo Bruna, Cêça de Guimaraens, Monica Junqueira de Camargo, Sergio Marques, Carlos Ferreira Martins, Rogério de Castro Oliveira, Roberto Segre; ou promissores jovens pesquisadores como Claudia Cabral, Marta Peixoto, Lais Bronstein, Andrés Pásaro e muitos mais. E os ensaios certeiros e didáticos de críticos como Edson Mahfuz e Paola Berenstein Jacques. A lista seria interminável, sem esquecer os arquitetos que vem promovendo um trabalho editorial crucial, como Abílio Guerra e Marcelo Ferraz. Há também toda a contribuição teórica e prática de urbanistas de atividade tão transcendental como Jorge Wilheim, Jaime Lerner, Luiz Paulo Conde, Sergio Magalhães ou Raquel Rolnik. Todo esse ambiente de debate alimentou este livro e permitiu que ele resultasse em uma construção mais ampla e complexa.

Porque, se bem certa historiografia, especialmente externa, tivesse levantado uma construção esquemática e mitificadora, no Brasil a teoria de arquitetura estava bem construída, em sintonia com a elaboração de Lúcio Costa e presente desde seus primeiros escritos, estabelecendo as bases da possível conciliação entre a defesa do patrimônio e o inventário da arquitetura colonial, de um lado, e o pleno desenvolvimento da tecnologia avançada, da arquitetura racionalista e do urbanismo moderno, de outro.

O interesse da construção historiográfica de Ruth e Maria Alice consiste em que, afastando-se da mitologia carioca da arquitetura de Niemeyer e Costa, sem minimizá-los nem diminuir seus méritos, elas constroem uma interpretação, inclusive começando desde a dialética Rio de Janeiro – São Paulo. Reconhecendo o extremo valor plástico e estrutural da obra de Niemeyer e a contribuição teórica e cultural de Costa, alem de obras especialmente vinculadas ao lugar, como as habitações do Parque Guinle no Rio, essa visão ampla vai permitir um novo tipo de discurso critico e dialético, que evita a hagiografia. Essa posição certamente tem a ver com o trabalho da tese de doutoramento de Ruth Verde Zein sobre o brutalismo paulista, finalizada em 2005. Dessa maneira, a escola paulista se articula no livro como dialética à escola carioca, que supera tanto criticando-a como homenageando-a, como quando incorpora a curva – em volumes e coberturas – em suas iniciais caixas prismáticas. E, ao abrir tal dialética, abre-se também o campo a todo o território brasileiro, com capítulos dedicados à arquitetura de estados como Minas Gerais ou Rio Grande do Sul.

Assim é que, tal como se demonstra nesta história, o esquema de um período heroico que culminaria com Brasília – onde os dois heróis Niemeyer e Costa se dão as mãos em suas realizações – afinal, serve para explicar muito pouco. Segundo tal interpretação restrita, onde se situariam as contribuições-chave de paulistas como João Vilanova Artigas, Lina Bo Bardi e Paulo Mendes da Rocha? Como se incorporariam as experiências tão frutíferas, tecnológicas e sociais, de João Filgueiras Lima, "Lélé", em todo o Brasil? E todas as contribuições ao campo da experimentação urbana trazidas por cidades como Curitiba, Rio de Janeiro e Porto Alegre, tão distantes do modelo de Brasília?

Dessa maneira, a incorporação inicial do contraponto de toda a escola paulista serve para construir uma história depois da eclosão da arquitetura moderna no Brasil muito mais coral e coletiva que a história típica de individualidades, que tenderam a construir os historiadores da arquitetura moderna, como Nikolaus Pevsner. Assim se incorpora a obra crucial, magnífica e singular das residências de Carlos Millan em princípios dos anos de 1960; junto à geração de Fábio Penteado, João Walter Toscano, Ruy Ohtake e Joaquim Guedes. Embora, possivelmente, David Libeskind devesse ter merecido mais atenção: suas casas e o Edifício Conjunto Nacional, em São Paulo, são esplêndidos.

A arquitetura do brutalismo, analisada a fundo em suas características, serve para incorporar a essa história recente contribuições com especial sensibilidade pelo uso das tecnologias, como o Edifício de Aulas E-1 da Escola de Engenharia da Universidade de São Paulo em São Carlos, ou como toda a obra de Lelé, outro protagonista, que parte da arquitetura de grandes estruturas de Brasília, em especial a universidade, desenvolvida em seus sistemas pré-fabricados para infraestruturas e hospitais, como o centro da Rede Sarah em Salvador, Bahia. Nenhuma dessas obras tem nada a ver com um ciclo de decadência. E nesse sentido, este livro de Bastos e Zein se conecta com uma das características básicas da arquitetura e urbanismo no Brasil: a continuidade e a revisão do recurso radical à construção industrializada.

Brasil Metropolitano

Um enfoque de partida deste livro é não tomar Brasília como final, mas como início de uma nova etapa de experimentos, com influência da arquitetura modular, de grandes vãos de amplos espaços cobertos. Uma experiência urbana que, além disso, se situa em um eixo de evolução de um mecanismo tão crucial como são as "unidades de vizinhança".

Ao longo do livro, as autoras enfrentam também uma das problemáticas chave da arquitetura brasileira, tanto no Rio como em São Paulo: a tendência moderna de realizar objetos isolados, insistindo, anacronicamente, em considerar cada obra autônoma de sua dimensão urbana, paradoxalmente, em cidades brasileiras que vão se tornando cada vez mais metropolitanas. Uma interpretação que já estava presente no livro de Maria Alice Junqueira Bastos, *Pós-Brasília: Rumos da Arquitetura Brasileira*, também editado pela Perspectiva.

Devido a isso o livro dedica espaço a episódios urbanos tão representativos como o de Curitiba, valorizando uma aposta pelo transporte público coletivo feita em um momento, os anos de 1970, em que a maioria das cidades brasileiras se dedicavam a construir viadutos e grandes obras para favorecer o tráfego privado. O modelo de Curitiba comportava a boa conservação do centro histórico e a criação de novos parques públicos. Nota-se como no terreno do planejamento urbano a influência européia do Team X, que eclodiu no brutalismo paulista, também se expressa no recurso às propostas de estrutura urbana de Alison e Peter Smithson e nas realizações de Candilis, Josic, Woods.

Estrutura do Livro

Para desenvolver toda essa evolução tão complexa, o livro se estrutura em quatro grandes partes, conformadas por décadas quebradas (1955-1965, 1965-1975, 1975-1985 e 1985-1995), com uma introdução que se enlaça com o período de 1945-1955 e um epílogo que abre perspectivas em relação a uma atualidade que se caracteriza muito brevemente.

Se a primeira parte serve para introduzir a fundo o contraponto da arquitetura paulista, é na segunda parte, ao repassar as influências de Brasília, a eclosão da exploração vernácula e a questão do planejamento urbano, que as autoras se podem deter nas melhores propostas de habitação social, que em finais dos anos 60, propõem excepcionalmente arquitetos como João Vilanova Artigas, Fábio Penteado e Paulo Mendes da Rocha, e que vão ter pouca continuidade.

A terceira parte reflete as influências do pensamento pós-moderno e contextualista no Brasil e se serve de uma obra crucial como o Sesc Pompeia em São Paulo, de Lina Bo Bardi, para apresentar novas linhas de desenvolvimento, como o compromisso com a realidade artesanal que já haviam preconizado Sérgio Ferro, Rodrigo Lefèvre, Flávio Império, Severiano Porto e Marcos Acayaba, e que desenvolveram com qualidade e versatilidade autores como Joan Villà, Éolo Maia, Sylvio de Podestá e Maria Josefina de Vasconcellos.

A terceira e a quarta parte permitem seguir linhas de evolução divergentes desde o predomínio, a partir de meados dos anos 80, das grandes arquiteturas para os negócios, como as obras de Aflalo e Gasperini, até as políticas de participação e autoconstrução. As intervenções de Lina Bo Bardi no patrimônio de Salvador da Bahia e na antiga fábrica de tambores em São Paulo convertida no Sesc Pompéia geraram uma nova tradição de restauração na arquitetura brasileira que levará a grandes e pequenas obras-mestras:

desde a Pinacoteca do Estado de São Paulo de Paulo Mendes da Rocha até as intervenções dos discípulos de Lina Bo Bardi, passando pelas de Marcelo Ferraz e Francisco Fannucci. E no final o livro, à parte assinalar perspectivas pendentes, retoma a obra de seus mestres mais internacionais: Niemeyer e Mendes da Rocha.

Trata-se, em definitivo, de uma obra sumamente equilibrada. Para isso contribui sua redação, alternada entre duas pessoas: há um equilíbrio na análise das obras e na explicação das teorias e publicações coetâneas, um sutil entretecido de continuidades e descontinuidade, uma rica combinação de objetos arquitetônicos e de planos urbanos, um bom contraponto de singulares obras monumentais e repetitivos conjuntos habitacionais, uma contínua construção de diálogos alternados: Lina Bo Bardi com Affonso Eduardo Reidy; Paulo Mendes da Rocha com João Vilanova Artigas. Mas se essa escritura a quatro mãos faz o livro tão rico e dialético também comporta algumas repetições, como quando se recupera o fio de certos autores ao longo do livro, e leva a algumas ausências, como o paisagismo de Roberto Burle Marx, ou presenças que mereceriam um mais amplo detalhamento, como as propostas e programas do urbanismo recente do Rio de Janeiro.

O texto incorpora, sem lhes dar um excessivo peso em um livro que é muito brasileiro, aquelas influências internacionais mais marcantes da arquitetura brasileira: primeiro as de Wright, Mies e Le Corbusier, e mais tarde, a de Louis Kahn e do Team X, deixando clara a grande capacidade de transformá-las, subvertê-las e sintetizá-las. Cita-se a proximidade com a obra do uruguaio Eladio Dieste, mas talvez tenha faltado referir-se à influência de obras mais próximas como a do argentino Amâncio Williams. De toda forma, há uma forte vontade de ir explicando as vicissitudes da arquitetura brasileira dentro do panorama latino-americano, especialmente nos anos de 1980, a partir da criação dos SAL e da influência das interpretações de Marina Waisman ou de Cristián Fernández Cox.

As autoras se afastam de uma relação direta e unívoca entre arquitetura e política, uma reação geracional à forte politização do pensamento arquitetônico dos anos 60. Não obstante, em seu texto deixam transparecer com frequência os interesses políticos e produtivos que há por detrás de muitas obras públicas.

Finalmente, a contribuição de Maria Alice Junqueira Bastos e Ruth Verde Zein, numa linha de crítica de arquitetura não alienada, que explica a arquitetura como contínua e dialética evolução, pode significar a melhor continuidade que seria possível ter no campo da crítica à sábia contribuição de Lina Bo Bardi: ruptura com as interpretações mais mitificadoras e redutivas, e continuidade com a grande riqueza da teoria e da obra arquitetônicas no Brasil.

NOTA INTRODUTÓRIA

1   São de responsabilidade de Ruth Verde Zein os capítulos: A Exemplar Arquitetura Moderna Brasileira; Continuidades e Descontinuidades na Arquitetura dos Anos 1945-1955; As Críticas Internacionais, no Ambiente Paulistano, à Escola Carioca; Identidade Nacional: Mudanças nos Paradigmas Arquitetônicos nos anos 1950; Diálogos Alternados: Lina, Reidy e Vice-Versa; A Utopia Desnudando-se: o Concurso de Brasília; Brutalismo: uma Nova Sensibilidade Superficial e Plástica; Brasília, Pós-Brasília: Inflexões e Mudanças; Niemeyer: do Plasticismo Simbólico, ao Partido Estrutural, ao Volume Escultórico; Habitação Social: das Utopias Tecnológicas e Urbanísticas à Repetição de Modelos; Crise da Pós-Modernidade: Especificidades Brasileiras; Pós-Mineiridade Antropofágica e Experimental; Dois Concursos; Habitação Popular: o Direito à Arquitetura; Revisitando os Mestres: Niemeyer, Mendes da Rocha.

São de responsabilidade de Maria Alice Junqueira Bastos: O Gênio Nacional: a Preeminência de Oscar Niemeyer; Palácios de Brasília: Novos Rumos na Trajetória de Oscar Niemeyer; Industrialização: a Construção da UnB e Outras Experiências; A Exploração Plástica das Estruturas de Concreto no Brutalismo Paulista e Outros Desdobramentos; As Arquiteturas do Desenvolvimentismo Brasileiro; A Questão do Planejamento Urbano; A Nova Crítica e as Conexões Latino-Americanas; Pragmatismo Cultural e Urbano: Arquitetos e Obras; (Ainda): Concursos Públicos de Arquitetura; O Comprometimento com o Lugar e a Diversificação Tecnológica; Reciclagens, Espaços de Cultura e Cidade.

Foram escritos a quatro mãos: Outras Arquiteturas Brasileiras e os Debates do Regionalismo Latino-americano; A Cidade dos Negócios: Espaços da Promoção Privada; e os capítulos que compõem a parte final chamada Contemporaneidade.

Continuidade (1945-1955)

1.
A Exemplar Arquitetura Moderna Brasileira

Consolidação e Invenção da Modernidade no Pós-Segunda Guerra

inda a Segunda Guerra Mundial, o panorama europeu reabre-se à possibilidade de aceitação das ideias de arquitetura moderna propostas pelas vanguardas do entreguerras (1920-1939), que, por várias razões, não haviam até então florescido plenamente: seja pela natural inércia, seja pelo repúdio de que foi objeto por parte dos governos fascistas conservadores em ascensão na década de 1930 e ainda, a seguir, pelas vicissitudes da conflagração bélica interrompendo a atividade da construção civil.

Na realidade europeia de até meados dos anos de 1940 a modernidade arquitetônica já existia como discurso e proposta panfletária, mas sua efetiva concretização em obras estava ainda restrita a oportunidades excepcionais e isoladas. O fim da guerra, a migração de vários dos mestres europeus modernos para os Estados Unidos e outros países do mundo e as urgências da reconstrução europeia confirmam a expansão de sua influência e, de fato, passa a ocorrer uma aplicação experimental massiva e extensa dos ideais da arquitetura moderna de origem europeia, tornando-a quase que subitamente a tendência predominante da arquitetura mundial – senão pela efetivação de seus postulados de cunho socializante e reformista, ao menos pela realização de suas propostas formais e construtivas.

Embora apoiada por vários autores, historiadores e críticos, que muito precocemente aclamavam seu aparente triunfo, essa predominância não ocorreu, entretanto, sem contradições, surpresas e desvios[1]. Até porque de fato não havia, até então, um caminho claro e único que pudesse servir de guia inelutável para a expansão da arquitetura moderna, mas apenas uma variedade pouco coesa de possibilidades e propostas, abrigadas sob a rubrica da modernidade e vagamente unidas na oposição ao academicismo ecleticista, na rejeição ao receituário fachadista baseado nas ordens clássicas, no desprezo ao decorativismo – e ainda mais frouxamente ligadas por algumas ideias afirmativas – a procura de um estilo apropriado à época, a revalorização da "estética" engenheiral e a apropriação de seus paradigmas. De fato, sob o grande abrigo da etiqueta de "modernidade" seria possível distinguir uma razoável variedade de discursos, posturas políticas, ênfases sociais, particularismos regionais (acentos mediterrâneos, germânicos, variações britânicas etc.), muitas vezes com resultados até bem distintos, mas cujas diferenças – mais na época do que hoje – não eram plenamente perceptíveis, já que a proximidade do inimigo comum (o academicismo reacionário) induzia a forçosas e precárias alianças, cuja manutenção e continuidade sem conflitos, e na ausência do fator externo irritante, vai se revelar logo a seguir cada vez mais inviável.

Certamente as diversas manifestações que se abrigavam sob a égide da "arquitetura moderna" compartilhavam vários pontos comuns, nos discursos e ideais, mas parecia haver melhor afinação no campo do urbanismo, nem tanto por consenso, e mais por exclusão das vozes dissidentes[2]: os últimos Ciams (Congressos Internacionais de Arquitetura Moderna) antes da Segunda Guerra chegam a propor um receituário bastante incisivo, e posteriormente muito aceito, quanto aos novos rumos a serem tomados, demonstrando ter amealhado um amplo grau de consenso se não entre os líderes, certamente entre os discípulos; tanto, que tais princípios foram a seguir reconhecidos, adotados e amplamente aplicados de maneira quase "indiscutível", como base e guia no esforço de reconstrução e na sistematização do "planejamento urbano" – disciplina que então está nascendo justamente para pôr em prática tais ideias modernas.

Já do ponto de vista arquitetônico-edilício esse consenso, que parecia ser um objetivo menos claro e talvez menos plausível, não chegara a se configurar plenamente, nem a gerar um receituário similar antes da Segunda Guerra, apesar das aproximações formais entre os vários mestres por volta do fim dos anos de 1920[3] – que talvez configurassem mais um impermanente ponto de encontro do que a efetivação de uma convergência, pois tanto foram precedidas quanto sucedidas por uma ampla divergência de caminhos.

Esta revisão breve e deliberadamente não triunfal do panorama arquitetônico europeu anterior à Segunda Guerra desvela um fato surpreendente, porque poucas vezes assumido: que os arquitetos que o destino encarregou de trabalhar, a partir da segunda metade do século XX, para a confirmação e expansão da arquitetura moderna, já agora em âmbito internacional, se propunham a enfrentar a espinhosa tarefa de dar continuidade a uma tradição que ainda não havia chegado a estabelecer-se plenamente, apesar de seu bastante efetivo esforço de divulgação e proselitismo; e que, ademais, havia sido abruptamente interrompida pela Segunda Guerra, causando uma defasagem geracional importante.

Arquitetos das novas gerações que se formam a partir dos anos de 1940 já haviam aprendido, durante sua formação ou paralelamente a ela, a respeitar quase sacramente as obras e ideias pregressas dos mestres da modernidade, mas tiveram que conviver com esses mesmos mestres que, estando ainda vivos e atuantes, davam-se abertamente licença para seguir experimentando outras possibilidades criativas, algumas em aparente contradição com suas afirmações e propostas anteriores. Enquanto isso, o panorama profissional corrente continuava dominado por arquitetos mais experientes e estabelecidos, pertencentes às gerações de transição, e que só decidem "converter-se" à modernidade quando encontram um espaço propício para fazê-lo sem demasiado perigo à sua estabilidade profissional. No final dos anos de 1940, essa mistura geracional de arquitetos quase-modernos bem estabelecidos e mestres modernos em plena atividade e mutação mescla-se às novíssimas gerações recém-chegadas sequiosas em deixar sua marca com ambição taxativa, resultando em um panorama complexo, prenhe de variados conflitos de opiniões e de propostas, cujo denominador comum é talvez apenas o desejo amplo e vago de todos de se manterem fielmente modernos – embora não se soubesse muito claramente o que isso fosse, ou, ao menos, não houvesse um consenso formal sobre como atingir, sem nenhuma dúvida, esse *status*. Agrega-se a essa situação potencialmente conflitante a percepção gradativa, mas rapidamente ascendente no meio profissional e fora dele, de algumas das insuficiências, contradições e equívocos presentes nos postulados e ideias-matrizes modernos.

Apesar da novidade proposicional da arquitetura moderna e de sua relativa fragilidade institucional até aquele momento, a ideia de que "já havia uma arquitetura moderna" permeava, sem muitas dúvidas, o ambiente arquitetônico do imediato pós-Segunda Guerra. Esse otimismo entusiasmado, estimulado pela dificuldade de uma visão mais crítica em face da proximidade dos fatos, permitia fazer florescer a crença de que a tarefa a realizar-se não era a de estabelecer a modernidade, mas de dar continuidade a algo que já existia, preferentemente sem desvios de rumos, e com vistas tão somente à sua expansão.

Se assim fosse, e imbuídos de seu novo credo, quais seriam as fontes que arquitetos então disporiam para saber o que era ser e agir como moderno, podendo assim instruir-se em como fazê-lo, e para proporem suas arquiteturas?

Os primeiros historiadores da arquitetura moderna estavam escrevendo os livros que se tornariam canônicos e instrumentais para afirmar essa crença numa modernidade aparentemente já triunfante. Para comprová-la, vão reunir algumas ideias e conceitos, recolhidos de discursos e manifestos, organizados de maneira a enfatizar o rompimento com o passado como aspecto inerente à modernidade, enfeixando quaisquer arquiteturas anteriores, mesmo não tão retrógradas, como "antecedentes" preparatórios ao advento triunfal da modernidade. A seguir, alinhavam alguns exemplos entronizados como "modernos", sem distinguir entre obras construídas das apenas projetadas, mas ressaltando sua pertinência genérica ao conjunto idealmente postulado. Por fim, tornam-nas incontestáveis ao louvar sua natureza "genial", heroica e onipotente. A "fundação" moderna proclamada por esses evangelhos profanos era, portanto, de cunho mais doutrinário que operacional, e servia menos como manual prático de projeto, e muito mais como bandeira de luta para imbuir os arquitetos do devido espírito e autodeterminação "modernos". Mas, sub-repticiamente, definia a modernidade em termos estilísticos-formais, como ressalta Goldhagen.

Tendo que gerar "arquitetura moderna" a partir de tão frágeis pistas, os profissionais atuantes em meados do século XX em grande medida a inventaram de fato. Até então a arquitetura moderna era pouco mais do que uma promessa dispersa e pontual; a partir de então passa a ser uma realidade, múltipla e variada, plena de tentativas e erros, consequência da sua atuação inovadora, mas frequentemente inexperiente e sujeita a variadas inconsistências.

Entretanto, nesse exato momento do pós-Segunda Guerra, os arquitetos já podiam contar com um conjunto de exemplos magistrais, que colaboraram e marcaram profundamente a divulgação da existência, triunfo e, porque não dizer, beleza da arquitetura moderna.

Esse não foi o único fator, mas foi sem dúvida um dos mais relevantes, na formação dos arquitetos de todo o mundo, naquele momento. Trata-se, é claro, da arquitetura moderna brasileira da escola carioca da geração de 1935-1950.

A Precoce Consagração da Arquitetura Moderna Brasileira: A Escola Carioca

O panorama brasileiro difere substancialmente da situação internacional por já haver, no imediato pós-Segunda Guerra, uma primeira geração moderna; que não apenas estava atuante como se encontrava em processo de realização de várias obras notáveis, configurando muito precocemente, em termos comparativos, a efetiva consolidação de uma tradição moderna. Essa arquitetura, já então não apenas discursada ou desenhada, mas efetivamente construída, revelava-se ao mundo e permitia que este acompanhasse entusiasmadamente seu desenrolar criativo, e seu êxito, inclusive publicitário, ainda garantia certa satisfação simbólica, que sua imediata consagração potencializava, tanto para o público externo como para o interno.

Essa arquitetura brasileira – chamada aqui, para maior clareza, de "escola carioca" – ainda não era, finda a Segunda Guerra, plenamente hegemônica no panorama cultural do país, pois seguiam concomitantemente atuando arquitetos de outras tendências, seja de tradição acadêmica, seja afinados com outras possibilidades formais "modernistas"; mas seu exemplo brilhante e sua consagração internacional impulsionam e incrementam a rapidez na aceitação de seus paradigmas – entre os quais, o desejo de representar uma "brasilidade" e de colocar-se entre os aspectos culturais relevantes da "identidade nacional".

Esses exemplos e essas vontades manifestavam a consolidação de uma escola, a já mencionada escola carioca, que precipuamente estabelece a autoridade de uma determinada doutrina projetual moderna, de corte corbusiano mas de caráter brasileiro, validando e oferecendo um conjunto de procedimentos com os quais a arquitetura moderna brasileira poderia idealmente se expandir. E que servirão, muito a propósito, para dar fé e exemplo cabal do triunfo da arquitetura moderna também no panorama internacional, a partir de meados dos anos de 1940, com influência marcante até pelo menos meados dos anos de 1960.

Essa vantagem[4], amplamente divulgada e incensada internacionalmente no final dos anos de 1940 – quando o esforço de guerra ainda não havia permitido a intensa retomada da construção civil nos países por ela afetados – exemplifica e consolida muito precocemente uma determinada visão da "identidade" da arquitetura brasileira, que por sua vez reforçou e realimentou sua rápida consagração.

A grande qualidade das obras da escola carioca[5], a clareza e flexibilidade de seu método projetual, de cunho corbusiano, mas realçado e estendido peculiar e criativamente, e a divulgação e aceitação das doutrinas dessa escola por arquitetos situados em outras regiões brasileiras, consolidaram seu rápido e magnífico triunfo, permitindo – com a ajuda providencial e a clareza estratégica de mestres como Lúcio Costa – estabelecer ao longo das décadas de 1940-1950 uma primeira visão historiográfica da arquitetura moderna brasileira como fato uníssono, unívoco e coeso, estruturado primeiro ao redor de um grupo, depois, com maior ênfase (mas nunca exclusivamente), ao redor da contribuição de Oscar

Niemeyer. Por outro lado, e de alguma maneira, esse triunfo ajuda a pospor e a complicar o surgimento, a sustentação e a visibilidade dos subsequentes e inevitáveis conflitos geracionais e regionais – que passam a ocorrer, já desde os anos de 1950, no seio da arquitetura brasileira, como contraparte inevitável dessa aspiração hegemônica.

A divulgação e a consagração da arquitetura brasileira moderna da escola carioca no ambiente internacional, se não provocou alhures a adesão de seguidores *strictu sensu* – as diferenças climáticas, de desenvolvimento tecnológico e de variedade de temperamentos e subculturas obstando uma simples aceitação apriorística de seus postulados –, entretanto levantou uma onda de entusiasmo que também colaborou, a seu modo, para a sensação permeante de que "já havia uma arquitetura moderna", mesmo entre seus mais ferrenhos críticos. E, se ela parecia a alguns observadores estrangeiros ser um tanto desviante, seu pretenso "exotismo" (que está mais no olhar estrangeiro sobre ela do que nela mesma) foi inicialmente relevado em benefício de sua oportunidade.

Esse cenário condescendente não estava, senão excepcionalmente, realmente cônscio de suas qualidades intrínsecas da arquitetura brasileira e que são muitas – e mesmo quando a patroniza, o faz um tanto irrefletidamente[6]. Tanto que, nos anos seguintes, essa tolerância vai cada vez mais se enrijecendo na medida em que se incrementam dúvidas e progridem críticas, na maioria das vezes nem sempre bem intencionadas ou bem fundamentadas. Mas mesmo as críticas pontuais (algumas das quais virulentas e ignorantes) não chegam a empanar imediatamente seu brilho; o que só vai acontecer tempos depois, após o concurso, realização e inauguração de Brasília, em 1957-1960. Em parte porque, passado o trauma do pós-guerra, a visão europeia/norte-americana volta a espelhar-se em si própria e a desinteressar-se pelos desdobramentos modernos que estão a ocorrer, peculiar e distintamente, no restante do mundo.

Perplexidades e Contradições na Consolidação da Modernidade Após 1945

Sem pretender esgotar o tema da consolidação da modernidade, valeria a pena apontar algumas questões candentes no debate da arquitetura do período de 1945-1955:

✦ Questões como o restauro e a reciclagem de edifícios e ambientes urbanos tradicionais não podiam ser tratados de maneira puramente racional e mecanicista, não havendo como escapar do peso de seus valores simbólicos e sociais, parâmetros que a modernidade simplesmente não havia ainda considerado, uma vez que o passado estava *sub judice* e o futuro almejado queria impor-se sem contemplações.
✦ A vontade de construir de maneira simples e modesta para o "homem comum", idealizado pelas utopias socializantes, vai entrando em choque com a crescente necessidade, também um valor simbólico, de abrir espaço para a questão da representatividade e da monumentalidade, consequência mesma da aceitação da linguagem moderna pelos poderes instituídos.

- A industrialização da construção e/ou sua repetição massiva entrava em choque com a necessidade humana de individualização e de identificação dos usuários com seu habitat.
- A importância cada vez mais crescente dos sistemas de transporte urbano e, principalmente, o crescimento exponencial do transporte em veículos individuais passam a causar importantes efeitos disruptores nas cidades reais, mudando-as gradativa mas rapidamente em não objetos amorfos e ilimitados ou em "áreas urbanizadas" metropolitanas desconexas, desfazendo a tradicional relação campo/cidade, causando situações novas e inusitadas muitas vezes incontroláveis e para as quais não havia experiência prévia em como enfrentá-las.
- Os arquitetos, que com seus congressos de arquitetura moderna tentaram chamar a si a tarefa de pensar e propor as cidades (atividade até então afeita aos engenheiros, militares e médicos sanitaristas, de um lado, e às forças capitalistas de expansão imobiliária, de outro), começam a perceber que seu tradicional instrumento, o desenho, era talvez insuficiente para o almejado "controle" das cidades, que deixa de ser uma questão de forma urbana ou, senão, de limitação de sua deformidade e de sua informalidade.
- A unidade pretendida pela modernidade entre arquitetura e urbanismo – o desenho total abrangendo da colher à cidade – vai rapidamente se mostrando inviável ou, no máximo, fragmentária, deixando um rastro de crise que, entretanto, só será percebida em seu pleno significado algumas décadas depois.

2.
O Gênio Nacional:
A Preeminência de Oscar Niemeyer

m 1947, os alunos da Faculdade Nacional de Arquitetura publicaram um álbum, *Arquitetura Contemporânea no Brasil*, que foi dedicado ao arquiteto Lúcio Costa: "mestre da arquitetura tradicional e pioneiro da arquitetura contemporânea no Brasil". Diante dessa homenagem, o jornalista Geraldo Ferraz cobrou[7] de Lúcio Costa um esclarecimento para desfazer o que lhe parecia um escamoteamento da verdade histórica. A argumentação de Geraldo Ferraz pedia o reconhecimento do pioneirismo de Warchavchik e Flávio de Carvalho na renovação da arquitetura no Brasil, em tempo anterior à conversão de Lúcio Costa ao movimento moderno. Como consequência desse quiproquó, Lúcio Costa escreveu uma carta-depoimento em 1948[8] em resposta ao jornalista Geraldo Ferraz[9].

Essa carta constituiu um texto fundamental para a compreensão do desenrolar posterior da arquitetura nacional, em que assoma o enorme vulto da figura do arquiteto Oscar Niemeyer, a cuja genialidade foi imputada, por Lúcio Costa, a especial qualidade adquirida pela arquitetura moderna em solo brasileiro. Lúcio Costa reafirmou o pioneirismo de Warchavchick e Flávio de Carvalho, mas prontamente retirou a pertinência da questão, ao afirmar que saber quando ou por quem a nova concepção foi trazida era de somenos, diante da intrigante questão posta pelo fenômeno do desabrochar da nova arquitetura no Brasil, que ao invés de se manter "limitada às fórmulas do conhecido ramerrão", como na sua expansão por inúmeros países, adquiriu aqui, doze anos após ter sido experimentada pela primeira vez, uma força, uma graça, uma qualidade que atraiu a atenção de todo o mundo. E para Lúcio Costa a centelha desse fenômeno foi o convívio diário durante três meses, em 1937, entre

Le Corbusier, "criador de gênio", e o talento excepcional de Oscar Niemeyer, centelha que pode se expandir graças à oportunidade dada pela concepção dos edifícios do Ministério da Educação e Saúde e do Pavilhão do Brasil na Feira de Nova York:

> Pois, sem pretender negar ou restringir a qualidade, em certos casos verdadeiramente original e valiosa, da obra de nossos demais colegas, ou o mérito individual de cada um, é fora de dúvida que não fora aquela conjugação oportuna de circunstâncias e a espetacular e comovente arrancada do Oscar, a Arquitetura Brasileira contemporânea, sem embargo de sua feição diferenciada, não teria ultrapassado o padrão da estrangeira, nem despertado tão unânime louvor, e não estaríamos nós, agora, a debater tais minúcias. Não adianta, portanto, perderem tempo à procura de pioneiros – arquitetura não é "Far-West"; há precursores, há influências, há artistas maiores ou menores: e Oscar Niemeyer é dos maiores; a sua obra procede diretamente da de Le Corbusier, e, na sua primeira fase sofreu, como tantos outros, a benéfica influência do apuro e elegância da obra escassa de Mies van der Rohe, eis tudo. No mais, foi o nosso próprio gênio nacional que se expressou através da personalidade eleita desse artista, da mesma forma como já se expressara no século XVIII, em circunstâncias, aliás, muito semelhantes, através da personalidade de Antônio Francisco Lisboa, o Aleijadinho[10].

Em falas anteriores e posteriores Lúcio Costa mostrava certa desconfiança com o excesso de personalidade. Sobre o próprio Aleijadinho assim se manifestou em 1929:

> Os poucos arquitetos que têm estudado de verdade a nossa arquitetura do tempo colonial, sabem o quanto é difícil, por forçada, a adaptação dos motivos por ele criados. E isso porque o Aleijadinho nunca esteve de acordo com o verdadeiro espírito geral da nossa arquitetura. A nossa arquitetura é robusta, forte, maciça, e tudo que ele fez foi magro, delicado, fino, quase medalha. A nossa arquitetura é de linhas calmas, tranquilas, e tudo que ele deixou é torturado e nervoso[11].

Ou ainda, em 1979:

> Porque realmente os arquitetos são estimulados para serem gênios, para inventar. Então, o sujeito fica inventando demais, o próprio Oscar foi culpado disso. [...] Ora, a verdadeira arquitetura, o verdadeiro estilo de uma época, sempre esteve na repetição. O apuro das coisas repetidas caracterizou sempre o estilo do passado; é uma invenção unânime do meio social, uma determinada direção [...] é disso que foi feito o estilo da época, de um país, de uma região: é essa uniformidade[12].

Não obstante, naquele momento da década de 40 a valorização da ideia do "gênio nacional", manifesta por Lúcio Costa, buscava focalizar a questão da identidade.

Cada frase ou atitude tomada por Lúcio Costa, principalmente até Brasília, tem sido esmiuçada, interpretada, analisada em inúmeros trabalhos recentes sobre o arquiteto[13]. Lúcio

Costa teve um papel chave na eclosão da escola carioca quer pela eleição de Le Corbusier como mestre, quer pelo seu entendimento do movimento moderno não como ruptura, mas sim inserido no seio da tradição disciplinar, com a consequente defesa da intenção plástica como característica fundamental da arquitetura. Embora o texto de 1948, em resposta a Geraldo Ferraz, possa ser compreendido, sem grande incoerência, dentro do pensamento corrente de Lúcio Costa – em todo o estilo, há os arquitetos que se destacam, aos quais cabe desenvolver os temas excepcionais – ele também pode ser entendido dentro do momento peculiar que vivia, então, o movimento moderno.

Quando a nova arquitetura brasileira conquistou a admiração internacional com a publicação do catálogo da exposição do MOMA (Museu de Arte Moderna de Nova York), "Brazil Builds" (1943), tornou-se exemplar num meio arquitetônico internacional que vivia uma situação de retomada, expansão e diversificação do movimento moderno no segundo pós-guerra. Montaner aponta que uma das questões centrais da arquitetura a partir dos anos de 1940 é a busca de uma maior expressividade:

> Essa busca adota objetivos diversos: Sigfried Giedion, Josep Lluís Sert e Fernand Léger lançam em 1944 o manifesto por uma "nova monumentalidade" que ultrapasse o meramente funcional; Sigfried Giedion insiste no "direito de expressão"; Fernand Léger pede o uso da cor como elemento expressivo da cidade; Lúcio Costa defende a "expressão" e a "intenção plástica" de uma arquitetura realizada com tecnologia moderna; e Louis Kahn define a monumentalidade como uma qualidade espiritual inerente a uma estrutura atemporal e unitária[14].

A transmutação, pelo traço original de Oscar Niemeyer, do vocabulário plástico corbusiano pode ter parecido a Lúcio Costa mais que a resposta tão procurada de uma expressão local de síntese fecunda entre nacional e internacional ou tradição e modernidade; uma contribuição de enriquecimento ao vocabulário da disciplina. No seu prefácio ao livro de Stamo Papadaki sobre Oscar Niemeyer:

> Uma vez que vivemos num momento em que os valores plásticos da arquitetura estão ainda em processo de formação, devemos estimular com o nosso mais irrestrito apoio aqueles poucos arquitetos – muito poucos mesmo – que são capazes de enriquecer o vocabulário plástico atual. O seu trabalho pode parecer individualista no sentido de não corresponder exatamente às condições particulares locais, ou no de não expressar fielmente o grau de cultura de uma determinada sociedade. Este é, entretanto, o tipo de individualismo que se pode denominar genérico e produtivo; representa um salto para a frente, porque é uma profética revelação daquilo que a Arquitetura pode significar para a sociedade do futuro [...] A visão deste mundo distante de harmonia recuperada é o presente generoso que nos oferece Oscar Niemeyer[15].

Talvez fruto de um momento de necessidade de renovação plástica da disciplina ou da ideia de que o avanço tecnológico demanda a invenção de novas formas, o fato é que nesse texto Lúcio Costa sancionou a invenção plástica, ainda que apartada de condições locais ou de um contexto cultural. Essa exceção, a bem dizer, é para o criador excepcional.

Podemos também inferir que o enriquecimento do vocabulário plástico não romperia com um conjunto de normas do movimento moderno (vertente corbusiana), que garantiriam ainda certa unidade de estilo, a despeito da diversidade de vocabulário.

Nos anos de 1950 no Brasil, a liderança exercida por Oscar Niemeyer com o exemplo de sua obra foi crescente, enquanto a orientação teórica de Lúcio Costa – com sua preocupação disciplinar, com a ideia de buscar o caráter correto a cada obra, com o uso da tecnologia como um meio e não um fim em si – declinou em importância. Essa eclosão da liderança prática de Oscar Niemeyer teve por consequência uma série de asserções relativas à qualidade plástica da arquitetura, expressas sem a adequada atitude reflexiva, que acabou por associar, de maneira espúria, a qualidade plástica à invenção formal ou a uma criação arquitetônica livre de peias e de normas.

Mário Pedrosa, numa reflexão acerca da crítica de arquitetura, argumentou em defesa da primazia da intenção plástica para o crítico de arquitetura e a importância de se considerar a obra em si mesma e nos seus valores permanentes. Muito bem, em meio a sua argumentação há a seguinte frase:

> Pode-se dizer que a entrada na fase da arquitetura obra de arte é relativamente recente. E os brasileiros, não fôssemos nós homens dos trópicos meridionais banhados pelas águas macias do Atlântico Sul, fomos dos primeiros a mandar a dieta funcional às favas. Desde então, o nosso terrível, o nosso grande Oscar Niemeyer desembestou. Graças a Deus[16].

Ora, trata-se de uma frase um tanto leviana, em que o autor associa sem dizer "águas macias do Atlântico" a formas onduladas e estas à fase da "arquitetura obra de arte", fase conquistada graças a "nós homens dos trópicos meridionais". Cabe indagar, e quanto aos mestres modernos: Mies ou Le Corbusier? Alguma vez, ao menos a partir do final da década de 1920, negaram a primazia da intenção plástica na obra arquitetônica? Historicamente, a imprecisão cercou a apreciação da trajetória de Oscar Niemeyer, quer na crítica[17], quer na adequada cronologia de seus trabalhos. Com a notoriedade precocemente conquistada no pós-guerra, Oscar Niemeyer passou a enfrentar inúmeras solicitações, em que voltou a explorar a forma livre, as cascas de concreto, estruturas porticadas e, ainda dentro do entendimento de que o concreto é material plástico que não precisa e nem deve ser trabalhado como o aço, algumas variações em torno do desenho de pilares. A relação de projetos é impressionante, entre outros: colaboração no projeto da sede das Nações Unidas (Nova York, 1947); a fábrica Duchen (Guarulhos, 1950); clube, hotel e a Escola Júlia Kubitschek (Diamantina, 1950-1951); os edifícios para o Parque do Ibirapuera (São Paulo, 1951-1954); o edifício Copan (São Paulo, 1951); Hospital Sul América (Rio de Janeiro, 1952); Conjunto Kubitschek (Belo Horizonte, 1952); a Residência Canoas (Rio de Janeiro, 1953); a Residência Cavanellas (Petrópolis, 1954); o edifício de apartamentos Liberdade (Belo Horizonte, 1954); o Museu de Arte de Caracas (1954).

Comas observou[18] ser bastante provável que as críticas sofridas pela arquitetura brasileira em meados dos anos de 1950 tivessem como referência encoberta a obra de Mies nos EUA, com sua refinada pesquisa de uma arquitetura animada por uma "regra soberana": geométrica, ortogonal, de repetição rítmica. Uma arquitetura que não se deixava alterar por razões programáticas ou circunstanciais. Enquanto na brasileira, nas palavras de Comas: "o interesse acadêmico pela caracterização de programa e situação coexistia com o interesse pela caracterização temporal e geográfica de civilização e cultura"[19]. O olhar histórico permite observar uma importante inflexão da obra de Oscar Niemeyer em meados dos anos 1950[20], quando sua obra parece se tornar mais autocentrada, indiferente à situação. Niemeyer parece ter passado a projetar para espaços genéricos, sem particularidade, os volumes deixaram de sofrer pressões do meio, se mantendo íntegros, sem o jogo de volumes que caracterizou seus primeiros projetos.

A fase de grande solicitação do final dos anos 40 até meados dos 50, com o arquiteto já cercado por uma aura de genialidade criativa como renovador do vocabulário plástico da arquitetura, mas também sob o ataque de críticas internas e externas, pode ser compreendida como uma fase de transição em que Niemeyer começou a pender em direção a uma arquitetura de volumes puros. Nessa fase convivem grandes equívocos, como o enorme Conjunto Juscelino Kubitschek em Belo Horizonte, cujo engano foi também de escala do imóvel por parte dos empreendedores[21], alguns edifícios que Niemeyer renega por problemas com os empreendedores e obras geniais.

Os famosos pilares com desenho aproximado em 'Y' ou 'W' usados no pilotis de blocos em altura, resultado do agrupamento de dois ou três dos pilares dos pisos superiores – empregados, entre outros, no Pavilhão da Agricultura do Parque do Ibirapuera (hoje Museu de Arte Contemporânea, São Paulo, 1951), no Hospital Sul América (Rio de Janeiro, 1952) e no Conjunto Juscelino Kubitschek (Belo Horizonte, 1952) – foram uma das características mais marcantes da obra do arquiteto no período. Outra característica decorrente do desenho estrutural foram os ensaios em direção à estrutura externa de concreto armado. A fábrica da Duchen[22], hoje já demolida, foi estruturada a partir de pórticos de concreto que conformavam alas agrupadas paralelamente. A repetição de alas e pórticos, a possibilidade das alas terem comprimentos diversos, sugere flexibilidade e possibilidade de crescimento da estrutura. O correto caráter fabril da obra é atenuado pelo elegante desenho curvilíneo dos pórticos e pela cobertura em forma livre do restaurante. As soluções estruturais da Escola Júlia Kubitschek e, principalmente, do Hotel de Diamantina foram vistas por Bruand[23] como ilustres antecessores da solução dos pórticos do MAM do Rio de Janeiro (A. E. Reidy, 1954). Ambas as obras estão situadas em encostas, são formadas por um corpo elevado horizontal e a face que descortina o vale é ritmada por pilares inclinados, que se destacam na sombra lançada sobre a fachada pela laje de cobertura. No caso da escola, o apoio diagonal do pilar sustenta o balanço da laje de cobertura, no caso do hotel, o apoio inclinado forma um 'v' no pavimento térreo, a perna interna do pilar sustenta a laje de piso, a externa passa pela laje de piso e atinge a laje de cobertura, mesma solução que foi empregada por A. E. Reidy na Escola Brasil-Paraguai (Assunção, 1953), porém, com Reidy, já com maior protagonismo da solução estrutural, com um dimensionamento mais pesado dos elementos de concreto. No Clube de Diamantina, a sede social foi concebida como uma estrutura em ponte, superposta por uma abóboda de concreto. A ênfase é na "plasticidade e leveza" da estrutura de concreto, graças às delgadas dimensões dos seus componentes. O resultado plástico explora as linhas da estrutura e não o volume.

A forma sinuosa empregada no desenho das lajes do edifício Copan, ou a forma livre que assume o contorno das lajes do edifício Liberdade, em ambos com a exploração ritmada das linhas horizontais que se sucedem ao longo do corpo do edifício, foram achados plásticos que exploraram as possibilidades do edifício isolado em meio à trama urbana. A forma ameboide, usada pela primeira vez na Pampulha, voltou a ser explorada na antológica solução da marquise do Ibirapuera, que une e articula os diversos edifícios num caminho-praça coberto. O Palácio das Artes no Ibirapuera (hoje Oca), definido por uma calota de concreto, é um edifício que, como o projeto para o Museu de Arte de Caracas (1954), é precursor da produção do arquiteto a partir de Brasília, na sua busca anunciada por soluções "compactas, simples e geométricas", definidas pela própria estrutura.[24]

Duas residências próximas no tempo: a Residência Canoas (1953) e a Residência Edmundo Cavanellas (1954) são bastante distintas na concepção. A Residência Canoas, em São Conrado, no Rio, construída em meio à montanha e à mata, é composta por duas partes bem separadas: o pavilhão superior, de uso social, com a laje em forma livre e fechamento em vidro e a parte íntima semienterrada, com aberturas pequenas e cuja cobertura integra a plataforma do pavilhão superior. Trata-se de obra gerada em tensão com o sítio, um "oásis" aberto em meio à mata fechada, aproveitando as magníficas vistas[25]. A Residência Edmundo Cavanellas, por sua vez, foi implantada num vale em meio às montanhas de Petrópolis. A casa, de planta retangular, é definida por uma esbelta cobertura de alumínio apoiada em quatro colunas trapezoidais e dois muros construídos em pedra; outras paredes, sem função estrutural, completam a divisão funcional da casa. A suave concavidade assumida pelo pano da cobertura, como uma tenda, faz um interessante contraponto ao perfil das montanhas no horizonte.

A Residência Cavanellas, pouco analisada, é perturbadoramente contemporânea, a marquise do Ibirapuera é um dos marcos da cultura arquitetônica nacional, a Residência Canoas se insere na estonteante paisagem carioca dentro da cultura do Cristo Redentor ou do bondinho do Pão de Açúcar: marcos de civilização na paisagem, os pilares em 'Y' ou 'W' são a encarnação da época. Esse vórtice de projetos, no conjunto da obra de Oscar Niemeyer, acabou sendo um tanto relegado. O próprio Niemeyer em sua "revisão crítica" afirma que havia tratado a arquitetura de maneira um tanto leviana, "com espírito esportivo – e nada mais"[26], Bruand entende esse período como um período de pesquisa que irrompe triunfalmente numa nova fase a partir de 1955, de "maior reflexão e maturidade" estabelecendo um sentido de evolução que culmina em Brasília. Niemeyer, além de aborrecimentos com empreendedores e das aporrinhações da crítica[27], que eventualmente envenenaram o período, estava envolvido com sua nova fase que lhe parecia mais rica e promissora.

3.
Continuidades e Descontinuidades na Arquitetura dos Anos de 1945-1955

tendência, apontada no capítulo anterior, de mudança de ênfase nos debates arquitetônicos brasileiros – de um panorama rico e variado da escola carioca, para a consagração cada vez mais exclusiva de apenas um autor principal –, entretanto, nunca chega a ser hegemônica, nem na chamada escola carioca nem fora dela. Além da variedade de posturas, começam a comparecer vários indícios de desconforto com as formulações "canônicas" da modernidade, tanto no cenário brasileiro como no mais amplo espectro internacional, já no imediato pós-Segunda Guerra; mas somente a partir de meados dos anos de 1950 esse descontentamento vai aflorar em novos caminhos arquitetônicos e formais.

No caso europeu, essa defasagem temporal talvez se deva às dificuldades do período de reconstrução, ou pode ter sido resultado da complexa tarefa de pôr em prática o desejo de "dar continuidade" a uma tradição moderna que ainda mal existia (como exposto em capítulo acima). Diferentemente, no caso brasileiro contava-se com a vantagem de já haver, no imediato pós-Segunda Guerra, uma recente e valorizada "tradição moderna" disponível para uso, entusiasticamente aceita tanto por ser operativa como por contar com a chancela de aprovação internacional. Tal tradição tão rapidamente construída e divulgada acabou se sobrepondo a, e talvez atrasando, eventuais e naturais conflitos geracionais em fermentação, oriundos seja da insatisfação com os "desvios" da modernidade em geral, seja por contraposição às "inconsistências" da modernidade brasileira, niemeyeriana em particular: mas tais insatisfações só começam a se manifestar mais evidentemente a partir de meados dos anos de 1950 – momento de transição na arquitetura não apenas brasileira, mas de todo o planeta.

Há outras diferenças também entre o panorama internacional e o brasileiro da época derivadas da presença, ou da ausência, de "uma arquitetura moderna" exemplar a que se referenciar de maneira cabal. Assim, por exemplo, é possível aos jovens arquitetos ingleses declararem, já na primeira metade dos anos de 1950, sua posição de conflito geracional com manifestos zangados, litigarem com italianos e suecos que a seu ver estavam traindo valores essenciais da modernidade, discutirem com a velha geração local de professores seu *penchant* pelo pitoresco, criticarem os mestres reunidos no Ciam de tal maneira que primeiro tentam reorganizar e, afinal, terminam por implodir aquele fórum, e assumirem sem pejo as mais díspares referências que pudessem ser úteis para sua causa – do palladianismo corbusiano ao neoclassicismo. Excerce-se a crítica; nada está plenamente validado e, como em uma guerrilha, não há um objetivo mas vários, aumentando pela subversão, aleatoriedade e disparidade dos alvos, a relativa fraqueza dos ataques pontuais.

A mesma liberdade de oposição não é dada, ou melhor, não é assumida, no panorama brasileiro, nessa primeira metade dos anos de 1950. A insatisfação geracional está presente mas desloca-se muito mais no espaço do que no tempo; do Rio de Janeiro a São Paulo. Mas ainda assim poucas vezes se manifesta claramente, e muito menos ataca os mestres cariocas, apenas, como bons e educados filhos, chega a apontar com muito cuidado não os erros, mas a valorização das "autocríticas" dos maiores. Há descontentamento, mas subterrâneo; pois ao mesmo tempo se compartilham esperanças, se ombream nos mesmos fóruns e se negam as diferenças de opinião e de postura arquitetônica cada vez mais flagrantes, na tentativa de consolidar uma identidade que parecia estar garantida e que não se desejava romper. Com isso, jamais se enfatiza – de tal maneira que esse prossegue sendo o mote até o fim do século XX – a diferença nos discursos e nas obras, que, mesmo quando completamente distintos, são vistos no máximo como faces de uma continuidade[28].

Por essas e muitas outras razões ocorre em todo o Brasil, a partir de fins dos anos de 1940 até pelo menos o advento de Brasília, uma aceitação aparentemente incontestada da predominância e liderança da escola carioca, bem como de sua identificação com "a" arquitetura brasileira, sem que, aparentemente, a ela se contrapusessem outras linhas ou tendências.

Dos Museus às Bienais:
A Cultura se Translada a São Paulo

Até meados do século XX, embora único, o Brasil podia ainda ser considerado um país composto por "ilhas" regionais de mesma língua e nacionalidade, mas geográfica e culturalmente dissímeis e apenas parcialmente inter-relacionadas.

Apesar de seu crescimento demográfico e econômico exponencial ao longo do século XX, a metrópole de São Paulo, atualmente uma das cinco maiores aglomerações urbanas do mundo, teve até os anos de 1940 um papel secundário no panorama cultural brasileiro. Com a concentração progressiva de riquezas advindas da ascensão de sua burguesia rural e depois industrial e a formação de um extenso proletariado abrangendo migrantes e imigrantes, São Paulo foi consolidando, ao longo da primeira metade daquele século, uma crescente importância na definição dos rumos econômicos do país, com repercussões cada vez mais relevantes nas questões culturais.

Costuma-se situar o início do movimento cultural modernista em São Paulo no episódio da Semana de Arte Moderna de 1922: fato significativo, mas relativamente isolado, com repercussões praticamente nulas no campo arquitetônico. A partir de final dos anos de 1920, com a chegada a São Paulo de profissionais estrangeiros como o arquiteto Gregori Warchavchik ou o retorno de brasileiros de primeira geração que realizaram seus estudos na Europa, como Rino Levi, além da contribuição de vários outros criadores que já exerciam a arquitetura, chegados a São Paulo desde finais do século XIX, sempre trazendo e mantendo contacto com as últimas novidades europeias[29], a capital paulista começa a figurar, de princípio ainda discretamente, no mapa da modernidade arquitetônica. Naquele momento, algumas vezes chamado de *belle époque* paulistana (correspondente aos anos anteriores à crise de 1929[30]), a cidade já contava com uma pequena mas cosmopolita elite intelectualizada, semelhante, em gênero e grau, à carioca do início do século XX, fruto do excedente da riqueza do café e dos primórdios da industrialização local, e que incluía figuras excelentes como Paulo Prado – que, entre outras contribuições, foi o fomentador da passagem de Le Corbusier pelo Brasil, com paradas em São Paulo e no Rio de Janeiro, quando de sua primeira viagem à América do Sul em 1929; ou José de Freitas Valle, importante fomentador das artes no seu "salão" da Villa Kyrial.

Mas será apenas em finais dos anos de 1940, com a criação, por Assis Chateaubriand, do Masp (Museu de Arte de São Paulo) em 1947, e com a criação pela família Matarazzo, em 1948, do MAM-SP (Museu de Arte Moderna)[31] e, em 1951, da Bienal de Arte de São Paulo – instituições que rapidamente alcançam renome internacional – que São Paulo começou a ter presença marcante no circuito internacional das artes. Nos anos de 1950, os espaços artísticos da cidade abrigam o movimento concretista e seus polêmicos manifestos, e a seguir os confrontos entre concretos e neoconcretos, quando a mão de direção é invertida, com os cariocas contestando a predominância paulista. Também a partir de 1951, e como evento agregado e paralelo à Bienal de Arte, nasce a Bienal de Arquitetura, em cujas cinco primeiras edições, de 1951 a 1959, compareceram, fazem exposições e/ou são premiados arquitetos como Le Corbusier, Mies van der Rohe, Walter Gropius, Philip Johnson, Bruno Zevi, Max Bill, Craig Elwood, Paul Rudolph etc. Alguns deles participarão intensamente dos debates pró ou contra a arquitetura brasileira moderna da escola carioca, polemizando principalmente a pessoa e a obra de Oscar Niemeyer, também autor do conjunto arquitetônico do Parque do Ibirapuera (1951-1953), onde até hoje se realizam as bienais.

Habitat, Lina Bo Bardi e a Crítica de Arquitetura Não Alinhada

No panorama cultural arquitetônico desse momento, é significativo também o nascimento, em 1950, da *Habitat*, "revista das artes no Brasil", pelas mãos do casal de italianos, recém-naturalizados brasileiros, Pietro Maria Bardi e Lina Bo Bardi; ele *marchand* e crítico de arte, chamado por Assis Chateaubriand a criar e organizar o Masp, ela arquiteta formada em Roma e, apesar das limitações naturais da situação de guerra na Europa, já com alguma experiência profissional, tendo trabalhado com arquitetos e em publicações italianas, sendo encarregada, por Chateaubriand, de organizar a primeira sede do Masp em dois andares de um edifício de escritórios dos Diários Associados, que então se construía na rua 7 de Abril. Na década seguinte, Lina Bo Bardi foi solicitada a projetar o novo edifício do Masp na avenida Paulista.

Publicam-se em *Habitat* vários artigos de Lina Bo Bardi que vão configurar uma primeira tentativa de crítica de arquitetura brasileira "independente", ou seja, não engajada política ou doutrinariamente na construção de um discurso "nacional", nem filiada a um discurso doutrinário "marxista", nem fincada numa defesa "gremial" da categoria profissional. Seus primeiros artigos em *Habitat* já sinalizam certo desconforto crítico, mesclado de louvação entusiasmada pela arquitetura brasileira da escola carioca, configurando um "humor" que exemplifica de forma emblemática certa maneira paulista de perceber, aceitar e, simultaneamente, incomodar-se com essa predominância.

Não por acaso, o primeiro número da revista *Habitat*, de 1950, tem na capa e no artigo principal[32] a publicação e a crítica de algumas casas de João Batista Vilanova Artigas. Depois de uma década de prática profissional realizando projetos e obras dentro do modesto panorama paulista da construção civil voltado para clientes privados de pequeno porte, Artigas demonstra, nas obras que realiza nos últimos anos de 1940 (já desfeita sua primeira sociedade com o engenheiro civil Duilio Marone, e tendo assumido escritório próprio de arquitetura em sociedade com Carlos Cascaldi), sua versão pessoal e peculiar de realinhamento com a arquitetura moderna brasileira da escola carioca; e isso sem a perda completa de sua anterior filiação wrightiana, que Artigas manterá viva até as suas últimas obras, décadas depois.

O artigo de Lina Bo Bardi na *Habitat* n. 1 se inicia com uma descrição de cunho psicológico sobre o arquiteto: afirma ser ele retraído, viver na sombra, não aparecer em revistas e não gostar de publicar – embora Artigas seja dos poucos arquitetos paulistas já então publicados internacionalmente (junto com os mais decanos Rino Levi e Gregori Warchavchik)[33]. O argumento ficcional comparece para indicar possíveis prioridades: o fato de "não gostar de publicar projetos, ideias, desenhos [é porque] para ele Arquitetura é trabalho realizado, acabado, resolvido em cada pormenor". Uma demonstração de pragmatismo que de alguma maneira repele esforços de aproximação doutrinários ou discursivos, enquanto com outra mão os realiza[34]. Artigas é ele próprio um escritor, mas nunca comenta consistentemente a própria obra, embora não repila "tradutores autorizados" para sua divulgação – sendo a primeira tradução a de Lina, que neste artigo segue em vários pontos a voz do mestre (embora o faça com razoável grau de liberdade interpretativa)[35].

Já na terceira sentença do texto Lina atinge o veio principal de sua análise crítica, relacionando como qualidades da arquitetura de Vilanova Artigas "a humanidade e a domesticidade". Características que se manifestariam por qualidades ausentes: uma casa de Artigas "não segue as leis ditadas pela vida de rotina do homem [...] não é vistosa, nem se impõe uma aparência de modernidade que já hoje se pode definir num estilismo [...] não se exaure na única impressão de prazer comunicada por uma boa arquitetura de exteriores". Em outras palavras, a arquitetura de Artigas é "quase sempre severa, puritana". E por que não dizer, feia: epíteto que para Lina tem valor qualitativo supremo, e que ela utiliza para definir sua própria arquitetura em várias ocasiões, exibindo a feiura enquanto demonstração contrária e em combate ao "bom gosto burguês".

Para Lina a base da arquitetura de Artigas não é apenas o fato de ela ser severa e puritana, mas também o de ser "moral". Sua arquitetura ensinaria como se portar nos novos tempos – ecoando assim o programa da revista italiana *A*, com a qual Lina colaborou no imediato pós-guerra[36], e que renasce na *Habitat* em outra clave. Para inaugurar sua nova revista ela escolhe não publicar somente "arquiteturas fantasiosas e novidadosas, modernas e diferentes" – epítetos que fariam menção velada à modernidade carioca, "transformada em estilismo", e que explicariam parte de seu poder sedutor naquele momento; querendo encontrar, para publicar, uma boa arquitetura que seja moderna, mas que não se baste no mero exercício formal.

No número seguinte da *Habitat*, Lina publica o que seria talvez o texto fundador de uma crítica de arquitetura brasileira independente: "Bela Criança"[37]. Denso, complexo e polêmico, fica ali definida com clareza a posição de Lina com respeito à arquitetura moderna brasileira da escola carioca: tingida, não somente pela sua incontida admiração, como pela demonstração de um zeloso cuidado por um rebento belo, mas ainda não bem "educado", e que ela deseja, um tanto pretensiosamente, corrigir[38].

Nesse artigo Lina também declara não concordar com a opinião de seus amigos europeus de que a arquitetura brasileira estaria já então se encaminhando para a academia, mas o faz menos enquanto constatação de um fato e mais como expressão de um desejo ou declaração de princípios: ela não quer crer que assim seja, até porque pretende auxiliá-la a acertar seu rumo e compasso. Exercendo pioneiramente o papel de crítica de arquitetura, tenta ajudar a evitar o mau passo que pressente avizinhar-se, propondo-se a orientar, corrigir e informar os colegas brasileiros, talentosos, mas a seu ver inconscientes de suas próprias potencialidades, e ainda carentes de uma explicação consistente sobre sua própria força criativa. Para ela, "a arquitetura brasileira nasceu como uma bela criança, que não sabemos porque nasceu bonita, mas que devemos em seguida educá-la, curá-la [possivelmente de suas doenças, de suas falhas e de seus maus costumes...] encaminhá-la, seguir sua evolução". Propõe-se pois a missão de valorizar a nascente arquitetura brasileira combatendo seus desvios, não como quem destrói mas como quem educa.

Sem de fato postular uma contraposição entre Rio de Janeiro e São Paulo, os dois primeiros números da *Habitat* de 1950 já indicam, nas entrelinhas, alguns dos sintomas da atitude paulista em relação à arquitetura carioca. A par da admiração profunda pela beleza de suas obras subjaz um certo incômodo com sua superficialidade e epicurismo, ao qual se quer contrapor um certo gosto pela severidade e o puritanismo (talvez daí a filiação e rememoração local de Wright, diferentemente da filiação carioca a Le Corbusier) que preferem namorar o feio, sempre que esse seja um caminho para recusar o fácil.

Essa atitude condescendente de aceitação do talento carioca em sua leveza e aparente ausência de esforço parece que precisa ser compensada, no ambiente paulista, por certa satisfação rude que advém da combatividade, do esforço e da ausência aparente de ostentação: está em curso o próprio mito do bandeirante, ser grosseiro mas desbravador, sem cultura mas sem medo de abrir novos caminhos. Mito esse recriado por volta de 1922[39] e muito alimentado naquele momento, do início dos anos de 1950, em que já se iniciavam os preparativos para as comemorações, em 1954, do IV Centenário de São Paulo.

Nem tão sutilmente, nos dois primeiros números da *Habitat* a "monumentalidade e exterioridade" cariocas são postas em contraste com a "humanidade e domesticidade" paulistas: o prazer *versus* o dever, a arte *versus* o ofício. Evidentemente todos esses são arquétipos e simplificações que em si mesmos nada significam; mesmo assim, prestam-se a demonstrar reações idiossincráticas que são sintomáticas e reveladoras de uma atitude, um tanto invejosa e despeitada, de construção de uma "paulistanidade" rude com a crítica de uma "carioquicidade" erudita que, embora não se ouse dispensar, se sugere imodestamente corrigir.

Mas a tarefa de Lina não será apenas a da jornalista que está fadada a ver amanhã esquecida a notícia de hoje. Na entrada da segunda metade do século XX, São Paulo está tomando rapidamente a liderança no debate artístico e cultural brasileiro. E muitas das ideias que Lina expõe nesses seus primeiros textos farão parte indissolúvel e entranhada da fábrica de conceitos e preconceitos que passa a ser tecida, e será parcialmente aproveitada, pela Escola Paulista Brutalista – que, se ainda não estava nascida, certamente aproveitou a fertilização desse solo para posteriormente florescer. Como boa crítica, Lina interpreta os ares que respira e põe em palavras temas que já existiam, possivelmente, em potência; mas não o faz de maneira mecânica e sim interpretativa e crítica, sem eximir-se de meter sua colher torta na massa do bolo.

4.
As Críticas Internacionais, no Ambiente Paulistano, à Escola Carioca

os anos de 1950 os espaços fornecidos pelos novos museus paulistas (Masp, MAM-SP) e por eventos como as bienais de arte e arquitetura estiveram entre os ambientes mais ativos para a divulgação e o debate artístico no Brasil, tanto no sentido de formar e informar seu público em geral, como por dar ocasião a discussões mais eruditas, trazendo ao país um sem número de personalidades do mundo artístico e arquitetônico que, invariavelmente, visitavam e opinavam, elogiando e/ou criticando, a arquitetura brasileira moderna da escola carioca. Mas, além da imprensa geral, apenas a revista *Habitat*, dentre as publicações de arquitetura, parecia não somente registrar, mas igualmente valorizar essas opiniões, possivelmente como demonstração de uma postura combativa, de "luta, convicção e intransigência" – como havia escrito Lina.

Dentre as várias opiniões mais ou menos elogiosas e mais ou menos reticentes da maioria dos convidados estrangeiros, o caso mais notório e polêmico de visitante crítico e quase desbocado foi sem dúvida o de Max Bill: arquiteto, escultor e designer suíço, ex-aluno da Bauhaus e fundador, primeiro diretor e organizador do currículo da sua pretendida sucessora, a escola de Ulm[40], em 1950. Nesse mesmo ano o conjunto de sua obra foi exposto, pela primeira vez, numa retrospectiva individual, num evento organizado pelo Masp, em São Paulo. Sua obra e pessoa certamente estimularam e ativaram o já então nascente movimento concretista local, que iria se cristalizar com o manifesto de 1952, o qual contém várias referências a temas que eram também da predileção de Bill – como a função social da arte. Bill retornou outras vezes ao Brasil e teve outros textos/depoimentos publicados aqui[41].

Na entrevista que concedeu à revista *Manchete*, depois republicada em *Habitat* ("Max Bill, o Inteligente Iconoclasta")[42], o entrevistador Flávio D'Aquino começa dizendo que Max Bill não era pessoa desconhecida no Brasil, que suas opiniões eram exaladas com facilidade e que tinham um "enorme interesse: talvez sejam as primeiras opiniões sinceras sobre a nossa arquitetura moderna". Talvez porque não se acanhe em dizer que não gostara do Rio de Janeiro; que conhecia "tudo" o que se havia publicado no estrangeiro sobre a arquitetura brasileira, e embora tivesse visitado de fato só algumas dessas obras, não ficara agradado pelo edifício do Ministério da Educação e Saúde, duvidando do partido adotado ("um pátio interno seria mais adaptável ao clima"), não valorando os azulejos ("inúteis"), nem a pintura mural ("sou contra") e conclui que "a arquitetura moderna brasileira padece desse amor ao inútil, ao simplesmente decorativo", desconsiderando o projeto da Pampulha porque "não levou em conta a função social", e afirmando em tom negativo que Niemeyer o teria projetado "por instinto"[43]. Embora diga apreciar Lúcio Costa, não lhe agradou o Parque Guinle porque era destinado a usuários de alto nível econômico, e apenas não fala mal (nem bem), mas diz considerar o mais importante dos arquitetos brasileiros a Affonso Eduardo Reidy, "o autor do projeto do Conjunto de Pedregulho".

Como se vê, pouco se aproveita da entrevista, coalhada do que parecem ser "achismos", de resto ouvida em francês e editada em português para uma revista não especializada como a *Manchete* – de maneira a não se poder, inclusive, dar demasiado crédito à veracidade da autoria dessas falas. Mas o que interessa aqui salientar é menos o que Max Bill diz, ou não, e sim o fato de *Habitat* (no caso, pelas mãos de Lina Bo Bardi) ter considerado importante republicar suas diatribes. No editorial que acompanha essa transcrição, sem assinatura, mas provavelmente de Lina Bo Bardi[44], a republicação é justificada por ser "a primeira vez que uma personalidade de projeção mundial e autorizada pelo seu passado exprime opiniões, infringe convencionalismos e faz uma crítica", o que de *per si* já bastava para que *Habitat* a editasse como registro. Menciona também a conferência de Bill na FAU-USP, em São Paulo (cuja transcrição completa irá publicar dois números depois), dizendo que as críticas de Bill tinham sido ouvidas "em silêncio religioso" e que o diz que diz que sobre o assunto só começara no dia seguinte. Menciona também, o que é singular, que o público presente levara um pito por ter "enviado por escrito uma pergunta inoportuna ao hóspede". Talvez por isso o silêncio tenha sido tão sepulcral, já que o diálogo estava interdito.

Uma leitura da transcrição da conferência[45] pode fazer crer que Max Bill estivesse, a princípio, mais interessado em pregar seu próprio evangelho do que em criticar a arquitetura brasileira, e que se o faz é para atender à insistência dos repórteres sensacionalistas; *Habitat* afirma que a republica para dar testemunho dessa verdade, e não deixar que a lenda suplantasse os fatos. Mas deve-se notar que Bill está organizando e liderando a escola de Ulm, cuja essência funcionalista e puritana não podia, de maneira alguma, coadunar-se com o modo carioca da arquitetura moderna brasileira. Assim, mesmo que Bill não estivesse interessado na arquitetura brasileira, não quis evitar a tentação, a seu ver de cunho pedagógico, de alertar contra seus "desvios" (em relação à suposta norma, que ele estava a propor em Ulm); ou seja, sua tendência a "cair no mais terrível academicismo antissocial no plano da arquitetura moderna".

Segundo ele, esse academicismo se manifestaria através do uso e abuso de quatro elementos: a "forma livre"; o "*pan de verre*" – seu acompanhante indispensável; o "*brise-soleil*"; e o "piloti". Embora sejam estes quatro dos cinco pontos estabelecidos por Le Corbusier (que fala de planta, e não forma, livre) nenhum deles, segundo extensas explicações de Bill, seria adequado empregar no Brasil, por razões seja de cunho geográfico e climático (incorrendo, sem dar-se conta, na síndrome do "exotismo", que proíbe aos tropicais a solução proposta pelos temperados), seja por incorrer em decorativismo (a forma livre) seja por não convir adotar-se uma solução apriorística (pilotis) que evitava o estudo "de melhores concepções para as condições de seu próprio país"; ademais, os pilotis vinham sofrendo transformações tais que haviam deixado a simplicidade da secção cilíndrica para se tomarem "formas barrocas" (menção desdenhosa aos pilotis em V/W/Y de Niemeyer): "No primeiro momento tem-se a impressão de ver uma construção engenhosa, mas não passa de pura decoração, um desperdício antissocial", afirma ele demonstrando o erro do decorativismo e outro pecado, ainda maior, no evangelho segundo Bill: a perda da "função social do arquiteto". Em suas palavras: "vós pensais que a arquitetura é também uma arte [...] esta não é a função da arquitetura. O arquiteto que age dessa forma torna-se ridículo [...] quanto à arquitetura, deve ser tão funcional quanto possível"[46].

Para Max Bill, a ideia de privilegiar a "função social do arquiteto" significava uma atitude projetual de extrema restrição ético-moralizante, em que a beleza seria o subproduto inevitável, mas nunca excedente, da funcionalidade, que não se devia buscar, mas resultar; atitude com intensos pontos de contacto, inclusive geracionais, com os debates do "Novo Brutalismo", versão casal Smithson. Em absoluto essa era uma tendência localizada na Inglaterra, apresentado-se, ao contrário, como preocupação difusamente espalhada por toda a Europa da reconstrução. Em parte podia derivar da elevação à norma de uma situação de exceção: se a contenção formal era a única atitude possível em face das restrições econômicas daquele momento europeu, então mais valia adotá-la não como contingência, mas como um caminho filosófico de tinturas estoicas; mas, se é propugnada, é porque provavelmente lhes sabia bem. Tendo por enquadramento esse marco, Bill não tem como compreender, nem muito menos admirar, a arquitetura brasileira moderna da escola carioca, que lhe é certamente estranha e lhe parece descabida, principalmente porque não pode enxergá-la a partir dela mesma – como entretanto tenta fazer, simpaticamente, Lina Bo Bardi.

Preconceituosa e datada, a crítica de Max Bill à escola carioca, ou mais precisamente às obras de Niemeyer, tem mais fama do que importância, e talvez não valesse à pena demorar-se nas suas razões e contrarrazões. Poderia, inclusive, ter passado então despercebida, como tantas outras – não houvesse a revista *Habitat* publicado-a, nem a Faculdade de Arquitetura e Urbanismo da Universidade de São Paulo lhe dado guarida. Parece relevante notar que, sob o aparente horror pelos ataques do discurso de Max Bill, atonitamente acompanhados pela "plateia silenciosa", subjaz um certo prazer despeitado, mórbido, talvez um inconformismo não declarado que, ao menos da parte de Lina Bo Bardi, indica o desejo de abrir caminhos alternativos, outras opiniões e realizações. Lina Bo Bardi, no texto que embasa sua apresentação ao concurso para a cadeira de teoria de arquitetura na mesma escola, em 1957, declara: "é necessário compreender-se a Arquitetura em função do próprio país sem perder de vista a arquitetura dos outros, para assim recompor o panorama espacial dessa arte tão variada e multiforme. É preciso ver, na arquitetura dos outros, o desenvolvimento da Arquitetura em geral"[47].

Mas não é apenas Lina ou *Habitat* que demonstram interesse pela divulgação de uma visão mais funcionalista que propugne a arquitetura como uma "arte social": a insistência na valorização da arquitetura como "função social" permeia o pensamento do ensino arquitetônico paulistano, muito especialmente na FAU-USP[48], e parece estar também ligado, entre outros, à figura do arquiteto J. B. Vilanova Artigas. Tanto que, décadas depois, esse foi o título de sua aula magistral no concurso para professor titular, ocorrida apenas em 1984, quando de sua volta à universidade após um forçado afastamento por razões políticas. Nessa aula final Artigas repete, de outra maneira, esse afã de crítica e revisão de postulados estabelecidos: "É necessária uma crítica. Nem sempre ela é bem aceita pelos arquitetos, talvez pelo seu *esprit de géometrie* pascaliano, advindo do rigor do desenho, mas que acaba por extravasar de seus domínios. É importante analisar as ideias que contribuem para a solução dos espaços"[49].

1. A EXEMPLAR ARQUITETURA MODERNA BRASILEIRA

1 Sobre a diferença entre discurso e fato no movimento moderno ver texto de Sarah Goldhagen, Coda: Reconceptualizing the Modern, em S. W. Goldhagen; R. Legault (orgs.), *Anxious Modernisms*.
2 Conforme C. St. John Wilson, *The Other Tradicion of Modern Architecture*.
3 C. Rowe, *The Mathematics of the Ideal Villa and Other Essays*, p. 141 e s. e análises constantes no artigo "Neo-Classicism and Modern Architecture II", escrito em 1955-1956.
4 Vantagem real e não imaginária, efetiva e não apenas ideologicamente construída, já que se baseia na existência concreta de obras construídas de excepcional valor artístico. Há autores que pretendem ignorar esse fato e diminuir o valor dessa arquitetura, com o argumento de que ela teria sido supervalorizada pela extensa divulgação de que foi alvo, ou que tais realizações teriam sido aproveitadas para uma manipulação política visando a unidade do bloco americano. Esse argumento peca pelo viés historiográfico, de validação dos argumentos pela citação da citação da citação de fontes, e por um inexplicável desinteresse pelas coisas em si: se houve divulgação e manipulação, existiram, primeiramente, obras de qualidade – e que seguiriam sendo-o houvessem ou não sido apropriadas para outros fins, e apesar delas mesmas.
5 Cf. C. E. D. Comas, *Precisões Brasileiras sobre um Estado Passado da Arquitetura e Urbanismo Modernos*.
6 Conforme comenta Carlos Eduardo Dias Comas, "superficialidade é uma das críticas recorrentes à arquitetura moderna brasileira, mas aqui, como em outros casos, é provável que não seja senão superficialidade do analista". Idem, p. 25.

2. O GÊNIO NACIONAL: A PREEMINÊNCIA DE OSCAR NIEMEYER

7 Geraldo Ferraz, no texto Faltou o Depoimento de Lúcio Costa, *Diário de São Paulo*, 1.2.1948.
8 Lúcio Costa, Carta-Depoimento, 20.2.1948, reproduzida em A. Xavier (org.), *Lúcio Costa: Sobre Arquitetura*.
9 O assunto está documentado em A. Xavier (org.), *Lúcio Costa: Sobre Arquitetura*, inclusive com reprodução do texto de Geraldo Ferraz.
10 Idem, p. 124-125.
11 Idem, reprodução de Lúcio Costa, O Aleijadinho e a Arquitetura Tradicional, *O Jornal*, número especial sobre Minas Gerais, 1929.
12 Lúcio Costa em entrevista concedida à equipe editorias da revista *Pampulha*, n. 1, p. 12-19.
13 Por exemplo, a revista *AU*, n. 38, out.-nov., 1991, foi inteiramente dedicada a Lúcio Costa, com textos de Alberto Petrina, Carlos Eduardo Comas, Mauro Neves Nogueira, Sophia Telles e outros. Também, G. Wisnik, *Lúcio Costa*.
14 J. M. Montaner, *La Modernidad Superada*, p. 91. Montaner se refere ao texto de Giedion, Sert e Léger, Nine Points on Monumentality, em P. Zücker, *New Architecture and City Planning*.
15 L. Costa, A Obra de Oscar Niemeyer (1950), prefácio ao livro de Stamo Papadaki, *The Work of Oscar Niemeyer*, texto republicado em A. Xavier (org.), *Lúcio Costa: Sobre Arquitetura*.
16 Mário Pedrosa em Arquitetura e Crítica de Arte I, *Jornal do Brasil*, 22 de fevereiro de 1957. Republicado em M. Pedrosa, *Dos Murais de Portinari aos Espaços de Brasília*.
17 Um dos primeiros a lançar nova luz sobre a compreensão da obra de Oscar Niemeyer foi Edson Mahfuz, O Clássico, o Poético e o Erótico, *AU*, n. 15, p. 60-68.
18 C. E. Comas em A Legitimidade da Diferença, *AU*, n. 55, p. 49-52.
19 Idem, p. 52.
20 Coincidente com a concepção dos Palácios de Brasília. Esta inflexão será adequadamente analisada mais adiante.
21 Ver análise do conjunto no artigo de Renato Caporali Cordeiro, Lourival Caporali Penna e Thaís Cougo Pimentel, Conjunto JK: Estrutura de uma Utopia Urbana, publicado na revista *Projeto*, n. 81, p. 130-133.
22 Projeto em parceria com Helio Uchoa, São Paulo, 1950.
23 Ver Y. Bruand, *Arquitetura Contemporânea no Brasil*.
24 Como no texto Depoimento, *Módulo*, n. 9, p. 3-4.
25 Ver análise de Eduardo Comas sobre a Residência Canoas em C. E. D. Comas; M. Adrià, *La Casa Latinoamericana Moderna*.
26 Texto Depoimento, op. cit.
27 A crítica feita à obra de Niemeyer no período foi, em grande parte, maniqueísta: ou embasbacada diante do criador de formas novas e impensáveis ou moralista e restritiva. A fundação da revista *Módulo* permitiu a Niemeyer externar as reflexões teóricas com que buscava fundamentar seu trabalho e, indiretamente, responder à crítica.

3. CONTINUIDADES E DESCONTINUIDADES
NA ARQUITETURA DOS ANOS DE 1945-1955

28 As diferenças e oposições só começam a ser reconhecidas a partir dos anos de 1970, pela crítica da geração seguinte, e apenas quando se torna impossível seguir afirmando uma continuidade que já havia sido, desde há muito, estilhaçada.

29 Como Carlos C. Eckman, Victor Dubugras e outros.

30 Cf. M. Camango, *Villa Kyrial* (*Crônica da Belle Époque Paulistana*).

31 A Diretoria Artística do MAM é dividida, em 1950, por Villanovas Artigas, Álvaro Bittencourt, Sergio Milliet, Jacob Ruchti e Francisco de Almeida Salles.

32 *Habitat*, n. 1, p. 2-16.

33 Tem publicados uma casa na *Architectural Forum* de novembro de 1947, e um hospital na revista italiana *Comunità* de fevereiro de 1949, obras citadas na revista *South African Architectural Record*, n. 7, 1950; concomitantemente ou logo em seguida à publicação de suas casas na *Habitat* terá obras divulgadas nas revistas *Arquitetura e Engenharia*, jun. 1951; *Revista Politécnica*, maio-jun. 1951 e jul.-ago. 1951; na edição de agosto de 1952 de *L'Architecture d'Aujourd'Hui* – e esse fluxo não só não é interrompido ao longo dos anos de 1950, como se incrementa grandemente. Sem falar na publicação de seus textos na revista *Fundamentos* n. 18, mai. 1951; n. 23, dez. 1951; n. 24, jan. 1952. Isso se pararmos em 1952. Lina, aliás, é adepta da mesma ficção, como nota Maria Cristina Nascentes Cabral: "É curioso que Lina Bo tenha criticado os arquitetos brasileiros que buscavam reconhecimento, ao mesmo tempo que seus projetos eram amplamente divulgados e publicados. Só a sua residência no Morumbi foi publicada em oito revistas em seis países diferentes até 1956, e note-se que foi seu primeiro projeto" M. C. N. Cabral, *Racionalismo Arquitetônico de Lina Bo Bardi*, p. 18, nota 25.

34 Essa contradição é típica de Vilanova Artigas, e esclarecedora de seu viés trágico (no sentido grego do termo), e foi analisada com mais vagar no capítulo Brutalismo Paulista: entre o Ser e o não Ser, R. V. Zein, *Arquitetura Brasileira, Escola Paulista e as Casas de Paulo Mendes da Rocha*, p. 23--27.

35 Uma década e meia depois, Yves Bruand assumirá o mesmo papel de "voz do mestre" no capítulo sobre o Brutalismo Paulista de seu livro *Arquitetura Contemporânea no Brasil*, que também parece ressumar, de forma até mais literal, ideias declaradas mas não abertamente divulgadas do mestre Artigas. Outro provável intérprete, se bem que mais solto, foi o editor da *Zodiac*, Bruno Alfieri, cf. B. Alfieri, Rapporto Brasile, *Zodiac*, n. 6, maio, 1960, p. 57-58.

36 Lina colabora em diversas revistas italianas como *Grazia* (1941), *Stile* (1941-1942), *Bellezza* (1942), *Domus* (1943-1946) e no semanário de arquitetura *A / Cultura della Vita* (1946), fundada e dirigida por ela, Bruno Zevi e Carlo Pagani. Cf. M. C. Ferraz, *Lina Bo Bardi*, p. 26-31.

37 *Habitat*, n. 2, p. 3.

38 A análise completa desse artigo pode ser consultada em R. V. Zein, *A Arquitetura da Escola Paulista Brutalista 1953-1973*, p. 56-58.

39 Cujo símbolo foi a reinauguração do Museu do Ipiranga em 1922, agora decorado com as figuras da "paulistanidade" sob a direção de Affonso Taunay. Cf. J. S. Witter (coord.), *Acervos do Museu Paulista/USP (Museu do Ipiranga)*.

4. AS CRÍTICAS INTERNACIONAIS, NO AMBIENTE
PAULISTANO, À ESCOLA CARIOCA

40 A Hochschule für Gestaltungen Ulm. Cronologia e informações sobre Bill extraídas da publicação *2G*, n. 29/30, 2004, dedicada a "Max Bill, Architect".

41 Um artigo na revista *Habitat*, n. 2, p. 61-66, de abrangência genérica, provavelmente realizado antes de sua visita ao país; uma entrevista em 1953 concedida à revista *Manchete* e republicada na *Habitat*; e a transcrição da polêmica conferência que havia realizado naquele ano, no auditório da Faculdade de Arquitetura e Urbanismo da Universidade de São Paulo, publicada em 1954, também na *Habitat*.

42 *Habitat*, n. 12, p. 34-35.

43 A leviandade de todas essas afirmações confirma o parecer de Carlos Eduardo Dias Comas: "superficialidade é uma das críticas recorrentes à arquitetura moderna brasileira, mas aqui, como em outros casos, é provável que não seja senão superficialidade do analista". C. E. D. Comas, *Precisões Brasileiras sobre um Estado Passado da Arquitetura e Urbanismo Modernos*, p. 25.

44 Dedução fundamentada no fato de se repetirem ali os mesmos argumentos e razões do texto Bela Criança, acima analisado: o país ser jovem; a necessidade de criticar as fraquezas da arquitetura brasileira; a menção ao "hóspede que fomos buscar na Suíça" e outros índices mais.

45 Singularmente, trata-se de uma página extra em papel diferente, inserida em meio a uma extensa

matéria sobre Walter Gropius, arquiteto que Bill elogia e indica como mestre notável, que saberia trabalhar em equipe e era equilibrado, em contraposição aos exageros passionais corbusianos e brasileiros, e que ele recomenda aos alunos que apreciem e aproveitem melhor. M. Bill, O Arquiteto, a Arquitetura, a Sociedade, *Habitat*, n. 14, p. 26-27.

46 O aspecto oculto dessa crítica, do qual Max Bill certamente sequer dá-se conta, é que exuma um intolerante eurocentrismo colonialista, que não pode admitir a predominância das periferias exceto enquanto manifestação "exótica". Pois que, no mesmo texto, elogia os mestres, inclusive Le Corbusier, mas não suporta que seus ensinamentos – que incluem os quatro "erros" por ele citados – possam ser adotados e exercitados em terras tropicais, e principalmente ser exercidos, como o fazem os arquitetos da escola carioca, de maneira tão à vontade, híbrida, mesclada; a seu ver, sem rigor – mas de fato, criativamente.

47 L. B. Bardi, *Contribuição Propedêutica ao Ensino da Teoria da Arquitetura*, p. 47.

48 O tema também comparece no título da tese apresentada pelo professor Paulo de Camargo e Almeida para o provimento da cátedra n.16 daquela escola [*Função Social do Arquiteto*]: Almeida fez parte da equipe de João Batista Vilanova Artigas no concurso para o Plano Piloto de Brasília, e que incluía também Carlos Cascaldi e Mário Wagner Vieira da Cunha.

49 A aula magistral de Artigas no concurso para professor titular foi reproduzida na revista *Projeto* n. 66, p. 73-78, citação p. 74. Mesmo após o casal Bardi se afastar nominalmente do corpo editorial da *Habitat* (a partir da edição de número 15) seguem e exacerbam-se as críticas, que passam a estar tingidas de certo chauvinismo pelos "valores paulistas" e por uma crescente intolerância em relação aos protagonistas da escola carioca, particularmente a Oscar Niemeyer, chegando nos anos seguintes a fazer franca oposição à construção de Brasília. A respeito ver R. V. Zein, *Arquitetura da Escola Paulista Brutalista, 1953-1973*, p. 61-64.

Diálogos (1955-1965)

1.
Identidade Nacional:
Mudanças nos Paradigmas Arquitetônicos nos Anos de 1950

oa parte dos autores que tem buscado realizar uma revisão crítica da historiografia da arquitetura brasileira segue mantendo, para sua explicação, um esquema sequencial linear simples, que a considera segundo três momentos sucessivos e mais ou menos estanques[1]: a. Movimento Moderno (com foco nas realizações cariocas); b. Brasília; c. Pós-Brasília (com foco na multiplicidade de tendências do período após 1980). Tal esquema pretende celebrar a "unidade" da arquitetura moderna brasileira, e, para fazê-lo prefere recortá-la de maneira excludente e seletiva. Por isso não apenas desconsidera, como não permite que se insira, nesse esquema, de maneira consistente, quase todas as arquiteturas realizadas no Brasil durante pelo menos uma quinzena de anos, de 1960 até meados dos anos de 1970, nem chega a dar-se conta das profundas mudanças de paradigma que ocorreram ao longo da década de 1950. Sem ser incorreta, trata-se de uma visão imprecisa e insuficiente[2] que, apostando numa linearidade estrita e numa homogeneidade impossível, dificulta a compreensão correta dos acontecimentos das duas décadas seguintes – 1960-1970 – e das profundas mudanças que viriam a ocorrer em todo o panorama brasileiro da segunda metade do século XX.

Compartilhando do enfoque de outros pesquisadores que estão igualmente em busca de uma ampliação desse escopo, mostrando-se mais atentos à importância das diferenças, descontinuidades e contradições – que inevitavelmente permeiam o campo quando se busca olhar com mais precisão a suposta "unidade" da arquitetura brasileira do século XX –, busca-se aqui ativar uma visão de cunho pluralista, cujo objetivo não é negar ou reafirmar tal "unidade", mas tornar explícita sua, desde sempre, convivência com a variedade – para assim melhor re-conhecê-la.

A inauguração de Brasília é sem dúvida um marco indiscutível na arquitetura brasileira e na sua historiografia – mas além de ser um ápice, ela parece indicar também a ocorrência de um ponto de mutação. Que, se não foi provocado, certamente foi alimentado por ela. É recorrente a sensação difusa, glosada por vários autores, de que após Brasília a "arquitetura brasileira", de alguma maneira, "perdeu seu rumo". Tal percepção deriva, principalmente, de um desejo desmedido de se manter intacta e intocada a continuidade dos paradigmas que, pelo menos até o início dos anos de 1950, seguiam vigentes; somada à desilusão por essa continuidade não se ter realizado, ou se ter revelado, na prática, inexequível.

Entretanto, a arquitetura brasileira não acabou, nem perdeu seu rumo. Apenas mudou, como não poderia deixar de ser, transitando para outros paradigmas, cujas lógicas tampouco estão limitadas apenas pelos acontecimentos locais, mas igualmente repercutem, sintonizam e reversamente influenciam o panorama internacional. Mudanças que não se iniciam no exato momento de 1960, nem tem como causa exclusiva a inauguração de Brasília; mas que vinham se preparando pelo menos desde o início da década de 1950, e por várias e complexas razões.

Do ponto de vista puramente quantitativo a arquitetura brasileira vai, de fato, a partir da década de 1960, se consolidar, ampliando e desdobrando novos horizontes profissionais: assim, não há como afirmar que a "arquitetura brasileira" tenha se acabado em Brasília. Mas, seria essa outra e expandida arquitetura, "brasileira"?

Ao que parece, portanto, o que estaria em questão era menos um fim e mais um processo de requalificação, no campo arquitetônico, da questão da identidade nacional – assunto não revelado, mas implícito no uso (ou na não autorização de uso) do qualificativo de "brasilidade". De fato há mudanças, e negá-las não ajuda a compreendê-las. Melhor, talvez, questioná-las: o que era, e o que passa a ser, a "arquitetura brasileira", antes e depois de Brasília? E como outras tendências presentes num momento imediatamente anterior, que se contrapõem à escola carioca, puderam servir de instrumento para ativar a transformação da "brasilidade" em arquitetura, colaborando na sua transformação?

Aceitamos, como princípio, que a "identidade" é sempre uma construção interessada, e nunca um absoluto imutável. Portanto, necessariamente ela será posta em questão pelo menos uma vez a cada geração, encontrando, a cada oportunidade, respostas distintas – até porque, de fato, tudo mudou, inclusive o passado (ou, ao menos, o recorte que cada momento histórico prefere realizar sobre o passado). Não há portanto uma essência imutável de "brasilidade", inata, a ser revelada – mas apenas e sempre, "brasilidades", configuradas conforme mudam os tempos e as vontades.

É assim que a expressão "arquitetura brasileira" é empregada, a modo de sinédoque, para qualificar certas arquiteturas brasileiras afiliadas à escola carioca ou aos seus cânones, realizadas nos anos de 1930-1960, atribuindo a essa quantidade relativamente restrita de obras, situadas num dado tempo e espaço e compartilhando um certo universo formal, o caráter de "representatividade" de todo um âmbito que se quer "nacional"[3]. O posterior esvaziamento de algumas de suas pautas e as transformações que confronta face ao fato urbano e arquitetônico de Brasília, além das várias mudanças em curso em nível internacional naquele momento (passada a reconstrução do pós-guerra), irão catalisar o surgimento de novas respostas à perenemente renovada questão da identidade nacional.

Tendo-se isso em conta não será difícil perceber como, pelo menos desde os anos de 1950, novos paradigmas estavam em fermentação e novas obras estavam em construção, os quais, mesmo de mau grado ou sem dar-se totalmente conta disso, viriam a reformular logo a seguir o que se poderia considerar como "arquitetura brasileira".

Mas se havia forças em jogo desejando mudanças, estas parecem ter sido caracterizadas por uma postura paradoxal: ao desejo ineludível de assumir a criação de outras arquiteturas, cujas novas feições pudessem estar mais acordes com os novos tempos, se somava o anseio, talvez impossível, de negar ou de jamais admitir estar-se propondo quaisquer descontinuidades com as feições anteriores.

Se observada em busca das mudanças, e não das continuidades, facilmente constata-se que a arquitetura brasileira (inclusive e principalmente a de alguns mestres da escola carioca) começa a passar por mudanças desde pelo menos meados dos anos de 1950; e que em fins da década de 1960 a "arquitetura brasileira" já havia assumido, para grande parte dos arquitetos brasileiros, outros significados, distintos daqueles que consolidara vinte ou trinta anos antes. Isso se revela, na prática arquitetônica, menos pela afiliação coerente a novos discursos e mais pela pura e simples adoção de outros paradigmas formais e construtivos. Tais paradigmas, nascidos nos anos de 1950, melhor estabelecidos nos anos de 1960 e amplamente expandidos nos anos 70, basicamente se filiam a um universo formal e construtivo compartilhado pelo "brutalismo", tendência que então se manifestava com grande força em várias instâncias do panorama internacional, e que também estava presente, sincrônica mas peculiarmente, no Brasil, sendo muito característica no âmbito de uma certa arquitetura paulista (embora não ocorra apenas em São Paulo, nem seja exclusivamente sua).

Tampouco se trata de substituir a "arquitetura brasileira carioca" pela "arquitetura brasileira paulista", não há, nem pode haver, uma mera substituição sequencial. Até porque, diferentemente da escola carioca, a arquitetura paulista desse momento, principalmente a de cunho brutalista, nunca chega a ter o apoio unânime da intelectualidade arquitetônica, requisito indispensável para sua entronização incontestável na categoria de lídima representante da identidade nacional. E isso, mesmo quando a maioria dos arquitetos brasileiros atuantes no período de 1960-1970, em qualquer parte do Brasil, tenham sido de alguma maneira influenciados, ainda que parcialmente, por seus paradigmas formais e construtivos (quer reconheçam isso abertamente ou não).

Se bem que a arquitetura brasileira da escola carioca ainda não fosse, finda a Segunda Guerra, plenamente hegemônica no panorama cultural do país, a grande qualidade das suas obras[4] e a aguda percepção de seu momento histórico promovida por Lúcio Costa vai colaborar para sua plena aceitação nacional como paradigma de brasilidade[5]. Assim, em todo o Brasil, a partir de fins dos anos 40, até pelo menos o advento de Brasília, há uma aceitação quase incontestável da predominância e da liderança da escola carioca e sua plena identificação com a "arquitetura brasileira". Somente após meados dos anos de 1950 é que começam a surgir obras que indicam claramente outros caminhos, de início sem muita clareza quanto à sua diversidade, refletindo igualmente certas mudanças importantes nas trajetórias e obras dos mestres internacionais, especialmente os últimos períodos das obras de Mies van der Rohe e Le Corbusier. Mas somente na virada para os anos 60 essas obras viriam a consistentemente atingir veios que podem ser considerados como evidentemente distintos, inclusive pela percepção da crítica[6] – sendo, somente a partir de então, grosseiramente reunidos sob a rubrica do "brutalismo"[7].

Coincidindo com a inauguração de Brasília e com o progressivo esgotamento das pautas da escola carioca surgem, a partir de fins da década de 1950, e principalmente nos anos 60, a maioria das obras exemplares da arquitetura brutalista tanto no mundo como no Brasil. Aqui aparecem inicialmente quase que circunscritas ao panorama paulista, com algumas exceções notáveis, e somente em fins dos anos 60 em diante essa tendência vai se tornar, se não hegemônica, ao menos universalmente difundida nas demais regiões brasileiras, difusão e aceitação que paralelamente ocorre também na maioria dos países do mundo, com ênfase nos menos desenvolvidos, chegando mesmo a gerar uma atitude de cunho "vernacularizante" que veio a caracterizar a arquitetura daquele período, genericamente denominada como "brutalista"[8].

No suceder inevitável dos tempos, cuja impermanência desafia as construções humanas tanto físicas como ideológicas, também essa arquitetura veio a ser execrada pela geração seguinte – a geração que fará a "revisão crítica da modernidade", no Brasil como no mundo. No panorama internacional vai-se levantar a hipótese de terem ocorrido vários "desvios" da modernidade, arbitrariamente recortada e definida como sendo apenas aquela idealizada por certas vanguardas europeias do início do século XX; no Brasil, sem que haja uma clara sistematização crítica, mesmo assim fala-se da "perda de rumos", tomando como foco de origem a arquitetura moderna, carioca, dos anos de 1930-1950. Essas críticas vão optar, excludentemente, ou por propor a retomada da "verdadeira" arquitetura moderna em seus primórdios de vanguarda, ou preferir considerá-la como esgotada e historicamente ultrapassada (sem de fato lhe tirar o *status* de verdade apriorística); tanto uma como a outra, de passagem e sem muita reflexão, rapidamente descartam o que denominam de "tardo-modernismo" dos anos de 1960-1970, que entendem como o momento ápice de um amaneiramento espúrio, passando solenemente a ignorá-lo. Essa é possivelmente uma das razões pela qual a arquitetura realizada naquelas décadas está ausente da maioria dos manuais de arquitetura recentes, no Brasil como em toda parte. Agora que passadas outras tantas décadas e que também as críticas da revisão da modernidade e os ataques da pós-modernidade já demonstraram suas limitações, o estudo e o adequado reconhecimento dessas arquiteturas torna-se uma tarefa tão necessária quanto inadiável.

Mas de novo, entre nós brasileiros, a situação segue sendo mais complicada. Reconhecer a qualidade da arquitetura realizada no Brasil nos anos 60 implica, necessariamente, mexer não apenas no vespeiro da "identidade nacional", como em ter suficiente sabedoria para saber distinguir e separar essa arquitetura das circunstâncias políticas negativas que abrumaram a todos os brasileiros naquele momento, face ao malfadado golpe militar de 1964 e seus posteriores desdobramentos. Acreditamos que a compreensão e o estudo aprofundado dessa arquitetura são necessários, e que isso permitirá, com certeza, a valorização de uma grande quantidade de obras de alta qualidade e interesse; percebendo-se assim que essa qualidade transcende as circunstâncias históricas sob as quais nasceram. E para evitar seguir apenas patinando no tema, sem jamais abordá-lo em termos propriamente arquitetônicos (como até agora vem ocorrendo), a única saída viável parece ser a de reafirmar e veementemente insistir em que é correto, lícito e viável assumir – como postulado *a priori* – a aceitação de uma autonomia relativa entre arquitetura e política.

Não é fácil questionar a armadilha da equivalência simplista entre arquitetura e política que vige na maioria dos debates intelectuais arquitetônicos brasileiros desde então, e que foi armada, em grande parte, pelos próprios intelectuais paulistas de esquerda, mas que segue ainda sendo ativada por muitos autores, como se continuasse relevante. Neste trabalho, tampouco se pretende a crítica ético-milenarista-ideologicizante que tem vincado vários estudos[9] sobre a escola paulista brutalista e continuadores: trata-se de postura datada, episódica e irrelevante, quando a meta proposta é a de compreender o papel dessa produção no seio da arquitetura brasileira do século XX, a partir do estudo de suas realizações, e com o fim de ajudar a compor, pela adição de um importante fragmento ausente, um panorama mais rico, múltiplo e complexo da arquitetura brasileira em senso amplo.

2.
Diálogos Alternados: Lina, Reidy e Vice-Versa

á alguns criadores que atingem a fama muito cedo enquanto outros permanecem na ampla sombra lançada pelos primeiros, em posição aparentemente secundária – quando, fossem outras as circunstâncias, talvez seu valor e importância tivessem sido reconhecidos de maneira mais ampla e firme. Parece ter sido esse o caso, em parte, de Affonso Eduardo Reidy, durante sua relativamente curta vida. Há outros criadores que se situam, apesar deles mesmos, à margem das correntes principais, e têm seus trabalhos aceitos não sem algum estranhamento por parte de seus contemporâneos, só vindo a ser postos em valor uma geração mais tarde, ou além. Talvez a tendência dos marginalizados seja opor-se ao grupo dominante, talvez seja justamente sua postura revolucionária que os marginalizou. Parece ter sido esse o caso de Lina Bo Bardi, que por ter vivido um pouco mais chegou a gozar ainda em vida de amplo reconhecimento – pois que mudaram-se os tempos e uma nova geração redescobriu-a.

De maneira alguma as obras desses dois autores eram desconhecidas em seu momento – muito ao contrário. Ambos sempre tiveram seus trabalhos divulgados nacional e internacionalmente, e até mais fora do Brasil do que internamente. E nenhum dos dois chegava a ser "um estranho no ninho" – eram apenas "desvios" de uma regra que, embora não existisse, mesmo assim prevalecia. Mas ambos não compartilharam apenas uma posição relativamente excêntrica em relação aos seus momentos históricos e aos seus meios profissionais imediatos (Reidy no Rio de Janeiro, Lina Bo Bardi em São Paulo): além disso, suas obras e trajetórias profissionais parecem ter tido outros pontos de contacto, inclusive do ponto de vista formal, com coincidências bastante instigantes.

A Casa de Vidro ❶ (São Paulo, 1951), como foi apelidada, foi a primeira obra integralmente projetada e construída por Lina Bo Bardi (embora não o primeiro projeto que levava a cabo). Sendo a residência da autora, é também uma obra que podia ser concebida e realizada de forma mais íntegra, com claro caráter de manifesto, como ela esclarece em seu texto na revista *Habitat*, onde foi publicada em 1953:

> esta casa é, num sentido, polêmica, como aliás deveriam ser todas as construções de arquitetos de responsabilidade, especialmente se não existem compromissos com o comitente. [...] Se um arquiteto da nova geração erra, isto se deve quase sempre à interferência do comitente. Neste caso, a situação foi outra: o comitente era o próprio arquiteto[10].

Affonso Eduardo Reidy passa a ser convidado habitual das páginas de *Habitat* justamente a partir da edição em que essa casa é mostrada, com a publicação do Colégio Brasil-Paraguay em Assunção[11] ❷, que pode ser considerado um antecedente formal do Museu de Arte Moderna do Rio de Janeiro (MAM-RJ), projeto de 1953. Além dessa presença é interessante notar outras relações que provavelmente se estabelecem entre Reidy e os paulistas, não apenas com o casal Bardi, mas igualmente com um dos seus convidados no Museu de Arte de São Paulo (Masp), como Max Bill: Reidy é o único arquiteto brasileiro que o azedume do criador suíço o permite citar sem criticar. Também é interessante notar que uma figura bastante chauvinista e pró-paulista como era Geraldo Ferraz, ao publicar na revista *Habitat*, na série de artigos denominada "Individualidades na História da Atual Arquitetura no Brasil", após dar destaque inicial a Gregori Warchavchik, irá ressaltar a importância de Affonso Eduardo Reidy no número posterior, seguindo-se artigos sobre Rino Levi e M.M.M. Roberto;

depois de uma pausa de alguns números, aparecem Lúcio Costa e Roberto Burle Marx. Não é inocente nem a ordem dos fatores nem o vazio intermediário e nem a ausência de Oscar Niemeyer. Reidy recebe e receberá[12], por parte dos paulistas, certo tratamento preferencial, que também lhe é dado pelos arquitetos internacionais que vêm a São Paulo convidados seja pelas Bienais, seja pelas exposições promovidas pelo Masp.

Não apenas Ferraz apreciava Reidy: também certamente Lina, ao menos enquanto arquiteta. É singular notar o quanto sua casa de vidro se aproxima formalmente da residência de Carmen Portinho ❸ em Jacarepaguá. A qual, embora só tenha sido publicada em 1954[13], consta na coletânea sobre a obra do autor com data de 1950[14]. As semelhanças entre ambos são impressionantes – as diferenças, idem[15]. Mas as proximidades são suficientes para sugerir uma razoável sintonia.

Teria sido mesmo uma coincidência fortuita e sem maior importância se ela não se repetisse em outras ocasiões, como é o caso dos projetos para quatro museus: o de São Vicente ❹ (1951) e o Masp Trianon ❺, de Lina (1958); o MAM-SP, no sítio Trianon ❻ (1952) e o MAM-RJ ❼, de Reidy (1953). E, a julgar pelas datas, a mão de direção é de Reidy para Lina, a segunda recriando o primeiro. Mas não necessariamente[16]. De qualquer maneira, é evidente o diálogo cruzado desses quatro museus, na forma, na implantação e mesmo nas questões e problemas funcionais que enfrentam. E se as propostas de Reidy se mostram mais plausíveis e amadurecidas, as de Lina se revelam mais polêmicas e talvez, por isso mesmo, menos acuradas.

Se estas aproximações parecem mais perceptíveis, sendo diálogos formais e projetuais entre obras com mesmo tema (casas ou museus), vale notar que há outras possíveis proximidades entre Reidy e o ambiente paulista dos anos 50; e talvez a presença de Reidy afete, mesmo que indiretamente, a nascente tendência brutalista. É significativo notar que a primeira obra brasileira na qual se identificam, e onde compareçem, inauguralmente, boa parte das características do brutalismo paulista[17], é o projeto do MAM-RJ (1953)[18]. De fato, trata-se da primeira (ou de uma das primeiras) importante obra pública brasileira totalmente realizada e acabada em concreto aparente, num momento em que isso ainda era transgressão e novidade; deve-se considerar ainda que, até então, Reidy não mostrava muita vocação para a polêmica formal, embora suas obras fossem volta e meia polemicamente apropriadas por distintos grupos de interesse.

Reidy parece ser o pivô de muitos debates nos quais ele se encontra, talvez meio a contragosto, no olho do furacão – apesar de parecer que seu destino era ser sombra e segunda voz no coro. Enquanto isso, Lina se esforça por causar *frisson* num ambiente que solenemente a ignorará até muito mais tarde, deixando-a na sombra. Sua vocação era, obviamente, a polêmica, mas ela só a alcançará com a obra do Masp, nos anos de 1960, enquanto o seu reconhecimento e consagração tardará pelo menos até os anos 80 para começar a se realizar.

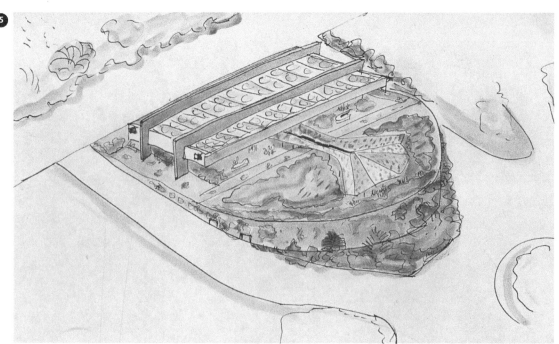

▶ Estudo. Desenho de Lina Bo Bardi.

④ ▲ Maquete

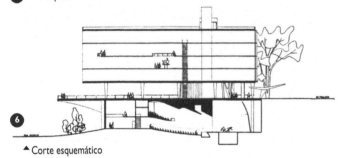

⑥ ▲ Corte esquemático

▲ Corte transversal

⑦ ▼ Vista aérea

3.
A Utopia Desnudando-se: O Concurso de Brasília

mbora as dissidências já estejam a infiltrar-se subterraneamente, os anos de 1950 ainda revelam ao mundo uma face mais evidente de convergência e unanimidade aparente. E os projetos que concorrem ao concurso para a nova capital, Brasília, são exemplo muito nítido dessa contraposição entre divergências potenciais que, por sua momentânea proximidade e similaridade, ainda não revelam as direções variadas de seus vetores, só constatáveis claramente em momentos posteriores.

Nos projetos dos concorrentes ao concurso de Brasília, o pluralismo formal comparece em distintas vertentes arquitetônicas: da linha mais "tradicional" (Le Corbusier do pré-guerra, escola carioca), à obra de arquitetos que buscam outras influências internacionais (Aalto, Le Corbusier do pós-guerra, Mies van der Rohe etc.), ao incipiente brutalismo, e ao estilo internacional corporativo dos anos 50, entre outras possibilidades. Apesar das diferenças há, entre todos, um nítido traço de união: arquitetos e suas arquiteturas estão todos convencidos das bondades da cidade moderna para fazer face ao "caos" urbano, que resultaria, segundo então se acreditava, da incapacidade do tecido urbano tradicional de responder a certas questões da atualidade, mormente o problema viário (que entre nós assume importância desmesurada por seu ar eficiente, para o olhar de então – ou predatório, para o olhar de hoje).

A crença nas vantagens utópicas do urbanismo moderno até então pouco haviam sido aplicadas de maneira plena, pois colidiam com as condições geográficas e históricas concretas de cada cidade, que ofereciam variados graus de resistência às intervenções baseadas nessas ideias. Assim, para se

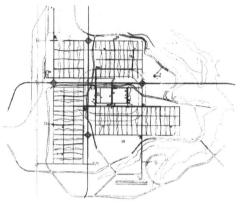

 Concurso de Brasília, 1957

▲ João Henrique Rocha, Baruch Milman e Ney F. Gonçalvez, segundo lugar.
▼ Henrique E. Mindlin e Giancarlo Palanti, quinto lugar.
▼ Pedro Paulino Guimarães e equipe.
▼ Eurípedes Santos.

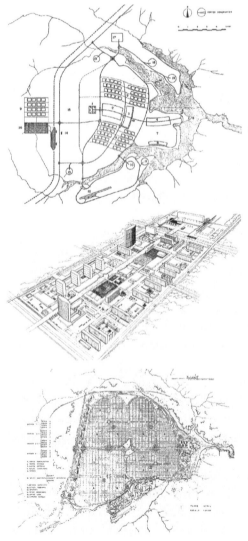

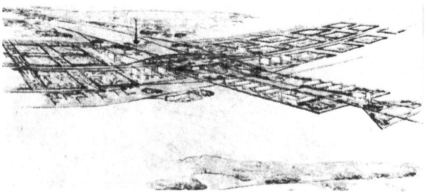

▲ Lúcio Costa, primeiro lugar.

compreender a importância da progressiva e inexorável implantação do urbanismo modernista desde meados do século XX, há de se levar em conta, como complicador da análise, as peculiaridades dos casos particulares que se apresentam. No Brasil, entretanto, é possível estudá-la de maneira quase laboratorial, em um caso exemplar, que nos permite uma melhor compreensão dos traços comuns que caracterizam o pensamento urbanístico dos anos de 1950; uma situação "ideal", em que aparentemente todas as condições estão dadas para que os arquitetos realizem, sem estorvos, as aspirações utópicas do urbanismo moderno: obviamente, o concurso de Brasília (1957). Sem restrições de verba, num terreno quase plano, sem a presença e o peso da história, era a possibilidade de liberdade criativa plena dos desejos dos arquitetos daquele momento.

Mas à parte as diferenças de aparência, todos os participantes do concurso de fato propõem soluções cuja similaridade conceitual é tão visível hoje como imperceptível na época ❾. Com a exceção do projeto ganhador, todas as propostas apresentadas não são especificamente projetos de uma capital nacional, mas modelos de cidade, "esquemas cujos princípios poderiam ser utilizados em situações variadas"[19]. Esses esquemas consistem em, pela ordem: a. um sistema viário estabelecido *a priori*, de vias expressas (complementado por vias locais e privadas), onde não faltam trevos e passagens de nível para evitar cruzamentos; b. os vazios da grande malha de vias principais abrigando setores habitacionais, comerciais, culturais ou administrativos, sempre estanques e distintos (variando a forma de ocupação arquitetônica: se por edifícios altos, altíssimos, baixos, dispersos, sequenciais etc.); c. muito espaço intersticial "sobrando", ou melhor, compondo a escala desejada de muitos vazios e poucos concentrados cheios; d. o traço paisagístico mais marcante e peculiar do lugar, o lago, é quase sempre encarado como barreira delimitatória da trama urbana, mais empecilho que fonte de inspiração, quando não é totalmente ignorado. O desenho do arruamento proposto na maioria dos projetos é a solução em malha ortogonal, mais rígida ou mais espalhada, com poucas exceções: a da cidade autossuficiente nuclear, que se multiplica em sequência (no projeto dos irmãos Roberto), e a da cidade linear

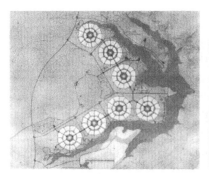
▲ M.M.M. Roberto, terceiro lugar.

▲ Rino Levi, Roberto Cerqueira César, Luiz Roberto Carvalho Franco e Paulo Fragoso, terceiro lugar.

▲ Construtécnica, Milton Ghiraldini, quinto lugar.

(extensível, no projeto de Guedes, Millan e Azevedo, delimitada, no projeto vencedor).

A questão de como deve funcionar uma cidade qualquer e não de como deveria ser a capital de um país é o que respondem todos os participantes – com a exceção do projeto ganhador. Nem poderia ser de outra forma, para bons discípulos da modernidade: o que se busca é uma reposta prototípica e genérica: "é para esse ser universal e abstrato que é o indivíduo moderno que são propostas novas estruturas urbanas"[20]. As soluções propostas muito devem aos estudos urbanísticos de Le Corbusier, realizados nos anos de 1920-1940, momento em que o mestre não estava interessado em definir o que poderia ser um centro simbólico nacional – ao contrário, sua Paris do Plano Voisin é a antítese da Paris centro do mundo, é apenas um exercício demonstrativo de como poderiam ser as cidades em geral. O problema da centralidade e da representatividade – e seu corolário, a monumentalidade – é ponto de conflito no movimento moderno, mesmo ainda nos anos de 1950; e apesar de já haverem então textos preocupados em debatê-lo[21], segue sendo uma característica considerada como negativa, ademais pela aproximação com o então recente exemplo dos excessos fascistas[22].

Embora pertinentes, se tomadas na lógica da modernidade à *outrance*, as críticas que negam a legitimidade do monumental pretendem ativar na modernidade uma ruptura com a história que é irreal. Nos anos de 1940-1950, principalmente em alguns textos esparsos de Collin Rowe então pouco conhecidos, também já se iniciara o debate sobre a ineludível presença da herança acadêmica no interior da modernidade. Não é de se estranhar que, naquele momento, não fosse bem compreendida a filiação acadêmica de algumas das ideias presentes na proposta de Lúcio Costa, que fosse negado seu enraizamento ainda mais profundo no espírito das cidades ideais renascentistas, ou que não se percebesse seu caráter de acrópole plana.

É compreensível que Brasília tenha sido mal entendida em seu momento – mas não é razoável que siga sendo mal interpretada. Seguir pretendendo que tais influências são descabidas é um paradoxo que, de um lado, revela claramente o beco sem saída do a-historicismo

▼ Joaquim Guedes, Carlos Milan, Liliana Guedes e Domingos Azevedo.
▼ Pedro Paulo de Melo Saraiva e Julio J. F. Neves.
▼ Predial Construtora, Ricardo Schroeder.

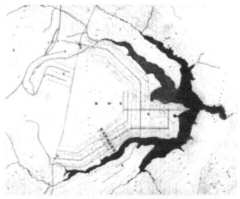
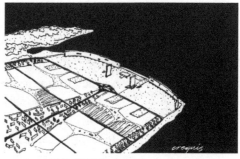
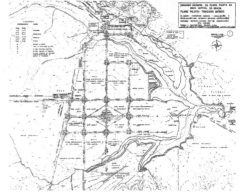

para o qual caminhava então a modernidade. De outro lado, nos faz meditar na genialidade de Lúcio Costa, mais uma vez realizando a síntese entre tradição e ruptura, reunindo sua ampla cultura arquitetônica aos seus ideais modernos para responder ao que de fato o concurso estava perguntando: o que poderia ser uma capital – e não o que devia ser uma cidade qualquer. Talvez a Brasília de Costa não seja a única resposta possível ao que devesse ser uma capital brasileira; mas com certeza foi a única resposta pertinente que naquele momento se apresentou.

Se bem revele um caráter "único", a Brasília de Costa não deixa de ser a expressão de um pensamento comum, que igualmente permeia as demais propostas do concurso: a concretização da utopia da cidade moderna, que por acréscimo de graça traria em seu bojo a sociedade sem contradições sociais e econômicas. A realidade dos fatos de sua implantação acaba pondo a nu, e sem contemplação, justamente o inverso: a incapacidade da arquitetura em transformar, por si mesma, a realidade política, social e econômica.

Presente no memorial de Lúcio Costa, a ideia de acomodar as diferentes classes sociais numa convivência harmônica numa mesma super-quadra é reveladora das reais intenções dessa utopia igualitária: não se pretende mudar o *status* social, mas harmonizá-lo espacialmente. E será essa utopia da democracia espacial que orientará (e segue ainda hoje embasando) todos os grandes projetos urbanos que a partir de Brasília são implantados em todas as cidades brasileiras, das grandes capitais a quaisquer cidades, através dos "planos diretores"; que mesmo quando raramente foram postos integralmente em prática, cumpriram seu papel de mudança na mentalidade do poder público a favor de algumas ideias que, até então, não eram vigentes, e que a partir de então passam a ser tomadas como "evidentes": a. o zoneamento como ordem urbana e o conjunto de regras que orientam o "uso do solo" (expressão que por si só demonstra a equação implícita cidade = mercadoria); b. as vias expressas como possibilidade de todos terem acesso a qualquer parte; c. a eliminação de gabaritos e controles formais por índices e coeficientes, permitindo a qualquer um compreender na ponta do lápis quanto vale seu pedaço de território urbano, sem precisar imaginar o que isso resulta como cidade ou até mesmo como arquitetura. Esses são alguns dos predicados dessa democracia espacial ainda presente no fim do século XX e com sobrevida no XXI, no discurso dos planejadores urbanos que se pretendem progressistas e nas plataformas dos políticos que se pretendem empreendedores. Ideias hoje tão inscritas no raciocínio do "bom senso comum" que se torna difícil contestar as falácias que contêm. Para demonstrar o sentido oligopolista dessas ideias, basta um exemplo: o incentivo (fiscal, de índices etc.) à incorporação e aos grandes projetos, em nome da alta densidade populacional e da economia de infraestrutura urbana, acaba sempre, inevitavelmente, servindo para congestionar algumas áreas e manter vazias outras em lucrativas operações imobiliárias, nem sempre de bom nível arquitetônico, e quase sempre com pouco ou nenhum respeito pela urbanidade em sentido amplo. Fatos seguidamente deplorados pelos arquitetos, que ao mesmo tempo seguem alimentando os pressupostos ideológicos que os embasam, fantasiados de verdades técnicas que se querem eternas e imutáveis quando são apenas consequências de uma visão de mundo precisa e estreita.

4.
Palácios de Brasília: Novos Rumos na Trajetória de Oscar Niemeyer

á um croqui de Oscar Niemeyer que alude à visão aérea do cruzamento das duas picadas em meio ao cerrado no Planalto Central (os dois eixos do Plano Piloto) e mostra, sobre fundo branco, um "x" em perspectiva e, ao lado do cruzamento dos eixos, duas figuras humanas em meio ao nada. Algumas linhas paralelas delimitam o desenho ao fundo indicando o horizonte[23]. Ora, o local, o sítio onde seria erguida a nova capital se mostra uma abstração, o cerrado natural seria arrasado, o lago Paranoá não está considerado. Brasília, espaço de representação de um novo Brasil – moderno, industrializado, educado –, tinha tudo para ser erguida sobre uma tábula rasa. O cerrado podia parecer grosseiro, as curvas do lago caprichosas, criando um local único, específico; a cidade moderna demandava não um sítio, mas um espaço abstrato.

Há uma coincidência entre as preocupações expostas por Oscar Niemeyer em alguns textos de meados dos anos 50, em que definiu novos rumos para sua obra, e a solicitação de representação de um novo Brasil *exabrupto*. Os textos procuram responder às críticas externas, mas também sinalizam suas preocupações arquitetônicas. O texto "Depoimento" é o mais contundente em explicitar essas preocupações:

> As obras de Brasília marcam, juntamente com o projeto para o Museu de Caracas, uma nova etapa no meu trabalho profissional. Etapa que se caracteriza por uma procura constante de concisão e pureza, e de maior atenção para com os problemas fundamentais da arquitetura. Esta etapa, que representa uma

9
Vista da fachada
e corte transversal

mudança no meu modo de projetar e, principalmente, de desenvolver os projetos, não surgiu sem meditação"[24].

E Niemeyer deixa claras suas novas "normas" quanto à forma plástica:

> Neste sentido, passaram a me interessar as soluções compactas, simples e geométricas; os problemas de hierarquia e de caráter arquitetônico; as conveniências de unidade e harmonia entre os edifícios e, ainda, que estes não mais se exprimam por seus elementos secundários, mas pela própria estrutura, devidamente integrada na concepção plástica original. Dentro do mesmo objetivo, passei a evitar as soluções recortadas ou compostas de muitos elementos, difíceis de se conterem numa forma pura e definida; os paramentos inclinados e as formas livres [...][25].

Trata-se de uma reforma no vocabulário plástico do arquiteto, a essa altura bastante banalizado por imitações ineptas. Mas, principalmente, Niemeyer defende uma arquitetura que trata consigo mesma, imersa num espaço genérico inerte, o qual não exerce demandas sobre a forma. As questões são de caráter e hierarquia, que dependem intrinsecamente do programa, ou seja, buscar o destaque para os edifícios excepcionais e a uniformidade para os programas comuns. A forma "geométrica" deve ser definida com a solução estrutural; Niemeyer defende uma arquitetura concebida como "volume" no espaço. Nesta nova fase, Niemeyer acirra a ideia do desafio estrutural, ou seja, ao entendimento do concreto como material plástico se soma a ideia do arrojo da estrutura. O projeto não construído para o Museu de Caracas ilustra à perfeição essas normas de conduta expostas no texto "Depoimento".

Os palácios de Brasília foram concebidos como caixas de vidro à Mies sendo que, na maioria das soluções, essas caixas estão protegidas por um peristilo nos seus dois lados maiores. Esse é o caso do Palácio da Alvorada ❾ (1956-1958), residência oficial do presidente da república. As famosas colunas do Alvorada, assimiladas afetivamente pelo Brasil afora, na verdade têm um papel estrutural menor, apoiando o trecho de laje que forma a *loggia*. O Alvorada tem três pavimentos: subsolo que se liga a um anexo de serviços também enterrado, térreo monumental e primeiro piso onde estão os cômodos privativos da família presidencial. Esta solução em três níveis é escamoteada pelo destaque que a colunata imprime à laje do piso térreo e à cobertura.

A revista *Acrópole*, em número especial dedicado a Brasília, publicou o seguinte comentário de Niemeyer acerca do Palácio da Alvorada:

> Na solução do Palácio Residencial de Brasília, procuramos adotar os princípios da simplicidade e pureza que, no passado, caracterizaram grandes obras

da arquitetura. Para isso evitamos as soluções recortadas, ricas de forma e elementos construtivos, (marquises, balcões, elementos de proteção, cores, materiais etc.), adotando um partido compacto e simples, onde a beleza decorresse apenas de suas proporções e da própria estrutura[26].

Esse ramerrão que passou a pontuar os textos de Oscar Niemeyer, quase como um *wishful thinking*, na verdade elude um tratamento de materiais exuberante: peristilo com piso de granito preto, colunas em mármore branco, balcão em granito verde, interior com elementos metálicos dourados e superfícies espelhadas, lembrando o Mies do Pavilhão de Barcelona (1929) ou da Casa Tugendhat (1930). Quanto à estrutura, enquanto a caixa de vidro é definida por colunas simples, cilíndricas, regularmente espaçadas em seus dois lados maiores, a colunata da *loggia* ostenta um desenho livre a serviço de determinados efeitos plásticos perseguidos pelo arquiteto. Assim, a interrupção assimétrica da colunata marca a entrada monumental do Palácio, seu desenho estimula a impressão de que o edifício apenas toca o solo, noção reforçada tanto pela inversão do sentido da arcada, como pela sombra lançada abaixo da laje do piso térreo. O projeto para o Palácio da Alvorada, com sua cobertura tripartida (*loggia*, corpo principal, *loggia*) e o inusitado desenho ondulado da colunata externa que não tem ressonância na solução do corpo principal, parece concebido em duas partes: caixa de vidro abrigando o programa e peristilos laterais, quase como uma decoração aposta.

O Palácio do Planalto (1958) e o Supremo Tribunal Federal (1958) são variações sobre o mesmo tema, ou seja, a caixa de vidro e o peristilo lateral. Como no caso do Palácio da Alvorada, os pilares da *loggia* do Palácio do Planalto, esbeltos junto ao solo e à laje de cobertura, têm um engrossamento junto à laje do piso nobre, ao qual se tem acesso direto

⓫ ▲ Vista geral
　▶ Interior

por meio de uma rampa, posicionada assimetricamente. No Planalto, o térreo é ocupado por serviços e três pavimentos superiores estão enfeixados entre a laje destacada do piso nobre e a laje de cobertura. Também no Planalto, a caixa de vidro que contém o programa do edifício tem estrutura em pilares cilíndricos de concreto, regularmente espaçados, ou seja, os pilares do peristilo sustentam apenas parte da carga do balanço da cobertura. A solução, algo contraditória, por um lado, não nega o caráter prioritariamente plástico dos pilares do peristilo, por exemplo, ao interromper sua sequência na fachada que descortina a praça para enfatizar a entrada nobre. Por outro, busca a impressão visual de um exoesqueleto de concreto armado que contém a caixa de vidro.

A afirmação, um tanto fácil, de que nos seus palácios de Brasília Niemeyer empregou caixas de vidro miesianas, merece uma reflexão. Mies van der Rohe, nomeado para o Instituto de Tecnologia de Armour (1938), depois Illinois, foi incumbido de projetar o novo complexo universitário. No desenho dos diversos institutos, Mies desenvolveu variações em torno do tipo "Pavilhão". Um espaço de dominante horizontal, em que a laje de piso principal, elevada em relação ao solo, e a de cobertura marcam os limites verticais do espaço, enquanto os limites horizontais são definidos por fechamento contínuo em vidro. No Crown Hall ⓫ do Illinois Institute of Technology (Chicago, Illinois, 1950-1956), o piso principal da área nobre está elevado a 1,82 m do solo, o acesso é feito por escadas: do lado sul, por ampla escada, com lances e patamar em mármore, pelo lado norte por duas escadas mais estreitas e simétricas. As atividades que exigiam subdivisões mais convencionais, como os serviços, salas de aula, alguns escritórios e oficinas foram colocados no subsolo. Deste nível só se percebe externamente uma faixa contínua de janelas que desponta ao nível do solo, e que internamente corre junto ao teto do pavimento. A laje que separa salão nobre e subsolo, e cuja presença é destacada na solução da obra, é suportada por sistema convencional de pilares de concreto armado, assim, a estrutura metálica que envolve o salão superior trabalha de maneira totalmente independente. Essa estrutura tem dois tipos de pilares, todos periféricos: os oito de maior seção que formam os quatro pórticos transversais que suportam a cobertura e sessenta e quatro de menor seção que dão rigidez à estrutura. No caso do Crown Hall, o pavimento nobre é um grande salão livre de apoios, em que divisórias baixas de madeira criam zonas distintas mas integradas num espaço contínuo.

Voltando à solução dada por Niemeyer para os palácios de Brasília, é possível perceber um diálogo com o partido pavilhonar concebido por Mies: a proporção horizontal, o programa contido numa caixa de vidro, a valorização visual das lajes do piso nobre e da cobertura, a solução de um pavimento semienterrado abrigando serviços, a ideia de uma superestrutura porticada que sustém a cobertura, naturalmente, no caso de Niemeyer, apenas visualmente sugerida, não efetiva. Nesse raciocínio, são desconcertantes as subversões feitas por Niemeyer, na propostal busca de assimetrias, na sugestão e simultânea negação da importância estrutural dos pilares da *loggia*, no tratamento plástico dos recortes de laje que permitem a integração do espaço entre os pavimentos nobres dos palácios, na posição clara em defesa de uma liberdade frente a uma norma estrita de condicionamento da forma.

O tipo "pavilhão" elaborado por Mies era animado pela ideia de criar um espaço universal, ou seja, a solução – corporificada em um organismo regido por uma ordem precisa sob cujo jugo estavam modulação, estrutura, caixilhos, paginação do piso –, em tese, se prestaria a qualquer função. É possível observar no Brasil, a partir de meados dos anos de 1950, a valorização de uma arquitetura capaz de dar uma resposta simples a um programa complexo, no que seria uma habilidade de síntese própria à arte: "a maior parte dos arquitetos brasileiros parece capaz de manejar os diversos problemas de um programa complexo e aparecer com uma planta térrea simples e concisa e com cortes claros e inteligentes"[27]. A arquitetura paulista brutalista tem inúmeras soluções em que adota uma divisão fluida do programa num espaço contínuo, em que se reconhece o mote de Mies. Os palácios de Brasília, graças a uma largueza no tratamento do espaço (aliás condizente com o programa), também transmitem a ideia de "simplicidade" na resolução dos diferentes programas: "o programa das necessidades, como já dissemos, imaginado com larguezas suficientes a permitir alterações de última hora de modo que nunca viesse a constituir um embaraço à composição final"[28].

Também sem embaraços para a solução final foi o sítio, nas palavras de Lemos: "o clima, soberbo; a paisagem plana do cerrado, a moldura chã e neutra, mais valendo o céu sempre azul; o perfil do terreno, manso, permitindo perspectivas e nunca exigindo grandes movimentos de terra"[29]. Ou seja, parece a própria imagem do plano euclidiano completado por temperatura sempre amena. A tênue proteção solar das caixas de vidro dos palácios de Brasília é dada pelo balanço da cobertura, no caso do Palácio da Alvorada nas duas faces com peristilo: noroeste e sudeste (aproximadamente); no caso do Palácio do Planalto e do Supremo Tribunal Federal o balanço é equivalente tanto nas faces com peristilo quanto nas laterais sem colunata externa. Essa solução torna o organismo simétrico: os peristilos do Palácio do Planalto e do Supremo Tribunal Federal estão colocados em orientações opostas. Essa simetria incentiva uma autonomia frente ao sítio, às visuais, à orientação.

Em dois palácios concebidos em 1962, o Ministério da Justiça ⓬ e o Palácio do Itamaraty ⓭, a solução da caixa de vidro e superestrutura de concreto se modifica. O arquiteto deixa de perseguir o efeito plástico de uma arquitetura suspensa do solo, apenas levemente apoiada. Em ambos, caixa de vidro e estrutura externa chegam ao chão sem artifícios. O Itamaraty tem uma solução de planta quadrada e peristilo nas quatro elevações. A colunata da *loggia*, que sustenta em parte a cobertura, forma arcos plenos de desenho apurado. O último piso é ocupado por um terraço, com isso a caixa de vidro não chega até a cobertura, levando à impressão de uma total independência entre, por um lado, a estrutura envoltória – cobertura e colunata –, e, por outro, a caixa de vidro abrigada em seu interior. No entanto, os pilares que sustentam as lajes do edifício chegam à cobertura em linhas paralelas.

Tanto no Itamaraty quanto no Palácio da Justiça o concreto da estrutura externa foi deixado aparente, refletindo um espírito de época tomado pela sensibilidade plástica do brutalismo. No Palácio da Justiça, a colunata do peristilo varia duas a duas: enquanto nas elevações de frente e fundos (SO e NE) há uma arcada estilizada[30], nas laterais (NO e SE) a colunata é formada por lâminas de concreto que compõem um quebra-sol gigante. Esses dois Palácios inspiraram arquiteturas pelo Brasil a fora. Por exemplo, a colunata de lâminas de concreto foi empregada de maneira semelhante no Tribunal de Contas do Paraná ⓮ (1967, Roberto Luiz Gandolfi e José Sanshotene), ou no Fórum do Judiciário de Teresina (1972, Acácio Gil Borsói, Janete Ferreira da Costa e Gilson Miranda).

Na sequência dos palácios projetados em Brasília, Niemeyer trabalhou dentro da ideia de modelo, ou seja, uma forma foi sendo trabalhada com pequenas variações, perseguindo um modelo moderno de palácio. Diferente do raciocínio de projeto dominante na escola carioca, em que um esquema flexível de estrutura, em geral pilares simples regularmente

espaçados e lajes em balanço[31], em associação aos cinco pontos para uma arquitetura moderna concebidos por Le Corbusier, fornecia uma norma, uma base comum, que depois era submetida e adaptada às diferenças de local, clima, materiais, tratamento de superfícies etc., método que permitia responder a diferentes demandas de caráter, gabarito, programa etc.

O tipo de palácio desenvolvido por Oscar Niemeyer em Brasília estimula também uma reflexão comparativa com um modelo trabalhado paralelamente na arquitetura paulista brutalista. O edifício da FAU-USP (São Paulo, Vilanova Artigas, 1961) é definido por uma grande cobertura que externamente se apoia em empenas-vigas de concreto armado, que descarregam em uma colunata externa de desenho original, formando um peristilo nas quatro faces do edifício. Pilares internos, de aparência cilíndrica[32], regularmente espaçados, apoiam as lajes dos diversos pisos e fornecem o apoio interno da cobertura. O programa se resolve contido quer por caixa de vidro no interior da superestrutura, quer pelas empenas-vigas de concreto. Como em alguns dos Palácios de Brasília, há um subsolo semienterrado com serviços de apoio: auditório, oficinas e laboratórios[33]. Além da grande empena contendo parte do programa, outra diferença nesse modelo trabalhado pela arquitetura paulista brutalista é o grande vazio interno semiaberto, percebido externamente pela interrupção da caixilharia no piso térreo junto à lateral das rampas e também em boa parte da elevação frontal, levando a uma ambiguidade e a uma gradação entre espaço interno e externo.

O entendimento da arquitetura de Oscar Niemeyer em Brasília como o apogeu ou ápice da escola carioca, ideia defendida por Yves Bruand e que se tornou por alguns anos um senso comum, não resiste à análise cuidadosa dos edifícios. Outro desdobramento dessa visão coloca Brasília (1960) como o encerramento de um ciclo, a partir do qual as experiências mais inovadoras na arquitetura brasileira teriam passado a São Paulo. Além de não resistir à análise dos edifícios, essa visão tão pouco resiste à cronologia dos eventos, uma vez que a renovação da arquitetura paulista em direção à sensibilidade brutalista teve suas primeiras obras em meados dos anos 50. Data que coincide com a inflexão na obra de Oscar Niemeyer que resultou nos palácios de Brasília; portanto, foram eventos paralelos, que mostraram um esgotamento das pautas da escola carioca[34]. A obra americana do arquiteto Mies van der Rohe, para além de análises mais específicas quanto a aspectos da forma, como, por exemplo, quanto à solução estrutural, é uma referência na arquitetura brasileira nesses anos. A autonomia e autossuficiência da forma plástica na arquitetura de Mies, no seu desenvolvimento de modelos-tipo de caráter universal, tem ressonância tanto na obra de Oscar Niemeyer quanto em alguns dos desenvolvimentos da arquitetura paulista brutalista.

Cidades novas em países do terceiro mundo, próximas no tempo, Brasília (1957-1960) e Chandigarh (1952-1965), muitas vezes foram forçadas a uma vizinhança quer em revistas de época, quer em histórias da arquitetura[35]. Para K. Frampton "pode-se argumentar que o desenvolvimento de Le Corbusier em Chandigarh prenunciou um ponto crítico na própria carreira de Niemeyer, pois claramente o trabalho de Niemeyer tornou-se crescentemente simplista e monumental após a publicação dos primeiros esboços para Chandigarh"[36]. Embora a dispersão espacial seja uma característica comum tanto ao eixo monumental em Brasília como ao capitólio em Chandigarh, a poética de Le Corbusier nos edifícios monumentais da capital do Punjab com a porosidade e profundidade do concreto nas fachadas, carregando um traço de ancestralidade, contrasta com as soluções dadas por Oscar Niemeyer em Brasília, em que a exploração plástica do concreto, a despeito das liberdades poéticas que o arquiteto se permite, explora a ideia do concreto como estrutura. Em comum, talvez, a criação a partir de referências levadas a quase nada.

5.
Brutalismo:
Uma Nova Sensibilidade Superficial e Plástica

m estudo *atento* e pormenorizado mostra que é possível estabelecer pontos de contacto disciplinares entre uma certa arquitetura realizada no Brasil nas décadas de 1950-1970 e os embates e tendências do ambiente arquitetônico mundial daquela época, justificando sua aproximação (mas não necessariamente uma plena identificação) entre essa arquitetura e o Brutalismo[37].

A revista inglesa *Architectural Review* [AR], engajada em vários debates internacionais e nacionais daquele momento, patrocina em suas páginas, em 1954, o *new brutalism*, reunindo algumas afirmações e propostas teóricas do casal de arquitetos Alison e Peter Smithson, aproveitando a oportunidade de inauguração da única obra que os arquitetos haviam realizado até aquele momento, a Escola de Hunstanton, Inglaterra, projetada cinco anos antes (1949-1954).

Em que pese a ser com certeza uma obra notável, não era sobre ela que os Smithsons estavam se referindo ao cunhar o *new brutalism*, nem tem ela nada da aparência formal e construtiva que marcará o brutalismo, da maneira como essa tendência virá a ser reconhecida a partir dos anos 1960[38] – diferentemente, a obra da escola parece ser uma resposta e um contraponto a outras tendências, principalmente às criações do Mies norte-americano, bem temperadas com alusões ao debate muito inglês sobre o palladianismo. Sua filiação miesiana é tão evidente que AR convida Philip Johnson (então miesiano de carteirinha) a comentá-la; Johnson inclusive lamenta que os Smithsons tenham abandonado a linha miesiana em favor do tal de brutalismo, que, sem dúvida, era outra coisa[39]. Mas a provocação parece ter sido oportuna, uma vez que dali em diante começam de fato a ocorrer, primeiro esparsamente (1955-

⑮

-1960), e depois mais fortemente (de 1960 em diante), na Inglaterra como em toda parte, obras que serão conhecidas como "brutalistas", que certamente muito devem às propostas corbusianas realizadas a partir da Unidade de Habitação de Marselha (1946-1949)⑮. O surto brutalista é mundial e concomitante, não havendo obras em nenhum país específico das quais se possa dizer que sejam anteriores a esse momento de meados dos anos de 1950[40].

Bem posteriormente, numa operação que pretende reivindicar a todo custo uma precedência duvidosa, apoiada mais em discursos que em obras, Banham organiza, em seu famoso livro de 1966, uma revisão historiográfica sobre o brutalismo, entronizando os Smithsons como seus patronos originais e inaugurais – apesar de o casal jamais ter se interessado pelo rótulo, criadores inquietos que eram, avessos a perfilar tendências, preferindo inventá-las e descartá-las a cada passo. Naquela altura de meados dos anos de 1960, o chamado brutalismo já contava com centenas de contribuições variadas, advindas de vários países (nem todos registrados por Banham, o que não significa que não tivessem contribuições a dar), compartilhando traços em comuns em tal grau que podem, sem muitas dúvidas, serem alinhadas sob uma rubrica de cunho estilístico, organizando – como propõe o próprio Banham[41] – uma conexão brutalista internacional.

Tanto a correta datação como a qualidade e pertinência de várias obras realizadas em meados dos anos de 1950 no Brasil, indicam sua total sincronicidade com o fenômeno: basta citar, para iniciar, o projeto para o MAM-RJ, de Affonso Eduardo Reidy (1953), ou o edifício E-1 da Escola de Engenharia de São Carlos, SP (Hélio Queiroz Duarte e Ernest Robert de Carvalho Mange, 1953), e, para continuar, ainda muitas outras, em quantidade e qualidade suficiente para garantir, sem dar muita margem a dúvidas, o *status* de contraparte local de um importante conjunto de obras brasileiras da vasta rede mundial de "conexões brutalistas" vigente naquele período. Essa notável sincronicidade, muito simples de constatar, entretanto não havia sido até recentemente destacada ou examinada. Sob o tema do brutalismo – ou sob o tema amplo das influências e trocas culturais e arquitetônicas no ambiente brasileiro e internacional – pesava uma certa antipatia que descartava e invalidava *a priori* o assunto, invocando para isso razões de ordem política, nascidas das oposições extremas acirradas pela chamada "guerra fria" que então vigia. Uma revisão desapaixonada e sem preconceitos daquela década deve inevitavelmente propor-se a superar esses limites então impostos, analisando mais detidamente as razões contrárias e favoráveis à definição e existência de uma arquitetura paulista brutalista, não a partir de preconceitos externos, mas da análise das obras[42]. Mas, para maior clareza, convém fazê-lo, após esclarecer porque, afinal, pesava sobre o tema essa surda interdição.

No contexto político do imediato pós-Segunda Guerra, a questão da identidade nacional se coloca como tema de grande relevância no debate intelectual das esquerdas, no Brasil e em outras partes. Mas a maneira como vai se buscar compreender a ideia de "identidade", nos anos de 1950-1960, vem a diferir profundamente daquela que havia animado a geração de intelectuais brasileiros das décadas anteriores à Segunda Guerra. Para os arquitetos da escola carioca dos anos de 1930-1940, liderados por Lúcio Costa, não era absolutamente problema admitir serem suas obras modernas o fruto da atenta e crítica observação dos ensinamentos de Le Corbusier: sabiam-se afiliados, mas não tinham qualquer dúvida de estarem fazendo uma versão brasileira, peculiar e até mesmo excepcional, da modernidade arquitetônica internacional. Já nos anos 50 o panorama se revela mais maniqueísta, tensionado por polaridades esquerda-direita, dependência-independência; de maneira que boa parte dos intelectuais brasileiros que se alinham, ou ao menos simpatizam, com o pensamento de esquerda, encontra problemas em lidar com essas relações de trocas culturais internacionais. Algumas alas mais radicais da esquerda tendiam, no limite, a ver na arquitetura moderna internacionalista as marcas da "opressão de classes", considerando-a contrária, ou ao menos contraditória, às aspirações políticas de independência, colocando sob suspeita quase xenofóbica quaisquer origens não locais de conceitos e formas que se manifestassem no campo artístico, inclusive na arquitetura moderna brasileira: admitir tais conexões passava a ser, para esses autores, confessar uma indesejada "dependência cultural".

Arquiteto da maior importância no panorama brasileiro desde os anos de 1940, militante comunista e intelectual de primeiro plano, João Batista Vilanova Artigas sugere, em seus escritos ideológicos dos anos 50, uma saída inteligente, embora tortuosa – mas talvez a única possível para ele naquele instante. Artigas propõe superar o impasse através de uma "atitude crítica em face da realidade" que sem negar a arquitetura moderna – que reconhece pertencer não a este ou aquele país ou autor, mas ao patrimônio cultural humano – deseja revalidá-la para uso dos arquitetos, inclusive os "progressistas", conectando-a com as "raízes brasileiras do universo". Ao mesmo tempo (e sem admitir a contradição), Artigas insiste em reafirmar e salvaguardar o estatuto de completa autonomia da busca artística e arquitetônica, mesmo em face de quaisquer injunções políticas, reivindicando para a arquitetura uma "liberdade sem limites no que tange ao uso formal". Em outros termos, Artigas validava o recurso a quaisquer fontes de influência e inspiração como condição *sine qua non* da criação artística, arquitetura incluída; mesmo se não pudesse, ideologicamente, aceitá-la abertamente.

Essa solução de compromisso, congenialmente política, se ancora indissoluvelmente nas contradições daquele momento, mas foi de certa utilidade, então, para evitar a negação da modernidade (em seu caráter universal, civilizatório e internacionalizante) ou a volta às formas regionalistas ou vernaculizantes (que Artigas considerava reacionária), como então propunham outras linhas de esquerda daquela época. Essa solução, ou escape, não chega a negar o brutalismo ou quaisquer outras discussões de gênero estilístico ou formal, nem a percepção de que a arquitetura moderna se desenvolve sempre em meio a debates internacionais que não podem ser de maneira nenhuma ignorados pelas manifestações nacionais; mas de fato invalidava *a priori* a oportunidade desse debate, já que toda e qualquer referência de filiação ao panorama internacional era vista como indesejável.

Desde uma perspectiva contemporânea, e faltando felizmente as certezas antagônicas e excludentes da época da guerra fria, restou a perplexidade do mestre e a teimosia de alguns discípulos em manter, de maneira a-histórica, estreita e sectária, uma visão de mundo que tende ao isolamento e ao solipsismo e a uma busca mais ou menos improfícua e isolacionista de raízes, que não leva em conta a cada vez mais crescente intercomunicabilidade mundial; tal busca chauvinista, não é nem viável nem satisfatória – embora siga sendo adotada, sem muita clareza, por variados autores que simplesmente se recusam a observar o assunto mais detidamente e sequer dão aos seus preconceitos uma explicação tão engenhosa como a de Vilanova Artigas.

Uma outra postura, distinta dessa, também nega relevância à questão do brutalismo; é aquela assumida pelos autores que preferem não pôr o assunto em relevância, de maneira a não confirmar quaisquer rupturas entre a arquitetura "paulista" [brutalista, mas o adjetivo é pudorosamente excluído] em face da "carioca", tentando provar a todo custo haverem apenas continuidades, assim negando o estatuto de coisa relativamente autônoma da arquitetura paulista brutalista. A argumentação enfeixada por esses autores[43] retoma e reembaralha afirmações esparsas de Artigas de maneira a tentar referendar, escolasticamente, uma oposição conceitual ao tema. Subjaz, nela também, a necessidade de priorização da identidade nacional; mas, no caso, vista como manutenção e continuidade de um bem já adquirido, estabelecido de uma vez e para sempre num passado de ouro.

Mas não é preciso adotar uma postura de negação das divergências para garantir a qualquer custo a identidade nacional: aqui, assumimos a noção de identidade não como fato a-histórico e perene, mas como construção cambiante e renovável. Por isso mesmo, não há necessidade de se forçar interpretações para evitar o desmantelamento da identidade "brasileira", porque esta não corre, em absoluto, esse risco: não é múmia a ser idolatrada, mas fênix sempre rediviva, renascendo cada vez que se consome em cinzas[44].

A Lição das Coisas: Características das Obras "Brutalistas"

É a partir da verificação pormenorizada dos exemplos, exaustivamente coletados, analisados e corretamente datados, que é possível melhor compreender a arquitetura do brutalismo. Um trabalho sistemático desse tipo pode chegar a definir algumas de suas características, como a seguir será feito. Cada uma dessas características pode, isoladamente, estar presente em arquiteturas não filiadas à tendência brutalista, mas é seu conjunto (mesmo que não totalmente completo) que conforma o recorte mais claro do panorama. Boa parte dessas características tampouco é exclusiva do brutalismo brasileiro e paulista, estando certamente em outras manifestações ou outros pontos da sua "conexão internacional"; enquanto algumas delas só comparecem com certa clareza nos exemplares do brutalismo paulista, principalmente no que se refere às características de cunho ideológico-discursivo. Mas de alguma maneira esse ponto é secundário: as obras de arquitetura são, a rigor, relativamente independentes das doutrinas que as fizeram nascer, transcendendo as intenções, declaradas ou não, de seus criadores.

Para melhor visualizarem-se as características das obras brutalistas, em especial, mas não exclusivamente exemplificadas pelas obras paulistas dos anos entre 1953 e 1973, pode-se agrupá-las segundo alguns temas, arbitrariamente definidos, mas que buscam dar conta de forma mais ou menos ampla desse universo: partido, composição (em planta e elevação), sistema construtivo, texturas e aparência lumínica, pretensões simbólico-conceituais.

Quanto ao partido: preferência pela solução em monobloco, ou em volume único abrigando todas as atividades e funções do programa atendido; havendo mais de um volume, ou corpo, há uma evidente hierarquia entre aquele principal e os demais, claramente secundários e apensos ao primeiro; a relação com o entorno se dá claramente por contraste visual, realizando a integração com o sítio basicamente através da franqueza dos acessos; procura de horizontalidade na solução volumétrica do edifício.

Quanto à composição: preferência pela solução em "caixa portante" (Citrohan, Le Corbusier); preferência pela solução em "planta genérica" (vãos completamente livres, Mies);

preferência pela solução de teto homogêneo em grelha uni ou bidirecional (à maneira miesiana), comumente sobreposta de maneira independente sobre as estruturas inferiores; emprego frequente de vazios verticais internos, muitas vezes associados a jogos de níveis/meios-níveis, em geral dispostos de maneira a valorizar visuais e percursos voltados para os espaços interiores comuns, cobertos, de uso indefinido; os espaços internos são geralmente organizados de maneira flexível, interconectada e não compartimentada; os elementos de circulação recebem grande destaque: se internos, definem zoneamento e usos, se externos, sua presença plástica é marcante; frequente concentração horizontal e vertical das funções de serviço, em núcleos compactos que muitas vezes definem a distribuição e zoneamento funcional dos demais ambientes.

Quanto às elevações: predominância dos cheios sobre os vazios nos paramentos, com poucas aberturas, ou com aberturas protegidas por balanços de extensões das lajes, inclusive de cobertura, com ou sem o auxílio de panos verticais pendurados (à maneira de lambrequins ou platibandas); frequente opção pela iluminação natural zenital complementar ou exclusiva, podendo-se considerar as coberturas como uma quinta fachada; inserção ou aposição de elementos complementares de caráter funcional-decorativo, como *sheds*, gárgulas, buzinotes, vigas-calha, canhões de luz etc., realizados quase sempre em concreto aparente.

Quanto ao sistema construtivo: emprego quase exclusivo de estruturas de concreto armado, algumas vezes protendido, utilizando lajes nervuradas uni ou bidirecionais, pórticos rígidos ou articulados, pilares com desenho trabalhado analogamente às forças estáticas suportadas, opção por vãos livres e balanços amplos; emprego constante de fechamentos em concreto armado fundido *in loco*, eventualmente aproveitado também em paredes e divisórias internas; as estruturas em concreto são quase sempre realizadas *in loco*, embora frequentemente o projeto preveja a possibilidade de sua pré-fabricação; emprego menos frequente, mas bastante habitual, de fechamentos em alvenaria de tijolos e/ou de blocos de concreto deixados aparentes; em alguns casos, prescindindo da estrutura em concreto; os volumes anexos são geralmente realizados em estrutura independente, mesmo quando internos ou abrigados sob o corpo principal.

Quanto às texturas e ambiência lumínica: as superfícies em concreto armado ou em alvenaria de tijolos ou blocos de concreto são deixadas aparentes, valorizando a rugosidade de textura obtida por sua manufatura, algumas vezes recebendo proteção por pintura, algumas vezes colorida, que ocorre apenas pontual e discretamente, sendo quase sempre aplicada diretamente sobre os materiais, sem prévio revestimento; as aberturas de iluminação natural laterais são quase sempre sombreadas por *brises* ou outros dispositivos, sendo comum a ausência de cor, ou predominância da cor natural do concreto, resultando numa iluminação natural fraca e difusa nas bordas, em contraste paradoxal com espaços centrais muitas vezes abundante e naturalmente iluminados graças a aberturas zenitais.

Características simbólico-conceituais: ênfase na austeridade e homogeneidade da solução arquitetônica obtidas por meio do uso de uma paleta bastante restrita de materiais; ênfase na construtividade da obra, no didatismo e clareza da solução estrutural; ênfase na noção de cada edifício enquanto protótipo potencial, ou ao menos em uma solução que busca ser cabal para se tornar exemplar e, no limite, repetível; ênfase na ideia de pré-fabricação como método ideal para a construção, apesar da rara possibilidade de sua realização efetiva, que ocorre em exemplos isolados, mas apenas com mais assiduidade após a década de 1970[45]; ênfase no caráter experimental de cada exercício arquitetônico, tanto construtiva quanto programaticamente.

Não se pretende que esse conjunto de características seja suficiente para compreender de maneira cabal e completa todas as obras da arquitetura brasileira brutalista em geral, paulista em particular. Trata-se apenas de um instrumento limitado, embora bastante efetivo para os fins a que se propõe.

> De momento é conveniente usar todos esses termos como implementos para a crítica, como generalizações de trabalho, de maneira a permitir que algumas ideias sejam desdobradas; e embora tais generalizações não possam respeitar, sequer remotamente, a espessura textual presente mesmo na mais elementar situação, se forem entendidos como não mais do que instrumentos, podem até fazer alguma justiça, mesmo que grosseira, aos fatos[46].

A Geração de Arquitetos Paulistas que se Inicia no Brutalismo

Em um panorama bastante restrito como o dos arquitetos brasileiros de finais da década de 1950 e começo da década de 1960, muito conectados entre si pela visita aos mesmos ambientes e com ativa participação nos órgãos de classe, teria havido sem dúvida um profícuo intercâmbio de ideias e várias aproximações criativas. Mesmo assim, não parece válida, por não se mostrar consistente, a hipótese aventada por Yves Bruand de que essa primeira geração de jovens arquitetos, que vai conformar o brutalismo na sua versão paulista, tivesse surgido, *a priori*, sob uma relação de subordinação em face da figura de Vilanova Artigas. Isso em nada diminui a importância de Artigas, autor de boa parte das obras mais significativas da arquitetura paulista brutalista, na qual ele seguramente se consagrou como um dos mais importantes mestres. Apenas reafirma-se uma constatação óbvia, mas que de alguma maneira ainda não foi percebida claramente: dispondo-se adequadamente ao longo da linha do tempo, com as datas corretas, as obras inaugurais da arquitetura paulista brutalista, constata-se a concomitância na atuação de seus principais autores, sem a precedência temporal de nenhum deles.

O levantamento das obras, sua correta datação e sua organização por autores dá conta do fato de ter havido certa coincidência entre o surgimento no Brasil dessa arquitetura brutalista e o de uma nova "geração" de arquitetos paulistas, que vai se iniciar profissionalmente desde suas primeiras obras já na tendência brutalista; há também, nesse período, um quase imediato realinhamento de posição de alguns outros arquitetos de gerações um pouco anteriores; e esses acontecimentos se darão ao redor de, e a partir de, 1955-1957.

> A renovação da arquitetura paulista contou com uma série de arquitetos que adquiriram muito cedo uma posição de destaque no cenário arquitetônico brasileiro. Nascidos entre o final dos anos de 1920 e começo dos trinta, formados nas escolas paulistas, estes arquitetos despontaram no meio arquitetônico no final da década de 1950 com obras premiadas e posições finalistas em concursos. Com isso tiveram sua produção divulgada nas publicações especializadas e passaram a compor e influir na ideia de arquitetura moderna brasileira.

> Com uma produção que respondia ao espírito da época, em que o apelo da engenharia, a preocupação com a racionalização dos processos construtivos e o desenvolvimento de soluções modelares inspiraram uma obra que deu volume à renovação da arquitetura moderna brasileira no período[47].

Exemplificando, podem-se incluir nessa geração os arquitetos Paulo Mendes da Rocha, João Eduardo de Gennaro, Pedro Paulo de Melo Saraiva, Carlos Millan, Fábio Penteado, Ruy Ohtake e João Walter Toscano, entre outros.

Note-se que o aparecimento dessa nova geração paulista que se inicia profissionalmente no cenário brasileiro, propondo obras de cunho brutalista, dá-se antes da inauguração de Brasília (mas parcialmente coincidente com o concurso e a construção da nova capital), paralelamente ao realinhamento da postura de alguns arquitetos que, por terem uma pequena diferença de idade, não se pode dizer que pertençam nitidamente a essa geração (até por sua experiência profissional ter se iniciado em momentos imediatamente anteriores), tais como Vilanova Artigas e Lina Bo Bardi. Assim, conquanto possa ser identificada certa homogeneidade de idade e formação entre os arquitetos da geração paulista brutalista, ao menos em seu momento inicial de surgimento, esta abrigou em seu seio também arquitetos de maior senioridade, que até mesmo chegaram, inclusive por sua mais ampla e anterior experiência profissional, a assumir um papel protagônico nesse panorama.

Justamente para ressaltar a originalidade e peculiaridade da contribuição da arquitetura brutalista proposta por essa geração de arquitetos paulistas, é importante colocar em relevo quais teriam sido, dentro do panorama internacional do pós-Segunda Guerra até o fim dos anos 60, aqueles criadores e obras mais significativos para a construção de seu marco referencial, cultural e arquitetônico. Há certamente vários mestres cujas obras serviram de precedente notável para o aparecimento do brutalismo em toda parte (e o Brasil não é exceção), notadamente o último Le Corbusier. No panorama brasileiro é igualmente importante a influência de Mies van der Rohe (em especial, mas não somente, nas suas estruturas porticadas) e o gosto pelos materiais aparentes e em estado bruto que vai caracterizar a obra de Frank Lloyd Wright, desde a década de 1930. Mestres locais já consagrados, como Oscar Niemeyer e Affonso Eduardo Reidy, contribuem igualmente para a configuração de algumas das pautas dessa arquitetura brutalista, por seguimento ou por contraposição. Outros arquitetos e suas obras do cenário internacional não podem deixar de ser citados, mesmo que sua presença se faça sentir mais secundariamente, como é o caso de Marcel Breuer. Em quaisquer casos, convém entender que o termo "influência" não implica em subordinação estrita, mas em livre escolha de referências pelo criador, que dentre as infinitas manifestações existentes seleciona as que melhor lhe parecem consoar com aquilo que deseja expressar. Em outras palavras: se determinadas referências se mostram significativas, é porque pareceram pertinentes, adequadas e iluminadoras para as questões e debates de interesse local – e apenas por isso é que puderam ser fecundantes.

O panorama paulista da época, e mesmo hoje em dia, reluta em aceitar qualquer tentativa de compreensão e análise dessas influências, confirmando a posição idiossincrática local em obstinadamente negar ou desconsiderar quaisquer tentativas de estabelecer associações diretas ou indiretas com possíveis precedentes arquitetônicos, especialmente os de origem não brasileira. Além dos debates políticos que embasam esse rechaço (acima apontados), alimenta essa recusa a chamada angústia da criação artística: "a influência é uma metáfora, que implica em uma matriz de relacionamentos – imagísticos, temporais, espirituais, psicológicos – todos em última análise de natureza defensiva"[48]. De alguma maneira a influência é fundamental para a criação, mas, ao mesmo tempo, ela deve ser negada: "chegar atrasado, em termos culturais, jamais é aceitável para um grande escritor" – ou para qualquer artista, arquitetos incluídos. A influência torna-se assim, segundo Bloom, um "fardo estimulante", e sua negação e superação, um dos motores ocultos da criação. Sendo a negação da influência parte inseparável da angústia criativa, revelá-la não precisa resultar em diminuição de valor do ato criador, "a influência poética não precisa tornar os poetas menos originais; com a mesma frequência os torna mais originais"[49]. A apropriação poética transforma e interpreta os precedentes: é esse movimento que caracteriza verdadeiramente o ato criativo.

Uma das Obras Iniciais do Brutalismo

James Stirling falava de um "estilo para a empreitada", indicando o pendor de alguns arquitetos em preferir "buscar a imagem correta [de cada obra], trabalhando conscienciosamente um programa em busca da solução ideal para um determinado tempo e um determinado lugar; então, não se pode esperar que apliquem um único estilo fixo para todo e qualquer edifício"[50]. Talvez por isso Stirling repudiasse para seu trabalho a etiqueta de "brutalista", apesar de ter realizado obras que qualquer crítico ou historiador certamente englobaria sob essa rubrica – como os apartamentos em Ham Common, em Londres[51]. Situações semelhantes de conflito entre o que as obras dizem, seus autores declaram ou deixam de fazê-lo, e a opinião da crítica contemporânea ou posterior ocorrem igualmente em outros países e regiões, e são comuns na arquitetura; mas a distância histórica permite compreender os fatos desde outras perspectivas.

Nos anos de 1950, ainda ninguém é propriamente brutalista, mas nas duas décadas seguintes boa parte das obras construídas vão se afiliar a essa tendência, na maioria das vezes por escolha estilística, assumida por várias razões – e inclusive porque passa a ser a maneira corrente de agir, ou, em outras palavras, porque entra na moda. O sucesso e a forte predominância posterior da tendência brutalista permitem que algumas obras sejam percebidas, mesmo que, retroativamente, também como brutalistas: nem tanto porque se lhes quer forçar uma congruência a essa definição, mas talvez porque já o eram sem dar--se conta, já que somente depois do início dos anos 60 é que os críticos e historiadores começam a perceber mais claramente, face ao crescente conjunto de obras que a denunciam, o fato de que tal tendência já estava presente de maneira consistente e recorrente no panorama.

O Edifício de Aulas E-1 da Escola de Engenharia da Universidade de São Paulo◉, em São Carlos, de Hélio Queiroz Duarte e Ernest Robert de Carvalho Mange (1953), foi projetado como parte da proposta geral de implantação do então novo *campus* da USP (1952), e sua execução arrastou-se por vários anos (ainda em 1956 estava apenas na estrutura, ficando pronto só em 1959)[52], e embora fosse parte de um conjunto de edifícios semelhantes, restou isolado e sem continuidade, como uma "solitária testemunha das nobres intenções do

16 Perspectiva, corte esquemático e detalhe do sistema construtivo

plano original"[53]. Subtraído o contexto que embasava sua proposição, o edifício ganhou fortuitamente um papel monumental e excepcional que em absoluto invalida sua qualidade intrínseca, embora frustre algumas de suas premissas prototípicas.

Entretanto, o edifício E-1 desde sempre assumira o papel de proposta singular, que os autores consideravam "obra rara no meio brasileiro e talvez experiência única em alguns aspectos"[54]. Sendo escola, e de engenharia, desejava-se que ela desse uma contribuição técnica ao ensino e à prática profissional, além de satisfazer plenamente suas necessidades pedagógicas. Assim, valorizou-se, em primeiro plano, "o critério de flexibilidade do espaço", a ser obtido através da "modulação e tipificação", que não se limitaria "aos elementos da estrutura resistente e de vedação interna e externa, [pois] as instalações hidráulicas e elétricas gozam também de absoluta flexibilidade [...sendo] solucionadas espacialmente em verdadeiras artérias horizontais e verticais permitindo permanente elaboração e inspeção"[55]. Os cuidados com a flexibilidade estenderam-se também a estudos sobre questões de conforto térmico, iluminação e acústica.

A solução portante em apoio único central foi justificada pela adaptação potencial a diferentes terrenos (justificando sua vocação prototípica e repetível), com "estrutura em árvore" de colunas conformadas por pilar duplo central espaçado a cada 16 módulos de 70 cm cada (11.20 m). Os planos horizontais estruturados em balanços simétricos de 4.55 m tornavam cada coluna responsável pela carga de uma área de cerca de até 125 m². O edifício, com largura de 16 módulos (11.20 m), e comprimento de 144 módulos (100.80 m), organiza-se longitudinalmente em um ritmo de quatro módulos em balanço, três intercolúnios com 16 módulos cada, um intercolúnio de 16 módulos abrigando sanitário, armários e escada, um intercolúnio especial de oito módulos abrigando dois WC e elevador, mais quatro intercolúnios de 16 módulos cada e outro balanço com quatro módulos. O bloco tem três pavimentos acima do nível piloti, deixado quase totalmente em aberto exceto pela delimitação de uma área de recepção e acesso; além de cobertura em terraço disposta sobre colchão de ar para melhor conforto térmico e facilidade de impermeabilização. A orientação norte-sul das longas fachadas, com corredores na face norte, evita a insolação direta nas áreas de aulas e espaços administrativos; a relativa pequena espessura do bloco facilita a ventilação cruzada. Um bloco de escadas e sanitários internos, centralizados, é complementado por duas escadas externas na fachada norte, na direção das penúltimas colunas de cada extremidade.

O corte estrutural esquemático explica e sintetiza a solução que, por assim dizer, nasce de sua extrusão longitudinal, alterada em sua regularidade apenas na porção central ou *core* de utilidades. A secção trapezoidal das vigas transversais além de adotar a forma estruturalmente mais econômica tem seu desenho mantido na solução dos forros que seguem sua linha inferior, criando vazios para o percurso das utilidades. A solução em coluna "dupla" amarrada, mostrando face contínua de um lado e dispondo um vazio do outro, facilita a passagem vertical de utilidades e o escoamento das águas pluviais da cobertura.

Embora a solução estrutural e formal tenha como precedente notável o Pavilhão Suíço na Cidade Universitária de Paris, de Le Corbusier (1930), difere deste em vários pontos importantes. No Pavilhão Suíço a estrutura em concreto com apoios centralizados é responsável apenas pelos pilotis e pelo primeiro plano de laje, seguindo dali para cima numa estrutura metálica leve, com modulação mais miúda que atende e organiza a compartimentação necessária ao uso habitacional; enquanto no edifício E-1 a solução em coluna central em concreto se prolonga verticalmente por todos os andares garantindo maior espaçamento estrutural e consequente flexibilidade dos usos nos pavimentos-tipo. Nestes, a regularidade na disposição dos intercolúnios definindo um grande módulo de 11.20 x 11.20 m, ao qual se acrescenta um balanço de 2.80 m nas extremidades menores do bloco, revela um raciocínio construtivo racionalizado e repetitivo, distinto da opção de Le Corbusier, que prefere manter a dimensão linear total da fachada equivalente a cinco dos seus intercolúnios (de cerca de 16.50 m), mas "deslocando para dentro" os últimos pilares das pontas, resultando em um vão menor seguido de balanço – solução sofisticada onde a lógica compositiva prevalece sobre a construtiva. A preferência compositiva também justifica a variação corbusiana no desenho das colunas, cuja secção se altera conforme a posição no seu conjunto e em relação aos acessos, sutilezas absolutamente distantes da maneira engenheiral paulista, que não deixa de atender à simetria e ao decoro, porém com simplicidade espartana, elevando a repetição, o mais homogênea possível, à norma.

Também razões de engenharia justificam a opção paulista pelo concreto armado deixado aparente – "procurou-se imprimir ao concreto o espírito de uma escola de futuros engenheiros" – e pela vontade em realizá-lo com "pré-fabricação máxima dos elementos tipificados da estrutura resistente e vedação"[56] o que permitiria executá-los sem andaimes externos e num prazo de seis meses. Alegava-se que assim o "processo construtivo avançado" se justificaria "tendo em vista razões econômicas": entenda-se, não por ser mais barato, mas porque a possibilidade de repetição, rapidez de execução e uso imediato contrabalançaria e diluiria relativamente os custos pela maior eficiência dos resultados. A delonga e incompletude das obras – característica frequente nesta e em inúmeras outras situações assemelhadas em construções posteriores, nascidas dos mesmos conceitos e vontades – transformaria algumas das obras dos anos seguintes, em geral de linha brutalista, em caros e belos protótipos de uma nunca atingida e sempre almejada industrialização da construção[57].

6.
Industrialização: A Experiência da UnB e Outras Experiências

A possibilidade de industrialização da construção civil foi um dos motes na renovação plástica da arquitetura no início do século XX, de tal forma que movimento moderno e indústria têm histórias emaranhadas. Ora, quando o Brasil do final dos anos de 1950, com um parque industrial mais consolidado, começa a ter os meios que poderiam permitir a industrialização da construção civil, surgem reflexos importantes sobre a arquitetura nacional. A mudança da capital federal para o interior do Brasil punha em pauta a construção de um importante marco da modernização do país, que estava em curso com a política desenvolvimentista de Juscelino Kubitschek. Neste contexto, é natural que a oportunidade de construção de uma nova capital tenha parecido para muitos a possibilidade de um salto tecnológico da construção civil no país. A proposta de Rino Levi para a capital federal (terceiro lugar junto com M.M.M. Roberto Arquitetos) tem esse caráter: os blocos residenciais, enormes lâminas de 300 m de altura, 400 m de largura e apenas 18 m de profundidade, foram concebidos com estrutura de aço, uma solução que buscava casar uma possibilidade de metrópole planejada com uma preocupação de desenvolvimento tecnológico do país, no caso promovendo a siderurgia nacional.

Juscelino Kubitschek venceu a eleição para a presidência da república com a promessa de que o país cresceria cinquenta anos em cinco. Nesses anos o PNB cresceu a uma taxa de 7,9% ao ano. A indústria de autopeças passou de 700 fábricas em 1955 para 1200 em 1960, tendo multiplicado por dez a mão de obra empregada. A produção de automóveis aumentou de 30.542 veículos em 1957 para 133.041 em 1960. Nos cinco anos do governo JK a rede de estradas pavimentadas aumentou em 300%[58]. Essa política nacional desenvolvimentista, em que a personalidade entusiástica do presidente atuou como um catalisador de forças latentes[59], foi em boa parte financiada com capital estrangeiro dirigido à indústria automobilística, à construção de estradas, transporte aéreo, eletricidade e aço. O governo investiu pesado na infraestrutura para o desenvolvimento, no entanto as consequências desse desenvolvimento não foram contempladas: quer a enorme demanda de habitação popular decorrente do afluxo de mão de obra para as cidades, quer a necessidade de investimentos em educação compatíveis com a ideia de um país que deixava para trás o atraso, desde a educação de base até a formação de quadros para suprir a demanda de profissionais especializados pela indústria. A capacidade conciliadora de Juscelino Kubitschek foi capaz de engajar interesses divergentes nas metas desenvolvimentistas, e ainda teve a capacidade de usar Brasília tanto para mascarar problemas quanto para imputar à cidade moderna sua solução maravilhosa.

Dessa forma, as expectativas com a educação foram canalizadas na criação da Universidade de Brasília (UnB), que seria o modelo para uma modernização profunda do setor universitário, que acabaria por reestruturar toda a educação, desde a base. Na UnB, a modernização dos currículos e a criação dos cursos necessários se daria mediante um novo conceito de universidade com maior intercâmbio entre áreas de conhecimento afins, de acordo com programa concebido por Darcy Ribeiro. Ao invés de faculdades isoladas, haveria cursos básicos comuns a uma área do conhecimento e só depois o aluno optaria por uma carreira profissional. A arquitetura do *campus*, por sua vez, buscou ensaiar soluções que visavam não só aos edifícios da UnB, mas ao desenvolvimento de tecnologias e soluções que pudessem ser generalizadas na construção de escolas e habitações de interesse social em todo o país. A industrialização da construção civil era questão central nestes anos, objetivo latente que animava, por exemplo, muitas das experimentações da arquitetura paulista brutalista. Na Residência Boris Fausto (1961-1964), Sérgio Ferro procurou conceber os componentes construtivos como peças numa montagem, encarando a obra como "protótipo", num gesto romântico, uma vez que não havia qualquer entendimento com a indústria. Ora, a solução dada à capital federal, cuja imagem em grande medida é identificada aos palácios de Oscar Niemeyer, parece apontar para o oposto da ideia de industrialização na arquitetura, noção ligada à busca do padrão, da norma, da repetição. No entanto, a análise dos palácios mostrou a eleição e desenvolvimento de tipos, com variações em torno de alguns princípios constantes, e também uma resolução ampla de programa, de modo a contemplar distintas solicitações. A experiência da UnB foi toda direcionada à pré-fabricação de componentes e, em boa medida, à concepção de edifícios genéricos, de uso aberto.

O Ceplan, Centro de Planejamento da Universidade de Brasília, foi o órgão encarregado dos projetos dos edifícios do *campus* e da condução da faculdade de arquitetura. Dirigido por Oscar Niemeyer, contou com a colaboração de João Filgueiras Lima, arquiteto cuja convicção na pertinência da industrialização da construção deu à sua obra um rumo que a orienta até hoje. A experiência da UnB – quer como reforma da educação, quer como experimentação de tecnologias de pré-fabricação – foi, em curto prazo, abortada, com a tomada do governo pelos militares em 1964. Em 1962, João Filgueiras Lima, o Lelé, chegou a ir para os países do leste europeu, então sob a cortina de ferro (União Soviética, Polônia, Alemanha Oriental, Tchecoslováquia) para observar a tecnologia de pré-fabricação lá empregada, com vistas a construir uma usina de pré-moldados na UnB. Em que pese a usina nunca ter sido construída, vários edifícios do *campus* foram concebidos com um caráter de uso genérico e construídos com elementos pré-fabricados.

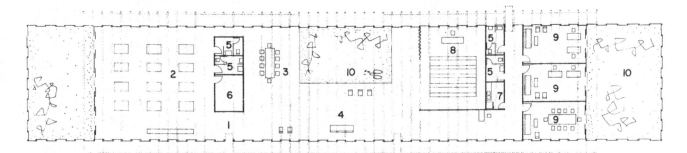

1. hall
2. sala de desenho
3. reuniões
4. exposições
5. sanitários
6. copiadora
7. copa
8. auditório
9. direção
10. jardim

❶ ▲ Planta

◀◀ Detalhes dos painéis "u" autoportantes

◀ Detalhes do encaixe dos painéis verticais com as vigas da cobertura

As instalações do Ceplan e da faculdade de arquitetura da UnB foram inicialmente abrigadas em galpões de uso geral concebidos por Oscar Niemeyer[60]. Estes galpões, extremamente despojados, são edifícios térreos e alongados. Painéis pré-moldados de concreto armado em forma de "u", autoportantes, dispostos de maneira alternada de forma a se encaixarem, formam as paredes externas e fornecem o apoio para as vigas protendidas da cobertura❶. O acabamento é dado pelas próprias peças pré-moldadas. Esses galpões, em consequência do sistema construtivo empregado, são blocos introspectivos, que se abrem para pátios internos. No seu interior a planta é livre. Essa solução remete à das "casas com pátios"❶ que foram concebidas por Mies van der Rohe nos anos de 1920. Na concepção de Mies, voltada a estudos sobre ocupação de quadra, um muro portante de tijolos delimita o terreno, uma laje de concreto cobre parcialmente o espaço, tendo o seu peso distribuído entre o muro e colunas de aço, definindo um espaço de planta livre, aberto para pátios internos.

A solução desses galpões❶ abre um interessante paralelo com as pesquisas na arquitetura do período, especialmente em dois aspectos: a busca de respostas simples a programas complexos[61], ou seja, a divisão fluida do programa em espaços contínuos e, também, certa autonomia do objeto em relação ao sítio. Ambas as características, praticamente inerentes à proposta de um espaço de uso genérico e construção em série, foram perseguidas em outros contextos, por exemplo, na concepção de residências unifamiliares nos anos de 1960 em São Paulo.

Tomar o lote como casa, definindo uma unidade autônoma e generalizável, parece uma forma de conciliar a estrutura fundiária urbana ao compromisso de ensaiar soluções modelares e generalizáveis para a

❶ Elevação e planta

19
- Vista do muro externo
- Pátio interno

20
- Detalhe da fachada
- Esquema do sistema construtivo
- Montagem da estrutura

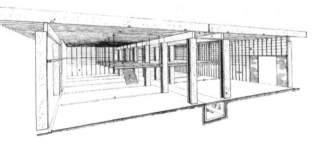

cidade moderna. Assim, em algumas residências paulistas[62], a concepção do projeto procurou subverter a ideia do edifício solto inserido num lote. Numa solução reiteradamente empregada, uma seção do terreno, de muro a muro, foi coberta com uma laje nervurada de concreto. Junto aos muros, respeitando o recuo lateral, a laje foi interrompida, formando uma pérgula, mas tudo se passa como se os muros fossem as paredes externas da casa; com isso, o recuo ganha a característica de espaço semi-interno, incorporado visualmente, graças a uma tênue cortina de vidro, ao espaço da residência. A casa, iluminada indiretamente por meio desses espaços laterais, funciona como uma unidade autônoma e introspectiva, com alto grau de independência em relação ao contexto urbano e seus vazios, suas vistas, seus pontos cardeais.

Outra proposta de galpão de uso geral na UnB foi desenvolvida por João Filgueiras Lima. Nesse modelo[20], com área aproximada de 5400 m², a pretensão de permitir uma adaptação ampla e irrestrita a diversos fins foi ainda mais radical. Lelé definiu um espaço retangular com pé-direito duplo. Estruturalmente o edifício se organiza em duas alas paralelas unidas por um corredor central entre colunas. Em cada uma das alas as vigas da cobertura estão levemente inclinadas para o centro, escoando numa canaleta que corre sobre o espaço central. Os pilares internos (junto ao corredor central) são duplos, permitindo a passagem de tubulações. Canaletas visitáveis seguem pelo piso na direção de cada um desses pilares, de forma a flexibilizar a localização de áreas molhadas. A vedação externa, igual em todas as faces, tem placas de concreto até certa altura e segue com vidros basculantes até a viga superior. Essa vedação corre imediatamente junto à face interna dos pilares, de maneira que esses sobressaem nas elevações marcando a modulação. Por fim, o espaço foi concebido de forma a poder absorver uma laje intermediária, com área variável, atirantada nas vigas da cobertura. Há então uma total liberdade de arranjo, desde o posicionamento das áreas molhadas, ao aumento de área por meio da laje intermediária, à possibilidade de manter ou não espaços de pé-direito duplo.

Esses galpões apresentam uma proposta um tanto paradoxal. Suas características formais, ou seja, a continuidade espacial e a possibilidade de integração visual entre os pavimentos por meio de ambientes com pé-direito duplo, só se mantêm com uma divisão fluida do programa, preservando, ao menos em parte, a continuidade espacial. Essa concepção é bastante afinada, por exemplo, com as pesquisas da arquitetura paulista no período, em que o conceito de "planta livre" transmutou-se em espaço contínuo. Na medida em que esses galpões acabaram tendo o mezanino em praticamente toda a sua extensão e foram compartimentados por meio de divisórias para abrigar os inúmeros usos da burocracia universitária, acabaram tendo um resultado geral sofrível.

Também de cunho genérico e modelar é o edifício inicialmente destinado a abrigar todas as unidades científicas de ensino básico da UnB: o Instituto Central de Ciências (ICC). Concebido por Oscar Niemeyer, com colaboração de João Filgueiras Lima, o edifício, além da flexibilidade de espaços, previa a possibilidade de expansão. Questão premente num momento em que a ideia de progresso e desenvolvimento acelerados tornava as necessidades futuras imprevisíveis, apontando para o perigo de uma rápida obsolescência dos organismos arquitetônicos.

Com suave curvatura, o ICC é formado por duas alas que correm paralelas com 30 m e 25 m de largura respectivamente e distantes 15 m uma da outra. Este espaço entre as alas foi concebido para a expansão dos laboratórios, inclusive admitindo que fossem definidos com tecnologia e formas próprias, condizentes com as necessidades de uso. Nunca ocupado

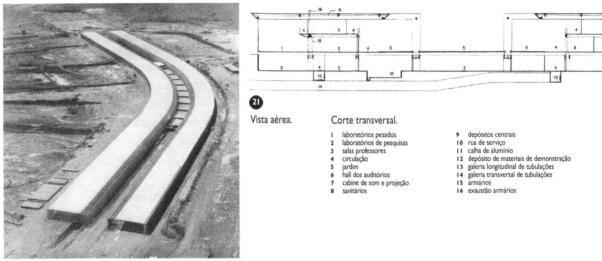

Vista aérea. Corte transversal.

1 laboratórios pesados
2 laboratórios de pesquisas
3 salas professores
4 circulação
5 jardim
6 hall dos auditórios
7 cabine de som e projeção
8 sanitários
9 depósitos centrais
10 rua de serviço
11 calha de alumínio
12 depósito de materiais de demonstração
13 galeria longitudinal de tubulações
14 galeria transversal de tubulações
15 armários
16 exaustão armários

para os fins previstos, esse espaço hoje é um jardim. A sequência dos pórticos de concreto, regularmente espaçados ao longo dos 720 m de extensão do edifício, reforça a ideia de repetição. Aqui não se trata de um galpão genérico a ser reproduzido, mas da repetição em sequência de uma mesma seção transversal do edifício. A sequência contínua só é interrompida nos acessos intermediários, pontos em que há integração entre as alas e se localiza a circulação vertical. Mas mesmo os acessos intermediários, em número de dois, conceitualmente são sequenciais, se repetindo a cada tantos metros de edifício.

O urbanismo disperso, pontuado por edifícios isolados do *campus* da UnB, representa um desafio à criação de espaços que propiciem o encontro e a troca entre os estudantes, garantindo uma vivência universitária estimulante, que naturalmente era parte integrante nessa concepção universitária renovadora. No ICC, potencializando a grande extensão do edifício, foram propostos dois corredores semiexternos que fazem as vezes de calçadas urbanas, condensando a circulação horizontal. Eles correm paralelos, margeando o espaço interno destinado à expansão dos laboratórios. Sua qualidade de espaço semiexterno foi assegurada pela extensão dos pórticos para além da área fechada, formando pérgulas que delimitam jardins contínuos que seguem margeando os corredores por todo o comprimento do edifício. Esses caminhos de pedestres, que pela escala adquirem um caráter de proposta urbana, permitem ao transeunte do *campus* cruzar todo o edifício no sentido longitudinal.

Assim como nos galpões de uso geral, no ICC também foi dada uma solução genérica para atender a um programa relativamente aberto em função quer da reforma universitária ainda embrionária, quer "das solicitações imprevisíveis que o progresso da ciência estabelece"[63]. Uma das alas foi destinada integralmente às salas de aula e a auditórios e a outra, com salas de pé-direito duplo, aos laboratórios. Concebido para ser inteiramente pré-fabricado, visando a máxima racionalidade construtiva, desde peças com furação para passagem de dutos, o edifício enfrentou algumas vicissitudes. No processo construtivo, com anuência de Oscar Niemeyer, teve sua grande metragem acrescida de um subsolo sob toda a extensão do bloco (720 x 70 m)[64]. Essa grande área acrescida no subsolo em função do terrapleno gerou espaços de má qualidade, que foram ocupados como depósitos e laboratórios. Em 1965, Oscar Niemeyer e Lelé foram demitidos da UnB, com isso a construção do ICC sofreu adaptações à revelia, como vedações em tijolinho, ficando o acabamento comprometido. Hoje o ICC abriga a maioria dos departamentos e faculdades da UnB, com ocupação semelhante nas duas alas.

A concepção do ICC, como a dos galpões de uso geral já analisados, se resume à definição de uma solução estrutural. No caso do ICC, os pórticos e o dimensionamento e posição

▲ Viga do piso com furo para passagem de tubulações.

▲ Caminho de pedestres.

▼ Vista da fachada lateral.

da laje do primeiro piso, que cria ou não os espaços de pé-direito duplo, definem a seção transversal que se repete ao longo de todo o comprimento do edifício. São soluções estruturais que formam exoesqueletos marcantes na expressão formal do edifício, minimizando os apoios internos. Em que pese seu objetivo de flexibilidade e adaptabilidade, são estruturas impositivas, que necessariamente relegam às divisórias um papel secundário e mesmo mal quisto, uma vez que as divisórias não deixam de reduzir e amesquinhar sua potencialidade espacial. Mais uma vez cabe destacar a conformidade dessas experiências de pré-fabricação de componentes e definição de espaços de uso genérico com as experiências levadas a cabo pela vanguarda paulista no período, tanto na valorização e exposição dos elementos estruturais, quanto na definição de um volume espacial contínuo e integrado, abrangendo a busca de soluções modelares, mostrando uma sensibilidade de época bastante afinada. Se por um lado as experiências com pré-moldagem de elementos levaram a determinada expressão formal da arquitetura, por outro a sensibilidade plástica da época orientou as experiências com pré-moldagem, por exemplo, no sentido da importância da solução estrutural na expressão da arquitetura.

A experiência arquitetônica com pré-fabricação no *campus* da UnB adquiriu outra característica com o alojamento para professores, projeto de João Filgueiras Lima (Construtora: Christiani Nielsen s.a.). O Alojamento da Colina, na UnB (1963), como é conhecido, tem requintes de desenho em função do projeto de pré-fabricação; é em função das soluções construtivas que o bloco adquire sua singularidade e sua qualidade formal. Essa qualidade formal, para ser coerente com a ideia de pré-fabricação e industrialização da construção, portanto de soluções genéricas e repetíveis, havia que prescindir de soluções únicas ligadas, por exemplo, ao lugar, como uma solução decorrente da implantação em dado terreno, ou de texturas e coloridos próprios a determinado cenário. A qualidade estética do Alojamento da Colina é decorrente de um esforço de detalhamento dos elementos construtivos em direção

à clareza e ao didatismo da solução estrutural, buscando um resultado plástico – em termos de proporções, texturas, colorido –, dependente de um menor número de elementos e de maior autonomia e possibilidade de generalização.

São blocos laminares, com as faces menores cegas, sobre pilotis e estão todos implantados com a mesma orientação SO (dormitório, serviços)/NE (dormitórios, sala). O agenciamento previa conjuntos de quatro blocos – um, dois, um – em linhas alternadas, definindo uma praça entre os blocos[65].

Na solução do Alojamento da Colina, o papel da estrutura não é dominante na expressão formal, é coadjuvante. A solução estrutural permite o ritmo de saliência e reentrância que caracteriza os blocos. Assim vejamos: a estrutura de cada pavimento consiste em duas vigas paralelas de seção "U", protendidas, que correm no sentido longitudinal dos blocos. Essas vigas se apoiam, no extremo dos blocos, em pilares, aos quais são fixadas por pinos de aço e, intermediariamente, nas caixas de escada. Essas foram fundidas no local e atuam como elementos de contraventamento e rigidez da construção. No sentido transversal, lajes nervuradas, também protendidas, se apoiam nas vigas mantendo um pequeno balanço. Elementos pré-moldados de vedação se apoiam nas lajes, formando as caixas dos apartamentos. O primeiro pavimento é elevado do solo, mantendo no térreo o conceito dos pilotis, que permite, coerente com a ideia de solução genérica, o ajuste a distintas declividades. Com essa solução estrutural, os blocos de dominante horizontal (18 apartamentos em 3 pavimentos) assumem a aparência de quatro pequenos edifícios justapostos, devido à reentrância das caixas de escada. Essa impressão é reforçada pelo requinte de um pequeno afastamento entre os volumes das unidades habitacionais (laje e elementos de vedação) e os elementos estruturais verticais (pilares nas extremidades dos blocos

▲ Apoio das vigas "U" nos pilares
▼ Montagem e esquema do sistema construtivo

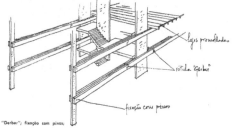

"Gerber"; fixação com pinos;

e caixas de escada), que permite maior explicitação do sistema de apoios do conjunto. A solução também permite destacar as escadas, elementos com função de uso diferenciada, que assumem o papel formal de reentrância, marcando o ritmo das elevações principais.

A solução do Alojamento da Colina, com sua definição estrutural sutil e a serviço de determinados efeitos, com o destaque funcional que têm as escadas, com a diferenciação entre as duas elevações principais (uma mais voltada ao uso social e outra aos serviços), acabou levando a um resultado bastante distinto do obtido nos edifícios analisados anteriormente em que uma aparência externa extremamente uniforme e homogênea, em grande parte definida pelo arcabouço estrutural, não permite perceber qualquer diferenciação de uso ou função. Pela especificidade do uso residencial, a busca de flexibilidade não levou, nesse caso, à definição de uma grande estrutura a ser loteada conforme as necessidades; o arquiteto propôs apartamentos maiores e menores e alguns agenciamentos de planta, de forma a contemplar tamanhos distintos de famílias ou professores solteiros. A existência de varandas social e de serviços no Alojamento permite apontar uma referência à solução dada por Lúcio Costa nos edifícios do Parque Guinle (1943-1944)[66]. Há, no entanto, que observar como essas duas propostas de conjuntos residenciais são paradigmáticas de dois momentos substancialmente distintos da arquitetura moderna brasileira, o que se reflete, por exemplo, na implantação: no Parque Guinle vinculada ao lugar, com um tratamento específico dos acessos no piso dos pilotis; na UnB buscando o conceito generalizante. Ou ainda, na diferença no emprego dos elementos vazados: nos edifícios do Parque Guinle formando um desenho peculiar pela alternância com quebra-sóis e a presença de aberturas para garantir a vista desimpedida; no Alojamento da Colina, numa solução genérica, cobrindo integralmente a face dos serviços, formando um plano contínuo em cada pavimento.

Em que pese a experiência específica da UnB ter sido sombreada pela repercussão dos edifícios do eixo monumental em Brasília, com a valorização feita pela crítica nacional da invenção, originalidade e liberdade formal da arquitetura de Oscar Niemeyer, uma conceituação então própria da ideia de arquitetura pré-fabricada – ausência de acabamentos, rigor na modulação, expressão plástica decorrente dos próprios elementos construtivos, uma postura esquemática e generalista nas implantações e resoluções do programa – tornou-se dominante na arquitetura nacional nos anos seguintes. Essa conceituação, associada a uma lógica própria da pré-fabricação e que vigorou numa espécie de "estilo de época", se deve também à influência do brutalismo paulista, cujas experiências foram nutridas, especialmente num primeiro momento, por um compromisso teórico com o objetivo da industrialização da construção.

A Flexibilidade de um Espaço Gerado a Partir de uma Unidade Espaçoestrutural

A Escola Senai de Sorocaba, do arquiteto Lúcio Grinover, teve sua solução ditada pela qualidade de iluminação natural, da interligação visual, e também pela concepção de um elemento estrutural gerador da forma: um paraboloide hiperbólico em concreto armado❷. Uma fileira central mais alta desses paraboloides permite um duplo lanternim❼, a luz que entra por essas aberturas se reflete nos paraboloides da linha

central pintados de branco, gerando uma luminosidade uniforme na oficina, acrescida por aberturas em vidro em toda a face sul.

O elemento estrutural, no entanto, incorpora um significado maior dentro do tipo de escola voltada à formação de mão de obra industrial, conforme a apresentação da obra:

> Iniciava-se um tipo de construção que, pela delicadeza e precisão requeridas, antecipava-se à pré-fabricação de elementos estruturais numa obra de grande porte. Estudou-se uma forma de madeira completamente desmontável, de reaproveitamento total para a concretagem do paraboloide hiperbólico seguinte[67].

No caso, a concepção de um elemento cuja repetição conforma a escola, um elemento que sintetiza estrutura e cobertura, cuja execução pode se dar por partes e ser ampliada no futuro, casa-se com o programa educacional da instituição: "A concepção e a construção desta Escola de Aprendizagem Industrial tiveram um papel preponderante nos sistemas de trabalho e na formação do pessoal do Serviço de Obras daquela instituição de ensino industrial [...]"[68]. A "racionalidade" e a clareza do espaço fabril, a transparência de espaços, a imediata apreensão do conjunto se associaram à ideia do espaço adequado aos fins, numa instituição de ensino industrial.

O arquiteto Oswaldo Arthur Bratke, num projeto de estações ferroviárias para a Cia. Mogiana de Estradas de Ferro, também propôs um sistema expansível, baseado em unidades paraboloides hiperbólicas em concreto armado, com 10,5 x 10,5 m. Essas unidades, independentes tanto no sistema estrutural quanto no escoamento de águas, permitiam a construção por etapas, sem prejuízo do funcionamento da parte já instalada. Nesse caso, o interesse da construção em etapas estava voltado à ideia de que a companhia de estrada de ferro se beneficiasse com o crescimento urbano que induziria, podendo explorar áreas para a instalação de comércio e serviços contíguos à estação. Quando concluída a estação, o resultado seria uma área equivalente a uma quadra convencional coberta pelos paraboloides e ocupada como um shopping aberto. A engenhosidade e elegância do módulo estrutural – concebido de modo a permitir a funcionalidade da construção em etapas; a liberdade da ocupação interna dentro da malha regular de apoios; a possibilidade de uma iluminação zenital difusa obtida com a separação dos módulos –, levou à geração de um espaço com expressão formal definida, ainda que ampliado ou reduzido. As propaladas neutralidade e flexibilidade do projeto, na

verdade, são fortemente determinantes do resultado final. Se a unidade estrutural é o cerne do projeto em questão, sua definição é mais importante do que as sugestões de agrupamento, sempre múltiplos da unidade, possibilidades de arranjo dentre as inúmeras variações possíveis. Ao partir da unidade modular para a geração do espaço, a concepção se aproxima da ideia de equipamento urbano, ou seja, é possível conceber a proposta dos paraboloides hiperbólicos, eventualmente com alterações de pé-direito e envergadura, sendo empregada em terminais de ônibus, quiosques de informações, bancas de flores etc.

Levando-se em conta a importância do conceito de "expansão ao longo do tempo" na definição da proposta construtiva dessas estações ferroviárias, cabe especular até que ponto o projeto seria diferente se não houvesse a exigência da construção em etapas[69]. Porque se observa, dentro dos princípios modernos seguidos pelo arquiteto, uma perfeita adequação na solução proposta para as estações, ainda que não houvesse a necessidade de expansão. Dentre as proposições seguidas estão: um mesmo princípio construtivo para todas as estações; a total independência entre a estrutura e os fechamentos – enquanto a estrutura garante a identidade da solução, a mesma de cidade a cidade, a planta livre acomoda as diferentes especificidades do programa; a ordem modular, inerente ao princípio construtivo, que permite responder a variações importantes de escala entre as cidades em múltiplos de módulo; uma única solução estrutural que resolve tanto a estação quanto a cobertura das longas e estreitas plataformas de embarque.

A Defesa de uma Arquitetura Honesta com seu País de Origem

Nas ideias e experiências alimentadas pelo objetivo da industrialização da construção civil nesses anos, há um predomínio de soluções que propõem a pré-fabricação de elementos estruturais e placas de vedação em concreto armado. No entanto, dentro da preocupação comum com a criação de uma arquitetura concebida em função da racionalização construtiva, é possível observar uma estimulante diversidade de caminhos na passagem dos anos 50 aos 60. O arquiteto Marcos de Vasconcelos recebeu uma menção honrosa na terceira premiação do IAB-GB (dezembro de 1965) por sua residência. Na sua memória do projeto, o arquiteto defendeu uma arquitetura "justa com seu país de origem" e alertou o país "para o desencaminhamento proveniente da vizinhança da arquitetura fantasiosa e opulenta que estamos importando de países milionários e procurando aclimatá-la, com artimanhas líricas"[70]. Contra

essa ameaça, o arquiteto defendeu a máxima racionalização da construção. A residência é formada por paralelogramos justapostos com cobertura de telhas de amianto em meia-água ❶.

Uma estrutura simples de pilares e vigas de seção retangular marca externamente, de acordo com sua modulação, as arestas dos ambientes. As janelas nos dormitórios têm dimensões médias – que aparentemente não excedem as exigências de luz e ventilação –, e estão alinhadas junto à viga superior. Os panos de alvenaria foram revestidos com massa; há apenas uma parede com vidro de chão à viga, que é a que separa sala e terraço. A obra denota a defesa de uma arquitetura feita com pouco: que tem como valor explícito uma construção econômica a partir do emprego de uma técnica e de um jeito de fazer condizentes com a realidade nacional, ou seja, corriqueiros, e com o aproveitamento de componentes já disponíveis na indústria da construção civil.

Uma pesquisa um pouco diferente se observa, por exemplo, em algumas obras de Marcelo Fragelli, em que não há, como no caso de Marcos de Vasconcelos, uma atitude declarada em busca de uma arquitetura feita com materiais baratos e construção simples, mas há uma forte racionalidade construtiva, bastante explícita, a despeito do uso de materiais tradicionais. Esse é o caso do Posto de Puericultura ❷, obra de Marcelo Fragelli, que recebeu menção honrosa na VI Bienal de São Paulo, em 1961. Com largo uso de materiais tradicionais – emprego de madeira, tanto na estrutura quanto nas esquadrias, uso de pedras, alvenarias de tijolos –, tem a modulação claramente exposta, estrutura e vedações demarcadas. O edifício foi resolvido em três alas funcionais paralelas e justapostas; o desenho das esquadrias salienta a modulação; as vigas, pilares e as partes estruturais das esquadrias foram envernizadas, enquanto os caixilhos, ripados, venezianas e outras partes móveis das esquadrias foram pintados. A cobertura, num sistema relativamente comum nesses anos, foi resolvida em madeira: uma polegada de aglomerado prensado (tipo eucatex) isolante térmico, recoberto com camadas de feltro, alumínio e asfalto, o aglomerado prensado foi apoiado num tabuado de tábuas de peroba, em encaixe de macho e fêmea, com 5% de inclinação, sobre vigamento modulado da mesma madeira. A descrição do edifício salientou a preocupação financeira: "o sistema construtivo resultou bastante econômico, ficando, em 1960, em 11.400 cruzeiros o m² de construção"[71]. Marcelo Fragelli recebeu outra menção, dessa vez na premiação de arquitetura da

VIII Bienal de São Paulo (1965), pela Residência Tasso Fragoso Pires ⓳ (Rio de Janeiro, 1959-1961). Essa residência, térrea, ocupa um terreno em aclive, circunstância que propicia alturas diferentes de pé-direito para os espaços sociais e os privativos da casa. A par dessa especificidade, a casa se resolve num quadrilátero, com pátio central, cobertura plana e pilares roliços, com modulação bem marcada. Ao invés da convencional estrutura de concreto, os pilares são de peroba do campo e a cobertura é em madeira (no sistema já descrito no Posto de Puericultura: tabuado de peroba, aglomerado prensado termoisolante, manta de feltro asfáltico e alumínio de impermeabilização). Os panos de alvenaria foram rebocados com massa e se interrompem a meia altura, com fechamento completado por vidro. Em ambas as obras há uso de vidro em faixas contínuas, com o desenho da caixilharia sujeito à modulação.

Outro programa, outro contexto e outra solicitação, o Pavilhão Caio Alcântara Machado ⓴, dos arquitetos Flávio Mindlin Guimarães, Marklen Siag Landa e Roberto Loeb, que recebeu prêmio IAB-GB na quarta edição do certame (dezembro de 1966), é também, à sua maneira, uma arquitetura feita com pouco. O pavilhão, com grande metragem, foi concebido para ampliar a área de exposição no Parque do Ibirapuera em São Paulo. A solicitação, além de demandar grande vão livre, exigia que o bloco fosse desmontável para poder abrigar feiras em outros locais. Os arquitetos conceberam uma cobertura formada por balões de plástico, inflados com ar por meio de compressores. Os balões venciam um vão de 80m em seu sentido longitudinal e podiam ser justapostos indefinidamente no sentido transversal. Estruturalmente eram suspensos por cabos de aço apoiados em tubos metálicos nas laterais e ancorados em blocos de concreto. Para desenvolvimento da solução, os arquitetos trabalharam em associação com a indústria de plásticos Plavinil.

Todas essas experiências, irmanadas num espírito de época, numa sensibilidade comum a despeito de suas evidentes diferenças, estabelecem um interessante contraponto com a experiência da UnB. Nas soluções de Marcelo Fragelli, a qualidade plástica, como no caso do Alojamento da Colina, resulta da explicitação construtiva, em que pese o emprego de materiais tradicionais. Marcos de Vasconcelos, na sua defesa de uma arquitetura "justa com seu país de origem", propõe uma padronização a partir dos materiais já produzidos pela indústria, o que induz a concessões no desenho, levando a soluções mais tradicionais como, por exemplo, o emprego de janelas em meio ao pano de parede. O galpão desmontável, para ampliar a área de exposições no Ibirapuera, radicaliza a ideia de espaço genérico não sujeito às especificidades do sítio. O uso de tiras infláveis de plástico, material eventualmente efêmero, descortina um universo de inovações tecnológicas para a construção civil para além da perenidade do concreto armado.

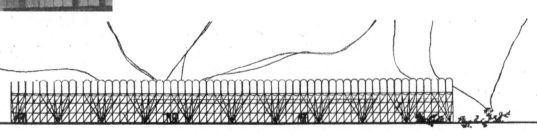

Essa relativa diversidade de posições mais ou menos voltadas à racionalização construtiva e à busca de respostas adequadas à realidade do país, em que o concreto armado não figura como o grande protagonista, tem um paralelo numa também relativa diversidade de soluções para o problema da pré-fabricação na construção civil. Assunto polêmico em que, a par da discussão sobre a própria pertinência dos processos de pré-fabricação num país com abundância de mão de obra, havia divergências de opinião quanto aos processos de pré-fabricação mais adequados à realidade brasileira: desde a pré-fabricação industrial em concreto, ligada a *know-how* externo, com investimentos maciços e a necessidade de grande produção para amortizar custos de aquisição da tecnologia, maquinário etc., até o desenvolvimento de tecnologias próprias e adequadas às distintas regiões do país.

A revista *Arquitetura* teve um número voltado ao tema da pré-fabricação[72] em que dedicou considerável espaço a soluções relativamente alternativas de pré-fabricação, em geral pontuais, ou seja, desenvolvidas para um problema específico e com materiais leves. Nessa revista há, por exemplo, a descrição do sistema de pré-fabricação em taipa, proposto por Acácio Gil Borsói como solução para a construção, no sistema de mutirão, de habitações de interesse social em Cajueiro Seco (Jaboatão, PE) no início dos anos de 1960. Quando da publicação na *Arquitetura*, o projeto já havia sido interrompido; o artigo reforça o valor social da proposta e sua importância como fator de agilização e economia de material graças à racionalização. Uma proposta do arquiteto Paulo Magalhães para habitações provisórias (6 a 10 anos) para migrantes, especialmente dos arredores de Brasília, propôs um pré-moldado leve em concreto fibroso, composto por uma fibra da região do serrado (canela de ema), areia e cimento, armado com bambu ao invés de ferro. A apresentação da proposta esclarece que a

planta da casa procurou levar em conta costumes e tradição cultural da população a que se destinava, a partir da análise das soluções empregadas nas autoconstruções. Uma proposta de Severiano Porto, de escolas pré-fabricadas❻ para o Governo do Estado do Amazonas, propôs que as peças fossem pré-fabricadas em madeira, em Manaus e, de lá, transportadas para o interior, onde seriam montadas em diferentes tamanhos, conforme a demanda. Severiano Porto propôs ainda que as escolas fossem elevadas do chão, sobre sapatas de concreto ciclópico simplesmente apoiadas no solo. Para o fechamento foram propostos painéis de veneziana de madeira regulável, permitindo ampla ventilação❼. Outra experiência com pré-fabricação de escolas foi levada a cabo pelo Departamento de Obras do Estado de Pernambuco. A justificativa usada na apresentação da experiência foi, além da premência de tempo, procurar garantir um melhor nível de qualidade construtiva, especialmente no interior do estado. Ou seja, a padronização, a racionalização construtiva e o próprio método construtivo facilitariam a construção, garantindo o padrão de qualidade. Também nessa experiência procurou-se uma solução adequada à realidade local. Como não havia recursos para maquinário pesado, a solução foi estudar a pré-moldagem de peças pequenas, em função da capacidade humana de manuseá-las e de um método de montagem simples, que não necessitasse de qualificação. Essas iniciativas, à margem da indústria da construção civil, estavam voltadas menos a resolver uma demanda de construções em larga escala e mais a garantir um padrão construtivo mínimo, contornando as deficiências da mão de obra, evitando o desperdício de material e de tempo.

O compromisso teórico com a industrialização da construção civil, que permeia a arquitetura do período e as valorizações emitidas por meio das premiações do setor, era animada por um cunho utópico social: em tese, a industrialização de componentes facultaria a possibilidade de habitação para todos pela rapidez e barateamento permitidos. Ocorre que o principal órgão do governo voltado ao financiamento de habitação de interesse social, o BNH, optou por encarar a construção civil como setor estratégico de absorção de mão de obra não qualificada[73]. No curioso correr da história, essa mão de obra não qualificada acabou por inspirar novas experiências na arquitetura brasileira, com manifestações que assumiam um fazer artesanal, ou que exploravam, na plástica arquitetônica, os rastros da falta de habilidade dessa mão de obra precária, por exemplo, o "miserabilismo" como saída viável para a produção artística do País[74].

1 IDENTIDADE NACIONAL: MUDANÇAS NOS
PARADIGMAS ARQUITETÔNICOS NOS ANOS DE 1950

1 Ver, por exemplo, no CD-Rom *Brasil Em Foco*, organizado pelo Ministério das Relações Exteriores do Brasil, textos de autoria de Cêça de Guimaraens sobre arquitetura brasileira; também publicados no portal do MRE, disponível em: http:<www.mre.gov.br/cdbrasil/itamaraty/web/port/artecult/arqurb/arquitet/index.htm>.

2 Estariam ausentes, ou desconsideradas, quase todas as arquiteturas (e não apenas a paulista) realizadas no Brasil durante uma quinzena de anos, de 1960 até pelo menos a primeira metade dos anos de 1970. Sem ter a intenção de preencher totalmente esse amplo vazio, este trabalho pretende, ao menos, não ignorar a complexidade desse panorama: e, se realiza um inevitável recorte, não pretende que o mesmo seja a visão completa, mas está cônscio de sua abrangência e limites. Sobre o assunto ver comunicação de Ruth Verde Zein no 6º Seminário DOCOMOMO Brasil "A Década Ausente: Reconhecimento Necessário da Arquitetura Brasileira do Brutalismo Paulista", também o texto da mesma autora publicado em *Arquitextos*, n. 076.02, "A Década Ausente. É Preciso Reconhecer a Arquitetura Brasileira dos Anos 1960-70".

3 Ver L. Cavalcanti; A. Correa do Lago, *Ainda Moderno? Arquitetura Brasileira Contemporânea*; C. Guimaraens, Arquitetura, em Ministério das Relações Exteriores do Brasil (org.), CD-Rom *Brasil Em Foco*.

4 A respeito, cf. C. E. D. Comas, *Precisões Brasileiras sobre um Estado Passado da Arquitetura e Urbanismo Modernos*.

5 Ver considerações acima, em Continuidade (1945--1955), capítulo 1.

6 "Ricerca brutalista" é o título dado por Bruno Alfieri às obras de Vilanova Artigas publicadas na revista *Zodiac*, n. 6, 1960, numa edição dedicada, na parte brasileira, basicamente às obras de Brasília.

7 A discussão sobre a pertinência e abrangência do termo brutalismo será feita adiante, na parte I, capítulo 5.

8 A pertinência e legitimidade do termo "brutalismo", ao se referir à arquitetura paulista desse período, foi extensamente analisada na tese de doutoramento da autora, R.V. Zein, *Arquitetura da Escola Paulista Brutalista, 1953-1973*.

9 Ver P. F. Arantes, *Arquitetura Nova: Sérgio Ferro, Flávio Império e Rodrigo Lefèvre de Artigas aos Mutirões*; A. P. Koury, *Grupo Arquitetura Nova: Flávio Império, Rodrigo Lefèvre e Sérgio Ferro*.

2. DIÁLOGOS ALTERNADOS: LINA, REIDY E VICE-VERSA

10 Publicada na revista *Habitat*, n. 10, 1953, p. 31--40. Republicada no livro de M. C. Ferraz, *Lina Bo Bardi*, p. 78-83, com data de primeira publicação de 1951, que possivelmente deve corresponder ao projeto.

11 *Habitat*, n. 10, 1953, p. 45-51. Pode-se estabelecer também algumas aproximações visuais entre esse projeto e as escolas do brutalismo paulista realizadas a partir de 1959.

12 Não parece ser coincidência também que a primeira grande coletânea de sua obra tenha resultado da pesquisa de arquitetos paulistas, coordenada por Nabil Bonduki, e publicada pelo Instituto Lina Bo e P. M. Bardi.

13 Na revista *Arquitetura e Engenharia*, Rio de Janeiro, mai./jun. 1954, p. 36-39, e depois na revista *Módulo*, n. 1, p. 463-465.

14 Em: Affonso Eduardo Reidy. Catálogo da Exposição do Solar Grandjean de Montigny, Rio de Janeiro, 1985, p. 80-81. E também em: Bonduki, 2000, p. 146-150.

15 O assunto foi mais detalhadamente estudado na monografia "Lina Bo Bardi e Affonso Eduardo Reidy: Aproximações", apresentada à disciplina oferecida pelo Propar-UFRGS, ARQ 00007 [Affonso Eduardo Reidy, o poeta construtor], de responsabilidade da profa. dra. Eline Maria Moura Pereira Caixeta.

16 A precisão das datas merece alguma consideração. Um primeiro croqui pode servir para definir uma data muito anterior àquela em que a solução efetivamente construída foi elaborada – como parece ser o caso do projeto do edifício do Masp na avenida Paulista. Obras de longa duração, como o próprio Masp e o MAM-RJ também propiciam dúvidas. As datas assumidas foram conferidas nos originais, e levam em consideração essas observações.

17 Listadas no capítulo 5 da Parte I.

18 Publicado quase concomitantemente, e com praticamente o mesmo texto e imagens, nas revistas brasileiras *Acrópole*, n. 189, p. 399-401; *AD Arquitetura e Decoração*, n. 27, p. 29-35; *Brasil Arquitetura Contemporânea*, n. 4, p. 58-61; *Habitat*, n. 17, p. 12-15; e, posteriormente, quando já em início de obras, em *Habitat*, n. 46, p. 20-23.

3. A UTOPIA DESNUDANDO-SE:
O CONCURSO DE BRASÍLIA

19 L. Z. Machado; T. Q. de Magalhães, Brasília, Espace, Utopie et Modes de Vie, *Architectutre d'aujourd'hui*, n. 251.
20 Idem, ibidem.
21 Ver textos de S. Giedeon, The Need for a New Monumentality e de S. Giedion; J. L. Sert; F. Léger, Nine Points on Monumentality, em P. Zücker, *New Architecture and City Planning*; e em J. Ockman (org.), *Architecture Culture 1943-1968*.
22 Daí as severas críticas de Bruno Zevi e de outros autores rechaçando cabalmente a monumentalidade e a excepcionalidade do projeto de Lúcio Costa, com o argumento básico de que a monumentalidade era, em princípio, incabível no projeto moderno, argumento que desconsidera, *a priori*, o fato de serem os edifícios modernos normalmente bastante imponentes.

4. PALÁCIOS DE BRASÍLIA: NOVOS RUMOS
NA TRAJETÓRIA DE OSCAR NIEMEYER

23 Croqui reproduzido em H. Penteado (coord.), *Oscar Niemeyer*.
24 Texto publicado em *Módulo*, n. 9, p. 3-6; republicado na *Acrópole*, n. 237; nas páginas 4-5 do encarte Boletim Mensal do IAB-SP, n. 53.
25 Idem, ibidem.
26 *Acrópole*, n. 256-257, p. 75.
27 S. Giedion, prefácio a H. E. Mindlin, *Modern Architecture in Brazil*, p. x.
28 C. A. C. Lemos, *Arquitetura Brasileira*, p. 152-153.
29 Idem, p. 153.
30 Em 1987 o edifício foi reformado e Niemeyer alterou a forma dos arcos da fachada principal.
31 Esquema semelhante ao da Casa Dominó, Le Corbusier, 1914.
32 Os pilares maiores na verdade são fechados na forma de cilindro, mas abrigam em seu interior dutos de escoamento das águas pluviais.
33 Conforme programa original, hoje há um anexo ao edifício, projetado pelo arquiteto Gian Carlo Gasperini, que abriga as oficinas e laboratórios.
34 Como já comentado, os palácios de Brasília, especialmente Itamaraty e Palácio da Justiça, inspiraram arquiteturas Brasil afora. Porém, é possível aventar que muitas dessas arquiteturas parecem também animadas por temas próprios à arquitetura paulista brutalista, resultando numa espécie de conciliação entre ambas as heranças. Tema que será abordado oportunamente.
35 Por exemplo, Cités nouvelles, centres urbains, *L'Architecture d'aujourd'hui*, n. 101. Ou em L. Benevolo, *História da Arquitetura Moderna*
36 K. Frampton, *Modern Architecture*, p. 256.

5. BRUTALISMO: UMA NOVA SENSIBILIDADE
SUPERFICIAL E PLÁSTICA

37 R. V. Zein, *Arquitetura da Escola Paulista Brutalista, 1953-1973*.
38 Seria brutalista, na aparência e forma, a Casa Sudgen (Watford, Inglaterra, 1956) projetada pelos Smithsons logo a seguir. *Architectural Review* exemplifica o discurso de 1954 com a obra de 1949, iniciando uma confusão histórica que ainda se perpetua. O assunto foi tratado em pormenores em R. V. Zein, *Arquitetura Brasileira, Escola Paulista e as Casas de Paulo Mendes da Rocha*, cap.1.5.
39 P. Johnson, School at Hunstanton (hoje, Smithdon High School), *Architectural Review*, n. 116, p. 148-162.
40 A afirmação não é leviana, mas resultado de um amplo estudo sobre as obras "brutalistas", que não pode encontrar exemplares anteriores a 1955, registra alguns poucos entre 1955-1960, e cresce exponencialmente a partir de então, não havendo diferenças significativas entre a amostragem de vários países que sincronizam com a tendência nem antes nem depois, mas rigorosamente ao mesmo tempo, inclusive do Brasil.
41 R. Banham, *El Brutalismo en Arquitectura: Ética o Estética?*, p. 131. Reyner Banham foi um prolífico crítico de arquitetura e escritor. Uma leitura atenta do livro de Banham mostra que, embora desejasse entronizar ingleses, não tem como ignorar as manifestações internacionais; e embora as indique nos capítulos posteriores, a maioria delas é rigorosamente contemporânea às manifestações inglesas que ele destaca, com brilho e fanfarra.
42 A análise mais sistemática das opiniões favoráveis e contrárias ao emprego do termo brutalismo,

conforme são assumidas por variados autores, pode ser encontrada em R. V. Zein, *Arquitetura Brasileira, Escola Paulista e as Casas de Paulo Mendes da Rocha*, cap. 1.2.

43 Como é o caso, por exemplo, de H. Segawa, *Arquiteturas no Brasil 1900-1990*.

44 Trabalhos recentes têm colaborado positivamente para a aceitação da existência, datação e caracterização arquitetônica do brutalismo paulista. Maria Alice Junqueira Bastos, em sua dissertação de mestrado, publicada no livro *Pós-Brasília, Rumos da Arquitetura Brasileira*, insere um capítulo sobre o brutalismo paulista onde o define como um movimento contemporâneo e simultâneo, e não posterior, a Brasília, cujas primeiras manifestações ocorrem a partir de meados da década de 1950, buscando coletar e organizar a contribuição de vários autores em auxílio à sua caracterização. Também a tese de doutoramento de Luis Espallargas Giménez (2004) veio a colaborar para sua radical revisão crítica, tarefa imprescindível e necessária, partindo também da análise das obras em si mesmas, buscando ainda compreender a escola paulista e o brutalismo paulista no contexto local e nas suas interações com o panorama brasileiro e internacional. L. Espallargas Giménez, *Arquitetura Paulistana da Década de 1960*.

45 Ver próximo capítulo para análise do tema da industrialização na construção, cuja importância conceitual e ideológica é muito superior à frequência com que esse recurso pôde ser empregado, nas décadas de 1950-1960.

46 C. Rowe, *The Mathematics of the Ideal Villa and Other Essays*, p. 122. Embora a citação se refira, no contexto do artigo "Neo-Classicism and Modern Architecture I", escrito por Collin Rowe em 1955-1956, às definições por ele adotadas sobre uma possível "teoria ortodoxa", ou canônica, da arquitetura moderna, sua adoção aqui não é desprovida de sentido. A tarefa da análise crítica não prescinde dessas "generalizações de trabalho", e tampouco do *caveat* inerente de nunca crer demasiado nelas, exceto como instrumentos oportunos.

47 Bastos, 2004, conferência no Docomomo-SP, agosto 2004 [inédita]. Estas ideias também são abordadas na tese de doutoramento de M. A. J. Bastos, *Dos Anos 50 aos Anos 70: Como se Completou o Projeto Moderno na Arquitetura Brasileira*.

48 H. Bloom, *A Angústia da Influência: Uma Teoria da Poesia*, p. 23-24.

49 Idem, p. 57

50 "Stirling & Gowan, Style for the Job", apud R. Banham, op. cit., p. 87.

51 Idem, ibidem.

52 Cf. *Habitat*, n. 33, ago. 1956 e *Acrópole*, n. 249, jul. 1959.

53 H. Segawa, Hélio Duarte: Moderno, Peregrino, Educador, *AU*, n. 80, p. 64. As informações biográficas sobre Hélio Duarte aqui indicadas foram também extraídas desse texto.

54 Trechos do memorial, publicado similarmente nas revistas *Habitat* e *Acrópole* já citadas.

55 Idem, ibidem.

56 Idem, ibidem.

57 Mais informações visuais e gráficas sobre esta obra e outras estudadas na pesquisa sobre o tema podem ser consultadas em <http://www.arquiteturabrutalista.com.br>

6. INDUSTRIALIZAÇÃO: A EXPERIÊNCIA DA UNB E OUTRAS EXPERIÊNCIAS

58 Dados retirados da publicação *Nosso Século*.

59 Por exemplo, havia mercado interno a ser desenvolvido, o setor siderúrgico já havia sofrido um desenvolvimento em função de financiamentos nos anos de guerra.

60 Com João Filgueiras Lima, Sabino Barroso, Glauco Campelo, Virgílio Sosa Gomes, Evandro Pinto, Abel Accioly, Hilton Costa. A analogia desses galpões com as "casas com pátios" de Mies também aparece em N. A. J. Cabral, *Arquitetura Moderna e o Alojamento Universitário*.

61 Conforme já comentado no capítulo 4 da presente parte.

62 Por exemplo, Residência Chiyo Hama, arquiteto Ruy Ohtake.

63 Apresentação da obra na revista *Módulo*, n. 32, p. 23.

64 De acordo com a proposta original, o subsolo teria apenas uma rua de serviços e uma ala para depósito. Ver entrevista de Lelé a R. Pinho; M. Ferraz em *João Filgueiras Lima, Lelé*.

65 Só foi construído o primeiro conjunto. A expansão e alojamentos para estudantes de pós-graduação seguem o projeto de Paulo Marcos de Paiva Oliveira.

66 Ver N. A. J. Cabral, op. cit.

67 Texto de apresentação do projeto em *Acrópole*, n. 314, p. 39.

68 Idem, ibidem.

69 Na verdade, em ambas as estações só foi construída a 1ª fase.

70 "III Premiação Anual do IAB-GB 1965. Casa do Próprio Arquiteto". *Arquitetura*, n. 44, p. 17-18. A descrição parece aludir às caixas de vidro entre peristilos de Brasília.

71 Descrição da obra. Posto de Puericultura. *Acrópole*, n. 276, p. 427.
72 *Arquitetura*, n. 40, 1965.
73 Para desespero dos que discordavam: "Nossa mão de obra não é barata, ela é improdutiva. Daí achar que os métodos de pré-fabricação se impõem se quisermos realmente enfrentar o déficit habitacional." Arquiteto Roderico Pimentel no debate: "Pré-Fabricação: Alguns Aspectos em Discussão no IAB", *Arquitetura*, n.40, p. 19- -23.
74 Ver A. P. Koury, Documento Arquitetura Nova. Sérgio Ferro, Flávio Império, Rodrigo Lefèvre, *AU*, n. 89, p. 68-72.

Pós-Brasília (1965-1975)

1.
Brasília, Pós-Brasília: Inflexões e Mudanças

construção de Brasília e sua inauguração (1957-1960) num prazo muito rápido colocaram em questão um ponto chave dos debates da modernidade arquitetônica: a ampliação da ideia da obra de arte total completa e unitária, em escala urbana realizada em esforço concentrado. Brasília significou não só a realização de anseios progressistas, como a espacialização de um ideário da arquitetura moderna, em especial dos postulados racionalistas de origem corbusiana, com algumas tinturas acadêmicas. Passadas várias décadas de sua realização, é possível ser tão crítico quanto se queira – mas Brasília segue sendo uma bela cidade, com um clima agradável, com amplos vazios onde é belo se estar e que dão à cidade uma escala peculiar inconfundível. Porém, as imagens congeladas de uma Brasília inacabada seguem povoando os manuais de arquitetura de todo o mundo, perpetuando uma visão mesquinha e bitolada de sua realidade complexa e instigante. Se Brasília tivesse permanecido um sonho, ela seria apenas um incidente local sem maior interesse. Mas ela não é um sonho e, sem dúvida, tampouco é um pesadelo: é uma cidade viva, em constante crescimento e transformação, lutando com um esquema fixo de modernidade e com as necessidades cambiantes de cada dia, conformando a cada passo paradoxos jamais vistos, e que é necessário reconhecer.

Não sendo nem sucesso nem fracasso, mas uma cidade real, merece ser apreciada pelo que ela é, devidamente reconhecida, eventualmente criticada, mas nunca de maneira preconcebida e superficial. É muito comum se desdenhar Brasília: essa é uma atitude imatura que, em troca, a mantém como um modelo vivo e forte, porque poucas vezes é corretamente avaliada[1]. Mas, "para apreciar Brasília é preciso aceitá-la em seus próprios termos"[2].

Brasília foi concebida por um arquiteto, urbanista e pensador altamente qualificado – Lúcio Costa. Mas tornou-se mais conhecida mundialmente nem tanto pelo seu desenho urbano, mas, principalmente, como uma imagem arquitetônica. A livre e expressiva variedade de formas celebrada como a mais interessante característica da arquitetura moderna brasileira dos anos de 1930-1940 foi radicalmente transformada, em Brasília, pelo esforço de dar a essa arquitetura um caráter monumental. A monumentalidade de Brasília é o resultado das opiniões de Costa sobre o papel da arquitetura moderna na construção de um presente apropriado para o Brasil, somadas às experiências de Niemeyer com o projeto de edifícios governamentais, ao contrastar alguns tipos de edifícios comuns e repetíveis com outros especiais, de formas abstratas e dramáticas.

Mas a mais importante, se bem que menos aparente, consequência de Brasília, é que a década que ela inaugura vai estar convencida, inclusive graças ao seu exemplo cabal, de que os arquitetos deverão dali em diante se dedicar preferencialmente ao planejamento urbano; ou, usando uma terminologia mais em voga então, à "reforma urbana", como apontava, por exemplo, Mauricio Nogueira Batista: "a arquitetura moderna brasileira cumpriu uma etapa e caminha agora em direção a outra, muito mais difícil: construir o espaço urbano onde a civilização brasileira encontrará sua verdadeira expressão"[3]. Assim, se a preocupação dos discursos dos arquitetos brasileiros até os anos 50 era basicamente com o edifício, mesmo que entendido em sua relação com a cidade, a preocupação marcante da década de 60 em diante passa a ser com o "espaço urbano" – já não mais com as "cidades", sendo a diferença entre ambos os epítetos reveladora do progressivo, e afinal completo, descarte das questões de forma e desenho do vocabulário sobre a cidade. Inaugura-se a era dos Planos Diretores, que passam a ser obrigatórios para todo município brasileiro; mas, via de regra, as leituras e propostas perdem a terceira dimensão, planificam-se e, eventualmente, tornam-se tão abstratas que nunca parecem estar falando de cidades reais, mas sempre das idealidades genéricas dos planos que se intenta projetar sobre as mesmas, organizando e homogeneizando o campo de maneira geométrica, de modo a que o espaço raramente esteja atento ao lugar.

Em muitos depoimentos de arquitetos ao longo dos anos de 1960-1970 há queixas do "alijamento" que a esfera política havia imposto sobre a profissão, que invocava um destino – definir o planejamento urbano – que não lhe era dado cumprir plenamente, talvez até porque essa visão tenha sido substituída por outros tipos de tecnocracia, de cunho financeiro-monetário e não mais de tipo técnico-cultural. Mesmo assim, não se pode afirmar que os arquitetos tenham ficado alheios às questões práticas do crescimento urbano: essas décadas marcam definitivamente a posição dos arquitetos como profissionais necessários aos grandes empreendimentos, ampliando sua atribuição de simples executores de moradias de luxo, com ampla participação em órgãos governamentais de planejamento, diretamente ou por encomenda de trabalhos os mais variados: equipamentos e serviços urbanos; grandes obras de infraestrutura viária; a reorganização dos espaços urbanos tradicionais e etc. As legislações de uso do solo, a partir de então implantadas, assimilaram as propostas que os arquitetos discutiam em seus encontros e seminários, por sua vez devedoras dos paradigmas do urbanismo modernista, como o fim dos gabaritos, a aplicação de conceitos de densidade demográfica e de separação de funções da cidade. Só muito mais tarde, e quando essas ideias já haviam se tornado senso comum e, portanto, muito difíceis de mudar, é que alguns arquitetos começaram a dar-se conta das desvantagens dessas novas camisas-de-força: "defendíamos o edifício solto, isolado, bem ventilado, um volume integral e não apenas uma fachada bidimensional. Com a melhor das intenções, todos nós lutamos por isso"[4]. O zoneamento funcional e a entronização do lote como medida do urbano promoveu uma descaracterização em praticamente todos os bairros das médias e grandes cidades brasileiras, dispersando-as de maneira heterogênea: paradoxalmente, beneficiando muito mais os interesses imobiliários do que a qualidade urbana que pretensamente se desejava atingir.

O ideal da arquitetura moderna do edifício isolado em meio a um lote transforma radicalmente o significado tradicional da arquitetura em relação à cidade. Como bem aponta Comas[5], a arquitetura moderna ainda situada em meio às regras formais e compositivas das cidades tradicionais – ou seja, as cidades que existiram, em todo o mundo assim como no Brasil, pelo menos até os anos de 1950 – é completamente distinta, mesmo se for igual à arquitetura moderna situada em meio às regras não formais e descontínuas das cidades modernas – aquelas implantadas sobre as cidades tradicionais ou ao seu lado, a partir dos anos de 1960. Quando o edifício isolado é oásis em meio à trama contínua, sua fruição é muito distinta de quando o edifício isolado é mais um fragmento à deriva de um esgarçado tecido, completamente roto e costurado apenas pelo sistema viário expresso.

Os anos de 1965-1975 são de profundas contradições e tensões. O discurso progressista de boa parte dos arquitetos é anulado pela convivência forçada com a política repressora da ditadura militar. Ao mesmo tempo, a profissão prospera e se desenvolve, atendendo a um grau cada vez maior de solicitações, programas, oportunidades, tanto governamentais quanto privadas – com o tempo, estas se ampliando e aquelas decrescendo em intensidade. Não existe mais, nem poderia, a "arquitetura brasileira da escola carioca". A tentativa de criar uma "escola paulista" ou, ao menos, de postular sua existência, nunca chega a configurar-se plenamente nem muito menos a receber *status* de representante oficial do meio arquitetônico. As certezas absolutas migram provisoriamente para o debate urbanístico, e tiram de cena o debate arquitetônico. A discussão dos anos 50 e começo dos anos 60 entre racionalismo e organicismo perde razão de ser, e talvez a principal linha estética no período pós-Brasília é a de não haver uma principal linha estética. Ao menos quando se atenta aos fatos mais do que aos discursos. Essa é outra característica marcante que aparecerá cabalmente daí em diante: a ruptura entre o discurso e a obra, entre o fazer e o pensar arquitetura, entre a prática profissional e a teoria arquitetônica. Perde-se a unidade, que segue existindo aparentemente apenas por inércia e falta de atenção crítica ao real; ganha-se, pouco a pouco, a diversidade, em todas as escalas e em todas as esferas. Assim, consolida-se finalmente a crítica de arquitetura no Brasil, não mais como voz em defesa intransigente de uma unidade que talvez nunca tenha sido, mas como espaço para analisar, sem preconceitos, mas sem contemplação, a arquitetura do último terço do século XX. E por isso mesmo ensino e pesquisa vão passar a ser, talvez não imediatamente – mas no período seguinte, com certeza –, um campo de trabalho importante para os próprios arquitetos, não apenas por ausência de outras oportunidades, mas porque de fato, passada a era de ouro dos gênios, torna-se necessário investir na capacitação profissional de maneira mais consistente – tarefa que segue em aberto.

2.
A Exploração Plástica das Estruturas de Concreto no Brutalismo Paulista e Outros Desdobramentos

 famosa coluna do Palácio da Alvorada, tão bem aceita e assimilada popularmente, e com ingenuidade até, tem para mim, quem sabe se para nós, um jeito de boneca de índio goiano, um trejeito de alpendre barroco, mas também só é possível como expressão da mais arrojada técnica. Elegante cariátide. Do índio ao brasileiro de hoje o que queremos é ser modernos, enquanto moderno puder significar, como eu imagino, qualquer coisa diferente de subdesenvolvido[6].

Esta frase de Vilanova Artigas, publicada num periódico dos anos de 1960, faz uma interessante associação entre tecnologia e identidade nacional. O que salta aos olhos é o apelo progressista tecnológico, ou seja, uma confiança no caminho do desenvolvimento tecnológico nos moldes internacionais e, ao mesmo tempo, um reforço, talvez retórico, da ideia de identidade nacional, do índio ao barroco, por meio de uma alusão abstrata da forma. Ou até de uma identidade que se exprime pelo avanço tecnológico. Se a orientação exercida pelo arquiteto Vilanova Artigas parece ter se pautado pelo esforço em afirmar uma tradição moderna própria na arquitetura brasileira, é possível dizer que a obra brutalista da jovem geração que despontou na passagem dos anos 50 aos 60[7] apontava, em seu primeiro momento, para uma situação de ruptura em relação à escola carioca e pela busca de uma expressão arquitetônica mais internacionalizada.

No entanto, a partir do final dos anos de 1960, a arquitetura paulista brutalista passou por uma sensível inflexão: a linha curva, que até então vinha sendo usada pela vanguarda paulista na delimitação de núcleos hidráulicos, apenas como vedação, passou a modelar as estruturas de concreto. Essa inflexão foi ao encontro de uma visão conciliatória entre as experiências paulista e carioca, com a valorização do uso plástico e arrojado do concreto armado, como sendo o traço próprio e original da modernidade arquitetônica nacional. Cabe observar que, na segunda metade dos anos 60, experiências brutalistas começaram a aparecer em outras regiões brasileiras, certamente não apenas por influência paulista, mas refletindo uma sensibilidade plástica mundial. Os arquitetos paulistas, portanto, passaram a ter interlocutores próximos nas obras de Casé, Borsói, Lelé[8] e outros, o que, naturalmente, afetou a própria arquitetura paulista.

Nas escolas estaduais de Itanhaém (1959) e Guarulhos (1960), Vilanova Artigas e Carlos Cascaldi empregaram o partido de uma grande laje de cobertura retangular, sob a qual o programa se desenvolve. Nessas duas escolas, pilares angulosos ritmam as duas elevações mais longas, posicionados perpendicularmente ao plano da fachada. Já no projeto para a garagem de barcos do Santa Paula Iate Clube ❶ (1961), os arquitetos empregaram uma viga lateral de dimensão variável que se engrossa e abaixa formando os pilares; o mesmo princípio anima a cobertura do Pavilhão Oficial do Brasil na Expo'70 de Osaka ❷, realizado pelo arquiteto Paulo Mendes da Rocha e equipe[9], porém, neste caso, a viga "abaixa" em suave curvatura. Detalhe em nada insignificante num projeto destinado a representar o Brasil numa exposição internacional. Se a curvatura da viga é bastante sutil, a linha curva se pronuncia mais na elevação do solo, formando colinas artificiais em três dos apoios, e o quarto apoio é formado pelo cruzamento de dois arcos de concreto. Aliada à linha curva, há o uso de uma tecnologia avançada: a laje nervurada em concreto protendido é apoiada nos pilares por meio de articulações, aparelhos de linha industrial usados em pontes e viadutos no Japão[10].

Uma grande laje contínua de cobertura apoiada numa arcada periférica em concreto aparente foi uma solução reiteradamente empregada na arquitetura paulista a partir de meados dos anos 60. A ideia remete aos Palácios do Itamaraty e da Justiça criados por Oscar Niemeyer (Brasília, 1962), mas é decorrente também de desenvolvimentos paulistas: a grande laje nervurada sob a qual o programa se resolve mantendo a continuidade espacial, o edifício de dominante horizontal estruturado espacialmente por vazio central. A união formal entre viga periférica e pilar, por meio da curva, gerou inúmeras variações nos anos 60-70, como é o caso do edifício para o Hospital Escola Santa Casa de Misericórdia ❸ (hoje Fórum Criminal de São Paulo), do arquiteto Fábio Penteado[11] (1967), da Central Telefônica de Campos do Jordão ❹ (1973) do arquiteto Ruy Ohtake, ou na Escola de Administração Fazendária ❺, do arquiteto Pedro Paulo de Melo Saraiva e equipe (1973).

O arquiteto Ruy Ohtake – um dos expoentes da renovação na arquitetura paulista nos anos 60, com uma obra que vinha se caracterizando pelo emprego de estruturas rigorosamente ortogonais –, em 1970, num edifício premiado no meio arquitetônico nacional[12], a indústria Aché Laboratórios Farmacêuticos (1ª fase), uniu o paralelogramo elevado da arquitetura paulista e a forma livre e ameboide criada por Oscar Niemeyer em Pampulha. Ohtake propôs um paralelogramo elevado, cortado por uma pérgula que cobre um jardim central com pé-direito duplo. Esse jardim separa a área reservada à administração da área de produção. O arquiteto, portanto, lançou mão do partido do "vazio central", bastante difundido no meio arquitetônico paulista no período, espaço que estrutura o uso do edifício ao mesmo tempo em que contribui para a sua continuidade visual. Porém, justaposta a este paralelogramo, "salta" de sua lateral uma laje em forma livre, concebida como cobertura do restaurante ❻. Mesma solução empregada por Oscar Niemeyer para o restaurante na fábrica Duchen (1950). Esta forma ameboide que hoje poderia ser observada como "citação", aparentemente, foi recebida no meio arquitetônico nacional dentro da propalada ideia de "continuidade" da arquitetura moderna brasileira, sem qualquer grau de estranheza.

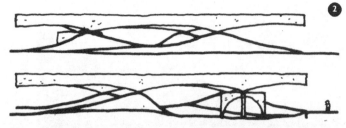

O arquiteto João Walter Toscano seguiu de maneira mais branda as pesquisas da vanguarda paulista nos anos 60, mantendo maior integração entre interior-exterior, entrada mais direta da luz, maior sensibilidade ao meio. Assim, a solução para o Balneário de Águas da Prata ❼ (arquitetos João Walter Toscano, Odiléa Toscano e Massayoshi Kamimura, 1974) parece se inserir de maneira relativamente integrada no desenvolvimento da obra do arquiteto. Nessa obra, o uso de quebra-sóis, a composição em mais de um volume – respeitando uma divisão programática de usos –, o emprego de pilotis – menos pela proeza de suster em poucos pontos o edifício elevado do solo e mais como uma questão de composição do conjunto –, a curvatura para adequada inserção do edifício na encosta – dentro da tradição do Conjunto de Pedregulho, de A. E. Reidy, com a diferença formal entre as duas elevações principais –, fazem referência a uma ideia corrente, eventualmente redutora, da arquitetura da escola carioca[13], despida porém do colorido, dos revestimentos, da mescla entre materiais tradicionais e industriais, mediante uma austera solução em concreto aparente, com a concepção do pavimento térreo como "rua" da cidade, local de atividades sociais e a parte de serviços no pavimento inferior, semi-enterrado. Uma mescla, portanto, de uma concepção corrente da escola carioca e de sua suposta "simplificação" pela arquitetura paulista. Uma vez que o Balneário é considerado parte constituinte do movimento paulista, reforça a tese de que a arquitetura de São Paulo foi uma "simplificação" da arquitetura carioca, tese que põe de lado, por exemplo, a introspecção dos partidos paulistas cerrados para o exterior e iluminados zenitalmente, em grandes paralelepípedos em que as distintas funções eram tratadas de maneira fluida e integrada.

Joaquim Guedes, em um depoimento no IAB do Rio de Janeiro, expôs esta "conciliação" em direção a uma tradição da arquitetura moderna brasileira na própria obra de Artigas: "prefiro o Artigas mais jovem quando tinha menos preocupação que hoje em fazer beleza 'tipo nacional', a partir de uma origem Niemeyer"[14]. Sempre polêmico, Guedes seguiu com uma crítica à Rodoviária de Jaú (1973-1976) do arquiteto Vilanova Artigas: "Fiquei bastante interessado na análise daquele projeto dele que foi publicado na *Módulo*. Eu me pergunto: mas o que é isto? Por que este vão? E esta clarabóia, que fica aí nesse buraco...de repente, entre braços de concreto, que reduzem a claridade a duras penas conseguida. Retórico. Parece um pouco incoerente, um pouco pretensioso, 'estético' e um pouco impositivo, como resultado"[15].

O pilar da Rodoviária de Jaú ❽ se distancia, de fato, da obra de Artigas no início do período "brutalista", quando a expressividade da estrutura era buscada a partir de pilares angulosos, que representavam as linhas de força a que a estrutura estava submetida. Os pilares de Jaú vão contra alguns princípios que se associaram ao desenvolvimento da

linguagem brutalista em São Paulo, especialmente se tomarmos as preocupações de Carlos Millan: desenvolvimento de uma linguagem compatível com a industrialização da construção, todo um esforço em pensar uma racionalidade construtiva. Como a marquise ameboide de Ruy Ohtake, a mudança de parâmetros denotada pela solução da Rodoviária de Jaú também foi absorvida na percepção geral da continuidade. Também em Jaú, Artigas desenvolveu um Balneário Municipal❾ (1975). Trata-se de uma piscina com vestiário. O vestiário é uma pequena construção na forma de um anel sobre pilotis. O térreo é livre, exceção a três espaços fechados (em formas arredondadas dentro do vocabulário paulista de delimitar áreas de apoio), destinados a máquinas e a consultório médico. Impossível não estabelecer uma associação com as variações em torno do cilindro levadas a cabo por Oscar Niemeyer em muitas de suas obras posteriores a Brasília.

A tentativa de conciliar, sob a ideia de uma mesma "arquitetura nacional", a produção da escola carioca e a do brutalismo paulista, como se ambos os movimentos respondessem a um mesmo momento cultural continuamente válido, se deu por meio de uma retórica que buscou um amálgama entre o edifício do Ministério da Educação e Saúde (Lúcio Costa e equipe, 1937-1945) e o texto "O Desenho" de Artigas (1967), entre a crítica aos programas e a procura da beleza, entre a tarefa do desenvolvimento e um nível poético livre e inventivo, procurando forjar uma "tradição" da arquitetura moderna brasileira. O esforço crítico-teórico em defesa de uma identidade nacional expressa por meio do desenho estrutural, naturalmente influiu na práxis por meio de valorizações em concursos e premiações.

A ideia da exploração plástica das estruturas de concreto na arquitetura brasileira, a despeito do discurso que enfatizava a leveza do desenho estrutural "nacional", não caminhou no sentido de criar estruturas econômicas, com pouco uso de material por um desenho engenhoso ou um cálculo preciso. O arrojo buscou formas insólitas ou grandes vãos, por vezes descabidos, em programas simples de residências ou pequenos serviços. À sensibilidade brutalista sabiam bem as grandes vigas e empenas e os pilares avantajados, o desenho por vezes realçava as dimensões da estrutura para enfatizar seu papel na expressão formal. Essa produção, naturalmente, estava bastante distanciada do raciocínio arquitetônico que levou à concepção de Pampulha, encarnação da brasilidade nos anos 40. Os meados dos anos 60 aos 70, é a época em que a arquitetura brutalista tornou-se uma linguagem internacional e as estruturas elaboradas em arcadas e desenhos capciosos de apoios não foram prerrogativa da arquitetura brasileira. Por exemplo, o IBM Office Building (Seattle, 1964) de Minoru Yamasaki e associados é uma torre cuja base é definida por uma arcada que forma um peristilo em torno dos primeiros pavimentos.

Explorando o Vernáculo

Em que pese a tentativa de afirmação de uma arquitetura moderna brasileira unitária e peculiar, cujo traço marcante seria a exploração plástica do concreto armado, o cenário arquitetônico nacional, dos anos de 1960 e 70, alimentava certo grau de experimentação e diversidade. Os anos 60 foram marcados por enorme efervescência cultural no mundo: o movimento hippie, o rock progressivo, o movimento feminista, a figura romântica do revolucionário Che Guevara que restituiu certa pureza e idealismo ao comunismo, então já maculado pela brutalidade do stalinismo na União Soviética. Essa agitação cultural, esse solo movediço, não abalou o sistema capitalista, mas marcou uma grande liberalização dos costumes e a queda de valores há muito arraigados na sociedade. Entre eles: a noção de que progresso tecnológico e aumento na qualidade de vida andam par a par. Nos anos 60 os países em desenvolvimento lidaram com uma urbanização sem precedentes, o desenvolvimento industrial levou à migração em massa da população rural para as cidades, acarretando inúmeros problemas que ainda hoje atormentam as grandes cidades: aumento de habitações precárias, queda na qualidade do ensino público, explosão da violência urbana, caos nos transportes públicos. Despontou, no final dos anos de 1960 uma crítica a premissas do movimento moderno ou uma crítica à crença em um progresso calcado no desenvolvimento tecnológico que, como outros aspectos da cultura nacional do período[16], teve seu mote na questão popular. No campo da arquitetura, Sérgio Ferro, formado pela FAU-USP em 1961, desenvolveu uma crítica ao engajamento da arquitetura nacional no modelo proposto de desenvolvimento tecnológico. Também nessa época começaram a surgir críticas aos conjuntos de habitação popular tipo BNH, herdeiros bastardos de concepções urbanísticas do movimento moderno. As favelas e mocambos passaram a ser encarados como soluções aproveitáveis, cuja fatura popular guardava características positivas se levadas em conta situações de vizinhança e de convívio próprias. Esta valorização de configurações populares levou também a uma abertura a agenciamentos irregulares e técnicas construtivas convencionais.

O arquiteto Sérgio Ferro tem sua pequena produção arquitetônica associada à de seus colegas Rodrigo Lefèvre e Flávio Império. Os três arquitetos se formaram em 1961 na FAU-USP, no ano seguinte já eram docentes da escola[17] e, em 1965, tiveram um número inteiro da revista *Acrópole* dedicado à produção do trio[18]. Formados e valorizados no seio da escola paulista brutalista[19], esses arquitetos acabaram se apartando da linha hegemônica, se não tanto pelo conjunto da obra, pela crítica teórica. Em 1963, Rodrigo Lefèvre e Sérgio Ferro escreveram o artigo "Proposta Inicial para um Debate: Possibilidades de Atuação", (grêmio FAU-USP, 1963, série Encontros), em que fizeram a defesa de uma poética da economia, uma estética moralista que resultaria do mínimo – útil, didático, construtivo – e a consequente eliminação de todo o supérfluo. Nesse texto já associaram uma coerência entre a poética da economia e a realidade histórica nacional. No entanto, em 1963, a poética da economia não deixa de descrever uma sensibilidade brutalista, comum a outros arquitetos do meio. Em 1965, justamente como apresentação da *Acrópole* dedicada à produção dos três arquitetos, Artigas escreveu "Uma Falsa Crise" em que estabeleceu uma espécie de conciliação com os mestres modernos (Oscar Niemeyer e Le Corbusier), ao defender uma razoável autonomia da arte. Rodrigo Lefèvre, no ano seguinte, escreveu

"Uma Crise em Desenvolvimento"[20], em que reafirmou uma prática arquitetônica engajada, que propiciasse a inclusão popular no processo produtivo, no consumo e na fruição estética da arquitetura.

Com o texto "Arquitetura Nova"[21], Sérgio Ferro torna clara a contraposição ideológica com a corrente hegemônica do brutalismo paulista, cuja produção foi ali denominada "Arquitetura Nova". Sem viés propositivo, o texto critica, por um lado, as condições dadas da sociedade e, por outro, a pretensa resposta dos arquitetos de esquerda diante dessas condições:

> Alienados de sua função real por um sistema caduco, reagem dentro da faixa que o sistema lhes atribui, aprofundando, com isso, a ruptura entre sua obra e a situação objetiva a ser combatida. [...] Dentro da arquitetura, este é o limite da atitude crítica: a radicalização da contradição até o absurdo. Esta situação, obviamente, é insuperável por caminhos arquitetônicos[22].

Para Sérgio Ferro, os arquitetos já dispunham dos instrumentos teóricos "para organizar o espaço de um outro tempo mais humano[23]", o que seria sua função real. No entanto, para tal, dependiam de profunda mudança social, política e econômica. Em contrapartida, dentro do sistema vigente, a prática arquitetônica era inoperante em promover qualquer transformação na situação estabelecida. A par do viés político de esquerda, que naturalmente embasa esse texto, é curioso o arquiteto tomar a manifestação arquitetônica brutalista de São Paulo, que se conecta cronológica e plasticamente a um espírito de época mundial, como movimento ímpar, surgido em função das contrariedades e frustrações de um grupo de arquitetos paulistas de esquerda. Se houve uma proposta teórica que se associa à produção do trio Ferro, Lefèvre e Império, foram os artigos reunidos no livro *O Canteiro e o Desenho*, de Sérgio Ferro. Um desses artigos, "A Casa Popular", foi publicado pelo grêmio da FAU-USP em 1972. Trata-se de proposta "teórica", crítica ao modo de produção da arquitetura em que o uso de tecnologia avançada alija o operário de uma compreensão global da obra, gerando uma situação de alienação. Assim, o desenho do arquiteto deveria levar em conta as relações no canteiro de obras, de maneira a minorar a situação de exploração e alienação do operário diante de uma tecnologia que não domina e, portanto, em cuja fatura não pode opinar nem se manifestar.

Estes arquitetos, inseridos na produção cultural vanguardística dos anos de 1960, quiseram romper com a aposta desenvolvimentista, propondo assumir o Brasil inculto, a mão de obra não qualificada do migrante. Cabe apontar que o popular e o vernáculo inspiraram a sensibilidade brutalista mundial, estando na origem de muitas das soluções plásticas criadas por Le Corbusier, que depois foram disseminadas pelo mundo em inúmeras apropriações, reinterpretações etc.

A cobertura em abóbada é a principal marca da arquitetura do "grupo", maneira de lograr a "humanização" do canteiro, usando uma estrutura econômica, submetida a esforços de compressão, podendo ser executada em materiais simples e, graças à forma, sem gastos com impermeabilização. A abóbada, rapidamente construída, traria ainda a benesse de um canteiro ao abrigo da chuva. Numa entrevista concedida a Marlene Acayaba, já nos anos de 1980, Sérgio Ferro procurou explicar que a intenção ética do "grupo" nunca foi a recuperação ou apropriação de uma cultura tradicional-popular de construção, mas antes deixar que o saber do operário participasse do produto final,

▶ Vista da casa
↠ Detalhe da tubulação aparente
◢ Detalhe da escada

que o seu envolvimento na obra se desse de maneira menos massacrante e alienada. Na mesma entrevista, respondendo de que forma a obra de Le Corbusier do pós-guerra, especificamente a Unidade de Habitação de Marselha, o Convento de La Tourette e a Maison Jaoul, influenciaram os projetos dos anos 60, Sérgio Ferro destacou a importância da Maison Jaoul:

> Esse projeto era mais um elemento da técnica, a abóbada de tijolo cerâmico. Uma técnica popular antiga que ele utilizou e através da qual abriu um caminho. Até esse momento, falava-se muito em industrialização, em progresso tecnológico. De repente, Le Corbusier recupera nessas casas uma técnica velha, popular, que permitia tudo isso que afirmei a pouco[24].

Ou seja, uma tecnologia simples, sem cálculos complexos, que permitia ao operário dominar todo o processo construtivo. Os três arquitetos, associados ao rótulo Arquitetura Nova, não foram os únicos da vanguarda paulista a usar abóbadas de tijolos: na Residência Dalton Toledo (Piracicaba, 1962), Joaquim Guedes[25] empregou a cobertura em abóbada catalã só em tijolos[26]; porém foram eles que capitalizaram a tecnologia em torno do discurso da crítica ao canteiro: "Essa mudança não era formal, o Niemeyer já havia construído abóbadas em Pampulha. O novo era a crítica ao canteiro. A tentativa de projetar uma arquitetura barata e fácil de fazer, que pudesse realmente substituir as barbaridades do BNH"[27].

Toda a obra de Le Corbusier do pós-Segunda Guerra teve enorme influência internacional nos anos de 1950 e 60, especialmente sobre as gerações mais jovens. Nas palavras de William Curtis sobre a Unité de Marselha:

> A Unité tomou este catecismo (Carta de Atenas) e deu a suas palavras uma insuperável forma estética. E o fez com um vocabulário austero que também parecia atraente para uma geração jovem que estava farta da composição diagramática da "arquitetura moderna oficial" e que desejava dar forma a uma nova consciência do pós-guerra[28].

Le Corbusier projetou as Maison Jaoul (Neuilly-sur-Seine, 1951-1955) para as famílias de André Jaoul e de seu filho Michel. Nessas casas, sem a retórica política de esquerda, estão os materiais e técnicas tradicionais, a rusticidade da fatura, a tubulação deixada aparente, a proporção pensada em função do homem, buscando a justa medida da escala doméstica, a cozinha integrada e não confinada à área de serviço, numa adaptação às mudanças sociais. As abóbadas de tijolo das Maison Jaoul se apoiam em vigas de concreto de fatura rústica com as marcas das tábuas das formas. As aberturas não são padronizadas, formando um desenho de cheios e vazios nas elevações. Dentro, em contraste com o exterior rústico, algum mobiliário fixo e a escada revelam um virtuosismo na fatura, quer nas pranchas de concreto lisas e delgadas dos tampos, quer no desenho da escada em esbelta faixa em zig-zag. O interior também é animado por cuidadosa definição de quadros coloridos (nas cores primárias) que marcam o branco dominante das paredes e do piso.

Embora Sérgio Ferro tenha sido o maior polemista do trio, com seus escritos politizados, Rodrigo Lefèvre foi o que levou avante as ideias do grupo, com uma produção arquitetônica de interesse. Numa série de residências para a classe média paulistana, Rodrigo Lefèvre[29] foi desenvolvendo a tipologia da residência em abóbada, resolvendo uma série de detalhes resultantes da prática de canteiro proposta. A abóbada gera problemas de agenciamento do programa – como ocupar a faixa de pé-direito baixo nas laterais, ou tirar proveito do pé-direito duplo na linha central –, e problemas construtivos como, por exemplo, a execução de aberturas laterais. A defesa do uso de manufatura intensiva levou ao desenvolvimento de uma série de detalhes para a produção artesanal de elementos na obra. Esse é o caso dos caixilhos com caibro aparelhado desenvolvidos por Rodrigo Lefèvre, que aparentemente funcionavam bem[30], permitindo panos de vidro a custo bastante acessível.

Muito da poética da economia do trio faz parte de um espírito de época brutalista, como, por exemplo, certo moralismo contra revestimentos. A defesa de que o uso de revestimentos apaga os vestígios da produção é uma falácia, afinal o assentamento de revestimentos também é trabalho. Trata-se mais de um comprometimento estético com a estrutura – é ela que não pode ser ocultada e não o trabalho. Também o agenciamento do programa nas soluções arquitetônicas do grupo Arquitetura Nova é comum à produção arquitetônica brutalista no período: a valorização dos espaços de uso comum, a minimização dos espaços de uso privado e a continuidade espacial. O emprego da abóbada (tecnologia adequada à poética da economia proposta, uma vez que os esforços são de compressão, evitando o uso de ferragens) permitiu a crítica ideológica à aposta desenvolvimentista sem romper com a proposta formal-espacial da arquitetura paulista brutalista.

A obra do grupo Arquitetura Nova tem estado imbricada com o discurso ideológico de seus mentores, assim, é imputado às obras um discurso que sua materialidade brutalista, o seu gosto pelo didatismo construtivo, pelo vernáculo, por materiais simples, absolutamente não diz: "Em suas obras, realizaram operações que, do ponto de vista material, adequavam-se às restrições econômicas do subdesenvolvimento e à falta de recursos, mas,

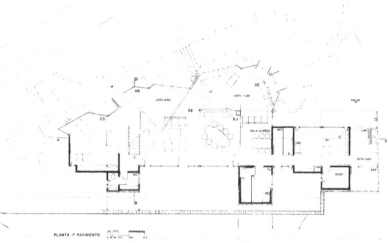

▶ Vista da rua
▶ Planta baixa

do ponto de vista cultural, representavam o desafio da constituição de novos valores que viabilizassem um projeto audacioso de transformação do presente"[31].

Concepções espaciais irregulares – com a quebra do ângulo reto e consequente afastamento da racionalidade construtiva como fator norteador do projeto – também podem ser computadas, grosso modo, a uma inspiração no popular, ou, ao menos, a uma pesquisa plástica em direção a soluções inesperadas e imprevisíveis. Na segunda premiação do IAB-SP, referente ao ano de 1968, Joaquim Guedes recebeu o Prêmio "Rino Levi" pela Residência Waldo Perseu Pereira ⓫ (com Liliana Guedes, 1967). Trata-se de uma obra complexa em terreno acidentado com duas frentes. A concepção se libertou da ortogonalidade e de uma solução estrutural regida por eixos de modulação. As áreas sociais da casa têm contorno irregular e a complexidade da volumetria resultante foi dramatizada pela alternância entre concreto e vidro. Na elevação, o vidro está abaixo da pesada empena de concreto e o efeito é maior na medida em que o vidro foi fixado diretamente no concreto, assumindo as formas prismáticas do contorno da casa. Entre os jovens arquitetos da vanguarda paulista nos anos 60, Joaquim Guedes talvez tenha sido o que manteve posição mais experimental, no entanto, a premiação dessa residência pelo IAB-SP denota também um meio mais aberto a explorações formais, ao menos em torno do concreto armado.

Mesma "abertura" é visível, a partir de meados da década de 1960, na premiação do IAB-GB. Na terceira premiação anual do instituto (dezembro de 1965), uma das residências que recebeu menção honrosa[32] foi de autoria do arquiteto Paulo Casé, a Residência Arnaldo Wright ⓬. Trata-se de projeto que explorou diferentes ângulos, criando espaços definidos em planta por polígonos irregulares. Enquanto Joaquim Guedes fez um jogo entre o contorno poligonal livre nos ambientes sociais e uma ortogonalidade estrita nos ambientes de uso privativo, numa solução em que a tecnologia do concreto armado foi explorada tanto por meio de balanços, como na geração de um espaço relativamente integrado por mezanino e na própria textura da estrutura deixada aparente, Paulo Casé empregou tecnologia tradicional: baldrame, muro de sustentação e tesoura, telhas de barro, revestimento de alvenaria com massa chapada de cimento e barro local.

A exploração de ambientes definidos em planta por polígonos irregulares comparece em diversas residências concebidas pelo arquiteto Eduardo Longo na segunda metade dos anos 60 e início dos 70.

Essas manifestações, e o relativo espaço que tiveram, revelam uma pesquisa formal que se afasta do racionalismo cartesiano, parte importante no ideário do movimento moderno: "Coincidindo com a conversão das vanguardas em um movimento internacional, vão aparecendo modelos estritamente racionais e cartesianos. O mais paradigmático e seminal é a Casa Dominó, criada por Le Corbusier em 1914"[33]. A falta de ordem e a aparente aleatoriedade dessas soluções têm suas conexões nos anos de 1960 com a contracultura e a busca do vernáculo, enquanto o exclusivismo das soluções fez sucesso num estrato paulistano endinheirado.

A primeira casa projetada por Eduardo Longo, ainda estudante[34], causou considerável repercussão no meio; trata-se da Casa do Mar Casado ⓭ (Guarujá, 1964). Definida em concreto armado, além da irregularidade dos ambientes em planta – que parece representar uma viela medieval com seu corredor tortuoso –, a casa também tem as paredes inclinadas e delas saem panos triangulares que formam uma cúpula na cobertura. Como no caso das abóbadas parabólicas de Rodrigo Lefèvre, a solução inusitada demandou uma série de detalhes construtivos: a dificuldade de passar a rede hidráulica pelas paredes inclinadas levou a distribuição a ser feita pelo piso, inclusive registros e válvula de descarga. Também nesse caso, a estrutura de concreto foi explorada quer na obtenção da irregularidade

⓭
◀ Vista do interior
◣ Vista da rua
▼ Planta baixa

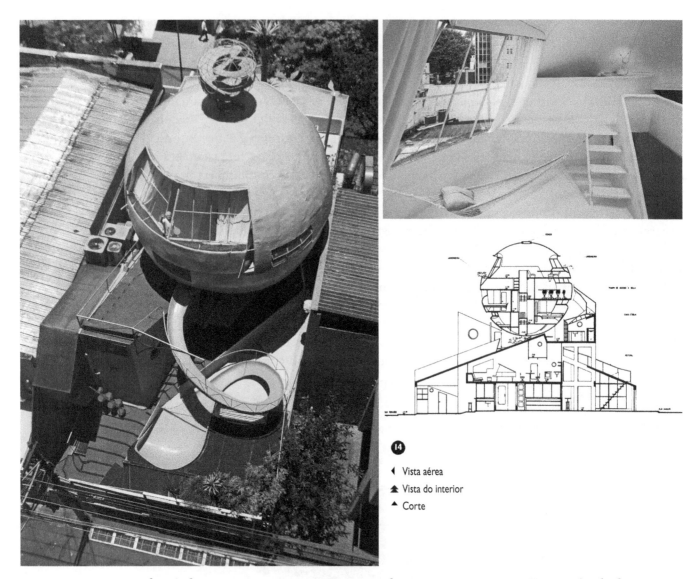

◀ Vista aérea
▲ Vista do interior
▲ Corte

planejada, quer nas texturas; por exemplo, os panos que compõem a cúpula foram concretados em formas construídas com o forro paulista.

Parte da mística em torno de Eduardo Longo é decorrente de sua trajetória pessoal profundamente imbricada na sua casa-bola ⓮. Jovem arquiteto, com sucesso comercial graças às casas luxuosas na praia de Pernambuco, no Guarujá, e em São Paulo, Eduardo Longo projetou para si um escritório e residência em terreno de duas frentes no Itaim Bibi, onde se estabeleceu em 1970. A concepção da casa-escritório resultou numa construção retangular, dividida por uma parede diagonal, em duas partes trapezoidais, cada uma com frente para uma rua. Em 1972, em meio a uma crise profissional, motivada por insatisfação e não por falta de demanda de projetos, o arquiteto começou a intervir no espaço da casa-escritório: iniciou por abandonar o andar térreo, com a ideia de abrir o terreno para a rua. Então já havia pensando em uma espécie de apartamento em forma de bola. O processo de mexer no espaço da casa-escritório incluiu pinturas aleatórias e, por fim, a derrubada de paredes do térreo. A construção da esfera sobre a casa foi um processo que levou quase seis anos; a casa foi concluída em 1979. A casa-bola foi concebida como um "protótipo" que requereu um inventivo detalhamento. Todo o mobiliário foi moldado in loco e também os eletrodomésticos, as louças sanitárias: "Meu sonho era ter um grande molde onde pudesse ser injetado um material único, para fazer a casa com uma injeção só de um material polivalente. Acho que esse material é o plástico, é possível pensar dessa forma ainda. Eu pesquisava uma coisa de máxima industrialização, fazendo-a artesanalmente"[35].

Ainda a Industrialização

Concomitante a arquiteturas que, por seus resultados plásticos, podiam ser classificadas numa atitude de crítica ou afastamento do apelo tecnológico e desenvolvimentista, havia experiências alimentadas pela crença no aprimoramento tecnológico da construção civil como um fator chave para o desenvolvimento do país, especialmente na disseminação e no avanço da pré-fabricação industrial na construção civil, vista como única maneira de aplacar o déficit habitacional do país. Nos anos do milagre econômico no Brasil (aproximadamente 1969-1973), o crescimento do setor da construção civil levou ao estabelecimento comercial do pré-moldado de concreto armado no país. Porém, o pré-moldado ocupou o nicho da construção civil voltado às instalações industriais, onde a rapidez na construção de instalações ou ampliações, especialmente numa época de crescimento da demanda, foi o fator crucial que justificava a opção pelos pré-fabricados, ainda que, no início do desenvolvimento do setor, significassem um custo mais alto por m². O setor teve um crescimento expressivo nos anos do milagre econômico; por exemplo, a produção da Cinasa, Construção Industrializada Nacional, passou de 200 mil m² em 1969 para 600 mil m² em 1974[36]. Por outro lado, no campo da habitação de interesse social, entre 1965 e 1975, o BNH se aferrou a uma política de gerar empregos para mão de obra não qualificada, especialmente dos migrantes, mantendo o *status quo* tecnológico da construção civil. Ainda assim, a ideia da pré-fabricação da construção civil continuou a estimular a experimentação na arquitetura nacional.

A possibilidade de uma obra arquitetônica concebida de acordo com uma lógica que regesse sua expansão, sua adaptabilidade a situações futuras, buscando evitar uma rápida obsolescência, motivou algumas experiências arquitetônicas nos anos de 1960 e 1970. Solução distinta de um projeto integralmente concebido e implantado em etapas, o conceito de obra expansível, não específica, porque aberta a necessidades futuras, está ligado a certa neutralidade caracterizada por soluções generalizantes e esquemáticas. Uma das respostas desses anos foi a "coordenação modular", método baseado numa "unidade estrutural", ou seja, em uma estrutura autossuficiente que delimita uma parcela do espaço e cujos sucessivos agrupamentos vão constituindo o todo. Há neste método de projeto uma espécie de transposição do conceito de pré-fabricação construtiva para a concepção espacial, ou seja, da mesma forma como a construção resulta numa montagem dos elementos pré-moldados, o projeto resulta de uma justaposição de unidades espaciais. A experiência com coordenação modular pode tender ao tecnicismo; na medida em que o programa é subdivido pelas unidades espaciais, a concepção pode se perder na busca da correta montagem funcional, num quebra-cabeça que busca o perfeito agenciamento de proximidade e afastamento na gradação dos usos, eventualmente com auxílio de gráficos e tabelas[37], chegando a uma pulverização da ideia de arquitetura.

No caso do projeto vencedor no concurso nacional de anteprojetos para a sede da Secretaria da Agricultura do Estado de São Paulo (1968), a tentativa de integrar a pré-fabricação construtiva a uma concepção de projeto que se propunha genérica, lógica, adaptável, foi motivada pelo anseio de criar uma estrutura espacial suficientemente neutra que se prestasse às inevitáveis transformações da burocracia governamental, num momento em que o apelo do progresso e do desenvolvimento parecia tornar precárias as previsões de necessidades futuras. Na concepção desse projeto, dos arquitetos Arnaldo Martino, Antonio Bergamin, José Savoy de Castro, Paulo Bruna, Jurandyr Bueno Filho, Ana Maria de Biasi, Alfredo Taalat e Marcos A. Tayata, tem fundamental importância a definição de uma grelha modulada. Foi elaborado um sistema construtivo baseado em elementos pré-moldados de concreto formando um módulo estrutural, cuja repetição e formas de agrupamento conformam o projeto. O agrupamento foi estruturado por um eixo de acesso, proposto pelos arquitetos, que passa sob o edifício ⓑ. Esse eixo, funcional, congrega garagens, oficinas, dutos hidráulicos, elétricos e de comunicações. No cruzamento do edifício com o eixo estão os equipamentos de uso coletivo, numa "praça central" que congrega as escadas de acesso ⓒ. As diretrizes que orientaram o projeto e levaram antes à definição de uma concepção de montagem tanto construtiva como projetual ⓓ do que de um espaço perfeitamente definido, são próprias do período, dentro da ideia de atender a demandas mutantes em função do progresso e do desenvolvimento do país:

> Também se considerou o fato da estrutura administrativa da Secretaria da Agricultura estar vinculada à própria estrutura agrária do País, que se deseja em profundas reformas. Tornar-se-ia ocioso admitir o presente programa como o definitivo para a sua sede. Fixar critérios claros de organização de espaços que permitam remanejamento de edifício em função dos novos programas, bem como a construção por etapas, pareceu-nos o mais importante. Posição extremamente racional, ampliando o conceito de planta livre para, de certa maneira, espaço livre"[38].

Assim, o espaço é o mais neutro possível: vãos e cargas constantes levam a uma estrutura repetitiva com um número reduzido de tipos de peças. As lajes são colocadas segundo uma modulação vertical. A cobertura alterna painéis nervurados e placas transparentes, fornecendo iluminação zenital, portanto, independente de orientação, protetores solares etc., e o agrupamento dos módulos conforma pátios internos. Um esquema geral rege a distribuição de dutos das vigas mestras da estrutura até o duto tronco no eixo principal. A busca de generalidade, neutralidade, flexibilidade e racionalidade construtiva foi um efeito buscado associado à ideia de eficiência construtiva que corresponderia a uma eficiência funcional, atitude contraposta, na memória do projeto, à busca de um "caráter excessivamente monumental, pela utilização de grandes estruturas e de efeitos formais"[39].

É possível considerar que compunham a sensibilidade brutalista tanto o apelo pelas realizações da engenharia quanto a busca de uma arquitetura norteada pelo conceito da industrialização da construção civil, além de estar em jogo também o gosto pelo rústico, irregular e despojado. Nos anos finais da década de 1960 e início da de 70, estas preocupações, num primeiro momento amalgamadas, parecem ser pulverizadas em pesquisas díspares. No entanto, há um ponto comum, próprio destes anos, que é o gosto pela estrutura aparente, por certa rusticidade, pela exposição dos elementos construtivos. Não há delicadeza no desenho. No mesmo período, em consequência da enorme urbanização do país,

ocorreu a massificação da vida urbana nas grandes cidades, que na corrida para atender a demandas de transporte, distribuição de víveres, vias etc, respondeu com equipamentos funcionais, no mais das vezes rebarbativos ao tato e ao olhar, num rebatimento empobrecido da sensibilidade plástica dominante no período. O arquiteto Luiz Carlos Daher, ao analisar as transformações nas décadas de 1960 e 70[40], entendeu as grandes cidades como "os símbolos maiores e mais gritantes do espaço arquitetônico nacional"[41].

3.
Niemeyer:
Do Plasticismo Simbólico ao Partido Estrutural e ao Volume Escultórico

uando publica o texto "Minha Experiência de Brasília" em junho de 1960 na revista *Módulo* (fundada em 1955 com um grupo de amigos), Niemeyer faz uma retrospectiva desse momento singular de sua trajetória profissional – e ao mesmo tempo começa a dele distanciar-se. A década que se segue é de muitas viagens internacionais por razões de trabalho, com projetos no Líbano (1962), Gana (1963), Estados Unidos (1963-1968), Israel (1964-1965), Costa do Marfim (1964), França (1965-1969), Congo (1965), Portugal (1965-1966), Filipinas (1967), Itália (1968), Argélia (1968). A maioria desses trabalhos é de arquitetura, vários de urbanização.

No começo dos anos de 1950, logo após realizar viagens internacionais "de Lisboa a Moscou", Niemeyer vivenciara uma mudança na sua maneira de projetar, que relata num texto de 1958: "as obras de Brasília marcam, juntamente com o projeto para o Museu de Caracas, uma nova etapa no meu trabalho profissional. Etapa que se caracteriza por uma procura constante de concisão e pureza, e de maior atenção para com os problemas fundamentais da arquitetura"[42]. Essa mudança nos rumos de sua arquitetura já pode ser percebida por ocasião do projeto do Parque do Ibirapuera, em São Paulo (1951-1953)[43], e a análise de obras daquele momento sugerem que a transição já vinha paulatinamente ocorrendo – até que a oportunidade excepcional das obras monumentais de Brasília permite o desabrochar em plenitude de sua nova posição arquitetônica.

Embora seja o primeiro e único momento de mudança por ele pessoalmente registrado, não será o último – mesmo que Niemeyer disso não dê notícia. Ao menos outras três transições acontecerão, nos quarenta anos seguintes, sendo cada mutação precedida de um interregno preparatório de transição. As mudanças são de ordem artística: no limite, são decisões pessoais que não podem ser totalmente explicadas de maneira redutiva, nem causal. Mas sempre refletem parcialmente fatores contextuais, como o diálogo com novas possibilidades formais e tecnológicas de cada época. E apesar de Niemeyer sempre declarar-se indiferente às muitas críticas, de que a visibilidade de sua obra constantemente o faz alvo, elas não deixam de ter certa importância na maturação dessas inflexões.

Entre 1956 e 1962 – mais ou menos coincidentemente com esse momento – Niemeyer publica em *Módulo* uma série de textos onde busca esclarecer suas premissas projetuais, analisando também alguns aspectos mais abrangentes do fazer arquitetônico, textos que podem ser considerados como uma breve tentativa de teorização[44]. Como também acontece em sua obra arquitetônica, em seus textos Niemeyer é reiterativo, retomando sempre um punhado relativamente compacto de argumentos, que sabe esgrimir com clareza e determinação. Diferentemente de sua obra, que experimenta variadas reviravoltas e significativas alterações de rumo ao longo de toda sua carreira, seus textos futuros permanecerão sempre atados a esses argumentos iniciais – mesmo quando sua prática profissional passa a experimentar outros caminhos, que esses mesmos discursos não mais podem validar.

Essa repetição argumentativa e insistência nas mesmas teclas discursivas, indiretamente colabora para reforçar uma percepção mais ou menos monótona de sua obra: o Niemeyer visto desde seus textos pode e quer dar a sensação difusa de serem suas ideias arquitetônicas sempre as mesmas, e de serem suas obras sempre e consistentemente baseadas nas mesmas premissas – sugerindo que a diversificação dos resultados dar-se-ia tão somente pelo desdobramento de sua criatividade, mas sem variação na sua base teórica. É preciso certa sutileza e perspicácia para verificar e demonstrar o quanto essa identificação entre texto e projeto, em Niemeyer, não se sustenta, nem colabora para melhor compreender sua obra. Mas é comum aceitá-la sem dar-se conta das incongruências porque, de fato, há um alto grau de similaridade formal nos resultados – característica que lhes garante sua reconhecibilidade, ou a manifestação da "marca" de autor; o que dificulta a percepção das variações artísticas que Niemeyer pratica ao longo da sua extensíssima carreira.

Niemeyer admite que sua trajetória profissional começa em 1936, quando participa do projeto para o Ministério da Educação e Saúde (no Rio de Janeiro, a convite de Lúcio Costa, integrando a equipe formada também por Affonso Eduardo Reidy, Jorge Machado Moreira e Carlos Leão, com "risco inicial" de Le Corbusier), e que sua plena maioridade ocorre de fato com o Pavilhão do Brasil na Feira Mundial de Nova York (1939, com Lúcio Costa) e com as obras de Pampulha (1940); essa primeira etapa prossegue até aproximadamente 1953, incluindo um número muito significativo de realizações. O Museu de Caracas (1954) pode ser considerado o marco inicial de uma segunda etapa, que se estende pelas obras de Brasília e prossegue na primeira metade dos anos de 1960, inclusive em projetos realizados fora do Brasil. Uma segunda transição menos proclamada, mas perceptível quando estudamos bem as obras, parece ocorrer a partir de 1968, abrindo uma terceira etapa, cujos marcos iniciais podem ser o Centro Musical da Barra (1968) e o Museu Exposição Barra'72 (1969), ambos no Rio de Janeiro. Nessa terceira fase, passa a ocorrer uma exploração mais consistente das possibilidades tecnológicas de grandes estruturas. Pode-se postular ter havido uma terceira transição por volta de meados dos anos de 1980, abrindo uma quarta etapa, na qual os edifícios tornam-se cada vez mais esculturais, esquemáticos e relativamente indiferentes ao seu entorno; cujo marco inicial emblemático poderia ser o Panteão na Praça dos Três Poderes, em Brasília (1985). Embora seja mais difícil precisar, porque demasiado recente, é possível que outra mutação tenha ocorrido por volta da virada do milênio. As últimas etapas da obra de Niemeyer serão estudadas em capítulos posteriores; neste, uma atenção mais pormenorizada será dada ao momento de 1968-1985, e às transições que o levam a atingí-lo e a superá-lo.

Se bem que o uso de estruturas de concreto de certo porte já viesse ocorrendo na obra de Niemeyer desde algum tempo, há uma importante mudança de enfoque no seu trabalho a partir de meados dos anos de 1960. No período coincidente com a concepção de Brasília, o tema dominante dos partidos adotados por Niemeyer, especialmente nos edifícios excepcionais de valor monumental, baseava-se prioritariamente no atendimento das questões plásticas; e, embora relevante, a estrutura portante nunca está regida apenas por noções de economia estática, mas igualmente por razões de ordem simbólica, pelo desejo de proporcionar profundidade e variedade cinemática de apreciação a um observador externo em movimento – aspectos aos quais são dados amplo valor e relevância primordial. Essa sua maneira projetual (que poderia ser enfeixada na rubrica "plasticismo simbólico") recebe as mais variadas críticas por parte de arquitetos e críticos de outras posturas, especialmente aqueles interessados na busca da "verdade estrutural" – tema presente na maioria dos debates daquele momento.

Aos que criticam suas obras, Niemeyer esclarece que não pretende fazê-las resultar de decisões meramente funcionalistas, e que tampouco está em busca da estrutura mais econômica, nem quer fazer coincidir estética e estática[45]:

> procuro orientar meus projetos, caracterizando-os sempre que possível pela própria estrutura. Nunca baseada nas imposições radicais do funcionalismo, mas sim, na procura de soluções novas e variadas, se possível lógicas dentro do sistema estático. E isso, sem temer as contradições de forma com a técnica e a função, certo de que permanecem, unicamente, as soluções belas, inesperadas e harmoniosas. Com esse objetivo, aceito todos os artifícios, todos os compromissos, convicto de que a arquitetura não constitui uma simples questão de engenharia, mas uma manifestação do espírito, da imaginação e da poesia[46].

Percebe-se claramente que é bem distinto o conceito de "estrutura" adotado pelos adeptos da "verdade estrutural" e o sentido mais elástico que Niemeyer faz da mesma palavra; mas, a rigor, nenhum dos lados está certo, ou melhor, os dois estão equivocados: cada qual segue premissas distintas, que livremente adotam, e que em nenhum caso podem ser consideradas absolutas.

Passada a construção das primeiras obras monumentais de Brasília, Niemeyer parece já estar começando a alterar seus rumos projetuais – e talvez algum substrato das muitas críticas recebidas pode lhe ter afetado. Seja como for, nota-se que ele passa a experimentar cada vez mais com a estrutura enquanto elemento primordial na definição do partido, numa mais íntima correspondência entre estrutura e forma em que a mão de direção vai daquela para esta. Essa mutação não ocorre de súbito, mas ensaia seus passos em várias obras. Um dos primeiros projetos em que essa transição já se prepara poderia ser o Palácio dos Arcos, ou Itamaraty (Ministério das Relações Exteriores, Brasília, 1962). Neste há, sem dúvida, continuidade com a solução de partido em "caixa de vidro avarandada com colunas exteriores de desenho especial", também adotada nos Palácios da Alvorada,

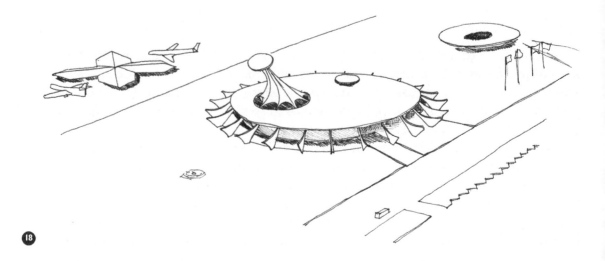

do Planalto e no Supremo Tribunal Federal. Mas agora as colunas externas parecem querer sustentar o vão total da ampla cobertura quadrada, como sugerem os croquis explicativos, sob a qual se abrigaria uma estrutura inferior independente. A solução estrutural de fato adotada é mais singela, com base em uma malha regular de pilares que inclusive sustentam a laje de cobertura; mas uma série de recursos é empregada para visualmente sugerir essa opção mais ousada – como o escamoteamento da presença das colunas internas do edifício e o fato das fachadas envidraçadas recuadas não subirem até a última laje, deixando-a aparentemente mais "solta" – recursos que dão continuidade às estratégias projetuais empregadas por Niemeyer em outros palácios de Brasília.

O projeto para o Aeroporto de Brasília (1965) – pivô de um desentendimento político absurdo entre Niemeyer e uma ala mais radical da ditadura militar que se instala no governo brasileiro com o golpe de Estado em 1964 – também propõe uma solução que define um envoltório em colunata de desenho especial, algo aparentado com o das colunas dos palácios. Se no Itamaraty a planta é quadrada, no aeroporto configura um círculo; mas embora haja certa sugestão sobre a possibilidade de organizar a estrutura à maneira de pórticos, vencendo o diâmetro da circunferência[47], a planta ainda resulta de um sistema regular de apoios de menor vão.

Já no projeto para o Ministério do Exército (Brasília, 1967) Niemeyer propõe, para o pavilhão principal, uma solução em grandes peças pré-fabricadas para as lajes e fachadas, praticamente sobrepondo concepção estrutural e resultado formal; mas seu desejo expresso de "liberdade formal" ainda comparece nos detalhes de agenciamento da cobertura. Os mesmos elementos pré-fabricados são propostos para o projeto do Convento dos Dominicanos (Saint-Baume, França, 1967); mas nesse caso ainda são claramente tratados como acessórios de uma solução plasticamente muito rica, e não como ordenadores do partido projetual.

Os exemplos que confirmam essa transição, inaugurando uma nova etapa cheia de obras de intenso brilhantismo – onde o mote claramente é a estrutura portante, embora Niemeyer jamais deixe de empregar os mais variados recursos plásticos que fazem com que a solução jamais seja nem evidente, nem simplória – são certamente dois projetos não construídos que realiza para a então nova urbanização da Barra da Tijuca, no Rio de Janeiro: Centro Musical da Barra (1968[48]) e o Museu Exposição Barra'72 (1969).

Ambos são variações sobre um mesmo tema, demonstrando cabalmente como sua nova etapa "estrutural" em absoluto tolhe a inventiva formal e plástica. Dois grandes apoios centrais, separados por um vazio onde se concentram as circulações verticais (elevadores

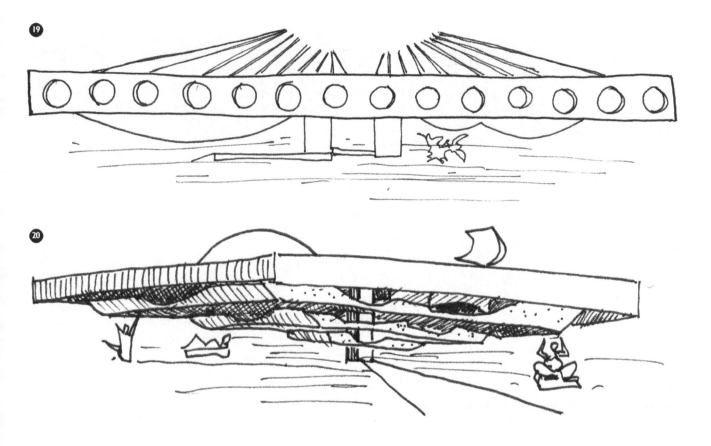

e escadas), sustentam a totalidade do edifício suspenso dotado de amplos balanços. No Centro Musical a planta suspensa é retangular, definida por duas alas quadradas situadas de cada lado dos apoios centrais. Uma malha de grandes vigas conforma as coberturas e de alguma maneira sustenta as lajes inferiores, conformando os espaços habitáveis, que abrigam auditórios e *foyers*; ambas as "caixas" seriam suspensas por tirantes, ou por um conjunto de grandes vigas de concreto, que em qualquer caso partem em leque desde as colunas centrais. Os desenhos disponíveis registram ambas as variações, e como o projeto não teve continuidade, não é possível compreender totalmente a solução estática que seria adotada. Já no projeto do Museu Exposição Barra'72 a solução estática é mais precisa e clara: os pilares de apoio centrais sustentam a grelha quadrada de vigas que define a cobertura, com balanços simétricos em todas as direções; dessa grelha pendem tirantes que ancoram as lajes inferiores, cujo perímetro vai progressivamente diminuindo, de maneira que o conjunto conforma uma "pirâmide invertida" – formato que Niemeyer parece adotar de preferência em projetos de Museus[49], e que neste caso também remete ao paradigma corbusiano do "museu do crescimento ilimitado". Em ambos os projetos, Niemeyer propõe diversas opções para o arranjo das fachadas, buscando dar movimento e variedade em contraponto com a solução estática relativamente dura.

Tanto a solução em "taça" como o tema das vigas superiores sustentando lajes inferiores por meio de tirantes estavam sendo explorados naquele momento em muitas outras obras, brasileiras e internacionais[50]; a resposta de Niemeyer a esse tema é grandiosa e radical, afinando-se também com o momento de princípios dos anos de 1970, quando várias obras brasileiras propõem soluções que deslizam para um exagero estrutural de índole otimista e interessada na máxima exploração das possibilidades do concreto armado/protendido.

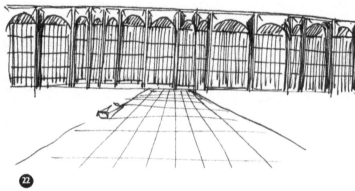

Na sede da editora Mondadori[21] (Milão, 1968) o caminho de exploração das possibilidades das grandes estruturas é adotado de maneira ponderada, sem deixar de ser igualmente ousada. A proposta pode ser lida como uma "correção" do projeto do Itamaraty – mas é muito mais do que isso. O edifício administrativo propriamente dito – nos primeiros esboços, dois blocos lineares curvos; no projeto final, um único pavilhão retangular extenso – é "cruzado" por outro corpo extenso, de bordas irregulares delineando, de um lado, uma forma aproximadamente redonda com um pátio central semienterrado, abrigando as áreas de convivência e descanso; de outro a forma se estende de maneira mais alongada para abrigar as áreas de produção, organizando-se por meio de uma estrutura regular simples. O destaque hierárquico do conjunto recai sobre o edifício administrativo, rodeado por espelhos d'água que o refletem e duplicam virtualmente. Pilares externos, conformando arcos de vão variável[22], sustentam a laje de cobertura, que suspende as lajes inferiores por meio de tirantes[23], deixando totalmente livre de apoios internos o pavimento térreo; dois núcleos de circulação vertical/serviços são dispostos internamente de maneira discreta, situados mais próximos das extremidades; uma escada circular externa conecta-se por passarela. O resultado formal é harmonioso e elegante, sem proclamar excessivamente os recursos estáticos que emprega. De certa maneira, esta obra alcança equilibrar-se entre o melhor de dois mundos: os partidos nascidos de valores

simbólicos, expressivos e plásticos; e os partidos derivados de explorações estruturais de novas possibilidades tecnológicas.

Mas a tendência nesse momento – tanto na obra de Niemeyer, como em outras arquiteturas brasileiras – é que essa ponderação se dissolva à medida em que as estruturas gradualmente se magnificam e se dramatizam. Alguns anos depois, na Sede da Fata❹ (Turim, 1974), um programa administrativo semelhante é resolvido também com um pavilhão suspenso – mas toda sutileza é abandonada em favor de uma sobre-enfatização da estrutura❺. Plasticamente, é como se também os arcos estivessem suspensos; o número de apoios diminui drasticamente para apenas seis, os balanços aumentam desproporcionalmente, o protagonismo não é mais dos pilares de desenho diferenciado, mas das vigas, que necessitam ser bem maiores para responsabilizar-se pelas cargas. Detalhes importantes também se alteram: os vidros escurecem e estão menos recuados das fachadas – ou assim parecem porque as estruturas portantes situadas exteriormente aumentaram de escala; as fachadas de topo são opacas, carregando no peso aparente da solução.

Urbanismo Volumétrico e Arquitetônico

Embora Niemeyer tivesse preferido não realizar o projeto urbanístico de Brasília, sugerindo ao invés a realização de um concurso, a partir dos anos de 1960, com a divulgação internacional das obras da nova capital[51], ele passa a aceitar várias solicitações de projetos urbanísticos. Porém sua resposta nunca é a da simples proposta de arruamento/zoneamento, à maneira tradicional ou segundo os ditames do planejamento urbano funcionalista: suas "urbanizações" são sempre resolvidas através do desenho de conjuntos de edifícios, com ênfase na verticalização em contraponto com edifícios horizontais e com a intermediação de grandes espaços vazios, algumas vezes mais definidos (conformando uma escala intermediária monumental, relacionando edifícios especiais), outras vezes mais abertos e indefinidos (conforme o programa solicitado e as áreas disponíveis).

Seus projetos urbanísticos – como obras arquitetônicas do início de sua carreira – têm, como precedentes notáveis, os estudos realizados por Le Corbusier no período anterior à Segunda Guerra Mundial. Sobre essa base, somam-se sua experiência em Brasília e as reflexões de caráter "teorizante" publicados em *Módulo*, resultando numa elaboração metodológica própria sobre o tema da escala. Partindo do edifício para a cidade, Niemeyer distingue "três problemas diferentes a resolver: o do prédio isolado, livre a toda imaginação, conquanto exigindo características próprias; o do edifício monumental, onde o pormenor plástico cede lugar à grande composição; e, finalmente, a solução de conjunto, que reclama, antes de tudo, unidade e harmonia"[52]. O exemplo do edifício isolado seria o Palácio da Alvorada; do edifício monumental, o Congresso Nacional; e a solução de conjunto pode ser exemplificada tanto pela Praça dos Três Poderes – de um lado do eixo monumental – como pela Esplanada dos Ministérios – de outro. Ambas estratégias desse último caso – a da praça aberta conformada por edifícios de desenho especial e a do espaço aberto de grandes perspectivas, conformado por amplos vazios e pela disposição de vários edifícios em volumes simples e repetitivos – serão frequentemente empregadas, separadas ou

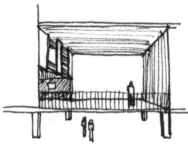

combinadas, em seus projetos de urbanização. Além dessas estratégias Niemeyer vai também configurando um repertório de formas que vão sendo variadamente combinadas a cada projeto; aos poucos as soluções vão sendo igualmente afetadas pela tendência, mais característica a partir dos anos de 1970, de "exagero" dimensional e programático. Assim, seus arranjos urbanos tendem, ao longo das décadas, a tornar-se, do mesmo modo que sua arquitetura, cada vez mais esculturais, enquanto os espaços livres tornam-se cada vez mais esquemáticos.

Um dos primeiros exemplos de emprego dessas estratégias de composição urbanística talvez seja o projeto que Niemeyer realiza para a Universidade de Brasília (1960), onde um extenso edifício (ICC- Instituto Central de Ciências, proposto em peças pré-fabricadas) abriga todas as salas de aula e alguns equipamentos; sua dimensão horizontal e curvatura ajudam a conformar um âmbito, ou um recinto aberto, com o qual os demais edifícios do conjunto se relacionam. Nos primeiros estudos situam-se, aquém do ICC, alguns volumes "soltos" abrigando usos especiais e, além do ICC (em direção ao lago), a Praça Central da universidade, com os edifícios especiais do Museu e Auditório[53]; esse setor da proposta parece ser a referência que Niemeyer evoca quando do desenvolvimento do projeto da Universidade de Constantine, na Argélia (1968). A proposta para o ICC/UnB é também retomada como precedente no projeto do Centro de Exposições e Museu em Trípoli, no Líbano (1962). Em ambos os casos a opção rejeitada é a da dispersão de edifícios destinados a algum uso repetitivo (salas de aula na UnB, pavilhões de exposição em Trípoli) em favor de seu agrupamento em um edifício único extenso, de forma suavemente curva, permitindo organizar um recinto aberto no lado côncavo onde são dispostos os edifícios para usos especiais (auditório, teatro, museu etc.). Em qualquer caso, a coesão é dada por uma "placa" horizontal – ou chão qualificado – sobre a qual os edifícios como que estão pousados, e "que disciplina o conjunto do ponto de vista plástico, lhe conferindo sua unidade e fazendo ressaltar por contraste as diferentes formas dos edifícios situados ao centro da composição"[54].

Outra é a escala da proposta para a cidade Negev, em Israel (1964)[55]. Aqui o precedente notável parece ser um dos projetos do concurso de Brasília – não o vencedor, mas aquele de autoria do escritório Rino Levi[56], que propunha uma variação sobre a ideia da cidade vertical –, tema preferencial desde as primeiras especulações urbanísticas de Le Corbusier. A cidade Negev seria edificada no deserto de mesmo nome, numa área de expansão urbana que já contava então com algumas outras cidades em formação[57]. Embora não fosse destinado a um assentamento agrícola rural, como os *kibutz* – comunidades coletivas com organização de cunho socialista –, Niemeyer busca dar à sua proposta uma intenção comunitária, visando proporcionar

> ao homem a escala da antiga cidade medieval fácil de percorrer, ao se deslocar da casa ao trabalho, da escola aos lugares de distração, sem se preocupar com o tráfego moderno e seus perigos, e sem perda de contato com as vantagens da vida atual, com o carro estacionado na proximidade das habitações e pronto a transportar, se necessário, a todos os bairros da cidade[58].

Para tornar viável o deslocamento a pé dos habitantes (percursos de no máximo 500 m até o centro comercial e de lazer), propõe verticalizar ao máximo a ocupação habitacional,

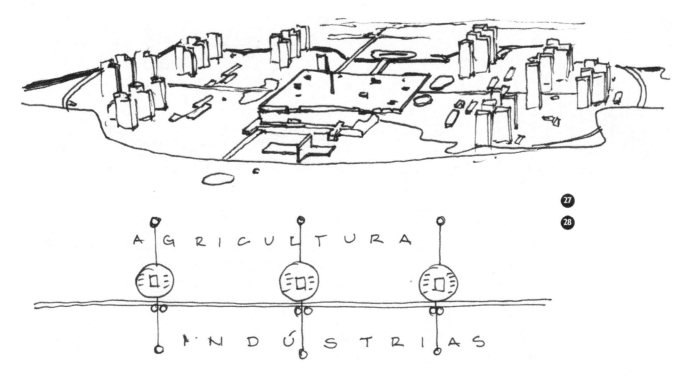

por meio de torres isoladas de grande altura. Ao invés de ser murada como as cidades medievais, Negev seria circundada por uma autopista perimetral em forma de elipse da qual seria possível acessar os diferentes agrupamentos de edifícios habitacionais, bem como a esplanada central, onde um estacionamento para 10 mil veículos estaria situado, como as vias de serviço, em nível inferior; sobre o qual se situariam o centro comercial e de serviços, organizado em uma praça delimitada por edifícios baixos para comércio, cultura e diversões em contraponto com alguma torre de serviços ou administração. A proposta da cidade poderia "se multiplicar ao infinito ao longo de grandes vazios de comunicação, determinando as zonas para a agricultura, indústria e lazer, trazendo assim à hinterlândia a vida e o progresso de uma forma organizada e disciplinada"[59].

Vários dos projetos de urbanização que Niemeyer realiza nessas décadas não chegam a conformar, pelas circunstâncias de programa e sítio, conjuntos fechados e coesos; mesmo assim, são frequentes as variantes das características principais do projeto de Negev: grande área delimitada por vias periféricas, com edifícios mais ou menos altos dispostos ao redor de um core central. É o caso de alguns projetos urbanísticos do começo dos anos de 1970, como a Zac de Dieppe, 1972; o Centro de Negócios de Miami, 1972; o Bairro Athayde, Rio de Janeiro, 1973. No projeto para a urbanização para Argel (1968), Niemeyer

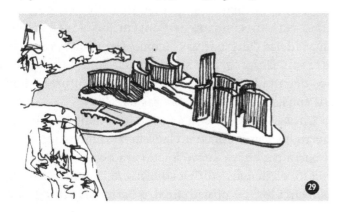
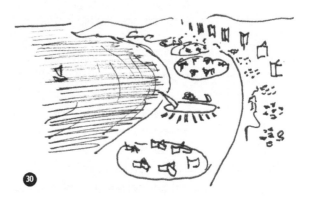

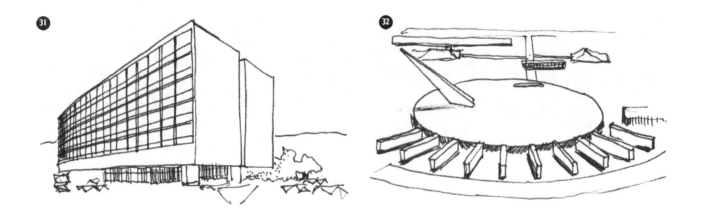

adota a sugestão do projeto de Negev acerca da possibilidade de multiplicação por justaposição de vários conjuntos semelhantes ao longo de uma via; no caso de Argel, conformando uma "cidade linear" ao longo da costa para usos primordialmente residenciais, sempre verticalizados, enquanto o setor cívico-administrativo faria as vezes de rótula entre a cidade antiga e a nova.

Uma vez que as soluções propostas por Niemeyer nesses projetos urbanísticos raramente são aquelas esperadas pelo cliente, e muito menos permitidas pelas legislações locais (que sempre tendem a ser conservadoras), ele passa a expor suas razões em croquis tornados célebres – em que uma solução prévia é rechaçada e outra contraposta; enquanto arregimenta argumentos de ordem urbanística, funcional, econômica, plástica etc.; todos e cada um desses aspectos são convocados, conforme a oportunidade, a corroborar sua proposta. Ainda mais importantes para a demonstração das intenções das propostas e convencimento dos ouvintes são as maquetes volumétricas das implantações: sintéticas e empregando recursos geométricos de composição que ora conformam mandalas, ora arranjos de assimetria balanceada, sempre de alto apelo comunicativo.

Parece ser na escala urbanística média – aquela que havia denominado, no texto sobre as obras de Brasília, como "solução de conjunto" – que Niemeyer parece obter os resultados mais equilibrados; pois nela é possível projetar não apenas abstrações geométricas, mas edifícios peculiares, desenhados conforme necessidades mais concretas e específicas, nas quais ele pode empregar, em cada caso, variados critérios de adjudicação de caráter atribuídos conforme a circunstância programática, ou conforme exigências estilísticas ou simbólicas. Exemplos poderiam ser o projeto do Hotel da Ilha da Madeira ㉛, Portugal (1966), ou o Centro Cívico da Argélia ㉜ (1968), ou o Centro Cultural Le Havre (1972-1983). A estratégia de caracterização estilístico-programática vai cedendo passo à composição por volumes primários e pela ênfase nas grandes estruturas, que são empregadas não necessariamente em atendimento a necessidades funcionais, mas tão somente pelo gosto em exercitar possibilidades experimentais. Na Universidade de Constantine, Argélia (1968-1972), Niemeyer não apenas ativa suas ideias "alternativas" (como argumentos resultantes da comparação/confrontação entre solução/programa solicitado e a solução/programa proposto), como desenvolve edifícios de grande ousadia arquitetônica/estrutural – tema pelo qual passara a se interessar mais consistentemente após Brasília[60].

Desde o primeiro projeto para a Universidade de Constantine há a definição de dois setores: um esportivo mais ao sul, outro mais acadêmico no lado norte, ambos separados pelo edifício dos laboratórios, uma barra em curva suave à maneira do ICC disposta no sentido leste/oeste. No primeiro projeto, os demais edifícios horizontais acadêmicos são também barras curvas, ou conformam círculos; no projeto final, a barra das salas de aula

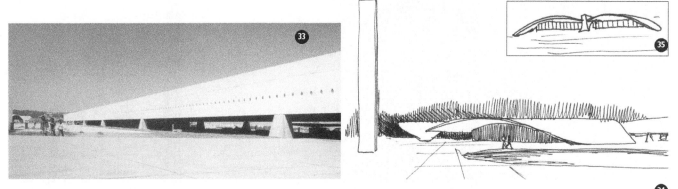

se retifica, um dos edifícios circulares mantém-se, enquanto o outro adota uma forma em casca com viga central. O edifício das aulas retoma uma ideia expressa em croquis e maquetes para o Museu na Praça Central da Universidade de Brasília (1960), onde muito precocemente Niemeyer experimenta com a ideia de uma "caixa elevada" sobre poucos apoios, conformada por duas grandes vigas de 10 m de altura, distanciadas em aproximadamente 25 m, definindo a secção retangular de um "tubo" que se estende por cerca de 125 m sobre apenas 4 apoios – grande vão central e dois balanços em proporção 1 para 2 para 1. O Bloco de Aulas da Universidade de Constantine❸ é uma variante dessa solução, de mesmas proporções mas muito mais extenso (com aproximadamente 300 m, apoiada a cada 50 m, com balanços de 25 m nas extremidades), ou no edifício Castelo Branco, em Curitiba (1971, posteriormente transformado em anexo do Museu Oscar Niemeyer, 2002) – este, um pavilhão com cerca de 50 m de largura e 215 m de extensão com seis eixos transversais de apoio dispostos em ritmo variado. Em comum, essas propostas de semelhante partido estrutural têm o desenho dos apoios, em pirâmide truncada, e a iluminação primordialmente zenital dos ambientes.

O auditório da Universidade de Constantine é uma grande cobertura de sugestivo perfil❹, cuja secção transversal relembra o desenho esquemático das asas abertas de uma gaivota❺, em que um grande pórtico central apoia as duas cascas curvas, simétricas e opostas, que nascem do piso, se elevam em curva abatida e parcialmente descem antes de encontrarem o apoio central. Cada uma das "asas" curvas relembra o desenho da cobertura do Ginásio de Esportes de Brasília (1961), ou poderiam ser vistas como uma variante da proposta para o auditório de planta triangular da Universidade de Cuiabá (1968) – ambas as universidades tendo sido projetadas na mesma data. A ideia de combinar cascas com apoios sobre vigas-pórtico será retomada em outras ocasiões, como no projeto do Memorial da América Latina (São Paulo, 1988).

Outro programa desenvolvido em várias propostas das décadas de 1960 e seguintes é o da torre de grande altura. Niemeyer havia projetado, antes de Brasília, grandes edifícios habitacionais e de escritórios conformando barras extensas e curvas, em geral de volumes simples, onde o atrativo era nem tanto a solução construtiva do edifício, mas seus detalhes, como o desenho das colunas e dos *brises* ou os volumes apostos nas coberturas. Devido à sua busca de simplificação geométrica, Niemeyer vai eliminando esses adendos, resultando em volumes mais puros – como as torres verticais paralelas do edifício de secretarias do Congresso Nacional em Brasília (com sutil correção ótica da forma em função das longas perspectivas do eixo monumental). O desenvolvimento seguinte dessa tendência de simplificação volumétrica é a enfatização e progressiva ousadia das soluções estruturais adotadas, que passam a assumir cada vez mais um papel protagônico. Essas mudanças vão ocorrendo paulatinamente, não havendo propriamente uma sequência linear inexorável – já que quaisquer

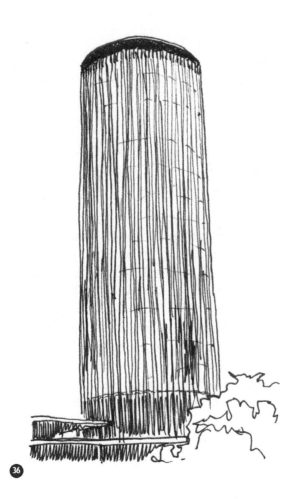

soluções podem e são retomadas a qualquer tempo. No projeto para o Instituto Metalúrgico, em Brasília (1960), a estrutura metálica dos pavimentos-tipo, solução relativamente convencional, é apoiada em vigas de transição transversais de concreto, e estas em duas vigas longitudinais, que descarregam seu peso em alguns poucos blocos de apoio – a solução estática inovadora não se destaca excessivamente, e acompanha uma solução plástica relativamente convencional. Na proposta para o Palácio Vertical em Belo Horizonte (1968), a estrutura com núcleo central de apoio/circulação vertical e pilares periféricos em planta quadrada, cujas dimensões diminuem ligeiramente à medida em que a torre ganha altura, conforma uma solução adequada, mas ainda bastante convencional, de torre em altura; proposta semelhante, em planta circular, define a torre do Hotel Nacional no Rio de Janeiro (1970) e os volumes propostos para o citado bairro Athayde.

Apesar da semelhança volumétrica com o Palácio Vertical, no projeto para a Torre em La Défense, Paris (1973), a solução construtiva proposta é bastante distinta, nascendo primordialmente de considerações de ordem estrutural. Ao explicá-la, Niemeyer emprega novamente o recurso da oposição entre a solução convencional que não quer mais adotar (a torre com circulação central, apoios periféricos e fachadas de vidro em todos os lados) e a nova solução proposta: duas fachadas opostas e opacas abrigando as faixas de circulação vertical e dutos de serviços, deixando livre o vão do pavimento e as outras duas fachadas. Niemeyer pretende que essa solução seja "transparente", uma vez que os andares não se dispõem continuamente, mas "são agrupados por setores, dando a impressão de estarem suspensos no ar"[61]. Em outros termos, a cada grupo de andares um vazio de altura tripla seria liberado, criando "volumes de separação entre os setores, [nos quais] nós criamos jardins sobre os quais se abrem bares, cafés, salas de reunião etc."[62]. Os croquis abordam também um aspecto até então pouco habitual nos seus estudos: os estágios de construção da obra, de maneira a explicar como a pontuação colunar mais amiudada dos pavimentos--tipo é recolhida, em cada "setor" vertical, por vigas de transição, permitindo aos vazios intermediários ficarem totalmente livres de apoios. Posicionando as circulações junto a duas fachadas, minimiza-se o aproveitamento da luz natural nos ambientes; o rendimento das áreas de trabalho diminui com a solução em vazios intermediários; as vigas de transição necessárias para a liberação plena dos vazios complicam e encarecem a obra –, mas essas questões são desconsiderados em prol de uma solução de grande presença urbana: "dessa maneira pensamos haver concebido uma torre que se integra perfeitamente na paisagem parisiense, sem com isso constituir-se em um volume compacto e definido, mas antes uma forma diferente na qual os espaços e os volumes se completam e se associam para torná-la ligeira e transparente"[63]. Epítetos que neste caso somente podem ser entendidos priorizando-se sua visão em perspectiva, a longa distância - quando o edifício se torna objeto, à maneira de uma maquete.

Niemeyer realiza vários monumentos (Memorial Juscelino Kubitscheck, Brasília, 1980; Panteão da Liberdade, Brasília, 1985; Monumento Tortura Nunca Mais, Rio de Janeiro, 1986), e passa a ser chamado com certa frequência para projetos de grande valor monumental e pouco conteúdo programático específico (Memorial da América Latina, São Paulo, 1986-1988) à medida em que seu renome cresce internacionalmente e o valor simbólico de sua intervenção projetual se maximiza. Seja por essas razões, seja porque a busca de simplificação volumétrica, que empreende desde meados dos anos de 1950, o leva a um caminho cada vez mais escultural, a partir dos anos 70 e na década seguinte, há um abandono progressivo das questões funcionais em prol de ênfases alegóricas abstratas. Sendo arquitetura, ou espaço habitável, suas obras se tornam puras esculturas; mas há desinteresse nos aspectos programático-funcionais em prol da expressão do "novo", da surpresa e da emoção visual – e não há novidade sem subversão às normas. Niemeyer sempre foi um grande critico da noção de "função social" da arquitetura, sendo partidário da separação total entre sua atividade profissional e seus interesses político-sociais. Nas obras dos anos de 1980 essa separação radical é certamente levada a extremos: suas melhores obras resultam da pura contingência do encargo, e de total desinteresse por quaisquer significados que não sejam de ordem artística.

4.
As Arquiteturas do Desenvolvimentismo Brasileiro[64]

apreciação desapegada do desenrolar do estilo moderno na arquitetura brasileira não leva à percepção de uma continuidade essencial desde o inaugurar da produção da escola carioca até meados da década de 1970; longe disso. A primorosa produção plástica da escola carioca, que dominou o cenário nacional entre 1939 e 1960, e levou ao reconhecimento internacional da existência de uma produção arquitetônica brasileira peculiar e de alta qualidade, teve um esgotamento natural. No desenho dos palácios de Brasília, Oscar Niemeyer empreendeu novas pesquisas. Em São Paulo, uma nova geração de arquitetos, formados em meados dos anos 50 pela FAU-USP e pela Faculdade de Arquitetura do Mackenzie, inaugurou uma renovação "paulistana" da arquitetura brasileira. Exatamente em São Paulo, na região mais industrializada do país, desenvolveu-se uma produção fortemente irmanada com a sensibilidade plástica brutalista internacional, e que no seu início mostrou-se sensível aos apelos do desenho de engenharia, à preocupação com a racionalização dos processos construtivos tendo em vista a industrialização da construção civil, e com o desenvolvimento de soluções modelares. Uma produção que atingiu alta qualidade arquitetônica, especialmente no programa de residências, em que cabe destacar o apuro das casas concebidas por Carlos Millan entre 1960 e 1964.

Já foi apontado em capítulo anterior (Pós-Brasília, capítulo 2) como essa produção erudita paulistana sofreu uma inflexão no final dos anos 60, quer por meio da atuação experimental de arquitetos mais jovens, quer na maneira como incorporou a linha curva no desenho estrutural, passando a estabelecer pontos de contato com a arquitetura de Niemeyer em Brasília. Foi essa produção mais híbrida que teve manifestações Brasil a fora na década de 1970, encarnando, na época, a continuidade da arquitetura moderna brasileira. Hugo Segawa, em seu texto "Arquitetos Peregrinos, Nômades e Migrantes"[65], procurou chamar a atenção para as migrações de arquitetos pelo território nacional, num primeiro momento a partir dos centros formadores para atuar em outras regiões do Brasil, num segundo momento, notável nos anos 1960, grupos de arquitetos se deslocaram para atuar na docência em novas faculdades de arquitetura. É este o caso dos arquitetos paulistas que se estabeleceram no Paraná – Luiz Forte Netto, Roberto Luiz Gandolfi, José Maria Gandolfi, Joel Ramalho Jr. Porém, independente das migrações, tornou-se comum, dentro do território nacional, arquitetos projetarem obras em outros estados ou regiões, por meio de convites ou concursos, estabelecendo, juntamente com a divulgação das obras pelas revistas de circulação nacional, uma teia de referências cruzadas.

Novas Elaborações sobre Modelos dos Anos de 1950-1960

A obra de Oscar Niemeyer, naturalmente, é fortemente imbricada com a imagem da arquitetura moderna brasileira. Nesses anos, do final de 1960 a meados de 70, Niemeyer, exilado do Brasil, desenvolveu extensa obra no exterior. Uma obra de grande interesse, pela importância, visibilidade e solução proposta é a sede do Partido Comunista Francês (1968-1974). Mais um "Niemeyer" com a assinatura inconfundível do mestre, mas, ao mesmo tempo, consideravelmente peculiar. Para fazer frente ao programa complexo, Niemeyer estabeleceu uma divisão programática de volumes: subsolo, bloco ondulado de escritórios, torre de circulação vertical e cúpula da sala de conferências. Nos palácios de Brasília, Niemeyer enterrou parte do programa, em geral, espaços auxiliares: serviços, depósitos etc., na sede do Partido Comunista Francês, a entrada é pelo subsolo, onde se localiza um amplo *hall* monumental: "criamos o *hall* subterrâneo, o grande *hall* da classe operária, com 'foyer', livraria, salão de exposições, congressos etc."[66]. Com essa solução, o usuário, ao invés de ascender ao piso nobre por uma rampa, como nos palácios de Brasília, desce por uma escadaria. Esse grande *hall* é também o espaço de conexão entre os blocos que formam o complexo: a sala de conferências e a torre de circulação vertical que, por sua vez, permite o acesso aos níveis inferiores de estacionamento e ao bloco de escritórios. Este último domina plasticamente o conjunto: um bloco lamelar com seis pavimentos, que tem o fechamento de suas duas elevações principais em *curtain wall* (cortina de vidro) com esquadrias de alumínio e as elevações laterais cegas. Num gesto próprio do arquiteto, o bloco segue uma ondulação que remete a edifícios importantes da arquitetura moderna brasileira: Conjunto de Pedregulho (Affonso E. Reidy, 1947); edifício Copan (Oscar Niemeyer, 1951). Embora o bloco vertical esteja elevado sobre pilares, o conceito do térreo livre em meio aos pilotis foi subvertido: cinco grandes pilares retangulares posicionados numa linha central apoiam o bloco vertical, porém o piso da área externa se eleva sob o bloco, deixando apenas uma nesga abaixo da laje do primeiro pavimento[67]. Essa laje tem a volumetria acentuada pela textura do concreto aparente que enfatiza sua seção trapezoidal: mais espessa junto aos pilares e delgada junto aos limites externos do bloco.

Em textos contemporâneos à concepção dos palácios de Brasília, Niemeyer fez a apologia das "soluções compactas, simples e geométricas"[68], no entanto, na sede do Partido Comunista Francês, usou a "forma livre" para definir o corpo principal. Niemeyer justificou o partido geral em função da necessidade de esconder o edifício vizinho e abrir espaço entre este e o bloco novo para os acessos verticais[69]. Em que pese essa justificativa, lógica frente aos objetivos colocados, o conjunto de procedimentos empregados na concepção desse projeto – a fragmentação do programa em vários volumes de acordo com a função, a ondulação do bloco principal e sua proporção lamelar, a solução do edifício elevado por pilares, mas com a subversão da ideia do térreo livremente percorrível –, estabelece uma espécie de atualização da arquitetura do grupo carioca, criando algumas pontes que, por exemplo, a arquitetura dos palácios de Brasília havia negado.

No projeto do arquiteto paranaense Léo Grossman para a Casa de Comando da Subestação de Uberaba[70] (1969), que compõe o anel elétrico de Curitiba, a solução lançou mão da cobertura plana em grelha de concreto aparente, excedendo os limites do fechamento do edifício. Estrutura e vedação estão nitidamente separadas: a estrutura é composta pela grelha de cobertura e oito pilares em seus dois lados maiores, e a vedação, abrigada no exoesqueleto de concreto, forma uma caixa de vidro. Espelhos d'água nas duas laterais menores recebem o escoamento das águas da chuva. Enquanto a caixa de vidro remete à produção americana de Mies van der Rohe, seu emprego, com a estrutura de concreto compondo peristilos nos dois lados maiores, remete aos palácios de Brasília. Ao mesmo tempo, o desenho primoroso da estrutura de concreto em linhas retas, a clareza da solução que enfatiza os pontos de apoio da grelha sobre os pilares, a exploração plástica de elementos

funcionais, como as gárgulas para escoamento das águas da chuva, são características presentes na renovação paulistana da arquitetura brasileira entre o final dos anos de 1950 e meados dos anos 60.

O arquiteto Vilanova Artigas, intimamente ligado à renovação paulistana da arquitetura brasileira em direção à sensibilidade plástica brutalista, era convicto da pertinência do uso de alta tecnologia na arquitetura nacional. Acreditava que o impulso tecnológico era condição e incentivo à superação do subdesenvolvimento. Até o fim da vida manteve-se colericamente contrário à defesa de tecnologias alternativas e tradicionais como caminho para a arquitetura nacional, ou para certos programas desta, como, por exemplo, a habitação popular. Convidado a projetar o quartel da Guarda Territorial do Amapá❹ (1971)[71], na ocasião um território federal, Artigas criou, em Macapá, um edifício em concreto aparente perfeitamente inserido na pesquisa que vinha desenvolvendo: edifício de dominante horizontal com dois pavimentos, a estrutura forma um exoesqueleto de concreto em que se destaca a grande laje nervurada apoiada numa sucessão de pórticos transversais❹, que marcam as elevações longitudinais. Nestas, a cobertura ultrapassa o fechamento do edifício em cinco metros. Os pórticos são articulados com neoprene nas fundações e, nas palavras de Artigas: "É uma estrutura, muito bonita, que é articulada em cima de tal forma, que se a gente levantasse essa estrutura, ela sairia todinha"[72]❹. Uma variação em torno de tema desenvolvido no início da década de 1960 – o exoesqueleto de concreto, a grande laje suspensa pela sequência de pórticos, mantendo o espaço interno livre de colunas –, retomada aqui sem os requintes de invenção, por exemplo, do Anhembi Tênis Clube (com Carlos Cascaldi, 1961), numa solução mais simples, padronizável.

A resolução de programas mais extensos e complexos, que resultam em edifícios de grande área, requer, naturalmente, uma maior capacitação profissional. Dominar a grande escala, respondendo adequadamente ao programa e mantendo o controle da qualidade arquitetônica, ou seja, das diversas variáveis que envolvem um projeto, desde a implantação até a estruturação do espaço interno, criando uma solução coerente, não é tarefa simples. Nesse sentido, o tipo de pavilhão desenvolvido na arquitetura paulista no início dos anos de 1960 – o bloco de dominante horizontal, a grande laje nervurada de cobertura, a estrutura resolvida com poucos apoios e eventualmente externa ao edifício, a resolução fluida do programa, priorizando a continuidade espacial, utilizando, quando necessário, divisórias industriais –, tornou-se um modelo, uma maneira de fazer que garantia uma expressão formal clara, unitária e uma composição coerente. Assim, não só os mestres paulistas projetaram para outras regiões do país, como seu desenho influenciou soluções locais. Por exemplo, ao nos depararmos, em revista de

◀ Vista do edifício

época, com o projeto da Casa da Cultura em Goiânia (arquitetos Walmir Santos Aguiar, Aleixo Anderson S. Furtado, Ailton Lelis Nunes, Luís Fernandi Cruvínel e Bernardino Tático Borges)[73], vemos o grande bloco horizontal formando um paralelepípedo retangular alongado, a laje de cobertura com balanços laterais de 8,05 m e abas que cerceiam ou diminuem o contato entre os espaços interno e externo. Ao lado desse bloco, um tronco em forma de cone molda o volume do teatro que se comunica com o bloco de exposições pelo subsolo. A área total do conjunto perfaz 12.000 m², portanto uma área "generosa" para dispor do programa de maneira fluida, usando o próprio espaço vazio para separar os distintos usos.

O arquiteto carioca Acácio Gil Borsói, formado pela Escola Nacional de Belas Artes em 1949, estabeleceu-se em Recife em 1951 para dar aulas na Escola de Belas Artes[74]. Nos seus muitos anos de trabalho, Borsói desenvolveu extensa obra, principalmente no nordeste brasileiro. O Fórum Judiciário de Teresina (1971-1972), com área de 6.630 m², de autoria dele com Janete Ferreira da Costa e Gilson Miranda, foi concebido em plena época do milagre econômico, devendo fazer parte de um centro cívico que acabou não sendo realizado. Borsói concebeu uma cobertura quadrada limitada por um pórtico de grandes placas verticais de concreto armado, que funciona como circulação e acesso. No interior desse invólucro, o edifício foi resolvido se valendo do pórtico para sombreamento e ventilação. Borsói afirmou que a edificação foi toda armada com meia dúzia de peças[75]. A publicação da obra na revista *Projeto*[76] focou a racionalidade, o reaproveitamento dos painéis das formas de concreto, os gabaritos utilizados para padronização e a simplificação dos detalhes construtivos. As vedações internas foram feitas em tijolos aparentes, as janelas foram padronizadas e feitas em placas de concreto pré-fabricado e vidro temperado.

▼ Planta baixa
1 sala de reuniões
2 espera
3 copa
4 ar condicionado
5 cartório
6 rampa
7 secretaria
8 diretoria
9 arquivo
10 gabinete dos desembargadores
11 poço

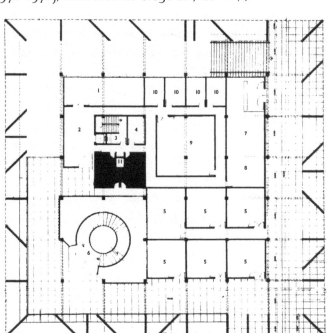

46 Vista do edifício · Vista do interior

Formalmente, o partido do projeto – o pórtico externo e a caixa fechada interna – remete aos palácios de Brasília. A expressão formal é dada pelo invólucro externo; o volume interno, delimitado por paramentos de tijolos e vidro, é inexpressivo. O pórtico de Teresina é delimitado por placas que formam um quebra-sol gigante e cuja função estática é disfarçada pela independência entre essas placas e a laje de cobertura. Por fim, toda a preocupação construtiva – com os gabaritos, painéis de formas reaproveitáveis etc. – acena para uma postura bastante distinta daquela que regeu a concepção dos palácios de Brasília. No entanto, dez anos depois, mostra também a persistência do partido de palácio experimentado em Brasília, com uma readaptação construtiva e climática.

O Edifício da Reitoria da Universidade de Brasília ⦿, (arquiteto Paulo Zimbres, colaboradores Vera Braun Galvão, Josué Macedo, Érico Siegmar Weidle – responsável pela construção, 1972-1975) embora peculiar, também remete à arquitetura dos anos de 1950-1960. No pequeno *Guiarquitetura Brasília,* o edifício foi descrito como "um dos mais importantes exemplos da orientação brutalista na arquitetura brasileira da década de 1970"[77]. O partido geral do edifício leva a uma natural associação com o prédio projetado por Vilanova Artigas e Carlos Cascaldi para a Faculdade de Arquitetura e Urbanismo da Universidade de São Paulo (1961). Há flagrantes semelhanças entre os dois edifícios: duas alas paralelas com defasagem de meio pé-direito, que são ligadas por rampas abertas para o vazio central; o emprego do concreto aparente; a solução da cobertura em laje nervurada permitindo iluminação zenital; a permeabilidade entre o exterior e o vazio central; o fechamento em caixilhos de ferro que guardam semelhança de funcionamento e desenho. Ao mesmo tempo, a solução de Brasília subverte conceitos importantes presentes no edifício da FAU-USP. Longe de oferecer um exterior cerrado e contido por empenas de concreto, gerando um paralelogramo definido, a reitoria da UnB tem uma forma externa recortada pela variação de tamanho das lajes nos distintos pavimentos. Com a ausência de um contorno rígido do edifício, a solução em duas alas torna-se mais evidente, rompendo com a ideia de um bloco introspectivo, o que é reforçado por aberturas externas protegidas por quebra-sol. Essa cisão do edifício torna-se ainda mais nítida em função do tratamento do vazio central como jardim, espaço que no prédio da FAU-USP é tratado como um saguão monumental que unifica visualmente o edifício.

A Busca da Forma Original

O arquiteto carioca Sérgio Bernardes, na segunda metade dos anos de 1960, organizou o programa de um hotel de praia na beira do mar em João Pessoa sob a forma de dois anéis concêntricos unidos por quatro segmentos de raio (Hotel Tambaú, 1966). O círculo externo foi inteiramente aberto ao exterior na sua metade que dá para o mar e cerrado para o lado da cidade, protegido por um talude onde cresce a vegetação❼. A geometria da composição é impositiva, claramente um artefato construído, em que o centro geométrico foi assinalado pela torre da caixa d'água; no entanto, a forma circular está bem implantada na junção de duas praias e o rigor geométrico da forma cria um interessante contraponto com a natureza. Alguns anos mais tarde, Sérgio Bernardes empregou a mesma geometria rigorosa na solução do Centro de Pesquisas e Desenvolvimento da Petrobrás❽ (Ilha do Fundão-RJ, 1969). Lá estão novamente a torre da caixa d'água

marcando o centro da composição e circundada por um anel central. Porém, desse círculo, orientados como raios, saem diversos blocos compondo uma estrela. No Centro de Pesquisas da Petrobrás a concepção procurou permitir futuras ampliações e a geometria rigorosa tem rebatimento na modulação e pré-fabricação de componentes.

Na segunda metade dos anos de 1960 e princípio dos 70, os arquitetos do Paraná venceram ou tiveram boas colocações em inúmeros concursos de projeto no território nacional[78]. Um dos edifícios próprios desta fase é a sede da Petrobrás no Rio de Janeiro (Roberto Luiz Gandolfi, José Hermeto Palma Sanchotene, Abrão Anis Assad, Luiz Forte Netto, Vicente Ferreira de Castro Neto e José Maria Gandolfi, 1969-1973). Construído na esplanada resultante do desmonte do morro de Santo Antônio na capital carioca, o edifício se distancia radicalmente da lição urbana de grande parte dos edifícios da escola carioca, de que é emblemática a altíssima qualidade do espaço urbano gerado pelo edifício do Ministério da Educação e Saúde (Lúcio Costa e equipe, 1937-1945). Situado à margem de via de tráfego rápido, o edifício da Petrobrás perseguiu uma expressão plástica destacada no meio urbano. Foi concebido para a cidade moderna, composta por edifícios soltos e relativamente autônomos e não para compor uma ambiência urbana.

A solução dada pelos arquitetos é uma variação em torno da caixa de vidro. Não mais o edifício lamelar, mas a proporção quadrada da planta permitindo, em todas as elevações, a mesma solução. A estrutura de concreto está recuada e o alumínio das esquadrias e quebra-sóis domina as elevações, fazendo contraponto com as reentrâncias na volumetria do edifício. À sombra fornecida pelas reentrâncias na volumetria, se une o grande painel de concreto em baixo relevo que coroa o edifício; tentativas de diferenciação e eventual nacionalização da torre de vidro à lá Mies van der Rohe. Construído em pleno milagre econômico, o edifício da Petrobrás não deixa de ser testemunho de um novo Brasil, com um capitalismo mais complexo, uma sociedade majoritariamente urbanizada e um razoável parque industrial, em que pesem as profundas carências do país que, nessa época, anterior à crise do petróleo e em parte ainda otimista com as benesses do progresso tecnológico, pareciam perfeitamente superáveis.

Os arquitetos cariocas Maurício Roberto e Márcio Roberto conceberam o Centro de Processamento de Dados do Banco do Brasil ⑩ (1970) num terreno de 26.000 m² junto à marginal do rio Pinheiros em São Paulo. Uma laje elevada cobre quase toda a extensão do terreno, constituindo uma plataforma horizontal que abriga estacionamentos, administração, restaurante e depósito. Dessa plataforma emergem três cilindros em concreto aparente, cujos volumes se interpenetram: o menor abriga funções auxiliares – a circulação vertical e os sanitários –, os dois outros abrigam o programa específico – programação e preparo de dados. A implantação é própria da cidade moderna composta por edifícios soltos no espaço. Conectado à cidade por meio da avenida das Nações Unidas, a via expressa que margeia o rio Pinheiros, o edifício foi feito para o acesso motorizado. A grande plataforma horizontal separa edifício e cidade.

Temos aqui, novamente, a linha curva, "brasileira", tanto nos sólidos geométricos que compõem o edifício quanto na forma livre empregada no desenho dos passeios do jardim. É curioso que cada um dos cilindros recebeu tratamento distinto: a torre de circulação tem vedação contínua de concreto, o cilindro, de tamanho intermediário, é composto por anéis de concreto alternados por anéis de vidro que resulta em grande destaque das linhas horizontais e, por fim, o cilindro maior é marcado por uma sequência de lâminas verticais compondo um quebra-sol.

A solução, que obviamente perseguiu a expressão diferenciada tanto por meio da forma resultante da interpenetração dos três cilindros como pelo grafismo no tratamento dos volumes, é fruto de um raciocínio projetual que, embora explore plasticamente as possibilidades dadas pela tecnologia do concreto armado, não se baseia no desenho excepcional da estrutura. A torre menor foi estruturada pela própria vedação maciça de concreto, e, nos dois cilindros maiores, a estrutura independente foi resolvida de maneira simples com pilares posicionados segundo uma malha regular de apoios.

O edifício do Centro de Processamento de Dados do Banco do Brasil remete à solução dada por Oscar Niemeyer no projeto do Hotel Nacional no Rio de Janeiro (1968)[79] – uma plataforma horizontal de onde emerge uma torre cilíndrica –, mas, no caso do edifício de Oscar Niemeyer, a forma pura do cilindro de vidro fumê, em que se ressaltam as linhas verticais da caixilharia de alumínio, é contundente. Embora tenha sido construído com vinte pavimentos a menos do que previa a concepção inicial[80], o cilindro escuro da torre logrou um impacto considerável (principalmente quando foi construído), estabelecendo convincentemente uma nota destacada em meio à paisagem. Maurício e Márcio Roberto, por sua vez, frente ao cenário amorfo da marginal do rio Pinheiros, fizeram uma composição mais complexa, com mais variáveis e, eventualmente, com menor presença.

Pré-Fabricação e Invenção Estrutural

O arquiteto João Filgueiras Lima desenvolveu um caminho próprio na arquitetura nacional, embora sempre irmanado com uma sensibilidade de época. Foi um dos protagonistas da renovação da arquitetura brasileira no princípio dos anos de 1960, com seus projetos para o *campus* da Universidade de Brasília concebidos sob

⑤

a premissa da pré-fabricação de componentes. A peculiaridade de sua obra é indissociável da prioridade com que trata o tema da pré-fabricação da construção civil. Na sua solução para o Hospital Regional de Taguatinga❸ (DF, 1968), Filgueiras Lima propôs uma solução, em quatro níveis, que se amolda ao terreno. Os diferentes níveis abrigam usos específicos, solução que procurou diminuir a necessidade de circulação vertical, e têm dimensões variáveis, de acordo com as áreas requeridas pelo programa. A diferença de tamanho entre os pavimentos gerou uma forma escalonada, que permitiu a construção de terraços para os pacientes. Quadrados vazados pré-moldados de concreto compõem a fachada do edifício e estruturam as lajes. O escalonamento dos andares é perfeitamente coerente com a solução estrutural empregada, em que os elementos estruturais vão sendo acrescentados conforme a necessidade.

Filgueiras Lima usou solução estrutural parecida em seu projeto para os edifícios das secretarias de estado no Centro Administrativo de Salvador❸ (1974-1975). À maneira do hospital de Taguatinga, as secretarias têm suas elevações definidas por elementos vazados estruturais❸ e há alguma variação de dimensão entre seus pavimentos. No entanto, as secretarias estão elevadas do solo, apoiadas em grandes lajes de forma alongada e sinuosa, como viadutos, suspensas por uma linha central de pilares❸, que faz lembrar o apoio do bloco principal na Sede do Partido Comunista Francês, concebido por Oscar Niemeyer. Filgueiras Lima justificou a solução de blocos elevados para as secretarias da Bahia em função da pouca disponibilidade de áreas planas, que preferiu reservar para estacionamento, opção que o levou à implantação dos blocos nas encostas, assumindo o "ônus da preservação da paisagem"[81]. Nos edifícios que concebeu para o Centro Administrativo de Salvador, além das secretarias, o Museu da Bahia e a igreja❸, Filgueiras Lima buscou deliberadamente o impacto estrutural como maneira de exprimir o caráter excepcional dos edifícios[82]. A estrutura da igreja é formada a partir da repetição de uma unidade espacial e estrutural, com o consequente reaproveitamento de formas. As células se repetem formando uma helicoidal ascendente❸, a cada célula o pilar é mais alto, de forma que entre o primeiro e o último elemento há um desnível de seis metros. Nesse caso, a concepção a partir de uma unidade espaçoestrutural não procurou lograr uma solução aberta, mas sim a criação de um objeto único, original.

A curva e o arrojo estrutural, supostamente "brasileiros", vieram reforçar a ideia de uma tradição na arquitetura moderna brasileira. Valerie Fraser faz uma interessante reflexão acerca da curva em Le Corbusier e na arquitetura brasileira:

> No caso do Rio, o último lugar que Le Corbusier visitou na sua viagem de 1929, ele não podia mais ignorar a paisagem absolutamente extraordinária. Ao invés de impor uma geografia rígida, aqui sua super via expressa ondula em uma

52

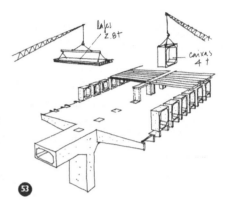

53

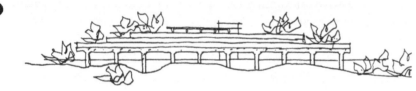

54

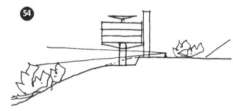

56

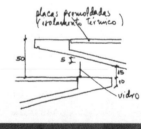

55

curva elegante, ampla, majestosa, e corre ao longo da costa. […] Este é o ponto em que a curva generosa entrou no vocabulário de Le Corbusier […] A mudança de Le Corbusier para formas mais curvilíneas, inspirada como foi por sua experiência no Brasil, pode, por sua vez, ter tido um papel em validar a curva aos olhos brasileiros – ou melhor, pode ter reforçado uma tendência existente, encorajando os brasileiros a reivindicar o que, por direito, já era deles[83].

Assim, Filgueiras Lima retomou em Salvador a curva "generosa" concebida por Le Corbusier para o Rio, ou apenas seguiu a tradição brasileira pontuada de exemplos ilustres? Tanto a atualização do modelo por Oscar Niemeyer na Sede do Partido Comunista Francês, aproximadamente dezoito anos depois do edifício Copan, como a solução de Filgueiras Lima para a implantação das secretarias de estado de Salvador, coincidem com um momento em que a preocupação com a afirmação de uma arquitetura nacional própria parecia ter voltado à pauta na arquitetura brasileira. Na mesma linha de retomada de algumas características da escola carioca está o Balneário de Águas da Prata (João Walter Toscano, Odiléa Toscano e Massayoshi Kamimura, 1974), já mencionado anteriormente (v. supra Pós-Brasília), eventualmente tributário também da atualização empreendida por Oscar Niemeyer na sede do PCF.

Os edifícios e autores visitados aqui tiveram papel considerável na consolidação da ideia de uma arquitetura moderna "oficial" no Brasil. As composições, sempre em torno dos três materiais principais da época – concreto armado, vidro e alumínio –, concebidas como objetos, ou conjunto de objetos, destacados na paisagem, mais ou menos sensíveis à questão da racionalização construtiva, procuraram resolver seus variados e, por vezes, complexos programas, no mais das vezes retomando livremente modelos presentes na história da arquitetura moderna brasileira. Ou seja, as diferentes referências foram misturadas, sofreram reinvenções, quase sempre em nome de uma "caracterização nacional", quer por meio da invenção estrutural, da sombra das grandes coberturas e peristilos, ou do emprego da linha curva. A escola carioca, ao nacionalizar a arquitetura moderna, especialmente na sua vertente corbusiana, logrou alcançar uma produção plástica de alta qualidade, trabalhando dentro de um método de projeto razoavelmente simples. Já as "invenções" do final dos anos de 1960 e início dos 70, em que pese a uniformidade dada pelo concreto aparente, revelam uma considerável diversidade de enfoques, com resultados muito díspares. Cabe comentar que é uma produção que se beneficiou também de avanços tecnológicos, especialmente dos materiais empregados, notoriamente vidro e alumínio[84], mas também do emprego da pré-fabricação de componentes e de novos materiais e soluções para responder à complexidade de exigências em indústrias, hospitais ou edifícios de escritórios.

Nos Extremos do Brasil

Curiosamente, foi nos extremos norte e sul do país que a resposta a programas estatais próprios do período desenvolvimentista teve as respostas mais originais: em Manaus, o edifício para a Superintendência da Zona Franca de Manaus – Suframa[85] ❼ (Severiano Porto, Mário Emílio Ribeiro, 1971) e, em Porto Alegre, a Central de

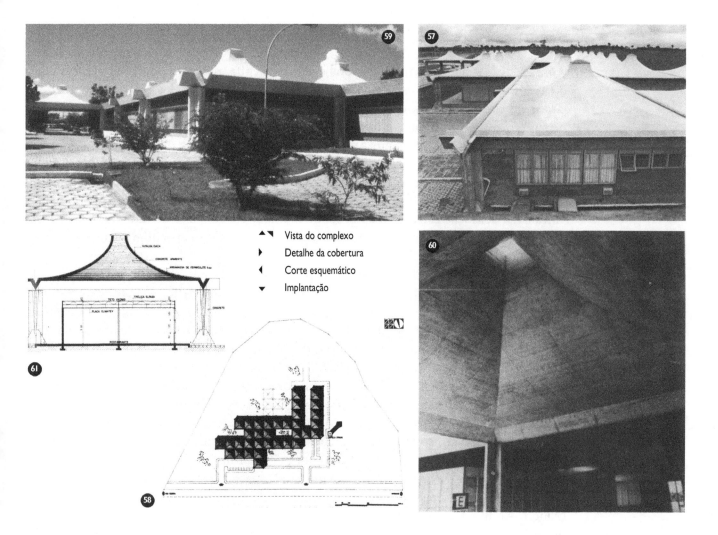

▲◀ Vista do complexo
▶ Detalhe da cobertura
◀ Corte esquemático
▼ Implantação

Abastecimento – Ceasa (Carlos Maximiliano Fayet, Cláudio Luiz Araújo, Carlos Eduardo Comas, José Américo Gaudenzi, 1970-1974). O arquiteto Severiano Porto, mineiro de nascimento, formado no Rio de Janeiro, mudou-se para Manaus nos anos de 1960, lá atuando profissionalmente por aproximadamente trinta anos[86]. O período do início da atividade profissional de Severiano Porto na Amazônia foi marcado por um esforço do governo militar brasileiro em integrar efetivamente a região ao território nacional, com investimentos importantes em infraestrutura de modo a viabilizar as atividades econômicas na região. Criada em 1967, a Zona Franca de Manaus atraiu montadoras para a região gerando grandes transformações. Nesse ambiente desenvolvimentista, Severiano Porto conseguiu se manter sensível à realidade da Amazônia, sem querer impor seu repertório arquitetônico mas, pelo contrário, procurando aprender um repertório adequado à região, uma região em que o clima tem condições extremas pelo excesso de calor, de radiação solar, de umidade e pelas chuvas torrenciais.

O edifício para a Suframa faz uso extensivo do concreto armado. Severiano Porto concebeu uma unidade espaçoestrutural cuja multiplicação conforma o edifício. O uso de módulos estruturais independentes entre si foi uma solução adequada para um período desenvolvimentista, em que a possibilidade de ampliações futuras parecia condição primeira para fazer frente a uma ideia de progresso e desenvolvimento ingentes que tornava impossíveis as previsões de necessidades futuras. O módulo concebido por Severiano Porto tem 15 x 15 m e sua cobertura funciona como uma coifa que suga o ar quente, estimulando a circulação de ar. Os módulos foram distribuídos em alas, dessa forma, "dedos" de jardim ou jardins internos entre eles favorecem a circulação cruzada de ar❸. A grande cobertura formada com a multiplicação dos módulos funciona como uma casca externa que protege da chuva, fornece sombra e garante a circulação do ar❸. Na subdivisão interna a flexibilidade também foi a tônica; numa modulação de 1,25 x 1,25 m, os ambientes foram definidos por divisórias removíveis convencionais (montantes de alumínio, com vedação em placas de laminado ou vidro), que terminam bem abaixo da cobertura de concreto❸. Na Suframa, a definição estrutural da unidade modular e o conceito de independência entre ordem estrutural e fechamentos são mais determinantes que as peculiaridades de arranjo formal do conjunto.

A ideia de uma unidade modular espaçoestrutural, com sua característica de flexibilidade e racionalidade construtiva com aproveitamento de formas etc., também tem precedentes na arquitetura nacional. Já foram mencionadas neste trabalho[87] soluções do início dos anos de 1960 baseadas em módulos de concreto armado em forma de paraboloides hiperbólicos – estações ferroviárias da Cia. Mogiana de Estradas de Ferro (Uberlândia e Ribeirão Preto), arquiteto Oswaldo Bratke; Escola Senai de Sorocaba, arquiteto Lúcio Grinover. Esses módulos, independentes tanto no sistema estrutural quanto no de escoamento de águas, permitiam a construção por etapas, sem prejuízo do funcionamento da parte já instalada. Nas estações da Cia. Mogiana havia total independência entre estrutura e fechamentos, como na solução de Severiano Porto, com considerável diferença de pé-direito (cobertura a 6 m do solo, áreas fechadas com 3 m de altura).

A mesma ideia de repetição de uma unidade espaçoestrutural na conformação do edifício foi empregada no projeto da Central de Abastecimento de Porto Alegre (arquitetos Cláudio Araújo, Carlos Maximiliano Fayet, Carlos Eduardo Comas e José Américo Gaudenzi, estrutura em cerâmica armada: Eladio Dieste)[88]. Nesse complexo, a unidade espaçoestrutural é a cobertura em abóbada autoportante e seus pilares, executada com base na tecnologia de cerâmica armada desenvolvida pelo engenheiro uruguaio Eladio Dieste. A ideia geradora da abóbada autoportante, ou seja, que não necessita vigas de apoio, é tomar duas seções de cascas adjacentes desde o ponto mais baixo até o ápice da flecha como uma viga em 'v'. O sistema se presta a cobrir desde pequenas áreas❸ – no limite "uma viga" com um pilar central – a grandes áreas industriais. Na Ceasa de Porto Alegre, os pavilhões dos comerciantes❸ são amplos espaços retangulares de dimensões constantes, conformados por uma sucessão de abóbadas autoportantes paralelas. Filas de abóbadas paralelas formam os pavilhões que, por sua vez, estão distribuídos segundo uma malha ortogonal, mantendo espaçamento regular❸.

No complexo da Ceasa de Porto Alegre, se destaca o grande pavilhão dos produtores❸, cuja cobertura em abóbada de dupla curvatura com tijolo armado rompe o sistema repetitivo das abóbadas autoportantes dos pavilhões dos comerciantes. A abóbada de dupla curvatura se baseia nos seguintes pontos: tijolo, argamassa e ferro se comportam como uma unidade estruturalmente viável; o uso da catenária como diretriz faz com que o peso produza compressão simples, e essa compressão torna a estrutura capaz de resistir a flexões, capacidade que aumenta muito com a inserção de uma armadura mínima. Nessa tecnologia, ampliar o vão não resulta em problemas de compressão, mas sim no risco de torção pela flexão. A maneira que Dieste encontrou para aumentar a rigidez foi ondular transversalmente a casca e, para resolver a questão do apoio lateral, de maneira simples e

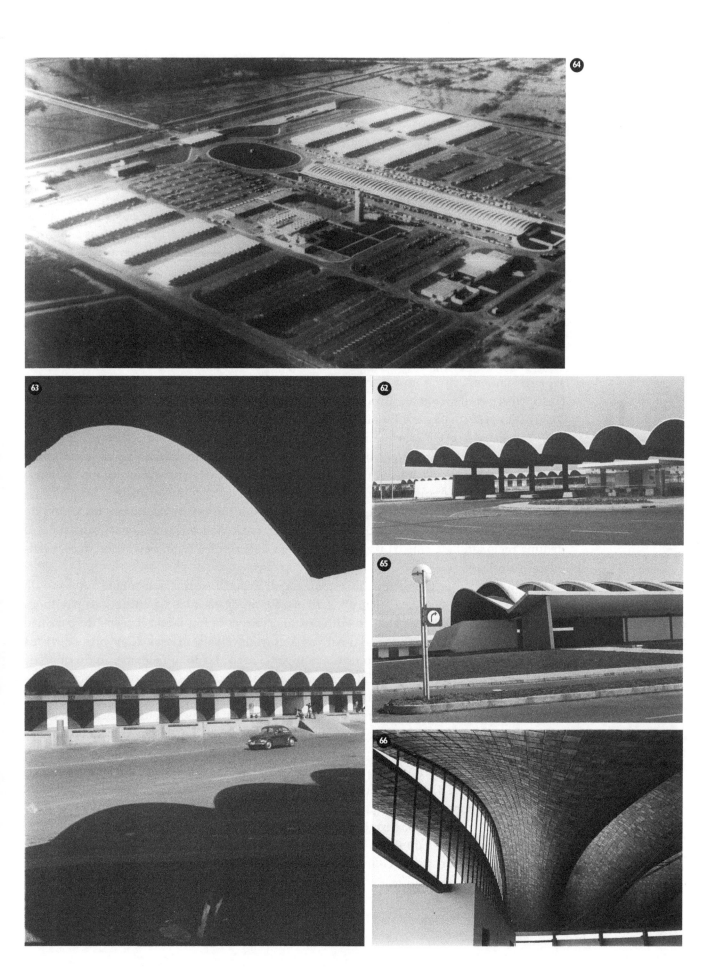

econômica, tornou variável a amplitude da onda da abóbada, desde um máximo no meio do vão até zero contra os elementos resistentes da borda. Na Ceasa, a abóbada de dupla curvatura vence um vão de 25,4 m e permite uma cobertura com iluminação por *shed*, conformada pela repetição de um módulo de abóbada ◉.

Uma das vantagens da cobertura em cerâmica armada para a construção dos galpões da Ceasa foi a boa inércia térmica do material – condição central, uma vez que se tratava de acondicionamento de produtos perecíveis – e a outra, a rapidez de execução. Além do reaproveitamento de formas, Dieste concebeu um sistema de macacos mecânicos com rodízios, que podiam ser deslocados em trilhos até as posições adequadas para erguer e abaixar os moldes. Com a repetição e o pequeno número de peças, o custo das formas se dilui e aumenta a facilidade de montagem; a preocupação de Dieste com o desenvolvimento de uma tecnologia adequada à realidade de países não desenvolvidos se dirigia ao emprego racional do esforço humano e a evitar o desperdício de material.

Hugo Segawa apontou[89] que a Ceasa de Porto Alegre, com seu sistema construtivo, serviu de referência para o Ministério da Agricultura: as Ceasas de Maceió e do Rio de Janeiro também utilizaram a tecnologia de Eladio Dieste. Bohrer afirmou[90] que a Ceasa de Porto Alegre credenciou a utilização da cerâmica armada no país, citando, como exemplo, o Clube do Trabalhador e a Escola de Música do Sesi de Fortaleza (1978-1980), dos arquitetos Severiano Porto e Mário Emílio Ribeiro, com estrutura de Eladio Dieste. No entanto, a obra seguiu como um exemplo respeitado, mas pouco incensado no meio nacional. Nos anos de 1970 se considerava que a característica que destacava a arquitetura moderna brasileira era a "exploração plástica das estruturas de concreto armado". No meio crítico teórico, a produtividade de uma tecnologia, em termos de economia no tempo de construção e reaproveitamento de formas, características alcançadas como consequência de uma racionalidade construtiva com emprego de módulos repetíveis, não era especialmente valorizada.

Estudos recentes têm chamado a atenção para aspectos do agenciamento urbano do complexo da Ceasa de Porto Alegre[91], que não foram destacados na época – os pavilhões dos comerciantes funcionam como edifícios quarteirões, a implantação axial do pavilhão do produtor gera um limite espacial para as ruas transversais, massas de árvores previstas levam à transformação do espaço livre em lugar caracterizado, o fechamento do quarteirão de utilidade pública leva à diferenciação e qualificação dos espaços – características que, segundo os autores, mostram um apoio no urbanismo pré-moderno e sugerem uma "cidade figurativa contemporânea". Cabe ainda comentar que a celularização espaçoestrutural das abóbadas tem um contraponto na solução do restaurante, cuja cobertura dos salões e vestíbulo é constituída por uma série de cúpulas segundo a modulação de 4,2 x 4,2 m. O apoio dessas cúpulas repousa em quatro linhas de pilares que apoiam vigas afastadas 4,2 m entre si e que vencem três vãos de 12,6 m. As cúpulas, em cerâmica armada, são peças autoportantes (ou seja, o encontro de duas cúpulas forma uma viga secundária) com clarabóia no topo, permitindo iluminação e reforço de ventilação. A solução para o restaurante da Ceasa de Porto Alegre remete ao Orfanato de Amsterdã concebido por Aldo van Eyck (1960-1961), com seu emprego da malha geométrica e cobertura em cúpulas como maneira de qualificar o espaço, de criar "lugares".

5.
A Questão do Planejamento Urbano

uritiba, como outras cidades brasileiras, sofreu um processo de urbanização violento em decorrência da migração rural:

> O Estatuto da Terra, que estendeu direitos trabalhistas aos homens do campo, estava acabando com os regimes do colonato e da parceria e fazia aumentar o número de 'volantes', só mais tarde popularmente conhecidos como 'boias-frias'. O café, já em franca decadência e dizimado por geadas[92], cedia lugar aos campos mecanizados de soja. Os pequenos proprietários rurais começavam a ser vitimados pela política agrícola que incentivava a concentração fundiária[93].

Essa descrição se refere à situação agrária no Paraná no início dos anos de 1970, que tem paralelos Brasil afora. No decorrer da segunda metade dos anos 60 e 70, inúmeras cidades brasileiras tiveram planos diretores, que visavam ordenar o aumento populacional e o desenvolvimento industrial, fazendo frente aos problemas decorrentes do "progresso": concentração populacional, poluição, adequação da infraestrutura de transportes, energia, saneamento etc. Também Curitiba foi objeto de um plano diretor que data de 1965.

Se a ênfase planejadora do final de 1960 e ao longo dos anos 70 foi prolífera em planos diretores urbanos, cabe procurar entender porque o plano diretor de Curitiba, semelhante a outros no seu objetivo de ordenar o crescimento urbano e o desenvolvimento industrial, foi especialmente bem-sucedido. O plano preliminar teve autoria de um consórcio firmado entre o escritório Jorge Wilheim e a Serete Engenharia e previa o desenvolvimento do plano por uma equipe local a ser montada para esse fim. O escritório do plano preliminar era a APPUC (Assessoria de Pesquisa e Planejamento Urbano de Curitiba) onde, segundo depoimento de Rafael Dely (diretor-presidente do IPPUC de 1972-1975)[94], militavam pessoas da cidade e envolvidas com seus problemas que deram suporte a Jorge Wilheim. Depois a APPUC transformou-se no IPPUC, órgão criado com o objetivo de detalhar as diretrizes do plano preliminar para viabilizar sua execução.

A criação do IPPUC deveu-se ao prefeito Ivo Arzua Pereira, ainda no final de 1965. Em 1971 o arquiteto Jaime Lerner, que era membro do IPPUC, tornou-se prefeito da cidade. Essa feliz contingência, que levou um membro da equipe de planejamento, que acreditava no plano, a estar numa posição com poder de decisão na cidade, deu grande impulso à implantação do plano Serete. Com o processo de detalhamento continuado e a possibilidade de implantação, o plano preliminar sofreu mudanças consideráveis, na tentativa de conciliar as diretrizes do planejamento às condicionantes colocadas pela cidade. Por exemplo, o plano preliminar previa vias estruturais que tinham por função ligar o centro histórico aos centros secundários. Essas vias foram concebidas com 60 m de largura, verdadeiras autoestradas cortando a cidade. De acordo com o plano teriam que ser desapropriados em média 30 m por 20 km de vias, o que se mostrou inviável em termos de recursos públicos e também pela violência contra a memória e a cultura urbanas. A solução encontrada foi o sistema trinário: assim, uma paralela de cada lado da avenida eleita como estrutural completa a função prevista, com vias rápidas, via de tráfego lento e pista exclusiva para transporte público. Também, segundo o plano preliminar, o crescimento do centro da cidade foi definido como área fechada e compacta, o que poderia levar a problemas de circulação, poluição, superadensamento. A opção do IPPUC foi fazer o centro crescer ao longo das estruturais, linearmente, forçando comércio e serviços a se aproximarem dos bairros.

A leitura de depoimentos dos técnicos envolvidos com o IPPUC nas duas primeiras décadas do órgão dá testemunho de uma situação privilegiada em que um órgão público procurou dirigir o crescimento da cidade, ao invés de ir a reboque da iniciativa privada, buscando soluções mundo afora, tentando ver o que melhor se adaptava. Uma das opções do plano de Curitiba foi a ênfase no transporte coletivo, num momento em que a maioria das cidades brasileiras tentava, por meio de viadutos e grandes obras, dar vazão ao tráfego de veículos particulares. Em Curitiba, foi montado um sistema de transportes com diferentes categorias, de forma a racionalizar os traslados: ônibus intrabairros, que levam das residências ao ônibus expresso que, por sua vez, percorre as estruturais; há também os ônibus interbairros, que circulam em anéis paralelos ao centro. A existência de pistas exclusivas para ônibus expressos ❾ é uma solução que permite adequar o veículo conforme aumenta a demanda: do ônibus simples ao articulado, daí ao bonde elétrico. A implantação do sistema de transporte coletivo de Curitiba incluiu o desenvolvimento de um "ônibus urbano" especialmente desenhado para a função do expresso, com adaptações na suspensão, no motor, na potência e no *layout* da caixa para oferecer maior eficiência e conforto.

Os técnicos do IPPUC lançaram mão do transporte coletivo como elemento indutor do crescimento da cidade. Ao dominar a direção do crescimento, o poder público pode se antecipar à especulação imobiliária na compra de glebas para habitação popular. A Cohab-CT baseou sua política em estoque de terras, conjuntos bem posicionados nas áreas de

expansão de Curitiba e integração ao entorno, por meio de continuidade no arruamento, com o objetivo de que, com o passar do tempo, o conjunto desaparecesse, ficando plenamente integrado à cidade.

A opção por privilegiar o transporte coletivo mostrou-se coerente com as decisões tomadas para a manutenção do centro histórico que, mantendo-se como área de acesso prioritário ao transporte público, ao invés de sofrer intervenções viárias descaracterizadoras, teve ruas totalmente fechadas para o tráfego enquanto outras foram estreitadas. Rafael Dely[95] relata em um depoimento, que nos primeiros tempos da rua exclusiva de pedestres, os transeuntes tinham dificuldade de se apropriar de toda a largura da via, mantendo-se nas faixas tradicionalmente reservadas às calçadas; a solução encontrada foi a instalação de bancas de revista, cafés e quiosques no meio das vias para forçar a apropriação de todo o espaço.

Curitiba carecia de parques públicos. Os parques foram definidos no planejamento da cidade a partir de uma soma de critérios. Em geral, os parques foram situados no caminho dos rios que cortam Curitiba. Com isso, além de propiciarem a preservação de áreas verdes e de lazer, acumulam a função de saneamento, uma vez que seus lagos artificiais funcionam como reguladores de vazão.

De acordo com o planejamento funcionalista dos anos de 1960 cada plano diretor urbano previa um distrito industrial, de maneira a proteger as cidades da poluição industrial. Em Curitiba foi criada a Cidade Industrial de Curitiba (CIC), que visava não apenas ordenar o desenvolvimento industrial mas também atraí-lo, criando oferta de emprego industrial para fazer frente à migração rural. A criação da CIC foi controversa, uma vez que demandou grande investimento de infraestrutura. Depoimento de Celso Nascimento dá conta de que Curitiba não possuía atributos naturais para atrair a indústria: "estava longe dos maiores centros consumidores e fornecedores de matéria-prima; e não havia mão de obra qualificada para estabelecimentos tecnologicamente mais sofisticados"[96]. O fator de atração utilizado foi a própria cidade, ou seja, o nível de qualidade de vida em Curitiba, em que estava contida uma concepção de distrito industrial que, além de uma boa infraestrutura, previa habitações operárias, numa situação de integração com a malha urbana.

O conjunto de intervenções na cidade de Curitiba – sistema de transporte público, hierarquização da rede viária, valorização do centro histórico e da memória, política de habitação social, política de incentivo à instalação de indústrias, criação de parques públicos – teve o mérito de evitar tragédias urbanas decorrentes do desenvolvimento, como obras viárias cruzando o centro histórico e consequente deterioração dos bairros mais antigos, ou o crescimento da urbanização precária sobre os mananciais. O fato de haver um órgão técnico responsável pela implantação do plano, fazendo a adequação entre planejamento e realidade, buscando informações sobre soluções dadas para problemas semelhantes em outras regiões do planeta, conferiu um razoável grau de atualidade às intervenções urbanas de Curitiba. Muitas delas foram precursoras no Brasil; por exemplo, aquelas voltadas à valorização da memória urbana. As grandes cidades brasileiras passaram por uma considerável metamorfose ao longo dos anos de 1960 e 70; além da formação de grandes periferias de urbanização precária, sofreram intervenções em infraestrutura, em geral procurando sanar problemas dados: trânsito, abastecimento etc. De modo geral, as intervenções foram a reboque dos problemas. A urgência de responder à nova situação de massificação da população urbana retirou das intervenções qualquer veleidade artística. Em Curitiba, a existência do IPPUC ao longo desses anos de urbanização mais intensa foi fundamental para manter o cuidado no trato com a cidade: "É nisso, acho, que reside boa parte do segredo de Curitiba. Um grupo aguerrido que amava essa cidade, conseguia enxergar coisas importantes, enquanto outras cidades ainda estavam agindo de modo contrário"[97].

Esse ponto fundamental, ou seja, a persistência de um órgão técnico norteado por certas diretrizes que vêm garantindo determinadas condutas ao longo de diversos governos, é um diferencial importantíssimo em Curitiba. Porém, se em comparação com o lamentável descaso com a cidade, entendida como bem cultural, que dominou as intervenções do poder público na maioria das cidades brasileiras nos anos de urbanização desenfreada, principalmente nas décadas de 1960 e 70, a experiência de Curitiba é admirável, nem por isso é isenta de problemas. Por exemplo, as vias estruturais, cuja função foi modificada ao longo do processo de implantação do plano (de vias de ligação centro/bairros se transformaram em eixos de crescimento, estimulando uma verticalização linear), justificadas para desafogar o crescimento do centro, ou levar o centro para perto dos bairros, transformaram-se em locais urbanos sofríveis. O plano induz uma forma urbana determinada, eventualmente sem atinar plenamente com a urbanidade dos espaços previstos em mapas bidimensionais. Na medida em que os eixos de verticalização são ocupados por grandes empreendimentos imobiliários residenciais cercados por altos muros, os passeios se esvaziam e, sem pedestres, o ambiente se deteriora.

Em contrapartida, o aspecto mais surpreendente do plano de Curitiba são seus parques. Sem grandes atrativos naturais, Curitiba chegou ao ponto de atrair um turismo em decorrência de seu planejamento urbano. Boa parte da aura que paira sobre a cidade é dada pelos parques públicos. No início dos anos de 1970, a cidade de Curitiba tinha cerca de 0,5 m² de área verde por habitante; no início dos anos 90, 52 m² por habitante. São 18 milhões de m² de área verde[98]. A largueza de visão que levou à preservação dessa extensa área, num momento crucial do desenvolvimento urbano da cidade, e permitiu a adequada proteção aos mananciais hídricos, veio a ser potencializada, nas décadas seguintes, por equipamentos de lazer e cultura.

Enquanto o plano diretor de Curitiba, concebido nos anos 60, se inseriu dentro do pensamento dominante na época e sua excepcionalidade no cenário nacional deu-se em função de sua progressiva adaptação ao longo do processo de sua implantação, transformando-se num trabalho constante de ordenação do crescimento urbano da cidade por meio do IPPUC, também data dos anos de 1960, uma crítica à dissociação entre plano e realidade no pensamento urbano nacional, sendo esta bastante radical, pela defesa extremada de certo empirismo regido a cada momento pela realidade a enfrentar. Trata-se do trabalho do arquiteto Carlos Nelson Ferreira dos Santos que nessa época, pioneiramente, enfrentou no Rio de Janeiro a urbanização de favelas, começando com a Brás de Pinha[99].

O caminho proposto pelo arquiteto não é simples: apreender a realidade em sua extrema complexidade e trabalhar de maneira coletiva a responsabilidade pela construção do espaço.

> Em todos os meus trabalhos importantes, houve muita gente agindo junto. Gente que já estava lá antes e que continuou depois. São obras, portanto, em que a vida é ingrediente indispensável. Aí está uma lição para passar adiante: urbanismo e arquitetura que prestem não podem ser estáticos. Não se realizam em tempos subjuntivos (se, quando, assim que...) mas em cada presente a enfrentar. Têm de admitir o que veio antes e encampar os múltiplos e possíveis "e depois"[100].

Muito pouco tempo decorreu entre o plano de Brasília, que alimentou a utopia de reconstrução social e geográfica do país, e a abertura de espaços à recuperação urbana de favelas. Estes foram surgindo, entre a constatação pragmática, por parte dos poderes instituídos, do enorme trabalho já investido na construção da favela e por certo respeito idealista, por parte dos profissionais envolvidos, pela ordenação espontânea da moradia, entendida como expressão da vontade daqueles indivíduos. Entre a postura humilde do arquiteto que vê na favela uma ordem a ser revelada, e o "Planejamento Urbano" que ainda vigorava nesses anos, herdeiro das recomendações urbanas do movimento moderno, especialmente da Carta de Atenas, há uma grande diferença de intenções, que só a intermediação da realidade podia aproximar.

6.
Habitação Social:
Das Utopias Tecnológicas e Urbanísticas à Repetição de Modelos

á temas arquitetônicos cuja plena compreensão deve necessariamente passar pelo trato de questões urbanísticas, estando, ademais, indissoluvelmente ligados a debates de ordem política: é o caso da habitação coletiva de interesse social. Discursos, publicações e debates relacionando o tema da habitação coletiva com questões de política urbana foram e seguem sendo muito frequentes no ambiente acadêmico e profissional arquitetônico, conformando um dos campos de atuação e teorização mais paradigmáticos da modernidade. Sua abordagem, desde uma aproximação interdisciplinar, é sempre complexa e intricada, e sem dúvida necessária. Mas, frequentemente, a vontade de relacionar a arquitetura habitacional com temas de ordem socioeconômica, política e cultural, acaba deixando a arquitetura propriamente dita em último plano, ou sequer a menciona, sendo comum considerar de menor relevância a análise crítica pormenorizada das soluções arquitetônicas e urbanísticas, propostas ou efetivamente realizadas, para a habitação social; debatem-se as premissas políticas, econômicas e sociais mas raramente os resultados em si mesmos – como se a habitação social fosse resultar tão boa (ou ruim) quanto a política que a promove, e nada mais. Essa conexão simplista deve necessariamente ser ultrapassada: ninguém mora em políticas habitacionais e sim em casas e edifícios concretos, situados em bairros existentes ou novos, inseridos em cidades reais e não em esquemas urbanos teóricos; e a maneira como são propostas e construídas essas habitações, nesses bairros, nessas cidades é que, afinal de contas, irá garantir ou não a qualidade e pertinência dos resultados – e retroativamente validar, ou não, as políticas que os fomentaram.

Embora quaisquer arquiteturas (e não apenas as habitacionais) estejam sempre necessariamente atreladas às condições político-econômicas factuais da sociedade que as promovem, as decisões de projeto arquitetônico e urbanístico não resultam apenas de decisões políticas, podendo ser – e sendo – relativamente independentes destas. Arquiteturas semelhantes estão aptas a ser (e frequentemente são) indiferentemente aplicadas para concretizar políticas opostas. Péssimas arquiteturas podem mostrar-se simplesmente como a consequência de projetos de baixa qualidade – e não somente de políticas indevidas. E a melhor política do mundo não garante, *a priori*, uma boa qualidade arquitetônica – embora possa dificultá-la, ou favorecê-la. Tampouco as boas intenções ou a afiliação política dos autores é garantia suficiente para a realização de uma boa (ou má) arquitetura. Essas afirmações parecem óbvias – mas é tal o costume de justificar a arquitetura unicamente por razões externas a seu campo disciplinar, que parece ser necessário reafirmar que, se bem a interdisciplinaridade seja fundamental, sua base não pode deixar de ser a disciplinaridade – ou seja, o conhecimento aprofundado das características peculiares de cada disciplina.

Assim, pois, o debate sobre a habitação social não está completo se não for realizada a análise crítica das obras em si mesmas. Mas para isso é indispensável garantir um certo grau de independência de enfoque: quaisquer arquiteturas não são apenas o resultado nem das políticas que as originaram, nem dos discursos que seus autores ou promotores proclamaram – podendo eventualmente chegar a ser seus contrários. De fato, as obras humanas tendem a agregar significados variados e até inesperados, a despeito de seus criadores; significados que parecem inconcebíveis a princípio, ou opostos às intenções de partida – no entanto manifestam-se, e são claramente percebidos, quando outras perspectivas, conceituais ou temporais os examinam. Sem deixar de lado, sempre que necessário, o recurso a algumas conexões extradisciplinares, cabe realizar algumas análises disciplinares sobre o tema da habitação coletiva de interesse social. Neste capítulo, uma vez que não caberia aqui realizar um panorama amplo e completo, propõe-se examinar ao menos algumas contribuições exemplares, ocorridas no período do imediato pós-Brasília[101]; e que de alguma maneira parecem ter tido fundamental importância como marcos no panorama da habitação coletiva de interesse social da segunda metade do século XX, no Brasil.

Dissociação entre Discursos e Obras

Arquitetos e suas entidades, enquanto cidadãos reunidos em seus órgãos de classe, sempre procuram manter alguma voz ativa (mesmo se isolada e discordante) nas decisões políticas de ordem ampla, que afetem sua atividade profissional e aspirações culturais – fato talvez mais verdadeiro no período imediatamente anterior e posterior a Brasília. No caso brasileiro, essa atuação tem se concentrado menos no debate de questões propriamente arquitetônicas (edilícias e estéticas) e mais no debate de questões de planejamento urbano e de políticas públicas; e em especial nos temas voltados à habitação social. Essa ausência do assunto "arquitetura" talvez ocorresse por serem os anos de 1950-1970 um momento de relativa homogeneidade estético-plástica – ou, ao menos, no qual as possíveis diferenças de postura arquitetônica mostravam-se ainda pouco evidentes[102] –, não parecendo ser necessário, pois, debater o que parecia ser ponto comum e pacífico. Mas mesmo havendo entre os arquitetos atuantes naquelas décadas um razoável acordo aparente no que tangia às aspirações e reivindicações no tema do planejamento urbano e da habitação social, e um aparente acordo entre as posturas arquitetônicas de todos os protagonistas, as respostas que efetivamente eram dadas pelos arquitetos, enquanto indivíduos criativos, às oportunidades concretas de projeto, não resultavam sempre e necessariamente assemelhadas. Essa dissociação relativa entre discurso político e atuação estética é mais detidamente analisada por Carlos Nelson Ferreira dos Santos em vários textos[103], nos quais ele constata a distância e as diferenças entre as teorias praticadas e as práticas teóricas no urbanismo e na habitação naquelas décadas.

Por outro lado, o contrário também parece ser verdadeiro: aparentes defensores, ou simpatizantes, de diferentes posturas políticas, culturais e estéticas (cuja presença ativa no cenário, já nos anos de 1960, começa a evidenciar-se de maneira mais estridente) terminam na prática realizando projetos muito parecidos, tanto nas formas arquitetônicas como nas implantações urbanas. Usando a terminologia cunhada por Françoise Choay[104], tanto culturalistas como racionalistas tenderam a produzir, na realidade brasileira, obras bastante semelhantes; sendo mais frequente a hibridização (tanto discursiva como projetual) do que a estanqueidade entre as duas posturas-padrão[105].

Como esclarece Carlos Nelson, com sua verve crítica cortante e precisa:

> até os anos 70 os domínios se mantinham mais ou menos estanques: para os agentes do capital, urbanizações à moda culturalista; para os estatais, à moda racionalista. Desde a década de 50 os empreendimentos imobiliários, esgotado o filão dos mais ricos, se dirigem para as periferias. A terra barata começa a ser retalhada em novos "jardins", parentes já muito distantes dos originais ingleses. Versões mesquinhas que se oferecem aos pobres. O governo não vai fazer por menos. Construída Brasília, falácia democrática oferecida ao consumo da parcela mínima da população brasileira que podia assumir a "cidadania" proposta pelo Plano Piloto, dedica-se, nos anos 60, a oferecer os mesmos esquemas racionalistas para os de mais baixa renda. [O governo] financia, através do BNH [Banco Nacional de Habitação], os conjuntos habitacionais[106].

Tratado sempre como o vilão da história, o Sistema Financeiro da Habitação (SFH) – proposto e implantado pelo Ministério do Planejamento dos governos militares ditatoriais após 1964, e gerenciado pelo Banco Nacional de Habitação (BNH) –, entretanto, não inventa nem inova, mas dá continuidade e expande exponencialmente as práticas urbanísticas e projetuais já anteriormente vigentes e testadas, normatizando e potencialmente engessando o que já era prática corrente. Tampouco as propostas do sistema SFH/BNH entram em pleno conflito, ou propõem alternativas de ação substancialmente distintas daquelas já anteriormente referenciadas pelos órgãos de classe dos arquitetos. As propostas do Seminário de Reforma Urbana promovido pelo IAB (Instituto Brasileiro de Arquitetos) em 1963 são, na sua maioria, apropriadas e adotadas pelo sistema SFH/BNH – como reconhece o próprio IAB[107]. Mas, embora as propostas não mudem substancialmente, o significado que lhe é atribuído pelos arquitetos, como instrumento de mudança social, é drasticamente reduzido. O sistema BNH/SFH rechaça o idealismo socializante que permeava aquele discurso coletivo (em parte fundamentado nas crenças utopistas das vanguardas europeias do século XIX e começo do XX, parcialmente levadas a cabo no pós-Segunda Guerra e assumidas por arquitetos e outros intelectuais) em prol de um realismo tacanho que busca quase exclusivamente atender questões financeiras, de consumo e de mercado – mais palatáveis ao sistema autoritário que se implantava com o golpe militar de 1964 e mais conformes com a realidade político-econômica do país –, definido, nos termos daquela época, como subdesenvolvido, dependente e subordinado ao bloco ocidental capitalista. Assim, embora algumas das políticas habitacionais almejadas pelos arquitetos sejam implantadas pelo SFH/BNH, seu conteúdo social é descartado, ou não realizado, ou quando muito torna-se um simulacro de mudança social despido de intenções utópicas.

Cabe entretanto uma reflexão a esse respeito. Caso as intenções utópicas de mudança social tivessem sido mantidas, estaria garantida a realização de arquiteturas de qualidade? Essa questão parece hoje totalmente datada: boa parte da crítica radical ocorrida em todo o mundo, a partir dos anos de 1970, atacou frontalmente as realizações arquitetônicas empobrecidas e bitoladoras que resultaram da propagação diluída e da vulgarização acrítica dos ideais do movimento moderno – sendo os grandes conjuntos habitacionais alvo preferencial desses ataques – e ajudaram a demonstrar o quanto as boas intenções dos arquitetos modernos das gerações dos anos de 1950-1960, mesmo quando levadas a cabo em ambientes socioeconômicos menos predadores, com demasiada frequência revelaram-se problemáticas, muito especialmente no tema da habitação social. Aos observadores locais, o caso brasileiro é tratado como um exemplo isolado e sem conexão com os debates da crítica denominada "pós-moderna"; mas aceitando-se ou não essa terminologia redutiva[108] para caracterizar a crise da modernidade arquitetônica, há que se reconsiderar que também a modernidade brasileira foi por ela afetada. Se no Brasil a habitação social nunca teve políticas consistentes, mesmo contando o muito que se fez, e a baixa qualidade dos resultados obtidos, veremos que isso não é apenas o resultado dessa ausência: boa parte da arquitetura brasileira voltada para a habitação social segue acriticamente atrelada, ainda hoje, a paradigmas arquitetônicos e urbanísticos adotados no entusiasmo dos anos de 1950-1960, sem que tenha havido desde então quaisquer revisões disciplinares. Em consequência, alguns parcos modelos seguem sendo adotados e aplicados de maneira mecânica e como se fossem ineludíveis – conformando um panorama conservador e extremamente reacionário a mudanças. Essa revisão, de há muito necessária e periodicamente reclamada pelas novas gerações de arquitetos, é tarefa que ainda resta ser feita com maior plenitude, mas é indispensável para a construção de um substrato mais pertinente, para uma atuação contemporânea mais adequada, no tema da habitação social[109]. A ênfase quase exclusiva do debate da habitação social nas relações interdisciplinares e o pouco interesse pelas questões arquitetônicas intrínsecas, não favorece essa reflexão necessária. Mas também, por outro lado, não basta promover melhores políticas: é indispensável que os arquitetos busquem, igualmente, pesquisar, reconhecer, criticar e debater acertos e erros arquitetônicos e urbanísticos, em busca de melhores arquiteturas.

Sendo vasto o tema habitação social coletiva, e não cabendo aqui analisá-lo na sua completa extensão, propõe-se abordá-lo através da seleção e análise de certas obras paradigmáticas dos anos de 1960-1970; não apenas pelo que elas são, mas pelo fato de aparentemente terem colaborado para a formação de modelos, inclusive formais, que a seguir terão grande vigência, ou por apresentarem aspectos discursivos que rapidamente se institucionalizaram, tanto que passam a ser posteriormente empregados como instrumentos de validação universal – mesmo quando não se coadunam mais com as obras para cuja explicação são invocados.

Variedade e Unidade

Ao apresentar o projeto "Plano para uma Cidade Satélite" (conjunto habitacional para 50 mil habitantes em Cotia, de autoria de Antonio Sérgio Bergamim, Arnaldo A. Martino, Jeny Kauffmann, José Guilherme Savoy de Castro, Júlio T. Yamasaki, Luiz Kupfer, Matheus Gorovitz, Rodrigo Brotero Lefèvre, Sérgio Ferro e Waldemar Hermann, publicado em 1965)[110], o arquiteto e historiador Nestor Goulart dos Reis Filho realiza inicialmente um breve apanhado sobre o tema da habitação europeia após o fim da Segunda Guerra, com a intenção de inscrever a proposta brasileira nesse "processo". Seu texto começa assumindo o tema da habitação e do planejamento urbano como interligados entre si e associados à industrialização e à reorganização do tecido urbano: "Nos anos posteriores à Segunda Guerra Mundial as soluções propostas para os problemas de habitação e planejamento urbano procuraram ter em vista, por um lado, as possibilidades da industrialização e, por outro, o reexame da articulação plástica e funcional dos elementos arquitetônicos na formação dos tecidos urbanos". Exemplifica citando os projetos de Georges Candilis para Toulouse-le-Mirail e as propostas para Sheffield projetadas pelos arquitetos daquela municipalidade. Afirma que "essas preocupações têm estado presentes também na arquitetura brasileira", senão pela manifestação em projetos, ao menos enquanto desejo geral, ou ainda em pequenas obras circunstanciais, que ocorrem "sem que tenha sido possível levá-las à sua verdadeira escala, a urbanística, a não ser em alguns casos excepcionais", assumindo, como único exemplo então realizado, o caso de Brasília. Afirma que "somente nessas oportunidades [i.e., quando as propostas são executadas em grande escala urbana] adquirem toda a sua significação as soluções plásticas e construtivas das obras de alguns arquitetos".

Com essas afirmações, Reis Filho está inaugurando um vezo de discurso que seria, dali em diante, frequente e dominante: o de considerar a questão da habitação como um problema basicamente, ou quase que exclusivamente, urbanístico. Tanto que seu texto não se detém na análise da organização dos espaços habitáveis propriamente ditos daquele projeto – que sequer são apresentados em detalhe nessa publicação –, mas apenas analisa com certa minúcia a metodologia aplicada na definição do desenho urbano de implantação do empreendimento, cuja escala e abrangência poderia fazê-lo ser considerado como uma "cidade satélite", validando a comparação com Brasília e com os exemplos estrangeiros citados.

Reis Filho reconhece que a situação brasileira difere da europeia: "no Brasil, a intensa industrialização e urbanização que acompanharam e sucederam à Segunda Guerra Mundial não trouxeram uma correspondente atualização oficial nos setores de habitação e organização urbana", e diz ainda que o então recém proposto Plano Nacional de Habitação "apresenta-se vinculado a esquemas obsoletos". A obsolescência, no caso, dar-se-ia em face de o SFH/BNH propor metas exclusivamente financeiras e quantitativas, sem buscar implementar qualquer preocupação com a atualização tecnológica e/ou com a conformação morfológica das cidades. Mas nem tudo estava perdido, graças ao "poder criador dos arquitetos brasileiros e sua capacidade profissional para resolver problemas habitacionais e urbanísticos", mesmo quando esse talento tinha parcas ocasiões para manifestar-se. Quando era possível fazê-lo, devia lidar com uma situação real local que, ademais, em absoluto se inseria nos desejos de mudança social e de planejamento das cidades, longe estando de assemelhar-se aos casos europeus, vistos como exemplares (ou seja, como modelos a serem seguidos ponto a ponto), e assim, "uma parte de esforço dos autores dos projetos é então destinada a compensar ou mesmo contornar essas desvantagens e, ao mesmo tempo, acompanhar o aperfeiçoamento da arquitetura e do planejamento urbano no plano internacional".

Ao realizar essa introdução ao projeto de Cotia, Reis Filho quer ver ali não apenas a experiência isolada que era (e que de fato nem chegou a ser implantada), mas um possível começo de mudança, um primeiro passo para a realização das transformações sociais anunciadas pela modernidade arquitetônica do século XX, cujo advento parecia então inevitável, e cuja força teleológica geraria um futuro que parecia prestes a ser alcançado, e do qual dava exemplo a experiência europeia. O fato de que essa experiência estrangeira também era relativamente parca e feita de exemplos isolados – muitos deles falhos ou de qualidade duvidosa (como posteriormente se veio saber pelas críticas da pós-modernidade) –; a ideia de que a realidade local poderia legitimamente não ser semelhante àquela e assim não configurar distorção ou atraso, mas caso próprio (como passou a ser aventado, a partir do debate do regionalismo crítico, nos anos de 1980); e a noção de que essa utopia talvez não fosse a profecia de um futuro inevitável, mas aspirações e desejos que de *per se* não tinham força suficiente para realizar-se; eram possibilidades conceituais quase impossíveis de serem aventadas naquele momento, em que a modernidade era percebida não como um estilo, mas como uma causa[111].

Embora a apresentação do projeto de Cotia analisasse somente as estratégias de implantação, fazendo referência apenas indireta às unidades habitacionais propriamente ditas (se bem que ressaltando uma de suas mais importantes características, a busca da variedade), o projeto das habitações é talvez o aspecto mais interessante da proposta, valendo a pena deter-se um pouco mais sobre isso.

A primeira constatação ao se examinar mais detidamente a arquitetura dessa proposta é que, embora os projetos das habitações se alimentem de um amplo repertório moderno (com ênfase na contribuição corbusiana e nas lições do mestre na Unité de Marselha), o fazem de maneira bastante realista e apropriada, demonstrando um pragmatismo referenciado que em absoluto se limita a repetir abstrações ideais. Supunha-se que a construção pudesse vir a ser industrializável – como naquele momento era de praxe propor, nem que fosse apenas como garantia de seriedade projetual; mas não se faz da celebração do processo construtivo o mote principal do projeto. A principal ênfase do projeto das unidades habitacionais está na busca de espacialidade interna, a ser alcançada por meio de uma matriz básica flexível, capaz de permitir a coerência construtiva e formal do conjunto e, ao mesmo tempo, proporcionar variadas opções de tamanho e arranjo. Mesmo assim, trata-se de uma proposta de cunho genérico e de valor "exemplar", na medida em que não precisaria estar necessariamente vinculada a este ou aquele terreno ou lugar, mas poderia ser interpretada como propondo soluções-tipo, cujo agrupamento, gerando um sistema de blocos de implantação genérica, poderia adaptar-se a variadas situações topográficas, a distintos formatos de terrenos, ou mesmo ser parcialmente aproveitado em pequenos vazios urbanos.

Na proposta para a "Cidade-Satélite" em Cotia o terreno, de contorno irregular e topografia movimentada, abrigaria sete núcleos residenciais, mais ou menos de mesmo tamanho, conformados cada qual por uma quantidade variada de blocos e por edifícios com número de pavimentos variável 69 70; variedade essa não exatamente resultante da topografia,

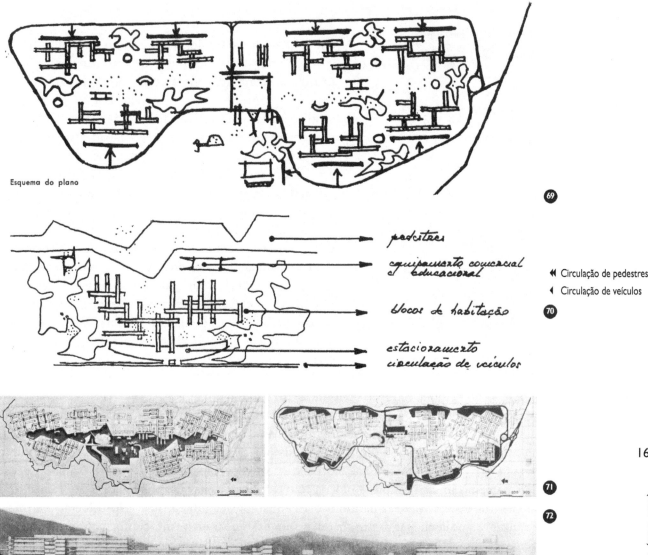

Esquema do plano

◀◀ Circulação de pedestres
◀ Circulação de veículos

pois o uso de pilotis de altura variável permitia destacar os edifícios da ondulação do terreno superpondo-lhe uma outra ondulação, definida pela variação nas alturas e extensões dos blocos, enquanto o terreno seria deixado praticamente "ao natural". A circulação viária dava-se na periferia, onde se situariam os núcleos coletivos de estacionamento, e a circulação de pedestres dava-se prioritariamente no eixo médio norte-sul central⓶, unindo os vários equipamentos de cada núcleo aos equipamentos propostos na praça central cívica[112]. A proposta inclui a preservação de toda a vegetação existente, em especial a dos fundos de vale, bem como sua futura incrementação⓷.

As unidades habitacionais parecem ter sido concebidas desde os dois modelos de maior tamanho (batizados como AO e BO), organizados à maneira de uma casa unifamiliar isolada, com pavimentos dispostos em meios níveis. É evidente a semelhança da proposta com projetos anteriores de Rodrigo Lefèvre e Sérgio Ferro, especialmente as residências duplas-contrapostas para Marieta Vampré⓸ em São Paulo (1962). Esse esquema de unidade-padrão é extrapolado, justaposto e sobreposto, conformando um agrupamento linear, com as unidades conectadas por extensos corredores e pelo pavimento térreo

⬆ Elevação
⬆ Planta pavimento superior
▲ Planta térreo

em pilotis. A partir de um exercício bastante virtuoso, organizavam-se possíveis variantes menores para as unidades, considerando as possibilidades formais do esquema tanto em seu desenvolvimento horizontal quanto vertical, e estudando-se todas as complexas situações resultantes da convivência de distintos tipos de apartamentos, de variados tamanhos, no mesmo bloco. Foram adotados dois módulos para a dimensão da unidade: 6.4 m (tipo A) e 4.8 m (tipo B), sempre com largura do bloco de 11.2 m, definida por um ritmo de 3.2/1.6/6.4 m, sendo as faixas externas para as unidades e a interna para o corredor central de acesso às unidades, situadas no mesmo nível e/ou em meios níveis acima e/ou abaixo, ocupando um, dois e até três meios pavimentos, e eventualmente utilizando a largura total do edifício – caso em que não haveria o corredor central, que assim poderia ocorrer somente a cada três pavimentos. Para acomodar todas as possibilidades de agrupamento foram desenvolvidas nove variações de planta para o tipo A (variando de 30 a 170 m²) e sete para o tipo B (variando de 30 a 100 m²), com um a quatro dormitórios.

As unidades são portanto agrupadas verticalmente e justapostas linearmente, através do recurso ao corredor central (à maneira da Unité de Marselha), resultando em longas circulações, eventualmente interrompidas por trechos livres de uso comum, quando às vezes é possível passar a outros blocos, dispostos perpendicularmente aos primeiros. Esse agrupamento linear conforma blocos com extensão variável de 48 m até 112 m (em alguns momentos excepcionais, quando ocorre a justaposição linear de vários blocos, o edifício resultante podia chegar a atingir uma dimensão de até 224 m), conformando uma malha genérica quadrada com 64 m de lado, correspondendo à locação dos corredores centrais dos blocos. Essa malha é disposta no terreno seguindo a direção norte-sul, ou rotacionada em um ângulo de até aproximadamente 15° para este ou oeste; sendo homogênea para cada um dos sete conjuntos.

Embora a locação dos edifícios claramente defina uma malha urbanística projetual, o uso extensivo de pilotis, a insistência em manter a topografia "ao natural" e a destinação genericamente vaga dos espaços no nível do solo para uso exclusivo de pedestres (de maneira deliberadamente não hierarquizada e não desenhada) tornaria difícil a apreensão e compreensão do conjunto resultante enquanto "tecido" urbano. Assim, apesar da diversidade de situações propostas ser individualmente satisfatória pela variedade, o resultado coletivo era potencialmente pouco claro, mesmo se ordenado. Já que o projeto não foi levado a cabo é difícil inferir qual poderia ter sido a atitude projetual em relação à escala do pedestre, mas a julgar pelo precedente disponível imediatamente anterior (Brasília parece ser um evidente paradigma, até pela denominação "cidade satélite") e pelos resultados obtidos posteriormente em outros conjuntos habitacionais (nem tão inteligentes nem tão variados como esse, mas igualmente preocupados em "não mexer no terreno"), a subestimação da importância do correto desenho dos espaços semipúblicos criados pelo uso genérico dos pilotis, agravada pela ideia "naturalista" de manter o terreno intocável, tenderia a conformar espaços mais ou menos amorfos, pouco apropriáveis pelos usuários.

Quase certamente a implantação de um empreendimento desse porte, mesmo se executado com pré-fabricação e montagem, implicaria em uma quase total transformação da configuração do terreno, que assim dificilmente se manteria intocado; esse risco inerente se agravaria tratando-se de sítio com topografia movimentada. Evidentemente, essas críticas só são possíveis na distância que o tempo transcorrido desde a proposição desse projeto proporciona, somada ao conhecimento de situações assemelhadas posteriores e à observação crítica de seus resultados concretos: em seu momento, a proposta é de alto nível de elaboração criativa, e todos esses problemas poderiam ser eventualmente minimizados pelo detalhamento.

Parece ser relevante notar três aspectos que comparecem exemplarmente nesta proposta e que, a partir de então, serão adotados como paradigmáticos por outras obras. Primeiro, que a organização funcional e espacial da unidade habitacional nasce da multiplicação por agregação, justaposição e empilhamento, em blocos lineares extensos e relativamente pouco altos, de habitações cujo desenho se baseia no de casas isoladas unifamiliares de maior porte (anteriormente realizadas por esses autores, casas essas que assim retroativamente auferem o *status* de "experimentos"). Segundo, que a organização espacial territorial do conjunto pretende atingir um certo grau de autonomia deste em relação ao entorno (mesmo se declarando o contrário), posto que o concebe como unidade complexa e autônoma em termos viários, de equipamentos e serviços, sendo inclusive de praxe o emprego dos pilotis como garantia formal desse "destaque" entre moradia e território; aspecto esse que reforça a vontade de pensar a proposta como solução genérica, modelar, aplicável "em qualquer parte". Terceiro, mesmo que o desenho neste caso não nasça da exploração de recursos de pré-fabricação de componentes, essa possibilidade está sempre presente nos discursos de projeto, ao menos como intenção; entretanto, não resulta de uma solicitação concreta das circunstâncias, e sim de um *parti-pris* ideológico adotado sem questionamento, e justificado pela hipervalorização do potencial das obras civis como promotoras de avanços tecnológicos; e embora raramente chegue a realizar-se de fato, a aspiração pela pré-fabricação introduz uma variável de peso considerável que afeta, em variados graus, a elaboração da concepção arquitetônica e urbanística, tanto da unidade quanto do conjunto.

Essas considerações não são peculiares apenas ao projeto de Cotia, mas estarão presentes em vários outros projetos, tanto dos anos de 1960-1970 como das décadas seguintes[113]. E igualmente estão plenamente presentes, embora revistas, em um dos projetos mais emblemáticos dos anos de 1960 (e igualmente, da Arquitetura Paulista Brutalista): o Conjunto Habitacional Zezinho Magalhães Prado, em Cumbica, município de Guarulhos, na Grande São Paulo, de autoria dos arquitetos João Batista Vilanova Artigas, Fábio Penteado e Paulo Mendes da Rocha (1967)[114].

Ambas propostas podem ser consideradas como tendo cunho "racionalista", e suas soluções urbanísticas têm mais traços conceituais comuns que divergências. É porém no arranjo e agrupamento das unidades arquitetônicas onde ambas se distinguem, adotando nesse aspecto partidos quase opostos (principalmente se consideradas dentro do relativamente limitado contexto local de época). Ao contrário do Conjunto de Cotia, o Cecap-Cumbica❷ aposta na repetição de um só tipo de unidade habitacional, e, embora também adote o agrupamento das unidades em blocos lineares, prescinde do uso de corredores extensos: a linearidade é obtida pela justaposição e espelhamento em H de quatro apartamentos, empilhados em três pavimentos sobre pilotis, conectados e afastados pelas

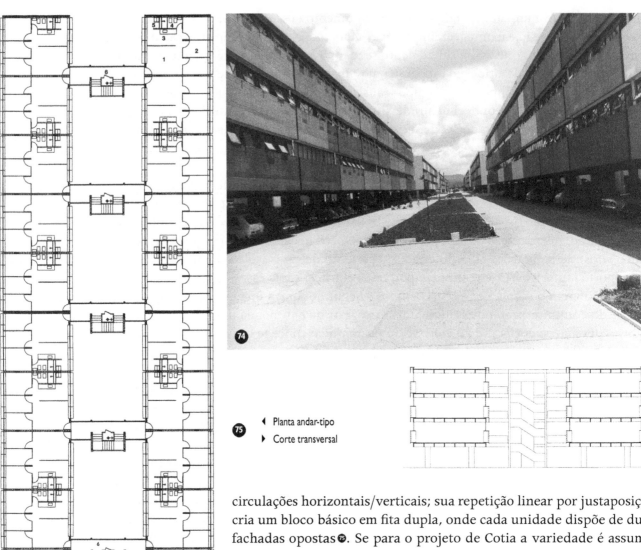

◀ Planta andar-tipo
▶ Corte transversal

1 sala
2 quarto
3 cozinha
4 banheiro
5 serviço
6 acesso

circulações horizontais/verticais; sua repetição linear por justaposição cria um bloco básico em fita dupla, onde cada unidade dispõe de duas fachadas opostas. Se para o projeto de Cotia a variedade é assumida como um valor intrinsecamente necessário à qualidade do projeto, no de Cumbica esse aspecto é recusado, ou, senão, é substituído pela ênfase dada nas possíveis vantagens da repetibilidade, adotando-se uma única solução de tamanho médio, tendendo ao mínimo (64 m², no projeto original). Essa repetição não é mera consequência da proposta de industrialização definida no projeto inicial, já que se tratava de componentes que poderiam a princípio ser usados para compor outras opções de unidade. A fixidez na solução da unidade talvez sugira que ela própria estava sendo entendida como um componente básico irredutível, à maneira de uma habitação "plug-in" – sugestão que comparecia tanto nos esquemas iniciais de Le Corbusier para a proposta da Unité de Marselha, como nas explorações conceituais dos grupos de arquitetos ligados ao Archigram e ao metabolismo, contemporâneos às propostas de Cotia e Cumbica.

O conjunto de Cumbica foi a primeira experiência de grande porte da Cecap[115]. O local escolhido era Guarulhos, município vizinho a São Paulo, com forte perfil industrial, cortado pela Via Dutra (ligação São Paulo-Rio de Janeiro), situado na área metropolitana de São Paulo, apresentava-se como um importante desafio, tanto pela proximidade com o maior pólo de trabalhadores sindicalizados como pela maior demanda habitacional da região. Para o projeto confluíram, portanto, muitas expectativas da entidade, que buscava capitalizar toda a experiência até então obtida em empreendimentos de menor porte para uma realização de maior significado social. Essa ampliação da escala de abordagem suscitou a contratação de profissionais externos ao serviço público com o objetivo de obter o que houvesse "de melhor em matéria de projeto e planejamento", conforme relata Ruy Gama[116].

A experiência do conjunto Cecap-Cumbica pode ser considerada como uma realização de importância transcendente não apenas pelo seu porte – quase 11.000 unidades habitacionais, num terreno de cerca de 130 ha –, como pelo caráter atribuído à proposta enquanto definidora de uma "filosofia geral que informa o projeto"[117], ou seja, pela vocação prototípica que lhe foi atribuída desde o princípio de sua realização[118]. Nesse sentido, ele irá contribuir para o reforço de alguns paradigmas que já vinham se estabelecendo desde há algum tempo, como a multidisciplinaridade da equipe de projeto, o desejo de aproveitamento máximo das possibilidades tecnológicas da construção e a valorização dos serviços e equipamentos urbanos, situados interiormente ao conjunto, bem como a aplicação da ideia de repetição de um único tipo de unidade habitacional como instrumento para se atingir uma economia de escala – recurso que supostamente viabilizaria o custeio da implantação dos equipamentos de apoio.

Nas palavras de Fábio Penteado: "procuramos reunir um grupo de trabalho no qual fosse incluída a totalidade dos assuntos a serem tratados"[119]. Essa abordagem não se restringia apenas ao apoio técnico de construção – assessorias de fundações, cálculo, hidráulica, elétrica, cálculo estrutural, orçamento e programação de obra – mas envolvia estudos socioeconômicos e pesquisas do sistema educacional e do sistema de abastecimento. Em contraponto às decisões projetuais de cunho construtivo, estabeleceu-se um debate sobre as decisões projetuais de cunho urbanístico, resumido pela pergunta: "como deveria ser colocado este plano aberto para a cidade de Guarulhos, que crescia em sua direção?"[120] Outra questão de relevo, apontada como estando presente nos debates da equipe, era a da "viabilidade do projeto em relação à sua qualidade como casa"[121]. Menos explícita, mas também presente, estava a questão de como estabelecer um meio-termo entre as expectativas de mudança e o peso da inércia, num certo esboço de revisão crítica, partindo de considerações de ordem sociológica, acerca do caráter "revolucionário" [ou seja, enquanto promotor de mudanças sociais] do projeto; ou, como afirmou então Artigas, "eu francamente pretendo fugir das duas [as posições extremas progressismo/culturalismo] e achar uma forma dentro da qual a ideologia que nos leva a um certo tipo de cidade, que nos levou, por exemplo, a Brasília, possa ser por um processo histórico corrigido no tempo, sem reificar"[122].

Nos textos explicativos do conjunto Cecap-Cumbica é sempre enfatizado o tripé urbanismo, tecnologia, unidade habitacional, como definidor das decisões de projeto. Os autores estabelecem, como diretrizes do projeto: "a reformulação do conceito da habitação pela valorização do equipamento urbano do projeto e das áreas comunitárias dedicadas ao lazer e à recreação; a reserva de 50% para áreas verdes[123], o aproveitamento máximo das possibilidades tecnológicas existentes de modo a permitir, de um lado, o barateamento dos custos de construção e, de outro, a elevação dos padrões construtivos"[124]; esperava-se também que esse último item permitisse gerar uma economia tal que fosse possível incorporar, às unidades habitacionais, alguns dos equipamentos "indispensáveis à vida moderna", enquanto itens a serem entregues ao usuário junto com a unidade[125]. Como panorama de fundo sobre o qual se delineiam as soluções propostas, não

explicitada, mas soberanamente presente, está a tradição urbanística moderna funcionalista, que tem como antecedentes imediatos as propostas para o projeto de Brasília; mas sendo os arquitetos colaboradores também professores, certamente ativos conhecedores do debate internacional mais amplo, pode-se incluir nesse cenário desde as *New Towns* inglesas aos *Grands Ensembles* franceses.

A área de projeto é cortada pela Via Dutra que a separa em duas metades desiguais, ficando a maior porção ao norte; o setor ao sul não chegou a ser construído[126]. Apesar de não ter acesso imediato à Via Dutra, a implantação do conjunto toma-a como diretriz geométrica, estendendo-se numa malha que lhe é perpendicular, implantada de maneira bastante autônoma em relação ao seu entorno, preservando internamente ao conjunto essa ortogonalidade e acomodando as irregularidades em faixas residuais nas bordas do terreno e nas bordas das avenidas que o margeiam/cruzam ⓴. Embora os autores declarem ter "a clara intenção de projeto de não se isolar, mas de se integrar ao contexto urbano em que se insere", isso se dá apenas pelos "índices alcançados no projeto [que] definem o caráter da proposta", ou, em outros termos, pela previsão de porcentagens de áreas dedicadas a praças, área verde, escolas, centros comerciais, hospital que deveriam "ser usadas não só pela população do conjunto, mas também pelos habitantes da região"[127]. Apesar dessas intenções explicitadas, a implantação opta por um alto grau de diferenciação em relação ao entorno, outorgando, ao projeto, o papel de novo paradigma para o crescimento periférico da cidade.

Um quadrado de aproximadamente 1.000m de lado englobaria as quatro "freguesias"[128] do núcleo norte do projeto, com cada freguesia disposta em um dos quadrantes definido pelas faixas centrais coletivas em cruz. A solução urbanística do conjunto parece ter como marco conceitual e como referência de desenho os conceitos de cidade moderna presentes nas propostas apresentadas ao concurso de Brasília[129]. Também Vilanova Artigas havia participado daquele concurso, tendo sua equipe se classificado em quinto lugar, juntamente com as equipes de Henrique Mindlin e Giancarlo Palanti e a da Construtécnica. No projeto da equipe de Vilanova Artigas para o plano piloto de Brasília[130], a proposta é de uma ocupação habitacional extensiva de baixa densidade a partir de uma malha xadrez de vias, criando módulos retangulares de 2 km x 1 km[131]. Mas é o projeto de outro dos classificados, o que conseguiu o quinto lugar, a equipe da empresa Construtécnica, também formada por profissionais paulistas[132], que guarda certa semelhança formal com o projeto do Cecap-Cumbica, salvo a diferença de escala e a existência de duas vias norte-sul/leste--oeste cruzando a área central da proposta[133]. Mesmo não sendo o projeto de uma cidade nova, mas de uma área periférica de uma cidade existente, o porte do empreendimento do conjunto habitacional Cecap-Cumbica justifica sua abordagem como uma questão urbana de grande escala. Os autores reforçam esse viés ao ampliar seus projetos para uma escala mais abrangente, uma questão imediata, posta pelo cliente (a construção de moradias), transformando-a numa questão urbanística (a construção da cidade), de caráter potencialmente prototípico.

Cada uma das quatro freguesias propostas englobava quatro grupos de edifícios, compreendendo oito blocos de unidades habitacionais e conformando um perímetro aproximadamente quadrado. Esses grupos são dispostos dois a leste e dois a oeste, de baixa altura, e abrigam o comércio local; a disposição geral dos grupos dá à freguesia uma dimensão perimetral também quadrada, com aproximadamente 400 m de lado[134]. Quatro freguesias são dispostas nos quadrantes de um espaço central cruciforme, resultando novamente num conjunto geral de formato quadrado, ligeiramente distorcido face à irregularidade das divisas do terreno e à existência no seu lado sudoeste (em relação ao centro dessas quatro freguesias) de uma área industrial já consolidada. Nesse espaço central cruciforme são dispostos os equipamentos de uso de todo o conjunto – o comércio central, os equipamentos esportivos principais e a única caixa d'água central, prevendo-se o espaço para duas igrejas emparelhadas. Os equipamentos destinados ao uso de cada freguesia, incluindo escola primária e pequena área esportiva, são dispostos lateralmente, em posição de menor importância hierárquica mas relativamente mais acessíveis a usuários externos ao conjunto. A evidente simetria da disposição de todos esses elementos é matizada por pequenos deslocamentos que provocam alguma distorção na área central, aproveitando-se para tanto a irregularidade dos limites do terreno[135].

Essa disposição de cada freguesia e seu agrupamento de maneira tão ordenada é possível ao adotar-se a utilização de uma barra-tipo única para todas as unidades habitacionais, a qual se repete 32 vezes em cada "freguesia", ou seja, 128 vezes no conjunto de quatro "freguesias", totalizando 3840 unidades habitacionais (com uma previsão de aproximadamente 21 mil habitantes), configurando uma unidade de medida urbana, um *cluster*, com alto grau de coesão espacial e limitada acessibilidade – praticamente restrita aos moradores do conjunto. O tipo único de edifício-barra proposto para abrigar as unidades habitacionais é constituído por duas fitas paralelas, com pilotis livres e três pavimentos, unidas por escadas/passarelas de circulação vertical/horizontal, dispostas uma para cada doze unidades (quatro em cada pavimento); alternativamente, o bloco linear pode ser descrito como conformado por um pequeno bloco H que se repete justapondo-se cinco vezes. No projeto inicial, as dimensões desse bloco resultam num comprimento total de aproximadamente 82 m para uma largura de cerca de 26 m (duas fitas com 8 m separadas por um vazio de 10 m); no projeto executado foram diminuídas as dimensões das unidades, de maneira que a dimensão total do bloco passou a ter mais ou menos 72 m para uma largura de cerca de 26 m. O espaçamento entre os blocos também parece obedecer a uma geometria precisa, ao menos no projeto inicial[136].

A forma quadrada dos perímetros da freguesia está presente também nas dimensões de cada unidade habitacional. A ideia de criar uma unidade habitacional-tipo de planta quadrada comparecia anteriormente na obra de Paulo Mendes da Rocha, como nas

⟨77⟩ ▲ Casa do arquiteto
Detalhe de acesso

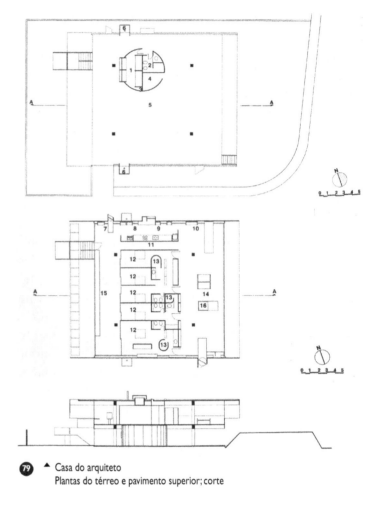

⟨79⟩ ▲ Casa do arquiteto
Plantas do térreo e pavimento superior; corte

residências gêmeas para o arquiteto⟨77⟩ e para Lina Cruz, no bairro do Butantã, São Paulo (1964)[137]; e certos aspectos de Cumbica relembram a proposta da Residência Mário Masetti⟨78⟩ no bairro do Pacaembu, São Paulo (1968, contemporânea ao projeto do conjunto de Cumbica)[138]. Em ambas as casas, Mendes da Rocha explora a ideia de "casa-apartamento" organizada em um pavimento sobre pilotis com acesso por escada externa (o que permitiria, em princípio, seu "empilhamento" com certa independência de acessos). Há alguns pontos de contato entre as casas do Butantã e do Pacaembu e a unidade habitacional do conjunto de Cumbica, em que pese as mais generosas dimensões daquelas[139]. Em ambas, as aberturas iluminantes dispõem-se em duas fachadas paralelas opostas enquanto as outras duas fachadas são cegas[140]; no conjunto habitacional essa disposição permite sua agregação, potencialidade apenas simbólica, ou prototípica, nas casas[141]. Nelas e em outras casas de Mendes da Rocha, a distribuição dos ambientes é arranjada em três faixas funcionais paralelas às fachadas iluminantes; a planta da unidade habitacional do conjunto de Cumbica pode ser entendida como uma variante desse tema. Como na casa do Pacaembu, a faixa de dormitórios situa-se junto a uma das fachadas iluminantes, enquanto as áreas molhadas encontram-se posicionadas numa faixa central, como na casa do Butantã⟨79⟩, resultando concentradas em Cumbica, face à exiguidade das dimensões da unidade. Nas casas, as fachadas iluminantes são amplamente sombreadas por generosos beirais; no conjunto habitacional de Cumbica, uma discreta área de sombra de proteção da fachada é obtida pelos painéis de fechamento, desenhados como uma modificação da mesa/balcão adotada na casa Butantã, trans-

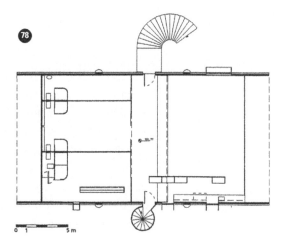

▲ Planta do pavimento superior

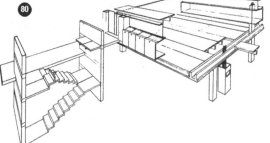

formada em armário/painel modular de fechamento, tema ensaiado na casa do Pacaembu, permitindo recuar os vidros[142].

A perspectiva axonométrica ⑳ que demonstra a montagem dos elementos pré-moldados dos blocos de habitação – solução adotada de maneira parcial e bastante modificada no projeto final – mostra apenas um tramo de escada e uma unidade habitacional, da qual foram retirados os elementos que, cobrindo-a, configurariam o piso do primeiro pavimento: a evidente semelhança com o desenho icônico do sistema Dom-ino não pode ter passado despercebida para seus autores, sendo mais provável que fosse intencional. Trata-se de recurso de desenho utilizado para clarificar a solução adotada, mas é interessante notar como a unidade habitacional de Cumbica transforma-se assim, iconograficamente, numa das casas unifamiliares de uma série que inclui, entre muitos outros, os exemplos do Butantã e do Pacaembu[143].

O desenho das unidades habitacionais e, por extensão, do bloco, é alterado significativamente no projeto final, principalmente pela diminuição da dimensão linear das fachadas de cada unidade e, portanto, das áreas totais. Embora a planta do projeto original indique uma aproximação conceitual com a ideia das três faixas de uso encontradas nas casas Butantã e Pacaembu, nas plantas do projeto final a disposição dos ambientes resulta mais convencional, mimetizando em tamanho reduzido o padrão habitual de compartimentação das diferentes funções domésticas, desconsiderando a flexibilidade de arranjos da planta original, conforme constava do memorial inicial: "as únicas paredes permanentes são aquelas que definem o banheiro e a área de serviço. As separações entre os quartos são de material leve, facilmente removíveis, permitindo ampla flexibilidade no uso dos espaços"[144] – sugerindo ou incentivando diferentes possibilidades de arranjo interno, possibilidade que justifica, ao mesmo tempo que é permitida, a proposta estrutural e construtiva. A redução e empobrecimento de significados – mais do que de área – demonstra uma surpreendentemente precoce incompreensão das intenções do projeto; e essa brecha entre intenção e realização só fará se ampliar quando, a seguir, a solução de Cumbica é adotada e multiplicada em vários outros conjuntos, despida de todas as sutilezas que garantiam sua qualidade projetual.

O desenho axonométrico também indica como foi concebida a construção por pré-fabricação e montagem isostática dos elementos de concreto[145]. Inicia-se com fundações pontuais para quatro pilares situados na periferia do quadrado da planta e recuados das fachadas, num ritmo de aproximadamente 1/4/1; duas vigas π invertidas ligam os pilares formando um pórtico; vencendo o vão de aproximadamente 8 m, travando dois pórticos e formando o piso, dispunham-se sete vigas duplo т complementadas por duas vigas π de desenho especial fazendo os dois balanços; o esquema repetia-se a cada pé-direito até a cobertura, complementada por impermeabilização e placas de isolamento térmico. A separação entre as unidades consecutivas dar-se-ia por painéis faceando os pilares; o fechamento, correspondente às fachadas iluminantes, seria feito por painéis-armário e vidro, sendo usados dez módulos nas fachadas externas e oito nas internas ao bloco, neste caso, complementados por um módulo armário de piso a teto, que cria um marco e um pequeno recesso para a porta[146]. Ainda aqui há afinidades com as citadas casas do Butantã e Pacaembu, que adotam a solução em quatro pilares e lajes nervuradas; no Butantã os pilares estão recuados, obtendo-se balanços em duas direções, mas no Pacaembu os pilares já são posicionados na periferia do perímetro da planta, solução que enfatiza a independência entre a estrutura e o arranjo interno, adotada no conjunto habitacional, onde a aspiração de economia por meio da pré-fabricação poderia em princípio realizar-se.

O fato de não ter sido possível a pré-fabricação é mais importante do que parece numa primeira avaliação, e creditá-lo apenas à incúria política e econômica é simplificar excessivamente os termos do problema. Em Le Corbusier, como em vários de seus contemporâneos da vanguarda do movimento moderno, a ideia da pré-fabricação como caminho óbvio, natural, inexorável e indiscutível para o futuro da construção civil origina-se menos de análises objetivas das possibilidades efetivas da indústria da construção de seu tempo, e mais de uma analogia mecânica com a construção de navios, aviões e carros (e, mais recentemente, de eletrodomésticos). Há, entretanto, pelo menos uma diferença fundamental entre esses artefatos e as edificações, como ressalta Peter Collins[147]: é que eles são feitos para se moverem, ou, no caso dos eletrodomésticos, serem movidos. A questão das dimensões avantajadas e do peso das unidades habitacionais, ou de seus elementos de montagem, dificulta ou até impede sua mobilidade, definindo limites bastante precisos para a estandardização na construção civil. A solução poderia ser, como sugere Le Corbusier, "abandonar a argila, a pedra, a argamassa" por outros materiais; mas em seu momento ele dispunha apenas do concreto e do aço para substituí-los, o que não chega a resolver a limitação de peso/tamanho. Algumas tentativas dos anos de 1960 de utilizar materiais mais leves, como plásticos e alumínios, querem caminhar no sentido de trabalhar essa contradição; ou senão transfere-se a questão do peso para o problema da criação de máquinas de transporte e montagem das partes. Podemos crer tratar-se de uma questão que o avanço tecnológico eventualmente vem resolvendo; de qualquer maneira, seria o caso de se interpelar se o problema não estaria menos em responder à pretendida inevitabilidade teleológica da pergunta implícita na pré-fabricação, do que em verificar de novo as bases na qual essa pergunta se funda, as quais talvez determinem que sua resposta permaneça, mesmo que parcialmente, insolúvel.

Os blocos das unidades habitacionais do conjunto de Cumbica deixam livre o pavimento térreo em pilotis. O porquê dessa opção havia sido respondido por Le Corbusier em 1929:

> Para que servem, pois, esses pilotis? Para sanear as moradias, permitindo o emprego de materiais isolantes que são muitas vezes frágeis ou putrescíveis e devem estar isolados do solo e protegidos contra golpes. Mas, sobretudo, estamos

na situação de transformar de cima a baixo o sistema de circulação sobre o solo. E isso, tanto para os arranha-céus como para os escritórios, as ruas, as moradias mínimas. Já não nos encontramos mais na frente ou atrás da casa, mas sob a mesma, no lugar correspondente às penetrações verticais. [...] O "piloti" permite a "rua sobre pilotis" e com isso a classificação dos tipos de circulação em pedestres, automóveis, estacionamento. [...] Em consequência, toda a superfície da cidade estará disponível para a circulação e, além disso, será criado um novo solo útil[148].

A leitura atenta desse ensaio de Le Corbusier mostra que ele aceitava a possibilidade do nível térreo, dos pilotis, ser utilizado como estacionamento de veículos (como ele exemplifica na Villa Savoye), e esse foi de fato o destino do pavimento dos pilotis do conjunto habitacional de Cumbica, inclusive porque finalmente ele foi ocupado por famílias cuja renda era suficiente para permitir a aquisição de automóvel, bem de consumo cada vez mais imprescindível numa metrópole tão falha de serviços coletivos de transporte. Entretanto, parece não ter sido essa a única finalidade dos pilotis nos blocos do conjunto habitacional de Cumbica no parecer de seus idealizadores, que o entendiam não como área funcional mas como "campo de possibilidades", sendo apenas uma delas o estacionamento:

> Para organizar as freguesias, a solução sobre pilotis é uma decorrência natural do fato de se utilizar as áreas ligadas aos planos de acesso para uma série de eventuais atividades muito difíceis de se prever. São áreas ligadas à recreação e que conduzem naturalmente às áreas de comércio local da freguesia, aos pontos de ônibus e principalmente às áreas de estacionamento[149].

Elaborada no marco então inquestionado da cidade modernista, o projeto pretende ser realista sem deixar de propor inovações, principalmente visando uma economia de escala, tentando não apenas viabilizar o projeto de 10 mil moradias, mas equipá-las, sem acréscimo de custo, com todo equipamento urbano que lhes corresponderia ter, e talvez com algum equipamento doméstico. Assim, a área central cruciforme abrigaria

> um grande movimento da convivência de toda uma população de entorno, que se poderia admitir perto de 100.000 a 200.000 pessoas, muito mais do que as próprias 60.000 do conjunto [...] nestas grandes áreas centrais, onde se localiza o comércio principal, se formará uma convivência, dando assim aos moradores uma vida não isolada, evitando que este conjunto se torne uma cidade-dormitório, com profundas dificuldades de solução do problema de bem-estar deste grupo[150].

A perversidade da situação é, de fato, que as eventuais economias de escala que se pretendia estimular pelo projeto nem foram aplicadas; ou se o foram, não chegaram a ser razão suficiente, na lógica empresarial que também predomina nesse tipo de empreendimento, para que as obras complementares fossem realizadas – e assim os espaços coletivos da área central cruciforme restaram abandonados. As corretas intenções do projeto não foram capazes de evitar o abastardamento da proposta, possibilidade essa tida como presente desde o começo do projeto, e contra a qual se organiza boa parte da lógica da proposta[151]. Não foi a primeira nem a última das realizações habitacionais enquadradas nas características do BNH a enfrentar esse destino, mas seu porte e a importância local e nacional de seus autores lhe dão um relevo extra.

Verticalidade e Horizontalidade

As propostas para habitação social não se restringem a soluções coletivas verticalizadas – mesmo que de baixa altura e sem elevadores –, sendo até mais frequente a implantação de conjuntos de residências térreas ou no máximo assobradadas, de dimensões restritas e de baixo custo, mais conhecidas como "casas populares". Trata-se, de certa maneira, da reedição das "casas de aluguel" da tradição luso-brasileira, ou, em casos mais extremos, da reedição, com nova roupagem e discurso, dos "cortiços, vilas e correr de casas"[152] com equipamentos sanitários coletivos, construídas por agentes privados para a moradia operária precária e, posteriormente, assumidas por agentes públicos, tornadas comuns com a intensa urbanização que já ocorre desde meados do século XIX e prossegue pelo XX. E apesar da maioria das publicações sobre a arquitetura da habitação social no Brasil ter dado grande e merecida importância aos exemplos conformados por blocos de apartamentos – sendo o caso icônico sempre citado o Conjunto de Pedregulho, de Affonso Eduardo Reidy – uma significativa parte dos projetos habitacionais realizados pelos arquitetos da primeira modernidade brasileira são também conjuntos conformados por casas individuais isoladas ou geminadas.

Mas nos anos de 1960, a ideia de promover conjuntos habitacionais com casas individuais certamente pareceria contraditória ao coletivo dos arquitetos, já bastante embebidos nas ideologias progressistas que preconizavam, como caminho preferencial para a racionalização da construção, a sua verticalização; mesmo assim, eram chamados e atendiam à solicitação para realizarem projetos desse teor. Em alguns casos foi possível atestar concomitantemente suas dúvidas e reparos conceituais, como fizeram os arquitetos Francisco Petracco e Nelson Morse no memorial publicado de seu "Projeto para Casa Popular Experimental" ⓫ (1969):

nos parece que existe por parte de entidades uma maior tendência a se criarem núcleos habitacionais constituídos por residências, pois estas apresentam um custo menor de construção. Não é o que se percebe em outros países, evidentemente, às vezes por terem uma densidade demográfica maior, mas sempre, e principalmente, por obterem [esses outros países] uma grande economia nos gastos de implantação dos melhoramentos urbanos, isto é, a infraestrutura[153].

O diagnóstico é correto e preciso: embora a construção de casas pudesse ser mais econômica, o custo total (considerando-se a implantação urbanística e o provimento dos serviços infraestruturais) termina sendo maior; detalhe que aos empreendedores privados não fazia mossa, pois não era aparentemente problema deles. O mais perverso é que, quando o poder público e/ou autarquias de direito público assumem a tarefa de prover habitações sociais, frequentemente optam pela casa individual, atuando com a mesma indiferença pelos custos infraestruturais que indiretamente geram.

Tendo diagnosticado o nó do problema, Petracco e Morsa buscam tornar o projeto um instrumento propositivo que atendesse, dentro do possível, à melhor economia de infraestrutura, tanto na solução de implantação urbanística como na solução das unidades habitacionais; e, para isso, invertem completamente os termos de como o problema era até então colocado e resolvido. A concepção da maioria dos conjuntos habitacionais conformados por edifícios verticalizados propunha unidades habitacionais cuja configuração mimetizava, em escala menor, experiências prévias com casas mais senhoriais. No caso destas "casas experimentais", ao contrário, a solução era totalmente inovadora: não nascia da redução, adaptação e multiplicação de um esquema inicialmente proposto para a classe média, mas partia das próprias questões projetuais internas:

> nos foi solicitado uma residência: nós procuramos fazer uma célula. Um componente de um conjunto, não um conjunto de casas. Dentro dessa ideia – e mais porque o órgão estatal é [ou deveria ser] responsável não só [pelo] terreno e a terraplanagem, mas também pela infraestrutura e a construção, conseguimos atenuar uma dessas falhas desse processo de [concepção] da habitação individual[154].

A solução proposta baseia-se na ideia de organização das casas a partir de uma estrutura em espinha dorsal conformada por uma parede dupla extensa, cujo vazio interno serviria de passagem para as instalações hidráulicas e elétricas, alimentando uma dupla fileira de células habitacionais a ela contíguas, portanto de costas entre si. Cada unidade tem assim apenas uma fachada iluminante, com bancada de cozinha e banheiros junto ao muro de utilidades, cuja iluminação e ventilação são feitas por domos zenitais e por um pequeno pátio interno junto ao muro de utilidades. O agrupamento intensivo das unidades garantia a densidade ocupacional alta, mesmo com um maior afastamento entre as fitas habitacionais; e se as casas perdem a possibilidade de ter seu "quintal" privativo ganham, em troca, um mais amplo espaço-praça coletivo frontal.

O projeto busca aproveitar os recursos existentes e, embora não resulte propriamente numa pré-fabricação, ao menos propõe um alto grau de sistematização visando o barateamento da construção, na medida em que o projeto não se atém apenas ao desenho da geometria dos espaços habitacionais, mas detalha materiais e métodos construtivos, seguindo a tradição paulistana da origem politécnica de seus arquitetos, formados para "projetar e construir", mesmo quando já separados em suas próprias faculdades de arquitetura[155]. A sistematização envolve também o desenho de portas, janelas, rodapés, calhas etc., já que a proposta de certa maneira só se completa e se sustenta se o conjunto de todos os seus aspectos construtivos puder trabalhar harmonicamente. Propõe-se um módulo construtivo de 2.5 x 4.5 m, tendo cada casa quatro módulos ou 41.5 m² de área (descontando-se os 3.5 m² do pequeno pátio de ventilação da cozinha), com desenho único, mas com variantes, conforme o arranjo das divisórias internas, para dois ou três dormitórios. A solução dos espaços é absolutamente mínima e não permite facilmente acréscimos ou variações; seu grande mérito é o de problematizar a questão da infraestrutura como parte essencial da solução da habitação social. Essa vertente de trabalho renderá vários frutos nas décadas seguintes – embora a enfatização no custo mínimo, e não no espaço mínimo, tenha resultado em propostas bastante primárias como as "casas-embrião", constituídas praticamente apenas do muro de utilidades.

Outra solução para habitação em construção térrea, mas empregando um sistema tecnológico de pré-fabricação de componentes, é a proposta por Paulo Mendes da Rocha para uma "Unidade de Habitação Pré-Fabricada" ⑧² (1967)[156]. Realizada na mesma ocasião do projeto do Cecap-Cumbica, pode ser considerada uma variante deste no sentido de se tratar também de uma unidade conformada por uma planta com duas fachadas iluminantes opostas, paredes portantes separando e justapondo as unidades numa sequência em fita, e por serem os compartimentos internos definidos apenas por painéis leves. A construção empregaria, além das paredes de divisa em alvenaria de blocos, painéis de fachada de concreto amarrados por pilaretes com perfil em U e vigas/lajes de cobertura com perfil em T. Essa proposta, como afirma o autor:

> não se trata de um sistema novo de peças pré-fabricadas. As peças, parede e cobertura, principais, são bastante usuais, em princípio, em pré-fabricados. Há apenas, do ponto de vista técnico, a hipótese de se fazer a montagem absolutamente a seco. Dependendo da precisão da fabricação, o encaixe, simplesmente, da peça cobertura, deve estabilizar o sistema[157].

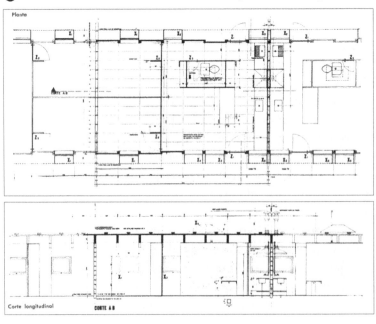

Apesar da novidade da proposta técnica – teoricamente possível, mas talvez impraticável face às tolerâncias dimensionais muito altas normalmente admitidas na construção civil –, ao autor não lhe parece que a ênfase devesse recair nem na questão tecnológico-construtiva, nem na questão infraestrutural (embora esta seja também racionalizada, inclusive com o redesenho das peças sanitárias), mas na geometria dos espaços internos. Como afirma Mendes da Rocha: "a planta, entretanto é a proposta fundamental, como espaço da casa"[158]. A singularidade da solução baseia-se no posicionamento excêntrico e isolado da cabine higiênica, reunindo, em espaço mínimo, pia, bacia sanitária e boxe, e configurando externamente dois nichos-armário. A solução comparece também como possibilidade, afinal não adotada plenamente, no projeto do Cecap-Cumbica[159]. Embora não haja propriamente um corredor de separação entre as atividades dia/noite, até pela exiguidade do espaço total interno disponível (cerca de 38 m²), as áreas de serviço, o acesso ao sanitário e a porta de um dos dormitórios ficam agrupados numa estreita faixa junto à fachada posterior. As dimensões de cada detalhe são um exercício de "existenzsminimum" (habitação mínima), com cada detalhe pensado de maneira a resultar multifuncional. Embora seja de uma compactação máxima, o resultado é elegante, já que não renuncia à proporção e harmonia nem mesmo na condição limite da moradia.

Da Repetição ao Eco

Concentrados num momento fulcral, esses exemplos projetados entre 1965 e 1969, de alguma maneira resumem alguns dos mais relevantes debates sobre o tema da habitação coletiva de interesse social daquele momento – mas seus ecos persistem, entrando pelo século XXI. A riqueza de opções e a qualidade das propostas analisadas aqui talvez não pretendessem, em nenhum dos casos, chegar a uma solução única e cabal, definitiva e imutável. A despeito disso, nas décadas seguintes essas e algumas outras propostas passaram a ser tratadas, pelos órgãos governamentais responsáveis pela construção de habitações coletivas (e pelos arquitetos que, de dentro desses órgãos, se responsabilizaram pela definição de suas políticas arquitetônicas), como "modelos", padrões a serem repetidos, a cada vez de maneira mais empobrecida, e não apenas pelas injunções de ordem econômica, mas, igualmente, pelo abandono da criatividade como ferramenta de trabalho, colocada sob suspeita. A crença, nascida de boa-fé, na repetição como caminho adequado para a sistematização e a economia, perfilhada pela maioria dos arquitetos naquele momento, transformou-se, com o passar do tempo, em um espectro que, apesar de não ter alma, segue definindo boa parte dos caminhos arquitetônicos e, como um Frankestein, volta-se revoltado contra seus criadores sempre que sua existência espúria é ameaçada.

No debate promovido na FAU-USP, em 1967, sobre o projeto do conjunto habitacional de Cumbica, já se nota essa inquietação e desejo de busca de um "modelo"[160] – então, ainda interpretado de maneiras muito distintas e, no limite, opostas. Para Artigas, como de hábito, a questão extrapola o campo propriamente arquitetônico em busca de um "modelo social", mas que de maneira alguma é fixo, pois deve-se constantemente se retroalimentar para re-construir o ambiente:

> o que me conduz é a ideia cibernética de modelo. Aquela proposta que é feita em termos de programa, para a sociologia, para o arquiteto, ou para um técnico. A nossa resposta é em relação a um modelo, que tem seus *feedback*. Esse conjunto de *feedback*, [visa] procurar novos modelos; e a aceitação da constrição é de tal maneira que ela funciona como se fosse o momento transcendente de consciência, onde ela, como consciência social, propõe o próprio caminho para a sociedade; mas recebe, em termos críticos, a condição de dados, para a

[formação de] um novo modelo; se não, não há dinâmica, há constrição total do modelo[161].

Outros arquitetos presentes ao debate veem essa mudança constante como problemática; e mesmo que assim não tenham desejado, de alguma maneira dão voz àqueles que, nas décadas seguintes, pretendem repetir o "modelo" com certa fixidez, ou como base para cópias literais (embora na prática, tendendo ao abastardamento). Em resposta à frase de Artigas, Candido Malta Campos declara:

> Uma alteração desse modelo altera a concepção plástica [...] Temos que pensar um modelo cuja transformação não altere a proposição técnica feita [...] temos que propor modelos dinâmicos, que permitem pela sua própria essência alterações que fiquem integradas no plano global[162].

Apesar de aparentemente flexível, trata-se de um engessamento da ideia de "modelo", neste caso tendendo a certa imutabilidade – já que este não se modificaria, mas apenas integraria eventuais alterações, que, entretanto, devem ser mínimas para garantir sua integridade. O risco inerente desse caminho é claramente percebido, no debate, por Paulo Mendes da Rocha, que em resposta às afirmações de Artigas e Malta Campos declara:

> Parece-me que o que é dinâmico é a sucessão de modelos; um modelo não tem que ser eterno. Me parece que a sua visão [dos argumentos anteriores] é de um modelo que se transforma eternamente; [mas] a evolução se faz a partir de um modelo, para outro modelo. Esta perspectiva dinâmica que você coloca, pelo contrário, tem uma visão totalmente estática e imutável, de um modelo que possa se estender e se organizar como uma forma possível de se transformar indefinidamente. Isto não faz ver nenhuma forma, dá uma ideia de caos total. [...] Não se trata de uma adaptação *ad perpetuum* do modelo. A formação acontece de um modelo para outro, e cada modelo deve ter uma clara intenção[163].

Reafirmando, portanto, a clareza de intenções – ou o projeto, ou o desenho, amplo senso – como instrumento fundamental para o fazer arquitetônico

Infelizmente, o que prevaleceu de fato, nas décadas seguintes, quanto ao tema da habitação coletiva de interesse social, não foi essa visão criativamente dinâmica, mas sua contraparte estática. A habitação social segue padecendo de muitos males: a ausência de políticas consequentes, mantendo altos déficits de atendimento; a adoção de posturas exclusivamente economicistas, que têm como consequência, entre outras, a busca de terras baratas, expandindo, de maneira irresponsável, as manchas urbanas para periferias cada vez mais distantes e menos providas; e variados outros problemas de ordem conjuntural. Mas não é o menor de seus males a crença de que, para configurar suas arquiteturas, é preciso adotar e repetir à náusea um parco e limitado número de "modelos", que afinal de contas não passam de "carimbos", de reduções empobrecidas, que vagamente relembram a complexidade e a qualidade das propostas que, longinquamente, presidiram seu nascimento – como as que, neste capítulo, foram analisadas.

1. BRASÍLIA, PÓS-BRASÍLIA: INFLEXÕES E MUDANÇAS

1 Ou era, pois há muitos estudos recentes que vem superando essa defasagem descabida, como por exemplo: J. Holston, *A Cidade Modernista*; F. R. B. de Holanda, *O Espaço de Exceção*.
2 N. Evenson, *Two Brazilian Capitals*, p. 104
3 Alguns Aspectos da Arquitetura Brasileira, *Revista Arquitetura*, n. 44, p. 19.
4 Luiz Paulo Conde, depoimento em S. F. Magalhães; C. de Guimaraens; C. Taulois; F. Ferreira (org. e coord.), *Arquitetura Brasileira após Brasília: Depoimentos*, p. 21.
5 Na sua análise do edifício do Ministério da Educação e Saúde, "Protótipo e Monumento, um Ministério, o Ministério": "A subversão das ideias da rua-corredor e quarteirão fechado se radicaliza no risco definitivo [...] No entanto, a radicalidade dessa subversão da figuratividade habitual da rua-corredor e do quarteirão fechado é apenas aparente. Trata-se de uma subversão já prevista por um paradigma urbano tradicional, onde a oposição tecido repetitivo/monumento excepcional se admitia complementar" (*Projeto*, n. 59, p. 144).

2. A EXPLORAÇÃO PLÁSTICA DAS ESTRUTURAS DE CONCRETO NO BRUTALISMO PAULISTA E OUTROS DESDOBRAMENTOS

6 J. B. V. Artigas, O Homem e a Arquitetura, O Conjunto Habitacional Cumbica, *Casa & Jardim*, n. 160, p. 44.
7 A renovação da arquitetura paulista na virada dos anos de 1950-1960 coincide com a ascensão de uma nova geração de arquitetos formados em meados dos anos 50, aspecto abordado na tese: M. A. J. Bastos, *Dos Anos 50 aos Anos 70*.
8 Já foi comentado neste trabalho como a pesquisa com pré-fabricação, que foi levada a cabo na UnB, resultou numa arquitetura caracterizada pela ausência de acabamentos, rigor na modulação, expressão plástica decorrente dos próprios elementos construtivos, postura esquemática e generalista nas implantações e resoluções do programa.
9 Colaboradores: Júlio Katinsky, Ruy Ohtake e Jorge Caron. Consultores: Flávio Motta, Marcelo Nitsche e Carmela Gross.
10 Ver R. V. Zein, Arquitetura Brasileira Atual, *Projeto*, n. 42, edição Especial.
11 Coautores: Teru Tamaki, Tito Lívio Frascino, Eduardo de Almeida e Giselda Visconti.
12 Obra premiada pelo IAB em 1971 e pela I Bienal Internacional de Arquitetura em São Paulo em 1973.
13 Sempre lembrando que a análise de Eduardo Comas da produção da escola carioca tem revelado a complexidade e erudição daquela arquitetura, contribuindo para desmontar as visões mais estereotipadas do movimento carioca.
14 Joaquim Guedes, Depoimento, em C. de Guimaraens; C. Taulois; F. Ferreira; S. F. Magalhães (org. e coord.), *Arquitetura Brasileira após Brasília: Depoimentos*, v. 2, p. 181-215.
15 Idem. Obs.: Trata-se da *Módulo*, n. 42.
16 Note-se, por exemplo, o Cinema Novo ou a música popular de protesto em substituição à refinada Bossa Nova. Também nas artes plásticas, artistas concretos e neoconcretos aderiram a tendências neorrealistas e neofigurativas internacionais, desenvolvendo uma arte engajada politicamente, comprometida com a denúncia da realidade social.
17 Ver A. P. Koury, *Grupo Arquitetura Nova: Flávio Império, Rodrigo Lefèvre e Sérgio Ferro*.
18 *Acrópole*, n. 319.
19 Ver R. V. Zein, *Arquitetura da Escola Paulista Brutalista, 1953-1973*.
20 *Acrópole*, n. 333.
21 S. Ferro, *Teoria e Prática*, n. 1, 1967, republicado em *A Casa Popular*, Arquitetura Nova, de onde foram tiradas as citações a seguir.
22 Idem, p. 55.
23 Idem, p. 53.
24 Reflexões sobre o Brutalismo Caboclo, entrevista de Sérgio Ferro a Marlene Milan Acayaba, *Projeto*, São Paulo, n. 86, p. 69.
25 Com Liliana Guedes.
26 Conforme Monica Junqueira de Camargo em *Joaquim Guedes*.
27 Reflexões sobre o Brutalismo Caboclo, op. cit., p. 69.
28 W. Curtis, Tipos para la Nueva Ciudad Industrial, *A&V*, n. 10, p. 8-23.
29 Em parcerias com Ronaldo Duschenes, Nestor Goulart Reis Filho e outros.
30 Ver A. P. Koury, op. cit.
31 Idem, p. 27.
32 A outra foi a residência do arquiteto Marcos de Vasconcelos, já mencionada em Diálogos, no capítulo 6.
33 J. M. Montaner, El Racionalismo como Método de Proyetación: Progresso y Crisis, em *La Modernidad Superada*, p. 70.
34 Segundo Edite Carranza, a casa contou com assessoria de Franz Heep, então professor de Eduardo Longo. E. Carranza, Arquitetura e Contra-Cultura, *AU*, n. 112, p. 53-58.

35 Eduardo Longo, citado em A Casa-Bola, uma Trajetória de Vida, texto de Adélia Borges em *Design & Interiores DI*, n. 17, p. 92-97. O caminho em direção à casa-bola teve uma série de gestos inusitados, no mais das vezes em direção a uma vida mais despojada: o abandono e relativa abertura do andar térreo para a rua, a transformação do carro porsche do arquiteto, que foi primeiro pintado de vermelho, depois de verde militar (como o resto da casa), e, em seguida, quando foram retirados os pneus, o carro passou a abrigar plantas em seu interior.

36 A Construção em São Paulo: Situação e Perspectivas do Pré-moldado no Brasil, *A Construção São Paulo*, n. 1462.

37 Ver, por exemplo, a apresentação de projeto L. N. de Camargo, Módulos Permitem Construir Universidade por Etapas, *Projeto e Construção*, n. 26.

38 A. Martino; A. Bergamin et al, Memória do Projeto em "Concurso para a Secretaria da Agricultura 1º Prêmio", *Acrópole*, n. 357, p. 19.

39 Idem, ibidem.

40 "O Espaço Arquitetônico Brasileiro dos Últimos Vinte Anos e a Formação Profissional do Arquiteto", Prêmio Henrique Mindlin, 1980, *Projeto*, n. 42, p. 90-100.

41 Idem, ibidem.

3. NIEMEYER: DO PLASTICISMO SIMBÓLICO
AO PARTIDO ESTRUTURAL E AO VOLUME ESCULTÓRICO

42 Depoimento, *Módulo*, n. 9.

43 A realização de dois projetos distintos para a mesma obra em geral sinaliza um processo de mudança: a primeira proposta resultaria do conhecimento acumulado, e a segunda da insatisfação com essas premissas, somada a uma urgência artística de transformação em busca de novos caminhos. Sem demorar-se demais nessa análise, a comparação entre o primeiro projeto para o Ibirapuera (1951) e o projeto final (algum momento entre 1951 e 1953) mostra, de maneira muito evidente, que a mencionada "busca de concisão e pureza" já estava em processo.

44 R. V. Zein, Da Crítica Alheia à Teoria Própria, em S. Ficher; A. Schlee (orgs.), *O Arquiteto Oscar Niemeyer*, no prelo.

45 Embora não aborde esse aspecto diretamente, sua expressão se dá por meio de texto de seu amigo e engenheiro calculista Joaquim Cardozo, Forma Estática – Forma Estética, publicado em *Módulo*, n.10, p. 3-6.

46 *Módulo*, n. 21, p. 5.

47 Compare-se, por exemplo, com o projeto de Pedro Paulo de Melo Saraiva, Sami Bussab e Miguel Juliano e Silva para o Clube Sírio (1966), cálculo estrutural de Júlio Kassoy e Mário Franco e J. C. de Figueiredo Ferraz, em que a arquitetura é expressa pela estrutura, com vão interno de 40 m e os arcos da fachada atuando como contrapeso.

48 No livro *Niemeyer*, o projeto comparece com data de 1973. As datas dos projetos de Niemeyer aqui indicadas adotam as informações coligidas por J. Botey, *Oscar Niemeyer: Obras y Proyectos*. Ambos os projetos parecem fazer parte do conjunto de obras da Exposição Internacional Barra/1972 (não realizada), o que corrobora o emprego da data anterior.

49 R. V. Zein, Oscar Niemeyer: Panorama desde los Museus, em L. Noelle, *Arquitectos Iberoamericanos: Siglo XXI*.

50 Como a Biblioteca Pública de Buenos Aires, de Clorindo Testa, Francisco Bullrich e Alicia Cazzaniga (1962); o Yamanashi Press & Radio Center, (Kofu, 1961-1967) e o Shizuoka Press & Broadcasting Center (Tóquio, 1965-1970), de Kenzo Tange; o Tribunal de Contas do Município de São Paulo, de Croce, Aflalo e Gasperini (1971)

51 É frequente, na bibliografia internacional especializada e leiga, atribuir-se o projeto urbano de Brasília a Niemeyer – engano que ele próprio desmente em muitas ocasiões, ressaltando a autoria de Lúcio Costa.

52 Depoimento, *Módulo*, n. 9, p. 5.

53 Somente o ICC e alguns galpões foram construídos segundo o projeto original de Niemeyer.

54 O. Niemeyer, *Niemeyer*, p. 225: essa citação refere-se ao projeto no Líbano.

55 Realizada num momento de grande tensão pessoal em face dos problemas políticos brasileiros daquele momento, como relata Niemeyer, Idem, p. 232.

56 Terceiro lugar, *ex aequo* com o projeto do escritório dos Irmãos Roberto.

57 Yeruham, Dimona, Kiryat Gat, Eilat e os novos bairros de Beer Scheva. O projeto de Niemeyer em Israel foi objeto de estudo da dissertação de mestrado de Elhyani Zvi, *Oscar Niemeyer and the Outset of Speculative Urbanism in Israel after 1960*, de onde foram obtidas algumas das informações aqui constantes.

58 O. Niemeyer, *Niemeyer*, p. 236.

59 Idem, p. 240. Note-se que em meados dos anos de 1960, data desse projeto, estão sendo propostas as grandes estruturas utópico-tecnológicas do Archigram, dos metabolistas e outros – assim, a cidade Negev até poderia ser entendida como um diálogo com certas tendências arquitetônicas e artísticas daquele momento.

60 O programa necessariamente compartimentado de salas de aula (como no bloco de aulas da Universidade de Constantine, entre outros), não induz, *a priori*,

o uso de grandes estruturas; trata-se, pois, de uma escolha de caráter simbólico, a partir de um desejo de experimentação construtiva.

61 O. Niemeyer, op. cit., p. 461.
62 Idem, ibidem.
63 Idem, p. 461 e 465.

4. AS ARQUITETURAS DO DESENVOLVIMENTISMO BRASILEIRO

64 Há um texto do arquiteto, crítico e historiador Hugo Segawa que aborda a arquitetura nacional nos anos do nosso milagre econômico, aproximadamente 1970-1974: "A (Pesada) Herança da Arquitetura Moderna Brasileira", comunicação apresentada ao VI Seminário de Arquitetura Latino-americana, Caracas, 1993. Trata-se de um relato que entende que a numerosa produção nacional nestes anos, em boa parte de qualidade sofrível, criou uma espécie de camisa de força que, por jogos de poder internos ao meio arquitetônico, colaborou para a ausência de debates, promoveu o isolamento frente ao mundo etc., reprimindo o livre desenvolvimento da produção arquitetônica nacional, mantendo, por mais dez anos, certas fórmulas e modos de fazer ligados à ênfase nas estruturas de concreto.

65 Em H. Segawa et al, Arquiteturas no Brasil/Anos 80.

66 O. Niemeyer, Edifício de Niemeyer em Paris, *Projeto e Construção*, n. 18, p. 29-35.

67 No Pavilhão Oficial do Brasil na Expo'70 em Osaka, Paulo Mendes da Rocha também elevou o piso térreo.

68 Depoimento, *Módulo*, n. 9, p. 3-4. Cabe observar que em sua obra posterior a Brasília, conjuntos complexos têm sido resolvidos com a alternância entre blocos com faces retangulares simples para os programas mais cotidianos (residência, escritórios) e formas excepcionais – cúpulas, cascas de concreto, abóbadas – para os programas especiais (centro cultural, teatro etc.).

69 Ver texto de Oscar Niemeyer em Edifício de Niemeyer em Paris, *Projeto e Construção*, n. 18, p. 29-35.

70 Destaque na I Bienal Internacional de Arquitetura de São Paulo (junho/julho, 1973) e premiado na Bienal de Arquitetura de Goiânia.

71 Em plena ditadura militar, afastado compulsoriamente da docência na FAU-USP, Artigas manteve, no entanto, uma quota considerável de encomendas públicas. Obra publicada como notícia "Chapéu de Concreto para Enfrentar o Sol do Equador", na *Projeto e Construção*, n. 16, p. 39.

72 Em A. Puntoni et al (org.), *Vilanova Artigas*, p. 172.

73 Projeto Premiado na Bienal de Arquitetura de Goiânia, *Projeto e Construção*, n. 31, p. 19-20.

74 Depois englobada pela Universidade Federal de Pernambuco.

75 Afirmação feita em entrevista a Éride Moura, *ProjetoDesign*, n. 257.

76 N. 33, p. 32-36.

77 D. Soares (coord.), *Guiarquitetura Brasília*, p. 162--163.

78 Obtiveram inclusive um êxito internacional. O escritório Forte-Gandolfi (Luiz Forte Netto, José Maria Gandolfi [1933], Roberto Gandolfi, Lubomir Ficinski e Jaime Lerner) foi o 2º colocado no concurso de anteprojetos para o Complexo Turístico Internacional de San Sebastian, em 1965, na Espanha e, por problemas com a solução do 1º colocado, chegou a desenvolver o projeto que acabou não sendo construído.

79 Colaboradores: arquitetos Hans Müler e Nauro Esteves.

80 Passou de 50 a 30 pavimentos. Ver *Guia da Arquitetura Moderna no Rio de Janeiro*, organizado por Jorge Czajkowski.

81 Ver entrevista do arquiteto concedida à revista *Módulo*, n. 57, p. 78-80.

82 Idem, ibidem.

83 V. Fraser, *Building the New World. Studies in the Modern Architecture of Latin America 1930--1960*, p. 10-11. Obs.: na adjetivação da forma do viaduto habitado concebido para o Rio de Janeiro, a autora cita palavras do arquiteto em *Precisions on the Present State of Architecture and City Planning*.

84 Os vidros passaram a contar com filtros para inibir a transmissão da incidência solar, o alumínio, por sua vez, tornou-se opção em estruturas espaciais (como no salão de feiras do Anhembi em São Paulo), e passou a contar com tratamentos industriais, visando maior resistência e variedade de acabamentos.

85 Primeiro prêmio na categoria "Edifícios Públicos", na XII Premiação Anual do IAB-RJ, em 1974.

86 Severiano Porto encerrou as atividades do escritório da Amazônia, mantendo o do Rio de Janeiro.

87 Diálogos, capítulo 6, supra.

88 Concorrência pública: 1969; desenvolvimento do projeto: 1970; e construção: de 1971 a 1974.

89 *Arquiteturas no Brasil 1900-1990*.

90 G. V. Bohrer, *Ceasa-RS: Espaço e Lugar na Arquitetura e Urbanismo Modernos*.

91 Ver G. V. Bohrer, op. cit.; e também Bohrer, Canez e Comas, *Arquiteturas Cisplatinas*.

5. A QUESTÃO DO PLANEJAMENTO URBANO

92 Ver I. T. Dudeque, *Espirais de Madeira*.
93 C. Nascimento, *IPPUC: Memória da Curitiba Urbana: Cidade Industrial de Curitiba 18 anos*.
94 Em IPPUC, *Memória da Curitiba Urbana: Depoimentos*.
95 Idem.
96 "Curitiba Mudou Pouco Graças à CIC", depoimento de Celso Nascimento em IPPUC, *Memória da Curitiba Urbana: Cidade Industrial de Curitiba 18 anos*.
97 Depoimento de Rafael Dely, *Memória da Curitiba Urbana:Depoimentos*.
98 Os esforços empreendidos em Curitiba, direcionados ao meio ambiente, foram reconhecidos em prêmios internacionais: pela ONU, em 1990 e 1992; pelo Instituto Internacional para conservação de energia em 1990.
99 Em trabalho para a Companhia de Desenvolvimento de Comunidades, realizado em conjunto com a Federação das Associações de Favelas do estado da Guanabara, entre 1967-1970.
100 C. N. F. dos Santos, "Moço, eu Vim por Causa do Movimento" ou a Crença numa Cidade Democrática neste Mundo, *Projeto*, n. 44, p. 28-31.

6. HABITAÇÃO SOCIAL: DAS UTOPIAS TECNOLÓGICAS E URBANÍSTICAS À REPETIÇÃO DE MODELOS

101 Sobre período pré-Brasília, ver: P. Bruna, *Os Primeiros Arquitetos Modernos*; N. Bonduki, *Origens da Habitação Social no Brasil*.
102 Diferentemente do que havia sucedido nos anos de 1930, quando o moderno estava em conflito com as tendências ecléticas e acadêmicas, ou nos anos de 1980, quando a pós-modernidade o coloca em cheque.
103 Como, por exemplo, o artigo "Dizei-me Cidade Brasileira se Alguma Arquitetura Há Tão Bela e Tão Altaneira", publicado na revista *Projeto*, n. 53, p. 36-42.
104 Cf. *O Urbanismo*.
105 Com isso, é possível perceber inclusive que, embora seja verdade que o domínio de atuação da habitação pública herde a persistência "racionalista" a que se refere Carlos Nelson Ferreira dos Santos, tampouco foram idênticas todas as propostas dali nascidas, variando os graus de hibridização que praticam com outras posturas, culturalistas ou não, e que esses aspectos são também de relevante interesse para uma análise mais pormenorizada dessas arquiteturas.
106 C. N. F. Santos, Dizei-me Cidade Brasileira se Alguma Arquitetura Há Tão Bela e Tão Altaneira, *Projeto*, n. 53, p. 38.
107 Cf. J. R. Serran, *O IAB e a Política Habitacional*.
108 O debate sobre a questão do pós-moderno enquanto condição e enquanto estilo será realizado mais adiante em Crise e Renovação, cap. 4.
109 O panorama da habitação social no Brasil a partir, pelo menos, dos anos de 1980, passa a contar com variadas tentativas mais ou menos frutíferas de encontrar novos caminhos, ou caminhos alternativos – tanto políticos, como arquitetônicos. Essas realizações serão mais pormenorizadamente analisadas, especialmente na parte IV desta obra, que trata das décadas de 1960-1970, na qual cabe ressaltar a formação de certos paradigmas que, na ausência de maiores críticas, seguem vigentes no início do século XXI, orientando boa parte da atuação dos órgãos públicos nesse setor.
110 *Acrópole*, n. 319, p. 24-27. As informações da publicação foram complementadas pelo material na íntegra da proposta disponível na Biblioteca da FAU-USP.
111 Esses aspectos tampouco tornaram-se óbvios no começo do século XXI: não por serem menos óbvios, mas porque subsiste uma forte cristalização nos discursos e a ausência de enfrentamento desse debate a partir das realizações arquitetônicas concretas, que permitiria uma reflexão crítica mais precisa.
112 Interessante notar a afinidade dessa proposta com o projeto de Oscar Niemeyer para a cidade nova de Negev, Israel (1965), ambos da mesma data, e ambos igualmente tributários das contribuições corbusianas.
113 Esses paradigmas seguem vigentes na atuação dos órgãos estatais ou paraestatais de habitação social. Cristalizados e quase inamovíveis, sobrevivem em consequência da total ausência de debate sobre os resultados arquitetônicos que obtêm, mesmo sendo sua precariedade quase um consenso no meio profissional.
114 O projeto de Cumbica – que teve como colaboradores os arquitetos Arnaldo Martino, Geraldo Vespasiano Puntoni, Maria Giselda C. Visconti, Renato Nunes e Ruy Gama – foi realizado dois anos depois do projeto de Cotia. A obra e os debates alimentados por Lefèvre e seu grupo têm sido entendidos como uma reação às obras e discursos de Artigas, que pretensamente configurariam uma "corrente principal" da escola paulista brutalista. Essa construção historiográfica dos fatos é paradoxal: neste e em outros casos, a "revisão" antecede tem-

poralmente a "ortodoxia"! É bem possível que a construção da "visão dominante" tenha desconsiderado datas e reduzido um ambiente complexo a um panorama simplista (cf. R. V. Zein, *Arquitetura da Escola Paulista Brutalista, 1953-1973*), criando uma aura de contestação bipolar quando parece haver, ao menos no campo estritamente arquitetônico, variações sobre temas e não confrontos. Neste caso pode ter ocorrido também um certo grau de mistura indébita de discursos políticos com discursos arquitetônicos, confundindo-se ambas as instâncias na tentativa de equalizá-las – o que só veio a empobrecer as interpretações que são feitas sobre esse denso período da arquitetura brasileira em geral e paulista em particular.

115 Cecap – Caixa Estadual de Casas para o Povo, atual CDHU, autarquia do governo do Estado de São Paulo, com certa autonomia financeira, o que permite que seja usada como seu principal instrumento de ação para uma política habitacional pública, tendo atuação basicamente voltada para as cidades do interior do estado.

116 *Desenho*, n. 5, sem numeração de página.

117 *Acrópole*, n. 372, p. 33.

118 Cf. editorial do arquiteto Eduardo Corona na revista *Acrópole*, n. 348, p. 12: "um projeto magnífico, grandioso, que de fato resolverá um problema tão importante, mas de forma cabal. Cabal porque fará o homem viver melhor. Melhor em uma comunidade, o que é decisivo para o futuro de um país".

119 *Desenho*, op.cit., transcrição do debate realizado com os autores do projeto, professores e alunos da FAU-USP sobre o conjunto habitacional de Cumbica.

120 Idem. Note-se que a pergunta inverte os termos, já que é o novo conjunto que se situaria fora da malha urbana, e sua presença é que estimularia o crescimento da cidade naquela direção.

121 Depoimento do arquiteto Paulo Mendes da Rocha, *Desenho*, op. cit.

122 Depoimento do arquiteto João Vilanova Artigas, *Desenho*, op.cit.

123 Essa porcentagem provavelmente inclui como "verde" todas as áreas intersticiais livres não ocupadas.

124 *Acrópole*, n. 372, p. 33.

125 Basicamente, mobiliário e eletrodomésticos.

126 O projeto foi iniciado em 1967; a implantação teve sua primeira fase iniciada em 1973 e as demais, concluídas nos cinco anos seguintes.

127 *Acrópole* n. 372, p. 33.

128 O termo "freguesia" é empregado em sentido semelhante ao de "unidade de vizinhança" ou "superquadra" e designa a unidade mínima de um projeto. À semelhança destas baseia-se igualmente na dimensão máxima admitida para o deslocamento a pé para atender às primeiras necessidades (no caso, 150 m); à diferença, o núcleo do conjunto dá-se a partir do estabelecimento de pavilhões comerciais, situados em posição centralizada em relação às habitações que atenderiam, enquanto a unidade escolar ocupa uma posição lateral e externa. Daí a ideia de "freguesia", dissociada já de sua conotação eclesiástica primitiva e associada à ideia de "clientela" comercial.

129 Esse tema foi abordado mais detalhadamente em Diálogos, capítulo 3.

130 Os autores eram os arquitetos Carlos Cascaldi, João Batista Vilanova Artigas, Mário Wagner Vieira da Cunha e Paulo de Camargo e Almeida; colaboradores, Heitor Ferreira de Souza, Júlio Roberto Katinsky, Mário Alfredo Reginato, Ubyrajara Gilioli, tendo como conselheiros especiais Catulo Branco, Dirceu Lino de Mattos, Flávio Motta, José Calil, Lauro Mueller Bueno, Maria José Garcia Werebe, Odair Pacheco Pedroso, Otacílio Pousa Sene, Rodolfo dos Santos Mascarenhas. Para um resumo desse projeto e dos demais ganhadores desse concurso ver *Módulo*, n. 8, edição especial, 1958.

131 Relatório do júri publicado na *Módulo*, n. 18, p. 52.

132 A equipe era chefiada pelo arquiteto Milton Ghiraldini e constituída pelos arquitetos Clovis Felippe Olga, Nestor Lindenberg, Manoel da S. Machado, Wilson Maia Fina e engenheiros Milton A. Peixoto e Rubens Gennari. A leitura atenta do relatório justificativo do plano piloto para Brasília indica a filiação dos autores às ideias de urbanismo vigentes na década de cinquenta e a forte influência da tradição anglo-saxônica, além das habituais referências à Carta de Atenas e a Le Corbusier.

133 A análise pormenorizada desses aspectos do Cecap-Cumbica pode ser encontrada em R. V. Zein, op. cit., p. 209-217.

134 Certamente não por acaso, à semelhança da superquadra de Brasília, tomada como "dimensão máxima de divisão territorial urbana para fins residenciais que não é cortada por vias veiculares", como a interpreta C. E. D. Comas, no texto "O Espaço da Arbitrariedade: Considerações sobre o Conjunto Habitacional do BNH e o Projeto da Cidade Brasileira", em *Projeto Arquitetônico: Disciplina em Crise, Disciplina em Renovação*, p. 128.

135 As alterações introduzidas entre essa fase inicial de projeto e a implantação final devem-se, aparentemente, a uma maior precisão no levantamento topográfico do terreno e à disposição mais acurada das vias projetadas que o ladeavam ou cruzavam.

136 As informações obtidas nos cadastros atuais da CDHU permitem verificar que, no projeto finalmente implantado, as distâncias entre as fachadas iluminantes externas equivalem ao dobro da distância definida entre as fachadas iluminantes voltadas para a faixa central do bloco. A distância entre dois blocos dispostos longitudinalmente é ainda maior, havendo ou não uma rua local de permeio.

137 A. Xavier; C. Lemos; E. Corona, *Arquitetura Moderna Paulistana*, p. 77; M. M. Acayaba, *Residências em São Paulo: 1947-1975*, p. 207-218. Ver também R. V. Zein, *Arquitetura Brasileira, Escola Paulista e as Casas de Paulo Mendes da Rocha*.

138 A. Xavier; C. Lemos; E. Corona, op. cit., p. 106; M. M. Acayaba, op. cit., p. 285-294. Ver também R. V. Zein, op. cit.

139 Na casa do Butantã, as medidas lineares aproximadamente dobram, resultando numa área quatro vezes maior que a da unidade de Cumbica; o perímetro da casa do Pacaembu assemelha-se a dois quadrados justapostos, cada qual com dimensões lineares 1.5 vez maior, resultando numa área de aproximadamente quatro vezes e meia a área da unidade de Cumbica.

140 Na casa do Butantã, essas empenas "cegas" promovem de fato algumas sofisticadas soluções de ventilação e iluminação.

141 É de se notar, entretanto, que a geometria do quadrado, presente nas unidades habitacionais de Cumbica, define-se a partir da área líquida – sem contar as paredes e pilares estruturais que separam/agregam as unidades. Assim, a concepção geométrica da planta sugere o estabelecimento prévio de um esqueleto estrutural independente, no qual as unidades são acrescentadas ou encaixadas.

142 Essa solução será explorada em projetos posteriores de Paulo Mendes da Rocha através de inúmeras variantes, das quais, uma das mais recentes, é a solução de armário/caixilho/painel de fachada nos dormitórios na Casa Gerassi, no bairro City Pinheiros, em São Paulo. Publicada em M. I. Villac; J. P. Montaner, *Mendes da Rocha*, p. 76-79.

143 Trata-se, de fato, de um raciocínio de projeto que o arquiteto Paulo Mendes da Rocha explora por mais de trinta anos de atividade profissional e que encontrou vários continuadores e discípulos no período entre 1965 e 1975 aproximadamente, o que pode ser constatado com uma simples consulta ao livro de Marlene Acayaba. As recentes experiências desse arquiteto, dando continuidade a essas ideias, foram em parte analisadas pela autora em R. v, Zein, *Arquitetura Brasileira, Escola Paulista e as Casas de Paulo Mendes da Rocha*.

144 Memorial publicado, referente ao projeto original, em *Acrópole*, n. 372, p. 35.

145 Note-se a semelhança, nesse particular, com a proposta para o Alojamento da Colina, UnB, Brasília, de João Filgueiras Lima (ver supra, parte 1, capítulo 4).

146 Na execução da obra foram empregadas lajes nervuradas *fundidas in loco*, cuja aparência final se assemelha formalmente à solução pré-fabricada; os módulos-painéis ficaram reduzidos em planta ao número de cinco na fachada externa e de quatro na interna, os quais finalmente foram executados como se fossem um só bloco.

147 No livro *Changing Ideals in Modern Architecture*, capítulo The Mechanical Analogy.

148 C.-E. Jeanneret-Gris, *The Complete Architectural Works*, v.1, p. 132-133.

149 Depoimento de Paulo Mendes da Rocha publicado na revista *Desenho*, n. 5.

150 Depoimento de Fábio Penteado publicado na revista *Desenho*, op. cit.

151 Depoimento de Ruy Gama acerca das "experiências bastante desanimadoras" até então ocorridas devido justamente à não execução das infraestruturas necessárias, publicado na revista *Desenho*, op. cit.

152 A respeito ver N. Bonduki, *Origens da Habitação Social no Brasil*, em especial p. 57-71.

153 *Acrópole*, n. 350, p. 33-37.

154 Idem, ibidem.

155 S. Ficher, *Os Arquitetos da Poli*, p. 26.

156 *Acrópole*, n. 343, p. 43-45.

157 Idem, ibidem.

158 Afirmação semelhante é feita por Mendes da Rocha no debate sobre o Cecap-Cumbica, ver acima, nota n 119.

159 Cf. desenho constante no livro de A. Puntoni et al. (orgs.) *Vilanova Artigas*, p. 145.

160 A palavra "modelo" era então correntemente empregada, no meio dos arquitetos paulistas daquele momento, de maneira peculiar e distinta da acepção mais conhecida do conceito, conforme definida por Quatremère de Quincy e retomada por Argan e outros autores do século XX. Entretanto, uma análise mais detida do assunto mostra que, longe de haver uma definição única e fixa do conceito de "modelo", de fato cada autor, meio e época tende a lhe dar uma interpretação diferenciada; sendo, a princípio, legítimo que um determinado grupo o empregue com um sentido peculiar. A respeito, ver R. V. Zein, *Arquitetura Brasileira, Escola Paulista e as Casas de Paulo Mendes da Rocha*, cap. 1.6. "Acerca dos Conceitos de Tipo, Modelo, Estrutura Formal", p. 125-139.

161 *Desenho*, op. cit.

162 Idem.

163 Idem.

Crise e Renovação (1975-1985)

1.
Crise da Pós-Modernidade: Especificidades Brasileiras

m ensaio de 1972, Collin Rowe inicia afirmando: "Quando, no final dos anos de 1940, a arquitetura moderna se estabiliza e se institucionaliza, ela necessariamente perde algo de seu significado original. Significado, aliás, que nunca se supôs que ela possuísse"[1]. Isso porque, conforme seus teóricos orgânicos, a modernidade careceria de "significados", sendo apenas a consequência, totalmente racional e socialmente orientada, de uma fusão entre conteúdo e forma, com ausência de quaisquer outros atributos. Como resume Rowe:

> a teoria e a exegese oficial insistiam em ser o edifício moderno totalmente desprovido de conteúdo iconográfico, não sendo mais do que a ilustração de um programa e a direta expressão de um propósito social. A arquitetura moderna seria simplesmente a abordagem racional da construção, o derivativo lógico dos fatos funcionais e tecnológicos, devendo ser vista apenas nesses termos – como não mais do que o resultado inevitável das circunstâncias do século XX. Havia pouco ou nenhum reconhecimento dos significados: de fato, a necessidade de conteúdo simbólico finalmente parecia haver sido superada[2].

Enquanto necessitava justificar-se como atitude revolucionária, transgressora e contrária aos excessos simbólicos do ecletismo tardio, a modernidade alimenta esse discurso e a pretensão de plenamente corporificá-lo; mas na medida em que é aceita, se expande e se institucionaliza, as insuficiências dessa pressuposição passam a se revelar; eventualmente percebendo-se que elas sequer vinham espelhando a sua prática factual.

Longe de ser pura ruptura, a continuidade da prática projetual moderna em relação ao passado clássico e à tradição acadêmica – tanto nos quesitos simbólicos, quanto em variados outros aspectos – vai sendo gradualmente debatida, cabendo a Collin Rowe precocemente demonstrá-la em vários estudos que realiza durante os anos de 1950[3]. Também Reyner Banham problematiza a questão da dicotomia ruptura/continuidade em *Teoria e Projeto na Primeira Era da Máquina* (1960); o impasse da evidente continuidade da modernidade arquitetônica com seus precedentes imediatos é por ele solucionado, não pela enfatização das formas que produzia (através de uma variedade de tendências estilísticas que inexoravelmente vão se sucedendo), e sim privilegiando sua definição por meio do núcleo teórico que proclamava, preservando, dessa maneira, seu caráter revolucionário, que supostamente se manifestaria através dessa quintessência não evidente. Já Collin Rowe vai, ao contrário, demonstrar as fraquezas inerentes a esses discursos, negando sua precedência conceitual em relação às arquiteturas (pois, como esclarece com sua verve irônica, "especulações proféticas não são fatos empíricos"[4]), preferindo entender a essência da arquitetura moderna através da consideração atenta e erudita dos seus resultados factuais, do que ela resulta ser, a despeito de suas teorias e discursos; assim, pondo a nu a dissociação entre ambos os domínios.

Tanto Banham como Rowe exemplificam posturas dissímiles face às várias críticas que se debruçam sobre a teoria e a prática da arquitetura moderna a partir dos anos de 1950. A arquitetura moderna vai se tornando mais frequente e visível, deixa de ser exceção e passa a conformar a regra, e paulatinamente vai definindo as paisagens urbanas; seu incremento em termos absolutos e sua maior presença nas cidades tornam cada vez mais evidentes as contradições entre suas práticas e seus discursos, entre suas intenções iniciais e suas realizações concretas; e, à medida em que isso ocorre, incrementam-se igualmente os questionamentos críticos.

Os discursos elaborados por alguns teóricos da vanguarda moderna também postulavam uma continuidade conceitual entre edifício e cidade, considerando cada edifício, mesmo se fosse uma experiência isolada, como um ensaio prototípico para a futura tarefa maior de construir o ambiente urbano. Esse objetivo da ampliação de escala vai sendo atingido, em todo o mundo, logo após a Segunda Guerra; mas, ao invés de sua realização confirmar suas expectativas, a mudança de escala redunda em vários resultados inesperados e indesejados. Um magnífico edifício de arquitetura moderna, elegantemente inserido no tecido mais denso e homogêneo de uma cidade tradicional, resultava totalmente distinto, como situação urbana, do caso agora mais frequente, em que a repetição e justaposição de vários edifícios de arquitetura moderna de padrão medíocre passam a conformar todo um setor, ou a totalidade, de uma cidade moderna: o que era antes contraponto excelente torna-se agora ambiente empobrecido. É na escala urbana que a ausência de "significados" e a pura objetividade estritamente funcional realiza-se de maneira mais crua e ampla; mas, ao fazê-lo, as deficiências dos resultados se evidenciam, pondo em crise a pertinência e a validade de seus objetivos e obras iniciais, que, embora rejeitassem os "significados" (de ordem simbólica, monumental, ornamental, de caracterização etc.), deles faziam uso para garantir a qualidade dos resultados, enquanto a progressiva ausência dessa sofisticação não estava levando à utopia, mas à mediocridade.

Assim, se bem a "arquitetura da modernidade" já pudesse se considerar triunfante em finais dos anos de 1940 – no Brasil, como no mundo (mesmo que isso resultasse então muito mais do entusiasmo que do volume de obras)⁵, é somente a partir da década de 1970 que, com a consolidação do "urbanismo da modernidade", seu triunfo se completa –, e concomitantemente se acirram as críticas aos seus fracassos (ou, ao menos, à parcial ou total não ocorrência de suas esperadas vantagens). Paulatinamente a modernidade é confrontada por questões objetivas que desafiam as premissas fundamentais de seu próprio sistema. A partir de finais dos anos de 1970 essa crise será conhecida como "condição pós-moderna", não atingindo apenas a modernidade arquitetônica, mas comparecendo também em outras instâncias do debate cultural e social.

No campo da arquitetura, alguns autores negam a existência dessa crise; outros a compreendem como o momento de finalização da modernidade, um beco sem saída de onde não vislumbravam caminhos alternativos. Destes, alguns passam a validar uma licenciosidade permissiva, autorizando o "vale tudo", enquanto outros buscam refundar parâmetros por meio da revisão do passado, seja propondo um retorno a uma pretensa idade de ouro anterior à modernidade, seja revisitando a tradição vernacular. Esses e outros caminhos não compareciam em estado puro, mas tendiam a se interpenetrar e se hibridizar, conformando um momento de fermentação cultural bastante denso, confuso e sem um eixo principal. Essa ausência de certezas alimenta, em boa parte da crítica "pós-moderna", um substrato de "desencanto" que quase sempre resultava profundamente contraditório: como nem sempre os questionamentos eram realizados de maneira erudita e consciente, parte dos arquitetos seguia aceitando as premissas teóricas da modernidade como um núcleo utópico histórico irresoluto que não se questionava, apenas se abandonava. Assim, seguia-se atribuindo à arquitetura moderna uma tarefa teórica que ela não podia alcançar, e desiludindo-se ao constatar o quão inadequadas eram as respostas a essa expectativa. Em contraposição à desilusão surgem as posturas de reafirmação radical, pretendendo dar continuidade à "tarefa incompleta" da modernidade, quase sempre recusando a necessidade de revisão de suas premissas.

Esse pequeno resumo desse feixe variado de tendências, de maneira alguma chega a dar conta de toda a complexidade do momento de crise da modernidade ocorrido na virada para os anos de 1980 – no Brasil como no mundo. Mas, passadas outras décadas desse momento de crise – e mesmo quando seus efeitos seguem presentes e prolongando-se pelo século XXI –, há outras abordagens possíveis para clarear sua compreensão. A constatação de que a crise da modernidade não foi acompanhada por sua dissolução e transformação radical, mas pela admissão de sua inerente pluralidade, parece indicar que a chamada "condição pós-moderna" é menos o encerramento de um período e mais um momento de profunda reflexão e reorientação. Nesse sentido, pode ser frutífero explorar, para sua caracterização, a noção de "modernidade reflexiva"⁶, que parece melhor caracterizar esse processo interno de crise da modernidade arquitetônica, evitando-se assim empregar, de maneira maniqueísta, a expressão "pós-modernidade"⁷. O conceito de modernidade reflexiva não procura lidar com o tema de maneira bipolar – fim de uma era e começo de outra; negação dos princípios modernos e substituição por outros princípios –, mas de maneira integrativa, tratando de compreender a crise como "mudanças [...] que ocorrem sub-repticiamente e de maneira não planejada, na esteira de processos de modernização [...], sem que se altere a ordem política e econômica, implicando em uma *radicalização* da modernidade, despedaçando suas premissas e contornos e abrindo caminhos para outras modernidades", conforme definição de Ulrich Beck⁸.

O conceito de modernidade reflexiva parece não ser contrário às considerações de Rowe⁹ na medida em que sua contribuição crítica percebe, com certa precocidade, algumas das importantes contradições internas da modernidade; e se é demolidora de ilusões, por outro lado sua atitude tende a evitar o "desencanto", na medida em que recusa o encantamento dos discursos, distinguindo-os claramente das realizações. Seu raciocínio crítico também colabora no esclarecimento dos aspectos "sub-reptícios" dos processos criativos modernos, demonstrando o quanto a modernidade arquitetônica, apesar de ser em parte ruptura, também contém altas doses de continuidade, ajudando a revelar que, ademais, talvez seja justamente o diálogo crítico entre ambos aspectos – tradição e ruptura – o segredo do interesse e vigor da arquitetura moderna, mesmo quando examinada sob as lentes aumentadas das crises da condição pós-moderna. Rowe de alguma maneira revaloriza a arquitetura moderna em seus próprios termos; e, ao distinguí-la do urbanismo moderno[10], evita a confusão crítica entre ambas as instâncias, promovendo a revisão dos aspectos urbanísticos sem necessariamente questionar as melhores contribuições arquitetônicas da modernidade. Proposta, ademais, bastante conveniente quando a tarefa é realizar uma revisão crítica positivamente valorativa sobre a arquitetura moderna brasileira.

Peculiaridades Brasileiras e Latino-Americanas

A crise da modernidade arquitetônica também se faz presente na realidade dos países "em desenvolvimento" (para usar a terminologia da época) e, embora na maioria dos aspectos não difira essencialmente, deve ser preferencialmente compreendida em seu próprio contexto, de maneira a evitar conclusões apressadas e comparações superficiais com realidades outras; atitude que fatalmente termina constatando nossa inconformidade com modelos de explicação – sem perceber que isso se dá, simplesmente, porque esses modelos foram pensados para realidades distintas, organizados sem nos levar em conta, ou seja, de maneira incompleta. Esses cuidados – o de ser suficientemente cosmopolita para reconhecer as realidades complexas de outros contextos, e em que medida elas nos concernem, mas suficientemente autônomo, para não imaginar que elas nos conformam mecanicamente, definindo nosso acerto ou erro conforme a elas nos ajustemos – ajudam a evitar a síndrome de exotismo[11], que tende mais a obscurecer a compreensão de nossa realidade, do que colaborar para melhor compreendê-la.

Há algumas peculiaridades notáveis distinguindo as arquiteturas latino-americanas da situação então encontrada nas arquiteturas europeia e norte-americana daquele momento. Em todo o subcontinente latino-americano predominam, nas décadas de 1960-1980, governos fortes ou ditaduras militares, de pendor nacionalista e de ênfase desenvolvimentista. Em consequência, o campo da construção civil conhece uma notável expansão quantitativa e ampliação regional cuja realização, sendo fortemente subsidiada, está menos preocupada com a economia de gastos e os lucros financeiros do que em promover, a qualquer custo, obras de grande porte, representativas, com forte tendência ao exagero dimensional. Essas características não são estranhas à arquitetura promovida por governos democráticos daquele momento (norte-americanos e europeus); a diferença é que a economia latino-americana estava fortemente atrelada a essas solicitações. A iniciativa privada só assumirá o papel de promotora principal do crescimento econômico a partir das mudanças neoliberais que acompanham, no âmbito latino-americano, as democratizações posteriores a meados dos anos de 1980 em diante.

Nos anos de 1975-1985, não havendo coincidência (no Brasil como na América Latina) entre a crise da modernidade e a crise neoliberal (que aqui ocorre um pouco depois), os questionamentos levantados pela crise da modernidade são parcialmente abafados pelo fato de ser possível prosseguir por mais tempo com as mesmas práticas sem que seja necessário questioná-las e, muito menos, abandoná-las: a pressa em produzir muito, e de forma grandiosa, dificultava a percepção dos problemas, já que não convinha debatê-los – seja pelo risco de se contrapor à corrente quando faltavam garantias às liberdades individuais (sob a égide de governos militares de exceção), seja porque, afinal de contas, tendo os arquitetos relativamente muito trabalho, pouco tempo lhes restava para maiores elucubrações e reflexões pós-modernas. Mas embora a corrente principal da arquitetura brasileira moderna – principalmente na sua linha de revisão brutalista, a partir dos anos de 1960 – seguisse realizando um considerável rol de projetos e obras, na esteira dos anos dourados do "milagre econômico brasileiro", ao longo da década de 1970 essa fonte de trabalho vai progressivamente secando, pondo cada vez mais à mostra uma crise que já se avizinhava, ou que já estava potencialmente presente, apesar de não admitida.

Talvez por isso, entre 1975 e 1985, as notícias da crise da modernidade sejam dadas nem tanto pelos organismos mais tradicionais da categoria dos arquitetos, ou pelos seus profissionais mais atuantes, e sim pelos indivíduos e grupos não exatamente inseridos nesse fluxo, e que lhe são, de alguma maneira, alternativos: seja por adotarem distintas posturas projetuais (dando-se ou não conta, de maneira mais ou menos explícita, dos debates internos questionadores das premissas da modernidade em crise), por estarem afincados em regiões do país menos privilegiadas pelas ondas de trabalho arquitetônico/urbanístico, ou nos grupos que não alcançam inserir-se nesse tipo de solicitação, ou ainda, por sua atuação estar voltada para os segmentos que tradicionalmente dão maior valor e atenção ao debate e ao questionamento, como os profissionais ligados ao ensino e ao periodismo especializado. Por outro lado, como naquele momento as obras de maior prestígio e identificação com a ideia de "identidade nacional" são aquelas encomendadas pelos órgãos de fomento estatal, o segmento de arquitetos que tradicionalmente trabalhava com as demandas da iniciativa privada, ou que então passa a se dedicar a elas, é de alguma maneira escanteado como "alternativo" – ainda que realizasse uma parcela mais ou menos significativa das obras de arquitetura daquele momento.

As arquiteturas "oficiais" mencionadas no capítulo 4 da parte anterior prosseguem com forte presença nessa década, dando continuidade às mesmas premissas e conformando um substrato de base que gradualmente tendia à repetição e à mediocridade (apesar das exceções não serem poucas). Não obstante, serão aquelas arquiteturas dos anos de 1975 a 1985, que estavam mais preocupadas com os debates e crises abertos pela condição pós-moderna, que serão mais detidamente examinadas nos capítulos constantes nesta parte.

2.
A Nova Crítica
e as Conexões Latino-Americanas

 partir de meados da década de 1970, com os esforços para a retomada do debate sobre arquitetura no Brasil e a constatação de que a história e a crítica da produção brasileira haviam "empacado" em Brasília e, portanto, que a produção dos últimos anos seguia relativamente incógnita, tornou-se um senso comum clamar sobre a ausência da crítica no Brasil. Esse deserto crítico seria um dos responsáveis por uma situação que se percebia vagamente como estagnada. O problema é que o ramerrão sobre a ausência da crítica seguiu pelos anos (e décadas) seguintes, a despeito da percepção sobre a produção brasileira de arquitetura ter se transformado consideravelmente. O meio passou a contar com instrumentos de entendimento e classificação da produção mais recente, sem se dar conta de que estes instrumentos eram fornecidos, exatamente, por uma crítica atuante.

O relativo silêncio de aproximadamente dez anos (1965-1975), que se abateu sobre o meio arquitetônico nacional, além da ausência ou diminuição drástica de periódicos especializados em arquitetura e de lançamentos editoriais na área, foi dominado por uma reflexão sobre arquitetura curiosamente apartada da especificidade da disciplina. Por um lado, um pensamento sociopolítico alimentava uma crítica também sociopolítica em que se discutia a "função social"[12] de determinada arquitetura ou a característica conservadora ou progressista de determinada manifestação artística. Por outro, o planejamento urbano passava a ter grande preeminência na profissão, como atividade multidisciplinar por excelência. O futuro parecia colocar o arquiteto em equipes multidisciplinares, elaborando planos urbano-territoriais, em equipes cuja coordenação caberia a um arquiteto, por sua "natural amplitude de visão". Ora, no entendimento do arquiteto como um profissional que entende um pouco de tudo, há um enfraquecimento da disciplina, no que diz respeito especificamente ao conhecimento do ofício. A crítica de arquitetura é indissociável da teoria ou teorias que embasam o pensamento sobre a disciplina. A nova crítica brasileira, que surgiu principalmente nas páginas da revista *Projeto*, se caracteriza, de maneira ampla, por uma tentativa de retorno à especificidade da disciplina.

O primeiro passo para o surgimento da nova crítica foi o lançamento de revistas especializadas com circulação regular, fator que aqueceu o debate e a reflexão sobre arquitetura no Brasil: em 1975, foi relançada a *Módulo*, depois de um período de dez anos fora de circulação; em 1977, o encarte do *Jornal Arquiteto* transformou-se na revista *Projeto*[13] e, em 1979, foi lançada a revista *Pampulha* por um grupo de arquitetos mineiros. A *Módulo*, do grupo do arquiteto Oscar Niemeyer, divulgava uma linha específica de arquitetura, alinhada à obra do mestre, e traduzia, na época, a "arquitetura moderna brasileira" expressa por meio do plasticismo estrutural. A revista *Pampulha*, símbolo de uma saudável efervescência fora do tradicional eixo difusor Rio–São Paulo, procurou mostrar a diversidade de caminhos e pesquisas na arquitetura mineira, e, com essa produção, formou um quadro que não se encaixava na ideia dominante de arquitetura brasileira em vigor na época. Embora tenha sido uma revista voltada à divulgação da arquitetura mineira, teve um papel importante no período, pela renovação de ares que trouxe ao debate nacional. A revista *Projeto* foi lançada com a ambição de se tornar uma revista nacional de arquitetura. Com linha bem mais inclusiva que a *Módulo*, tinha a preocupação de divulgar e revelar a produção nacional e alimentar o debate e a reflexão sobre a arquitetura[14]. Por esse caráter e a qualidade que atingiu nos anos 80 logrou uma atuação mais influente no meio e, com sua abrangência nacional, deixou patente a diversidade presente na produção arquitetônica brasileira. Alguns anos mais tarde, em 1985, foi lançada, pela Pini – que já editava a revista *A Construção* –, a revista *AU*, especializada em arquitetura, tornando-se, na época, mais um veículo de divulgação de projetos e ideias sobre a arquitetura brasileira.

Nesta passagem dos anos 70 aos 80, o mercado editorial também lançou trabalhos importantes sobre a arquitetura brasileira contemporânea: a tese do paleontólogo francês Yves Bruand, de 1969, *Arquitetura Contemporânea no Brasil*, foi traduzida e publicada pela editora Perspectiva, em 1981; o professor Carlos Lemos lançou, em 1979[15], seu pequeno livro *Arquitetura Brasileira*; também em 1979 foi publicado o livro *O Canteiro e o Desenho*, do arquiteto Sérgio Ferro, com suas ideias desenvolvidas no final dos anos 60, o roteiro de obras modernas paulistanas, que foi organizado por Alberto Xavier, Carlos Lemos e Eduardo Corona para publicação em fascículos na revista *A Construção São Paulo* (1978-1983), foi editado como livro em 1983, servindo de modelo a roteiros, abordando outras cidades brasileiras, que foram lançados ao longo dos anos 80; uma coletânea com textos do arquiteto Vilanova Artigas[16] foi publicada em 1981; as arquitetas Sylvia Ficher e Marlene Acayaba lançaram, em 1982, o *Arquitetura Moderna Brasileira*, livro em que a produção pós-Brasília foi abordada segundo uma divisão regional, apontando uma diferença entre a arquitetura produzida no centro-sul do país, mais desenvolvido, e a arquitetura do norte-nordeste, marcada por preocupações climáticas e econômicas. Além disso, cabe apontar a importância de algumas traduções no mercado editorial brasileiro, como o livro do arquiteto Hassan Fathy[17] sobre sua obra com populações carentes do Egito, em que retomou a tradição construtiva dos tijolos de adobe. A editora Gustavo Gilli, em 1980, publicou, em espanhol, a obra de Charles Jencks, *The Language of Post-Modern Architecture* (1977), com sua polêmica precisão do dia e hora da morte da arquitetura moderna[18].

Há, nessa passagem dos anos 70 aos 80, no Brasil, uma coincidência entre trabalhos e ideias dos anos 60 que ficaram represados; trabalhos novos que ensaiam retomar a história da arquitetura brasileira encalacrada em Brasília; a influência de uma crítica ao movimento moderno inspirada em autores como Christopher Alexander[19], que propunha um modo intemporal de construir[20], baseado no método científico de buscar as relações espaciais em ambientes considerados satisfatórios, defendendo a recuperação de valores presentes em arquiteturas tradicionais e o uso de tecnologias mais simples e alternativas[21]; e, por fim, a avassaladora força com que começaram a se impor as imagens da "arquitetura pós-moderna". A Bienal de Veneza, de 1980, apresentou a Strada Novíssima com "fachadas" criadas por 20 arquitetos de diversas nacionalidades – Aldo Rossi, Robert Venturi e John Rauch, Hans Hollein, Leon Krier, Paolo Portoghesi, Gordon Smith, Tigerman, Mathias Ungers, Koolhaas e Zenghelis, Bofill, Charles Moore, entre outros –, cujas criações resultaram em frontões, colunas seccionadas, nesgas, enfim, em formas perfeitamente arbitrárias, desconcertantes quando vistas a partir de uma realidade de enormes carências como a brasileira. Diante do vale tudo conceitual e da relativa diversidade que se foi descortinando na produção nacional, o pensamento crítico procurou manter-se aberto às obras, analisando cada uma delas em função de sua lógica intrínseca: contexto, tecnologia, conforto térmico, programa, especificidades do terreno, aspectos simbólico/monumentais etc.

A preocupação da revista *Projeto* em divulgar a produção das diversas regiões do país, que foi fundamental para revelar tanto a diversidade quanto a expansão do meio arquitetônico nacional, não é mais importante que os esforços de integração e divulgação voltados à América Latina. No princípio dos anos 80, a *Projeto* organizou uma mostra da produção nacional "Arquitetura Brasileira Atual", que foi exposta em Buenos Aires. Sem curadoria, a mostra foi organizada a partir de uma convocatória geral entre os arquitetos e montada sobre as respostas recebidas. Nas palavras de Vicente Wissenbach (então editor da revista *Projeto*):

> A dramática semelhança dos problemas sociais, políticos e econômicos vividos por todos os povos latino-americanos sempre despertou em nós uma vontade, um desejo de contribuir – como editores –, para uma maior aproximação cultural com os outros países da América Latina. Ao contrário do que ocorre com a música e a literatura, onde já existe algum intercâmbio, na área de arquitetura o desconhecimento em relação ao trabalho de nossos vizinhos é total. Não sabemos o que eles pensam, como trabalham (se trabalham...), como enfrentam seus problemas de projeto, qual sua tecnologia, seus avanços, suas dificuldades. Iniciar (ou reiniciar) este intercâmbio, para nós, transformou-se numa obrigação, numa tarefa à qual não podíamos fugir. E foi por isso tudo que agarramos com unhas e dentes a oportunidade que Jorge Glusberg, o Dom Quixote da arquitetura latino-americana, nos ofereceu[22].

A ideia de certa "abertura" na avaliação da arquitetura, de procurar perceber a obra a partir de sua realidade imediata, levou a um natural interesse pela América Latina por meio de diversas frentes de pesquisa: buscar paralelismos, perceber as coincidências históricas e, principalmente, desenvolver teorias próprias, que permitissem analisar a produção do subcontinente, que se percebia distinta daquela do primeiro mundo, a partir de critérios próprios e não dos critérios e teorias desenvolvidos nos países centrais, exóticos à nossa realidade. Ora, o pensamento sobre arquitetura no Brasil, com isso, começou a sair de uma

posição ensimesmada, acirrada na vigência da crítica político-ideológica dos anos de 1960-
-1970, nos quais o pensamento crítico, no seu esforço de afirmar a autonomia da arquitetura brasileira como manifestação cultural, ignorou solenemente paralelismos, pontos de contato e a óbvia interlocução com a produção internacional de arquitetura no período.

O esforço de aproximação revelou-se frutífero, especialmente no campo do pensamento sobre a arquitetura. A crítica que vinha se formando no Brasil encontrou interlocutores em toda a América Latina, refletindo sobre aspectos muito parecidos àqueles enfrentados pela arquitetura nacional e que, diante dos fatos, também comungava certa desconfiança em abraçar as teorias da pós-modernidade desenvolvidas nos países centrais. A reflexão se centrava antes na própria modernidade, com a gradativa percepção de que também o movimento moderno, a despeito do discurso da unicidade, abrigava a diversidade. Na época, o meio, quer no que dizia respeito ao contexto imediato de inserção da obra, quer ao meio socioeconômico e cultural da região, país ou subcontinente, passou a ter um peso expressivo na reflexão, fator que inspirava e justificava diferentes "modernidades" e a ausência de certezas *a priori*. Este pendor para a preeminência do meio no pensamento arquitetônico levou a uma natural eclosão de teorias em torno da ideia de regionalismo, que serão oportunamente comentadas. O risco de que o pensamento crítico-teórico se cristalizasse num pensamento ideológico latino-americanista chegou a ser aventado[23], no entanto, isso não ocorreu. O tema do regionalismo e, com ele, o da identidade latino-americana, teve um esgotamento natural na passagem dos anos de 1980-1990. Na visão de Comas:

> Imposições doutrinárias estão em baixa, a pluralidade de caminhos constitui um fato, triunfa a atitude mais empírica e pragmática diante das demandas de uma realidade contraditória que mescla elementos tribais e cosmopolitas. Cresce a convicção de que a noção de contextualismo precisa se redefinir; mais que adotar um contexto, o arquiteto latino-americano é frequentemente chamado a criar um contexto inovador[24].

Na questão extremamente delicada que é a relação centro-periferia no campo das artes e do pensamento na América Latina, assoma a figura da arquiteta, crítica e historiadora argentina Marina Waisman, que foi editora dos *Summarios*. A clareza de seus textos e a abrangência com que refletia sobre a arquitetura latino-americana, ajudaram a colocar sob perspectiva mais ampla o debate no continente:

✦ Sobre a retomada crítica nos anos 80:

> A de 60 foi uma década de teorização, por assim dizer, extra arquitetônica, um tempo de rebelião profunda contra o saber arquitetônico, e isso explica a relativa ausência da crítica de arquitetura. Numa época em que se desenhavam as obras e se punha a ênfase nos processos, na qual os problemas sociais tinham supremacia sobre o desenho, e se buscava apoio fora do âmbito do saber profissional, era natural que a crítica da obra e do desenho passasse a um segundo plano. Mas é aí que, com toda a força, regressa a arquitetura à cena. E se proclama sua autonomia, valorizando-se seus instrumentos – o desenho em todas as variantes, os métodos tradicionais de composição etc. – e, logicamente, voltando a análise a centrar-se na obra de arquitetura[25].

+ Sobre o problema da "influência" *versus* "espírito de época":

> Como sempre, recebemos o reflexo das atitudes mentais do mundo desenvolvido: se esse mundo desenha pragmaticamente, desenhamos do mesmo modo; se se rebela contra seu próprio ofício, nos rebelamos; se se volta sobre si mesmo para observar-se e analisar-se, nos observamos e analisamos. Mas essas grandes ondas das ideologias arquitetônicas respondem a situações muito generalizadas no mundo, situações que repercutem não só no arquitetônico, mas em todas as esferas da atividade humana. De modo que não se trata de uma mera imitação (embora haja bastante disso...), mas de uma atitude de época (*Zeitgeist*)[26].

+ Sobre a necessidade de desenvolvimento de instrumentos próprios para a análise da arquitetura latino-americana:

> O tema das tipologias, ou talvez devesse ser dito do "tipologismo", que proliferou a partir de considerações surgidas das cidades europeias, requer também uma "tradução", se há de ter sentido para as arquiteturas da América Latina. Exceto para alguns poucos centros históricos consolidados, as cidades do continente não possuem uma variedade de tipos afiançados através de séculos de desenvolvimento, como tampouco tecidos urbanos coerentes em sua totalidade. É mais a fragmentação e ainda a confusão o que os caracteriza. De modo que o ideal de constituir "cidades análogas", como propõe Aldo Rossi, não tem maior sentido entre nós. A questão do tipo, e do tecido urbano, que na Europa tende à consolidação ou recriação de uma imagem passada, entre nós não tem outra solução além de se olhar para o futuro, na esperança de criar um entorno mais harmônico que o existente. E é com esse futuro em vista, com a ideia de um modelo urbano a obter, que serão valorizados os tipos existentes[27].

Naturalmente, a criação de teorias próprias, que permitissem entender o significado da produção local a partir de sua realidade imediata e não de valores externos, carrega um potencial de revisão histórica. Mais uma vez, Marina Waisman nos esclarece:

> Não que haja modos distintos de considerar o grau de excelência alcançado pela linguagem ou pela concepção espacial de um edifício; ou sua capacidade de servir a uma comunidade; ou sua perfeição técnica. O que ocorre é que podemos dar distintos pesos a esses parâmetros segundo o relativo valor que têm na problemática do grupo humano. Assim, as sofisticadas buscas de certa arquitetura atual nos países desenvolvidos, referidas unicamente à linguagem, dirigidas a um público erudito, podem ser menos importantes, em nossos países, que a qualidade com que o edifício contribui para a formação de uma paisagem urbana, por exemplo[28].

Esta ideia nos remete à análise do edifício do Ministério da Educação e Saúde no Rio de Janeiro (Lúcio Costa e equipe, 1937-1945, consultor: Le Corbusier) feita pelo arquiteto e crítico Carlos Eduardo Comas[29], em que a excepcional qualidade do espaço urbano gerado pelo edifício foi minuciosamente destrinchada, valorizada e inextrincavelmente ligada à tradição disciplinar.

Uma incursão na formação e desenvolvimento da nova crítica que se manifesta no Brasil, principalmente, a partir dos anos de 1980 foi feita no livro *Pós-Brasília: Rumos da Arquitetura Brasileira*[30]. Talvez valha a pena retomar os pontos teóricos ali destacados, percebidos a partir do discurso crítico-teórico de diversos autores, entre outros: Hugo Segawa, Ruth Verde Zein, Cêça de Guimaraens, Carlos Eduardo Comas, Mauro Neves Nogueira, Edson da Cunha Mahfuz:

+ o entendimento de uma arquitetura contemporânea brasileira que se coloca em continuidade e não como ruptura com a arquitetura moderna;
+ a afirmação da importância da especificidade da disciplina, em substituição à análise político-ideológica da arquitetura;
+ a valorização da realidade e do cotidiano em que se vai intervir, com consequente valorização da história, em substituição à criação de um mundo novo. Dentro desta ideia aparece a valorização de uma coerência no fazer, em substituição à coerência formal;
+ a revalorização do espaço urbano tradicional, com consequente valorização do meio urbano na inserção da obra arquitetônica; a valorização de espaços qualificados e hierarquizados;
+ o entendimento de que a história da arquitetura moderna brasileira, que foi construída ao longo das décadas de 1940-1960 e que se prestou ao propósito de afirmação da arquitetura moderna no país, criou mitos e cometeu injustiças. Daí a revalorização de episódios que haviam sido menosprezados por terem sido marginais aos discursos crítico-ideológicos dominantes, levando a uma tendência de revisão histórica. Ligada a esta noção, há uma valorização da diversidade de caminhos;
+ a valorização de uma arquitetura erudita que se nutre do popular.

Dentre esses pontos, razoavelmente amplos e que refletiam preocupações mais ou menos circunstanciais, talvez o ponto chave seja a defesa da "especificidade" da disciplina. É esse procedimento que vai garantir a compreensão da obra a partir dela mesma e de sua inserção numa cultura disciplinar viva, em que a acumulação de repertório e a exegese dos métodos de projeto criam um conhecimento peculiar que enriquece a discussão arquitetônica, contribui no ensino e na prática profissional.

O arquiteto mineiro Fernando Lara, pesquisando no *Avery Index*, da Universidade Colúmbia, encontrou 404 artigos internacionais sobre a arquitetura brasileira no correr da década de 1990[31]. Sendo que o total de artigos internacionais para o período de 1906 a 2000 foi 1007[32]. Portanto, a porcentagem da década de 1990 é bastante significativa. Essa pesquisa quantitativa é bastante esclarecedora na medida em que indica um fortalecimento do pensamento crítico-teórico nacional. O atual número de protagonistas da arquitetura mundial requer "porta-vozes". Para ter qualquer projeção mundial, a arquitetura precisa ser interpretada na sua região, explicada em função da realidade local, e ter tecidas as pontes com o cenário internacional. Só assim ela passa a ser compreendida e a integrar o meio internacional. Meio este em que as relações de poder pendem largamente para os países desenvolvidos, porém, na medida em que um pensamento crítico articulado passa a interagir e contribuir, acaba sendo cooptado, integrando júris de premiação e garantindo um maior espaço de divulgação para a arquitetura de sua região.

3.
Pragmatismo Cultural e Urbano: Arquitetos e Obras

O Comprometimento com a Realidade

vitalidade em episódios da arquitetura contemporânea brasileira dos anos de 1970 é tributária de uma conformidade com a realidade. Em Curitiba, o planejamento urbano implantado ao longo do tempo, por órgão técnico especificamente constituído para esse fim, transformou-se e reinventou-se a partir da realidade urbana. No Rio de Janeiro, a crítica aos paradigmas do movimento moderno, no que concerne à habitação de interesse social, foi alimentada por uma realidade que oferecia e estimulava novas maneiras de enfrentar o problema. E a crítica geral ao que se configurava então como a "arquitetura moderna brasileira" também foi sendo tecida, na segunda metade dos anos 70, por meio da defesa de uma arquitetura comprometida com a "realidade". A realidade, entenda-se aqui, naturalmente, como imagem ampla que abarca a paisagem construída, o clima, aspectos culturais ou tecnológicos. A arquitetura, caracterizada pelo uso extensivo do concreto armado deixado aparente, pela exploração plástica do desenho estrutural e por uma paleta reduzida de materiais, começou a ser criticada por sua impropriedade econômica, sua inadequação climática – em razão da baixa inércia térmica do concreto –, suas linhas abstratas de pouco significado para a maioria da população brasileira, sua fidelidade à ideia de cidade funcional, alheia ao bulício das esquinas das cidades brasileiras.

Ainda na segunda metade dos anos de 1970, numa série de depoimentos de arquitetos brasileiros convidados pelo IAB do Rio de Janeiro para discutir a arquitetura brasileira posterior a Brasília[33], é possível perceber a defesa de uma arquitetura comprometida com o meio. Este conjunto de depoimentos, que ocorreu ao longo do segundo semestre de 1976 e do primeiro de 1977, teve lugar no Museu de Arte Moderna do Rio de Janeiro em seções abertas. Em alguns desses depoimentos se percebe claramente um alinhamento contrário à "arquitetura moderna brasileira" tal como vinha se caracterizando, e mesmo, a afirmação da existência de uma arquitetura marginal, que seria mais adequada aos fins porque preocupada não em elucubrações formais autocentradas, mas em responder de maneira pertinente a determinada "realidade". Cabe comentar que, naturalmente, o grupo do IAB-RJ, que organizou a série de depoimentos, buscou exatamente discutir a institucionalização de uma arquitetura moderna brasileira expressa em concreto aparente, com seus ideais urbanísticos, com sua valorização da exploração plástica das estruturas de concreto armado como traço peculiar da produção nacional e, principalmente, com sua visão do que era a arquitetura brasileira dos últimos quinze anos. As mesas foram cuidadosamente montadas, agrupando arquitetos tanto independentes como alinhados na defesa da "verdadeira" arquitetura moderna brasileira, daqueles que estavam claramente em busca de alternativas e, nesse caso, assoma o farol da adequação à realidade:

> Acho que o panorama geral da arquitetura erudita, no Brasil, hoje, é baixo. A gente precisa andar muito para reconhecer as obras respeitáveis. [...] Muita coisa pode explicar e até justificar esta situação, mas fica o crime impune. Por outro lado, existe uma obra importante que vem crescendo no Brasil, mas que tem toda a característica de obra marginal. É obra marginal, quase obra maldita, dado a excessiva importância do peso histórico-oficial que tem a chamada grande-arquitetura-oficial-brasileira-moderna. Como este é o caminho, o resto é marginal. A gente encontra experiências no Ceará que são legítimas, feitas de dentro para fora, para o lugar, por gente de lá. E a gente vai encontrar o mesmo esboço com Vital e Borsói no Recife, e, sobretudo, na Bahia, com Assis Reis[34].

Essas palavras de Joaquim Guedes deixam entrever o antagonismo frente à institucionalização de uma arquitetura moderna e brasileira. Joaquim Guedes, no período, estava envolvido com o planejamento de cidades novas, em que procurou incorporar ao seu desenho padrões urbanos tradicionais, residências geminadas formando uma fila contínua, edifícios públicos implantados com destaque defronte a largos urbanos (por exemplo, em Caraíba, BA, 1976-1982). Os arquitetos citados por Guedes se caracterizam pela pesquisa de uma arquitetura "tropical", adequada ao clima e aos modos de vida.

Esse apelo à realidade que se percebe em alguns dos depoimentos dos arquitetos convidados pelo IAB-RJ e que alinhou, sob uma bandeira consideravelmente ampla, obras díspares, como a do carioca Luiz Paulo Conde, do paulista Joaquim Guedes, do baiano Assis Reis, tem interessantes conexões com a revisão do movimento moderno na América Latina e mesmo com as valorizações empreendidas por parte dos países centrais na arquitetura dos países periféricos.

Em 1976, a obra do arquiteto mexicano Luís Barragán foi objeto de uma exposição no MOMA (Museu de Arte Moderna de Nova York) e, em 1980, ele foi o primeiro arquiteto latino-americano laureado com o Prêmio Pritzker de Arquitetura. A obra de Barragán, com o predomínio dos muros de alvenaria, os pátios (à moda árabe-ibérica) e o forte colorido, se afastava acintosamente da arquitetura "desenvolvimentista"[35] que se estendeu pela América Latina nas décadas de maior modernização, entre 1940 e 1970, e que buscava, em suas opções formais e tecnológicas, expressar e promover o progresso tecnológico nos moldes internacionais. Para Barragán, "Toda arquitetura que não expresse serenidade não cumpre com sua missão espiritual. Por isso, tem sido um erro substituir o abrigo das paredes pela intempérie dos panos de vidro"[36].

A ideia de um desenvolvimento tecnológico adequado à realidade foi exemplarmente demonstrada na obra do engenheiro uruguaio Eladio Dieste, que desenvolveu a tecnologia da cerâmica armada. Uma tecnologia econômica, com reaproveitamento das formas, voltada ao emprego racional do esforço humano e preocupada em evitar o desperdício de material. Suas soluções procuraram solucionar, por meio do desenho, a rigidez das estruturas, contando com um mínimo construtivo de armadura de ferro. A qualidade plástica de suas elegantes estruturas e a sofisticação de seus cálculos superaram os meios relativamente pobres, levando a uma arquitetura de alta qualidade. Outro arquiteto que passou a ser consideravelmente valorizado nos anos de 1970 na América Latina foi o colombiano Rogelio Salmona. Salmona trabalhou por vários anos (1949-1957) no estúdio de Le Corbusier em Paris. De volta à Colômbia se graduou em arquitetura (1962) e passou a desenvolver uma obra que se pretendia adequada ao lugar, por meio do emprego do tijolo, material enraizado na cultura construtiva da Colômbia e espaços externos claramente delimitados em pátios, criando uma ordenada paisagem construída. Nas suas obras, Salmona explora a alta qualidade do tijolo colombiano e o saber da mão de obra local em rendilhados e texturas, desenvolvendo detalhes construtivos a partir da tecnologia e de sua lógica intrínseca.

Enquanto na América Latina uma obra arquitetônica preocupada em se adequar ao meio em seus distintos aspectos, inclusive se expressando por meio de tecnologias tradicionais, passou a ser vista com interesse e como possível saída para a crise do movimento moderno, em Paris, no edifício do Centro Georges Pompidou (Richard Rogers, Renzo Piano, 1972-1977) – então símbolo do emprego de alta tecnologia em arquitetura, com seu esqueleto metálico encapando às fachadas –, ocorreu, em 1981, a exposição *Des Architectures de terre*, enfocando arquiteturas tradicionais e contemporâneas. Entre a produção contemporânea, a obra do arquiteto egípcio Hassan Fathy[37], cujo trabalho não se limitava ao aspecto da fatura do abrigo, mostrava suas preocupações dirigidas à valorização do trabalho artesanal e ao fortalecimento dos vínculos da comunidade, que assim podiam se apoiar mutuamente. O interesse que despertou essa exposição, plasticamente muito bonita, apontava para uma perigosa cisão: arquitetura de país desenvolvido e arquitetura de país subdesenvolvido, subentendendo-se, nessa cisão, considerável desnível tecnológico. Mas é fato que a modernização nos moldes internacionais não havia tido sua contrapartida em progresso humano e melhoria da qualidade de vida nos países subdesenvolvidos, entre eles, os da América Latina. Natural que alguns arquitetos se voltassem para sua realidade imediata, buscando uma arquitetura mais adequada em todos os aspectos.

Em 1979, o IAB de São Paulo organizou uma série de depoimentos com arquitetos paulistas sobre o tema "Arquitetura e Desenvolvimento Nacional: Depoimentos de Arquitetos Paulistas". Para esse ciclo foram convidados arquitetos de diversas gerações: desde Oswaldo Bratke, formado em 1930, até arquitetos então recém-formados, que haviam concluído a graduação em meados dos anos de 1970. Com objetivo muito díspar do ciclo de debates que havia ocorrido no Rio de Janeiro três anos antes, esse ciclo, pelo próprio título, foi organizado dentro da ideia de uma arquitetura moderna brasileira comprometida em simbolizar e incentivar o desenvolvimento nacional, não visando discutir a arquitetura em si, mas a "função social do arquiteto" diante do "caráter concentrador do modelo econômico adotado no país a partir de 1964"[38]. Em que pesem os objetivos, a arquitetura acabou sendo discutida e, mal ou bem, é possível perceber, em alguns depoimentos, a defesa de um maior comprometimento com a realidade na criação arquitetônica.

A primeira mesa reuniu Kneese de Mello, Vilanova Artigas, Lina Bo Bardi e Oswaldo Bratke. Ora, a presença de Lina Bo Bardi, em pleno IAB paulista, não deixa de ser curiosa. Estranha no ninho, Lina sempre teve posição independente no meio, em que pese ser a autora de uma das obras fundamentais do brutalismo paulista, o edifício do Masp na avenida Paulista. Na breve biografia de Lina Bo Bardi na publicação do IAB, consta a descrição de seu principal trabalho na ocasião: "Atualmente, está se dedicando a um trabalho de arqueologia industrial, recuperando uma fábrica no bairro da Lapa, São Paulo, futura sede de um dos centros culturais e desportivos do Sesc"[39]. No seu depoimento, Lina defendeu, talvez sem deixar perfeitamente claro, uma arquitetura que parta da base e não da cúpula, ou seja, uma arquitetura em cooperação com os pedreiros no canteiro: "Pode-se trabalhar muito bem montando um pequeno escritório, ou escritórios nas diferentes obras, trabalhando coletivamente"[40]. Sobre o processo para se chegar ao entrosamento consciente do arquiteto à sua realidade: "O Brasil tem a possibilidade de ser profundo nas coisas, por suas raízes populares. Vocês têm possibilidades muito grandes, só olhando com um pouco mais de atenção, de se apoderar das realidades verdadeiras do país. Isto vale para a arte, para a arquitetura e para muitos outros assuntos"[41].

Lina Bo Bardi morou alguns anos na Bahia, entre 1959 e 1964, quando foi convidada a criar o Museu de Arte Moderna da Bahia. No Nordeste, se empenhou em pesquisar o pré-artesanato[42] brasileiro. Para Lina, estes objetos de fatura popular, em razão da extrema carência da população, criados a partir de quase nada, de refugos, para suprir necessidades básicas, apontavam um caminho para o desenho industrial brasileiro. Buscando solucionar o que for estritamente necessário, esses objetos atingiam grande utilidade. Lina entendia que um desenho industrial que partisse dessas raízes populares estaria muito mais próximo das necessidades reais do país. Este movimento de Lina Bo Bardi em direção à pesquisa do desenho popular no Nordeste do Brasil não foi um gesto isolado; outros intelectuais brasileiros da região estavam voltados a buscar nas "raízes populares" uma base para garantir uma educação e o consequente desenvolvimento da cultura alicerçados no popular. Nesse sentido, o MCP – Movimento de Cultura Popular – foi fundado em Recife, em 1961, por intelectuais como Ariano Suassuna, Germano Coelho, Hermilo Borba Filho, Abelardo da Hora, Paulo Freire, Francisco Brennand, entre outros[43]. Esse caminho de parte da intelectualidade brasileira foi bloqueado com a ascensão do governo militar em 1964 e a consequente repressão às tendências alinhadas com a esquerda. Lina Bo Bardi voltou a São Paulo e, quinze anos depois, estava empenhada na concepção do Sesc-Pompeia e defendendo um projeto que começasse pela base e não pela cúpula. O Sesc-Pompeia ❶ foi um projeto muito bem-sucedido, apropriado plenamente pela população. Trinta anos após sua concepção segue com uma arquitetura instigante e atual: começou pela base?

Fato que não deve nem de longe ser desprezado é o apregoado escritório na obra, prova de um grande cuidado com a construção e de certa abertura na definição do detalhamento. Subirats descreve com riqueza de detalhes o escritório na obra do Sesc:

Era uma casinha de madeira, de paredes escorridas pela chuva e pelo bolor, que se sustinha sobre umas delgadas pilastras. [...] O conjunto era frágil. Chegava-se à casinha por uma tenebrosa escada, que logo dava lugar a uma passarela. Seu interior oferecia aos olhos um alegre espetáculo: empoeirados arquivos, mesas e cadeiras velhas, muitas pastas com recortes de jornais, revistas, e alguns textos manuscritos. Uma certa desordem. E, aqui e ali, referências a um museu de arte popular brasileira: joguinhos maravilhosos, bonecos lavrados por mãos delicadas e toscas a um mesmo tempo, cerâmicas cheias da mais sensual fantasia. E esse era o obrador, ou oficina, como se chamavam os ateliês dos artistas que construíram as igrejas da Idade Média europeia. A frágil casinha, o obrador, a favela, a palafita, o escritório enfim, de Lina [...][44].

Ora, que tipo de contrato permitiu tal dedicação à obra do Sesc-Pompeia? A condição *sui generis* da arquiteta e o idealismo, próprio dos jovens, dos que colaboraram com o projeto – André Vainer e Marcelo Ferraz. Não é atitude que caiba em orçamentos e disponibilidades de tempo. Se objetos de fatura popular faziam parte da desordem do escritório de obra, como lembranças de determinada sensibilidade estética que Lina queria manter viva, foi a presença mesma do escritório na obra – o entendimento da arquitetura como construção, o detalhamento "artesanal" –, o que destacou o projeto do Sesc-Pompeia da produção brasileira dos anos 70: "A ideia inicial de recuperação do dito conjunto foi a de 'Arquitetura Pobre', isto é, não no sentido de indigência mas no sentido artesanal que exprime Comunicação e Dignidade máxima através dos menores e humildes meios"[45]. O Sesc-Pompeia teve um detalhamento "artesanal", ou seja, não é o detalhe padrão do edifício de escritório bem acabado, *standard*, com sua aparência acética e universal, mas um

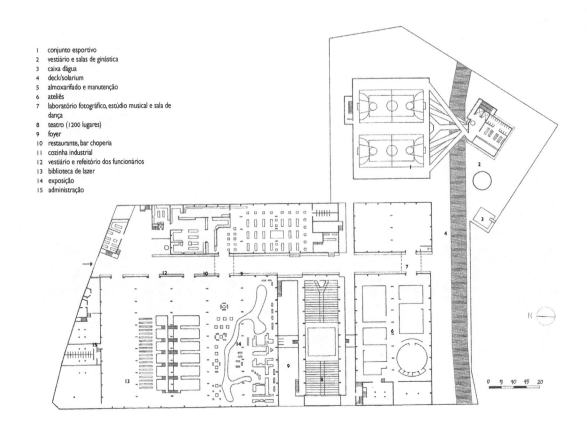

1 conjunto esportivo
2 vestiário e salas de ginástica
3 caixa dágua
4 deck/solarium
5 almoxarifado e manutenção
6 ateliês
7 laboratório fotográfico, estúdio musical e sala de dança
8 teatro (1200 lugares)
9 foyer
10 restaurante, bar choperia
11 cozinha industrial
12 vestiário e refeitório dos funcionários
13 biblioteca de lazer
14 exposição
15 administração

▲ Planta geral do conjunto
▼ Estudo para o teatro

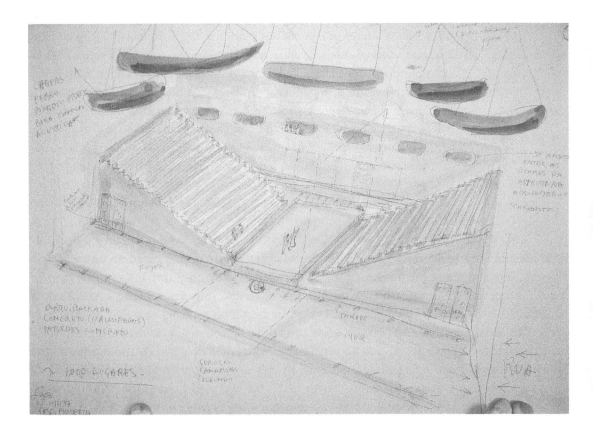

detalhamento peculiar com as rótulas de madeira, os seixos rolados, os revestimentos cerâmicos, os ferros em flor de mandacaru.

A ideia de reciclar os galpões da antiga Fábrica de Tambores da Pompeia foi de Lina Bo Bardi. Embora se tratasse de um edifício industrial, com uma bonita estrutura independente de concreto armado e fechamento em alvenaria de tijolos sem revestimento, a implantação do conjunto havia ocorrido dentro das regras da cidade tradicional: galpões até o limite da calçada, alinhados dos dois lados de uma rua interna. Bo Bardi soube valorizar a beleza despojada dos edifícios industriais, a simplicidade dos grandes espaços, a estrutura do telhado simples e econômica, o apuro da estrutura de concreto. A intervenção nestes galpões foi "moderna": a verdade construtiva, a continuidade espacial. Para a instalação do programa esportivo – piscinas, quadras, salas de ginástica – Lina Bo Bardi concebeu duas torres em concreto armado numa área vazia nos fundos do terreno, porém cortada por um córrego canalizado ❷. Cada torre ficou em uma das margens: a maior tem a largura e segue o alinhamento de galpões existentes, a menor é paralela à avenida Pompeia. Unindo as duas torres, passarelas em ângulos variados cruzam o espaço nas cotas dos pisos da torre maior. Junto à torre menor, existe uma caixa d'água definida por um cilindro de concreto, que alude a uma chaminé de indústria, porém sua fatura foi de tal forma que os sucessivos anéis que a compõem foram executados deixando o concreto escorrer, como se fosse um castelo de areia[46]. As aberturas na torre maior são "buracos" na parede de concreto, protegidos por treliças de madeira, na torre menor, são pequenos quadrados irregularmente posicionados. O detalhamento artesanal conferiu certa dose de aleatoriedade e de imperfeições, que escamoteiam a alta tecnologia ali empregada, por exemplo, nas lajes em concreto protendido, detalhes que tornam mais doméstica a arquitetura.

O Sesc-Pompeia segue como um marco na arquitetura contemporânea brasileira. O arcabouço da fábrica de tambores dos anos de 1940 se mostrou perfeitamente adaptado ao novo programa de centro de cultura e lazer; os edifícios novos compõem com os antigos, a brutalidade das torres é amenizada pelo detalhamento cuidadoso. As lições são muitas, sendo, talvez, a principal, a proposta do convívio com o existente, ou seja, com a cidade e sua dose de caos. Até então, a arquitetura contemporânea brasileira das décadas de 1960 e 70 vinha embalada no sonho do urbanismo de Brasília. A modernização da legislação construtiva pelos municípios em direção a uma cidade regulamentada por taxa de ocupação, coeficiente de aproveitamento e recuos mínimos, modernização que levou à universalização da solução do edifício solto no lote, permitiu uma arquitetura concebida em tese para a cidade moderna, mas distante de qualquer preocupação em compor com o existente.

A Busca de Alternativa no Uso do Tijolo

O tijolo foi explorado, na entrada dos anos de 1980, como uma alternativa à onipresença do concreto armado na arquitetura nacional. Com melhor inércia térmica do que o concreto, materialidade mais quente (pela cor e textura), constância na tradição construtiva nacional, vantagens econômicas, tecnologia simples e amplamente disseminada, a pesquisa de uma arquitetura contemporânea empregando o tijolo

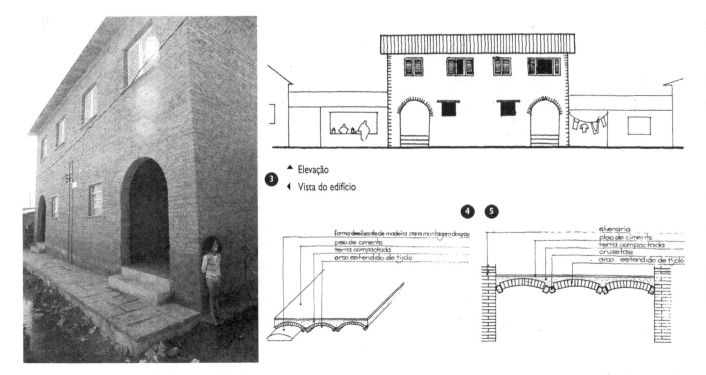

3 ▲ Elevação
◄ Vista do edifício

contava ainda com exemplos instigantes na América Latina, caso, por exemplo, da já referida obra em cerâmica armada do engenheiro uruguaio Eladio Dieste. Na dita "arquitetura moderna oficial brasileira", as estruturas de concreto estavam agigantadas, tanto por uma sensibilidade plástica que enfatizava a estrutura, buscando que tivesse maior expressão no conjunto da obra, quanto por um amálgama que foi se configurando entre estrutura e vedações por meio de empenas que uniam inextrincavelmente vigas e pilares e desempenhavam o papel de vedação. Algumas das pesquisas com o tijolo foram feitas também no sentido do material único, ou seja, ao invés da tradição construtiva brasileira – alvenaria estrutural, estrutura de madeira do telhado e telhas cerâmicas –, o tijolo foi pesquisado como material único, chegando à cobertura.

Já foi comentado neste trabalho (Pós-Brasília, capítulo 2) como o emprego de abóbadas de tijolo foi preconizado com intenção política pelos arquitetos Sérgio Ferro, Rodrigo Lefèvre e Flávio Império, dentro da defesa de um canteiro de obras menos discriminatório e alienante. Tratava-se também do envolvimento com uma manifestação artística que assumisse a realidade nacional na sua precariedade, ou seja, a obra devia estampar, na sua fatura, a baixa qualidade da mão de obra da construção civil. Na entrada dos anos de 1980, as motivações são outras, mais pragmáticas e circunstanciadas: alternativas para a habitação popular; pesquisas em torno da identidade, tanto para determinado programa quanto para determinado lugar.

A Cidade Universitária da USP em São Paulo (gestão Maria Adélia Aparecida de Souza) ensaiou uma proposta que utilizava tijolos de adobe para a construção de equipamentos comunitários e substituição de barracos na favela São Remo ❸, vizinha ao *campus*. A proposta, a cargo do arquiteto Sylvio Sawaya e equipe[47], envolvia um treinamento com os moradores e a elaboração de uma cartilha. O emprego do cimento foi relegado ao mínimo. Para o primeiro piso foi proposta uma laje formada por abobadilhas de tijolo ❹❺ e nivelamento superior com terra compactada sobre a qual estava previsto um delgado piso de cimento, vãos maiores na alvenaria, de 1,2 a 2,2 m, eram vencidos por arcos plenos de tijolos. Um protótipo habitacional e uma creche chegaram a ser construídos, mas a experiência não

seguiu adiante. O mercado da autoconstrução nas grandes cidades brasileiras já contava então com uma série de produtos – vigotas de concreto e tijolos cerâmicos para fabricação de lajes, tijolos baianos, blocos de concreto de fundo de quintal – relativamente acessíveis e que não demandavam um virtuosismo construtivo. Paredes mal alinhadas, mas amarradas por um pilar de canto, toscamente definido pelas próprias paredes e tábuas improvisadas, uma laje de cobertura esperando um cômodo superior, amalgamavam a construção e garantiam a relativa estabilidade do conjunto.

O arquiteto Joan Villà, coordenando a equipe do Laboratório de Habitação da Unicamp[48], desenvolveu um sistema de pré-fabricação cerâmica a partir da observação da realidade. Ou seja, a partir de materiais industrializados e já utilizados nas periferias das grandes cidades foi feita uma racionalização do processo, em que a unidade construtiva passou do tijolo cerâmico ou da vigota pré-fabricada para o painel, unidade ainda manuseável sem o auxílio de maquinário. Villà concebeu painéis leves (de parede, escada, cobertura e laje) com o objetivo de facilitar a construção, evitar o desperdício e garantir maior apuro construtivo para a mão de obra não especializada[49] ❻.

Mas o tijolo não se limitou às iniciativas voltadas à baixa renda ou ao programa residencial, passando a dar expressão a imagens institucionais. Um enorme empreendimento do Banco de Crédito Nacional (BCN), seu centro administrativo em Barueri❼ (arquitetos Lélio Machado Reiner e Juan Francisco Camps Andreu, 1976-1985), teve o acabamento interno e externo definido em tijolo aparente. Nesse caso, o tijolo não foi associado a gestos espontâneos ou ao vernáculo. Numa grande gleba de terreno (292.200 m²), toda a implantação foi regida por uma malha de 10 x 10 m com espaçamento de 2,5 m❽. Os edifícios ocupam rigorosamente módulos dessa malha, o espaçamento de 2,5 m é ocupado com as circulações horizontais e verticais que interligam os blocos❾. O rigor geométrico da composição associado ao emprego do tijolo aparente e a alusão a uma divisão entre espaços de estar e os interstícios da circulação remete à obra do arquiteto norte-americano Louis Kahn[50].

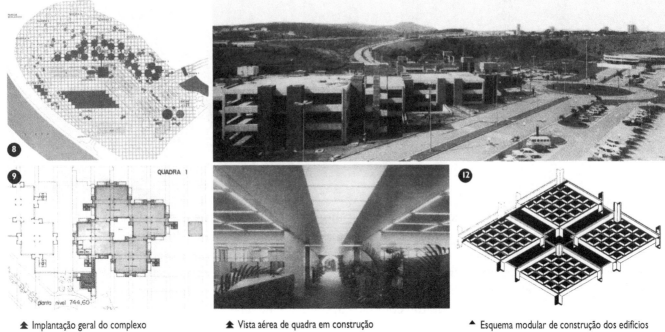

▲ Implantação geral do complexo
▲ Implantação de quadra
▲ Vista aérea de quadra em construção
▲ Interior
▲ Esquema modular de construção dos edifícios

Mas há uma referência mais direta que é a Central Beher ⑩ (Apeldoorn, Holanda, 1967--1972). Trata-se do projeto desenvolvido pelo arquiteto holandês Herman Hertzberger para o escritório de uma companhia de seguros com mil empregados. A preocupação de Hertzberger foi criar unidades espaciais polivalentes para acomodar as diferentes partes do programa. Essas unidades são interconectadas, solução que pareceu adequada para comportar eventuais mudanças na organização, como aumento ou diminuição de departamentos, e também mostrou-se uma forma de congregar a necessidade de uma área grande mantendo uma escala agradável ⑪. Para o arquiteto, um edifício de escritórios com uma forma, organização e efeito espacial diferentes, com uma opção de iluminação e materiais também diferentes, poderia ter a capacidade de melhorar a situação de trabalho dos seus usuários, ou ser um reforço para que eles mesmos a melhorassem[51]. A Central Beher foi definida pela agregação de quadrados de 9 m de lado, distanciados entre si por um vazio de 3 metros com iluminação zenital, que penetra através dos três andares do edifício. As células estão ligadas por pontes às rotas de circulação que as cruzam em dois eixos centrais, as quatro esquinas livres, reservadas para local de trabalho. Oito pilares sustentam as células, dois em cada lado dividem o vão em três partes iguais, portanto, os cantos estão em balanço, definidos por fechamento em vidro. No Edifício de Pesquisa Médica Alfred Newton Richards (1957-1961, Universidade da Pensilvânia, Filadélfia), Louis Kahn também definiu espaços de trabalho quadrados, com as esquinas em balanço e conectados pela faixa central. Grandes maciços de tijolo flanqueiam os espaços de trabalho, abrigando espaços auxiliares e a circulação vertical.

No conjunto do BCN, como na Central Beher, a solução foi motivada visando lograr uma organização flexível:

> os edifícios de escritório [...] deveriam ser tratados como instrumentos úteis na execução de uma grande variedade de programas. Programas que exigem a possibilidade de interconexão, de crescimento, de diminuição e de mudança. Por esse motivo optou-se pelo "sistema de trama" (*mat-building*), que atende

a três objetivos principais: adaptação à topografia do terreno; flexibilidade na utilização de espaços e ambientes; e possibilidade de modificações sucessivas e mesmo imprevisíveis[52].

Essas premissas modernas e a malha modulada que se estende indiscriminadamente pelo terreno, na verdade permitem a criação de uma ordem hierárquica, uma vez que o edifício da diretoria, além de monumental, ocupa a cota mais alta do terreno.

Na estrutura de concreto do complexo do BCN, os pilares foram posicionados nos cantos das células quadradas⑫. A simetria em torno de dois eixos comparece nos edifícios de escritórios, em geral definidos pela união de quatro módulos, cortados por dois eixos de circulação. Assim como na Central Beher, a circulação livra as quatro esquinas;) neste caso, "as esquinas" são espaços de 10 x 10 m (ou seja, toda a célula) enquanto na Central Beher a própria célula de 9 x 9 m é conectada centralmente por pontes, portanto os cantos livres de circulação restam com 3 x 3 m, logrando uma escala mais íntima, em que pese a conexão com todo o espaço. Grandes torres definidas em tijolo destinadas à circulação vertical e usos auxiliares flanqueiam os blocos no complexo BCN, o que remete também ao edifício da Universidade da Pensilvânia, de Kahn, mencionado acima.

Já foram relatadas, neste trabalho, experiências dos anos de 1960-1970, em que edifícios foram concebidos a partir da definição de uma unidade espaçoestrutural, ou seja, o edifício era formado pela multiplicação e justaposição dessa unidade, seguindo a abstração de uma malha modular. Oswaldo Bratke concebeu estações ferroviárias para a Cia. Mogiana de Estradas de Ferro (1961) a partir de um paraboloide hiperbólico de 10,5 x 10,5 m. O edifício da Suframa em Manaus (Severiano Porto e Mário Emílio Ribeiro, 1971) também é baseado na repetição de uma unidade espaçoestrutural. No caso do BCN de Barueri, a malha que ordena a distribuição dos módulos não é percebida na complexidade do resultado. O espaçamento entre os módulos, o desenho criado com a justaposição, interligação e vazios entre os edifícios de escritório levou a um desenho bastante complexo, distinto dos das implantações "modernas", e o tijolo foi usado como maneira de reforçar o aspecto inovador do desenho à época.

Para o arquiteto baiano Assis Reis, o uso do tijolo se adequava à sua pesquisa de uma arquitetura tropical, informada pela topografia, pelo clima, pelo vento, pela orientação. Foi uma maneira de buscar uma obra mais comprometida cultural e regionalmente:

> Descambei para o uso do milenar e tradicional tijolo, onde realmente a humanidade detém a sua maior experiência. Tijolo este que já não se usa tanto, devido à carência de operário possuidor desta técnica já perdida, após a nossa fase colonial. A qualidade do tijolo da Bahia, hoje já bastante industrializado, é de efeito surpreendente, sobretudo em equipamentos menores como residências, nas quais deixei de usar o concreto como elemento de responsabilidade estática[53].

Uma preocupação aparentada, no sentido de criar uma arquitetura mais significativa para a população, pela exploração da familiaridade que o emprego do tijolo com responsabilidade estrutural estabelece com a arquitetura tradicional, levou os arquitetos mineiros Éolo Maia, Sylvio de Podestá[54] e Maria Josefina de Vasconcellos a proporem um grupo escolar em Timóteo (Grupo Escolar Vale Verde 1983-1985), usando alvenaria autoportante de tijolos. Tecnologia que seguia em uso na região, nos fornos para queima do carvão. "Este projeto é fruto de pesquisas sobre uma nova tecnologia alternativa já existente há séculos no nosso planeta"[55]: esta frase, que apresenta o projeto no *site* do escritório, é singularmente significativa: menciona a ideia de "tecnologia alternativa" e, na sua brincadeira com o velho novo, deixa clara a intenção de pesquisa e renovação da expressão formal. No final dos anos de 1970, início dos 80, o termo "tecnologia alternativa" se referia a uma alternativa ao concreto estrutural, em geral, buscando uma maneira mais barata de construir, adequada a aspectos da realidade brasileira: argamassa armada, misturas alternativas de concreto com traço menor de cimento pela introdução de fibras vegetais ou outros componentes, peças moldadas em solo-cimento, tecnologias empregando a terra crua. No mais das vezes, essas tecnologias alternativas eram ensaiadas em experiências pontuais, nunca visando à repetição industrial. Na própria ideia já estava subtendida uma forma de produção também alternativa, que se desenvolvia à margem da indústria nacional.

O resultado plástico do Grupo Escolar Vale Verde ● explora o uso estrutural do tijolo como material único: as aberturas na alvenaria são vencidas com arcos, a cobertura é em abóbadas de tijolo, o desenho reforça as amarrações da alvenaria portante. Por exemplo, entre as salas de aula foram criados espaços auxiliares, pequenos depósitos, que sobem como chaminés, com a dupla função de reforço estrutural – amarração da alvenaria e contraforte das abóbadas – e sistema de ventilação natural, uma vez que estas chaminés têm aberturas laterais que captam os ventos dominantes ●.

No meio paulista – onde a ideia de uma "arquitetura moderna brasileira" caracterizada pela exploração plástica das estruturas de concreto era bastante forte até o princípio dos anos de 1980 –, foi sintomática de uma mudança de paradigmas a concessão do Prêmio Rino Levi do IAB-SP, de 1983, a uma construção em alvenaria portante de tijolos. Trata-se da Residência dos Padres Claretianos em Batatais ● (Affonso Risi Jr. e José Mário Nogueira de Carvalho Jr., 1982-1984). Nessa obra, o uso da alvenaria portante foi associado ao emprego de uma tipologia tradicional de mosteiro, com o claustro central ●. No

entanto, tipologia e tecnologia tradicionais estão a serviço de uma inovação do desenho. Também nesse caso o tijolo foi usado como material único: vedação, estrutura e cobertura (paraboloides, cúpulas e lajes planas)⁰, estabelecendo tanto uma reação à arquitetura "oficial"[56], em que o concreto havia assumido a mesma responsabilidade, quanto uma singular afinidade de princípios: a alvenaria portante de tijolos, deixada aparente, não fugia à cultuada verdade construtiva, enquanto seu uso também na cobertura permitia um volume definido por um só material.

Essas obras em tijolo buscavam alternativas formais ao plasticismo estrutural; tentativas de atingir um desenho de maior significação e vitalidade. O maniqueísmo da discussão à época, certa identificação que havia entre plasticismo estrutural e arquitetura moderna amplo senso, levavam a uma análise que, no afã de valorizar a procura de caminhos, ignorava a complexidade da arquitetura moderna. Por exemplo, Bruno Padovano, escrevendo sobre novos caminhos na arquitetura brasileira, citou a Residência dos

Padres Claretianos como exemplo na tentativa de relacionar forma e uso por meio de metáforas icônicas: "além de recuperar o elo histórico com as tipologias medievais do mosteiro e do claustro, desenvolvem um vocabulário rico em metáforas associáveis ao caráter religioso da obra"[57]. Ora, é parte inescapável da cultura arquitetônica, em que se inclui a brasileira, a reinterpretação das tipologias religiosas tradicionais levada a cabo por Le Corbusier no projeto do convento de La Tourette (Eveux, 1957-1960), nas palavras de Montaner: "Todas as peças canônicas de um monastério estão reinterpretadas – a igreja, a cripta, a capela, o átrio, o refeitório, a biblioteca, o claustro, a celas etc."[58]. Com o benefício de já haver algum afastamento no tempo, o interesse dessas experiências no Brasil, na passagem dos anos de 1970-1980, se pensadas como alternativa e contraposição ao plasticismo estrutural, parece residir principalmente na própria exploração do tijolo, e não em eventuais metáforas formais. O uso radicalizado do tijolo, inclusive com seus limites de vão livre[59], num momento de desgaste na exploração do potencial plástico das estruturas de concreto armado, permitiu uma espécie de retorno às origens em termos tecnológicos, contribuindo para certa flexibilização e eventual realinhamento da arquitetura contemporânea no Brasil.

Pragmatismo Urbano

Na passagem dos anos 70 aos 80, a verticalização dos bairros centrais das grandes cidades, sob a nova legislação construtiva baseada em taxas de ocupação e coeficiente de aproveitamento, já havia deixado patente um resultado caótico. Logradouros, que antes ostentavam uma coerência, estavam brutalmente descaracterizados, oferecendo ao transeunte um desenho irregular formado por uma ocupação mista: pequenos sobrados geminados vizinhos a grandes condomínios residenciais, torres de vidro aviltando o papel urbano de antigos palacetes ecléticos. O edifício solto, preconizado pelo urbanismo moderno, vinha ganhando saliências e reentrâncias[60] no afã de atingir algum destaque urbano, na continuada busca da forma original. Assim os edifícios passaram a gritar lado a lado em discursos individuais, deixando de contribuir ao discurso coletivo do logradouro urbano.

Nos anos de 1970, houve algumas soluções de conjuntos habitacionais que procuraram se inspirar, de forma livre, em cidades coloniais ou mediterrâneas, buscando uma solução que sugerisse certa graça de urbanizações espontâneas. É o caso, por exemplo, de um conjunto de veraneio para a classe média alta em Búzios  (arquiteto Luís Carlos Neves e equipe), premiado pelo IAB-GB em 1973. A disposição do conjunto numa encosta lançou mão de certa irregularidade, buscando um efeito casual. Entre as casas serpenteiam os caminhos, rampas e escadarias em tijolo maciço, que por vezes deságuam em pequenas praças de 10 x 12 m também calçadas com tijolos. Os arquitetos Jerônimo Bonilha Esteves e Israel Sancovski conceberam, para o conjunto habitacional Cecap-Quiririm (Taubaté-SP, 1973), uma solução horizontal com as unidades geminadas

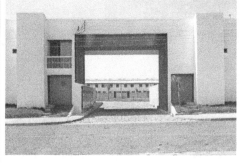

⑲
▲ Pórtico de entrada para um dos pátios internos
◄ Fachada das residências geminadas/sobrados
▬ Implantação geral do complexo

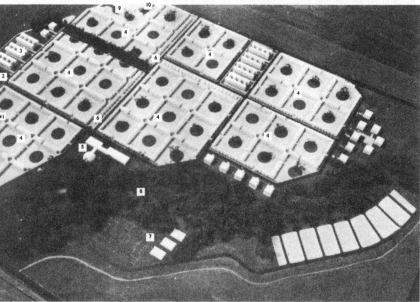

1 centro comercial e estacionamento
2 praça; centro comunal/salão de festas; torre de água
3 apartamentos
4 residências geminadas/sobrados
5 escola
6 residências isoladas térreas
7 centro esportivo
8 bosque de eucaliptos
9 cemitério
10 central de gás

em faixas contínuas conformando pequenas praças que se conectam. Estas soluções, quer seguindo uma inspiração pitoresca ou dentro de um desenho geométrico, têm a característica comum de definir e compartimentar o espaço vazio.

Nos anos de 1980, mais do que esquemas idealizados, foi a realidade imediata que passou a fornecer subsídios para a discussão urbanística. O arquiteto carioca Luiz Paulo Conde[61] empreendeu pesquisa no Rio de Janeiro buscando a exegese da urbanidade atingida pela arquitetura proto-moderna dos anos de 1930 e 1940. Trata-se da valorização de uma arquitetura anônima, ausente dos livros, mas, em geral, com alta aprovação por parte de seus usuários. Buscando contribuir para a produção contemporânea de arquitetura, Paulo Conde e equipe procuraram destrinchar esses edifícios, identificando suas propostas urbanísticas, programáticas, funcionais, construtivas e estéticas. No que tange aos aspectos urbanos, destacaram três aspectos:

> a busca de uma unidade compositiva, a correta apreensão da noção de *continuum* edificado que caracteriza o ambiente urbano e o respeito à tradição secular da

rua-corredor, como elemento definidor do espaço urbano. Aqui, o edifício nunca é pensado isolado de seu contexto e das construções vizinhas[62].

Essa valorização da arquitetura anônima, corriqueira, concebida para "formar cidade", a valorização de determinadas ambiências urbanas em detrimento do edifício individual, também esteve na base da solução dada por Joaquim Guedes e equipe para a cidade nova de Caraíba (Jaguarari-BA, 1976-1982), já mencionada, que levou em conta padrões urbanos e arquitetônicos[63] de vilarejos da região.

A valorização de ambiências urbanas regidas pelas regras antigas de alinhamento e gabarito, à sua maneira, também empreende um retorno à origem, da mesma forma que a opção construtiva pelo tijolo estrutural. Essa atitude, crítica ao urbanismo moderno, chegou a influir no desenho de cidades novas, na implantação de conjuntos de algum porte, na configuração de arquiteturas que procuraram uma implantação respeitosa com o entorno, tendo um papel importante na reflexão arquitetônica dos anos 80. No entanto, não teve qualquer atuação para reverter a legislação moderno-funcional do de uso do solo nas cidades brasileiras.

4.
Pós-Mineiridade
Antropofágica e Experimental

hamar de "pós-moderno" a qualquer debate e/ou arquitetura acontecidos no Brasil antes de 1981-1982 é um exercício de futurismo retroativo, que, aliás, começou logo em seguida, entre 1983 e 1985.

Como nenhuma crise dá-se de súbito, mas se prepara algum tempo antes de vir à tona, a crise da modernidade brasileira – ou mais precisamente, a consciência dessa crise – principia a se manifestar alguns anos antes. Se fosse necessário datar seu nascimento (ou melhor, o momento em que mais claramente vem à luz), poder-se-ia considerá-la inaugurada com o ciclo de debates "Arquitetura Brasileira após Brasília: Depoimentos", promovido em 1976-1977, e coordenado por um grupo de então jovens arquitetos radicados no Rio de Janeiro[64]. Um segundo movimento desse baile de desmascaramento pode ser atribuído ao lançamento, em Belo Horizonte, da revista *Pampulha*, em 1979, por um amplo grupo de arquitetos mineiros[65]. *Pampulha* imediatamente é divulgada nacionalmente, e há inúmeros depoimentos de profissionais de várias partes do Brasil relatando o quão significativa a revista foi para todos naquele momento, sendo quase sempre empregada a metáfora do "sopro de ar fresco" para sintetizar sua importante contribuição. Em 1977 (também por precisar de ar livre para crescer), nasce a revista *Projeto*, desprendendo-se de sua origem de boletim de órgão de classe[66] e assumindo plenamente sua vocação jornalística, ao publicar, sem discriminação, tudo o que parecesse ser notícia, descolando-se assim do crivo excessivamente apertado das patrulhas ideológicas da época (que não deixaram de ter seu espaço garantindo na *Projeto*, embora perdessem a exclusividade da programação). Apesar de não se propor como revista de tendência, a *Projeto*

colaborava assiduamente com o incremento e a variedade dos debates através da divulgação de opções "alternativas", como a obra de Eladio Dieste e Hassan Fathy (quando esses criadores mal eram conhecidos, e quase que apenas em seus países de origem), divulgando textos seminais de Carlos Nelson Ferreira dos Santos e abrindo espaço para toda e qualquer manifestação inovadora.

O terceiro passo desse acelerado baile ocorre em 1981. Na sexta edição de *Pampulha*[67], são publicados alguns dos mais interessantes concursos de arquitetura, dos muitos que vieram à luz naquele momento; principalmente o Prêmio Paulo Diniz Chaves, de propostas para seis tipologias de escolas (meio rural, vilas, povoados e periferias) e o Prêmio Eduardo Mendes Guimarães, de propostas para cinco tipologias de grupos escolares (semi-industrializados para cidades de médio e grande porte), ambos para a Carpe – Comissão de Construção, Ampliação e Reconstrução dos Prédios Escolares do Estado de Minas Gerais. Além de não solicitar "projetos padrão", e sim "tipologias" (mudança muito significativa, e não apenas de linguajar), a ampla abrangência geográfica e social das demandas, indo do rural ao urbano, permitia, e mesmo incentivava, um alto grau de experimentação das propostas, potencializando tensões: entre a modernidade e o vernacular; entre técnicas construtivas tradicionais e técnicas construtivas "de ponta"; entre a repetição e a variação. Além disso, a publicação faz mais do que apenas dar notícia dos resultados dos concursos, ao divulgar as propostas acompanhadas da opinião crítica desatada (em certos casos, ferina) da "editoria de Projetos da *Pampulha*" – enfrentando, pela primeira vez na história do país, o bom-mocismo da categoria dos arquitetos, ao dizer por escrito o que no máximo se sussurraria pelas costas.

Embora só tenha ganhado maior notoriedade algum tempo depois, outro significativo concurso de arquitetura publicado em 1981, realizado em 1977 e terminado em 1982, deve ser também mencionado como contraparte desse possível "terceiro passo" no debate da crise e da renovação da arquitetura brasileira: o exemplar projeto do Núcleo Habitacional do Inocoop-Cafundá, de Sérgio Ferraz Magalhães, Ana Luiza Petrik Magalhães, Silvia Pozzana de Barros, Clóvis Silvestre de Barros, associados a Rui Rocha Velloso[68].

Todas essas iniciativas da maior importância serão mais detidamente analisadas na sequência. Por ora vale ressaltar ser pouco provável que qualquer uma delas já então tivesse plena consciência de si própria como "pós-moderna", e seria mesmo discutível atribuir-lhes esse epíteto. Mas tampouco são casos isolados: em todo o Brasil, naqueles mesmos anos, outras tantas obras (mais ou menos bem divulgadas em seu momento) estavam explorando caminhos que, a seus autores, pareciam alternativos. Exemplos disso são: os módulos em concreto, com cobertura tronco-piramidal, de Severiano Porto, da sede da Suframa em Manaus [1971], em contraponto com suas casas e obras de maior porte em madeira, como o Hotel Pousada da Ilha de Silves [1979]; a composição modular da Indústria Memphis [1976], no Rio Grande do Sul, de Cláudio Araújo e Claudia Obino Correa; a cerâmica armada de Eladio Dieste, trazida ao Brasil e empregada no Ceasa de Porto Alegre [1970-1974] por Carlos M. Fayet, Cláudio Araújo, Carlos Eduardo Dias Comas e José Américo Gaudenzi; a revalorização do uso do tijolo aparente como revestimento e material portante, em um sem número de obras; a combinação *sui generis* de aço e concreto do Centro Cultural São Paulo [1975], de Eurico Prado Lopes e Luiz Benedito de Castro Telles – entre muitas outras mais. Todas e cada uma dessas obras são, em algum grau, não conformistas, dialogando em alternância com um *status quo* mais "ortodoxo" que, embora jamais tenha claramente assumido como tal, poder-se-ia considerar como representando a arquitetura "oficial" daquele momento dos anos de 1970-1980, feita das sobras do banquete brutalista e da exacerbação dos exageros desenvolvimentistas. Essas e outras obras alternativas, bem como os debates e celeumas que direta ou indiretamente promoveram, talvez não fossem personagens em busca de um discurso, mas apenas a manifestação desconexa da pluralidade, através de uma dispersão das posições arquitetônicas[69] característica daquele momento. Só poderiam ser consideradas pós-modernas se fosse aceitável estender-lhes o epíteto retroativamente, pois não manifestam ter plena consciência de sua qualidade de transição, nem se veem como manifestos; quando muito, enxergam-se como "buscas pela revalorização do cotidiano em que se vai intervir" – como aventado nos capítulos anteriores. E, entretanto, como diria Galileu Galilei, se moviam...

Salvo engano, as primeiras manifestações explícitas sobre o "pós-moderno" registradas nas publicações brasileiras[70] só ocorrem depois de bem começada a década de 1980, e dali em diante; a princípio, não exatamente para designar essas ou outras arquiteturas, mas enquanto menção vaga e referência pejorativa (sem entender, mas desqualificando[71]); ou senão, sugerindo haver oportunidade para debates acadêmicos sobre o tema; ou ainda, como menções valorativas desconexas, mas já apontando em um sentido mais profícuo: o da distinção de certas manifestações recentes da arquitetura, em face da arquitetura brasileira moderna "tradicional", sinalizando, ainda que fracamente, já haver algum grau de alinhamento com debates de crítica (mas não necessariamente o rechaço) à modernidade arquitetônica em sentido amplo amplo. Esta última possibilidade vai sendo fomentada pela crescente percepção do panorama recente da arquitetura brasileira estar se diversificando muito mais rapidamente do que todos estavam percebendo. Contribuíram para a percepção dessa variedade factual os esforços da revista *Projeto*[72] em promover esse balanço nacional, principalmente através da mostra "Arquitetura Brasileira Atual", em 1983, organizada por seu editor, Vicente Wissenbach, a convite do crítico de arte e arquitetura argentino, Jorge Glusberg, para ser apresentada inicialmente na Galeria CAYC, em Buenos Aires – sendo a seguir repatriada ao Brasil para ser exposta em São Paulo, e posteriormente itinerar por várias cidades brasileiras.

Ao que tudo indica, o primeiro debate ocorrido no Brasil explicitamente mencionando o pós-moderno como tema, ocorre durante o Fórum de Arquitetura organizado em Porto Alegre, em novembro de 1983, no qual uma das mesas principais, contando com a presença de Mariano Arana (Uruguai), Rogelio Salmona (Colômbia) e os brasileiros Éolo Maia, Paulo Bicca, Miguel Pereira e Carlos Eduardo Dias Comas, tratou do tema "Moderno e Pós-Moderno no Contexto Latino-Americano"[73]. Esse coro talvez possa ser comparado à valsa debutante do bailado iniciado alguns anos antes. De qualquer maneira, nessa ocasião apenas Éolo Maia vai tentar definir o assunto:

> O pós-moderno nasce dessa arquitetura que se exauriu, e não precisa ser um grande choque para nós no Brasil, se assimilarmos essa última corrente tanto quanto o fizemos com as outras, tentando tirar dessas teorias o que é útil a cada região ou momento histórico. [...] Os anos 60 marcaram um movimento mundial de revisão de valores, da economia, da música, artes etc., e a arquitetura não pode ficar isolada desse processo. [...] Não existe uma chave: tal é o caminho. Nós, brasileiros, revitalizamos dentro de nossos meios econômicos e criativos, observando o que está acontecendo. Além disso, assim como o modernismo, o pós tem diferentes correntes[74].

Apenas dois anos depois, em 1985, seu discurso ganha maior afinação, indicando o aceleramento ocorrido no debate da pós-modernidade, rapidamente assimilado pela maioria dos arquitetos brasileiros (contra ou a favor), principalmente no seio dos debates acadêmicos[75]. A primeira edição da revista *Óculum*[76] (organizada por um grupo de alunos e recém-formados da FAU-PUC de Campinas) entrevista os mineiros Éolo Maia, Maria Josefina de Vasconcellos e Sylvio Emrich de Podestá (mineiro de origem goiana), parceiros de vida, trabalho e de publicações[77]; entre outros temas, é também debatido o assunto do pós-moderno, inclusive tentando-se perceber qual teria sido o momento de "mudança" na trajetória dos três arquitetos – representantes icônicos, se bem que não exclusivos, da pós-mineiridade. Éolo Maia caracterizava o tema:

> a arquitetura está passando uma fase muito controvertida, de transição, e no Brasil o pessoal está com medo de discutir o que está acontecendo, principalmente em São Paulo, pois lá se tem uma linha muito definida, Artigas, Ruy Ohtake etc., que tem um trabalho muito bom; mas as coisas estão se modificando um pouco e estão meio confusos – e eles não gostam muito de modificações ou brincadeiras. Mas isso é muito saudável, pois nós estamos muito atrasados com relação a outras atividades culturais. A música, o teatro, e o cinema evoluíram muito, a arquitetura ficou meio paradinha[78].

Sylvio reconhece a importância do concurso da Carpe; Éolo reconhece a influência da obra de Louis Kahn e debate a própria noção de influência, relendo-a como uma constante antropofágica da cultura brasileira:

> a gente discute uma obra e diz que essa arquitetura é muito influenciada [...] agora, isso é uma cultura que veio de Portugal para cá e nós adaptamos, dá-se uma interpretação regional para aquilo. Por exemplo, Congonhas: se você for ver, existe em Portugal uma igreja que tem um espaço parecidíssimo com a nossa. O Aleijadinho deve ter visto aquilo em gravuras e interpretou, o que é muito bom, interpretou de uma forma patropi[79], meio disforme, estranha; essa assimilação é natural, desde o período colonial nós temos isso. [...] Acho que a nossa cultura é assim, está começando, é uma cultura jovem. Essa antropofagia é antropofágica, mesmo[80].

Na mesma entrevista publicada em *Óculum*, Éolo também alerta sobre a possibilidade de assimilação acrítica e de pauperização desse debate:

> Agora, todo mundo pensa que arquitetura pós-moderna é botar coluna grega, pórticos... não é só isso, pode até ser... mas não é só isso, é uma coisa mais ampla, ninguém sabe direito o que é, essa discussão é até mundial. [...] Antes o pessoal não discutia arquitetura, era só seguir o modelo; então está se tornando perigoso porque vai ter muito arquiteto novo que vai pegar essas leituras mais fáceis, e sem uma maior discussão, e vai começar a fazer... pós-modernoso[81].

A profecia se cumpriu: durante a parte final dos anos de 1980 vários arquitetos de todo o Brasil embarcam em propostas "de estilo pós-moderno", na maioria conformada resumidamente pela adição de elementos clássicos, pela prática de superposições e colagens de citações, pela recorrência à composição simétrica, e pelo emprego de perspectivas axonométricas "a voo de pássaro" – tiques configurando uma embalagem genérica que podia conter propostas com alguma qualidade ou, mais frequentemente, apenas aproximações superficiais de pouca substância, que pouco mais faziam do que substituir uma verdade estática por outra, um modo de construir "confirmado" por outro, uma moda por outra.

Mas as mudanças estavam em curso inexoravelmente, e nem todas as apropriações eram superficiais. A geração de arquitetos formada em meados dos anos de 1980 vai debater fortemente, nas escolas, o moderno *versus* o pós-moderno, numa nova versão da "batalha dos estilos" travada no século XIX; discussões que nem sempre atingiam as correntes profundas das teorias, ficando, na maioria das vezes, na disputa de times pró e contra, ambos empregando menos a persuasão que o recurso à autoridade, de uns ou de outros mestres, seja reafirmando apaixonadamente velhas certezas ou deixando-se seduzir atiradamente pelas possibilidades de experimentação. Mas, mesmo quando não chegavam a ter grande consequência, os debates acadêmicos ainda guardavam certa ingenuidade bem intencionada, que a realidade vai sequestrar: para a decepção dos arquitetos, o pós-modernoso é rápida e superficialmente assimilado pela linguagem vulgar da especulação imobiliária, que segue fazendo o mesmo (fechando cada vez mais o espaço para caminhos alternativos) embora simule estar disposta a praticar o novo. De resto, esta postura causa um mal-estar generalizado entre os arquitetos mais eruditos, desde os defensores da modernidade ortodoxa até os que batalhavam por sua revisão em termos críticos e consequentes. Mas seria também superficial imputar aos debates abertos pela crise da modernidade a responsabilidade por essa apropriação degradada. Talvez ela só tenha ocorrido porque sempre esteve morando ao lado; talvez a modernidade, até então, também houvesse sido assumida pela construção corrente somente de maneira superficial e mimética, e não conceitualmente, como a arquitetura moderna aspirava; ou essa *débâcle* nunca poderia ter acontecido.

Mas os eventuais descaminhos posteriores não empanam a apreciação do brilho do momento único de transição que ocorre na virada dos anos de 1980: uma década que vem sendo injustamente difamada como "perdida", talvez porque os arquitetos em geral sintam-se mais confortáveis com as certezas absolutas que aparentemente os desobrigam do exercício do pensamento crítico. Os descaminhos não são desculpa para diminuir a relevância e o interesse das melhores e mais profícuas propostas, algumas das quais serão a seguir mais detidamente examinadas. Mas, ao invés de chamá-las de pós-modernas, em homenagem ao pioneirismo de *Pampulha* e ao bom humor inesgotável do grupo de arquitetos que a editou, talvez possam ser melhor reconhecidas como "pós-mineiras".

Cozinhando com *Pampulha*

Os anos de ditadura militar, em que o debate era mal visto e violentamente desaconselhado, podem não ser a única causa, mas certamente pesarão na decisão de interromper os eventos e congressos de arquitetura, fomentando um isolamento que se agravou em concomitância ao desaparecimento das publicações brasileiras de arquitetura no começo dos anos de 1970. Por outro lado, a produção arquitetônica aumentou

exponencialmente graças ao milagre econômico brasileiro, especialmente nas oportunidades de trabalho fornecidas ou patrocinadas por órgãos estatais, ampliando o campo de trabalho dos arquitetos, cujo número vai se incrementando graças à primeira onda de expansão dos cursos de arquitetura em todo Brasil. Na medida em que o ritmo de crescimento econômico foi desacelerando no final dos anos de 1970, a constatação desse isolamento, somado à intensificação da produção, induziu alguns arquitetos – principalmente os das novas gerações – a postular a necessidade de se retomar uma reflexão coletiva sobre os caminhos recentes trilhados, inclusive como base para enfrentar os momentos de crise profissional que pareciam se avizinhar. Mas para isso era preciso responder à pergunta básica inicial: afinal, o que é mesmo que vinha sendo feito, em arquitetura, no Brasil, desde Brasília? O tema do "pós-Brasília" torna-se então recorrente naquele momento e dali em diante; e a necessidade de promover um balanço da produção brasileira dos anos 60/70 parecia ser, portanto, inescapável, já que pouco se sabia do muito que se havia feito.

Naturalmente, a primeira edição da revista *Pampulha* lançada em fins de 1979 vai tratar exatamente disso: entrevista Oscar Niemeyer e Lúcio Costa, perguntando sobre Brasília, não só para homenagear os mestres como para enganchar-se no passado recente, com vistas a dar-lhe continuidade. A seguir, debate a ampliação dos caminhos profissionais, no texto "A Inserção do Arquiteto no Mercado de Trabalho e o Papel do IAB Hoje". Finalmente, chega-se ao miolo principal da revista, dedicado a divulgar um "ligeiro apanhado dos trabalhos dos jovens mineiros, apenas uma visão sumária"[82]. Trata-se de uma "mostra compacta do trabalho de 36 arquitetos mineiros, mais de 150 projetos, coisas que aconteceram nesses últimos dez anos", como anuncia o índice da revista. Na abertura da mostra já comparece um primeiro esboço de teorização, refletindo sobre a identidade brasileira e sobre a peculiaridade mineira e reconhecendo a necessidade de uma redescoberta do passado recentíssimo: "Após Brasília, talvez não tanto a obra, mas o pensamento de uma arquitetura brasileira persiste. Ficou abafado, é verdade, e em Minas não havia mitos locais impondo sua visão e sua corte, de modo que essa mostra não define uma linha, mas uma diversidade de experiências, caminhos que o mineiro retraído e reflexivamente, como lhe é característico, vem tentando descobrir"[83]. Muitos mitos cairão a seguir – e o da timidez mineira, ao menos no que concerne aos arquitetos, será um deles.

Mesmo com a distância do tempo confirma-se a análise: revendo a amostragem, não se ressaltam linhas ou tendências claras, prevalecendo a diversidade da produção de cada arquiteto, e mesmo entre uma obra e a seguinte do mesmo autor. O traço de união não parece estar nos resultados formais, mas no caráter experimental, que resulta num menu de degustação variado, porém sempre muito referenciado. Há um certo pendor para os exercícios virtuosísticos sobre geometrias puras, principalmente a do quadrado/cubo (Residência Ronaldo Bittencourt, Brasília, Cid Horta; Biblioteca Central da UFMG[20], Marcio Pinto de Barros; Sede do DAE[21], Marco Aurélio Ferreira da Silva; Banco de Desenvolvimento de Minas Gerais[22], Marcus Vinicus Meyer, Marcio Pinto de Barros, Humberto Serpa, William Ramos Abdalla), às vezes cortadas por diagonais em planta e/ou elevação, nesse caso variações sobre o telhado de uma, duas ou muitas águas (várias casas de

Flávio Almada; Residência Paulo Galassi, Uberlândia, Saul Villela e Paulo Orlando Grecco; Residência de Hóspedes da Fazenda Santa Tereza, Uberlândia, Freuza Zechmeister); não faltando a presença de algumas curvas ameboides à maneira niemeyeriana (Clube Social Girassol, Araxá, Cid Horta), ou de fachadas em curvas regulares sucessivas, à maneira do Palácio dos Arcos (Indústrias Micheletto ❷, Contagem, Marcus Vinicius Meyer; Residência Guy Geo ❷, William Ramos Abdalla); compareçem propostas baseadas na exploração de módulos repetíveis e componíveis, de tendência sistêmica (Sede Administrativa da Siderúrgica Minaço ❷, Várzea da Palma, Joel Campolina; Biblioteca Módulo 01 ❷, Sylvio de Podestá e Saul Villela; várias propostas de Gustavo Penna); bem como as variações sobre temas do brutalismo, algo filtrado pela experiência paulista das décadas anteriores e que seguia então plenamente em curso, mas aqui despojado dos exageros estruturais dos vizinhos (Edifício Terzaghi ❷, Marco Aurélio Ferreira da Silva; Escola Técnica de Minas Gerais ❷, José Maria Torres Leal e Paulo Henrique Rocha; Condomínio Tinguá ❷, Éolo Maia; Ginásio de Esportes em Timóteo ❷, Fernando Ramos e Milton Castro); comparecendo também algumas explorações no caminho do "plasticismo simbólico" (Igreja São Benedito ❷, Uberaba, Wagner Schroden; Capela Velório de Bonfim ❷, José Carlos Laender de Castro e Roberto Pinto Manata).

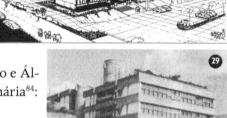

Variações eruditas sobre o tema da construção tradicional são também corajosamente apresentadas, num momento em que tal caminho era malvisto e considerado um desvio decorativo, perigosamente próximo de um aguado "neocolonial"; talvez por isso mereceram o acompanhamento de um texto mais substancioso, como o publicado nas duas páginas que apresentam algumas obras de Mariza Machado Coelho e Álvaro Hardy [Veveco] ❷. O texto é escrito à maneira de uma receita culinária[84]:

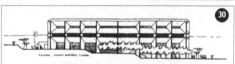

> O PROJETO (para elaborar deve-se pelo menos): conceber o projeto sempre suando as coisas simples de Minas. Nada de "colonioso", nem "mediterranée", ou mesmo "rocoquento", sob pena de desandar o refogado e "atravessar" o samba. Olhar e enxergar com os próprios olhos as montanhas e as cidades de Minas: Santa Luzia, Ubá, Ouro Preto, Mariana, Diamantina e outras tantas que nos comovem, sensibilizam e nos alertam contra o "progresso". Ter como companheira e parceira do projeto alguém como Mariza, arquiteta. Empregar com destreza os ensinamentos de arquitetura e humanismo dados pelo pai e pelo avô, também arquitetos[85].

Faz parte da receita toda a vida: da infância à formação, dos estudos às boemias; e, além de o projeto ser amálgama de todas as memórias, a construção seria a junção de todos os saberes:

> "A CONSTRUÇÃO (sua feitura): em primeiro lugar, reunir os vizinhos: seu Ocelino (mestre de obras e violeiro), Bené (marceneiro e cantor), seu Zé (mestre carapina e cozinheiro), Tião (pedreiro e sanfoneiro), Belisquete (servente e ponta esquerda do Santa Cruz Futebol Clube) e Mero (contra-regra e batuqueiro)". A construção reaproveita material de demolição, "que deve já ser usado pois conterá, naturalmente, bons fluidos, próprios das coisas bem vividas". E a obra não termina quando acaba, mas quando é usada: "A OCUPAÇÃO (como inaugurar): acender o fogão e o forno com lenha bem seca. Deitar sobre o lume os alguidares a fim de preparar carinhosamente uma galinha caipira ao molho pardo", seguida de todos os acompanhamentos; e só então, finalmente, "está pronta a casa-de-morar: sirvam-se"[86].

Conhecida em Minas como "arquitetura do pau-velho", não era praticada apenas pelo casal Veveco/Mariza, havendo outros exemplos nesse primeiro número de *Pampulha*, como os de autoria de José Ferolla. E o caminho do pau-velho era aproveitado por quase todos, sempre que a oportunidade correta se apresentava, num veio arquitetônico que teve certa vigência e importância, e não apenas nas Minas Gerais. Naquele momento configurava-se como uma proposta muito mais séria do que pode parecer (ou do que veio a tornar-se nas décadas seguintes), inclusive avançando por alguns dos mais importantes questionamentos críticos então feitos sobre a arquitetura moderna: sua falta de afeição pelo popular e o tradicional, e a consequente falta de identificação dos usuários; a pretensão à permanente invenção e originalidade, exigindo sempre o novo e apressadamente descartando o "velho"; o desprezo à acumulação de conhecimento, seja cultural, seja tecnológico, produzindo um rápido autoesgotamento, a repetição e o amaneiramento; o debate sobre a possibilidade da participação do usuário; e a vontade de incorporar criativamente o saber-fazer do operário. E, não menos importante, a revista lidava criativamente com as injunções do mercado de trabalho profissional, ao admitir abandonar a rigidez conceitual praticada pela maioria dos arquitetos pioneiros da modernidade, enquanto renunciava aos exageros concretos e grandiloquentes que dela resultaram, e que de certa maneira impediam a expansão do mercado da arquitetura erudita a outras clientelas, proporcionando uma saída honrosa para aqueles que desejavam fazer arquitetura corretamente, sem deixar de atender aos gostos e necessidades simbólicas dos clientes[87].

Em artigo panorâmico publicado em 1985 sobre a arquitetura mineira[88], essa opção era comentada no subtítulo "Pau velho em casa nova: acerca do cliente, essa esfinge incontentável":

> há um segmento social muito preciso que apreciou a arquitetura moderna a ponto de fazê-la seu lar: a classe média alta intelectualizada de tendências liberais de esquerda. [...] Fora dos domínios que por direito e tradição de ensino se concedem aos arquitetos, estes não só não têm vez, como não a procuram. Salvo raros desvios. Se você for mineiro, e seu cliente lhe pedir uma casa feita com o que sobrou da demolição da casa da fazenda, pode ser que saia daí uma

arquitetura que tenta se apropriar criativamente dessas limitações, mesclando-
-as com as concepções modernas, usando materiais tradicionais: madeira, pedra, tijolo; usando técnicas tradicionais: esteios nos quatro cantos, vedação
independente, telhadão; e equilibrando-se, finamente, no estreito limite entre o colonioso e algo além, mas com resultados que se destacam por seu notável equilíbrio e concisão"[89].

Opção atrativa – mas que já mostrava seus limites mesmo então, e que de forma alguma poderia ser considerada uma receita universal, mas somente caso particular: "Evidentemente, o número de fazendas demolíveis é limitado, e esses materiais estão cada vez
mais caros e proibitivos". Mas a questão que importava ressaltar – como já ficava claro
naquele artigo de época – "é menos o produto que o processo. A disponibilidade de aceitar a limitação, o gosto do cliente como um dado de peso (e não uma batalha a travar), o
uso criativo dos mais diversos materiais e, por fim, um resultado de boa qualidade erudita
que agrada ao leigo são qualidades raramente reunidas em obras de arquitetos"[90]. E que
a pós-mineiridade estava, entre outras coisas, ajudando a resgatar.

As duas páginas dedicadas, na primeira edição de *Pampulha*, às obras de Éolo Maia
mostram um criador já de certa maturidade, mas sempre de veia eclética[91], que tanto expe-
rimentava com proposições sistêmicas (Hotel Fortaleza, 1978-1979) como realizava releituras
criativas sobre a obra de Louis Kahn, sendo notável a síntese que Maia promove entre Kahn e
a arquitetura brutalista paulista. Se a Residência Marcos Tadeu (1966-1967) segue quase *pari
passu* as pautas espaciais e formais de Artigas e Mendes da Rocha, como comentaria Juan
Carlos Di Filippo em publicação ligeiramente posterior[92], a Residência Renan Alvim (1971)
vai proceder a uma dupla reviravolta: o retângulo elevado de concreto que define a casa, à
maneira paulista, é subvertido por uma surpreendente planta de dire-
triz diagonal cujos limites tanto recuam, criando vazios/varandas, quanto
se excedem, projetando volumes além muros; a simplicidade geométrico-
-funcional do conjunto é subvertida pelos envazamentos genéricos das
fachadas, desenhando arcos muito abatidos, que relembram a propostas de Kahn no projeto do Palazzo dei Congressi em Veneza (1968), ou
as releituras de Robert Venturi (discípulo de Kahn) sobre as mesmas
fontes. Do Condomínio Tinguá (1969-1971)[93], um exercício virtuoso de
pauta brutalista, ao Condomínio Barca do Sol  (1975-1977, coautoria
com Márcio Lima)[94], ambos habitações coletivas de baixa altura para a
classe média, observa-se a progressiva incorporação de novas pautas
formais, um maior gosto pela variedade e irregularidade, tanto no contraponto entre o concreto e o tijolo como na exploração decorativa da
forma elevada da caixa d'água. A presença mais livre, não funcional,
de formas geométricas puras rasgadas em superfícies tensas que ocor-
re, por exemplo, na Residência Domingos Gandria  (1973), rebate as
propostas que o arquiteto suíço Mario Botta (outro discípulo de Kahn)
estava praticando nesse exato momento (como na Casa em Cadenazzo,
1970-1971), e faz parte da série de exercícios que Éolo Maia propõe sobre o tema da grande cobertura-abrigo de uma ou duas águas, em projetos que de alguma maneira também dialogam com as propostas, então
contemporâneas, do paulista Eduardo Longo[95].

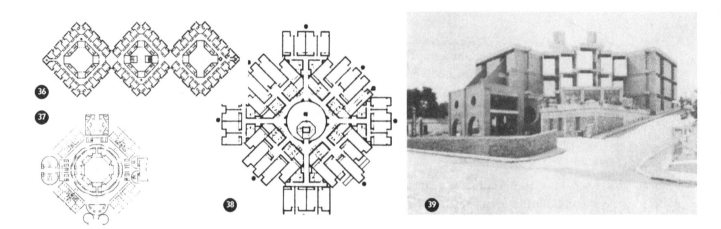

O gosto pela recriação das pautas de Kahn chega a seu auge em um projeto paradigmático de Éolo Maia: o Hotel Verdes Mares, em Ouro Branco (1976-1977, colaboração de Márcio Lima e Maria Josefina de Vasconcellos). O tema se aproxima naturalmente da proposta programática e formal das residências estudantis do colégio Bryn Mawr (Pensilvânia, 1960-1965), mas parece combinar-se com a geometria em rosa dos ventos e centro oco da Assembleia Nacional de Daca ❼ (Bangladesh, 1964), embora não seja igual a nenhuma das duas ❽. Variação musical sobre um tema dado, o resultado é virtuosístico e complexo, embora impressione mais nos interiores e na inventividade dos detalhes, já que nos exteriores algo da unidade se perde ❾; talvez porque Maia prefira respeitar a escala modesta do lugar não empregando as estratégias monumentalizantes de Kahn (como o uso de paramentos duplos), dispositivos que reforçavam a inteireza do conjunto em seu aspecto urbano.

Na primeira edição de *Pampulha*, apenas Sylvio de Podestá mostra a mesma disposição e habilidade na recriação de referentes, caracterizando precocemente sua vocação para uma incessante investigação projetual, em que a presença indiscutível deste ou daquele precedente notável é apenas uma escusa que serve de ignição para resultados peculiares e instigantes. Por exemplo, o Edifício de Apartamentos em Contagem[96] ❿ (1979, com Luiz A. F. de Queiroz e Paulo S. M. Diogo) dialoga com o projeto da Casa Stern, de Charles Moore e William Turnbull (Woodbridge, Connecticut, 1970) na ideia matriz da planta ao reaproveitar o tema do corredor em diagonal estendida; as elevações, porém, tomam emprestadas outras fontes, e o resultado combinatório do *deja vù* é sempre surpreendente e inesperado, neste ou em qualquer outro caso. Dessa maneira, o interesse que suas obras despertam reside muito mais na síntese de alta qualidade das propostas, do que na arqueologia das peças que forneceram sugestões para o acerto criativo.

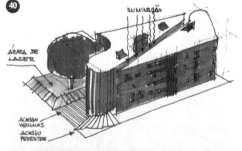

Apesar da arquitetura moderna brasileira da escola carioca jamais considerar problemático declarar sua filiação à contribuição seminal de Le Corbusier, a arquitetura moderna brasileira do brutalismo paulista preferiu manter uma relação oculta e ambígua em relação às suas fontes de inspiração, por razões de ordem alegadamente política, tendo nascido em um ambiente menos disposto a admitir seus laços de interdependência cultural[97]. Já na arquitetura pós-mineira a autoconfiança carioca é retomada, e desproblematizada a questão da admissão das influências criativas; talvez nem tanto por cosmopolitismo, mas como índice de superação dos provincianismos. Também nesse aspecto nota-se a presença do quadro referencial da pós-modernidade, que incluía a revalorização do patrimônio, inclusive cultural, e a vontade de superar o mito da criatividade nascida a partir do nada ou apenas e tão somente dos dados objetivos de sítio e programa: o terceiro ponto de apoio da criação – o conhecimento do repertório como base da invenção[98] – é exercido em sua plenitude nas obras dos criadores mineiros, com ênfase não exclusiva no trio Maia/Podestá/Vasconcellos.

As Arquiteturas das Escolas Mineiras

A construção de escolas tem sido sempre uma oportunidade inestimável de propagação dos ideais de modernização, inclusive arquitetônica, e no Brasil isso vem ocorrendo desde as primeiras escolas republicanas de gosto acadêmico realizadas na virada para o século XX, passando pelas escolas de *art déco* ou racionalistas dos anos de 1930, àquelas influenciadas pela modernidade carioca dos anos de 1940-1950, ou ainda nas escolas projetadas em São Paulo na virada para os anos de 1960, configurando um primeiro surto quantitativo de exercícios brutalistas. E a série em absoluto se interrompe em meados do século XX, mas segue avançando no século seguinte, com variados exemplos em todas as regiões brasileiras. Os concursos também têm tido um papel relevante na divulgação de ideais arquitetônicos: apesar de frequentemente serem promovidos apenas para fazer movimento mais do que para fazer construções, quase sempre também com a intenção de ser uma oportunidade ímpar para se verificar o estado da arte do debate arquitetônico em um dado momento. Observando-se vários projetos destinados a um mesmo uso e lugar, pode-se perceber mais claramente quando se está passando por um período de relativa consonância e escolarização estilística, ou, ao contrário, de dissonância e dispersão de tendências. Ademais, concursos também podem ajudar a promover uma certa dose de renovação conceitual a partir das contribuições de uma nova geração talentosa de arquitetos que esteja despontando no horizonte das probabilidades.

Em 1981, a gestão do arquiteto José Carlos Laender do IAB-MG promoveu ou apoiou vários concursos de âmbito local, mas cuja importância transcenderia os limites do estado: para as escolas da Carpe, para o Parque de Lazer da Gameleira e para a Casa do Jornalista[99]. O interesse do concurso para as escolas vai muito além dos resultados que promoveu, marcando historicamente um momento importante na transição pós-mineira da arquitetura brasileira.

As bases do concurso solicitavam distintas propostas conforme o ambiente a ser atendido (rural, vilas, periferias, cidades médias e grandes) e conforme as técnicas construtivas a serem empregadas (convencionais, em aço, em concreto pré-fabricado), assumindo como parâmetro a necessidade da pluralidade e a confiança na inventividade e na capacidade dos arquitetos de compreender as relações de pertinência e conveniência. Tratava-se de uma postura completamente distinta, talvez oposta, à ideia de projetar escolas a partir de um projeto-padrão, e, até mesmo, a partir de módulos-padrão, a serem arranjados de maneira mais ou menos rígida conforme um manual de projetação. Embora todas essas possibilidades nasçam da preocupação com a economia de custos e meios e com a padronização de componentes, varia a compreensão de qual deveria ser o caminho para

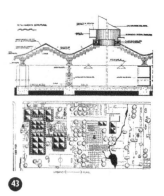

obtê-la. Inovadoramente para aquele momento, os concursos da Carpe ativavam a ideia de "tipologia" – no caso, entendida como um esquema formal-construtivo típico passível de adaptação a cada caso, onde a economia deveria resultar do balanceamento adequado e criativo entre esquema, oportunidade e situação – e não do controle rígido dos custos de construção a partir da invariabilidade do projeto. Note-se que, naquela mesma década, estavam sendo ativadas possibilidade bem distintas para a construção de escolas – como no caso do sistema proposto pela Conesp, em São Paulo, que preferiu adotar uma postura de corte sistêmico, definindo alguns padrões básicos modulares repetíveis, que em princípio seriam flexíveis o bastante para serem aptos a responder qualquer situação, mas que, a rigor, eram indiferentes à questão da variedade de situações. Essas e outras propostas visavam viabilizar economicamente a construção escolar, dando máximo relevo às questões de minimização de custos – e afinal pretendiam economizar também às custas da quase ausência de projeto (que estaria mais ou menos resolvido de uma vez e para sempre, bastando variar a combinação dos elementos). Já a opção ativada pelo concurso da Carpe parecia ser mais otimista em relação ao papel do projeto, entendendo-o não como um custo a ser eliminado, mas como o instrumento básico para obtenção de qualidade nas propostas, sem prejuízo da busca de máxima economia, que não pode ser genérica, mas circunstanciada.

Embora conceitualmente distintas, todas essas possibilidades – mais projetuais ou mais padronizantes – na prática se combinavam: várias das "tipologias" constantes nos projetos do concurso da Carpe apenas propunham possibilidades para projetos-padrão repetíveis. Mas algumas das propostas do concurso chegavam a combinar a flexibilidade tipológica com a padronização modular, propondo sistemas ou tipos, e não projetos padrão – como, por exemplo, o projeto ganhador do 3º lugar para a Região A ❹ (norte de Minas), de autoria de Álvaro Hardy e Mariza Machado Coelho[100] (combinando as vantagens de um sistema à maneira do sistema Dom-ino, de Le Corbusier, com o uso de materiais tradicionais como esteios de madeira e telhas de barro❷), ou o projeto ganhador do 2º lugar para Vilas, de Elias Rodrigues de Oliveira, Edmundo de Werna Guimarães e Kátia Afonso[101], propondo módulos de materiais alternativos com cobertura piramidal❸, permitindo uma ampla variedade de combinações através da composição, agregando os módulos e intermediando-os com pátios.

De qualquer maneira, o impacto nacional dos resultados desse concurso se fez sentir principalmente por conta das suas propostas mais inusitadas, com destaque para o projeto ganhador do 1º Prêmio para a Região B❹, dos arquitetos Éolo Maia, Maria Josefina de Vasconcellos e Sylvio Emrich de Podestá, propondo "um método construtivo utilizando o tijolo em sua plenitude, isto é, como fundação, piso, estrutura, aber-

tura e coberturas", assumindo, ademais, que não se tratava de panaceia universal, mas de solução que poderia ser adequada apenas para algumas situações, "isto é, onde existisse como tradição o forno de quitutes, ou de queima de madeira para a produção do carvão vegetal ou mesmo o forno cerâmico, e consequentemente mão de obra[102]" que soubesse trabalhar com o tijolo para conformar cúpulas e abobadas. Apesar da premiação, o júri considerou que "a aparência final desse projeto parece fugir à linguagem da arquitetura ocidental", talvez uma referência indireta às experiências africanas do egípcio Hassan Fathy e à construção tradicional do Oriente Próximo e Médio; ao que a "editoria de projetos de *Pampulha*" retruca, que aquela arquitetura "reflete também situações como a da capela seiscentista de Nossa Senhora da Ajuda de Cachoeira, estado da Bahia"[103]. Embora esse projeto do concurso não tenha sido aproveitado pela Carpe, sua realização confunde-se com outra proposta semelhante, realizada em 1983-1985 para a prefeitura de Timóteo, MG: o Grupo Escolar Vale Verde, dos mesmos autores[104].

Com uma proposta aparentemente situada na outra ponta do espectro arquitetônico, Maia, Vasconcellos e Podestá também ganham o 1º prêmio do concurso da Carpe para a categoria "Sistema construtivo s1/01/v de estrutura de aço com crescimento vertical"[105]. Nesse caso o projeto é realizado pela Carpe, que constrói o Grupo Escolar Cachoeira do Vale (1983-1985), também em Timóteo, MG. A valorização do aço como material construtivo portante e a destinação de uma secção especial do concurso a esse tema não era apenas uma questão de exploração de novas possibilidades tecnológicas da construção, mas incluía um componente de valor simbólico que apontava no sentido de uma preocupação com a ideia de identidade regional (já que a maior parte da mineração de ferro brasileira acontece em Minas Gerais), que, ademais, coincide com um esforço de expansão do emprego do aço no mercado nacional[106], já que o uso do aço como estrutura portante em edificações não industriais era então relativamente raro no país. Por isso mesmo, a principal questão construtiva ao empregá-lo era menos sua viabilidade estrutural e mais as consequências materiais e conceituais dessa opção para a correta finalização das obras, especialmente na especificação de fechamentos, instalações e acabamentos. Como Maia e equipe indicavam na memória do concurso, para que a proposta de construir em aço fosse coerente, "não

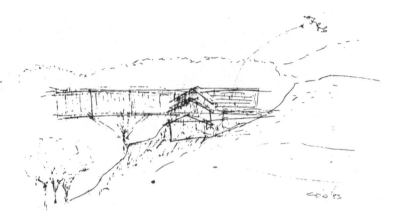

46

poderemos evidentemente concluir o prédio com métodos artesanais idênticos aos comumente usados nas construções convencionais".

Em outro projeto, também usando estrutura em aço e fechamentos "não convencionais" realizado concomitantemente, mas terminado mais rapidamente – a Residência Rubens e Cristina 46 em Nova Lima, MG (1983-1984) –, Éolo Maia vai poder testar a viabilidade dessa proposta, com um maior grau de sofisticação do que aquele possível em uma construção escolar de baixo custo. O resultado é o que ele chamou de "uma proposta *high-tech* mas com características 'patropi' numa postura experimental dentro de uma nova realidade brasileira; e uma tentativa de reinterpretação de trabalhos semelhantes, de arquitetos como Renzo Piano e Norman Foster"[107]. Essa residência é sem dúvida uma obra das mais relevantes do arquiteto, ao mesmo tempo simples e inovativa, tecnológica e popular – e, ademais, é um dos poucos casos de sua polêmica trajetória que atingiu um alto grau de unanimidade positiva na apreciação dos seus pares, inclusive daqueles avessos às especulações pós-mineiras (aspecto que, de resto, nunca pareceu preocupar Maia). Na casa comparecem apenas algumas sutis alusões historicistas, mas somente no pavilhão anexo. Já no projeto do Grupo Escolar Cachoeira do Vale os autores incorporam, na execução da obra, alguns detalhes decorativos icônicos significativos (que não estavam presentes na proposta do concurso), tais como lanternins de ventilação encimados por bandeirolas metálicas coloridas fixas e acabamentos em desenhos geométricos nos frontões – talvez apenas para não deixar passar uma oportunidade de reafirmar o clima alegremente não convencional daquela década.

Apesar da referência de Maia à obra tecnologicamente avançada de alguns arquitetos europeus, o Grupo Escolar Cachoeira do Vale é realizado com uma estrutura de aço bastante convencional, modulada em vãos relativamente discretos, empregando pilares e vigas em I metálico de aço patinável (tipo Corten), com um uso mínimo de tirantes diagonais, e apenas onde estritamente necessário; resultando em uma limpeza formal que está mais próxima das propostas já então clássicas de Mies van der Rohe do que das acrobacias exibicionistas das arquiteturas *high-tech*. O cotejamento com propostas de Foster parece estar mais

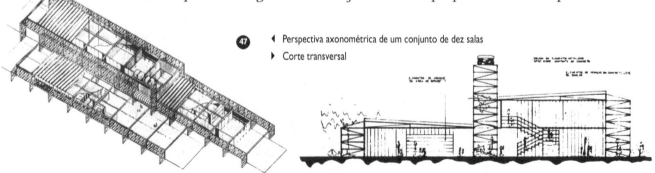

47 ◀ Perspectiva axonométrica de um conjunto de dez salas
▶ Corte transversal

presente em outro projeto ganhador do concurso na categoria SI/OI/M (Metálico de crescimento misto)● de autoria de Joel Campolina[108]. Trata-se de um projeto conformando pavilhões que poderiam ser alongados ou justapostos, organizados pela repetição de pórticos que definem vãos amplos e sem apoios intermediários, num partido cujo desenho estrutural poderia ser considerado como uma variante *low-tech* sobre a ideia do pórtico treliçado exteriorizado proposto por Foster no projeto da Sainsbury Center for Visual Arts (Norwich, 1974). Mas se há coincidências, talvez seja apenas por compartilharem, tanto ingleses como brasileiros, a mesma afeição pela maneira brutalista (que influenciou boa parte das gerações formadas nos anos de 1960-1970), que se manifesta mesmo quando se adotam outros materiais que não o concreto aparente, revelando-se, por exemplo, no desejo de sempre explicitar didaticamente os esforços estruturais, quase sempre exigidos ao máximo em grandes vãos e balanços, recusando-se a empregar quaisquer acabamentos que impeçam tal demonstração[109]. O brutalismo enquanto tendência e modo de projetação parece persistir, no ambiente brasileiro (e não apenas paulista), como uma "maneira" para além de seus limites temporais e materiais característicos. Assim, pode ser possível considerar a estrutura metálica proposta por Campolina como uma aproximação ou variante em diálogo com as estruturas porticadas em concreto frequentemente usadas em escolas do brutalismo paulista (como nos ginásios de Itanhaém e Guarulhos, de 1960, de Vilanova Artigas e Carlos Cascaldi). Essa translação da linguagem do concreto ao aço torna-se, a partir da década de 1980, um caminho bastante frequente na arquitetura brasileira realizada em estruturas de aço, quase sempre deixado à mostra com grande destaque ou mesmo exagero. Embora não recorram ao ornamento explícito, a ausência de frontões e bandeirolas é quintessenciada pela robustez e pela exibição de soluções estruturais fazendo gritar os pontos de apoio.

Adendo Carioca, Gaúcho e Pós-Paulista

Em depoimento-entrevista realizado em 1982 com os arquitetos Luiz Paulo Conde, Mauro Neves Nogueira e Sérgio Ferraz Magalhães, estes se propõem a debater

> uma visão do que foram os anos 70, não ficando apenas na obra isolada, mas tentando ver que transformações ocorreram no Rio de Janeiro em termos de espaço, e quais os impactos resultantes; tentando identificar algumas ações que poderiam caracterizar um certo pioneirismo, propostas inovadoras que extrapolaram sua influência para outros locais; procurando entender criticamente essas mudanças, quais suas implicações culturais, espaciais e geográficas[110].

Nesse texto são pontuados vários itens de discussão, revisando a década anterior, e outros que nortearão alguns caminhos das décadas seguintes, quando várias das ideias sobre planejamento participativo, urbanização de favelas e paisagismo urbano serão ativadas nos projetos e obras desenvolvidos nas duas gestões de Conde na municipalidade (como secretário de urbanismo, em 1993-1997, quando foi responsável pelos programas do Rio-Cidade, e como prefeito em 1997-2001), e de Magalhães como secretário de habitação (1993-2001, quando foi responsável pelos programas do Favela-Bairro).

Um dos pontos desse texto era a "Arquitetura moderna não oficial", sugerindo ser necessário rever a definição demasiado restrita de arquitetura moderna:

> um caminho importante vem sendo aberto, nos últimos anos: a retomada e redescoberta, já numa postura destituída de preconceitos e dogmas formalistas, de uma certa arquitetura moderna, às vezes com características ecléticas, pouco conhecida ou propositadamente ignorada, mas que encerra grande qualidade em termos de equilíbrio plástico, cheios e vazios, modenatura, variedade tipológica, tratamento de detalhes, e que muitas vezes apresenta soluções mais condizentes com o nosso clima e cultura que os estilos "internacionais". Uma arquitetura que é ignorada pelos especialistas, mas que a população mantém com grande força, pois são edifícios disputadíssimos, onde todos querem morar – inclusive os arquitetos – tal a qualidade dos espaços. Essa revisão, que começou nos anos 50, na Europa, e que teve um "boom" com o pós-modernismo, talvez só agora venha sendo sentida aqui. [...] Atualmente pode-se aceitar tranquilamente que não haja uma estética oficial, cristalizada, mas sim espaço para diferentes estéticas, possibilidade para a expressão pessoal, para a busca de conceitos com os quais o usuário se identifica[111].

Na ocasião, Conde estava desenvolvendo uma pesquisa na UERJ, com a colaboração de Mauro Neves Nogueira, Cristiana Carvalho e Teresa M. dos Reis sobre os edifícios cariocas ecléticos e *art déco*, e a preocupação da equipe centrava-se não apenas nas arquiteturas, mas também no seu valor como patrimônio ambiental: "a revalorização e o estudo dessa arquitetura se liga também a uma visão abrangente da preservação da memória, recuperação de valores culturais".

Esses e outros caminhos e debates estavam também parcialmente questionando a atitude profissional dos arquitetos "modernos":

> talvez não se esteja mais num momento em que sejam possíveis projetos imensos, cidades inteiras, cirurgias urbanas, do arquiteto *deus ex machina*. Uma importante conquista da década de 70 é a consciência de que o arquiteto não vai poder projetar a cidade inteira, mas sim fazer intervenções particularizadas; e a intervenção que ele fizer, que a faça bem. O desenho não vai mudar a sociedade, mas poderá ser um elemento que permita ou anule os fenômenos sociais de convívio e união[112].

Embora questionem o projeto como instrumento tecnocrático, este não é totalmente desvalorizado, como havia ocorrido nos debates dos anos de 1960-1970, que consideravam o desenho como "instrumento de opressão"[113], seguindo-se a desistência do projeto em prol do discurso milenarista sociológico-econômico. Ao invés, há uma busca de reconciliação do papel do desenho, como projeto: nem todo-poderoso, nem ineficaz, mas um

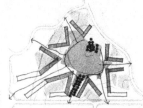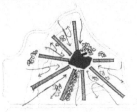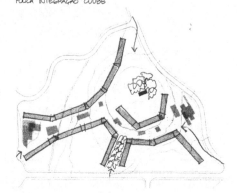

 Estudos de hipóteses para implantação do complexo

instrumento que pode ser empregado adequadamente inclusive para fomentar mudanças sociais, mesmo que pontuais.

Nesse sentido – mas não apenas por isso – um dos projetos mais paradigmáticos desse momento de transição da arquitetura brasileira é sem dúvida o projeto do Núcleo Habitacional do Inocoop-Cafundá, de Sérgio Ferraz Magalhães, Ana Luiza Petrik Magalhães, Silvia Pozzana de Barros, Clóvis Silvestre de Barros, associados a Rui Rocha Velloso[114]. E não apenas pela excelência dos resultados, mas igualmente pelo processo projetual que ativa, e que magistralmente demonstra.

Situado na periferia noroeste do Rio de Janeiro, o terreno de Cafundá configura uma pequena colina com área de aproximadamente dez hectares destinada a um conjunto habitacional para uma população de oito mil pessoas; o projeto incluía também facilidades escolares, comerciais e comunitárias para atender tanto a seus moradores como parte da população vizinha. Mas a proposta dos autores procurou não se limitar a definir o projeto apenas enquanto resposta técnica a necessidades quantificáveis; segundo eles,

> a definição do estudo foi consequente a uma posição conceitual assumida pela equipe e apoiada em elementos de ordem técnica levantados ao longo do trabalho. Entendemos que a tarefa mais criadora, neste caso, é a identificação/compreensão das relações sociais que interessam ao processo de desenvolvimento, entendido em seus vários aspectos de modo a configurar uma estrutura urbana que objetiva o enriquecimento das trocas sociais. Não nos compete fazer do Cafundá o nosso desenho-maior. O produto que se deseja contém a complexidade traçada pela vida, ao longo do tempo, ao longo das expectativas e esperanças; pelos usuários, mais do que pelos desenhadores. Não se esgota, também, no prazo do projeto. Alcança um universo mais amplo, que é o tempo do uso, com as dúvidas e insatisfações; alcança o tempo da vida urbana[115].

O discurso não pretende bastar-se, mas servir de base para se estabelecer uma estratégia projetual coerente, a qual é desenvolvida por meio de etapas sucessivas, mas não lineares: compreensão do sítio; busca de integração da nova intervenção ao seu entorno; opção pela maior concentração e densidade; avaliação das hipóteses de implantação. Nesse ponto, antes de ser adotado o partido do projeto, foram estudadas oito diferentes soluções de implantação, analisadas detidamente em seus prós e contras, escolhendo-se então aquela que demonstrava atender efetivamente às premissas conceituais adotadas, com um mínimo de efeitos negativos, mas sem a pretensão de haver chegado a uma solução perfeita – apenas à mais conveniente. Definido o partido, iniciou-se a caracterização dos espaços, em cada uma das escalas (espaço individual, espaço familiar, espaço

▲ Vista aérea do conjunto

◀ Detalhes de fachada e acesso ao edifício

vicinal, espaço comunitário), propondo-se as tipologias adequadas a cada escala. O processo projetual é então aferido através do debate sobre os objetivos a serem propostos, e sobre as exigências que deveriam ser atendidas para atingi-los. Todos esses ingredientes colaboram para a definição da distribuição espacial dos usos, escalas, equipamentos, circulações, vazios etc. O projeto prossegue então no detalhamento de cada parte, elemento e equipamento, sempre seguindo uma sequência conceitual-projetual que é questionada e verificada a cada passo e em cada escala.

Segundo seus autores, alguns dos principais conceitos assumidos pelo projeto do Cafundá são: a busca de integração, a busca de identidade e a caracterização da proposta como "obra aberta". Embora não tão explícitos, há alguns outros parâmetros básicos que parecem orientar a cada passo as análises e a escolha, como a busca de variedade – tensionada pela necessidade de promover um certo grau de repetibilidade, visando obter-se resultados mais econômicos. A busca de identidade não se dá pela caracterização dos detalhes acessórios, recusando-se o mimetismo vernacularizante, e não havendo receio em assumir resultados formais "fortes" e mesmo inovadores[49]. E embora nos estágios iniciais do projeto os autores considerassem prematuro assumir demasiado rápido uma "definição arquitetônica da solução proposta", essa se fará posteriormente de maneira a retomar e revalorizar alguns dos melhores exemplos da modernidade brasileira da escola carioca, como o Parque Guinle, de Lúcio Costa (1946), os arranjos de unidades sugeridos por Le Corbusier no projeto para Algiers (1931) e na Unidade de Marselha (1946) – e adotados em todo o mundo através de inúmeras variações, inclusive as propostas de Affonso Eduardo Reidy nos conjuntos de Pedregulho (1947) e da Gávea (1952).

Mesmo fazendo parte dos ventos renovadores de um panorama parcialmente estagnado, nem esse projeto, nem seus autores, nem os demais protagonistas da pós-mineiridade brasileira negam a alta qualidade das realizações do modernismo arquitetônico brasileiro, considerando-a parte indissolúvel de nosso patrimônio cultural. Mas todos parecem considerar necessário questionar seus desdobramentos formalistas, que tendem à cristalização escolástica, e, no limite, ao dogmatismo preconceituoso; ao que contrapõem a busca de outros caminhos, mais claramente referenciados com o contexto geográfico, temporal e social, e mais interessados numa inserção compromissada com o mundo real, e não apenas com as idealizações utópicas da modernidade que se mostravam gradativamente inoperantes. Questiona-se mais a atitude do que as arquiteturas propriamente ditas, que são até mesmo revalorizadas em suas características intrínsecas, mais do que em seus discursos datados. E, sempre que possível, são criativamente reaproveitadas; inclusive definindo-se com clareza o que era inspiração e o que era influência, assumindo novos caminhos nem tanto como pura invenção, mas como recriação referenciada.

Revendo a trajetória da modernidade arquitetônica brasileira no final dos anos de 1980, Carlos Eduardo Dias Comas considera que:

> os anos 40 foram heroicos, os 50 expansivos, os 60 messiânicos e apocalípticos, os 70 derivativos e à deriva. "Milagre" acabado e "abertura" em curso, os 80 ficaram introspectivos. Obrigados a refletir sobre as especificidades do pensar e o fazer arquitetônicos, devemos reexaminar a validade dos paradigmas de um projeto para utilizá-los no pensar e fazer arquitetônicos do país. O resultado de tantas discussões não foi de todo conclusivo, mas algo tem de promissor. Talvez os anos 80, como os 30 anteriormente, possam ser anos de preparação consciente para uma viagem que a mente e o coração deseja concretizar nos anos 90. Talvez seja possível afirmar que na década que se finaliza, a arquitetura brasileira revalidou o passaporte, revisou a bagagem e definiu a hora e o lugar da partida. Se não traçou decisivamente um destino, ao menos delineou um plano de navegação[116]

O esvaziamento de algumas das pautas da modernidade provocou um ambiente onde se contrapunham a sensação de perda de rumos e a necessidade de maior reflexão com vistas a traçar novos caminhos, que sendo de crise e ruptura, foram também de continuidade: "é preciso recusar a postura da negação total desse aparente caos. A solução não é começar de novo da página em branco, repetindo a vã tentativa das vanguardas, pois há muito que aprender com a sabedoria dos antigos (inclusive, e principalmente, os mestres da modernidade)"[117]. Mas o desmonte das certezas absolutas deixou um travo de perplexidade e desorientação; e apenas a revalorização do passado não parecia ser suficiente para superá-las. O debate da condição pós-moderna também servira para minar a confiança em um progresso linear, inexorável e positivo, causando um efeito colateral de desconfiança no futuro e o desejo paradoxal de substituir velhas certezas por outras e novas certezas.

Mas, nos anos de 1980, as direções tomadas não pretendiam chegar a um receituário de formas ou fórmulas —como em parte passaria a ocorrer já nos anos de 1990. O debate dos anos 80 se concentrou nos aspectos conceituais, menos evidentes e mais complexos; e ao se especular sobre quais seriam as possíveis trajetórias de futuro, preferia-se as respostas não dogmáticas:

Mas quais são as tendências? As arquiteturas que valorizem a diversidade; que entendam a cidade latino-americana como algo distinto da cidade europeia, buscando trabalhar nossas especificidades em vez de as ignorar ou negar; as arquiteturas que sejam a favor do clima e dos materiais, empregando técnicas adequadas à nossa realidade (econômica, social, material, climática, cultural etc.); as arquiteturas que não sejam meras quantificações de áreas, programas e custos, nem as que se suponham produções criativas imponderáveis; as arquiteturas que entendam a construção como um processo estético e não como mera acumulação de capitais; as arquiteturas que sejam apropriadas pelos usuários com criatividade e variedade, que possam ser transformadas à medida das necessidades; e que sejam feitas por quem valoriza, respeita e compreende a história da arquitetura, como repositório do saber de quantos nos antecederam. Todas essas arquiteturas, e possivelmente muitas outras[118].

Se a pós-modernidade europeia, como define Domenico de Masi, "não ousa dizer o que seremos, mas se limita a dizer o que já não somos", os muitos caminhos da pós-mineiridade brasileira, em quaisquer regiões do país, não se eximiram da tarefa de apontar o que era possível: apenas não desejaram fazê-lo de maneira determinista.

5.
Outras Arquiteturas Brasileiras e os Debates Latino-Americanos do Regionalismo

As crises da pós-modernidade afetaram os debates de arquitetura não apenas no Brasil mas em toda a América Latina a partir de meados dos anos de 1970. As reações ao fenômeno não foram homogêneas em caso algum, variando ao longo de um extenso leque de opções, em cujas pontas opostas estavam a recusa à existência do problema, de um lado, e a aceitação acrítica de outro – e um vasto meio-termo morno, em geral pouco interessado e frequentemente mal-informado. Nesse panorama pouco brilhante, a preocupação coletiva parecia ser mais com a defesa do campo de atuação profissional (que igualmente passava por sérias crises de transformação) do que com o debate dos conteúdos propositivos do que-fazer arquitetônico. Assim, na maior parte dos casos era apenas a força pragmática da necessidade cotidiana que ia configurando respostas referenciadas às crises. Mas mesmo faltando posicionamentos claros ou manifestos explícitos, muitos exemplos estavam paulatinamente demonstrando importantes mudanças – porém havia ainda que corretamente interpretá-los.

O proverbial mutismo dos arquitetos brasileiros, que com raras e honrosas exceções não se dispõem a combinar as lides do projeto com aquelas da teoria e crítica arquitetônica, não tem correspondente na situação dos países latino-americanos vizinhos, onde essa combinação entre prática e teoria, embora não ocorra sempre, ao menos parece estar presente em um maior número de casos. A velha desculpa brasileira da imputação da falta de debate à situação política restritiva não parece ter correspondente em outros países latino-americanos como Argentina, Chile, Colômbia, México, Venezuela, Uruguai, embora agravados pelas mesmas constrições políticas e econômicas.

Talvez o gosto hispânico pela discussão mais aberta, configurando posições radicais e claramente diferenciadas, mantivesse mais aceso o debate; talvez as crises os afetassem de maneira distinta, já que suas modernidades não estavam tão fortemente atreladas a umas poucas personalidades geniais como era o caso do Brasil; ou talvez, por muitas outras e complexas razões, fosse possível haver, mesmo com as dificuldades impostas pelos regimes ditatoriais que agravavam vários dos países do continente naquele momento, um ambiente de maior abertura ao debate, se não generalizadamente, ao menos em alguns segmentos importantes e de muita visibilidade e influência. E a resposta à crise de alguns desses grupos de discussão não resultou isolada: por diversas circunstâncias, ao longo dos anos de 1980 em diante, houve novamente uma forte aproximação entre vários segmentos de arquitetos latino-americanos[119], reunidos em torno de instâncias de encontro e discussão espontaneamente organizadas. E boa parte desses debates se debruçou sobre o tema do regionalismo, e de conceitos associados, como a noção de identidade cultural, propondo-se como um caminho possível em resposta a certos aspectos das crises[120].

Regionalismo Crítico X Modernidade Apropriada

Em 1982 foi criado, no Chile, o Taller América, um grupo de discussão liderado pelos arquitetos Sergio Larraín, Cristián Fernández Cox, Enrique Browne e outros trinta profissionais de vários campos de atuação, com o propósito de estudar "como a cultura ocidental se transforma quando se enraíza na América, produzindo uma nova síntese derivada das condições geográficas e climáticas e da colonização espanhola e portuguesa, aparentemente resultando em diferentes características em diferentes época e regiões"[121]. Em 1983 o Taller América organizou um seminário sobre o tema da Identidade Cultural e Modernização na América Latina coordenado pelo sociólogo Pedro Morandé, "quando algumas ideias de Octavio Paz foram estudadas como uma base para aprofundar o conhecimento sobre o panorama latino-americano"[122]. A iniciativa visava, de maneira bastante erudita e compromissada, compreender melhor o desafio proposto pelos debates da pós-modernidade, aos quais se retrucava com algumas perguntas de referência: se é assim, como o será para nós? E, sendo assim, qual deve ser a nossa resposta arquitetônica? Onde estamos e, a partir disso, como reagir a essas crises?

O assunto da reação à crise estava no ar, bem como a via de reasserção da própria identidade como uma possível resposta; assim, não foi uma coincidência quando Kenneth Frampton, crítico inglês radicado nos Estados Unidos, publicou, em 1983, seus "Seis Pontos por Uma Arquitetura da Resistência"[123]; e é significativo serem do mesmo ano os primeiros escritos do arquiteto chileno Cristián Fernández Cox sobre o tema, como, por exemplo, o texto "Nossa Identidade Submergida"[124]; tendo ambos os autores aperfeiçoado suas ideias em vários outros escritos realizados nos anos seguintes.

As sugestões de Frampton davam continuidade a alguns debates iniciados, desde 1981, pelo casal de arquitetos e críticos Liane Lefaivre e Alexander Tzonis, em estudo sobre a arquitetura moderna na Grécia, quando esses autores cunharam a expressão "regionalismo crítico" para situá-la. Frampton também retomava o paradoxo proposto por Paul Ricoeur — "como se tornar modernos e voltar às fontes; como reviver uma velha civilização dormente e tomar parte na civilização universal"[125] – de maneira a alavancar a expressão "regionalismo crítico", alçando-a à solução genérica para o dilema, embora não a definisse propriamente como um conceito, e sim como um programa de ação, ou como atitude. Nesses estudos, a abrangência do problema não ultrapassava, para Frampton, os limites do caso europeu, analisando e exemplificando suas ideias com situações "periféricas" oriundas dos países nórdicos, ou de Portugal, ou no então menos desenvolvido cantão suíço do Ticino. Embora em seus textos dos anos de 1980 Frampton jamais tenha se mostrado preocupado em conhecer e analisar as peculiaridades da situação latino-americana, muitos arquitetos do continente sentiram-se identificados com a noção de regionalismo crítico, dando-lhe uma leitura mais ampla do que a que ela talvez pretendesse a princípio[126]. Talvez isso possa ter ocorrido por causa da falta de melhor opção na época, pois de fato não havia uma congruência muito clara com o panorama latino-americano, uma vez que a noção de uma "arquitetura da resistência" se baseava na suposição de um embate entre a pressão da civilização moderna *versus* uma prévia e forte presença de uma cultura/civilização anterior reagindo (ou não) às suas investidas – situação que não parece ser a mais adequada para descrever o caso latino-americano, como muito claramente irão explicitar críticos locais, especialmente os chilenos Browne e Fernández Cox, entre outros.

Já no ano de 1984, Cristián Fernández Cox propõe, em contrapartida, o conceito de "modernidade apropriada"[127] (que será adiante mais detidamente analisado), de maneira a buscar não focar o interesse do debate na ideia reacionária de "resistência", nem tentar postular caminhos que privilegiassem um "retorno" às tradições de civilizações passadas, e sim buscando alavancar uma visão progressista de modernidade, entendida como um desafio necessariamente presente e indispensável ao debate de temas como o da identidade cultural no ambiente latino-americano, inclusive na arquitetura. Da maior relevância foi também a manifestação de Browne (consolidada em livro em 1988, mas que vinha sendo pesquisada e debatida em vários fóruns e escritos desde, pelo menos, 1982), propondo uma revisão historiográfica que pudesse enxergar, aceitar e aproveitar criticamente a existência de "outras" arquiteturas na América Latina[128] que não aquelas de uma suposta corrente principal e já reconhecida (que não é desvalorizada, mas apenas perderia a exclusividade de caminho único); abrindo passagem para vários estudos regionais, ampliando a noção de "modernidade" para além de um receituário fixo. Assim, ao compreender a modernidade como método e processo, tornar-se-ia possível admitir uma pluralidade de resultados formais para legitimamente concretizá-la, inclusive aqueles que aparentemente derivavam para caminhos distintos da modernidade europeia e norte-americana.

A partir de 1985, os encontros do SAL (Seminários de Arquitetura Latino-americana) reuniram arquitetos e críticos da Argentina, Bolívia, Brasil, Chile, Colômbia, Costa Rica, Equador, México, Paraguai, Peru, Uruguai, Venezuela, em um esforço de aprender mais sobre as arquiteturas e os debates de uns e outros, tentando encontrar uma base comum de uma possível identidade arquitetônica latino-americana. Esta, se existisse, poderia ser descrita da maneira como foi proposta pelo SAL IV, realizado no México, como sendo[129]:

+ Aquelas iniciativas que consideram a arquitetura dentro de um mais amplo ambiente cultural geral; não um conceito abstrato de Cultura, mas uma cultura latino-americana, tanto em sua unidade como em sua diversidade;
+ Aquelas iniciativas que almejam um tipo de arquitetura que, além de ser apropriada ao nosso ambiente, também seja moderna; porque, a despeito de algumas diferenças

de ênfase, os membros do SAL concordavam em que não havia nenhum interesse em avaliar ou revalorizar tendências folclóricas ou indigenistas, que no passado recente só haviam levado a becos sem saída;
+ A distinção entre Civilização e Cultura implicitamente reconhecida como operacional; já que parecia necessário aceitar o conhecimento científico-tecnológico universal, desde que este fosse propriamente absorvido, digerido e criticado, e assim pudesse preencher as nossas necessidades, valores e realidades;
+ Não tentar encontrar uma base formal ou material que etiquetasse uma determinada arquitetura como "latino-americana"; nem seria o caso estabelecer uma lista de prescrições a serem preenchidas por conta de se chegar a uma "identidade" – já que esta não era um fato definido e estabelecido a ser repetido, mas um caminho aberto, e parcialmente indeterminado, a ser trilhado.

Os encontros SAL[130] foram manejados sem regras *a priori* e/ou estruturas hierárquicas, e poderiam ser considerados como uma profícua reunião de bons amigos, que se apreciavam e se entendiam, e que, apesar de suas diferenças, lograram manter um alto nível de pertinência e seriedade nos debates. Mas isso só podia acontecer porque, de fato, ao se iniciarem os SAL, já havia um acordo mútuo prévio, mesmo que todos e cada um dos seus participantes não se dessem imediatamente conta disso: uma situação singular e fascinante, que permitia comparações e identificações, debates acirrados mas fraternais, onde não havia necessidade de obliteração das muitas diferenças, uma vez que se reconhecia haver um âmbito de entendimento comum que as transcendia[131].

Uma das mais importantes e duradouras dentre as muitas e variadas contribuições aos debates foi a proposição do conceito de "modernidade apropriada" cunhado e desenvolvido por Cristián Fernández Cox, que pode ser resumidamente sintetizado da seguinte maneira:

> Observando-se daqui, há duas diferentes maneiras de olhar para a modernidade: como uma coleção de respostas já dadas, ou como uma coleção de desafios históricos pendentes. Cada visão pode estar correta, de acordo com a situação de onde se está. Assim, à pergunta: "o que é ser moderno?", as respostas vão variar se forem dadas de cada peculiar e determinada historicidade. E desde que há várias situações, e diferentes historicidades, segue-se que não há modernidade, mas modernidades. Uma dessas modernidades – a "Ilustrada", encarnada principalmente na Grã-Bretanha, França e Estados Unidos – por uma série de razões tornou-se "triunfante". Então, nós tendemos a ignorar sua natureza histórica e pensar nela como uma espécie de entidade metafísica, "A MODERNIDADE", como um modelo absoluto normativo, fechado e impregnável – quando isso talvez seja plenamente aceitável apenas para as sociedades que verdadeiramente a viveram[132].

Como enfatiza Fernández Cox,

> sempre se pode aprender das experiências dos outros; mas nossa situação é bem diferente. Nós (latino-americanos, pelo menos) fomos modernizados "sob pressão", desde fora, devido ao inescapável processo civilizatório. Mas para nós a Modernidade é ainda uma ideia em aberto, e até agora temos sofrido o

processo de modernização principalmente de uma maneira mimética, emprestando e adaptando modelos estrangeiros derivados da modernidade Ilustrada. Sendo resultados de processos estranhos a nós, esses modelos até podem vir a ser úteis – mas nunca vão se ajustar completamente às nossas necessidades e possibilidades. Ao experienciar tal processo, nossa "identidade" tende a ser submergida e falsamente substituída por um padrão extrínseco a ela superposto. A busca do nosso 'assunto histórico real' vai provavelmente nos levar à necessidade de uma "modernidade apropriada" na qual poderemos inscrever a necessidade de identidade em nossa arquitetura.

O conceito de "apropriada" parece ser um instrumento útil, já que não pretende negar a modernidade, mas apenas ajustá-la à nossa situação peculiar. Apropriada, aqui, deve ser entendida sob um triplo significado: 1. como "próprio" de uma dada realidade, útil e ajustado a uma condição, ocasião ou lugar particular; 2. como "conveniente", algo que merece ser tomado, assumido e legitimamente aclamado como seu por direito – depois de ser criticamente digerido; 3. como "peculiar", respondendo a uma situação específica, pertencendo distinta ou primariamente a nós, de uma maneira especial ou única – não pela busca de "originalidade", mas para se evitar soluções prontas que não podem ser apropriadamente usadas dentro de um contexto específico diferente[133].

Uma das mais interessantes características desse conceito é que ele evita e recusa-se a ser um outro "...ismo": não é um estilo mas uma atitude. Caso adotado, o conceito de modernidade apropriada, como afirma Fernández Cox, "chegaria a resultados muito diferentes, mas sempre respeitando cada realidade peculiar; de maneira que a 'modernidade apropriada' seria também uma 'diversidade apropriada', e assim estaria afinada com cada identidade regional ou nacional peculiar".

Os SAL não eram encontros apenas para debates teóricos e críticos, mas para reconhecimento das produções arquitetônicas latino-americanas que corroborassem a saída crítica da "modernidade apropriada", validando-a como caminho possível, adequado e fecundo. Evidentemente, era mais fácil, por mais visível, identificar certas propostas de cunho mais claramente "regional" como "apropriadas" – dado que, à medida que as condições de ordem geográfico-climática sejam mais acirradas e restritivas, a busca de uma adequada resposta alternativa tanto à mera reprodução do vernacular, de um lado, quanto à modernidade importada acriticamente, de outro, fica mais patente. Assim, é natural que tenha havido naquele momento uma revalorização da contribuição de alguns arquitetos que trabalhavam em situações "extremas", como a Patagônia ou a floresta amazônica. Essa circunstância peculiar foi tomada como condição *sine qua non* por alguns intérpretes, mas isso seria de fato uma distorção do conceito: a busca de uma modernidade apropriada na arquitetura não é facilitada ou impedida por esta ou aquela situação geográfica, e muito menos pelo privilégio a (ou preconceito contra) este ou aquele material, ou tecnologia, ou programa etc. Mas não se pode negar que o efeito-demonstração de algumas obras mais peculiares foi extremamente relevante no debate das crises da modernidade, justamente para revalidar sua amplitude e pertinência e não seu esgotamento e limitação.

Arquiteturas da Modernidade Apropriada

Bem antes da discussão que tomou a América Latina em torno de ideias regionalistas no princípio dos anos de 1980, a preocupação com o desenvolvimento de respostas arquitetônicas pertinentes à realidade local – desde alternativas à tecnologia de ponta à busca de arranjos espaciais condizentes com hábitos da população, chegando até às preocupações climáticas – já estava presente na mídia especializada brasileira nos anos 60, especialmente por meio da revista *Arquitetura*, editada pelo IAB-GB. A linha editorial da revista, reforçada pelas premiações do IAB-GB, privilegiou, *grosso modo*, uma correta adequação da arquitetura aos fins, em termos amplos: atenção à paisagem, aos aspectos econômicos, à facilidade de construção, ao uso de tecnologia pertinente etc. Este enfoque mostrou uma arquitetura menos comprometida com as vanguardas internacionais, com o concreto armado, e mais aberta a um uso de materiais diversos, tanto plásticos quanto metálicos, além dos tradicionais. E foi justamente nas páginas da revista *Arquitetura* que a obra do arquiteto Severiano Porto na Amazônia começou a ser divulgada.

Já foi comentada, neste trabalho, a coincidência entre a ida de Severiano Porto para Manaus e o momento desenvolvimentista que atravessava o país sob o regime militar, que tinha para a Amazônia grandes planos de integração territorial e desenvolvimento econômico (Zona Franca de Manaus, Transamazônica), numa época ainda ufanista quanto às possibilidades do desenvolvimento tecnológico como fator de melhoria da qualidade de vida e superação do subdesenvolvimento; tempos de "Brasil Grande", de "Brasil, Potência do Futuro". Uma vez na Amazônia, Severiano Porto teve a sensibilidade de perceber que as condições extremas de clima e grandes distâncias demandavam outras respostas que não o receituário aplicado nas regiões mais prósperas e desenvolvidas do Brasil. O arquiteto observou a inadequação da maior parte das construções em Manaus que não levavam em conta a condição local; além do clima, um nível baixo de mão de obra. Se as construções convencionais se mostravam inadequadas, muitas vezes oferecendo uma temperatura interna mais elevada que a externa, em compensação havia uma sabedoria nos mateiros e nas suas construções precárias, também na cultura indígena. Porto procurou aprender sobre as madeiras locais e as soluções de ventilação, de proteção das chuvas e da radiação solar que eram empregadas nas construções populares tradicionais da região.

Na Amazônia não importa a inércia térmica dos materiais, uma vez que não há diferenças substanciais de temperatura entre o dia e a noite; sempre é muito quente, importando, assim, a ventilação e o sombreamento adequados. Na casa do arquiteto em Manaus (1971), há uma série de opções de projeto que mostram a preocupação com os extremos do clima amazônico. A casa foi desenvolvida em duas alas com um jardim interno(51), situação que facilita a circulação do ar, estimulada por pequenos basculantes de piso a teto que foram usadas em todas as fachadas. A forte radiação do sol é filtrada pelos vidros de cor amarelo queimado basculantes, pelos elementos vazados de concreto que delimitam o jardim interno e por um quebra-sol formado por ripas horizontais de madeira que protege os dormitórios no andar superior e a sala de

(51)

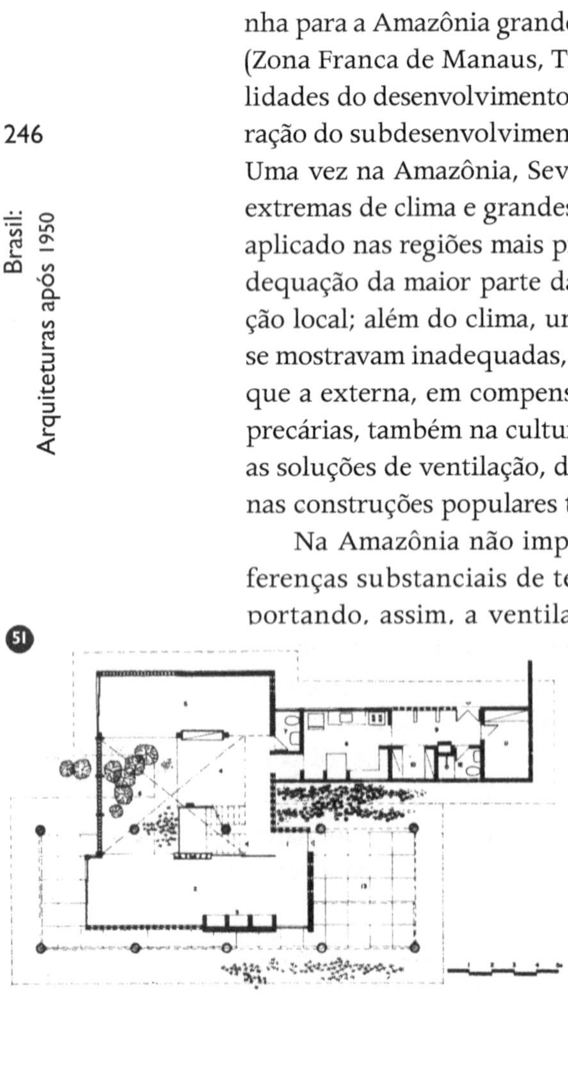

▲ Vista da fachada
▶ Vista do elemento vazado que delimita o pátio interno

estar no térreo ◉. Vegetação abundante, com algumas árvores de grande porte no jardim, colabora com o sombreamento e resfria o ar que circula na casa, além disso, o arquiteto limitou o calçamento de áreas externas, de maneira a evitar a reflexão solar. Amplos beirais protegem da chuva as aberturas e sombreiam as paredes externas. A cobertura é de telhas de fibrocimento e o forro de placas de aglomerado tipo treliça, para permitir a circulação do ar. O piso intermediário é de madeira, com exceção dos banheiros, onde foi utilizada laje de concreto. Nas vedações se alternam madeira e alvenaria e os quartos são ventilados por venezianas de madeira.

Em 1985, já no auge das ideias "regionalistas" na América Latina, Severiano Porto recebeu o prêmio "Universidade de Buenos Aires" na Bienal Internacional de Buenos Aires e, no ano seguinte, ele e seu sócio, Mário Emílio Ribeiro[134], receberam o prêmio "Personalidade do Ano" na Premiação IAB-RJ, 1986. Pode-se dizer que Severiano Porto só "estourou" nos anos de 1980, em grande parte pelo alinhamento entre as preocupações expressas por sua obra na Amazônica e as discussões em curso na América Latina. No entanto, houve algum reconhecimento da qualidade de sua obra desde os anos 60. Por exemplo, o Restaurante Chapéu de Palha em Manaus – uma construção com planta circular, com estrutura de madeira e cobertura de palha de palmeira – foi premiado na categoria "Edifício para Fins Recreativos" na V Premiação Anual do IAB-GB (dezembro, 1967). A residência do arquiteto em Manaus (1971) recebeu o prêmio Marcelo Roberto na categoria "Edifício para Habitação" na IX Premiação Anual do IAB-RJ em 1971. A Superintendência da Zona Franca de Manaus (Suframa, 1971), recebeu o primeiro prêmio na categoria "Edifícios Públicos" na XII Premiação Anual do IAB-RJ em 1974.

A obra de Severiano Porto tem um aspecto bastante interessante e que se enquadra nas discussões teóricas dos anos 80 na América Latina, que é sua constância de método e premissas em contraposição à relativa diversidade de resultados. Não há, da parte do arquiteto, um compromisso prévio com determinada tecnologia ou soluções formais. Uma pesquisa construtiva séria e constante leva a resultados variados e adequados a cada circunstância. Embora tenha projetado, a maior parte do tempo, para a região amazônica, as obras variaram muito quanto a programa, cliente, paisagem, exigindo, de acordo com as premissas seguidas pelo arquiteto, respostas diversas.

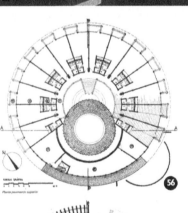

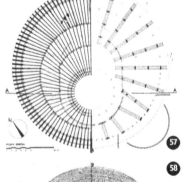

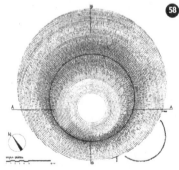

Se a sensibilidade aos extremos do clima amazônico é uma constante na arquitetura de Severiano Porto, algumas obras, no princípio dos anos de 1980, mostram uma curiosa "liberdade formal", como se o olhar sensível do arquiteto às soluções dos mateiros e populações indígenas tivesse ultrapassado as questões mais diretamente pertinentes ao clima, passando a explorar certa expressividade das coberturas, elemento central no abrigo amazônico.

Na ilha fluvial de Silves, situada a cinquenta minutos de Manaus por avião, com um povoado de nativos de aproximadamente mil pessoas vivendo da caça e da pesca, Severiano Porto e Mário Emílio Ribeiro projetaram um hotel pousada ❸ (1979-1983), em que julgaram pertinente o amplo uso da madeira, tanto na estrutura, peitoris, esquadrias, como nos cavacos da cobertura ❹. Nessa obra fica bem clara a apropriação e reelaboração de técnicas e materiais regionais, porém, sem traços miméticos ou saudosistas ❺. O Hotel Pousada da Ilha de Silves[135] tem a forma de um anel de espessura variável ❻ e, em razão desse artifício, a cumeeira da cobertura de duas águas não segue um nível constante ❼: onde aumenta a espessura do anel a cumeeira é mais

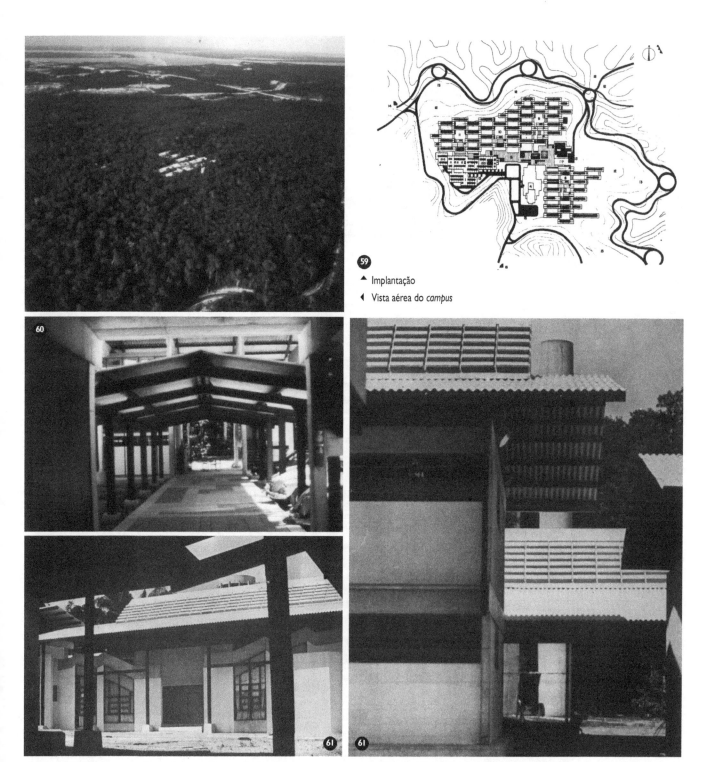

▲ Implantação
◀ Vista aérea do campus

alta, gerando uma singular assimetria⦁. Dos anos em que foi projetado o Hotel Pousada da Ilha de Silves para cá, tornou-se comum que complexos turísticos inseridos em regiões tropicais naturais sejam construídos em materiais tradicionais e formas orgânicas, explorando espaços semiabertos e mesclando-se com a natureza.

Severiano Porto comentou que teve dificuldades em convencer os responsáveis pela Universidade do Amazonas (1983-1988, primeira fase) da impropriedade de projetar os edifícios do *campus* semelhantes à Pousada da Ilha de Silves[136]. Prova da versatilidade do arquiteto, no *campus*, ele adotou uma solução com pavilhões, com os blocos posicionados segundo uma malha geométrica que os intercala com os espaços livres⦁. O uso da malha

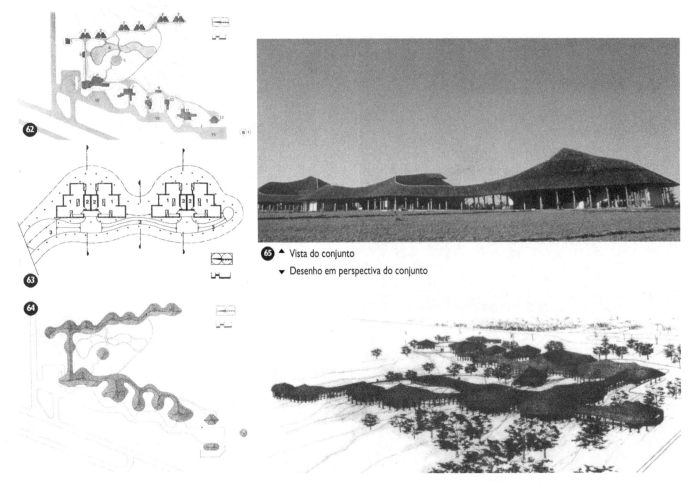

⬆ Vista do conjunto

▼ Desenho em perspectiva do conjunto

geométrica visava gerar uma estrutura aberta que permitisse ampliações para absorver o crescimento futuro da universidade. Caminhos cobertos unem ortogonalmente os pavilhões, permitindo o ir e vir sob as chuvas torrenciais da Amazônia ●. Esta estrutura mais repetitiva se desenvolve no entorno dos equipamentos gerais (biblioteca, prefeitura, centro comunitário etc.).

Nos edifícios do *campus* há duas estruturas construtivas sobrepostas: as áreas fechadas das salas de aula e dependências afins – com estrutura de concreto armado, fechamento de alvenaria, forro de concreto – e a cobertura, que tem estrutura metálica independente – pórticos e vigas "I". A cobertura foi resolvida em duas águas, com telhas de fibrocimento, amplos beirais e uma espécie de lanternim junto à cumeeira com venezianas que induzem a circulação do ar●. Entre as duas estruturas construtivas foi obtido assim um colchão de ar em circulação.

A solução de uma cobertura estruturalmente independente sobreposta às áreas fechadas solicitadas pelo programa é recorrente na arquitetura de Severiano Porto. A solução foi usada no edifício da Suframa, nos edifícios do *campus* da Universidade do Amazonas e voltou a ser explorada, de maneira mais radical, no Centro de Proteção Ambiental de Balbina (1983-1988). Esse centro foi criado para funcionar como um laboratório de avaliação do impacto ambiental da hidrelétrica de Balbina. Nessa obra, Severiano Porto dispôs os ambientes funcionais em pavilhões ortogonais● construídos de maneira convencional e cujo contorno denteado mostra uma solução regida pelas conveniências da organização da planta●. Unindo todos esses pavilhões, se desenvolve uma cobertura sinuosa e contínua em estrutura de madeira e cobertura de cavacos●, cuja forma livre cobre áreas abertas e fechadas, garantindo amplos beirais●. São como duas arquiteturas sobrepostas: enquanto os espaços fechados são precisos, exatos, com controle artificial de temperatura e umidade em alguns dos espaços laboratoriais, a cobertura é rústica, irregular, tributária de soluções autóctones. Tanto no caso da Suframa como no do Centro de Proteção Ambiental de Balbina a expressão da obra é dada pela cobertura; no caso de Balbina remete a imagens de aldeias indígenas, no da sede da Suframa, reflete a concepção celular do edifício.

Nunca houve da parte de Severiano Porto, nas entrevistas ou depoimentos que prestou à imprensa especializada, qualquer intenção de manifesto em favor de uma arquitetura regional. Suas decisões em boa medida são bastante funcionalistas, no que se incluem as providências frente ao clima e muitas das opções de material. Neste aspecto, a concepção independente de cobertura e espaços fechados, conveniente para a constituição de um colchão de ar ventilado e, em boa medida, para maior flexibilidade das soluções de planta, acabou descortinando as possibilidades experimentais de independência formal e tecnológica entre ambos. No de Balbina, a concepção independente da cobertura foi potencializada pelo notável desenvolvimento da tecnologia de madeira estrutural em direção a soluções plásticas e maleáveis.

Saindo da Amazônia e indo para outro extremo do país, o Rio Grande do Sul, um local em que o clima é ameno e a região desenvolvida, como identificar a "modernidade apropriada"? O edifício para uma fábrica de talcos e sabonetes em Porto Alegre, a Memphis (Cláudio Gomes Araújo, Cláudia Obino Correa, 1976), estabeleceu, na época, um interessante contraponto às tipologias mais comumente associadas ao programa industrial[137]. O bloco industrial[138] da Memphis tem uma concepção celular com módulos de 10 x 10 m, independentes estruturalmente e cuja cobertura, em lâminas dobradas de cerâmica armada e panos verticais de iluminação, permite uma curiosa associação formal com mansardas em telhados tradicionais. Este desenho peculiar da unidade modular, sua descontinuidade criando pátios internos e a exploração da variação em altura entre os módulos para o acréscimo de uma faixa extra de iluminação estabelece uma subdivisão qualificada do espaço de produção da fábrica. No mais, a solução foi em grande parte ditada por razões que visavam o correto atendimento das necessidades funcionais apresentadas: a concepção modular e expansível, contribuindo para a flexibilidade do organismo industrial, o estabelecimento de um módulo compatível em termos de área ao crescimento gradativo, a obtenção de iluminação natural uniforme, o favorecimento da ventilação forçada pelo afunilamento do espaço em direção à chaminé colocada no centro da cobertura em cada uma das unidades modulares.

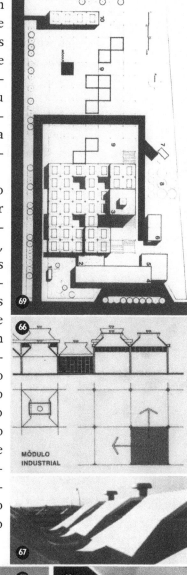

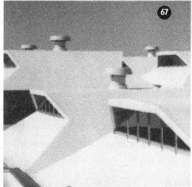

Além das exigências de adequado funcionamento, havia, da parte dos contratantes, a expectativa de que a solução arquitetônica criasse uma imagem para a instituição que pudesse ser associada à nova etapa da indústria e aos seus produtos. Neste aspecto, a concepção celular que se reflete na forma externa do conjunto edificado e a especificidade da cobertura em cerâmica armada também desempenharam papel importante❼. A cobertura em cerâmica armada, de acordo com tecnologia e método construtivo desenvolvido pelo engenheiro uruguaio Eladio Dieste, é composta por lâminas dobradas unidas de forma a constituir um tronco de pirâmide com abas nos lados norte e sul, para proteção dos caixilhos com vidro, formando, pela repetição e variações de altura entre os módulos, um intrigante padrão geométrico.

O Nordeste brasileiro é uma região bastante característica no Brasil, com uma cultura popular viva, alto índice de pobreza, clima muito quente. As especificidades da região têm se refletido no trabalho de alguns arquitetos que lá atuam, de maneira mais ou menos incisiva. O governo militar brasileiro, embalado pelo sonho de desenvolver o Nordeste, promoveu, nos anos 70, por meio de incentivos e financiamentos via Sudene, a instalação de várias indústrias na região, acarretando, por consequência, aquecimento em outros setores, inclusive o da construção civil. Essa demanda por projetos foi respondida por arquitetos estabelecidos no Nordeste ou que tiveram lá sua formação. O arquiteto Acácio Gil Borsói, formado no Rio de Janeiro em 1949, mudou-se para Recife em 1951, para dar aulas na Escola de Belas Artes do Recife. Outro arquiteto influente na região foi o português Delfim Amorim, formado no Porto, imigrando para Recife em 1951 também exercendo atividade docente. Ambos, tanto pelo exemplo da obra quanto pela orientação didática, defenderam uma arquitetura "adequada ao meio". Por exemplo, Amorim concebeu um telhado residencial empregando telhas de barro apoiadas em lajes inclinadas, e também fazia amplo uso do azulejo para revestimento externo, evitando mofos e desgastes. Nas palavras de Borsói, sobre a arquitetura do Nordeste:

> É uma expressão arquitetônica em que a luz, a sombra, o vento e a transparência fazem parte do projeto. E que faz uso de terraços, grandes beirais, muita sombra, por causa do calor. Essa preocupação com o conforto ambiental fez parte da nossa pauta de trabalho na Escola de Arquitetura da Universidade Federal de Pernambuco e dela saiu uma tipologia característica[139].

O arquiteto Armando de Holanda, formado em Recife em meados dos anos de 1960, teve sua curta atuação profissional num momento especialmente promissor na região. A arquitetura de Holanda, tanto na solução dos programas industriais quanto de outras tipologias, mostra uma dupla preocupação: por um lado, o rigor na racionalização construtiva e consequente economia de meios, por outro, o uso reiterado de soluções que amenizem os rigores do clima: alpendres, *brise-soleil*, combogós.

Como resultado de sua atuação como docente, Holanda publicou, em 1976, uma espécie de guia sobre o problema da arquitetura nos trópicos, em nove capítulos: Criar uma sombra; Recuar as paredes; Vazar os muros; Proteger as janelas; Abrir as portas; Continuar os espaços; Construir com pouco; Conviver com a natureza; Construir frondoso[140]. No Parque Histórico Nacional dos Guararapes (Jaboatão dos Guararapes, 1975-1978), Holanda, além do plano do Parque, projetou os equipamentos implantados em diferentes pontos da área de 224 ha. Preocupando-se, por um lado, com que as construções tivessem uma unidade e,

por outro, com que não houvesse uma repetição monótona da mesma solução, o arquiteto adotou uma unidade de cobertura padronizada: um triângulo de dupla curvatura, obtido pela divisão de um paraboloide hiperbólico ao longo de suas diagonais. A partir da combinação das unidades triangulares foram obtidas famílias de cascas de um, dois e quatro apoios[141]. Com isso, o arquiteto conseguiu certa variedade a partir de uma unidade básica, o que permitiu o uso de formas padronizadas em fibra de vidro. Sob as sombras fornecidas pelas cascas em concreto, erguem-se paredes divisórias que não chegam até o teto e que foram revestidas com elementos cerâmicos em motivos geométricos ❼.

Dos nove pontos do roteiro de bem construir no Nordeste, o mais ambíguo pelo título é "Construir frondoso", com o que o autor queria sugerir uma arquitetura "livre e espontânea" que desse expressão à cultura local. A sinuosidade geométrica das coberturas do Parque dos Guararapes, cuidadosamente obtida com a engenhosa multiplicação da unidade triangular de dupla curvatura, não tem nada de uma arquitetura livre e informal e, no entanto, parece adequadamente "frondosa", como queria o autor: variada, sinuosa, vazada. Os equipamentos instalados em meio ao Parque dos Guararapes, com suas elegantes cascas de concreto e os revestimentos cerâmicos ❼ também aludem aos equipamentos concebidos por Oscar Niemeyer na Pampulha, em Belo Horizonte (1942-1943).

Militante de uma arquitetura com referências culturais e ambientais, o arquiteto Assis Reis[142] (1926) tem extensa obra em Salvador. Em 1969, na Exposição de Arquitetura da X Bienal de São Paulo, ganhou menção honrosa com o edifício vertical para o Centro Médico Albert Schweitzer, cuja solução formal é comprometida com a busca de uma adequada ventilação natural. Além da circulação cruzada de ar nos andares, facilitada pelas deflexões do bloco, há lajes vazadas que permitem a circulação vertical. Em alguns depoimentos[143] o arquiteto procurou externar suas preocupações voltadas à criação de uma arquitetura tropical: a captação dos ventos dominantes por meio do adequado posicionamento de paredes e tetos e suas aberturas; o favorecimento da circulação do ar com bom posicionamento dos escapes; a interação entre espaço interno e externo, propondo "um abraço com o espaço exterior"[144]; objetivos perseguidos com o auxílio da tecnologia disponível, sem preconceitos. Além dos cuidados com a amenização natural do clima, Reis defendeu uma inserção cuidadosa da obra no ambiente urbano no que tange à volumetria, implantação, colorido. Nos anos de 1970, projetou o edifício-sede da Chesf ❼ (Centrais Elétricas do Rio São Francisco, 1975-1979/1982) no Centro Administrativo de Salvador. Arquiteto encantado pela cidade, Assis Reis confessou que não apreciou o plano de Lúcio Costa para o Centro Administrativo da Bahia, em que as grandes distâncias entre os edifícios tornaram difícil conseguir um caráter urbano. Também atribuiu a essa dispersão dos edifícios pelo conjunto certa competição entre os arquitetos por edifícios mais e mais destacados[145].

No edifício da Chesf, Assis Reis pretendia usar o tijolo com responsabilidade estrutural[146], tecnologia que já vinha usando em residências. No entanto, o edifício acabou tendo estrutura integral em concreto armado e revestimentos e fechamentos em tijolo ⓻. Reis havia concebido grandes pilares de tijolo para apoio das lajes de concreto, e, com isso, ao substituir o tijolo estrutural por pilares de concreto revestidos, a concepção espacial se manteve. O arquiteto soube explorar a textura do material e o inusitado, para a época, de uma estrutura de concreto armado cuidadosamente revestida, porém descortinando os vãos permitidos. Espaços semiabertos interligam o interior ao exterior, numa transição gradual. No térreo, um espelho d'água contribui para a criação de um microclima mais ameno, além de fazer referência simbólica ao rio São Francisco. Recortes nas lajes permitem a continuidade visual do espaço interno e favorecem a circulação do ar.

O arquiteto paulista Joaquim Guedes[147] recebeu o Segundo Prêmio Governador do Estado no concurso para a Biblioteca Central da Bahia nos anos de 1960. Na justificativa do projeto constava o objetivo de criar um edifício em escala baiana: "não um mastodonte, mas um conjunto de volumes complexos, delicados, coloridos, flexíveis, capazes de um diálogo tranquilo com a 'cobertura vegetal' do terreno"[148] ⓻. A ideia que norteou o partido foi a de que as áreas de uso principal do edifício estivessem em meio às copas das árvores. Para alcançar este fim último, o projeto buscou total flexibilidade tanto de nível como de forma, e, com isso, braços sinuosos sobre pilotis preenchem o espaço em meio à vegetação, logrando assim um sombreamento natural e favorecendo a ventilação cruzada dos ambientes. Nos anos de 1970, Guedes teve a oportunidade de trabalhar em alguns projetos de cidades novas nas regiões Norte e Nordeste do Brasil: Projeto Carajás (PA, 1973), Marabá (PA, 1973), Caraíba (BA, 1976),

entrando nos anos 80, a cidade de Barcarena (PA, 1980). Todas elas em regiões de extremos climáticos: na Amazônia e no semiárido sertão baiano.

A cidade de Caraíba (1976-1982), no sertão baiano, foi concebida como núcleo de mineração do cobre, com população prevista de 15.000 pessoas. Ao contrário da Amazônia, onde não há grande diferença de temperatura entre o dia e a noite, no semiárido a variação entre o dia e a noite gira em torno de 14 a 15 graus. Guedes propôs uma malha ordenadora de quarteirões retangulares, compacta, para obter um deslocamento mínimo no semiárido ❼⓺. A área central é constituída por seis praças, junto às quais estão edifícios públicos e institucionais além de blocos de quatro pavimentos, com alojamentos para solteiros, comércio e serviços dispostos seguindo o alinhamento das calçadas. Nestes blocos, os dois primeiros pisos estão recuados, e, desta forma, a projeção dos andares superiores gera um passeio coberto ❼⓻. As residências, de dez tipos, estão dispostas em faixas contínuas de casas geminadas ❼⓼, com orientação norte e sul, de forma a estarem protegidas dos raios mais baixos do poente e nascente. Casas geminadas com pequenos pátios internos sombreados oferecem a vantagem de evitar paredes externas expostas à radiação solar. Também foram usados materiais de boa inércia térmica como tijolos de barro, elaborados com argila do local, usados com responsabilidade estática e telhas cerâmicas sobre laje inclinada. As paredes foram revestidas com argamassa e receberam caiação na cor escolhida pelo morador. Os telhados não têm beiral, permitindo a criação e execução de platibandas individuais. Esta tipologia habitacional se assemelha à de vilas da região ❼⓽ cujo padrão urbano-arquitetônico foi pesquisado pelo escritório Joaquim Guedes.

Na Bienal de Santiago do Chile, em 1992, o projeto de Caraíba foi destacado como um dos oito projetos brasileiros mais importantes da década de 80. A premissa do respeito e adequação às condições do local e aos hábitos e características da população, como fator de criação de um desenho mais comprometido com aspectos múltiplos de determinada realidade, seguia como uma atitude valorizada.

João Filgueiras Lima, o Lelé, é um ativo defensor da pré-fabricação de componentes na construção civil, que ele entende como o caminho mais lógico para superar os déficits em habitação e equipamentos públicos num país de grandes carências como o Brasil. Sua arquitetura, coerentemente comprometida com a pesquisa nesse campo, teve um interessante desenvolvimento nesses anos, quando o arquiteto passou a experimentar sistemas construtivos com pré-fabricação de componentes leves em argamassa armada. A técnica da argamassa armada, uma mistura de cimento e areia estruturada por tela de aço, foi desenvolvida pelo engenheiro italiano Píer Luigi Nervi (1891-1980) e tem a vantagem de aliar a alta resistência ao baixo peso. Nos sistemas concebidos por Lelé, estas vantagens do material foram capitalizadas para a realidade local: peças pequenas manuseáveis e sistemas de montagem simples foram uma maneira de aliar as vantagens da pré-fabricação – precisão das peças; ganho de escala com a repetição dos componentes; controle da matéria-prima – com as carências –; mão de obra precária; ausência de maquinário; construção em áreas de infraestrutura precária que dificulta o transporte das peças.

Em 1980, na primeira administração do prefeito Mário Kertész (1978) em Salvador, Lelé trabalhou na urbanização do Vale do Camurujipe usando peças de argamassa armada pré-fabricadas. Foi montada uma fábrica direcionada principalmente para saneamento – muros de arrimo, rampas, escadarias, drenagens. O sistema fez uso intensivo de mão de obra não só por razões sociais e políticas. Tratava-se de áreas de ocupação densa com acesso precário, além de um solo extremamente difícil, de baixíssima resistência. Depois disso, concebeu para a prefeitura de Abadiânia, em Goiás (1982-1984), então um pequeno município com população em torno de três mil pessoas, um sistema em argamassa armada, que integrava um plano mais amplo de desenvolvimento da região. O sistema de peças foi direcionado para o atendimento de comunidades rurais: construção de pontes, escolas, postos de saúde, feiras de exposição. No final de 1983, Lelé foi chamado pelo governo do Rio de Janeiro (primeiro governo de Leonel Brizola), onde montou a Fábrica das Escolas, que chegou a produzir componentes pré-fabricados para construir 600 m² por dia. A fábrica do Rio de Janeiro empregava em torno de cinco mil operários, em razão de um nível baixo de automação intencional. As peças de argamassa armada, com 2 cm de espessura, foram dimensionadas para um peso médio em torno de 100 Kg. Em 1984, foram executadas, no Rio de Janeiro, "cerca de 200 escolas, 90 creches, mais de cinco mil módulos de abrigos para paradas de ônibus, além de centros comunitários, postos de saúde, obras de saneamento básico e mobiliário urbano em geral"[149]. Estes números ajudam a avaliar a adequação do sistema no ganho de escala, que comporta inclusive uma maior variedade de peças. Facilita também a manutenção dos equipamentos por parte do poder público, na medida em que todos são gerados a partir de uma mesma família de peças intercambiáveis. Na segunda administração Mário Kertész (1988) em Salvador, foi montada uma grande fábrica de componentes, na qual Filgueiras Lima aliou a tecnologia da argamassa armada à do aço. A fábrica da cidade produziu componentes para escolas, creches, mobiliário urbano, passarelas ⓮.

▼ Passarela em Salvador

Em 1990, no governo Collor, Lelé vislumbrou a possibilidade de implantar um sistema de pré-fabricação de componentes leves para a construção de Centros

 ▶ Escola no Baixo da Égua, Salvador
◢ Escola em Plataforma, Salvador
◢ Escola em Pituaçu, Salvador

Integrados de Ensino em escala federal. Experiência malograda por razões de ordem política e administrativa.

Na arquitetura de Filgueiras Lima, o domínio tecnológico de determinado sistema construtivo anda *pari passu* com a qualidade dos espaços obtidos. A continuidade do trabalho com o material foi permitindo a Lelé o aprimoramento e a sofisticação do sistema. O desenho das peças passou a solucionar melhor os problemas construtivos, de conforto térmico, de flexibilidade e variação, levando a espaços mais qualificados, adequados à função estabelecida no programa em termos de amplitude, ventilação, iluminação. Munido deste saber fazer, Filgueiras Lima desenvolveu hospitais para a Rede Sarah, logrando espaços de altíssima qualidade.

A escola transitória em argamassa armada, concebida inicialmente para instalação em zonas rurais no município de Abadiânia, era montada a partir de um esqueleto de vigas, calhas e pilares que formavam pórticos transversais. Painéis para fechamento lateral tinham secção em 'U' – lembrando os painéis de concreto do galpão de uso geral na UnB, concebido por Oscar Niemeyer e equipe no início dos anos de 1960. Telhas planas, também em argamassa armada, placas de piso (57 x 57 cm, com 3,5 cm de espessura), lanternins, peças para captação de água pluvial completavam o sistema junto a uma série de soluções específicas para esquadrias, instalações elétricas e sanitárias etc. As peças foram dimensionadas para permitir montagem manual e facilidade de transporte. O sistema foi concebido para ser expansível e desmontável. O modelo, inicialmente concebido para Abadiânia, foi sucessivamente aperfeiçoado nas experiências do Rio de Janeiro e de Salvador ❶. A flexibilidade desse sistema se adaptava à concepção de diferentes configurações de planta, permitindo o adequado aproveitamento dos terrenos disponíveis.

Em Salvador, Lelé recebeu a encomenda de 27 creches para acolher quatro mil crianças pelo MAIS – Movimento de Ação Integrada Social da Bahia. Para as creches, concebeu cascas de cobertura em argamassa armada que compõem abóbadas ❷, criando assim uma identidade específica para esses espaços. O sistema estrutural prescindiu ❸ das peças para viga, as abóbadas foram amarradas transversalmente por vergalhões, solução que garantiu maior flexibilidade ao sistema ❹. As junções das abóbadas e pilares foram concretadas *in loco*. As paredes em painéis 'U' foram fixadas à cobertura por meio de um perfil metálico em 'U', por onde correm os cabos de eletricidade e telefonia. Nas creches, uma série de detalhes visou aumentar o conforto e atingir os níveis de assepsia requeridos. Por exemplo, as cascas de cobertura são formadas por duas camadas de argamassa armada em torno de um colchão de ar. Cascas de diferentes tamanhos permitem o adequado dimensionamento da planta e geram uma agradável variação no exterior.

A racionalidade imanente no sistema de pré-fabricação de componentes leves para obras públicas tal como concebido pelo arquiteto João Filgueiras Lima, em que os ganhos de escala compensam amplamente os custos de instalação da fábrica, infelizmente está sujeita às vicissitudes das administrações públicas e esbarra em interesses financeiros poderosos das empreiteiras e construtoras de obras públicas. De qualquer forma, a arquitetura criada a partir deste sistema atingiu, além da adequação econômica e construtiva frente à realidade precária das grandes cidades brasileiras, uma adequação plástica ao inserir, em meio às ocupações de baixa renda, edifícios flexíveis e leves, que não se tornam impositivos na paisagem.

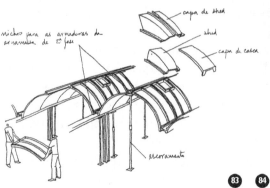

6.
A Cidade dos Negócios:
Espaços da Promoção Privada

A relativa prosperidade dos tempos do "milagre econômico" brasileiro de princípios dos anos de 1970, o caráter desenvolvimentista dos governos de ditadura militar então vigentes, o acelerado crescimento demográfico, o êxodo rural com forte migração interna dos anos 60-70 geraram uma intensa urbanização, quase sempre sem maior controle das municipalidades, havendo, entretanto, algum atendimento da demanda por escolas, estações rodoviárias, centrais de abastecimento e outros equipamentos coletivos, sem falar no crescimento do próprio setor governamental controlador dessas atividades, que passou a solicitar a construção de sedes de empresas estatais, centros administrativos e programas afins. Essa demanda arquitetônica foi sendo atendida seguindo, em termos formais/construtivos, o espírito daquela época: se nos anos de 1930 a 1960 a arquitetura moderna brasileira adotava uma linguagem de tendência corbusiana retrabalhada pela interpretação local, segundo a orientação maior de Lúcio Costa, a partir dos anos de 1960 a nova demanda por obras públicas passou a ser expressa dentro de uma sensibilidade brutalista que naquele momento vigia em quase todo o planeta, em toda parte igualmente adaptada às demandas estatais, e que resultava, geralmente, em propostas que enfatizavam a exploração de ousadias formais e estruturais, quase sempre com estruturas aparentes em concreto armado ou protendido, acabamentos rústicos e detalhamento espartano – por questões menos de custo que estéticas[150].

A partir dos anos de 1980, já no final do regime militar, uma grave recessão econômica, posterior à crise internacional energética dos anos de 1970, somada ao esgotamento do modelo econômico autoritário e centralista então vigente, redunda em uma diminuição da demanda estatal por obras, colocando em crise as profissões ligadas à construção civil acostumadas a atender prioritariamente, ou a considerar como mais adequado e coerente, esse tipo de solicitação. Assim, no Brasil, ocorreu certa coincidência fortuita, mas muito significativa: superpõem-se a diminuição das encomendas estatais e o esgotamento da sensibilidade brutalista e variantes (como pode ser considerado o plasticismo estrutural). Fato que, não sendo tão claro em seu momento quanto hoje, ajudou então a confundir o debate arquitetônico e a embaralhar suas premissas, de maneira que a crise e discussão do esgotamento de certas pautas da modernidade se misturaram quase inextricavelmente com a perda do cliente preferencial estatal, criando uma associação indébita de causa e efeito entre ambos os fatos que, entretanto, são relativamente independentes entre si. Assim, a valorização ideológica do Estado como parceiro ideal dos arquitetos – muito presente no pensamento político de esquerda, sendo também relativamente dominante no âmbito do ensino – se mesclou à defesa da expressão arquitetônica que havia caracterizado as obras públicas nos anos 60-70; esta sendo entendida (por alguns comentadores da época) como expressão legítima de uma identidade arquitetônica brasileira renovada. Tal coincidência temporal entre duas crises distintas foi responsável por várias confusões conceituais:

> Na diversidade da produção atual de arquitetura é possível constatar que há uma diferença fundamental de linguagem. Nisso acreditamos que todos concordem. Nossa hipótese é que a linguagem substantiva esteja perdendo espaço para uma outra, mais adjetivada. Não se trata de uma leitura meramente formal, mas de uma mudança de atitude de caráter estético. Estamos chamando provisoriamente de linguagem substantiva a proposta estética que a Arquitetura manifesta no momento em que coloca como meta tornar-se acessível ao homem comum. [...] A virada dos anos 70 para os anos 80 testemunhou a escassez das iniciativas do poder público, paradoxalmente, junto com o projeto de abertura democrática. Ao mesmo tempo, acompanhamos o crescimento da iniciativa privada que muitas vezes colocou em xeque a manifestação estética da arquitetura brasileira. [...] Nos vimos diante de uma realidade que procura juntar o anteontem com o depois de amanhã. Parece que queimamos etapas. Estamos sendo induzidos a pensar em termos de sociedade pós-industrial sem termos concretizado a modernidade[151].

Neste imbróglio ideológico com pretensões a teoria e crítica, destaca-se um traço que seguirá sendo persistente nos debates das décadas seguintes: o preconceito em relação a vários excelentes arquitetos e suas obras, sempre que estivessem respondendo às demandas não estatais, ou seja, da iniciativa privada. A situação, por absurda, chegava mesmo a exigir de alguns pesquisadores sérios que justificassem seu interesse de trabalho quando voltado ao estudo de certos arquitetos cujas obras, mesmo sendo excelentes, não fossem exatamente alinhadas com tal pensamento tecnocrático de esquerda. Não seria talvez por outra razão que, por exemplo, Renato Anelli achou necessário proceder a uma defesa veementemente do papel social de um arquiteto do porte e importância de Rino Levi:

> O fato de (Rino) Levi ter sido um arquiteto com forte atuação no mercado imobiliário não o tornou alheio às responsabilidades do arquiteto frente à sociedade. [...] A concepção de Levi se dirige a uma estrutura democrática, com a sociedade civil organizada, para a qual o arquiteto contribui, com seus

conhecimentos específicos, para a formação de uma opinião pública consistente, capaz de conduzir à superação dos problemas que a afligem. Ao arquiteto cabe o desafio de demonstrar à sociedade que seus conhecimentos são relevantes para seu desenvolvimento. Trata-se de uma concepção oposta à do arquiteto demiurgo, que assessora um poder centralizado, transformador da sociedade. Mas também distante do profissional que se limita a responder às solicitações que lhe são feitas pelo mercado[152].

Naturalmente, a dita "manifestação estética da arquitetura brasileira" foi posta em xeque por um conjunto complexo de fatores: o constante fluir dos tempos; a ascensão de uma nova geração no mercado de trabalho com outras vontades e expectativas; um novo momento no caráter representativo das instituições; novos materiais e tecnologias; novas teorias sobre a cidade e sobre a arquitetura moderna revalorizando a importância da memória (inclusive, da tradição moderna). Esses e outros aspectos necessariamente modificaram o ambiente cultural, tecnológico e construtivo, o que acarretou em novas propostas e soluções. A ideia que mal ou bem regia as decisões de implantação urbana nas obras ditas "oficiais" dos anos 60/70 era a visão da cidade não como memória, mas como espaço genérico a ser "arrasado", por inadequado, e a ser reconstruído, pretensamente melhorado, a partir das normas do urbanismo moderno. Já nos anos de 1980 em diante, a cidade passa a ser vista como meio cultural complexo, que mesmo quando está a demandar mudanças não deve ser ignorado, mas profundamente considerado na concepção do projeto; e embora inicialmente tais ideias estivessem presentes quase que apenas nos debates teóricos, aos poucos essa consciência passa a permear as intervenções concretas sobre a cidade, e, mesmo quando não são cabalmente atendidas, seguem presentes enquanto desafio necessário a ser superado.

Colaboraram inclusive para a mudança de paradigmas questões de ordem pragmática, como a maior necessidade de controle de custos, na quantidade e na transparência das decisões, visando o aproveitamento máximo de recursos e investimentos, indispensável nas obras financiadas pelo setor privado; as obras até então financiadas pelos governos militares não colocavam maior ênfase na equação custo *versus* benefício, e sim em dados simbólicos tendendo à questão da representatividade e monumentalidade, que não deixam de estar presentes no setor privado, mas que tendem a ser resolvidas de maneira não estrutural, e sim simbólico-material. De qualquer maneira, as questões de eficiência – econômica, arquitetônica, urbanística, energética[153] – passaram, a partir dos anos de 1980, a ter cada vez mais um importante papel na reflexão e redirecionamento da arquitetura brasileira, que não pode ser ignorado e deve ser reavaliado, e que inclusive já anunciava algumas das preocupações que se tornariam recorrentes nas décadas seguintes, como o tema da economia energética.

Obras Paradigmáticas:
Entre o Público e o Privado

Nesse período de transição de começo dos anos de 1980, uma obra de grande interesse pela solução de implantação, que gerou uma resposta então pouco usual de estreita integração entre terrenos privados e espaços públicos, e de

uso público, graças a uma precursora parceria público-privada, é o Centro Empresarial Itaú Conceição, em São Paulo, de autoria de João Eduardo De Genaro, Francisco Javier Judas y Manubens e Jaime Marcondes Cupertino (Itauplan, 1980-1985, primeira fase[154]). A área havia sido desapropriada por ocasião da construção da linha norte-sul do metrô, no início da década de 1970. Uma vez terminada a estação Conceição, situada em bairro então residencial e relativamente distante do centro, as áreas desapropriadas e não utilizadas foram colocadas à venda em lotes grandes, passando a integrar um projeto regional especial da prefeitura (Projeto Cura), visando a reconstituição do tecido urbano e o redirecionamento do uso face às novas condições de acessibilidade. A gestão do Projeto Cura pela Emurb (Empresa Municipal de Urbanização) permitiu administrar e dialogar com a iniciativa privada de maneira a ser possível, nos projetos arquitetônicos de ocupação da área, o atendimento das diretrizes urbanísticas específicas de recuperação urbana daquele trecho, sem prejuízo do atendimento das necessidades empresariais de ocupação e destinação da obra.

O novo proprietário da área, o grupo Itaú, ali construiu um grande complexo administrativo[85] com alto fluxo de usuários deslocando-se via metrô, tendo portanto interesse em viabilizar um acesso direto à estação Conceição. Em contrapartida, dois níveis do subsolo – semienterrados e voltados para a paisagem posterior, devido à forte declividade do terreno – foram organizados como área aberta de acesso público[86], sendo possível a qualquer cidadão caminhar pelos jardins do Complexo Itaú no deslocamento entre paradas de ônibus e acesso de metrô. A praça pública e escadaria existentes ao lado do terreno (com as ampliações posteriores esse acesso público integrou-se totalmente ao conjunto) foram remodeladas por conta do complexo privado e mescladas às áreas abertas do embasamento. A solução de implantação aproveitou o desnível acentuado do terreno, de até 17 m, construindo vários subsolos nesta encosta, conformando patamares com terraços e jardins que acompanham de forma livre o terreno. Os grandes arrimos e taludes que viabilizaram a solução foram forrados por painéis decorativos, integrando o paisagismo da área. A acessibilidade ao subsolo vai sendo graduada a cada nível[87]: os mais altos podem ser transitados por usuários externos e pedestres que atravessam o local; abaixo destes está o principal acesso dos funcionários, no mesmo nível de uma das saídas da estação Conceição do metrô; por uma rampa chega-se ao terraço que permite acesso às torres e onde ficam instalações e serviços para os funcionários; mais abaixo está o acesso nobre e para área de eventos; seguem-se dois níveis de apoio técnico e operacional.

Em função das características do terreno, das diretrizes municipais e das restrições de altura impostas pelo cone de aproximação do aeroporto de Congonhas, o embasamento e as torres tiveram concepção bem distinta. As linhas sinuosas do embasamento respeitaram a praça existente, a saída do metrô, a copa das árvores na rua inferior e, dentro do

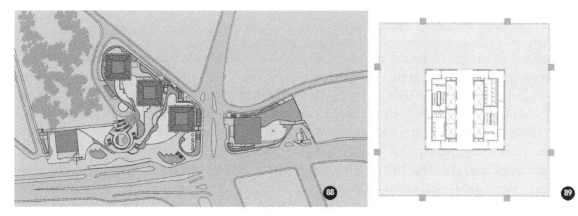

possível, mantiveram a memória do declive acentuado da área, fazendo um contraponto interessante ao vizinho Parque Municipal Conceição, configurando uma inserção urbana notável. Já as torres administrativas propriamente ditas têm proporções colossais, com lajes quadradas de quarenta metros de lado, na "escala" da grande gleba em que foram implantadas e não dos pequenos lotes das residências próximas (apostando talvez na profunda renovação da área, que de fato parcialmente ocorreu nas décadas seguintes). As três torres iniciais foram posicionadas em uma mesma orientação, na diagonal em relação às laterais maiores do terreno; essa solução resulta não apenas da legislação, que permitia a construção de até seis vezes a área do terreno e do gabarito máximo de doze pavimentos, como igualmente de um certo gosto pelo peso e pela horizontalidade próprios de boa parte da arquitetura brasileira dos anos de 1960-1970. Para os autores, a "solução mais imediata – a ocupação extensiva e de pouca altura – foi descartada devido ao excessivo impacto que uma volumetria massiva certamente acarretaria num entorno relativamente rarefeito"[155]. No entanto, mais que a cidade, parece ter regido a solução das torres o pensamento compositivo "moderno" de valorização de volumes soltos em meio ao vazio, que não explica o complexo partido adotado, mas se impõe à percepção quando o conjunto é observado do alto.

O desenho das torres previu a obtenção de escritórios panorâmicos permitindo arranjos com máxima flexibilidade. Há um núcleo central (de 18 x 18 m) congregando a circulação vertical, sanitários e prumadas de instalações. Os apoios verticais das estruturas em concreto armado se concentram nesse núcleo de concreto e em oito pilares periféricos com 1,4 x 1,4 m, dispostos dois em cada lado do quadrado das lajes, configurando uma disposição com dois balanços de 9,8 metros e um vão central de 19,6 metros em cada face. Com isso, a área de trabalho interna ficou livre de apoios intermediários e com acesso direto às janelas em fita contínua com parapeitos, tanto por exigência de segurança de incêndio, como para diminuir o excesso de luz e calor nos ambientes (que resultaria da solução em cortina de vidro total). As torres têm piso elevado – solução na época ainda não usual mas que logo a seguir se tornaria padrão em edifícios de escritório – facilitando acesso e manutenção dos cabos de energia, telefonia e computação (também usada ali pioneiramente). A estrutura foi deixada aparente, mas o tratamento não buscou qualquer rusticidade: o concreto foi tratado para atingir a textura de um granito polido, compondo com as faixas de vidro fixo instaladas no mesmo alinhamento das vigas, conformando uma superfície contínua que enfatiza o desenho abstrato dos traços horizontais. A altura da viga de coroamento foi acrescida em cinco metros para receber a marca da instituição, reforçando a proporção robusta dos blocos.

As reflexões e obras do arquiteto carioca Luiz Paulo Conde constituem uma importante contribuição ao debate arquitetônico e urbanístico a partir dos anos 1975-1985.

Nas suas atividades didáticas e de pesquisa, como professor e diretor da FAU-UFRJ, e na dos profissionais arquitetos da equipe do seu escritório profissional, comparece uma crescente preocupação com o correto modo de inserção das arquiteturas na cidade; inicialmente, através de estudo de casos concretos da realidade urbana do Rio de Janeiro, na pesquisa sobre o protomodernismo carioca[156], na exegese de bons espaços urbanos pela análise tipológica e morfológica de seus edifícios. Como posteriormente esclarece, Conde se afasta da ideia demiúrgica do arquiteto como protagonista principal ou quase único da arquitetura, e passa a considerar a concepção de uma obra como fruto de um acordo entre as condicionantes dadas e o desejo de forma, em diálogo constante: "Não acredito numa arquitetura de liberdade. Acho que são as argumentações, as diferenças, o embate, as escolhas, as limitações que vão gerar a obra"[157]. Não se trata, porém, de um acordo aleatório e sem ordem: é bastante evidente na sua obra a preocupação com a composição e harmonia do artefato construído, do arranjo dos volumes ao emprego dos materiais, valorizando, nas elevações, uma maior proporção de cheios sobre os vazios, situação adequada, no seu entender, à luminosidade tropical, que sugere muros para refletir o sol e preservar microclimas internos. Também chama a atenção o detalhamento cuidadoso e o uso extensivo de revestimentos cerâmicos, bem como os ensaios de uso e combinação de cores. Mas, acima de tudo, a preocupação é de criar uma arquitetura que entenda seu lugar e nele cuidadosamente se insira de maneira "tranquila", assumindo que as obras construídas devem prioritariamente participar de um todo idealmente harmonioso.

Duas obras para a Fundação Bradesco atestam as preocupações básicas do escritório Luiz Paulo Conde no período[158]: o Centap (Centro de Treinamento e Aperfeiçoamento de Pessoal) da Bradesco Seguros (Rio de Janeiro, 1982-1984) e o Ginásio Esportivo Polivalente da Fundação Bradesco na Cidade de Deus (Osasco-SP, com Mauro Neves Nogueira, 1984).

Localizado no tradicional bairro carioca do Rio Comprido, hoje bastante transformado pelo intenso tráfego de passagem, o uso proposto para o Centap requeria um certo resguardo em relação à paisagem urbana ao seu redor. Sua integração com o meio se dá, basicamente, pela decomposição da solução volumétrica de maneira a minimizar o relativo impacto da nova obra em seu contexto, ao mesmo tempo em que o requalifica. Assim, o Centap foi definido por diversos blocos justapostos e organizados em torno a um pátio central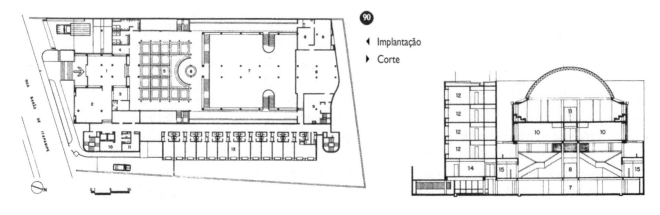, os diferentes volumes da composição correspondendo, aproximadamente, a diferentes funções: escola, hotel e serviços auxiliares. Dois desses blocos abrigam o programa básico do centro de treinamento: salas de aula, administração, refeitório e ginásio de esportes. Esses dois blocos, um na frente e outro nos fundos do terreno, são unidos por

◀ Implantação
▶ Corte

duas passagens baixas, em cada uma das laterais, definindo o pátio central. A esse conjunto foi acoplado um volume lateral, estreito e longo, ocupado pelo hotel e por atividades auxiliares. Mesmo tendo sido a decisão de criar um alojamento para alunos posterior à definição inicial do projeto (acarretando a compra do terreno vizinho), a flexibilidade conceitual do partido permitiu tirar proveito máximo dos acréscimos, sempre enfatizando o programa múltiplo: os volumes estão cuidadosamente destacados, reentrâncias e distanciamentos marcam os diferentes usos.

O desenho dos ambientes, o tratamento dos pisos, o colorido dos revestimentos trabalham no sentido de qualificar os diferentes espaços: os trajetos são valorizados, assim como os espaços de transição entre um ambiente e outro. O Centap é um edifício com mais cheios que vazios; os panos de vidro aparecem como recortes quadrados em meio ao peso da alvenaria, ora formando caixas que saltam do plano da parede, ora simplesmente destacados por molduras. O edifício oferece para a rua uma fachada discreta em revestimento de tijolo cerâmico e vidro: em primeiro plano a fachada do corpo frontal com uma disposição simétrica das aberturas; em segundo plano, o corpo lateral; e, recuada em relação a ambos, a parede que os articula. Com a opção de dividir o programa em volumes destacados, embora claramente identificáveis como um todo, os arquitetos evitaram um grande monobloco, que poderia se tornar impositivo no logradouro e buscaram uma inserção mais suave num meio de ocupação mista, com grande variedade de escalas, gabaritos e recuos.

Outra obra cuja solução formal é resultado de cuidadoso ajuste ao local de inserção é o Ginásio Esportivo Polivalente da Fundação Bradesco em Osasco[159]. Inserida na Cidade de Deus – um enclave urbano organizado de maneira extensa, como um *campus* – a situação urbana peculiar é complicada pelo fato de o terreno ser uma vertente inclinada, ladeada por grandes árvores de reflorestamento. Aproveitando a situação complexa, a solução, muito simples, escamoteia o grande volume do ginásio – com capacidade para 2.500 espectadores – no acentuado declive de treze metros. O acesso se dá pela parte alta – onde o bloco tem o gabarito das construções térreas vizinhas; no lado posterior, a sinuosidade do lote em curva foi espelhada em uma concavidade na parede lateral do edifício, que vence o desnível, organizando e delimitando a encosta. A rua inferior, de passagem, permite apreciar toda

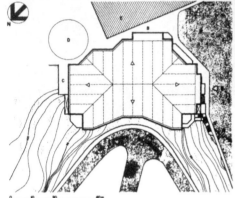

a altura do bloco com a clara sugestão externa do desenho das arquibancadas, graças ao escalonamento das venezianas industriais[93].

O edifício é definido por uma estrutura periférica de concreto armado, conformando, em planta, um polígono irregular, cujo desenho se adapta ao formato do terreno e às benfeitorias já existentes no clube[94]. Os pilares estão posicionados sobre as linhas de uma malha modulada em 4,5 m, portanto, os fechamentos variam de dimensão conforme o ângulo que descrevem entre os eixos da modulação. Ventilação e iluminação foram resolvidas com venezianas industriais de PVC que alternam com alvenaria revestida com pastilhas cerâmicas o fechamento do edifício. Vencendo o vão maior das quadras esportivas, a cobertura de telhas-sanduíche de alumínio e poliuretano expandido tem estrutura de treliças metálicas, apoiada na estrutura periférica de concreto armado[95].

Merece alguma reflexão o caráter extremamente coloquial da solução, em todas as suas opções. Trata-se de um galpão bastante convencional que, como outros galpões industriais ou comerciais, tem a estrutura regida por uma malha modular ortogonal. A estrutura independente segue o perímetro externo do edifício, exceto por dois volumes que abrigam a circulação vertical. Esses volumes, em dois dos cantos do edifício, se acoplam a chanfros, que tanto diminuem internamente o vão a ser vencido pelas treliças diagonais quanto fazem um contrapondo aos chanfros da parede posterior, permitindo o encaixe do edifício em meio às benfeitorias próximas. Devido às "deformações" na parede de fechamento, o apoio da cobertura de quatro águas junto à estrutura de concreto tem altura variável; com isso, a viga de fechamento sofre engrossamentos e inclinações para permitir o adequado apoio das treliças metálicas. Ou seja, a forma da estrutura de concreto armado não é soberana na composição; ela se adapta aos obstáculos, no equacionamento, sugerido pelos autores, entre uma projeção retangular pré-definida e as especificidades do sítio. Ou seja, a obra é o resultado de uma tensão proposital entre a ordem ideal e o meio, na medida em que a "ordem ideal" esbarra em limites físicos sofre deflexões que levam à solução final.

Naturalmente, o projeto está explicitando e defendendo a inclinação teórica dos autores em favor de uma arquitetura que seja o resultado de um embate com o meio e, nesse sentido, que seja concebida como protagonista de um todo maior, uma ambiência qualificada. E é nesse aspecto que reside o interesse despertado pelo volume do ginásio: a concavidade na parede dos fundos, que sugere um complemento construído para a encosta, o gabarito baixo na parte alta, que compõe com as outras benfeitorias já existentes no clube. Além dessa preocupação, o projeto deste ginásio mostra uma estrutura de concreto armado que poderia ser embutida sem grande modificação na concepção geral, sendo que seu papel formal está mais ligado a marcar a modulação e dar um ritmo ao fechamento externo; por sua vez, o grande vão livre, necessário ao programa, é vencido por adequadas treliças metálicas. Aliado a essa estrutura econômica e pragmática, o edifício tem as alvenarias revestidas por pastilhas cerâmicas e as arquibancadas em lajotas pré-fabricadas e tijolos nos espelhos, buscando uma relação satisfatória entre custos de construção e manutenção e resultado final. Essas opções de projeto, hoje bastante corriqueiras na arquitetura contemporânea, foram desbravadoras na época, retomando, na arquitetura nacional soluções mais simples e diretas. O ginásio da Fundação Bradesco, com sua aparência falsamente fortuita e casual, pode ser compreendido como um libelo, quando inserido no debate da época.

A Cidade da Especulação: Fronteiras da Boa Arquitetura

Boa arquitetura é possível em qualquer parte e será também viável nas cidades modernas em que vivemos, mesmo aceitando e trabalhando no bojo de suas regras – ou, pelo menos, é nesse credo que boa parte dos profissionais arquitetos gostaria de perfilhar. Mas o que é "bom" em arquitetura? Por boa arquitetura se entende não apenas aquela que adequadamente atenda aos requisitos técnicos, funcionais e financeiros, mas a que também seja, esteticamente, boa. Caso os parâmetros estéticos fossem resultado apenas de juízos de gosto, não haveria como avaliá-los; mas, embora a resposta a essa questão transcendente seja certamente variável conforme o tempo e o lugar de que se trate, pode-se talvez postular que será boa a arquitetura que se mostre apropriada[160] ao momento e ambiente em que se insere[161].

Por isso mesmo, talvez seja redundante dizer também que a boa arquitetura deve garantir condições adequadas de habitabilidade, segurança, estabilidade e durabilidade, satisfazer o programa a que se destina de maneira correta mas flexível, e – face à condição de mercantilização de todos os níveis da vida cotidiana que caracteriza o período industrial e pós-industrial em que vivemos – que a boa arquitetura requererá a possibilidade de que sua construção, alienação e manutenção sejam viáveis ou resultem em uma operação financeira rentável. Entretanto, para atingir tais objetivos não há regras *a priori* quanto às formas, materiais e tecnologias a empregar; e a viabilidade em termos técnico-financeiros tampouco pode ser pensada apenas em termos de curto prazo e de lucro imediato: há cada vez mais a consciência da necessidade de considerar os custos de médio e longo prazo, inclusive de ordem social, incluindo-se aí os aspectos de sustentabilidade e de aculturação. Esta última palavra querendo resumir, em outros termos, uma preocupação indispensável: o que é bom para nós, aqui e agora, pode não sê-lo em outras partes, e vice-versa, nem tudo o que pode ser de interesse para outras realidades nos compete adotar sem maior reflexão e digestão. Porém, todas essas considerações jamais resultarão em uma fórmula fixa: a cada momento essa complexa equação pode e deve ser reavaliada e reproposta, estando sujeita a erro e crítica, sendo conveniente revê-la a cada passo.

Seja como for, o que não é mesmo possível é justificar má arquitetura com a desculpa de ser arquitetura de negócios. Todo profissional tem a obrigação ética de produzir resultados de qualidade, seja qual for a realidade político-social em que vivemos. Da mesma maneira, os resultados devem ser avaliados levando-se em conta as dificuldades de execução, de qualidade e confiabilidade de materiais e tecnologias, reflexos da instabilidade econômica conjuntural, além do vício do mercado em operar com custos excessivamente baixos, independentemente da baixa qualidade resultante. Há, sem dúvida, obstáculos a superar na melhoria da atividade profissional dos arquitetos, e isso inclui a busca porfiada pela qualidade das suas arquiteturas.

Se bem que os arquitetos tenham pouco poder de atuação sobre questões extra-arquitetônicas, podemos atuar sobre aqueles obstáculos à qualidade que são nativos e oriundos da nossa própria disciplina – em seu campo estendido, o urbanismo. O conceito de "uso do solo" e o zoneamento monofuncional estanque (para citar apenas duas das mais disseminadas ferramentas propostas pelo urbanismo moderno e adotadas pela grande maioria dos municípios a partir da febre de planos diretores dos anos de 1960-1970 em diante) ajudaram a transformar a cidade em mercadoria e a acentuar a descontinuidade da paisagem urbana, cuja coerência passa a ser cada vez mais dada apenas pelas ligações viárias; e para se criticar tais resultados, não há como não postular a necessidade de rever as premissas[162]. Um dos típicos subprodutos desses conceitos é a legislação urbanística e edilícia tornar-se cada vez mais complicada por fórmulas numéricas quase aleatórias, impostas como camisas de força às nossas cidades que, em contrapartida, acentuam a tendência de compreender o espaço urbano somente pela solução de fórmulas simplórias e de modelos formais esquemáticos. Perversamente, quaisquer esforços para se escapar dos limites dessas fórmulas acabam passando por experimentação, isso quando não se tornam, o mais das vezes, quase um malabarismo arquitetônico, do qual não se pode totalmente discordar uma vez que as tais normas são, na sua grande maioria, obtusas, e que seu interesse não é o de construir uma cidade mais homogênea ou mais conforme ou mais adequada ou melhor[163], mas apenas o de dar as regras monetárias para realizar ganhos imobiliários, sem a mais leve preocupação sobre a qualidade ou não dos resultados.

A combinação entre regras aritméticas de uso do solo como "planejamento" e a livre iniciativa resolvendo o restante, agindo ou não, ocupando ou deixando de fazê-lo, num "laissez-faire", torna inevitável que a cidade se resolva caso a caso, lote a lote. E nada disso se dá por ausência de planejamento e sim pela visão, talvez equivocada, de apenas se basear num tipo de planejamento, aquele que dita regras e se ausenta da responsabilidade dos resultados que delas derivam.

Uma situação exemplar de ação pragmática pela iniciativa privada, estritamente dentro das regras impostas pelo urbanismo moderno dos planos diretores dos anos de 1960-1970 é o caso da avenida Berrini, em São Paulo[164]. O planejamento urbano imposto a partir de 1972 institucionalizou o espaço da cidade como uma colcha de retalhos de trechos desconexos de variados zoneamentos, definidos nem tanto a partir de projeções de possibilidades e tendências de transformação, e sim, na maioria das vezes, como repetição cristalizada das situações factuais então existentes. O então novo conjunto de regras deu vários resultados e situações inesperadas, menos por ter sido infringido, e mais por ter sido levado às suas últimas consequências – talvez não previstas, mas que suas regras viabilizavam. Descartando os mecanismos tradicionais formais de controle do espaço urbano, o zoneamento funcional abandonou o desenho em prol da escrita, consolidando-se em leis e normas escritas por extenso, e o destino das regras escritas em linguagem jurídica parece ser sempre o de poderem ser habilmente torcidas para os lados que se queira, dependendo do caso. Mas quando vistas pelo outro lado do espelho, as ações concretas ocorridas sobre o ambiente urbano – não propriamente planejadas, mas facilitadas por esse tipo de "planejamento" – devem sempre ser necessariamente percebidas como matizadas pelas circunstâncias, e, talvez, sejam estas que mais importam para a compreensão dos fatos. No caso dos primeiros edifícios a ocuparem a região da Berrini, o amálgama de regras ditadas pela legislação urbana e o aproveitamento delas feito pelas circunstâncias não podem deixar de ser compreendidos com certo cuidado e sem preconceitos.

O zoneamento genérico promoveu a disseminação da possibilidade de se realizar edifícios altos em quase toda a cidade[165], dispersando os impulsos de verticalização além dos centros tradicionais e por toda a cidade; essa brecha permitiu que investidores e construtores de pequeno porte se estabelecessem no mercado de construção e venda de edifícios em altura (habitacionais e comerciais) através do aproveitamento de terrenos de mais baixo custo, situados fora dos vetores habituais de crescimento vertical. Evidentemente, essa situação tende a ser instável e localmente não duradoura, na medida em que os edifícios construídos em um determinado lugar tendem a criar ali um vetor de prestígio, aumentando o custo dos terrenos e dificultando novas operações de compra de terrenos a baixo custo; mas havendo prévio investimento em um razoável estoque de terrenos, torna-se possível prolongar um pouco mais a rentabilidade do empreendimento. Em poucas palavras – e muito superficialmente – esse método foi empregado em São Paulo tanto na avenida Luiz Carlos Berrini, como em muitas outras áreas da cidade, e por variados empreendedores. O caso Berrini[166], porém, talvez tenha se tornado mais conhecido pelo fato de em várias obras próximas ter coincidido o trabalho de um mesmo grupo de empreendedores/arquitetos num curto período, levando a uma relativa homogeneidade de resultados.

Associando-se à construtora Bratke & Collet, o arquiteto Carlos Bratke veio a projetar, a partir de meados dos anos de 1970, vários edifícios comerciais no eixo da avenida Berrini[167] (cuja abertura resultou da cobertura de um dreno de regularização de vazão situado paralelamente ao rio Pinheiros, na zona sul da cidade de São Paulo). A necessidade de manter os custos de construção baixos, para garantir a viabilidade dos empreendimentos, levou o arquiteto a repensar os padrões arquitetônicos então vigentes, e que ele próprio até então costumava adotar:

> sempre recebia reclamações no sentido de que nós, arquitetos, não pensávamos na construção, no orçamento da obra. Depois que comecei a trabalhar com meu irmão [construtora Bratke & Collet], que também é arquiteto e com quem tenho um contato fraterno, a bronca vinha direta. Mesmo assim no começo eu insistia, por exemplo, com o concreto aparente. Construímos apenas um edifício onde ele é empregado extensamente. Evidentemente, o orçamento estourou. Houve época em que talvez se justificasse o uso abusivo do concreto aparente, porque era uma técnica relativamente barata, o material e a madeira menos caros, a mão de obra farta e em geral não registrada. Mas isso tinha mudado, [...] e comecei a procurar novas técnicas e novos acabamentos [...] compreendendo que deveria restringir seu uso [do concreto aparente] apenas às estruturas em si e aos elementos onde seu emprego fosse lógico[168].

Esse aprendizado prático o levou também a repensar a relação com o cliente:

quando saí da faculdade me achava infalível, possuindo as fórmulas do bem projetar, e se o cliente não gostava, problema dele. Só que eu ficava sem o projeto e o cliente ia procurar certos decoradores, desenhistas, arquitetos sem diploma que proliferaram na década de 1970. Não acho que se deva ser desenhista do cliente. Mas uma participação harmoniosa desde o início do projeto, uma participação organizada, com respeito mútuo, pode chegar a resultados ótimos. A postura rígida e intransigente do modernismo podia ser justificada na fase de implantação das novas ideias, mas hoje estamos numa fase de depuração. Por não se compreender isso, tivemos a baixíssima qualidade das obras da década passada (anos 1970), a falta de renovação, a queda de prestígio do arquiteto[169].

A experiência na Berrini, viabilizada por uma oportuna situação, apoiada pelo atendimento às regras do zoneamento genérico e potencializada pela interpretação esperta das limitações impostas pelos códigos de edificações, entretanto não se resumiu, no caso de Bratke, a uma empreitada mercantil; mas, igualmente, a uma abertura conceitual em termos arquitetônicos. "Sentimo-nos diante de um panorama totalmente sem referenciais construtivos que nos ativessem a estereótipos. Podíamos partir para quaisquer soluções arquitetônicas, que progressivamente iam criando padrões de linguagem". O que de fato aconteceu, já que no curto prazo de pouco mais de uma década foram planejados e construídos mais de três dezenas de edifícios ao longo do eixo de 2 km da avenida Berrini e adjacências. Essa produção prolífica ocorreu *pari passu* e sem uma coordenação *a priori*[170]; mesmo assim, Bratke foi organizando um vocabulário próprio, sintetizando, de maneira peculiar, as possibilidades construtivas, a disponibilidade de materiais e os requerimentos funcionais, somados a algumas premissas conceituais básicas: a separação entre espaços servidores e espaços servidos (relendo as então relativamente recentes propostas de Louis Kahn[171]) definindo lajes livres, acompanhadas de várias torres adjacentes para utilidades – que eram dispostas de maneira a parcialmente sombrear as fachadas – e organizadas segundo a melhor orientação e/ou atendendo às possibilidades de formato dos lotes disponíveis, criando uma espécie de "sistema de peças" que, sem chegar a ser uma proposta de industrialização propriamente dita, fazia, entretanto, uso de uma paleta relativamente restrita de opções de estruturas e acabamentos. Isso aconteceu ao menos inicialmente, já que, à medida em que o conjunto dos empreendimentos foi sendo viabilizado, foi possível aumentar a disponibilidade de recursos alocados, permitindo o uso de outros materiais de maior custo, e variações de opções de partido que, inicialmente, não se mostrariam economicamente viáveis.

Em termos estruturais, passou-se do uso de lajes nervuradas ao uso mais extensivo de concreto protendido em lajes maciças, diminuindo-se os custos com fôrmas (na época, realizadas com madeira), resultando em estruturas mais leves e de menor peso devido à menor quantidade de concreto empregado. Em termos volumétricos, havia certa variação de altura em função do atendimento das regras do zoneamento, que em absoluto era homogêneo em toda a área, e em função das dimensões dos terrenos disponibilizados. As torres de escritórios eram fechadas com panos contínuos de vidro apoiados sobre perfis metálicos sobrepostos aos planos das fachadas; as torres verticais, abrigando dutos, circulações verticais, instalações sanitárias etc., justapostas às lajes dos pavimentos-tipo, recebiam acabamento de massa com tratamento rústico, relembrando algo da aparência do concreto aparente (com menor custo, embora com maior dispêndio de mão de obra, ainda relativamente barata). O resultado formal tendia a enfatizar a verticalidade, com o predomínio visual dos cheios das torres na maioria dos ângulos de mirada, eventualmente contraponteado pelo ressalto de algumas faixas horizontais dispostas a variadas alturas da composição. As plantas se apresentavam recortadas, nem tanto pelos pavimentos-tipo, como pela composição complexa resultante da aposição das diversas torres[172].

A partir desses elementos, a variedade das soluções é obtida por meio da ênfase no "partido", entendido em seu conceito tradicional, presente desde a arquitetura acadêmica, como ideia mestra, ou "lema" ordenador da concepção, quase sempre por analogia formal. Alguns dos casos mais "típicos" dessa combinação de elementos de padrões de composição são os edifícios de escritórios da rua Funchal, 203 (1976-1978, empregando uma modulação triangular das plantas-tipo, reminiscência das leituras de Kahn); o conjunto comercial Morumbi Plaza (1980, contrapondo volumes horizontais de comércio junto à avenida Morumbi, com torre de escritórios mais recuada); o edifício de escritórios na esquina da Berrini com a rua Geraldo Flausino Gomes (1980-1983); dentre muitos outros. Em cada caso a proporção "resultante" do edifício – fruto aritmético dos parâmetros de áreas máximas de construção definidos pelo zoneamento – é reequilibrada através de variados mecanismos de balanceamento, dando destaque aos planos verticais, embora de fato os edifícios nem fossem tão altos, para o padrão paulistano (a maioria dos primeiros edifícios tem entre 8 e 12 pavimentos).

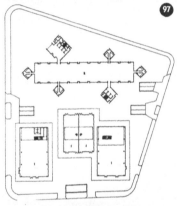

Algumas exceções ao sistema despertam, entretanto, um interesse que transcende à circunstância específica daquela dada situação: é o caso do edifício ARS[173], na avenida Berrini, sede do escritório de Bratke e da construtora Bratke & Collet (1982-1986). Aqui a composição se mostra mais classicamente equilibrada, não enfatizando apenas a verticalidade mas trabalhando o contraponto com vazios e sombras horizontais profundas, seja no pilotis, seja no pavimento intermediário livre. A disposição de algumas das lajes defasadas de meio pavimento cria episódios de integração vertical e de continuidade entre os planos de trabalho que colabora para a constituição de um ambiente mais criativo. As fachadas são bem mais complexas, havendo contraponto entre o tijolo aparente disposto em arranjos assimétricos, à maneira de "painéis" de variadas larguras, intercalados com os panos de vidro de laje a laje, ficando estas à mostra. A estes, somam-se outros episódios, como a disposição de algumas tubulações de águas pluviais percorrendo com certo destaque a fachada e o posicionamento relativamente mais discreto das torres verticais de utilidades e circulação, além do tratamento mais escultural das volumetrias dispostas no ático do edifício. O conjunto colabora para um resultado muito elaborado e bastante harmônico.

O escritório Croce, Aflalo e Gasperini nasce da associação dos arquitetos Plínio Croce e Roberto Aflalo com Gian Carlo Gasperini, ocorrido por ocasião do concurso internacional para a sede da Peugeot, em Buenos Aires (1962). Afinados com a tradição moderna brasileira, sua formação mais abrangente e eclética leva-os também a valorizar outras fontes de influência, como a contribuição miesiana, cuja sobriedade e concisão é combinada com a busca de um formalismo de cunho mais estrutural, mais tipicamente brutalista. A extensa e variada obra do escritório não se restringe a edifícios comerciais, abrangendo algumas das propostas mais significativas da arquitetura paulista desde os anos de 1960, englobando escolas, teatros, edifícios governamentais e uma variedade de outros programas. Mas, em seguida à crise de finais da década de 1970, o escritório passa a focar sua atuação na iniciativa privada, e simultaneamente a repensar algumas de suas premissas formais e construtivas, realizando vários projetos e obras nos anos de 1980 a partir do conceito de grelhas verticais, num primeiro momento ainda plenamente responsáveis pela estrutura portante dos edifícios. Dois exemplos magistrais dessa linha de trabalho são os edifícios Sudameris (1983-1986) e Citicorp (1984-1986), na avenida Paulista, em São Paulo.

Segundo depoimento dos autores[174], a arquitetura desses dois edifícios "não é resultado apenas de uma busca formal. Tem raízes mais profundas e ampara-se em pesquisa desenvolvida há longo tempo"; e não estaria afinada com

> o que se procura conceituar como pós-moderno. As raízes [dessa arquitetura] prosperaram no difícil período de pouca oferta de serviço. [...] A equipe aproveitou aquele período de escassez de projetos para aprofundar pesquisas a respeito das várias potencialidades da estrutura, a fim de encontrar, quem sabe, um novo caminho. [...] A equipe, em sua pesquisa, não se atinha apenas à análise da arquitetura dos mestres lá de fora. Ela examinou os trabalhos da chamada "escola brasileira", que a partir da planta livre de Le Corbusier, colocou determinadas questões referentes à estrutura na arquitetura;

ressaltando como exemplo "toda a escola de Vilanova Artigas, mostrando as estruturas, finalmente, como elemento fundamental para englobar os espaços. Era o envoltório máximo, a sublimação da estrutura em termos de definição do espaço". Assim sendo, a exploração das grelhas estruturais poderia ser entendida como um passo seguinte, numa trajetória de origem moderna e de continuidade brutalista.

Entretanto, pode-se considerar que se trata, igualmente, de um caminho variante, que tanto é de continuidade como de ruptura, ou, talvez, de busca de caminhos alternativos, que transitam "da verdade estrutural à expressão formal"[175], título de artigo crítico que assim comenta a obra do escritório Croce, Aflalo e Gasperini nesse período:

> assumir a liberdade formal mantendo a associação íntima entre estrutura e concepção arquitetônica parece ter sido o raciocínio no projeto para o Citicorp, de Croce, Aflalo e Gasperini. Evidentemente, está-se ainda dentro da tradição paulista da expressão pela estrutura; ao invés do tradicional esquema laje/pilar/viga, as grelhas verticais, a treliça de transição, os grandes pórticos, temperando inovação estrutural e grandes vãos, duas atitudes marcantes dessa tradição ✪. Ao mesmo tempo há um nítido rompimento com o "purismo" intransigente dessa linguagem paulista. As intenções plásticas, assumidas sem

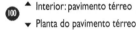
▲ Interior: pavimento térreo
▼ Planta do pavimento térreo

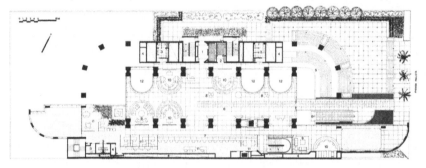

pejo, estão presentes desde a concepção dos espaços ao menor detalhe. O uso simultâneo de materiais nobres, revestindo grelhas e pilares, trabalhando pisos, conformando cada milímetro edificado, não conflita com a sobriedade e o equilíbrio constantes. O caráter público do edifício é marcado na escala dos acessos, dos pilotis, dos térreos da avenida Paulista e da alameda Santos ⓰; o coroamento, o rasgo envidraçado, o jogo de curvas são picos de interesse que se distanciam tanto da torre de vidro anódina como das pretensiosas arquiteturas de *apliques*. Embora nascendo e crescendo da estrutura, a expressão arquitetônica não necessita fazê-la sua atração exclusiva. A verdade estrutural intrínseca convive, nesse edifício, com o revestimento das fachadas, o *leitmotiv* das curvas e denteados, os volumes caprichosos, as visuais azuis e o rendado cor-de-rosa. Por fim, mas não por último, convive com a avenida Paulista: não lamentado-se ou omitindo-se, numa falsa consciência urbana; mas aceitando esse aqui e agora com dignidade e boa arquitetura[176].

É justamente a sua qualidade urbana que é ressaltada por Cristián Fernández Cox[177]: "o edifício Citicorp se apresenta como um projeto inovador, sob muitos aspectos. Em primeiro lugar, procura romper com o compromisso existente na maior parte das cidades brasileiras entre a forma do edifício e o lote". A análise descritiva do projeto, realizada por Fernández Cox, é aqui transcrita, por irretocável.

> Foram adotadas malhas estruturais como forma de expressão arquitetônica, propondo soluções curvas em planta e elevação, criando além disso dois níveis

de pilotis semitransparentes que definem os volumes interiores. O projeto mantém uma coerência entre a solução arquitetônica e sua proposta funcional e técnica. A planta tipo está definida por duas fachadas em forma de malha estrutural: uma menor, plana, e outra maior, com as esquinas curvas, cuja intenção foi reduzir o efeito de corredor entre este e o edifício vizinho. Ao longo dessa malha estrutural se situaram o núcleo de serviços, elevadores, escadas, sanitários e áreas técnicas. As duas malhas não chegam a unir-se: entre as duas se abre um pano de vidro conformando esquinas sucessivas que dá lugar a uma superfície vertical contínua. A malha estrutural maior, curva, se projeta desde o solo até o topo, formando a torre principal do edifício; a outra, menor e plana, sofre uma transição, por meio de grandes vigas-treliça de concreto, na altura do grande saguão, resultando em um número menor de apoios que permitem uma maior flexibilidade do espaço na base. Uma terceira malha curva mais baixa define os espaços cobertos externos na base da torre.

Os acessos se dão desde as duas ruas em cotas distintas, definindo dois pavimentos térreos. O térreo avenida Paulista, onde se encontra a agência bancária, é formado por um grande saguão aberto de um lado a outro, com altura de pé direito triplo. O térreo alameda Santos destina-se a acolher o saguão dos elevadores do edifício, formando uma galeria entre as duas fachadas. Por cima do piloti e das vigas de transição estrutural situa-se o nível do restaurante e pequeno auditório, com áreas para abrigar os setores técnicos e mecânicos. No topo do edifício, optou-se pela transformação da grelha em pórtico curvo, suportando as áreas técnicas do ático; essa solução permitiu criar uma imensa pérgula sobre o terraço do último pavimento-tipo, destinado à direção da empresa, que define a silhueta do edifício.

As fachadas são resultado das intenções plásticas em consonância com a estrutura, que aparece em todos seus diferentes aspectos: malha estrutural, parede-cortina de vidro, vigas-venezianas, pórticos. Não existe, portanto, um envoltório de fechamento independente da estrutura do edifício. Os paramentos de vidro se incorporam à estrutura, e onde esta se interrompe, por desnecessária (nas esquinas), os vidros formam um muro-cortina contínuo. A linguagem arquitetônica da fachada entra para o interior do edifício, transformando-se em motivo, conformado por linhas retas escalonadas, empregado no detalhamento dos acabamentos[178].

Arquiteturas, Simplesmente

As contingências da realidade dependente e desigual da América Latina não deixam de se manifestar no ambiente globalizado e internacionalista de suas grandes metrópoles. O confronto direto e explícito com as questões de ordem econômica – de resto, existentes em qualquer parte do planeta – conformam limitações mais cruas e evidentes em nossas cidades. Compreender e conviver dialeticamente com tais circunstâncias, sem se submeter passivamente a elas ou sem pretender ignorá-las é a difícil tarefa de todos os arquitetos do continente. A opção niilista – negar o fazer arquitetônico enquanto não se alterarem, por decreto ou por milagre, as condições socioeconômicas (de curta vigência mas de fundas sequelas negativas) não parece ser factível, no ensino e prática da arquitetura latino-americana, já desde fins da década de 1970. O pragmatismo acrítico, que grassa nas realizações urbanas cotidianas, atende o mercado a curto prazo e inviabiliza o próprio fazer profissional coerente e adequado a médio prazo – como já se pode claramente constatar, em inícios do século XXI. Todas as circunstâncias complicam a busca de arquiteturas de qualidade – e isso não é menos verdade nas porções aparentemente mais ricas e abastadas dos mercados urbanos. Nesse difícil contexto e em meio a duras contradições, porém, apenas a qualidade efetiva do trabalho dos arquitetos pode servir de base de argumentação para ultrapassar vários desses impasses: não bastam somente discursos, contam soberanamente os resultados. Mais uma vez é necessário reafirmar a autonomia possível da arquitetura, enquanto domínio do conhecimento, como condição necessária, mesmo que, isoladamente, insuficiente.

1. CRISE DA PÓS-MODERNIDADE: ESPECIFICIDADES BRASILEIRAS

1. C. Rowe, Introduction to Five Architects, apresentação de exposição de mesmo nome ocorrida em 1972, em Nova York; republicado em M. Hays, *Architecture Theory since 1968*, p.74.
2. Idem, ibidem.
3. Publicados a partir de 1947, como The Mathematics of the Ideal Villa (1947), Mannerism and Modern Architecture (1950), Neo-"Classicism" and Modern Architecture (1956-1957), entre outros ensaios reunidos em C. Rowe, *The Mathematics of the Ideal Villa and Other Essays*.
4. Idem, p. 81
5. Ver supra Continuidade, capítulo 1.
6. Conforme proposta por vários autores, em especial Anthony Giddens, em vários livros editados nos anos de 1990 em diante.
7. Nem todos os autores usam a expressão "pós-modernidade" de maneira redutiva; alguns preferem o termo para caracterizar justamente o momento em que a modernidade passa por essa crise de autoconsciência reflexiva, de maneira a mais claramente distingui-la do momento anterior. Cf., por exemplo, A. Heller, *A Theory of Modernity*.
8. U. Beck, A. Giddens, S. Lash, *Modernización Reflexiva*, p. 3.
9. Vários autores latino-americanos vêm trabalhando, desde o início dos anos de 1980, a trilha aberta pelas propostas de Collin Rowe e de outros autores anglo-saxãos próximos, como Alan Colquhoun. Essa trilha foi ampliada pelos debates críticos fomentados no grupo de intelectuais responsáveis pela revista nova-iorquina *Oppositions*; entre os quais pode-se destacar as reflexões críticas de Carlos Eduardo Dias Comas, Alfonso Corona Martinez, Fernando Pérez Oyarzun e Edson da Cunha Mahfuz, entre outros.
10. C. Rowe; F. Koetter, *Collage City*.
11. O arquiteto e crítico chileno Cristián Fernández Cox chama de "submersão de nossa identidade" a essa atitude de enxergar nossa realidade segundo uma ótica distorcida, nascida de uma visão externa (exótica), esclarecendo o quanto esse exotismo é em boa parte autoimposto, e pode ser, da mesma maneira, autosuperado; esse autor também propõe uma série de mecanismos de contraposição que podem ajudar a buscar uma visão da própria identidade, não chauvinista, mas atenta às realidades do mundo enquanto forças de interação que é necessário adequadamente metabolizar.

2. A NOVA CRÍTICA E AS CONEXÕES LATINO-AMERICANAS

12. *Grosso modo* entendida como patrocínio estatal e solução formal, marcada pela continuidade espacial, que se prestava a uma leitura simbólica, voltada a valores como ausência de individualismos e de barreiras na convivência humana.
13. O número 42 da revista *Projeto*, de julho/agosto de 1982, comemorou os dez anos da revista, enquanto o número 324, de fevereiro de 2007, comemorou os trinta anos.
14. Especialmente na sua primeira fase, sob direção de Vicente Wissenbach.
15. O livro, na verdade, faz um panorama desde o século XVI até o XX. O trecho sobre a modernização da arquitetura brasileira e a produção contemporânea foi retomado pelo autor em seu capítulo para o livro organizado por Walter Zanini, de 1983, *História Geral da Arte no Brasil*.
16. J. B. V. Artigas, *Caminhos da Arquitetura*.
17. H. Fathy, *Construindo com o Povo*.
18. "A Arquitetura Moderna morreu em St. Louis, Missouri, em 15 de julho de 1972 às 3h32 da tarde (mais ou menos), quando várias quadras do infame projeto Pruitt-Igoe (Minoru Yamasaki), receberam o tiro de misericórdia com dinamite".
19. Nascido em 1936, arquiteto e matemático americano.
20. Nesse período a Gustavo Gilli editou, do autor, *Un Lenguage de Patrones* (1980) e *El Modo Intemporal de Construir* (1981).
21. Estabelecendo, naturalmente, pontos de contato com a valorização das tecnologias tradicionais.
22. V. Wissenbach (org.), *Catálogo da Mostra "Arquitetura Brasileira Atual"*.
23. Ver H. Segawa, Dilemas da Modernidade e da Tradição na Arquitetura Brasileira, *Projeto*, n. 131.
24. C. E. Comas, O Esgotamento do Regionalismo, *AU*, n. 48, p. 25.
25. M. Waisman, A Crítica Hoje, no Mundo, *Projeto*, n. 71, p. 97.
26. Idem, ibidem.
27. Idem, p. 98.
28. Idem, ibidem.
29. C. E. Comas, Protótipo e Monumento, um Ministério, o Ministério, *Projeto*, n. 102, p. 136-149.
30. M. A. J. Bastos, *Pós-Brasília: Rumos da Arquitetura Brasileira*.
31. Entre os principais autores dos artigos publicados em revistas estrangeiras estão os brasileiros: Hugo Segawa e Ruth Verde Zein.
32. F. Lara, *Projeto Design*, n. 251, p. 8-9.

3. PRAGMATISMO CULTURAL E URBANO:
   ARQUITETOS E OBRAS

33 Esses depoimentos foram publicados pelo IAB-RJ: S. F. Magalhães; C. de Guimaraens; C. Taulois; F. Ferreira (coords.), *Arquitetura Brasileira após Brasília*.
34 Idem, v. 2, p. 213.
35 O arquiteto chileno Enrique Browne, no seu livro *Otra Arquitectura en América Latina*, usa o termo "arquitetura do desenvolvimento" para caracterizar a arquitetura engajada no progresso tecnológico: símbolo e fator de desenvolvimento que teve seu auge entre 1945 e 1965 na América Latina.
36 Frase poética que descarta, mais do que contesta, a preeminência que foi dada à estrutura pelo movimento moderno. L. Barragán, apud C. B. Smith, *Five Mexican Architects*, p. 54.
37 Cujo livro, publicado no Brasil, teve razoável impacto nos anos de 1980.
38 Arquitetura e Desenvolvimento Nacional, Introdução, p. 9.
39 Idem, p. 21.
40 Idem, p. 22.
41 Idem, ibidem.
42 O termo é da própria Lina Bo Bardi.
43 Na época Miguel Arraes era prefeito de Recife e o escultor Abelardo da Hora, um dos fundadores do MCP, era Secretário Municipal da Educação.
44 Apud E. S. Rüggeberg, Os Gigantes e a Cidade, *Projeto*, n. 92, p. 57-58.
45 Lina Bo Bardi em M. C. Ferraz (org.), *Lina Bo Bardi*.
46 A torre é composta por 56 anéis de 1 metro de altura. A forma de compensado e a solução de estopa para conseguir a textura desejada foram desenvolvidas pelos trabalhadores da obra, ver *Projeto*, n. 92, p. 59, outubro de 1986.
47 Márcio Mazza, Maxim Bucaretchi, Marcelo Tinoco; engenheira Isabel Tavares; técnico Nicola Martorano; colaboração do arquiteto Paulo Fecarotta.
48 Ana Lúcia Muller, João Marcos A. Lopes, Mário A. Braga, Miriam Blois, Paulo Milanez, Roberto Pompéia, engenheiro Yopanan Rebello.
49 Ver *Projeto*, n. 112, jul. 1988, p. 108-109 sobre construções de casas em Jacarezinho, Rio de Janeiro, com o sistema de pré-fabricação cerâmica de Villà. O trabalho do arquiteto será abordado de maneira mais aprofundada a seguir, em "Novos Rumos".
50 Nascido na Estônia, em 1901, migrou para os EUA em 1905.
51 Conforme *GA Document special issue 1970-1980*, p. 114.
52 BCN: Projeto Castelo Branco, *Projeto*, n. 52, p. 50-60.
53 Assis Reis em depoimento no *Arquitetura Brasileira após Brasília*, p. 287-288.
54 Nascido em Goiás, mas com formação na Universidade Federal de Minas Gerais.
55 Disponível em: <http: www.eolojo.com.br/prj018--grupo-escolar.htm>
56 Termo empregado por Joaquim Guedes em seu depoimento no IAB-RJ, em S. F. Magalhães et al., *Arquitetura Brasileira após Brasília*.
57 Bruno Padovano em A Arquitetura Brasileira em Busca de Novos Caminhos, AU, n. 4, p. 79.
58 J. M. Montaner, *Después del Movimiento Moderno*, p. 48.
59 O que levou naturalmente às configurações espaciais mais ligadas à arquitetura tradicional.
60 É o caso de vários edifícios projetados pelo arquiteto Carlos Bratke a partir de meados dos anos de 1970 na avenida Luiz Carlos Berrini em São Paulo.
61 Ao lado de Mauro Nogueira, Mauro Almada e Eleonora Figueiredo de Souza.
62 L. P. Conde; M. Nogueira; M. Almada; E. F. de Souza, Protomodernismo em Copacabana: Anônimo, mas Fascinante, AU, n. 16, p. 70.
63 Especialmente no que tange à arquitetura residencial, residências unidas lateralmente lembrando uma fita, construídas em alvenaria de tijolos prensados e com cobertura de telhas cerâmicas.

4. PÓS-MINEIRIDADE ANTROPOFÁGICA
   E EXPERIMENTAL

64 Formado pelos arquitetos Cêça de Guimaraens, Cláudio Taulois, Flávio Ferreira e Sérgio Ferraz Magalhães, todos membros da Comissão de Estudos de Arquitetura, coordenada por Sérgio Ferraz, da gestão de Luiz Paulo Conde na presidência do IAB-RJ (1976-1977). A transcrição dos depoimentos foi publicada em 1978, em três volumes, sob o nome de *Arquitetura Brasileira após Brasília*.
65 Sucessora, parcialmente, da revista *Vão Livre*, de âmbito mais local.
66 O jornal *Arquiteto*, de responsabilidade do IAB-SP e também editado por Vicente Wissenbach desde 1972.
67 *Pampulha* n. 6, 1982, p. 24-43.
68 Colaboradores, arquitetos Andréa Araújo Laranjeira, Maria Cristina Souza Lobo, José Silva Ribeiro. Publicado na revista *Projeto*, n. 32, p. 63-72.

69 Conforme J. P. Montaner, 1972-1992, La Dispersión de Posiciones Arquitectónicas, *Después del Movimiento Moderno*.

70 Embora possam ter acontecido eventos de significação local debatendo o tema, a divulgação nacional pode ser considerada como um parâmetro relevante para aferir sua transcendência, levando-se em conta tanto as dificuldades de comunicação da época como o desejo da principal revista de então, a *Projeto*, de esforçar-se por noticiar eventos da maneira mais abrangente possível.

71 Ver, por exemplo, o prefácio de Miguel Pereira ao livro *Arquitetura Moderna Brasileira*, de S. Ficher e M. M. Acayaba.

72 Antes disso, a edição dos dez anos da revista *Projeto/Arquiteto*, n. 42, já havia iniciado o debate com a publicação da pesquisa "Arquitetura Brasileira, Tendências Atuais", por R. V. Zein, p. 59-106.

73 Fórum promovido pelo IAB-RS. Noticiário resumido do evento foi publicado na revista *Projeto*, n. 58, dezembro 1983, p. 38-44. Para mais informações sobre a importância desse fórum no panorama arquitetônico brasileiro, pode ser consultada a tese de mestrado do arquiteto Sérgio Moacir Marques, *Tendências da Arquitetura Contemporânea no Rio Grande do Sul. Mudanças de Paradigmas nos anos 1980*, da qual resultou o livro *A Revisão do Movimento Moderno? Arquitetura no Rio Grande do Sul dos anos 80*.

74 *Projeto*, n. 58, dezembro 1983, p. 41.

75 Alguns autores preferem enfrentar o tema do pós--moderno pela vinculação redutiva entre arquitetura e política, abordagem que raramente acaba se detendo na arquitetura propriamente dita, mas apenas nas generalidades socioeconômicas, e que pretendem mais "combater" do que "compreender". Ver: J. Katinsky, O Arquiteto e a Cultura Brasileira nos Anos 80, *Módulo*, n. 84, p. 30-40, também A. Xavier, Pós-Brasília, Pós-Milagre, Pós--Moderno, *Módulo*, n. 82, p. 42-52.

76 Revista *Óculum*, n. 1, agosto 1985, p. 4-9. O Conselho fundador da revista era composto pelos arquitetos Abílio Guerra Neto, Álvaro Cunha, Francisco Spadoni, João Paulo Pinheiro, Luiz Fernando de Almeida, Omar Ismail Batarce, Paulo Roberto Gaia, Reginaldo Bianco, Renato Sobral Anelli, Tácito Carvalho.

77 Maia, Vasconcellos e Podestá publicam juntos os livros *3 Arquitetos* e *3 Arquitetos 1980-1985*, englobando obras individuais e ou coletivas do trio.

78 *Óculum*, n. 1, p. 4.

79 Segundo Altino Barbosa Caldeira, "Éolo sempre foi um inventor de formas, tanto na linguagem arquitetônica quanto na linguagem coloquial. Era hábito dele inventar palavras e ele criou muitas expressões que repetia até se tornarem corriqueiras também para os outros. [...] Patropi era usado para justificar qualquer projeto, proposta, ação ou invenção bem brasileira", em "Algumas Verdades e Mentiras sobre Éolo Maia", publicado em *Arquitextos*, n. 029.02.

80 *Óculum*, n. 1, p. 5.

81 Idem, p. 6-7.

82 *Pampulha*, n. 1, p. 23. Texto sem assinatura, de responsabilidade da editoria da revista. A equipe editorial incluía os arquitetos: Álvaro Hardy, Ana Maria Schmidt, Eduardo Tagliaferi, Éolo Maia, Francisco Moreira de Andrade Filho, Herbert Teixeira, José Carlos Laender, José Eduardo Ferolla, Mauricio Andrés Ribeiro, Miguel Vorcaro, Nathan Rosembaun, Otávio Ramos, Paulo Laender, Reinaldo Guedes Machado, Ronaldo Masotti Gontijo, Sylvio Emrich de Podestá, Uziel K. Rozenwajn, Victor de Almeida. Como colaboradores, Ana Beatriz Campos, Carlos Alexandre Dumont, Freuza Zechmeister, Luiz Antonio Fontes de Queiroz, Marcus Vinicius Meyer, Mariza Machado Coelho, Paulo Grecco, Rogério Franco, Sandra Nankran, Saul Villela, Thais Cânfora, Thales Siqueira, Altino Barbosa Caldeira, Jô de Vasconcellos.

83 Idem, ibidem.

84 *Pampulha* será talvez a primeira revista de arquitetura do mundo a criar, a partir da sua edição n. 7, uma seção de culinária, "Cozinhando com Pampulha", onde foram publicadas memoráveis receitas, como por exemplo o Empadão da Dona Geca (apresentado em planta, corte e elevação), as Frangas com ora-pro-nobis à Mario Botta, acompanhadas de ficha técnica, ou ainda o Gerimum com Escorpião (seguido de memória descritiva).

85 *Pampulha*, n. 1, p. 26.

86 Idem, ibidem.

87 Conceitualmente falando – houvesse ou não, naquele momento, conexões explícitas nesse sentido –, trata-se do mesmo debate promovido por pensadores-arquitetos norte-americanos de corte pragmatista, cujas ideias começaram a ser divulgadas em todo mundo nos anos de 1970, como, por exemplo, Robert Venturi e Denise Scott-Brown, Charles Moore, Robert Stern etc.

88 Acerca da Arquitetura Mineira, em Muitas Fotos e Alguns Breves Discursos, texto de Ruth Verde Zein, fotos de Ludmila Ferolla. *Projeto*, n. 81, p. 100-113.

89 Idem, p. 104.

90 Idem, ibidem.

91 Ecletismo entendido aqui no sentido que lhe dá Diderot em sua enciclopédia, e que consiste em escolher e aproveitar, dentre as doutrinas dos diferentes filósofos (no caso, entre as propostas dos diferentes arquitetos) os aspectos que mais aprecia, sem demasiada preocupação com a coerência das partes entre si e da conexão com seus sistemas de origem.

92 *3 Arquitetos*, p. 13.

93 *Pampulha*, n. 1, p. 44; publicado também em *Pampulha* n. 2, jan./fev. 1980, p.38-9.

94 Também publicado em *3Arquitetos*, p.130-132.
95 Publicadas em duas das últimas edições da revista *Acrópole*, de agosto e setembro de 1971.
96 *Pampulha*, n. 1, p. 41; *3 Arquitetos*, p. 127-129.
97 O assunto é tratado pormenorizadamente por R. V. Zein no capítulo 2 de *Arquitetura da Escola Paulista Brutalista, 1953-1973*.
98 Cf. C. E. D. Comas, *Projeto Arquitetônico*.
99 O concurso para a Casa do Jornalista foi publicado no n. 7, e os outros concursos no n. 6 da revista *Pampulha*.
100 *Pampulha* n. 6, p. 32-33.
101 Idem, ibidem.
102 Idem, p. 34-35.
103 Idem, p. 26.
104 Ver supra Crise e Renovação, capítulo 3. Publicado em *3 Arquitetos*, p. 67-70.
105 *Pampulha*, n. 6, p. 40-41.
106 Cf. Aço na Construção: Investindo na Expansão do Mercado Interno, *Projeto*, n. 76, p. 55-61.
107 *3 Arquitetos*, p. 33.
108 *Pampulha*, n. 6, p. 38-39.
109 O uso de estruturas de aço "à maneira brutalista" tende a uma contradição em termos, já que por segurança o aço normalmente deve ser protegido ou encapado, e não exibido às intempéries. Talvez por isso Mies somente o empregasse aparente em construções de baixa altura, protegendo convenientemente as peças estruturais dos edifícios altos, cabendo às esquadrias metálicas assumir o papel não apenas de elementos funcionais de fechamento, mas também de elementos didático--decorativos, como recurso formal de busca de homogeneidade. Sobre o assunto ver, R. V. Zein, Yes, Nós Temos Crítica, disponível em: <www.arcoweb.com.br/debate/debate32.asp>, texto publicado inicialmente com o título Crítica de Arquitetura: Algumas Provas de sua Não Existência, em *Projeto Design*, n. 267, p. 26-28.
110 R. V. Zein, Um Debate sobre o Rio de Janeiro e sua Arquitetura, *Projeto*, n. 46, p. 26-35.
111 Idem, p. 33-34.
112 Idem, p. 35.
113 Ver P. R. S. Bicca, Os Ídolos e o Despotismo do Projeto, *Projeto*, n. 17, p. 36-37; idem, *Arquiteto, a Máscara e a Face*; e também S. Ferro, *O Canteiro e o Desenho*.
114 Colaboradores: arquitetos Andréa Araújo Laranjeira, Maria Cristina Souza Lobo, José Silva Ribeiro. Publicado em *Projeto*, n. 32, p. 63-72.
115 Idem, p. 63.
116 C. E. D. Comas, La Arquitectura Brasilera [sic], Anos 80: Un Rayo de Esperanza, em C. F. Cox et al., *Modernidad y Postmodernidad en América Latina, Estado del Debate*, p. 43.
117 R. V. Zein, Siglo XXI: Fin de las Utopias o su Realización?, especial "América Latina, el Pensamiento Joven", *Summarios*, n. 122, Buenos Aires, 1988. Republicado em R. V. Zein, *O Lugar da Crítica*, p. 79-80.
118 Idem, ibidem.

5. OUTRAS ARQUITETURAS BRASILEIRAS E OS DEBATES LATINO-AMERICANOS DO REGIONALISMO

119 Nos anos de 1930 o movimento pan-americano de arquitetos, liderado pelos uruguaios, havia também realizado diversos encontros e debates, resultando em um ambiente de intensa troca de informações e de estabelecimento de laços pessoais de amizade e colaboração.
120 Um panorama abrangente dos movimentos de debate arquitetônico daquele período, em toda América Latina, está ainda por se fazer de maneira sistemática. Aqui importa ressaltar alguns momentos e aspectos mais relevantes a este breve relato histórico, não implicando em valoração absoluta desta ou daquela personagem ou evento: de fato, esses movimentos só podem ser melhor compreendidos em sua multiplicidade e variedade, e não numa hierarquização forçada. Como destaque especial caberia ressaltar ao menos dois seminais arquitetos, historiadores e críticos argentinos: Marina Waisman e Ramon Gutiérrez.
121 E. Browne, *Otra Arquitectura en América Latina*, p. 11.
122 P. Morandé (coord.), *Taller América*.
123 K. Frampton, Towards a Critical Regionalism: Six Points for an Architecture of Resistance, em H. Foster, *The Anti-Aesthetic*.
124 C. F. Cox, Nuestra Identidad Sumergida, *Revista CA*, n. 35.
125 Universalization and National Cultures, citado em K. Nesbitt, *Theorizing a New Agenda for Architecture: An Anthology of Architectural Theory, 1965-95*, p. 470-471. Ricoeur estava preocupado com a destruição das culturas tradicionais pelo ímpeto civilizatório, e com a homogeneização e mediocrização resultante, buscando encontrar alguma maneira de interromper ou ao menos controlar e equilibrar esse processo.
126 Foi o interesse dos arquitetos latino-americanos pelo assunto que motivou Frampton, já dos anos de 1990 em diante, a propor um estudo de caso sobre alguns arquitetos latino-americanos, que basicamente coleta as informações e debates já em curso, havia uma década, entre críticos e arquitetos

locais. K. Frampton (org.), *Latin American Architecture: Six Voices. Studies in Architecture and Culture*. A seleção de obras basicamente compila novamente os exemplos já propostos por Browne, em *Otra Arquitectura en América Latina*.

127 C. F. Cox, Hacia una Modernidad Apropriada: Factores y Desafios Internos, *Summa*, n. 200/201.

128 E. Browne, op. cit.

129 Por Enrique Browne, cf. *Anales del SAL IV*, maio 1989, p.1-6.

130 Considera-se aqui os Seminários SAL I a VII ocorridos entre 1985 e 1995 como representando o núcleo do movimento, que se organiza, consolida e atinge seus objetivos nessa década. As reuniões posteriores são consideradas, por estas autoras, como uma continuidade apenas nominal: mudaram-se os tempos e as vontades, as interconexões intra-americanas já estavam estabelecidas, e outros desafios chamavam seus principais participantes a variados caminhos; a nosso ver, a importância e a força das propostas dos SAL fica abalada e diluída pela insistência em prosseguir com o mesmo nome quando as mesmas forças e interesses já não estão em jogo.

131 Alguns dos textos de debate dos SAL foram publicados em livros ou edições especiais de revistas, tais como: C. F. Cox et al, *Modernidad y Postmodernidad en América Latina, Estado del Debate*; *Summarios*, n. 122; *ARS*, n. 10; *ARS*, n. 11 etc.

132 C. F. Cox, Modernidad Apropriada, *Anales del SAL IV*. Transcrevemos aqui apenas um breve sumário das ideias do autor, que desde então vêm sendo amplamente revisadas e ajustadas para dar conta de uma aproximação teórica mais precisa e complexa. Cf. C. F. Cox, *El Orden Complejo de la Arquitectura: Teoria Básica del Proceso Proyectual*.

133 Idem, ibidem.

134 Responsável pelo escritório do Rio de Janeiro.

135 Hoje: Pousada dos Guanavenas.

136 Ver R. V. Zein, Um Arquiteto Brasileiro: Severiano Mário Porto, *Projeto*, n. 83.

137 Sobre o edifício-sede da fábrica Memphis, ver S. M. Marques, *A Revisão do Movimento Moderno? Arquitetura no Rio Grande do Sul dos anos 80*.

138 Equipamentos industriais de maior porte, serviços auxiliares e administração foram acomodados em blocos com sistema construtivo convencional.

139 Acácio Gil Borsói em entrevista a Éride Moura, Arquitetura não é só Criatividade, *Projeto Design*, n. 257, p. 11.

140 A. de Holanda, *Roteiro para Construir no Nordeste*.

141 Ver trecho do memorial justificativo, em Documento: Armando de Holanda, por G. G. da Silva, *AU*, n. 69, p. 65-71.

142 Francisco Assis Reis nasceu em Sergipe e se formou pela Escola de Belas Artes da Universidade Federal da Bahia em 1957.

143 No IAB-RJ no ciclo Arquitetura Brasileira após Brasília/Depoimentos – 1976/77; no texto Manifesto de um Baiano, *AU*, n. 6.

144 Ver Depoimento do arquiteto no ciclo Arquitetura Brasileira após Brasília, no IAB-RJ, com publicação organizada e coordenada por S. F. Magalhães; C. de Guimaraens; C. Taulois; F. Ferreira.

145 Idem.

146 Ver A Nova Arquitetura Baiana, *Projeto*, n. 42, p. 22.

147 Participavam da equipe de Guedes os arquitetos Pedro Taddei, Sylvio Sawaya e Tokuji Ito.

148 Ver publicação do concurso, em J. Guedes; P. Taddei; S. Sawaya; T. Ito, Concurso para Biblioteca Central da Bahia, *Arquitetura*, n. 74.

149 Ver texto de Filgueiras Lima, Mudança de Mentalidade, au, n. 130, p. 63-65.

6. A CIDADE DOS NEGÓCIOS: ESPAÇOS DA PROMOÇÃO PRIVADA

150 Quando revistas contemporaneamente, podem ser imputados a muitas dessas obras problemas de ordem construtiva e ambiental, como a rápida deterioração de suas estruturas e sua difícil manutenção, seu desequilíbrio climático, sua rigidez de uso que complica adaptações às modificações dos programas de necessidades, especialmente às inovações tecnológicas que permearam o panorama nas décadas seguintes (computação, fibras óticas etc.). Essas e outras críticas podem ser extremamente pertinentes, mas devem ser feitas apenas de maneira sistemática e comprovada, e não superficialmente. Mas, mesmo quando possam ser cabíveis, tais críticas serão anacrônicas se essas obras não forem também analisadas levando-se em conta seu próprio momento histórico, de maneira a apreciá-las em relação ao seu contexto cultural, que estava então fortemente marcado por um desejo de representação simbólica e de experimentação formal e construtiva, que parcialmente obnublava os demais requerimentos; sendo esse seu mérito e, concomitantemente, sua fragilidade. Tanto os elogios quanto as críticas que desconsiderarem tal situação serão apenas parciais e limitados e, como foi dito, anacrônicos.

151 R. C. Artigas; D. T. Silva, O Produto e a Embalagem, *AU*, n. 28, p. 105.

152 R. Anelli; A. Guerra; N. Kon, *Rino Levi: Arquitetura e Cidade*, p. 33.

153 A partir dos anos de 1990, passa a ser mais frequente enfeixar todas essas preocupações sob o amplo guarda-chuva do termo de "sustentabilidade", que entretanto ainda não era empregado com maior regularidade no período em estudo nesta parte do livro. Pois a "sustentabilidade" não é conceito novo, mas roupagem nova de ideias e atitudes de origem bem anterior.

154 Seguiram-se outras fases da obra, a partir dos anos de 1990, adotando as premissas iniciais em termos de implantação e volumetria, mas com diferentes abordagens do ponto de vista de estruturas e acabamentos, que foram acompanhando a disponibilização no mercado de novos recursos construtivos e materiais. Ver a respeito: J. E. De Gennaro; F. J. Judas y Manubens; J. M. Cupertino, Centro Empresarial Itaú Conceição, *Projeto*, n. 85, mar. 1986, p.27-42; *Projeto*. n. 117; *Projeto Design*, n. 300, p.70; Aflalo e Gasperini, Centro Empresarial Itausa, *Finestra*, n. 34.

155 Apresentação da obra na *Projeto* n. 85, p. 28.

156 Como já comentado supra em Crise e Renovação.

157 L. P. Conde (em entrevista concedida a Margareth Romão Pereira); revisão/adaptação R. V. Zein, Reflexões na Prática, *Projeto*, n. 161, p. 24-31.

158 Luiz Paulo Paulo Conde desligou-se do escritório (STA) quando foi nomeado Secretário do Urbanismo no Rio de Janeiro em 1993.

159 Obra premiada na Bienal de Arquitetura e Design de Buenos Aires (novembro, 1987).

160 O conceito de "arquitetura apropriada" é aqui empregado de maneira específica, conforme definição do arquiteto e crítico chileno Cristián Fernández Cox, previamente abordado no capítulo anterior.

161 Mesmo sendo apropriados a um certo contexto espaçotemporal, edifícios de alta qualidade podem envelhecer e deixar de ser úteis. Seu destino será então desaparecer, exceto quando tiverem agregado, ou lhes forem atribuídos, valores de ordem não monetária, caso em que poderão ser mantidos e ter seu conteúdo transformado, passando de utilitário a simbólico. Casos de ocorrência de reciclagem serão tema do capítulo 5, Novos Rumos, infra.

162 Para maior expansão dos temas aqui tratados, cf. R. V. Zein, *O Lugar da Crítica*, p. 68-72.

163 A ideia de que seja sempre melhor fugir às regras está imersa em nossa cultura de origem colonial, e supõe, em geral corretamente, que tais regras não foram feitas no nosso melhor interesse, mas para proveito de outrem e em nosso prejuízo. Entretanto, essa mentalidade colonial do jeitinho mostra-se problemática na medida em que tende a emperrar a viabilização de regras efetivamente de interesse comum e coletivo. Mas, de qualquer maneira, a experimentação e mesmo a parcial transgressão das regras, sejam quais forem ou como quer que sejam estabelecidas, será sempre uma das forças motrizes do aspecto imponderável da criatividade humana.

164 Casos semelhantes ocorrem em todas as grandes cidades brasileiras, e o exemplo da Berrini é aqui tomado não apenas por si mesmo, mas como demonstração de tendência genérica.

165 Até os anos de 1970, a verticalização das cidades brasileiras tendia a se dar do centro para as bordas. Os planos diretores/zoneamentos dos anos 60/70 desfizeram essa lógica, permitindo o espoucar de edifícios altos em quase toda e qualquer parte, acentuando a heterogeneidade dos perfis urbanos e aumentando o poder disruptor da verticalização sobre os bairros até então horizontais. Sobre o assunto ver: N. Somekh, *A Cidade Vertical e o Urbanismo Modernizador*.

166 Ver supra nota 164.

167 Cf. C. Bratke, *Cadernos Brasileiros de Arquitetura: Arquiteto Carlos Bratke*, n. 16.

168 Idem, p. 17.

169 Idem, p. 18.

170 "As construções foram paulatina e progressivamente implantadas em lotes múltiplos conjugados, isto é, não houve um planejamento inicial para a construção de todos os edifícios nem a disponibilidade desses terrenos". Idem, p. 31.

171 Como o Edifício de Pesquisa Médica Alfred Newton Richards (1957-1961, Universidade da Pensilvânia) ou o Instituto Salk para estudos biológicos (1959-1965, La Jolla, Califórnia).

172 O comum uso de ângulos de 45° e/ou de perímetros triangulares para as torres, e, algumas vezes, para o desenho dos pavimentos-tipo, não resultava apenas de uma vontade formal, mas do aproveitamento máximo das restrições impostas pelo código de edificações quanto a vãos, iluminação e ventilação; restrições essas que, embora talvez não tenham sido pensadas para causar esse efeito, não deixam de ser responsáveis pelo seu sucesso.

173 Atualmente, edifício Oswaldo Bratke.

174 Recolhido da reportagem A Cidade se Apropria das Raízes, Espaço e Cor de Nova Arquitetura, realizada pelo jornalista Nildo Carlos de Oliveira e publicada na revista *Projeto*, n. 97, p. 64-73.

175 R. V. Zein, Da Verdade Estrutural à Expressão Formal, *Projeto*, n. 97, p. 63.

176 Idem, ibidem.

177 C. F. Cox; A. T. Fernández, *América Latina: Nueva Arquitectura*, p. 167.

178 Idem. Com a permissão do autor.

Novos Rumos (1985-1995)

1.
Dois Concursos

o final de 1984 ocorreu um dos mais polêmicos concursos brasileiros de arquitetura: o da Biblioteca Pública do Rio de Janeiro. Havia uma grande expectativa por se tratar do primeiro concurso público nacional desde 1980. Despertou-se um grande interesse em cotejar as propostas que surgiriam, de maneira a avaliar em que medida quase cinco anos de distância, desde o último fórum público desse tipo, poderiam indicar o surgimento de novas tendências e posturas, ajudando a compreender melhor o estado da arte da arquitetura daquele momento, marcado pela retomada dos debates sobre a produção arquitetônica brasileira. Infelizmente essa expectativa foi frustrada pelos conflitos surgidos com a divulgação dos resultados[1], que ocasionaram uma generalizada sensação de decepção e de perda de uma ótima oportunidade de discussão crítica sobre os rumos da arquitetura brasileira. Logo a seguir houve o concurso para o Centro de Cultura e Lazer do Sesc em Nova Iguaçu, também de âmbito nacional, mas promovido por uma entidade privada patronal. Houve menos participantes (62, enquanto o concurso da biblioteca atraiu mais de 300); mas, apesar dos descontentamentos habituais de qualquer concurso, da ausência de mais amplos debates sobre seus resultados e da relativa demora em sua execução, pode-se considerar que se tratou de um concurso, de um projeto e de uma obra bem sucedidos.

Revendo aqueles dois concursos retrospectivamente, poder-se-ia perguntar por que um "deu certo" e o outro não. Talvez porque o concurso da biblioteca fosse excessivamente inovador para seu momento, e o do Sesc de Nova Iguaçu, comparativamente, conservador. Como as mudanças no campo da arquitetura nunca ocorrem de súbito, mas paulatinamente, o primeiro nada mudou, enquanto o segundo pode, despretensiosamente, tornar-se um marco sinalizador de um novo momento da arquitetura brasileira.

A tradição arquitetônica moderna brasileira acumulada até aquele momento não vinha contemplando o tipo de questões levantadas e de resultados desejados sugeridos pelo memorial do concurso da biblioteca. Tratava-se de uma solicitação que não era facilmente redutível a um simples quadro de áreas, pois se pedia a definição de um conceito espacial para um conjunto de marcos teóricos definidores da biblioteca enquanto ideia, num programa relativamente aberto mas extremamente exigente, definido por um cliente que não tinha clareza sobre que resultados desejava. Como o conceito de biblioteca como espaço cultural estava sendo reavaliado e ampliado, poderia caber, em última instância, quase tudo; e na medida em que não se admite mais uma cultura unívoca e definida *a priori*, o resultado espacial desse quadro tenderia a não ser nem evidente nem unívoco. A localização espacial da biblioteca também colaborava com a abertura e indefinição dos termos, pois não se tratava do "terreno ideal", vazio e sem referências, do urbanismo moderno, nem de uma inserção discreta em um urbanismo tradicional, mas de uma obra relativamente monumental a ser incluída em uma meia quadra heterogênea onde conviviam edificações de interesse histórico que deviam necessariamente ser preservadas e consideradas, exigindo o programa que o novo edifício não viesse a se impor, mas sim a se integrar e adequar à massa edificada existente. Para uma leitura do século XXI, parecem condicionantes evidentes, mas em meados da década de 1980 o panorama era muito distinto, e, olhando para trás, é impressionante notar o quanto mudou.

Por que essas condicionantes eram algo distinto das experiências pregressas típicas da modernidade brasileira? Simplificando um pouco (ou seja, sem levar em conta o trabalho de alguns arquitetos que já vinham, desde os anos de 1980, buscando caminhos alternativos), a arquitetura moderna em geral, e a brasileira em particular, havia nascido, crescido e criado fama a partir da apropriação de alguns poucos modelos, variações sobre alguns paradigmas formais, nascidos de uma base ideológica e conceitual relativamente restrita – tanto na tradição dita carioca e corbusiana, como para a tradição paulista e brutalista, então mais recente – que frequentemente eram tomados como modelos prototípicos de realidades genéricas futuras para cidades abstratas, distintas da cidade real (e supostamente mais perfeitas). Seja os cinco pontos ou os quatro apoios, o fato é que se ensinou e se praticou arquitetura moderna por meio século (pelo menos desde 1930 até 1980), a partir de alguns *vade-mécuns* repetidos à exaustão[2], em cuja base a cidade real, complexa e contraditória, não era o tema a ser trabalhado e sim a ser superado; e as arquiteturas a se propor deveriam ser menos o ajuste a situações pragmáticas e às solicitações dos clientes que a proposta idealista para utopias de futuro.

O concurso da Biblioteca do Rio de Janeiro❶, não só pelo momento em que acontecia como pelas suas características intrínsecas, parecia querer induzir um corte nessa tradição. Repentinamente, as soluções "boas" (válidas, testadas e aceitas) e "universais" (genéricas, ideais e simuladoras de futuros supostos) mostravam-se inadequadas para atender às questões postas pelo memorial do concurso. Havia mudado tudo: não adiantariam fórmulas nem a variação sobre soluções consagradas. Era um corte tão radical que ele simplesmente não se deu, e seria ingenuidade supor a possibilidade de ele se dar assim de súbito. As tentativas de dar resposta a esse desafio eram toscas e tacanhas, quando não absurdas: a impressão que se tinha, vendo-se o conjunto dos projetos concorrentes[3], era de uma confusão total, uma ausência geral de parâmetros, um ecletismo imaturo, uma experimentação

▲ Fachada lateral   ▲ Entrada

perdida entre a tentativa de criatividade e a falta de nexo entre forma e conteúdo, resultando num fachadismo de má qualidade. Os concorrentes pareciam querer, mais do que dar resposta a um problema, descobrir uma nova "fórmula mágica", que substituísse os modelos velhos por modelos novos. Constatava-se difusamente um esgotamento, mas ainda não havia maturidade para o aparecimento de propostas alternativas mais consistentes. Considerando-se de uma perspectiva mais ampla, não haveria mesmo consistência em supor que a arquitetura brasileira moderna, em crise como toda a modernidade estava naquele momento, fosse se transformar subitamente, num passe de mágica, ou que fosse salva graças a quaisquer novas tendências chegadas de zepelim para embasbacar-nos a todos. A mudança não podia ocorrer sem ser construída passo a passo; não era possível uma ruptura imediata no fazer porque não se pode passar de um modo de fazer a outro, senão fazendo e, no caminho, acertando e errando.

Não trazendo nem tanta novidade nem tanta ruptura, o concurso do Sesc Nova Iguaçu "deu certo" – talvez porque combinava, dosados de maneira razoável, os ingredientes da experiência acumulada e da vontade de abrir novos horizontes. O programa proposto era bastante conciso e simples, e quase se poderia resumi-lo num quadro de áreas, não fosse pelo fato de sua simplicidade admitir inclusões e desenvolvimentos variados, desejados e incentivados pelo cliente como um recurso para individualizar um programa que era, e continuou sendo, repetido com sucesso em todo o país; tanto que se recomendava aos participantes a visita aos centros de lazer existentes, numa demonstração cabal da satisfação do cliente com os resultados arquitetônicos que vinha e vem obtendo. Quanto ao terreno, exceto pela limitação da ocupação máxima admissível, nenhuma outra imposição vigorava, já que o entorno não impunha grandes determinantes nem exigia maiores integrações, exceto quanto ao acesso e circulação. Ao contrário, o que se desejava era menos uma mimetização que uma valorização daquele lugar, no sentido de inserir um resultado de qualidade num entorno carente. O cliente não queria ser ou parecer inovador, mas o era na medida em que estava disposto a aceitar o novo desde que ele fosse adequado a seu padrão.

O bom senso prosseguia nas propostas dos concorrentes ao concurso: embora houvesse a porcentagem habitual de projetos imaturos, que

🔵 Biblioteca Pública do Rio de Janeiro. Glauco Campello e equipe, 1989.

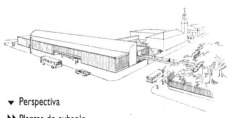

▼ Perspectiva
▶▶ Plantas do subsolo, térreo e pavimento superior

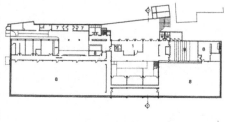

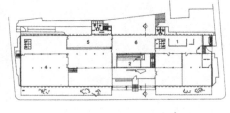

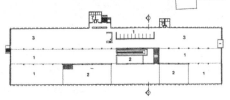

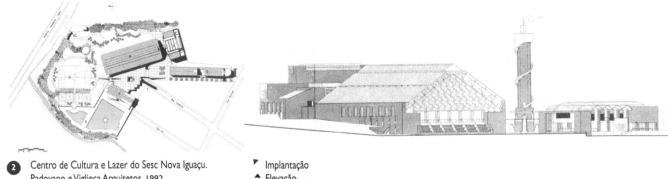

② Centro de Cultura e Lazer do Sesc Nova Iguaçu.
Padovano e Viglieca Arquitetos, 1992.

▼ Implantação
▲ Elevação

não atingiam um nível mínimo de domínio do programa e do terreno, havia uma presença muito maior de trabalhos que enfrentavam a questão com seriedade e desejo de acertar; estando ausentes os projetos impossíveis, estranhos, enterrados e megalomaníacos *habitués* da época da arquitetura do "milagre econômico". Para o sucesso do concurso contribuiu também o fato de seu júri ter sabido entender, com clareza e dignidade, que seu papel não era o de emitir um juízo de gosto pessoal, nem de referendar esta ou aquela linha formal ou ideológica, mas sim apenas e suficientemente o de selecionar a arquitetura mais apropriada e de melhor qualidade❷ que atendesse plenamente tanto às condicionantes e limitações do lugar e do programa como os desejos do cliente.

Entre o concurso e a execução da obra do Sesc Nova Iguaçu passou-se quase uma década. Apesar de muitos autores terem considerado essa como uma década "perdida"[4], de fato talvez não o seja, já que na verdade foi um período riquíssimo de fermentação e de profundas transformações e mudanças. Somente na segunda metade dos anos de 1990 esse clima deu lugar a uma certa calmaria e a debates mais contidos, bem como a uma aparente unanimidade em torno de alguns dos caminhos possíveis. Antes dessa década, os debates de arquitetura promoviam discursos quase exclusivamente políticos; a partir dela, e desde então, a recuperação da disciplinaridade arquitetônica passou a ser o principal vetor, claro ou oculto, das mudanças do campo, comparecendo com mais firmeza nos debates que dali em diante ocorreriam. O momento de experimentação desbragada que alimentou as polêmicas do concurso da biblioteca, paulatinamente deu lugar, na década seguinte, à simplificação e seleção de alguns caminhos preferenciais. Mas não à unanimidade – que parece estar para sempre descartada.

Nos anos de 1980, o pretenso "fim da modernidade" se manifestou em um ímpeto de catarse orgiástica característico, manifestando a dúvida da crise: que fazer? Que caminhos restarão além do cínico pragmatismo da relação puramente comercial com o mercado imobiliário? Terão morrido, definitiva e totalmente, as utopias da modernidade? O suceder dos tempos pós-crise e a virada para o século XXI revelaram que se tratava menos de morte que de um soluço; que a arquitetura moderna não havia nem falecido, nem se esgotado; mas que suas utopias careciam de reformulação em face de um mundo de recursos finitos e nem sempre renováveis, de certa maneira mais realista e sombrio, mas, por outro lado, possivelmente mais sustentável e perene – ou, ao menos, essa parece ser a nova busca utópica a se empreender nesses novos tempos. Crise é perigo e oportunidade: os anos entre 1985 e 1995 começam perigosos e terminam oportunos, mas foram muito ricos e férteis em debates que seguem alimentando as questões arquitetônicas do começo do século XXI.

Outro Concurso, e uma Reviravolta

No meio dessa década 1985-1995 vai suceder outro significativo concurso. Lançado em novembro de 1990, o concurso para a escolha do Pavilhão do Brasil na Feira de Sevilha de 1992 contou com a participação de 253 equipes[5]. Como já parece ser tradicional nos concursos, esse também teve um desfecho decepcionante – desta vez, porque o cliente (o Itamaraty – Ministério das Relações Exteriores) simplesmente se desinteressou por sua realização e ela não aconteceu. Mas se o concurso não serviu para construir uma obra paradigmática – como sempre foram os pavilhões que representaram o Brasil em exposições internacionais desde 1939[6] – não faltou a polêmica acirrada: a premiação do trabalho dos então novíssimos arquitetos Ângelo Bucci, Álvaro Puntoni, José Oswaldo A.Villela (com os mais veteranos Edgar Dente e Geraldo Vespasiano Puntoni) foi debatida e contestada por várias vozes atuantes na crítica de arquitetura daquele momento. O assunto seria apenas outro episódio dos acontecimentos recentes da arquitetura brasileira não fosse pelo fato singular de que, passada outra década, as vozes críticas (as mesmas, ou outras), que de maneira geral haviam se posicionado com mais frequência desfavoravelmente ao projeto escolhido, sofrerão uma reviravolta na sua percepção e

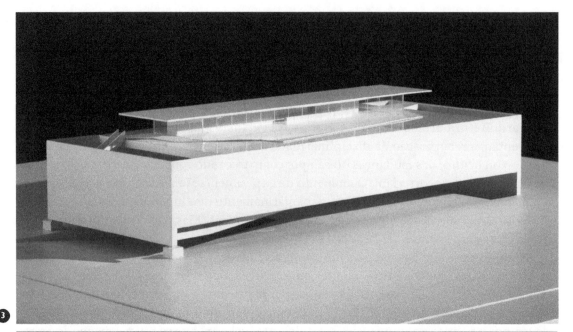

passarão a tratar os mesmos autores e suas obras (e as obras de outros arquitetos afinados com o mesmo veio arquitetônico por eles reaberto) de maneira altamente elogiosa, neles vendo os legítimos representantes de uma nova geração de talentosos arquitetos cujas propostas parecem ter-se consolidado em uma das tendências mais importantes do começo do século XXI.

Essa mudança é apontada dez anos depois em breve comentário publicado na revista *Projeto Design*[7], de autoria do jornalista Adilson Melendez e de sugestivo título: "Na Década que Separa Sevilha de Orlândia, Mudaram os Arquitetos ou Mudou a Crítica?". Nele menciona-se e compara-se a proposta ganhadora do Pavilhão de Sevilha com o projeto da Clínica de Odontologia de Orlândia ❹ de autoria dos arquitetos Milton Braga,

Marta Moreira, Fernando Franco e Ângelo Bucci, em duas imagens paralelas diagramadas juntas de maneira a pretender demonstrar sua aparente semelhança. Melendez comenta as repercussões da época do concurso de Sevilha escolhendo entre aquelas contrárias aos autores, e as compara aos elogios rasgados de outros comentadores que, convidados pela revista a fazer um balanço dos anos de 1990, escolheram a obra de Orlândia como uma das cinco mais significativas da década. E encerra o artigo com outra pergunta: "Compare os projetos e responda: mudou o arquiteto ou mudaram os critérios de avaliação da crítica"?

Com certeza algo havia mudado, e o articulista parece querer dar a entender – pelas duas imagens inseridas na página e pelo seu texto – que os arquitetos e suas obras permaneceram iguais a si mesmos e que a crítica mudou; e que, nesse caso, a crítica havia antes se equivocado. Mas talvez os fatos não sejam assim tão simples, nem de um, nem de outro lado; e essa conclusão só é possível porque a comparação é incompleta, ou demasiado editada, cotejando autores diferentes (apenas Bucci comparece nas duas equipes), críticos diferentes, obras diferentes de escalas e ambições distintas, realizadas em momentos e com pretensões dessemelhantes. Mas, embora forçada, a comparação reflete, de alguma maneira, uma percepção generalizada que merece ser melhor compreendida, porque de fato aponta para uma questão crucial.

Em primeiro lugar, mudou tudo nessa década. E os arquitetos mencionados no artigo, autores daqueles projetos para Sevilha e Orlândia, mudaram também – e, nesse caso, como em outros, as aparências enganam. Ao longo dos anos de 1990, uma nova geração de arquitetos, da qual esses autores fazem parte, foi ganhando maturidade e experiência profissional, o que se reflete nitidamente em seus trabalhos, demonstrando cada vez mais uma maior adaptabilidade, mais ampla compreensão do território da arquitetura e mais acurada inteligência no uso dos materiais, cuja paleta foi ampliada de maneira criteriosa. Além disso, e mais importante ainda, esses arquitetos revelam maior adequação no manejo das referências eletivas, que parece ter passado de uma apropriação mais ou menos mimética da contribuição de seus mestres (fato aceitável e natural no entusiasmo juvenil de recém-formados), para um manejo menos literal, mais próprio e certamente muito mais criativo desse mesmo repertório, fincado na sua tradição local, ou seja, na arquitetura da escola brutalista paulista dos anos de 1960-1970.

Entretanto, a aposição de duas imagens de suas obras, afastadas em uma década na sua concepção, mas espertamente clipadas numa mesma figura, pode induzir um leitor desavisado ao erro: ambas as obras são completamente distintas, seja na escala, nas intenções dos discursos, nos materiais empregados, e mesmo na sua funcionalidade e organização espacial. Evidentemente há pontos em comum, mas não há identidade plena, nem poderia haver; e sugerir isso é supor que esses autores, e suas arquiteturas, não mudaram nem se aperfeiçoaram, como se a arquitetura fosse sempre obra de seres geniais já prontos de berço: atitude que desvela um mau costume, muito comum no meio arquitetônico brasileiro, de incensar alguns poucos ídolos fazendo vista grossa à grande quantidade de excelentes e bons profissionais, e que supõe ser a excelência obra apenas da graça e não também, e muito, do esforço continuado. A apreciação leviana baseada no sucesso posterior, retroagindo no tempo e canonizando retroativamente obras e arquitetos, passando-os de totalmente errados a totalmente certos, não quer de fato resolver ou compreender a mudança, mas apenas fazer sensacionalismo e denegrir o exercício da crítica. Mudanças houve – mas só podem ser compreendidas mais plenamente se existir mais critério, mais cuidado e menos pressa na avaliação crítica dessas e de quaisquer outras obras, evitando tanto o elogio em excesso, como a crítica apriorística; sem nunca faltar com o merecido e devido respeito a todos, arquitetos e críticos, obras e textos.

Os novíssimos arquitetos de final dos anos de 1980 também mudaram no século XXI: foram persistentes e tenazes em seguir no caminho que escolheram, e conseguiram fazer desse caminho uma estrada que se tornou fecunda. Mas, embora os arquitetos tenham mudado, a crítica, certamente, não mudou – e aqui também as aparências enganam.

Um dos principais papéis da crítica em geral, e da crítica de arquitetura em particular, não é apontar, de uma vez e para sempre, o que está ou não certo, e sim perceber tendências, levantar questões, examinar certezas, fermentar dúvidas, agitar e impedir a autocomplacência e a acomodação. No panorama dos anos de 1985-1995, pluralista e diversificante, questionador do passado e buscador de novos caminhos, a crítica cumpriu seu papel ao apontar que a tradição não podia, ou não devia, ser apropriada de maneira simplista e repetitiva. Uma década depois, já entrando no século XXI, a crítica se propõe, num panorama morno e *blasé*, a apontar alguns caminhos que parecem ser preferenciais, e que, passado o momento de catarse, e como não podia deixar de ser, muito devem às suas raízes e tradições (no caso desses arquitetos paulistas, a forte influência da estética brutalista). A crítica sempre deseja abrir e compreender panoramas e o fez com mais afinco em 1985-1995 do que dali em diante – talvez parcialmente contaminada pelo ar de decadência *fin-de-siècle*.

De fato, a década de 90 parece ter começado questionadora e terminado um tanto quanto acomodada e prenhe de unanimidades aparentes que se assentam sob uma camada demasiado superficial e com pouco embasamento, em parte fruto de um amplo desconhecimento acerca da arquitetura brasileira em geral, cuja divulgação segue ainda concentrada apenas nos poucos exemplos de pouquíssimas grandes cidades e selecionados entre um punhado de arquitetos excepcionais.

Por outro lado, há de se convir que as crises, como sempre, passam. Após um momento de intenso questionamento e de abertura de muitos caminhos, parece ser mais ou menos natural suceder-se uma certa seleção e restrição de opções: depois de tudo ser momentaneamente permitido, agora é preciso escolher, e qualquer escolha reduz opções, e é difícil fazê-lo sem cair na tentação de fechar em demasia. Mas, em que pese isso, não há um só caminho, não poderia haver nem haverá: a diversidade veio para ficar; talvez até sempre tenha estado ali, mas não era percebida com a mesma clareza.

Há sempre, além do nosso, outros caminhos e outras tradições, e a valorização da diversidade deveria ser também o aprendizado da tolerância. O panorama dos anos de 1985-1995, e sua breve extensão até o fim do século XX, aqui apresentados, não tem a pretensão de ser completo nem a única leitura possível. A proximidade no tempo e a enorme abertura de perspectivas obtida pela profícua década de crises tornam a tarefa de selecionar temas muito mais complexa e necessariamente incompleta: mas não há como dela furtar-se, mesmo que signifique risco e compromisso.

2.
(Ainda) Concursos Públicos de Arquitetura

> A ausência da discussão e excesso de cortesia têm permitido a convivência pacata de modismos, que já foram arquitetura, e têm esboçado o nosso retrato, o retrato da apatia eficiente[8].
>
> A procura obsessiva do consenso em nome de uma unidade que não existe mais, mal esconde o medo da diferença, da pluralidade[9].

Numa redução esquemática, as "diferenças" no meio arquitetônico nacional nos anos de tomada de consciência da crise da modernidade refletiam três caminhos: o da continuidade a uma tradição moderna brasileira, o de revisão dessa tradição por meio de um maior comprometimento da arquitetura com a realidade em sentido amplo e, por fim, o da eventual superação da tradição moderna, caminho, em geral, mais aberto às discussões internacionais. Tratava-se de posições claras e mesmo antagônicas, especialmente pela cristalização que havia ocorrido na dita arquitetura moderna brasileira, ligada inextrincavelmente à exploração plástica das estruturas de concreto armado. Nos anos de 1985-1995, as "diferenças" tornaram-se muito mais sutis, a compreensão histórica do movimento moderno mais acurada, as tentativas de revisão e avanço da arquitetura mais circunstanciadas internacionalmente e, neste cenário mais "amadurecido", as posições deixaram de ser tão claras e extremadas. Se na década anterior bastava uma opção tecnológica para evidenciar o alinhamento com esse ou aquele caminho, nos anos 1985--1995, a diversidade tecnológica e, em geral, um cuidado em responder aos

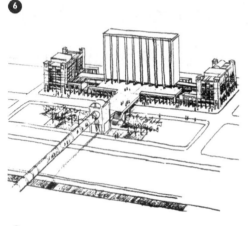
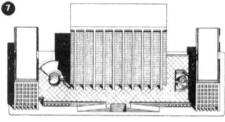

diferentes aspectos envolvidos na inserção de uma obra arquitetônica em dado sítio, incluído aí o entorno existente, são características presentes indistintamente na produção do período.

Os concursos de arquitetura em geral são polêmicos e tornaram-se especialmente controversos neste período. A virada dos anos de 1980 para os anos 90 foi pródiga em concursos, mas, no mais das vezes, os esforços dos concorrentes não foram adequadamente respondidos pelo júri na questão crucial: por que determinadas obras foram selecionadas, por que outras foram preteridas?

No concurso de ideias para o Tribunal de Contas do Rio de Janeiro (1988), o problema apresentado era a introdução de novos blocos para Tribunal de Contas e Serviços Municipais ladeando um edifício existente: a Secretaria Municipal. Este edifício dos anos 70, projeto de Marcos Konder Netto, foi o único bloco construído de um Centro Administrativo previsto no Plano de Renovação Urbana da Cidade Nova[10] ❺. A proposta escolhida, do arquiteto Assis Reis, criou uma galeria térrea articulando os blocos novos ao existente e conferindo urbanidade ao conjunto❻. A mesma ideia de um térreo aglutinador foi sugerida na proposta do escritório Archi-5[11] selecionada em terceiro lugar❼, mas, neste caso, ao invés de um pórtico aberto, foi criada uma plataforma elevada que ocupa toda a área do terreno sob a qual estão áreas comerciais e de lazer. Essas áreas se relacionam com a praça sobre a plataforma por meio de dois pátios abertos.

Esse concurso de ideias, ao sugerir uma implantação simétrica dois blocos novos ladeando transversalmente o edifício existente –, fez uma proposição "alinhada", uma vez que parece querer resgatar um desenho urbano tradicional. A implantação sugerida pelo concurso subverte a ordem urbana segundo a qual o edifício existente havia sido pensado – blocos soltos dispostos paralelamente –, interferindo substancialmente na sua imagem. Em que pese o plano de massas ter sido dado pelo edital, as diferentes possibilidades de articulação dos blocos, subvertendo ou acirrando a simetria proposta, e o imperativo de compor com o existente mostraram grande variedade de soluções. Luiz Paulo Conde e Mauro Almada dão o tom do período ao expor a abordagem "expressiva"[12] de muitas das propostas:

> São projetos que nem fazem eco, nem se calam diante do edifício existente. Falam. E o fazem em várias línguas. Há os modernos e os anti, a maioria é pós. Alguns falam javanês, muitos gritam, poucos dialogam com o edifício existente. Uma babel de colagens calcadas em revistas internacionais. Há os filhos de Graves, os filhos de Rossi e outros menos votados. Botta comparece com numerosa prole. Apesar de tudo, viva o pluralismo![13]

Um concurso para equipes capitaneadas por professores da FAU-USP em São Paulo escolheu, em 1989, o projeto para a construção de um anexo da faculdade destinado a abrigar os laboratórios e oficinas. O parecer do júri, formado por professores e ex-professores da escola[14], é quase desconcertante, levando-se em conta o fato de tratar-se de escola de arquitetura em que o evento poderia ter um forte cunho didático, "analisando detidamente os anteprojetos apresentados, destacou, por suas qualidades, os dos seguintes professores: Arnaldo Martino, Bruno Padovano, Gian Carlo Gasperini e José Cláudio Gomes. Após prolongada reflexão, o júri deliberou escolher o anteprojeto do professor Gian Carlo Gasperini"[15].

O edifício da FAU-USP tem problemas graves de ocupação e uso[16], o anexo, viabilizado por uma verba do BID no início de 1988, teve por objetivo desafogar o edifício-sede para melhor acomodar as atividades de pesquisa do corpo docente. Entre o recebimento da verba e o concurso passou-se um ano, gasto com discussões de como seria encaminhado o projeto do anexo, enquanto o concurso propriamente dito foi realizado no prazo exíguo de trinta dias. O edifício da FAU-USP, foi tombado pelo Condephaat em 1982: além de ser emblemático de seu período, é obra solo, que não foi feita para compor. Em Brasília, os palácios têm anexos anódinos, que não rivalizam e vivem à sombra do edifício principal. Entre as propostas para o Anexo FAU-USP que se colocaram à sombra, estão as soluções enterradas (equipe Arnaldo Martino ❽; equipe Edgar Dente) e as que buscaram uma clara filiação no edifício principal (equipe Marlene Yurgel, equipe José de Almeida Pinto ❾), lançando mão da laje nervurada, empenas e caixilharia de vidro. Houve também propostas que se posicionaram com razoável grau de independência (equipe Francisco Segnini, equipe Siegbert Zanettini ❿), num discurso próprio que não chega a estabelecer um diálogo e, por fim, as que perseguiram o difícil objetivo de compor com o edifício-sede, estabelecendo com este uma tensão transformadora. Neste último grupo reside o principal material para a então frustrada discussão da contemporaneidade em arquitetura.

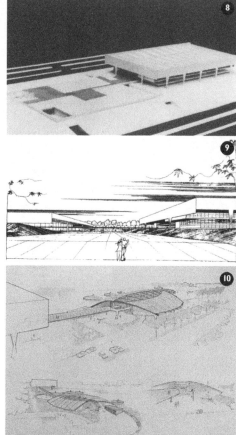

A ideia da conservação e reciclagem do arcabouço construído, em voga no período, comporta a ideia da atualização. Ora, a construção de um anexo funciona como uma atualização que pode extrapolar os aspectos mais funcionais, no sentido de acréscimo puro e simples de área, e lograr um novo significado para o edifício existente. O edifício da FAU-USP deve sua aparência externa coesa à grande cobertura que se debruça pelas empenas e deságua nas colunas externas. Internamente, a solução volumétrica permite distinguir duas grandes alas paralelas, defasadas de meio piso e unidas pela circulação em torno do vazio interno. Ora, a equipe Rafael Perrone criou um novo edifício longitudinal em concreto e vidro, como se reproduzisse, na sequência, uma dessas alas, trazendo para o exterior o parcelamento dos volumes internos ⓫.

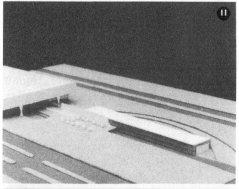

O projeto vencedor, de Gian Carlo Gasperini, também não deixa de sugerir um parcelamento do volume unitário da FAU com a solução de planta triangular que se opõe à calma do retângulo do edifício principal, a tensão é acirrada pelo fechamento em placas inclinadas de concreto vermelho ⓬. Na construção do projeto vencedor não foi executada a passarela de união entre os dois edifícios. A distância entre ambos parece

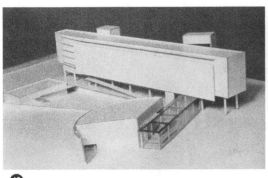

maior do que nos desenhos do concurso e a cor vermelha se perdeu. Com isso, o anexo não atingiu o poder de interferência proposto, parecendo apenas mais um edifício perdido nos grandes espaços do *campus*.

Uma série de concursos premiou projetos que acabaram não sendo construídos. Esse quase foi o caso do concurso de 1989 para o edifício da Câmara Legislativa de Brasília, em terreno junto ao Eixo Monumental Oeste. Este concurso foi vencido por uma equipe de jovens arquitetos paulistas – Eurico Ramos Francisco, Fábio Mariz Gonçalves, Lívia Maria Leite França, Luís Mauro Freire, Maria do Carmo Vilariño, Zeuler Rocha Mello de Almeida Lima –, e levantou, talvez pioneiramente no meio local, o assunto do "resgate da modernidade". Porém, não se trata de um resgate do *leitmotiv* moderno, da construção de um mundo novo ou de uma apologia do desenvolvimento tecnológico, mas sim de uma determinada figuração, ou seja, são referências arquitetônicas pinçadas e trabalhadas contemporaneamente.

Os arquitetos dividiram volumetricamente o programa: a assembleia numa forma curva, a parte administrativa num edifício lamelar sobre pilotis e, unindo esses volumes, uma passagem de vidro. O partido, em boa parte, é sintetizado por numa linha diagonal que divide o terreno em duas praças se aproveitando da topografia: a praça cívica desimpedida, que dá acesso ao edifício da Câmara, e uma praça mais baixa e preservada, de uso mais restrito dos funcionários da casa, junto ao edifício de escritórios. Essa linha diagonal é perpendicular à galeria que une os dois blocos, costurando assim a articulação do conjunto. A divisão programática dos volumes e o desenho do edifício lamelar em pilotis fazem referência inequívoca à arquitetura da escola carioca.

Neste concurso, o júri[17] procurou deixar claros os motivos da escolha e, para além do elogio à maneira como a implantação integrou-se inteligentemente ao lote, houve a valorização da retomada de certa "brasilidade":

> pela coragem e postura assumidas, inserindo na paisagem original de Brasília proposição intrigante que, ao mesmo tempo, se integra e se contrapõe, resgata e duvida, cristaliza e interroga, assimilando criticamente identificações culturais brasileiras, tropicais, reveladoras de nossas raízes mais caras [...] respondendo de certo modo às inquietações por que passa a Arquitetura Brasileira[18].

A referência às "identificações culturais brasileiras" foi tomada aqui como caminho de pesquisa, resposta às incertezas da contemporaneidade e não como uma solução pontual a uma situação específica.

A esse desejo de um caminho de pesquisa promissor que levasse a produção nacional a uma nova unidade, se contrapõe a diversidade, mesmo entre os projetos destacados no concurso. O segundo lugar (arquitetos Roberto Franklin Rondino e Carlos Roberto M. Corrêa) destacou uma solução em dois blocos – anexo anódino e corpo monumental – cujo

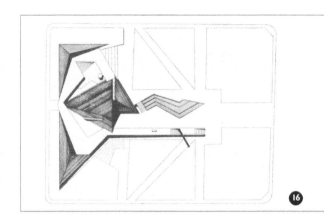 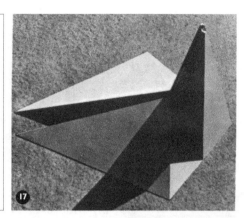

foco não foi a articulação entre cheios e vazios, mas sim o volume geométrico do bloco monumental, em posição central no lote⬤. O terceiro lugar coube ao escritório Paulo Pontes Arquiteto e Associados (Belo Horizonte/Brasília), cuja solução propôs uma articulação de volumes configurando uma praça junto ao plenário; esta proposta também se valeu do recurso à linha inclinada, presente na torção do bloco público⬤. No entanto, se na intenção de qualificação do espaço aberto a solução se aproxima do primeiro colocado, no que concerne aos recursos de volumetria e à alternância dos cheios e vazios ela é díspar, lembrando soluções de Aldo Rossi e principalmente de Ricardo Legorreta.

As igrejas ecléticas do interior paulista, em geral bem proporcionadas, têm sido destruídas sem dó desde os anos de 1960 e substituídas por soluções "modernas", no mais das vezes galpões deselegantes enfeitados por vitrais. Prática que seguiu mesmo nos anos 1985-1995, quando uma postura mais conservacionista ampliou o espaço para a recuperação do arcabouço construído. Na pequena cidade de Cerqueira César, a Igreja Matriz de Santa Teresinha, construída entre 1928 e 1947, foi implodida. Por falta de manutenção, parte do forro da antiga matriz começou a ruir e o imóvel foi interditado pelo Departamento de Obras Públicas do Estado. Situação que deu argumento para a demolição e construção de novo edifício. Era necessária uma desculpa para a demolição? O depoimento de um dos membros da comunidade de Cerqueira César em seminário preparatório para o concurso dá a entender que sim: "Foi onde meus pais se casaram, onde fui batizado, me casei e batizei meus filhos, e agora não existe mais; é como se tivessem arrancado um pedaço de mim"[19].

Os párocos, em geral, vêm de outra cidade e querem imprimir sua marca modernizadora. O pároco designado para Cerqueira César, no entanto, deu ao assunto a devida importância e tomou a iniciativa de procurar o IAB para a organização de um concurso nacional que contou com o patrocínio da empresa Brasilit. O júri[20] deliberou entre 121 anteprojetos de igreja e centro comunitário e premiou três finalistas. Foi escolhido o projeto do arquiteto Joaquim Caetano de Lima Filho, uma solução piramidal em concreto armado, com nesgas por onde penetra a luz⬤. Remete à solução dada pelo arquiteto Marcos de Vasconcelos para a capela ecumênica da Universidade Rural do Rio de Janeiro⬤ no início dos anos de 1970[21]. A tenda geométrica a serviço do simbolismo religioso.

Além dos três projetos premiados, foram expostos, na sede do IAB, mais doze, que integraram os quinze finalistas. A diversidade de soluções talvez tenha sido ainda maior neste concurso em que havia espaço para distintas implantações e onde o objetivo de atingir o adequado valor simbólico do edifício deu margem a uma pesquisa formal mais extremada. Os critérios finais e fundamentais foram:

- preservação da Praça Irmãos Ferreira: a antiga igreja ocupava posição central na praça e havia a indicação de que as novas construções fossem recuadas, liberando uma praça maior na frente do conjunto religioso;
- reconhecimento da escala urbana da cidade;
- possibilidade de construção em etapas da igreja e do centro comunitário;
- caráter que expressasse contemporaneamente a religiosidade da comunidade.

Ou seja, três critérios bastante objetivos e um, de certa forma, imponderável. À parte a discussão acerca da expressão contemporânea, o provável distanciamento da prática religiosa da grande maioria dos arquitetos envolvidos no concurso fez com que o caráter familiar e doméstico de uma igreja do interior fosse visto como algo excepcional, resultando em soluções também excepcionais e exóticas na maior parte dos casos.

O concurso de Cerqueira César gerou certa polêmica por conta da referência a Alvar Aalto na solução do segundo colocado. Acusados em comentários breves de "cópia absolutamente literal" e, pior, de "cópia muito ruim" de uma igreja do arquiteto finlandês[22], os jovens arquitetos da equipe, numa cuidadosa resposta, justificando as opções tomadas no projeto, deram o rol de referências que podem ser observadas na proposta:

> A parede esculpida é traço de Aalto, mas por isso deveria ter sido descartada de suas qualidades? Os volumes de vidro aqui são um achado de Guedes na Residência Waldo Perseu, ou vieram de Scarpa? A cobertura da nave, permitindo a entrada da luz, seria derivada da biblioteca em Rovaniemi ou da igreja em Lahti? As fendas no campanário têm um "quê" de Siza; o centro social seria talvez de algum desconstrutivista enrustido?[23]

E, independentemente das referências, os pontos norteadores do projeto: a separação em dois blocos por entender que o local de culto e o centro comunitário tinham caráter díspar e, para configurar de maneira mais flexível o espaço vazio, a implantação diagonal da igreja em função dos fluxos no sítio, a horizontalidade para melhor adequação à escala da cidade e, por fim, a cuidadosa resolução individual dos ambientes na solução da planta.

Concurso especialmente controverso foi o do Museu de Arte de Belo Horizonte (1990), em terreno junto à Praça da Estação e não construído. Mais uma vez, ganhou uma equipe jovem formada pelos arquitetos paulistas Alexandre Santos Loureiro e Givaldo Luiz Medeiros. O programa extenso do museu e as restrições impostas pela sondagem e pelo gabarito máximo de 12 m – por tratar-se de área de entorno de edifício tombado –, deram pouca margem para os concorrentes. Os três primeiros colocados têm volumetria decorrente da própria forma do terreno, com um bico acentuado.

O projeto que obteve a terceira classificação, dos arquitetos Guilherme Zamoner Neto, Leonardo Tossiaki Oba e Raquel Millani Oba, é uma solução introspectiva, rasgada longitudinalmente por uma fenda de iluminação zenital que acompanha a circulação interna do museu. Junto à Praça da Estação um portal marca o acesso a um pequeno pátio que conduz, de maneira independente, ao *hall* do museu e ao café. Os espaços longitudinais

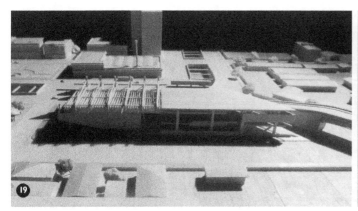
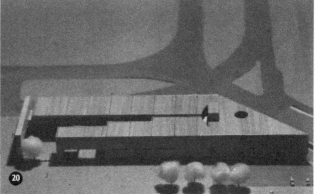

de exposição são contínuos. O espaço moderno é qualificado pela gradação de iluminação desde o *hall* até a última sala do acervo. O projeto que recebeu o segundo lugar, dos arquitetos Carlos Emiliano de França, Bráulio Carollo, Anderson Bortolon, Mauro Kazuma e Marcelo Alves de Oliveira, é formado por duas partes justapostas, uma opaca, que abriga, *grosso modo*, os serviços de apoio, e outra em aço e vidro que contém as salas de exposição. A mesma ideia de um tratamento duplo, dividindo o longo volume do museu, comparece no projeto selecionado em primeiro lugar, neste caso dado pela modificação da solução da cobertura (laje de concreto sobre as salas de exposição, cobertura metálica atirantada sobre as salas de curso e administração) e pelo destaque dado ao volume do auditório. As rampas se desenvolvem junto a um vazio central que une o espaço interno.

Nesse concurso, em que o volume era "dado" em razão da estreita margem de manobra entre a necessidade de área e as restrições de terreno e legislação e, portanto, em que as questões se voltaram a "como distribuir as atividades num vazio interior"[24], a polêmica foi despertada pela insatisfação de um dos membros do júri, o arquiteto Marcos Konder Netto[25], que fez questão de explicitar seu voto pelo terceiro colocado e pela exclusão do projeto vencedor da lista de finalistas. Esta declaração foi minuciosamente justificada no que tange à exclusão do projeto vencedor. O arquiteto expôs os problemas que observou, que eram nada menos que a concepção arquitetônico-estrutural "forçada e inaceitável, por ser ilógica, onerosa e exibicionista"[26], a discordância com a localização "conspícua" do auditório e com aspectos da distribuição do programa. Para o IAB-MG a posição do arquiteto Marcos Konder foi fruto de "uma identificação pessoal com princípios da arquitetura funcionalista que podem ser confrontados, inclusive, por outras vertentes da arquitetura contemporânea"[27]. Parecer em que o conhecimento específico da disciplina foi negado e com ele a necessidade da coerência intrínseca de uma proposta, qualquer que seja a sua "vertente". Curiosamente, reaparece no comentário do IAB-MG a então já antiga contraposição entre moderno/funcionalista e vertentes da arquitetura contemporânea.

Entre os critérios de avaliação do concurso havia apenas dois mais ligados ao funcionamento específico de um museu e quatro estritamente arquitetônicos: implantação e relação com o entorno; adequação formal/caráter museológico; proposta estrutural; contemporaneidade da proposta[28]. A visibilidade "contemporânea" da proposta vencedora, com uma solução espacial mais fragmentada e multifacetada, deve ter sensibilizado os jurados. No texto da comissão julgadora, esta impressão é reforçada: "Pretendeu-se um edifício que significasse, para o visitante comum, também uma experiência de espaço arquitetônico provocativa, que lhe induzisse a uma reflexão sobre a arquitetura e, menos, uma vivência de espaço meramente induzida ou por demais rígida"[29].

O concurso para o Museu de Arte de Belo Horizonte integrou um plano mais amplo da prefeitura local de reestruturação urbana do centro da cidade: o BH-Centro. A proposta

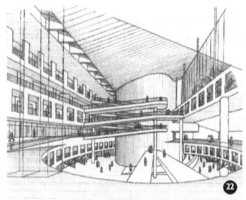

de inserção de um Museu de Arte na antiga Praça da Estação teve o objetivo, também, de revitalizar aquele espaço urbano. O MABH não existia até então, foi instituído por lei municipal com personalidade jurídica própria sob a forma de fundação[30]. O papel da instituição, nesse caso, parece estar mais comprometido com a qualificação urbana de um espaço importante da cidade e em ser o "agitador" cultural, do que propriamente com o bem abrigar e expor obras de arte. Tal papel tornou-se frequente desde as últimas décadas do século XX, quando os museus passaram a ser focos de interesse e atração na competição entre cidades, se não pela qualidade e importância do acervo, aos menos pelo interesse de sua arquitetura. No que tange à discussão da arquitetura contemporânea brasileira, nesses concursos tão próximos no tempo, segue a perplexidade diante de uma prática animada por posturas diversas.

Um concurso para o Paço Municipal de Osasco, na região metropolitana de São Paulo, ensejou mais uma oportunidade de se observar uma variedade de enfoques dentro de um mesmo terreno e programa. Nesse caso, o programa – Prefeitura, Câmara de Vereadores e Praça Cívica – cabia com folga em terreno de 30.000 m² que, inclusive, permitia solução em altura. O terreno longitudinal, de fundo de vale, limitado por córrego poluído e avenida de alta velocidade em meio a um entorno construído sem qualquer qualidade arquitetônica pedia uma proposta que gerasse uma frutífera ambiência urbana. Nos seis projetos selecionados pelo júri[31] há a tentativa de criar um lugar de significado urbano, no entanto, os expedientes variam consideravelmente.

No que tange à implantação e solução formal dos blocos, é possível uma classificação especulativa em três vertentes:

+ uso de soluções correntes do movimento moderno;
+ referência e reelaboração de soluções do movimento moderno;
+ formas em tensão com o local, estabelecidas em função de fluxos e visuais.

Na primeira vertente é possível inserir tanto o projeto vencedor como um dos que empataram na segunda colocação. A proposta escolhida, equipe de João B. Xavier, propôs dois blocos iguais posicionados lado a lado no centro do terreno. Estes blocos de cinco pavimentos e projeção retangular, com pouca diferença entre os lados maior e menor, têm organização interna díspar para acomodar os respectivos programas de Prefeitura e Câmara Legislativa. No entanto, ambos são organizados por vazios centrais que unificam

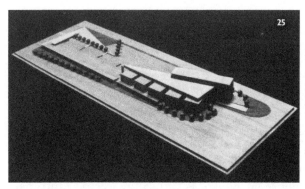
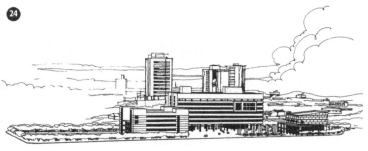

espacialmente os edifícios a partir de um térreo bastante aberto e integrado ao jardim❷. A equipe Maurício Patrinicola, segundo colocada, organizou os blocos na lateral do terreno mais ligada à cidade, configurando uma área aberta voltada para o córrego. Um bloco longo e horizontal com térreo parcialmente livre permeia a ligação entre a rua e a praça cívica, sua extremidade se articula a uma torre triangular e ao bloco cilíndrico do plenário❸.

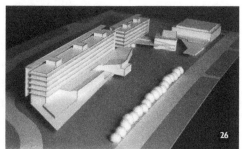
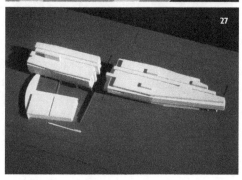

Na segunda vertente, é possível inserir a proposta da equipe Edson Mahfuz, que recebeu menção honrosa. Três blocos definem três das laterais da praça cívica, que adquire dimensão retangular bastante definida. Como na proposta de Maurício Patrinicola, a praça está aberta na lateral que faceia o córrego, enquanto o bloco da prefeitura, com o térreo em pilotis, limita sua lateral oposta junto à rua de maior movimento, favorecendo a permeabilidade entre esta e a praça. Os blocos da câmara e auditório/refeitório têm projeção mais próxima do quadrado e ambos se assentam no térreo da praça, sendo que um pórtico faz a transição entre a praça e as áreas fechadas do bloco destinado ao auditório e ao refeitório❹. Nessa solução, o uso do piloti cilíndrico e a proporção do edifício da prefeitura remete ao desenho da escola carioca. No entanto, esse bloco corbusiano, inserido ao lado dos blocos mais maciços, configura uma praça de raiz tradicional.

Por fim, na terceira vertente, está a outra proposta classificada em segundo lugar, equipe Edna Nagle, e as outras duas menções honrosas, equipes Mário Biselli e Marcelo Ursini. Todos estes optaram por uma praça cívica voltada para a cidade. A praça criada pela equipe Edna Nagle nasce na rua e sobe num plano inclinado até os edifícios e um mirante que delimita a lateral do córrego (sob este plano foi colocado o estacionamento). Os edifícios da câmara e prefeitura, posicionados numa das laterais do terreno, estão unidos por um átrio triangular, sendo que as diversas secretarias têm blocos semi-independentes, resultando num volume complexo com vários planos. Um pequeno bloco destinado a comércio e serviços delimita sutilmente a outra lateral da praça, garantindo um uso mais corriqueiro para o espaço❺. A equipe Marcelo Ursini dispôs os blocos construídos num 'L' e circundou-os por marquises metálicas de contorno irregular que articulam os térreos e fazem a transição com a praça❻. A projeção irregular dessa marquise e sua variação de altura e plano de inclinação geram uma movimentação que contrasta com a regularidade dos blocos fechados. Por fim, a proposta da equipe Mário Biselli dispôs os blocos num 'L' cortado por uma diagonal longitudinal que divide o terreno em duas cotas: a Praça cívica na cota mais alta junto à rua e uma praça arborizada em cota mais baixa voltada para o córrego❼. Diferente das duas soluções anteriores, embora a praça cívica esteja voltada para a cidade, os blocos da prefeitura e escritórios da câmara, em pilotis, estão sobre a praça. Nesses blocos, os pavimentos não se superpõem exatamente, resultando em faces complexas. Além disso, uma das faces do bloco da prefeitura se deforma ao encontrar o eixo de desnível do terreno, tornando-se paralela ao mesmo.

Juntar essas três propostas numa "vertente" talvez seja reducionista em excesso, mas todas compartilham uma pesquisa voltada à maior complexidade e dinamismo das formas, resultando em soluções de maior tensão formal, como se mostrassem um equilíbrio provisório, um movimento momentaneamente suspenso. Pesquisa favorecida tanto pela tecnologia digital de desenho quanto pela maior diversidade e qualidade dos materiais de construção.

O pluralismo de início dos anos 1990 não pode ser primariamente traduzido em três ou quatro vertentes. A cada solicitação – programa e lugar – a arquitetura parece dispor de ampla gama de recursos – formas que colidem, repartem-se ou deslizam, blocos maciços fracionados por nesgas, o comentário ou a reelaboração sobre outras arquiteturas, o espaço livre como forma criada nas articulações de conjunto. No caso de uma solicitação em que os aspectos de representação e simbolismo da arquitetura são fundamentais, como, por exemplo, no concurso para o Pavilhão Oficial Brasileiro na feira de Sevilha, já comentado, a diversidade parece ainda maior. Mesmo se atendo só aos trabalhos destacados pelo júri, os espaços de uso, essencialmente "modernos" em termos de continuidade espacial, foram organizados sob uma grande variedade de soluções estruturais, de tecnologias, de materiais, de simbolismos, de introversão ou extroversão, de organicidade ou rigidez geométrica.

3.
Habitação Popular:
O Direito à Arquitetura

tema da habitação popular tem laços estreitos com as utopias das vanguardas modernas, cujas propostas tanto podem ser relidas no formato de uma coleção de exemplos excepcionais realizados por arquitetos geniais, quanto podem ser revistas como uma busca porfiada e persistente, com altos e baixos, a favor da paulatina transformação da moradia em um caminho apropriado para a requalificação do tecido das cidades contemporâneas. O direito à habitação digna passou a ser considerado como um potente instrumento de superação das condições urbanas problemáticas (sanitárias, viárias, de habitabilidade etc.) agravadas pelo crescimento atabalhoado das cidades após a industrialização e a expansão da economia de mercado. Para o pensamento arquitetônico e urbanístico moderno, o projeto da habitação social é um objetivo máximo; mas, na prática, acaba sendo um tema secundário, do qual muito se espera e pouco, efetivamente, resulta. Cada singela ação no tema da habitação social ganha sempre um enorme significado simbólico, seus parcos logros (e muitos malogros) são potencializados ao máximo: o tema da habitação social nunca se esgota apenas no que é, mas, principalmente, em que se poderia tornar.

Essa contradição entre o desejo idealizado e os fatos concretos (ou sua ausência) parece sempre marcar o tema da habitação social, e pode chegar a um limite quase insuportável de tensão quando se considera a realidade brasileira do século XX. Em que pese a relativa expansão no atendimento à demanda habitacional após 1970, a moradia social no Brasil segue sendo pensada apenas numericamente; exceto em casos pontuais, as propostas pouco avançam em termos de amplitude conceitual, de renovação urbana, e, muito menos, como passo necessário para uma maior justiça e participação social democrática. O relativo crescimento numérico e a quase ausência de resultados qualitativamente apreciáveis pouco favorece uma reflexão renovadora e, menos ainda, a abertura de novas possibilidades do morar enquanto um laboratório de transformação das nossas cidades em ambientes mais adequados e seguros. No aspecto de formação e ensino profissional, o tema da habitação, de um lado, segue atrelado a modelos anacrônicos, estacionados em alguns poucos exemplos magistrais perenemente retomados de maneira nostálgica e fora de contexto, e de outro, a uma prática acrítica que apenas reproduz tipos carimbados (que ninguém acredita, mas todos seguem praticando). Assim, e infelizmente para todos os cidadãos (inclusive os profissionais arquitetos), o tema da habitação popular, ou social, permanece estagnado num mar de frustrações, de tentativas interrompidas, de descasos absurdos – e esparsamente pontuado por minúsculas ilhas de resultados positivos, sem dúvida muito importantes, mas tão isolados que chegam a ser difíceis de localizar. Com tal ausência de bons exemplos[32], não admira que a nossa "cultura de projeto", no tema da habitação social, permaneça antiquada e imatura.

Mesmo assim, não parece ser conveniente insistir apenas na abundância dos fracassos, reforçando uma postura pessimista que nada constrói: uma visão confiante na possibilidade de mudança segue sendo necessária e imprescindível. Vale destacar seus momentos mais brilhantes. Mas vale também formular algumas hipóteses críticas – questões talvez incômodas, mas cuja melhor compreensão poderia ajudar a trilhar com mais clareza o "caminho da utopia" a que sempre está indissoluvelmente ligado o tema da habitação social.

Uma constatação óbvia, mas nem sempre clara, é a de que a edição de novas agendas políticas em favor da habitação social, quando conformadas apenas por estatutos, leis, decretos, regulamentos etc., é passo indispensável – mas em si mesma nada muda. Políticas públicas não acompanhadas de ações e verbas tendem a resultar em letra morta, exceto se forem financeiramente sustentáveis em si mesmas, podendo, portanto, ser apropriadas pelas forças de mercado. Mas nesse caso é preciso superar os tabus vigentes contrários à participação das forças do mercado como possíveis gestores e parceiros das políticas públicas de habitação social. Assim, um ponto importante a se rever (no conceito e na prática), seria a possibilidade de repensar o tema da habitação social em uma situação de consonância e entendimento, e não de confronto, entre os interesses das esferas pública e privada. Mas, mesmo se isso ocorresse, é preciso não perder de vista que quaisquer políticas ou propostas demasiado inovadoras precisam de tempo, e de bons exemplos concretos, para serem assimiladas, convencerem e serem amplamente aplicadas. A inovação nem sempre é imediatamente bem-vinda, mesmo que eventualmente resulte em melhor desempenho financeiro – já que antes é preciso vencer a inércia de um campo tradicionalmente cauteloso e conservador, como é o da construção civil, até que em seu conjunto este possa compreender, aceitar e trabalhar sobre essas novas possibilidades.

Pode-se argumentar que já houve grandes momentos de inovação da arquitetura brasileira em que a construção civil não parecia ser tão conservadora. Entretanto, vale lembrar que tais épocas quase sempre coincidiram, talvez não por acaso, com situações em que o Estado assumiu um papel de liderança e custeio, em geral a fundo perdido e/ou a troco de uma altíssima dívida pública. Se bem tal padrão seja compatível com o perfil de governos fortes (e pouco vigiados), provavelmente não mais será possível numa condição de estado de direito democrático (sabendo-se mais observado e totalmente sujeito a críticas). Suspirar pelos "bons tempos" em que a arquitetura brasileira brilhava pela inovação e esquecer que não estamos mais dispostos a tolerar o quadro social e político inadequado em que isso se dava não é uma atitude realista para se construir o futuro. A partir dos anos de 1980, o panorama de democratização vai tornar cada vez mais problemática toda e qualquer inovação que não seja, concomitantemente, financeiramente viável – fato ainda mais evidente num tema sempre reprimido como é o da habitação social.

Mudanças são necessárias, mas não ocorrem por decreto, nem subitamente e tampouco serão viáveis sem um compromisso das esferas públicas e privadas. E as mudanças só começam se alguém der o bom exemplo, papel que talvez ainda devesse ser do Estado: dar começo a uma mudança demonstrando sua factibilidade, dando-lhe credibilidade, acompanhando as ações concretas com um trabalho diplomático de convencimento e debate. Por outro lado, fatos isolados pouco mudam: há necessidade de ações continuadas, afetando paulatinamente e inexoravelmente os padrões de atuação do campo habitacional. Para isso, é importante que todos os agentes estejam preparados, o que nos leva a outra questão incômoda, que não é econômica nem política, mas profissional. Estaremos os arquitetos à altura de atender a uma demanda que seja, ao mesmo tempo, de um lado inovativa e participativa, e, de outro, econômica e tecnologicamente plausível? Que não seja centrada na busca do inaudito e do diferente a qualquer custo, mas que entenda como um valor positivo a busca do possível com qualidade e custo viável? Se a resposta se basear nos resultados mais visíveis da tradição recente, na prática e no ensino da arquitetura brasileira, talvez se conclua que ela apresenta muito poucos exemplos concretos de boas arquiteturas, que não sejam gritantes ou exageradas: podem ser excelentes, mas são exceções que não conformam tecidos, só monumentos.

A construção de uma tradição apropriada à atuação no presente passa pelo reconhecimento dos grandes mestres modernos e de suas obras excepcionais; mas passa igualmente pelo reconhecimento de que as condições sociais e econômicas em que elas foram realizadas não mais prosperam, e que não é possível sua mera reprodução acrítica. Passa pelo reconhecimento de muitas outras arquiteturas brasileiras, feitas cotidianamente menos para brilhar do que para servir. Passa também pela abertura dessa noz encruada em que se transformou o ensino de projeto de arquitetura, ainda demasiado centrado apenas na solução de problemas funcionais-programáticos, com pouco ou nenhum interesse pelo contexto urbano onde se inserem, com pouquíssima exploração de questões técnicas em busca de soluções apropriadas, pela insistência imatura em resultados excepcionais e invulgares com desprezo pelo regular e confiável, e, finalmente, mas não menos importante, pelo autocentramento xenófobo das parcas referências em que se apoia, limitadas a uns poucos e raros exemplos quase sempre exclusivamente locais, sem um maior esforço sistemático de estudo de um repertório mais amplo, inclusive valorizando experiências de outras realidades mundiais que sejam pertinentes, assim superando o absurdo isolamento do mundo em que os arquitetos brasileiros se comprazem no período pós-Brasília[33].

Num panorama como o que se pretende expor neste capítulo, esses alertas servem apenas de baliza inicial para se passar a uma segunda etapa: a de observar, no período aqui em estudo – os anos de 1985-1995 – nem tanto a produção então corrente, medíocre e sem maior interesse, mas algumas poucas e esparsas tentativas de mudança, que ainda possam servir de meta e rumo para a atuação, já no século XXI – mesmo se, de modo quantitativo, seus efeitos tenham sido muito limitados. Pois valorizar os caminhos mais adequados, mesmo aqueles que não chegaram ainda a frutificar plenamente, é o que sempre se deve fazer quando o tema é a habitação social.

Um Concurso para Resgatar o Projeto de Habitação Popular[34]

Com esse título se iniciava um artigo publicado em 1990, que afirmava: "a baixa qualidade dos projetos de habitação popular está ligada a uma série de fatores, desde a própria política habitacional até o gerenciamento da obra. Com o objetivo de resgatar a qualidade do projeto e, consequentemente, a qualidade da execução, a Secretaria de Habitação e Desenvolvimento Urbano da prefeitura de São Paulo promoveu, em conjunto com a Cohab/SP, o 1º concurso Nacional de Projetos de Habitação Popular".

É interessante entender porque pareceu a seus promotores que a solução para os males da habitação fosse ser a promoção de um concurso de arquitetura como caminho para se abrir novas possibilidades. Segundo Antonio Carlos Sant'Anna Jr., diretor técnico da Cohab e membro da comissão julgadora,

> tornou-se uma tradição fazer projetos absolutamente sumários, geralmente contratados com a própria empreiteira encarregada da execução da obra, que procura minimizar as despesas com esse item. Isso é agravado pelo fato de a legislação relativa à habitação de interesse social e o código de obras fazerem exigências que impedem a criatividade e até dificultam um aproveitamento mais econômico do terreno. Por isso, a Sehab vai usar os subsídios oferecidos pelos projetos inscritos no concurso para alterar a legislação, reduzindo ao mínimo suas restrições. Por conter essa perspectiva e também não propor um programa fechado, permitindo total liberdade de criação, o concurso ganha um caráter inusitado.

Superar a baixa qualidade dos projetos até então praticados por meio de um concurso que permitia desconsiderar os parâmetros legislativos então vigentes, tanto das normativas municipais, quanto das restrições dos agentes financiadores, pareceu ser uma saída possível para superar a declarada falta de qualidade das propostas então corriqueiras de habitação social. Mas, paradoxalmente, também foi o motivo pelo qual, finalmente, alguns dos resultados do concurso nunca chegaram a ser implantados: os órgãos financiadores recusaram-se a bancar uma proposta feita à sua revelia, e contrariamente às suas normas[35].

28
Concurso de anteprojetos para habitação popular no Brás, São Paulo, 1990.

▼ 1º colocado. Equipe Sylvio de Podestá.

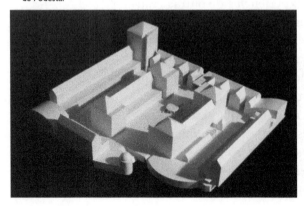
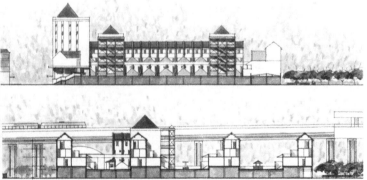

Apesar de sua abrangência municipal o concurso teve repercussão nacional e participação expressiva de arquitetos de todo o país, havendo, dentre os quinze grupos premiados na primeira fase, sete não-paulistas. Também é relevante o fato de terem sido galardoados no concurso tanto arquitetos então recém-formados (e que seguirão se destacando nas décadas seguintes) até escritórios já então com maior renome[36]. O concurso englobava duas áreas muito distintas, cada uma delas emblemática: uma intervenção em um vazio urbano central junto à então nova estação Brás do metrô[37] [28], e uma área de expansão periférica, no Jardim S. Francisco[38], zona leste da cidade. A ênfase do concurso era na melhoria da qualidade, não apenas da unidade habitacional – ainda limitada a áreas bastante exíguas –, mas também dando ênfase na sua relação com a cidade existente – que se pretendia não fosse de isolamento e diferenciação, mas de integração e continuidade. Naquele momento isso significava, em algumas das respostas, certo alinhamento com as teorias de pensadores como Aldo Rossi, afiliados a uma tendência que recebeu a alcunha de "pós-moderna" em alguns debates nacionais e internacionais. Mas no caso brasileiro pode-se questionar a pertinência da aplicação dessa etiqueta: no conjunto dos projetos apresentados ao concurso havia sem dúvida algumas referências às formas paradigmáticas da tradição moderna do século XX, inclusive na sua dupla releitura a partir de exemplos de arquitetos internacionais atuantes nos anos de 1970-1980. Mas a modernidade em si mesma não parecia estar sendo questionada, apenas sendo revisada a sua faceta mais estrita e limitada, representada pelas versões reduzidas, empobrecidas e vulgarizadas que haviam servido, a partir dos anos de 1960, de paradigma para a elaboração de grandes e pequenos conjuntos habitacionais periféricos, repetitivos e desconexos.

A proposta dos organizadores do concurso, em especial no caso da área do Brás, era a de se aproveitar a conformação original da área, de traçado em quarteirões convencionais, fragmentados pela passagem em diagonal da linha do metrô, e levantar alguns temas de debate que, desde então, passaram a ser recorrentes, tais como: questionar o uso automático de "pilotis" conformando espaços térreos abertos e contínuos, contrapondo-os à possibilidade de ocupação parcial dos térreos, com definição mais clara dos espaços privados e públicos; rejeitar o costume arraigado de se adotar uma única solução para as unidades habitacionais, apostando na sua uniformidade e repetibilidade, em contraposição à variedade no arranjo e no tamanho das unidades; a superação do esquema em blocos alinhados paralelamente conformando espaços residuais, em contraposição à solução de ocupação dos alinhamentos conformando quarteirões e permitindo o aproveitamento coletivo, mas relativamente privado, do interior das quadras[39]. Era também desejo da prefeitura municipal

◀ 2º colocado. Equipe Henrique Fina.

▼ 3º colocado. Equipe Aflalo e Gasperini.

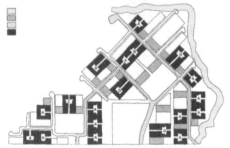

㉙

explorar a possibilidade de aluguel de alguns dos espaços, tanto para moradia como para espaços comerciais, experimentando soluções não monofuncionais.

Mesmo propondo tantas possibilidades de inovação, o concurso do Brás foi mais bem sucedido, na opinião de seus promotores e do júri, do que o concurso do Jardim S. Francisco, situado em área de expansão periférica na zona leste da cidade, que recebeu propostas mais conformes com a prática já estabelecida – e, portanto, no entender do júri, menos inovadoras. Paradoxalmente, e talvez por isso mesmo, a proposta do Jardim S. Francisco terminou se mostrando mais viável, e sua construção foi implantada com muito menos problemas de financiamento e obra; mas tampouco foi totalmente conservadora, já que apesar de dar continuidade à tradição recente, propunha melhorias, apresentando "boas soluções para alterar a legislação ou melhorar a qualidade das unidades habitacionais, [mesmo] deixando muito a desejar nas respostas relativas ao parcelamento do solo: esperava-se que tirassem um partido adequado da topografia e das declividades do terreno, dessem boas respostas quanto ao aproveitamento das visuais do entorno e respeitassem as áreas verdes existentes"[40].

As publicações de época tratam o concurso de maneira triunfal e quase ufanista:

> com esse concurso foi implantada [sic] uma nova maneira de encarar a habitação popular. Passou-se a conferir a devida importância aos projetos arquitetônico e urbanístico, contrariando uma mentalidade herdada da década de 1960, fase de criação do Banco Nacional da Habitação. Nesse período, os projetos arquitetônicos não receberam atenção, resultando em edificações repetitivas, de pouca criatividade[41].

A análise é otimista e, sabe-se hoje, um tanto exagerada, e a crítica talvez seja simplista: a ideia da produção em massa, da industrialização e da repetição como formas de economia não implicam, *a priori*, num marco de desprezo quanto ao valor do projeto. Mas, talvez, o que se queria questionar não fosse a industrialização e sim seu uso bitolado, sem compreensão da necessidade concreta de se pensar cada projeto para cada lugar e cada ocasião, questionando a repetição sem critério mas não a possibilidade da reprodução de partes e componentes. A repetição *a priori* de soluções dadas não resulta da industrialização da construção, mas de seu uso limitado e não imaginativo. Nesse sentido é que se pode compreender melhor essa crítica: "essa repetição monótona de edificações pode – e deve – ser substituída pela valorização do projeto e [pelo] oferecimento de moradias mais adequadas"[42].

Outro tema presente nesse emblemático concurso é a questão da participação dos usuários:

> uma das cláusulas desse concurso previa que as equipes vencedoras deveriam ouvir a população interessada para adequar o projeto às necessidades do futuro morador. A equipe do arquiteto Demetre Anastassakis, vencedora do projeto para o Jardim São Francisco ㉙, tem se reunido com representantes dos movimentos populares enquanto prepara o detalhamento do projeto. A participação da população organizada é uma das inovações apresentadas pelo concurso. Algumas dessas sugestões poderão ser aproveitadas dentro de um conjunto de propostas, atendendo a variáveis como custo e benefício[43].

Segundo Nabil Bonduki (então Superintendente de Habitação Popular da cidade de São Paulo), "as diferentes tipologias de habitação trazidas pelo concurso permitiram aumentar a visualização de alternativas de ocupação para as áreas públicas. Assim foi possível confrontar soluções e ampliar o repertório à disposição da prefeitura". De fato, um dos grandes méritos desse concurso talvez nem tenha sido seus resultados concretos, que foram relativamente limitados e sujeitos às várias vicissitudes típicas de situações novas, inclusive a pouca experiência de seus gestores, mas, principalmente, o fato de que "o concurso também proporcionou oportunidade para se atualizar o debate sobre habitação popular entre arquitetos. Emergiram, das propostas, concepções contemporâneas de arquitetura como soluções pós-modernas, de várias vertentes, modernas ortodoxas, além de outras, reinterpretadas"[44]. Confirmando esse entendimento, Antonio Carlos Sant'Anna Jr. anotou, em depoimento pessoal, o que considerava que fossem os objetivos do concurso, que em muito transcendiam sua mera execução, configurando um programa ambicioso de renovação. Talvez pretensioso, mas que por isso mesmo ainda hoje poderia ser considerado como relevante para quem se proponha a trabalhar no tema:

> Objetivos do concurso: 1. Resgatar o concurso público como meio mais transparente de contratação de projetos pela administração [...]; 2. Aprofundar o debate sobre a questão da habitação no Brasil [...] vários participantes [...]; 3. Liberar inteiramente das restrições do zoneamento e código [...] o projeto como instrumento crítico da legislação [...]; 4. Evitar expansão indiscriminada da mancha urbana [...] adensamento das áreas já urbanizadas [...]; 5. Encontrar relação mais harmoniosa entre o conjunto habitacional e o meio físico, respeitando tipos de solo, drenagem, vegetação etc. [...]; 6. Trabalhar com a hipótese de construir um número maior de pequenos conjuntos habitacionais [...] redução da escala do conjunto permitindo inserção no

contexto [...]; 7. Estudar novas tipologias habitacionais, permitindo o uso de vários tipos de unidade num mesmo conjunto, diversificando [...] comércio e lazer [...]; 8. Discutir projeto piloto de programa de aluguel de interesse social [...] opção a cortiços [...]; 9. Incentivar pesquisa e desenvolvimento de alternativas de materiais, sistemas construtivos, racionalização da construção, gerenciamento, controle de qualidade [...]; 10. Resgatar o projeto como instrumento privilegiado de controle de qualidade da obra [...][45].

Uma pauta ambiciosa e expressiva, mas que, de alguma forma, continua vigente.

Da Utopia à Construção: A Participação Popular[46]

Naquele momento, a Sehab e a Cohab paulistanas estavam trabalhando em consonância para viabilizar uma proposta mais ampla, que incluía também a intervenção em cortiços, propostas de apoio técnico à autoconstrução e ao mutirão, propostas de viabilização de uma fábrica de elementos pré-fabricados e outras voltadas para o saneamento básico e a urbanização de favelas, sempre com resultados apenas parcialmente bem sucedidos do ponto de vista do volume de obras. Mas como declara um artigo da época,

> é impensável hoje colocar a questão da habitação popular em termos apenas quantitativos. É necessário criar uma nova relação com o espaço urbano construído e com aquele da moradia. É necessário ainda que essa interação venha desencadear novas formas de governar a cidade e de lidar com os recursos públicos. Em São Paulo, a efervescência dos movimentos de moradia, há dez anos formulando alternativas para políticas habitacionais e sua conjunção com a administração municipal permitiram o surgimento de um número significativo de projetos e obras[47].

Assim se iniciava uma publicação de 36 páginas que presta contas das ações da política habitacional paulistana daquele momento. Nela Nabil Bonduki afirma:

> palavras, argumentos, ideias e propostas são insuficientes para mudar posturas e políticas firmemente estabelecidas no país. Por isso, desde o primeiro dia em que assumimos a Superintendência de Habitação Popular (Habi) e o Fundo de Atendimento à População Moradora em Habitação Subnormal (Funaps) estava clara a necessidade de gerar resultados concretos – programas, projetos, obras, trabalho social e mobilização popular – capazes de evidenciar a importância de desenvolver novos conceitos em habitação popular, atenuando, dentro de nossas possibilidades, os graves problemas de moradia da maior cidade da América do Sul e contribuindo para a luta por uma nova política nacional de habitação[48].

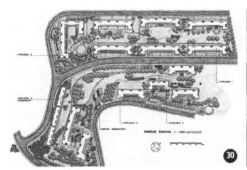

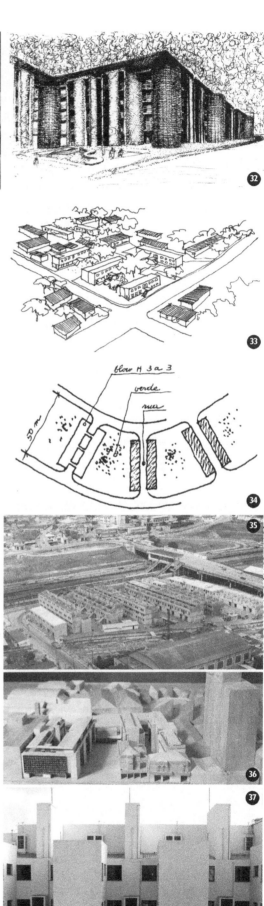

Nesse sentido, as propostas da Habi não se implementaram a partir de um concurso, embora de alguma maneira tenham se beneficiado da agitação que aquele concurso tinha provocado no seio da comunidade arquitetônica[49]. Em vez disso, optou-se por ações pontuais, concretas, efetivas, relativamente modestas, mas duradouras. Além de inovar em termos conceituais e arquitetônicos, era intenção de Bonduki promover a efetiva participação dos usuários: "sem a participação popular autônoma e vontade política da administração não teria sido possível chegar a estes resultados". Os programas eram os mais variados, com títulos sugestivos que falam por si mesmos. No capítulo Direito à Terra tem-se: Terra para quem nela mora (regularização de favelas); Terra para quem não tem (desapropriação de áreas vazias ociosas para uso em programas de habitação social); programas de apoio legal aos moradores de cortiços. No capítulo Direito à Arquitetura, as propostas de conjuntos de pequeno porte distribuídos por vários terrenos urbanos de caráter mais periférico, com coordenação de projetos da Habi e desenvolvimento de propostas realizadas por diversos escritórios de arquitetura, como, por exemplo: Parque Europa (S/G Arquitetura, Restauro e Planejamento); Vila Mara e Rio das Pedras (Padovano e Vigliecca Arquitetos); São Francisco (Cooperativa de Arquitetos do Rio de Janeiro, vencedores do concurso respectivo); Sonda (Grupo Itapeti de Arquitetura); Paranapanema (Décio Tozzi). No capítulo Direito ao Centro estavam englobadas as ações realizadas em áreas mais densamente urbanizadas, como os projetos Minas Gás (Ubyrajara Gilioli) e Água Branca (Habi-Superintendência de Habitação Popular da Prefeitura de SP); Rincão (Padovano e Vigliecca Arquitetos), Casarão Celso Garcia (Cláudio Manetti e equipe), Heliópolis (Luis Espallargas, Ângelo Cecco Jr,. Edna José Nagle, Rose Borges). A construção de moradias por mutirão e autogestão, ou com empreiteiras, não era o programa único ou principal, havendo também várias iniciativas menos visíveis mas igualmente relevantes, como a implantação de infraestrutura em glebas urbanizadas, urbanização e melhoria de favelas, e recuperação de cortiços, num total de 252 intervenções, que afetariam quase 90 mil famílias, das quais perto de 29 mil relacionam-se a empreendimentos em obras.

Evidentemente, há questões que pairam nas entrelinhas: a qualidade e a mudança são necessárias, mas a quantidade e a factibilidade são corolários indispensáveis para que de fato a mudança ocorra. Atinge-se assim um limite que é, profissionalmente, intransponível: a qualidade da arquitetura (ou suas boas intenções) não muda a realidade social se não for acompanhada de ações concretas em termos políticos, financeiros, econômicos etc. Mas o inverso é também correto: dadas todas as condições para a factibilidade do atendimento à questão da habitação, que fazer? Repetir o mesmo ou inovar? Possivelmente um dos grandes méritos da gestão Bonduki na Habi foi a clareza estratégica na promoção de uma abertura de possibilidades, cuja reavaliação certamente é parte indispensável da reflexão contemporânea sobre o repertório criativo da habitação social no Brasil. Em reflexão sobre o tema, Bonduki aponta as diretrizes básicas que orientaram essa estratégia: a. o aproveitamento de terrenos públicos; b. projetos de pequenas dimensões; c. inovação tipológica; d. diversidade de soluções arquitetônicas e urbanísticas; e. espaço público livre resolvido não como sobra de espaço construído mas como elemento articulador dos edifícios; f. utilização de processos construtivos racionalizados; g. permanente processo de participação popular em todos os aspectos (programa, concepção e desenho dos conjuntos e das unidades); h. equacionamento do projeto urbanístico e da alta densidade[50].

Novas Tipologias; Conjugando a Casa Popular[51]

Com esse título se inicia outro artigo de época, de autoria de José Wolf, comentando outro concurso: o 5º Prêmio Brasilit de Arquitetura (1990), cujo tema, coincidentemente, era "crise habitacional – utopia e realidade", onde 33 participantes propuseram uma ampla variedade de alternativas tipológicas para o atendimento à habitação popular ou social, com propostas projetuais e reflexões críticas (através de monografias). A comissão julgadora era formada por arquitetos de destaque radicados em várias regiões do país: Carlos Maximiliano Fayet, Luiz Paulo Conde, José Neudson Braga e Pedro Paulo de Melo Saraiva; tendo selecionado cinco equipes finalistas. Sem um lugar determinado, a intenção explícita do concurso foi promover uma mudança de postura na atitude projetual, abrindo novas possibilidades para o atendimento do tema.

Os ganhadores do concurso, arquitetos Humberto Magalhães Carneiro, Heloisa Gama de Oliveira, Marília Dalva Magalhães Carneiro e William Sidney propuseram, como estratégia de inovação, um olhar interessado e renovador sobre as práticas comuns cotidianamente registradas nas periferias das cidades: uma espécie de mergulho na realidade para dela extrair pautas criativas renovadoras. Segundo Wolf, o resultado proposto definia

> um projeto cuja intenção é traduzir, fundamentalmente, desígnios, formas ou tipologias de morar praticados pelas populações que vivem nas periferias urbanas. [...] O próprio memorial deixa bem clara essa intenção projetual quando assinala que "o enfoque central do projeto prioriza uma postura contextualista, enfatizando e valorizando as vinculações e a pertinência ao meio urbano e a um local determinado. Dessa forma, entende-se o assentamento como um pedaço da cidade, como um bairro que a ela se incorpora, como uma parte que reflete o todo". [...] Ao propor a ocupação de vazios urbanos

numa periferia a equipe se preocupou em "captar a linguagem da vizinhança, do que acontece nas proximidades, criando uma ligação entre o existente e o novo", representado por um "novo desenho" calcado nas tipologias populares. Como profissionais da arquitetura eles procuram racionalizar o que é espontâneo, estimular uma "convivência aberta e democrática", e também propor uma estética – elementos que vão reger a proposta, onde a expressão individual está sempre atrelada à expressão coletiva[52].

Os integrantes da equipe afirmavam estar aprendendo com o próprio trabalho: todos já haviam participado em programas locais de habitação popular, e dessa experiência perceberam a incoerência de se adotar soluções excessivamente padronizadas e totalmente alheias à sintaxe e à morfologia dos espaços habitacionais periféricos. Assim, o projeto parte de um reconhecimento da realidade, inclusive de pesquisas acadêmicas realizadas na universidade para melhor conhecer essa realidade em termos arquitetônicos e urbanos (e não apenas, como nos anos de 1970, em termos socioeconômicos). Seus levantamentos identificaram "cinco tipos, ou alternativas de morar, praticados pela população. As tipologias adotadas, portanto, se baseiam não em simples critérios de classificação, mas na análise de uma situação concreta, no repertório de tipos levantados". Estes recebem nomes sugestivos, e suas possibilidades arquitetônicas são potencializadas pela agregação; justaposição e rotação; organização espacial tendendo a criar vazios qualificados (pátios privados e semipúblicos); intercalação de várias propostas etc.

As alternativas propostas eram os tipos: 1. "varanda paulista": casas com terraço superior coberto agregadas linearmente; 2. "vila": unidades agrupadas no mesmo lote ao redor de um pátio linear; 3. "bom será": casas duplex recriando a tipologia do corredor de quartos dos cortiços; 4. "caixotinho": casas geminadas formadas cada qual pela agregação de dois volumes defasados; 5. "sobradinho": solução linear compacta, variante das anteriores. Todas as propostas insistem na conjugação das unidades definindo uma ambiência urbana como maneira de contrapor-se à ênfase excessiva no lote individual, entendendo a questão da habitação não apenas na sua dimensão programático-funcional, mas igualmente na sua dimensão urbana. Segundo os autores,

geralmente, nos projetos de habitação popular tradicionais, por mais que se tente caracterizar o objeto isolado dentro de uma proposta coletiva, acaba-se criando uma ambiguidade, uma falsa individualidade, que resulta num simulacro. Por isso, preferimos um tratamento que fosse realmente uma habitação coletiva e dentro do coletivo, valorizando também a identidade, a personalização. As propostas arquitetônicas, numa didática profissional, oferecem várias alternativas ao morador[53].

Embora se trate de um concurso de ideias, sem um compromisso efetivo com a construção, entretanto as propostas ali contidas – tanto dos organizadores como participantes – são significativas do ponto de vista simbólico, como anunciadoras de um momento bastante rico de transição entre paradigmas anteriores, questionados e considerados anacrônicos, e a possibilidade de abertura de novos caminhos, ainda pouco claros, mas que se pressentem estar, nem tanto numa visão de futuro eternamente novo e esquecido do passado, mas na re-visão, re-conhecimento, re-estruturação do saber-fazer acumulado. Trata-se de tendência que anima, na cúspide dos anos de 1990, arquitetos e arquiteturas de todo o planeta, e não apenas da realidade brasileira. Na Conferência Internacional sobre Pesquisa de Habitação realizada em Paris, em julho de 1990[54], conforme relato de Lílian Fessler Vaz e Suzana Pasternak Taschner, percebia-se, no trato da problemática habitacional,

> certa falência dos antigos sistemas explicativos gerais perante os fatos novos. Os paradigmas perderam-se. Enfatizam-se os estudos comparativos. Recomenda-se a superação das descrições. Pesquisa teórica e estudos empíricos tentam uma reaproximação. Espera-se que o esforço na explicitação dos conceitos e sua operacionalidade (necessários para pesquisas comparativas) auxilie na reformulação teórica[55].

No relato de Vaz e Taschner percebe-se outros pontos em comum com os debates internacionais: a tendência de liberalização das políticas habitacionais (que passam a ser assumidas não apenas por entidades públicas, mas também por iniciativas privadas); a descentralização política tendo, como uma das consequências, a possibilidade de um atendimento mais particular e atento às alteridades; a busca ao atendimento de novos modos de vida implicando em novos modos de morar; a integração entre moradia e trabalho na condição pós-industrial; a ênfase no tema da renovação de áreas centrais degradadas e o problema da gentrificação[56] (ou seja, de substituição das populações segregadas por grupos sociais emergentes após as renovações). A agenda, variada e ampla, incluía também o tema da autoconstrução e dos mutirões, a crítica aos modelos mais "duros" da modernidade, em prol de uma diversificação, e o recurso aos concursos como instrumento para "quebrar" resistências e inércias.

A Periferia Impregnada de Arquitetura[57]

Nos anos de 1985-1995 abundam experiências de arquitetos no campo da habitação social, todas com maior ou menor sucesso em termos de resultados concretos, mas sempre relevantes no que concerne à transformação paradigmática — e os casos aqui elencados podem ser apenas a ponta de um iceberg muito mais profundo. Em várias escolas de arquitetura se propõem "Laboratórios de Habitação", e o caso do LH da FAU de Belas Artes foi um dos mais significativos. Dessa experiência, o arquiteto Joan Villà, catalão imigrado ao Brasil ainda criança, vai encontrar o impulso para criar o Laboratório de Habitação da Universidade Estadual de Campinas (Unicamp), que passa a desenvolver, a partir de 1986, um trabalho inicialmente experimental e, a seguir, de consultoria profissional, buscando repensar o tema não apenas como um debate ideológico, social ou tipológico, mas, igualmente, como uma questão técnica e construtiva. E também urbanística, a partir de um enfoque muito particular: a questão da periferia, não como território negativo, mas, justamente, como o espaço em que se está construindo a cidade do futuro: "estes novos territórios, espaços periféricos conformados por referências descontínuas da cidade consolidada, foram sempre espaços com uma grande capacidade de antecipar o novo, de suscitar a invenção, de sugerir o lugar daquilo que ainda não foi feito"[58].

Segundo Villà,

> a periferia sempre foi vista como um território de inovação, de criação, daquilo que não foi feito e, portanto, instiga de alguma forma a aventura. Uma aventura de desenho, de técnica, humana. Não a vejo como repositório da degradação, em oposição ao centro constituído, bonito etc. [...] E não se trata apenas daquele território em volta da cidade. Começa a surgir contemporaneamente uma periferia interna: as grandes infraestruturas do passado ficam obsoletas e passam a ser manchas num lugar que já foi periferia, mas hoje tem alguma centralidade – o Brás, em São Paulo, por exemplo. Então a periferia não é mais um território distante, mas muitas vezes vizinho, até mesmo de nós que habitamos na suposta centralidade[59].

Essa visão otimista permite vislumbrar novas possibilidades de atuação:

> a partir do momento em que se tem uma visão positiva da periferia, em contraposição à ideia de algo degradado e indesejável, deixa de haver uma atuação puramente sanitarista ou cujo norte seja propiciar educação aos que não tem – uma postura filantrópica ou samaritana. Ao compreender que está de alguma forma participando da construção da cidade do amanhã – a qual tem como território a periferia – você se preocupará com impregnar seu trabalho de conteúdos que são os da arquitetura[60].

A retomada da disciplinaridade – do saber-fazer arquitetônico – como foco central para a atuação na questão da habitação se contrapõe tanto aos procedimentos meramente quantitativos, de reprodução acrítica e nauseante de modelos supostamente mais baratos, quanto à atitude de negação do projeto como instrumento de mudança, que permeou as críticas de pensadores ultrarradicais dos anos de 1960-1970, mais preocupados em acusar o suposto papel "opressivo" do desenho, e que terminaram em posturas niilistas, negando quaisquer possibilidades de mudanças pela via arquitetônica. A postura de Joan Villà parece ser uma síntese crítica e otimista: trabalhar com as periferias não é apenas um movimento de cunho político e social, mas pode ser também trabalhar as formas urbanas e arquitetônicas que conformarão o futuro próximo – e que, se não forem repensadas e transformadas, simplesmente seguirão reproduzindo, por inércia, a situação indesejável que se critica.

Nesse sentido é que a arquitetura, e, muito especialmente, as questões técnicas e construtivas que a conformam, passam a ser, no pensamento e obra de Joan Villà, um poderoso motor de mudança:

> quanto à questão da técnica, não a vejo dissociada da questão do desenho. Os detalhes construtivos, a configuração dos materiais, a interligação de técnicas e materiais e mão de obra, enfim, todas as questões construtivas estão intimamente ligadas à discussão da arquitetura. Na construção há um processo de inventividade muito semelhante ao da arquitetura[61].

E o tema tampouco está dissociado, a seu ver, com a questão da periferia:

> quando se pensa numa periferia latino-americana, e de uma metrópole como São Paulo, essa realidade coloca concretamente formas de viabilizar, do ponto de vista técnico, algumas aspirações de espaço, de arquitetura. Porque se vive numa cidade de um país latino-americano, pobre, e os recursos alocados para todos esses problemas são muito escassos. [Além da] escassez de recursos, a mão de obra constitui outro elemento [problemático]: é preciso então aliar um desenho de arquitetura possível dentro de uma determinada tecnologia. [...] Acho que é preciso compatibilizar técnica e desenho, porque eles de fato andam juntos[62].

A solução tecnológica proposta por Villà em seus projetos é mais inventiva do que original: trata-se do rearranjo de peças de um material bastante tradicional, o tijolo cerâmico, de maneira a que conforme painéis pré-moldados levemente armados, de dimensões relativamente pequenas para serem leves e fáceis de executar, mas, podendo ser feitos de maneira rigorosa, evitando os erros grosseiros que podem surgir com o emprego de mão de obra não especializada ●. Fáceis de carregar e transportar, são suficientemente flexíveis para se adaptar aos mais distintos usos e situações: o mesmo painel pode ser parede, divisória, laje, forro, muro; a tecnologia é de fácil aprendizado, podendo ser empregada por equipes de autoconstrução e mutirão com um mínimo de apoio técnico. Os primeiros protótipos foram construídos no *campus* da Unicamp, demonstrando não apenas a simplicidade e qualidade da proposta tecnológica, mas, igualmente, a possibilidade de empregá-la com um alto grau de inventividade arquitetônica, compositiva e funcional, conformando, como diz o autor, "momentos de arquitetura: ninguém pode dar soluções de cunho tecnológico e descuidar do desenho"[63]. Com esses painéis, Joan Villà realiza uma série de obras como a Moradia Estudantil ●● (1989-1991) e o Restaurante ● (1995) da Unicamp, em Campinas (empregando painéis curvos para viabilizar abóbadas, permitindo maiores vãos livres), conjuntos habitacionais como o de Socorro (com Ana Lúcia Muller, João Marcos Lopes, Paulo Milanez, 1988-1991) e, posteriormente, seguirá empregando-os em outras obras para diversas finalidades.

Para fazer frente à necessidade de vãos maiores em programas complementares aos habitacionais – escolas, centros de saúde, centros sociais –, Villà testou a cobertura em abóbada no restaurante da Unicamp, curvando o painel de tijolos cerâmicos ●. O restaurante da Unicamp motivou algumas reflexões na época de sua conclusão que seguem pertinentes para a compreensão do seu trabalho, como a questão da modernidade e o problema da habitação de interesse social:

> Villà usa praticamente um único material – o tijolo cerâmico. Agregando tijolos em painéis maiores, dimensionados na escala do ser humano, ele cria um elemento que reúne algumas das características da alvenaria – homogeneidade, múltiplo uso de um só material – e outras qualidades mais comuns nas estruturas "ensambladas" – a industrialização dos componentes e a montagem racionalizada, tentando, paradoxalmente, conciliar duas maneiras opostas de conceber a arquitetura, ou, como diz Alfonso Corona Martinez[64], dois critérios construtivos, ou duas diferentes linguagens da arquitetura. [...] As edificações heterogêneas em aço/concreto/vidro parecem ser "mais modernas" devido a

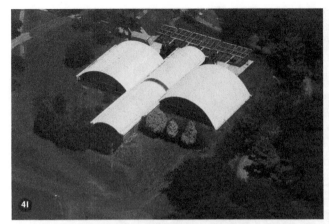

sua linguagem "ensamblada", enquanto a arquitetura moderna "de alvenaria" é frequentemente vista como uma distorção, nadando contra a corrente "certa" (ou seja, a industrialização taylorista), recusada como pobre (embora seja formalmente rica), ou apenas tolerada como manifestação "regionalista" (num tom ligeiramente concessivo). Todas essas afirmações partem de um preconceito: elas escolhem uma das linguagens possíveis como a única certa, excluindo a outra como "errada" [...] Mas o restaurante da Unicamp não é um manifesto contra a bitolação do jeito único e limitado de pensar a arquitetura moderna. Apenas usam-se ali algumas velhas boas qualidades construtivas em conjunto com outras novas e igualmente boas[65].

Ainda, seguindo no mesmo texto:

a questão da moradia em países como o nosso é um desafio para o qual não há nenhuma solução global, imediata e definitiva – nem é o propósito de Villà fornecê-la. Seus esforços são apenas uma tentativa coerente e contínua de desenvolver soluções de baixo custo com bom nível de controle tecnológico para a construção por mutirão. Com apenas uma pequena preocupação a mais: fazer boa arquitetura[66].

4.
O Comprometimento com o Lugar e a Diversificação Tecnológica

mbora os melhores exemplares da arquitetura moderna jamais tenham ignorado ou menosprezado seu entorno, com a expansão de sua atuação no período pós-Brasília, sua prática corrente inegavelmente tendeu a uma enfatização do objeto isolado autônomo, com danosas conseqüências para o ambiente urbano. Tomar a cidade moderna como paradigma da arquitetura, como um valor a ser atingido, fez com que o entorno ambiental se tornasse negligenciado na arquitetura nacional, tanto nos aspectos teóricos e disciplinares quanto na prática arquitetônica. A discussão da crise da modernidade que ocorreu nos anos de 1975-1985, com sua quebra de padrões formais e tecnológicos, introduziu a valorização do lugar como tema usual, mas foi só nessa década (1985-1995) que a prática efetiva do convívio com o existente parece ter frutificado. A abertura para perceber o que sugere o lugar com suas características físico-espaciais e sua realidade sociocultural, prescindindo de partidos norteadores a cada programa, tornou-se um motivo recorrente na experimentação arquitetônica, com soluções diversificadas e originais, diferentes opções tecnológicas e partidos espaciais.

Se nos anos de 1975-1985 a pesquisa por "tecnologias alternativas" que se mostrassem econômicas e adequadas à realidade socioeconômica do país levou a ensaios pontuais com materiais tradicionais, solo-cimento ou argamassa armada, nos anos de 1985-1995 a indústria passou a oferecer uma gama razoavelmente mais ampla de materiais, inclusive estruturais. O emprego do aço na construção civil tornou-se uma alternativa viável, a madeira, graças ao desenvolvimento dos processos de tratamento, atingiu uma maior constância ao longo do tempo. Em 1997 foi iniciada no Brasil a produção de MDF

(medium-density fiberboard), material cujas características para alguns usos superam a da própria madeira, da qual é derivado. O desenvolvimento e a acessibilidade desses materiais foram explorados pela arquitetura nacional, junto a uma gama grande de materiais de acabamento e vedação, como os policarbonatos.

Em São Paulo, o engenheiro Hélio Olga, construtor e calculista, trabalha exclusivamente com construção em madeira desde 1984[67]. Recém formado, teve a oportunidade de participar da montagem de uma casa de Zanine Caldas: "Quando fui vê-la, estava desmontada, no chão, sob uma lona. Olhei tudo cortado e numerado, da mesma forma que fazemos hoje, e disse para mim mesmo: 'é isso que quero fazer'"[68]. A residência do engenheiro no Jardim Vitória Régia, num terreno de 900 m² e 100% de declividade foi um ensaio para comprovar a adequação do uso da tecnologia industrial de construção em madeira em terrenos de grande declividade. O projeto (1987) tem autoria do arquiteto Marcos Acayaba (1944) que trabalhou em paralelo com o engenheiro: o cálculo da estrutura levou seis meses, sua montagem 45 dias.

Acayaba trabalhou a partir de um módulo estrutural de 3,30 x 3,30 m, medida que se mostrou conveniente tanto na resolução da planta baixa, quanto na obtenção de um espaço visitável em cada piso para passagem das instalações. A casa tem orientação perpendicular ao abismo, como uma ponte que se lança no vazio. Esta decisão de projeto torna mais dramática a solução estrutural e teve a justificativa de abrir os ambientes de maior permanência para a face norte. O terreno foi mantido intacto, a estrutura foi apoiada em seis tubulões de concreto que afloram. A estrutura é mista com madeira e cabos de aço trabalhando como grandes treliças planas. Nesta obra, a solução arquitetônica e a tecnologia utilizada estão imbricadas na obtenção de um resultado perfeitamente adequado à condição extrema do terreno. A despeito dos grandes balanços, a solução estrutural é desconcertantemente leve.

Com estrutura metálica, telhas de amianto e blocos de concreto pintados, o escritório Ruy Ohtake desenvolveu, em conjunto com técnicos da Secretaria de Estado do Menor, uma solução para creches passível de ser adaptada para distintos terrenos e cidades do Estado de São Paulo (1988-1989). Com solução térrea, salas de atividade abertas para o jardim e bem iluminadas, o grande desafio enfrentado foi criar um espaço que se mostrasse

facilitador no trato das crianças. Com recursos simples como cores, portas divisórias que podem integrar as salas, estantes em concreto e os módulos vazados que marcam o exterior dos edifícios e formam um interessante jogo geométrico de círculos e quadrados; a solução potencializou os meios disponíveis e atingiu um resultado plástico que garante certa identidade formal às várias creches, a despeito das soluções necessariamente variadas em função dos terrenos disponíveis.

Nas montanhas de Minas Gerais, a obra do arquiteto Gustavo Penna (1950), desenvolvida no período, apresenta uma interessante simbiose com o local de inserção. Formado em 1973 pela UFMG, Penna foi do grupo de jovens arquitetos que teve na revista *Pampulha* um primeiro veículo de divulgação e debate em torno da produção da nova geração de arquitetos mineiros, com sua bem humorada contestação aos cânones estabelecidos da arquitetura moderna brasileira. Com o passar dos anos, a arquitetura de Gustavo Penna foi gradativamente apresentando uma economia de traços, passando a ser definida em poucas linhas de grande força expressiva. Características que já comparecem no edifício da rede Bandeirantes em Belo Horizonte (com Flávio Carsalate, 1984-1985), um lacônico pórtico que enquadra e destaca uma belíssima vista da cidade[69].

A Escola Guignard, em Belo Horizonte, é dedicada ao ensino das artes plásticas e subordinada à Universidade Federal de Minas Gerais. O projeto de sua sede definitiva (1989--1990) coube a Gustavo Penna[70], que concebeu um edifício enraizado na paisagem, na encosta da Serra do Curral, no bairro de Mangabeiras. A solução de Penna para o terreno de acentuado desnível foi conceber um edifício em duas partes: um bloco semienterrado que desponta como um casco de navio na cota mais baixa do terreno e cuja cobertura forma uma esplanada delimitada pelo segundo bloco, em forma de crescente que acompanha a curva de nível. Sendo que, nos dois casos, as curvas do edifício são aproximadamente paralelas aos limites do terreno. O bloco inferior aflora como se fosse uma contenção do terreno, assim como o bloco em crescente parece revestir a montanha. Essa implantação

que entranha o edifício na serra foi enfatizada pelo tratamento e solução estrutural dos blocos: estrutura de aço aparente e revestimento de alvenaria com cor de hematita, para o que foi usado, no pigmento, óxido de ferro, abundante no solo da Serra do Curral.

O anexo da Academia Mineira de Letras (1991-1993) se situa no centro histórico de Belo Horizonte e ocupa um terreno ao lado da sede da Academia, um casarão eclético, antiga residência dos Borges da Costa. O anexo, com implantação independente, abriga auditório, sala de exposições, restaurante e administração. O que se ressalta à primeira vista é a justaposição de partes no anexo e a sensação de movimento dada por um corpo mais baixo que avança em direção à frente do terreno, seguindo uma linha curva que convida ao acesso. Observando mais detalhadamente, as referências ao edifício eclético tornam-se evidentes. Uma série de elementos foi reinterpretada no edifício contemporâneo por meio de uma configuração aproximadamente especular e, assim, o pórtico de acesso do anexo faz referência ao pequeno alpendre facetado do edifício eclético com suas colunas de inspiração clássica. Tanto o pórtico do anexo quanto o alpendre da sede têm um terraço descoberto em cima. Em ambos os edifícios a escada está marcada por uma longa abertura vertical. Uma parte transversal que congrega a circulação no anexo guarda uma relação de volumetria com o corpo principal da sede e é arrematado por uma cornija sutil. No entanto, enquanto o edifício eclético é fechado, recolhido e compartimentado, o espaço interno do anexo permite a integração visual dos ambientes e destes com o espaço externo por meio de amplas aberturas. Em que pesem os grandes panos de vidro, a incidência do sol é controlada e sua eventual ocorrência plasticamente explorada: o espaço de exposições é animado pelo desenho abstrato que se forma com a reflexão da luz na parede contígua à pérgula que delimita a iluminação zenital.

A fachada curva do anexo, com a faixa de vidro sob a massa de parede branca, remete ao projeto do arquiteto português Álvaro Siza para o Banco Borges & Irmão (Vila do Conde, 1978-1986), sendo que em Siza a curvatura foi usada em dois cantos opostos. Siza buscou inserir um edifício contemporâneo em meio a um entorno histórico, lançando mão de relações com o traçado urbano, a volumetria do entorno, o contraste entre a forma sinuosa e dinâmica do banco e a ortogonalidade das construções históricas. A relação ou a filiação do anexo de Penna é com o edifício eclético, no entanto, neste caso o anexo é bem mais interessante que seu *leitmotiv*.

Já foi comentado, neste trabalho, o grande interesse do aspecto ambiental no planejamento urbano de Curitiba com a criação de uma expressiva área de parques urbanos, em torno de recursos hídricos, e que contribuem para a qualidade de vida na cidade. Alguns destes parques foram criados em áreas de antigas pedreiras. A atividade de uma pedreira é bastante predatória na paisagem natural; a rocha vai sendo quebrada e removida, resultando em geral,

numa cava, com taludes abruptos e afloramento do lençol freático. Esses locais, que deixados ao abandono transformam-se numa ruptura na paisagem e tendem a atrair o despejo de lixo, transformados em parque, como em Curitiba, adquiriram o encanto de um acidente geográfico, uma paisagem formada por água, rocha e mato. Em dois destes parques criados com a recuperação ambiental de áreas degradadas, o arquiteto paranaense Domingos Bongestabs projetou edifícios que tiveram o enorme mérito de priorizar a paisagem na sua concepção de projeto. Ambos são estruturas vazadas que mais parecem um equipamento para melhor fruir o parque, como um quiosque, um coreto ou uma estrutura lúdica para crianças. Domingos Bongestabs, formado em 1964, foi colega de turma de Jaime Lerner com quem teve escritório até 1971, quando Jaime Lerner assumiu seu primeiro mandato na prefeitura de Curitiba. Além disso, esteve ligado desde o início com o Planejamento de Curitiba, tendo trabalhado mais de trinta anos para a prefeitura da cidade (1965-1999). No início dos anos 90, quando concebeu a Ópera de Arame (1991) e o edifício para a Universidade Livre do Meio Ambiente (1992), integrava os quadros da Secretaria Municipal do Meio Ambiente.

A imagem de um quiosque ou de um coreto não é descabida para a Ópera de Arame, em que pese sua escala: 4.000 m² de área construída. Trata-se de uma sala de espetáculos, construída no Parque Paulo Leminski, concebida para comportar diversas atividades culturais e que tem a característica de ser completamente aberta visualmente, permitindo ao

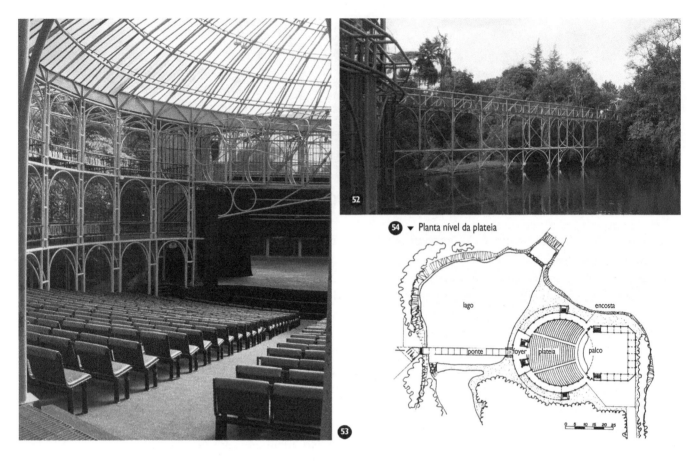

público usufruir da paisagem a sua volta. A Ópera de Arame ocupa uma nesga de terra limitada por um paredão de rocha, pelo bosque e por um lago artificial. O acesso desde a portaria atravessa uma ponte sobre o lago❷ que conduz diretamente a um *hall* aberto da sala de espetáculos e por esse *hall* é possível descer até o terreno. Tanto a ponte de acesso como a casa de espetáculos foram construídas com tubos de aço de acordo com um desenho que fez uso de formas curvas – arcos e círculos – para enrijecer a estrutura. Esta solução estrutural de desenho suave casa perfeitamente com a forma circular da plateia e sua cobertura em cúpula❸. Pisos de grade galvanizada, fechamentos em vidro recuados do limite externo e cobertura em policarbonato transparente contribuem para a impressão de uma estrutura vazada. Além da inserção harmoniosa e de permitir desfrute por parte do público, a transparência da solução tirou partido da característica sombreada do sítio escurecido pelo paredão de rocha e a vegetação. A cavidade gerada pela exploração da antiga pedreira parcialmente dominada pelo paredão de rocha oferecia uma qualidade acústica natural que foi aproveitada pelo arquiteto com a colocação do palco junto à rocha❹.

O pequeno equipamento construído como sede da Unilivre (Universidade Livre do Meio Ambiente), organismo da prefeitura de Curitiba voltado a disseminar conhecimentos ligados aos programas ambientais desenvolvidos na cidade, é indissociável da ideia de percurso❺. Como a Ópera de Arame, a Unilivre foi construída junto à escavação de uma antiga pedreira, num cenário formado por taludes abruptos e água em meio ao Bosque Zaninelli. O percurso sobre madeira começa na entrada do bosque, aí, a trilha serpenteia em meio à mata por um tabuado construído sobre o leito de um pequeno curso d'água, antigo canal de drenagem, que escorre a partir do lago artificial. Esta ponte, que ao invés de transpor o curso d'água segue sobre ele, leva o visitante até a estrutura da Unilivre onde o percurso em madeira segue numa rampa que circunda numa espiral ascendente a periferia

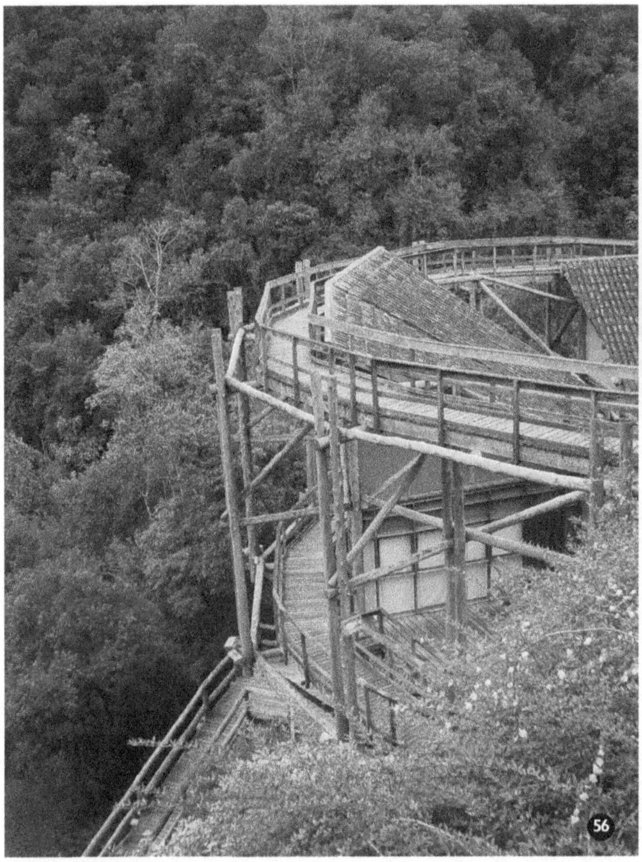
56

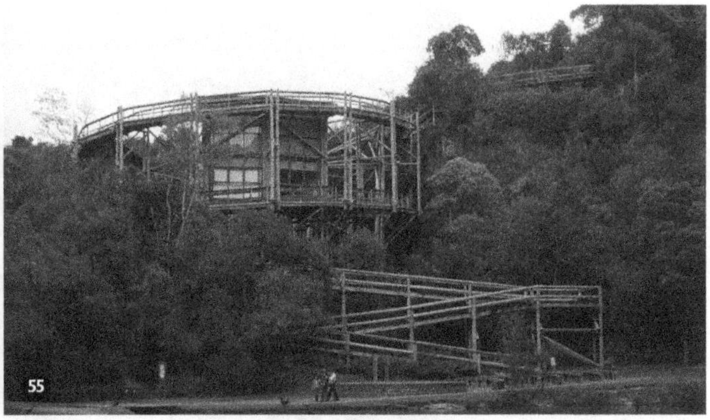
55

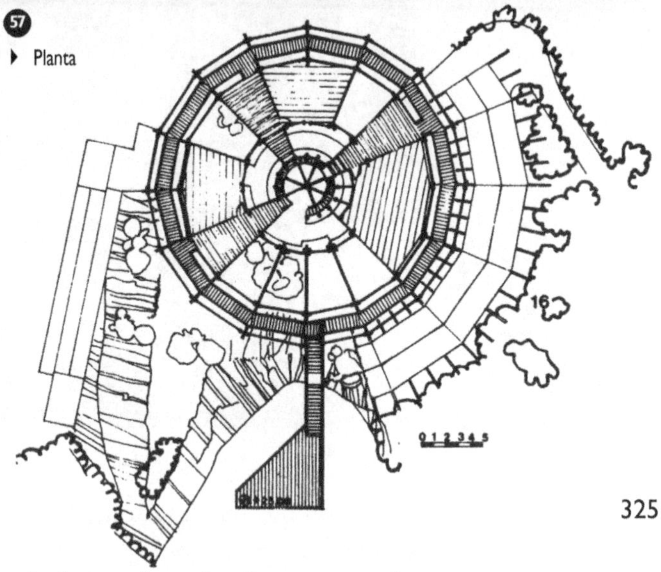

57
▸ Planta

do edifício até um mirante no topo do talude 56. A estrutura de eucalipto atinge quinze metros de altura e chega a ter balanço de três metros no apoio da rampa espiral. Seu desenho forma um prisma de dezesseis faces e alguns gomos deste prisma, em diferentes alturas, formam as salas necessárias ao funcionamento da Unilivre 57. O acesso é feito a partir de terraços acessíveis tanto pela rampa externa como por escada interna de uso privativo.

Tanto na Ópera de Arame como na Unilivre há uma agradável coerência entre o desenho, a opção tecnológica, o local de inserção e o caráter lúdico de um parque recreativo. Ambos os equipamentos são construções estruturais em que o espaço utilitário foi inserido de maneira discreta; na Ópera de Arame este efeito é obtido pela transparência do conjunto, na Unilivre, pela pequena área dos espaços fechados em meio à estrutura.

Na cidade de Recife, a construção de um mercado linear para abrigar camelôs, por iniciativa da prefeitura local, causou certa polêmica. O projeto (1993) foi desenvolvido pelos arquitetos José Brandão e Ronaldo L'Amour e se estende por cerca de 1 km ao longo do canteiro central da avenida Dantas Barreto, no bairro de São José. A avenida em questão, importante artéria do bairro, foi aberta em meio a um tecido tradicional para fazer frente à necessidade de circulação e, por atrair grande número de transeuntes, estava desordenadamente tomada por camelôs e terminais de ônibus. O "calçadão dos mascates", apelidado de camelódromo pela população, foi uma iniciativa que visou ordenar os fluxos e prover um espaço adequado para a atividade dos vendedores ambulantes.

Extremamente esguia, a construção consiste numa rua de pedestres coberta de onde saem toldos móveis para ambos os lados 58. No espaço coberto pelos toldos os camelôs montam diariamente suas bancas. Sobre a rua coberta há um segundo pavimento destinado a depósito, onde as mercadorias podem ser guardadas no final do dia. Os arquitetos

procuraram criar uma solução que remetesse à antiga ordem urbana anterior à abertura da avenida: a continuidade do casario com comércio no térreo, a escala da antiga rua, o que em parte justifica as opções de projeto: o segundo pavimento coberto por telhado de duas águas ❺, a interrupção da estrutura em seis blocos separados por ruas ou praças com quiosques de alimentação ❻.

Em São Paulo, a editora Ática decidiu construir uma megalivraria num terreno de esquina na avenida Pedroso de Morais, importante artéria no bairro de Pinheiros. Assim surgiu o Ática Shopping Cultural[71], projeto do escritório Paulo Bruna Arquitetos Associados (1995-1996) e a requalificação da Praça dos Omaguás. A implantação do edifício conseguiu um excepcional nível de urbanidade com o piso térreo visualmente aberto para o passeio público e uma marquise metálica que protege o passeio e as mesinhas do café ❻. Fez parte do projeto um novo desenho para o espaço físico da praça já bastante valorizado pela cuidadosa implantação do próprio edifício. Assim, a pracinha amorfa que faceava a avenida Pedroso de Morais, antes parcamente percebida no turbilhão da cidade, tornou-se um local de feiras de arte e artesanato, ampliando o espaço cultural proposto pela megalivraria ❻.

O terreno em que foi implantado o Ática Shopping Cultural é trapezoidal, sendo que a face que descortina a praça forma um ângulo obtuso com o lado que faceia a avenida ❻. O edifício, paralelo às duas vias, segue a mesma angulação. No entanto, a partir do primeiro piso, recursos de desenho separam as duas faces que passam a ter tratamento e gabarito distintos, fragmentando sutilmente o volume externo. A fachada principal é definida por uma estrutura metálica afastada das lajes de piso e integralmente fechada com vidro. Com isso, o edifício se abre visualmente para a praça, a despeito da orientação poente. Tanto o átrio em toda a altura do edifício — formado pelo vazio entre o limite das lajes e a estrutura metálica de fechamento ❻ — como cuidados com quebra-sol e vidros com filtros de proteção

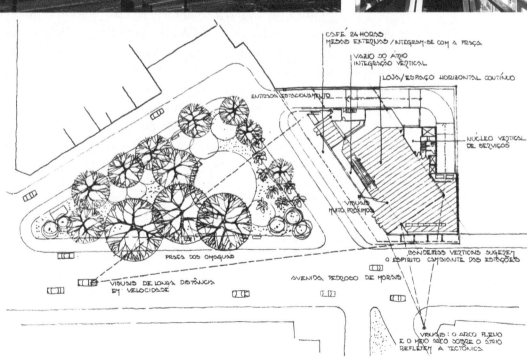

controlam a incidência solar mantendo-a em um nível agradável e, ao mesmo tempo, são recursos que preservam a permeabilidade entre o edifício e seu local de inserção[72].

A obra do arquiteto João Filgueiras Lima, o Lelé, comprometida desde o início com o desenvolvimento de sistemas de pré-moldagem de componentes para a construção civil, poderia ser a antítese de uma arquitetura comprometida com o lugar. A pré-fabricação trabalha com a repetição da solução tecnológica e, em parte, da própria solução espacial. Alguns artifícios, como o emprego de pilotis, permitem o uso dos mesmos componentes em diferentes terrenos. A pré-fabricação, por sua própria característica, busca o genérico, o padrão. No entanto, a arquitetura de Filgueiras Lima é fruto de um comprometimento com a realidade socioeconômica do Brasil e, em que pese o uso de sistemas de componentes pré-fabricados, não negligencia a diversidade e a adequada solução climática. Nos anos de 1980, Lelé passou a desenvolver sistemas construtivos empregando peças de argamassa armada, de leveza suficiente para dispensar manejo por máquinas, e que se mostraram adequados para a construção de equipamentos sociais e obras de saneamento nas periferias de grandes cidades brasileiras, que apresentam, por vezes, condições precárias de acesso (ver aqui, capítulo 5 da parte Crise e Renovação). Esse sistema continuou sendo desenvolvido, atingindo um nível de excelência construtiva nos hospitais da Rede Sarah.

Em 1998, Lelé recebeu o grande prêmio na I Bienal Ibero-Americana de Arquitetura e Engenharia Civil, pelo projeto do Hospital do Aparelho Locomotor da Rede Sarah em Salvador. Para além da preocupação social, presente na obra de Filgueiras Lima, o extremo cuidado no projeto do hospital – em termos de fluxos, qualidade ambiental dos espaços, sistema de ventilação que dispensa o ar condicionado mecânico, integração com o entorno – se soma à originalidade do sistema construtivo misto com peças leves pré-moldadas de argamassa armada e aço, e a cobertura em chapas metálicas trabalhada em suaves ondulações que favorecem a circulação do ar.

Na solução premiada do hospital de Salvador da Rede Sarah, somaram-se dois interesses importantes na obra de Filgueiras Lima: a pré-fabricação de componentes e o programa hospitalar dirigido ao aparelho locomotor. Em 1964, em consequência de um grave acidente de automóvel que sofreu com a família, Lelé ficou conhecendo o ortopedista Aloysio Campos da Paz Jr., que então era responsável pelo setor de ortopedia no primeiro Hospital Distrital de Brasília (hoje Hospital de Base). Esse médico havia passado por uma experiência em Oxford onde ficou impressionado com os hospitais que se abriam para o jardim, a despeito de um clima mais inóspito que o nosso, e a importância atribuída ao banho de sol no que tange à assepsia e recuperação dos pacientes. Em 1974, Eduardo de Mello Kértesz, engenheiro e economista do Ipea, então vinculado ao Ministério do Planejamento, Campos da Paz e Filgueiras Lima elaboraram um anteprojeto para criação de um subsistema de saúde na área do aparelho locomotor, que deveria ter amplitude nacional, tendo um centro de referência em Brasília. O Centro de Reabilitação Rede Sarah (Glauco Campello, 1960) foi usado como núcleo inicial do subsistema até ser construído o Hospital do Aparelho Locomotor de Brasília. O Sarah/Brasília (1980) tem projeto de Filgueiras Lima e segue as premissas de tratamento médico que depois orientaram os outros hospitais da rede: o conceito de "progressive care" (cuidado progressivo) e o desenho e produção de equipamentos hospitalares próprios e adequados a esse conceito de tratamento. O "progressive care" parte da ideia de que a cada etapa de sua recuperação o paciente deve contar com espaços adequados para o estágio em que se encontra. Ora, essa ideia prevê a transferência sucessiva do paciente. Para facilitar o transporte de pacientes imobilizados, por exemplo,

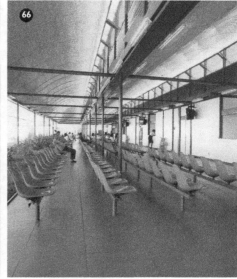

▲ Sala de espera

foi desenvolvida a cama-maca, ou seja, uma cama hospitalar maleável que serve também para a locomoção, evitando as incômodas transferências entre cama e maca[73].

Em 1987, quando Lelé chefiava a Faec, Fábrica de Equipamentos Comunitários da Prefeitura de Salvador, foi firmado um convênio com a Fundação das Pioneiras Sociais que previa o desenvolvimento de projetos empregando o sistema de pré-fabricação de elementos de argamassa armada para ampliação da Rede Sarah, incluindo projetos para Salvador, São Luís e Curitiba. No entanto, sujeita às vicissitudes da vida política brasileira, a fábrica de componentes de argamassa armada de Salvador foi desativada com a troca do governo municipal e os projetos de ampliação da Rede Sarah não puderam ser realizados da forma como haviam sido previstos. O projeto do Hospital do Aparelho Locomotor de Salvador só foi retomado em 1992 (com coordenação geral de Filgueiras Lima e supervisão de projeto de Haroldo Pinheiro), mantendo muitas das peças em argamassa armada, mas passando para aço o sistema estrutural e a cobertura. Foi montada uma fábrica no canteiro de obras, responsável pelo sistema de industrialização em aço e pela pré-fabricação das peças de argamassa armada. O sucesso do Sarah Salvador em termos de rapidez de montagem[74] e custo levou à manutenção da fábrica e sua transformação num centro de tecnologia para construção e equipagem dos hospitais da Rede Sarah.

O grande encanto do Sarah Salvador, em que pese ser um hospital com 28 mil m², é a constante integração com o espaço externo, característica que ajuda na orientação e torna os espaços mais amenos, abertos aos jardins❍. A iluminação natural é garantida também pelos *sheds* da cobertura, em que lâminas basculantes móveis permitem inclusive a entrada do sol, quando desejada❍. A solução predominantemente horizontal facilita a movimentação dos pacientes e funcionários em dois fluxos principais. O hospital, implantado no topo de uma colina, requereu um serviço de terraplenagem e arrimos que foram executados com peças de argamassa armada❍. Junto com a contenção do terreno foram executadas, também em argamassa armada, galerias de serviço que percorrem o subsolo do edifício e congregam passagem de canos e fiações além de integrarem o sistema de ventilação natural. As saídas dessas galerias, que pontuam o arrimo, captam a

❽ Esquema de ventilação

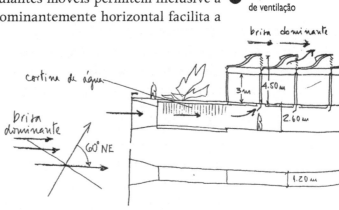

brisa marinha a qual sofre resfriamento por meio de lâminas de água e é direcionada para o interior do hospital◉. Com isso, o controle artificial de temperatura só é empregado nos ambientes que abrigam equipamentos muito sofisticados com exigências estritas. O preciosismo no detalhamento dos fluxos e espaços se estende, por exemplo, aos cuidados em relação ao fluxo de ar, acesso e saída de material e transporte do paciente no centro cirúrgico, por meio de uma série de expedientes visando um maior controle de infecções.

Simples e sofisticada, a arquitetura dos hospitais da Rede Sarah é o resultado de anos de aprimoramento da obra de um obstinado. Racionalidade construtiva, de manutenção e uso, economia de materiais e de tempo com a pré-fabricação e detalhamento cuidadoso, com aproveitamento dos recursos naturais para assepsia e conforto térmico junto ao resultado plástico, são fatores profundamente interligados; uma solução remete à outra num conjunto extremamente coerente.

O Espaço Cultural de Palmas (1994-1995), projeto do arquiteto Paulo Henrique Paranhos[75], é composto por um espaço fechado, semifracionado em três volumes◉ por um calçamento de piso retangular e uma cobertura muito leve, também retangular, em treliça espacial◉. O espaço fechado está semienterrado◉, colado a um corte de nível no terreno e, apenas parcialmente, sob a cobertura que paira muito acima suspensa em quatro apoios. O piso da praça está torcido em relação à cobertura; as paredes dos blocos fechados ora estão paralelas ao piso da praça ora à projeção da cobertura, sendo que algumas das subdivisões internas estão torcidas em relação aos fechamentos externos. Essas quebras de ângulo buscam um efeito, *a priori*, antes de responderem a uma situação dada, ou seja, seguem uma discussão formal razoavelmente autônoma frente às vicissitudes da realidade. Ao mesmo tempo, os blocos delimitam a praça por meio de um ângulo de noventa

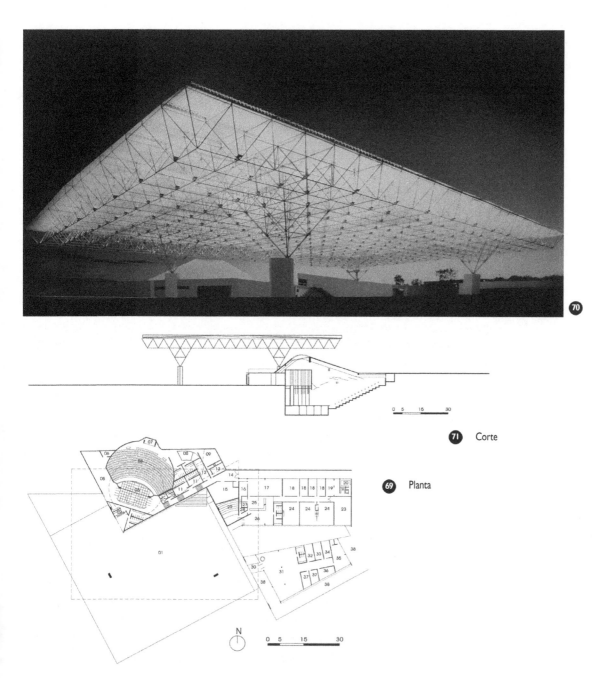

⑦⓪

⑦① Corte

⑥⑨ Planta

graus que se abre em direção à parte baixa do terreno. Pérgulas e espelhos d'água colaboram com o conforto térmico. O Espaço Cultural está inserido em meio à ampla área verde junto à avenida principal da cidade projetada de Palmas. Nesse local de ampla liberdade, o projeto procura responder a algumas especificidades: o declive do terreno, as importantes questões climáticas e a necessidade de criar um "lugar" urbano.

Este conjunto de obras, propositalmente díspar nos programas, com arquitetos de diferentes gerações, nascidos num arco que se estende por quatro décadas, mostra um variado conjunto de soluções precariamente unidas sob a ideia de comprometimento com o lugar (amplo senso) e de diversificação tecnológica. Esta pequena amostragem, embora longe de esgotar uma exemplificação da arquitetura do período, permite observar a persistência de um método de projeto, qual seja, o de criar a arquitetura em resposta a uma situação dada usando, de maneira relativamente aberta, os recursos técnicos disponíveis e o repertório da disciplina.

5.
Reciclagens, Espaços de Cultura e Cidade

"Tudo está destruído. Não nos confrontamos mais com grandes teorias mas com grandes vazios". Estas palavras do filósofo espanhol Eduardo Subirats foram proferidas no XIII Congresso Brasileiro de Arquitetos (São Paulo, out.-nov. 1991)[76]. As notas de época sobre o congresso dão conta, no entanto, de algumas premissas recorrentes: liberdade, pluralidade, lateralidade, multiplicidade, dialogia, reinterpretação, fragmentação, impossibilidade de qualquer universalização. Premissas que, de certa forma, davam o tom dos novos tempos de multiculturalismo.

"O *pluralismo*, visto como uma liberação do modelo moderno universalista, aceito como um dos elementos positivos da cultura pós-moderna, leva em si mesmo, no entanto, o perigo da dissolução dos valores e da anulação do juízo crítico: no pluralismo tudo tem o mesmo valor e legitimidade"[77]. Estas palavras de Marina Waisman alertam contra um fenômeno contemporâneo que é o da perda de espessura e importância nas ideias e manifestações arquitetônicas: tudo vale, mas vale pouco ou é importante apenas por curto período.

Nesse cenário de instabilidade, o acervo construído tem sido, em tese, valorizado como importante legado cultural, algo a ser mantido, restaurado ou reutilizado. À sensibilidade plástica que valoriza o diverso, são bem-vindas as recuperações e reciclagens; o uso de espaços concebidos para outras épocas e outros usos adaptados para programas contemporâneos; a inserção de materiais e soluções contemporâneas subvertendo a antiguidade dos arcabouços arquitetônicos; espaços conformados por discursos múltiplos; a permanência do espaço antigo fornecendo certa estabilidade à volatilidade que

parece reger os tempos. Ao mesmo tempo, os edifícios antigos são fragmentos que restaram de antigas ambiências e esses exemplares remanescentes por vezes não estão íntegros, restam apenas em partes.

O tradicional Colégio do Caraça (inaugurado em 1820) em Minas Gerais foi parcialmente destruído por um incêndio em 1968, quando foi fechado. Na década de 80 (1986-1989), o conjunto passou por um restauro a cargo dos arquitetos Rodrigo Meniconi e Maria Edwiges S. Leal, com o objetivo de adaptar as ruínas do colégio para abrigar o programa de um centro cultural. Os arquitetos optaram por manter a integridade externa das ruínas e inserir em seu interior uma nova construção ❷. Uma estrutura independente, de pilares de concreto e lajes com fechamentos em cortina de vidro, foi inserida em meio às velhas paredes do antigo colégio, abrigando espaços de exposição, biblioteca e auditório ❷.

> A palavra restauração lembra, em geral, as tristes restaurações. Dentro de um certo período histórico há a destruição de um edifício, isto é, a destruição pelo tempo, ou pelos homens [...] Em geral, a restauração é a restituição a um estado primitivo de tempo, de lugar, de estilo. Depois da Carta de Veneza, de 1965, as coisas melhoraram, mas aquele marco de ranço numa obra restaurada sempre continua. É muito difícil não perceber ou sentir isso entrando num restauro[78].

O ranço mencionado por Lina Bo Bardi nesse texto é a manutenção de um arcabouço sem a contrapartida de vida, sua manutenção apartada de uma utilidade direta para determinada comunidade exceto como testemunho vazio de outro tempo. A preocupação de Lina Bo com um "restauro vivo", que integrasse a construção histórica no fluxo contemporâneo de vida, levava a um maior grau de intervenção sobre o patrimônio, posição polêmica. Em 1986, o então prefeito de Salvador, Mário Kertész, dentro de um plano geral de recuperação do centro histórico da cidade, encomendou à arquiteta a recuperação de três praças: da Sé, Terreiro de Jesus e Cruzeiro de São Francisco, além da restauração de edifícios isolados. A premissa que regeu o projeto de intervenção concebido pela arquiteta[79] foi a manutenção da população e seus afazeres que ocupavam o centro histórico, mantendo assim o bulício, a vida que seguia ali, a "alma" da cidade.

Dificuldades e problemas políticos acabaram inviabilizando a intervenção de Lina Bo em Salvador, exceto pelo restauro da Casa do Benin (1988), da Casa do Olodum (1988) e de cinco sobrados na Ladeira da Misericórdia ❷ (1987). Na época, o arquiteto João Filgueiras Lima estava com a Fábrica de Equipamentos Comunitários da Prefeitura de Salvador, desenvolvendo peças em argamassa armada para infraestrutura e equipamentos públicos. Lina Bo Bardi optou por usar placas do material para estabilização dos antigos sobrados na Ladeira da Misericórdia e também como divisória, lajes de piso e forro, adaptando o espaço interno para suprir as necessidades mínimas de habitação econômica junto a pequenos comércios ou serviços de subsistência. Em face do que restava dos sobrados e foi recuperado, "quatro paredes com janelas"[80], a argamassa armada foi ao encontro das necessidades uma vez que, além de deixar perfeitamente claros parte histórica e intervenção contemporânea, permitiu prescindir de pilares e vigas, mantendo os vãos das casas antigas. Mas a opção pelos painéis de argamassa armada foi um pouco além da estabilização estática e divisão funcional; o material foi explorado plasticamente por meio da proximidade entre sua aparência natural, as antigas paredes de pedra e o branco das alvenarias

recuperadas. De um dos sobrados na Ladeira da Misericórdia só restavam parcialmente as paredes externas do pavimento inferior, ruína abandonada, com vegetação crescendo entre as pedras da parede. Lina Bo Bardi deixou a fachada como ruína intocada, como uma falha em meio aos sobrados restaurados. Atrás dessa parede foram instalados painéis de argamassa armada que amarram ruína e os sobrados lindeiros, formando contrafortes com acabamento superior escalonado ❼. As portas da fachada em ruínas dão acesso a um pequeno bar, inserido sub-repticiamente entre os contrafortes de argamassa armada e os antigos sobrados. Os painéis em argamassa armada de superfície corrugada foram usados também na definição das paredes curvas do Restaurante Coaty, erguido na sequência dos sobrados sobre embasamento de pedra do século XVIII. Não foi pequeno o intervencionismo da proposta, naturalmente dentro da preocupação de lograr um restauro vivo, que atualizasse de maneira adequada e instigante o patrimônio histórico.

O Paço Imperial do Rio de Janeiro surgiu em 1743, como morada do governador da Capitania, sendo então uma típica casa senhorial portuguesa. Na época de Dom João VI, o Palácio passou a ter duas frentes imponentes: uma para a praça e outra para o mar, recebendo um tratamento barroco. Na época do Império ganhou feições neoclássicas. Na República, foi ocupado pelo departamento dos Correios e Telégrafos ❼, sofrendo, em 1929, uma reforma que deu às fachadas um tratamento neocolonial. O restauro do Paço Imperial, na década de 1980, tinha a intenção, bastante contemporânea, de manter a história do edifício, como se pode perceber nas palavras de Glauco Campello, coordenador do projeto:

> Mas havia a destacar uma diferença fundamental entre a intervenção de hoje e aquelas do passado. Anteriormente, cada etapa de obras correspondia ao desejo de dotar o edifício de um novo semblante, adaptando-o a um outro propósito que se sobrepunha às funções precedentes. Agora, pelo contrário, se buscava a reabilitação ou revalorização das marcas deixadas pelas diferentes fases históricas e sucessivas intervenções[81].

No entanto, o restauro acabou privilegiando a feição barroca do edifício. O texto de Glauco Campello permite perceber o desagrado do arquiteto de formação moderna com a solução neocolonial, vista na sua contradição intrínseca de vestir um edifício, de fato colonial, com a roupagem de época neocolonial[82]. Se o semblante barroco e colonial se impôs frente às "descaracterizações" sofridas pelo edifício na reforma de 1929, o restauro não reconstituiu o edifício tal como era na primeira metade do século XIX. Ficaram à mostra restos dos fornos da primitiva Casa da Moeda que funcionava anteriormente naquele espaço. Sobre os fornos foi lançada uma escada moderna, e os grandes salões, livres das subdivisões que se acumularam no tempo, eventualmente lograram uma extensão "moderna". Em um deles foi deixado um trecho de muro com um arco: "Ali ficaram 'anotados', pelas ausências que seremos capazes de pressentir, tanto os elementos que não chegaram até nós, quanto o desarrazoado das reformas que apagaram os seus traços"[83].

O restauro do Paço Imperial foi direcionado ao uso do edifício como "Centro Cultural", local que abriga exposições de arte contemporânea. Diferentemente do Caraça em Minas, a obra não sofreu um incêndio, mas sim uma ocupação ininterrupta ao longo dos séculos. Símbolo da monarquia brasileira, naturalmente, com o advento da República e a simbólica instalação no edifício de uma instituição modernizadora, como os Correios e Telégrafos, o edifício foi, seguindo o fluxo da vida, descaracterizado para adaptar-se ao uso

▲ Antes do restauro

▶ Depois do restauro

institucional proposto. O restauro, ao optar pela feição barroca, não deixou também de lidar com uma ruína, uma vez que a coerência construtiva e o antigo uso do palácio barroco haviam sido há muito destruídos. Porém, no caso do Paço Imperial do Rio de Janeiro, o exterior do edifício foi refeito, recuperando a aparência barroca❼ que o edifício tinha à época em que foi sede de eventos importantes na história brasileira.

O Centro Cultural Dannemann, na cidade de São Felix (BA), foi criado por iniciativa da empresa de charutos Dannemann como um esforço de valorização da cidade que abrigou sua primeira sede e cuja história se mistura com a de seu fundador Geraldo Dannemann. Porém, neste caso, nem ruína da antiga fábrica havia. A empresa adquiriu as ruínas de um antigo galpão de fumo, seduzida pela elegante fachada neoclássica e pela localização junto ao rio, características de sua sede original. A fachada neoclássica e os muros laterais cercando um terreno baldio era tudo que restava do antigo galpão. Neste espaço, o arquiteto Paulo Ormindo de Azevedo[84] restaurou a fachada❼ e criou uma construção nova toda em madeira, com exceção de onze pilares de tijolo maciço que apoiam a estrutura do telhado e do mezanino❼. No terreno irregular de duas frentes, o arquiteto manteve um galpão de duas águas nos fundos, um galpão duplo na frente❿ e ocupou o miolo com um pátio cercado de galerias para apresentações ao ar livre. Embora os galpões tenham sido reconstruídos com a dimensão dos originais, pois a fachada forneceu a memória do antigo telhado, a concepção do espaço interno foi livre com um detalhamento próprio dos pilares de alvenaria❶ e de madeira, dos guarda-corpos e tesouras de telhado, das iluminações zenitais, de maneira que o uso de materiais tradicionais não prejudica a percepção de que se trata de construção nova voltada para atender ao novo uso, ao mesmo tempo em que a fachada neoclássica cumpre seu papel no espaço urbano de São Félix, contribuindo para a identificação entre a história da cidade e a da empresa.

A dificuldade de atingir uma adequada conciliação entre a modernização de determinado equipamento para atender a padrões de exigência atuais e seu restauro, foi exemplificada na polêmica recuperação do Teatro José de Alencar, em Fortaleza❷ (CE), no final dos anos de 1980. O Teatro, projeto do engenheiro militar Bernardo de Melo, foi construído em 1910, com estrutura de ferro importada da Escócia❸. O edifício havia passado por um restauro, em 1975, a cargo do arquiteto Liberal de Castro. Esse restauro, às expensas do SPHAN, limitou-se à necessária conservação do edifício. A intervenção de 1989-1990 procurou,

sob orientação do próprio SPHAN, atualizar o edifício para que pudesse responder de forma eficiente à sua função, retomando seu papel cultural na cidade, não apenas como patrimônio histórico, mas como uma casa de espetáculos viva.

As intervenções, a cargo da empresa Método Engenharia, abarcaram: colocação de ar condicionado, o que acarretou fechamento com vidro temperado paralelo à fachada de ferro da plateia❸, reforma na caixa do palco com instalação de estrutura para suporte de iluminação e cenários e um polêmico pequeno alargamento da boca de cena❹, construção de fosso elevatório para a orquestra, construção de abrigo para a central de ar condicionado e subestação de energia, modernização e ampliação de banheiros e camarins. A solução foi polêmica uma vez que foi gasta uma considerável quantia, num estado pobre do país, para a atualização de uma estrutura com claras limitações físicas:

> A boca de cena do José de Alencar mede apenas 8 m de largura! Partindo-se desse parâmetro-chave (que é imutável por proceder das dimensões da abertura da ferradura da plateia), o voo de imaginação dos interventores não poderá elevar-se muito. Com que então, diante de tais limitações explícitas, tentar implantar-se palco de preço caríssimo, pelo simples deslumbramento de vê-lo produzir terremotos, proporcionar queda de neve ou oferecer uns quantos outros *diables à quatre scéniques*?[85]

As reciclagens e recuperações não se restringem a edifícios históricos. O teatro da rua Jaceguai, em São Paulo, palco de montagens do Grupo Oficina nos anos de 1960 e 70, foi tombado pelo Condephaat em 1982 não por suas qualidades arquitetônicas, mas sim por sua

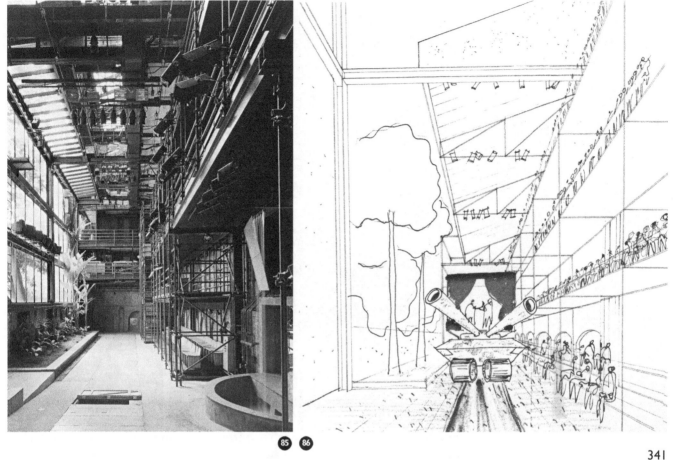

importância na história cultural brasileira, portanto, foi tombado como "espaço teatral". A primeira encenação do Grupo Oficina naquele espaço foi em 1958. Em 1966, após sofrer um incêndio, o teatro foi reconstruído de acordo com projeto de Rodrigo Lefèvre e Flávio Império, com uma solução em que maquinários e equipamentos ficavam visíveis para a plateia. Ao voltar ao Brasil em 1979, após um autoexílio na Europa, José Celso Martinez Correa, diretor do Oficina, começou uma batalha pela recuperação daquele espaço teatral, na ocasião em estado precário. O imóvel, de propriedade privada, acabou sendo desapropriado em 1984 pelo governo estadual, que estabeleceu com José Celso um contrato de direito de uso do espaço. O Estado assumiu o compromisso de levar a cabo a reforma do imóvel em 1989[86].

O projeto de reconstrução do Teatro Oficina é de Lina Bo Bardi (1984) e o desenvolvimento de Edson Elito. Se aquele espaço teatral foi valorizado a ponto de ser tombado pelo Estado, isso se deve à importância atribuída ao caráter experimental das montagens do Grupo Oficina e a seu papel de resistência cultural durante o regime de exceção do governo militar no Brasil. Coerentemente, na reconstrução, José Celso Martinez Correa pensou um espaço ainda mais revolucionário que aquele concebido nos anos 60, manifestando a intenção de um espaço cênico total – sem as convencionais divisões entre palco, plateia, coxia, camarins –, tornando livre, a cada montagem, a ocupação do espaço por atores e público.

A solução dada ao Teatro Oficina foi a demolição das paredes internas, mantendo o invólucro: paredes de tijolo maciço dos anos de 1920. Uma passarela percorre todo o comprimento do espaço cênico, andaimes metálicos formam galerias para uso cênico ou da plateia, mezaninos comportam espaços de uso múltiplo: camarim, preparação de atores ou palco. Parte do teto é móvel, podendo abrir para entrada de luz ou chuva. A ideia de "ruína" ou obra em progresso, também perpassa a solução dada ao espaço do Teatro Oficina

para o que contribuem a rusticidade dos acabamentos e o caráter provisório das estruturas metálicas desmontáveis.

A recuperação de edifícios ecléticos para fins culturais tornou-se um programa comum nestes anos. A valorização da arquitetura eclética como bem cultural reflete uma singular mudança na sensibilidade plástica, uma situação em que o adorno, os revestimentos, as pinturas, os vitrais, passaram a ser estimados como testemunhos de uma qualidade artesanal perdida e digna de louvor. Assim, nessas obras, um grupo de restauradores especializados se esfalfa na recuperação das pinturas murais originais, da qualidade das madeiras, do trabalho dos pisos, de tudo o que foi em geral perdido com o advento da industrialização e da demanda de massa. Paralelamente à valorização do patrimônio eclético como bem cultural, ocorreu a viabilização da criação e instalação de inúmeros espaços dedicados à cultura. Com financiamento privado, misto ou público, estes espaços passaram a simbolizar um esforço de retorno à cidade enquanto bem cultural e histórico.

Em Curitiba, a empresa IBM adquiriu um terreno de 9 mil m² para construção de uma sede regional, e, concomitantemente, comprometeu-se a restaurar o antigo palacete eclético que ocupava o terreno (Palacete Leão Junior, 1906) e convertê-lo em espaço cultural. O restauro do palacete contou com trabalhos de prospecção de maneira a estabelecer o histórico de intervenções sofridas. Ao fim, os cômodos mais íntegros foram recuperados com o objetivo de prestarem testemunho de sua época, enquanto os espaços que já haviam sofrido maior intervenção foram destinados a sala de exposições e conferências. A nova sede, respeitando as árvores do terreno e a construção eclética original, foi organizada numa implantação diagonal nos fundos do terreno e, a despeito de sua área (3 mil m²) está razoavelmente camuflada em meio ao jardim.

O projeto da nova sede coube aos arquitetos Alfred Willer, José Sanchotene e Oscar Mueller (1985-1987) que conceberam um módulo estrutural de 9 x 9 m, importante na definição da planta baixa, e que levou a um edifício de contorno irregular, cuja quebra de cantos foi acirrada com a utilização de submódulos em balanço⁂. O contorno irregular do novo edifício se adapta à clareira aproximadamente triangular que havia no jardim. No entanto, em que pese o relativo encobrimento do novo edifício, sua forma comprometida com o espaço disponível e a sobriedade do acabamento – vidro escuro e pintura branca –, é possível perceber uma concepção relativamente autônoma, que não se pautou em criar uma composição com o edifício eclético, mas que procurou responder ao programa de uma sede de empresa com os recursos formais que utilizaria numa situação independente: o grande átrio com desnível de meio piso e pé-direito total com sua cobertura em pano de vidro inclinado⁂, os balanços e o próprio contorno fragmentado acabam caracterizando certa profusão de recursos formais.

Trata-se de uma época em que a imagem da empresa com certeza é valorizada pelo esforço de qualificação da cidade e isto parece mais fácil de ser atingido pela via do patrimônio histórico e do programa cultural do que, simplesmente, por meio de um novo projeto arquitetônico. Nos anos seguintes, a arquitetura contemporânea iria mais fundo na exploração dessa sua posição "secundária", buscando se valorizar com a proximidade do edifício histórico e, ao mesmo tempo, dotá-lo de novos significados. Ao assumir a simbiose de imagem entre contemporâneo e histórico, mudam os recursos – geometria simples, poucos traços, só transparência ou só opacidade.

Em Porto Alegre, o antigo Hotel Majestic – inaugurado em 1935 com projeto de Theo Wiederspahn – entrou em decadência, junto com a área central da cidade, no decorrer dos anos 60, espelhando processos semelhantes em inúmeros centros ecléticos de capitais brasileiras. Transformado numa pensão, onde morava na penúria o poeta Mário Quintana, acabou fechando em 1980. Depois disso, o imóvel foi adquirido pelo Banco do Estado do Rio Grande do Sul, tombado e transformado em Centro Cultural quando, em 1983, a despeito da precariedade da construção, com partes sem água, fios puxados etc., começou a abrigar atividades culturais. O edifício tem a singularidade de ser constituído por duas partes cortadas por uma rua; essas duas metades, construídas em períodos diferentes, estão unidas por meio de passadiços elevados sobre a rua central⁂. Nas duas fachadas, os passadiços são arrematados por um terraço circular de 100 m² coberto por uma cúpula, espaço de valor apenas representativo, uma vez que só podia ser acessado pelos sótãos. O projeto de recuperação do imóvel (1987-1988) também contou com uma situação bastante singular em que dois arquitetos da Secretaria da Cultura, Flávio Kiefer e Joel Gorski, tiveram grande poder de decisão, capitaneando as opções acerca da definição do programa, tipo de centro cultural e ocupação dos 12 mil m² de área construída.

Os arquitetos lotearam os novos usos com grande liberdade de arranjo, mantendo o arcabouço externo e dispondo livremente do espaço interno⁂. Isto foi possível uma vez que o arcabouço eclético escondia uma estrutura de concreto armado, que deu à reforma a liberdade da planta livre moderna. Na metade mais baixa, o telhado foi retirado dando lugar a uma galeria de arte

343

conformada por treliça metálica espacial ⓥ. A principal restrição com que Kiefer e Gorski se depararam foi a largura máxima de dez metros das duas metades do edifício e que, naturalmente, influiu no tipo de espaço criado e na concepção do centro cultural. Em que pese a valorização do arcabouço edificado por sua história e particularidades – o tratamento eclético, a ocupação do espaço aéreo sobre a rua com seus terraços inacessíveis –, o projeto buscou internamente o espaço moderno ⓥ se aproximando de uma maior integração espacial e favorecendo o fluxo desimpedido da circulação.

Duas obras ecléticas no centro de São Paulo passaram por intervenção na década de 1990. Curiosamente, ambas restaram inacabadas quando da época de sua construção, fato que foi relevante em ambos os projetos de intervenção. O antigo Liceu de Artes e Ofícios, projeto de Ramos de Azevedo de 1896, inaugurado em 1900, por décadas tem feito parte da paisagem do centro de São Paulo, ostentando a alvenaria de tijolos em sua maior parte exposta, sem o usual revestimento característico dos edifícios ecléticos. Outro aspecto que restou inconcluso foi a torre monumental e sua cobertura em cúpula sobre o octógono central, "provisoriamente" substituídas por uma simples claraboia. O projeto de reforma feito por Paulo Mendes da Rocha, em associação com Ricoy Torres e Colonelli (1993-1997), procurou adaptar de forma mais integrada e coerente todo o espaço do edifício, ocupado pela Pinacoteca do Estado, para o uso museológico.

A intervenção contemporânea, ao mesmo tempo em que "limpou o espaço", deixando clara a estrutura espacial do edifício eclético, subverteu essa estrutura mudando o eixo transversal de penetração – a partir da entrada monumental na avenida Tiradentes, que levava diretamente ao octógono central – por um acesso lateral, que já existia, na atual Praça da Luz, criando um eixo longitudinal de penetração. Decisão de consequência igualmente radical em termos da transformação do caráter do edifício foi a interiorização dos pátios internos que passaram a integrar o espaço do museu. Para a criação do eixo longitudinal de penetração foram criadas passarelas metálicas que cruzam no primeiro e segundo pavimentos o vazio sobre esses pátios. Todas as janelas que descortinavam os pátios foram arrancadas, restando apenas os vãos. A antiga claraboia sobre o octógono central foi retirada e substituída por uma cobertura plana em grelha metálica e vidro – semelhante às coberturas que cobrem os pátios internos – e que se apoia em pontos laterais mais altos ⓥ. Com isso, a interrupção da construção das imensas paredes do octógono central ficou evidente, as paredes ficaram soltas, acabando no nada. A antiga escadaria que levava à entrada monumental foi demolida e em seu lugar foi criado um belvedere a partir do qual se pode observar a avenida Tiradentes ⓥ. Nas paredes de tijolos foram deixadas aparentes as marcas e intervenções sofridas ao longo dos anos.

A transformação radical do espaço da Pinacoteca a partir de intervenções pontuais teve a característica de enfatizar ou valorizar o aspecto inacabado ou semidestruído, como se queira, do edifício. É como se o projeto de intervenção tivesse provido a construção

inacabada de cobertura, pontes para suprir acessos inexistentes❾, proteção para portas que abrem no vazio. Com esse tratamento, o edifício eclético, que bem ou mal vinha abrigando a Pinacoteca do Estado até o início dos trabalhos de reforma, ganhou a aura de uma ancestralidade que na verdade não possuía.

O edifício-sede da Cia. Estrada de Ferro Sorocabana com a Estação Júlio Prestes foi projetado por Christiano Stockler das Neves em 1925. A crise econômica de 1929 retardou a obra além de deixá-la incompleta. A estação foi inaugurada apenas em 1938, e um grande *hall* central nunca chegou a receber a cobertura, ficando por décadas como um grande pátio vazio. Pois é esse pátio que abriga hoje a prestigiosa Sala São Paulo, de acordo com projeto de Nelson Dupré de 1997[87]. A construção da Sala São Paulo foi parte da transformação do edifício-sede da Sorocabana no Complexo Cultural Júlio Prestes, sede da Orquestra Sinfônica do Estado de São Paulo (Osesp), dentro do Programa de Recuperação de Bens Históricos, Artísticos, Culturais e Ambientais do Estado[88]. Uma consultoria norte-americana especializada em acústica sinfônica revelou o potencial acústico do grande *hall* inconcluso, cujas proporções eram similares às das melhores salas de concerto do mundo (Boston Symphony Hall e Musikvereinsaal de Viena)[89]. Assim, o interstício vazio do edifício-sede da Sorocabana tornou-se o ponto central de sua transformação em sede da Osesp.

A perfeita adequação aos fins observada nas proporções daquele espaço, sem dúvida foi um estímulo à qualidade da intervenção, pois uniu o objetivo de recuperação do patrimônio arquitetônico à possibilidade de uma sala de concertos de excelência para a Osesp. Ou seja, o fim imediato da obra de intervenção não teve que se adaptar a um espaço histórico inadequado, pelo contrário, beneficiou-se das proporções ideais criadas pelo edifício eclético. O projeto arquitetônico, por sua vez, soube conciliar a correta execução do novo espaço sinfônico com o respeito à arquitetura eclética do edifício. A sala sinfônica foi isolada da vibração dos trilhos por meio de lajes e pisos flutuantes, a solução de um forro totalmente móvel conciliou a necessidade acústica do forro à manutenção da integridade das paredes que definiam o pátio, mantendo a possibilidade de exposição dos grandes vitrais, e, além disso, o forro móvel tem ainda a vantagem de permitir a "afinação" da sala para cada tipo de concerto. A cobertura foi apoiada nas colunas que no projeto original de Stockler das Neves apoiariam a cobertura do grande *hall*, porém, devido ao peso do piso técnico, as fundações foram reforçadas. A sala sinfônica, embora em meio a um edifício eclético, recebeu mobiliário e acabamentos de desenho contemporâneo, direcionados à reflexão ideal do som. O uso de alto nível tecnológico, por exemplo, no acionamento computadorizado do forro acústico, não é evidenciado pela arquitetura. A tecnologia está na retaguarda, permitindo a metamorfose do pátio vazio em sala sinfônica vizinha à linha do trem e, ainda, o adequado funcionamento da sala em harmonia com o edifício eclético.

Na transformação do edifício-sede da Sorocabana em sede da Osesp, o espaço inacabado – o grande hall de espera – foi concluído para atender a um novo uso, dentro de um desenho contemporâneo, numa intervenção que respeitou a integridade do edifício eclético. Na sede da Pinacoteca do Estado, os aspectos inacabados do edifício foram aproveitados como mote da intervenção contemporânea, a partir do que intervenções e edifício original atingiram um novo significado.

Edifícios modernos[90] também foram objeto de intervenção pela arquitetura contemporânea, como é o caso do edifício-sede da Federação das Indústrias do Estado de São Paulo (Roberto Cerqueira César e Luís Roberto de Carvalho Franco, 1968) que passou a abrigar o Centro Cultural Fiesp, num enxerto sutil de Paulo Mendes da Rocha[91] no antigo *hall* monumental de acesso ao edifício: uma estrutura metálica e fechamento de vidro, cuja aparência delgada e diáfana oferece um contraste evidente com a solução estrutural do edifício dos anos de 1960. O espaço do *hall* era excessivo em razão da busca do caráter monumental que pressupunha, à época, a plena exposição da grande estrutura de concreto armado. Com a intervenção, a estrutura monumental perdeu o espaço vazio necessário à sua contemplação e, com isso, ficou livre dos significados negativos associados, nos últimos anos do século XX, à eloquência estrutural, que, no caso do edifício em questão, foi neutralizada pela sofisticação da estrutura metálica que ocupou seu vão.

O movimento moderno e a valorização do patrimônio histórico têm histórias entrelaçadas no Brasil. O esforço moderno em definir a identidade brasileira passou por uma identificação entre a arquitetura colonial e a moderna, em que esta estaria recuperando valores "autênticos" da construção nacional. Em seu projeto para o Museu das Missões (S. Miguel das Missões-RS) a Serviço do Patrimônio Histórico e Artístico Nacional (1937), Lúcio Costa criou um edifício híbrido em que um rancho de quatro águas[92], construído em parte com material das ruínas, abriga uma "caixa" moderna formada por quatro paredes paralelas em alvenaria revestida e fechamentos de vidro. No entanto essa mescla, que confere atualidade ao Museu das Missões, era exclusiva entre o colonial e o moderno, dentro da ideia de uma identidade de princípios na produção arquitetônica dos dois períodos. Ora, as reciclagens contemporâneas dirigidas à transformação ou melhora no uso de edifícios, parcial ou integralmente existentes, não obedecem a qualquer preferência por período ou critérios de importância estritamente arquitetônica. Edifícios ecléticos, modernos ou anônimos, passam a ser objeto de reelaborações, revelando uma mudança significativa da qual faz parte a ocupação de interstícios, a criação de espaços com recursos tecnológicos de ponta em arcabouços antigos e a valorização da mistura em que a expressão contemporânea se nutre do duplo registro entre o novo e o antigo, ou quase antigo ou quase novo.

O tema da reciclagem tem, nesses anos, uma característica que ultrapassa questões programáticas e se estende ao próprio fazer e teorizar sobre a arquitetura. Nada é genuinamente novo, o olhar contemporâneo sobre o movimento moderno, que deixou claras as características acadêmicas na arquitetura dos grandes mestres, se empenhou em desmontar a ideia do novo, em recompor o fio da história apagando a ideia da ruptura. A arquitetura moderna passou a ocupar seu lugar na história. Visto sob essa ótica, o repertório criado pelo movimento moderno deixou de ser considerado como um recurso para a construção de um mundo novo *ex abrupto*, e passou a compor um patrimônio universal que nutre a produção contemporânea. Portanto, pode-se aventar que a valorização da permanência e da reciclagem de arcabouços construídos tem seu paralelo numa maneira de atuar da arquitetura contemporânea que recicla seu repertório e mistura tecnologias e materiais, influências e épocas.

Reciclagens: As Cidades

São temas imbricados: a importância cultural atribuída ao acervo construído e a valorização cultural de ambiências urbanas, especialmente dos centros históricos. As grandes renovações urbanas levadas a cabo nos países centrais nas últimas décadas do século XX, e que refletem investimentos vultosos, permitem observar, de maneira cabal, um fenômeno que tem ocorrido no mundo todo no atual estágio das relações econômicas e de produção: a competição entre cidades por investimentos. Para além da eficiência funcional, a qualidade de determinadas ambiências e, especialmente, a oferta cultural têm sido fatores importantes e que de maneira mais ou menos consciente têm repercutido em iniciativas da sociedade civil e em investimentos públicos, mesmo em locais de maior carência, como é o caso do Brasil.

A retomada da importância cultural das cidades no Brasil, após as décadas de maior desenvolvimento do século XX (anos de 1950 a 70), quando as iniciativas estavam mais voltadas para as noções de futuro, progresso, adequação da infraestrutura viária e construções novas, tem sido um processo um tanto contraditório. Nas reconstruções europeias – por exemplo, no esforço em apagar a cicatriz deixada pelo muro de Berlim ou na reconstrução de áreas degradadas em Barcelona – novos bairros foram erguidos de acordo com normas que retomam em parte a característica espacial da cidade tradicional: blocos com mesmo gabarito e alinhamento reconstituem ou ampliam o tecido urbano, formando uma arquitetura que "constrói cidade", ou seja, que busca delimitar, de maneira ordenada, os espaços abertos onde ocorre a vida urbana. Nas grandes cidades brasileiras, em que pese um senso comum favorável à recuperação dos centros históricos e à reabilitação de arquiteturas ecléticas ou protomodernas, a legislação e as construções novas, que ainda em grande parte reconstroem a cidade, têm gerado espaços urbanos formados por grandes torres no meio do lote ou por conjuntos de torres soltas em meio a grandes terrenos que congregam serviços e lazer para os condôminos. Esses conjuntos, em substituição a sobradinhos da primeira metade do século XX ou a antigos galpões industriais, oferecem grandes extensões de muro junto ao passeio público e sua multiplicação tende a gerar locais de urbanidade sofrível. A indústria da construção civil tem um alto poder de homogeneização pois a cada tempo segue a "tendência" do mercado, construindo a mesma solução, apenas com alguma adequação econômica, em bairros de características distintas. Situação que parece em flagrante oposição à ideia da cidade como organismo múltiplo, diverso, fragmentário, imagem que melhor se coaduna com o espírito do tempo. Não obstante, e concomitantemente, são feitos esforços de recuperação urbana em áreas centrais e/ou de ocupação precária, áreas que necessitam de políticas urbanas pois estão abaixo da capacidade para atrair investimentos do setor privado. Assim, por um lado há políticas públicas voltadas à recuperação da cidade como local de convívio e de trocas, por outro, uma "tendência de mercado" que privilegia o isolamento, as ilhas protegidas dos condomínios e dos shoppings.

O centro histórico de São Paulo conta com inúmeras instituições culturais instaladas em edifícios ecléticos reformados nos últimos anos do século XX e no início do XXI – Pinacoteca do Estado, Sala São Paulo, Centro Cultural Banco do Brasil, Museu da Língua Portuguesa, Museu do Imaginário do Povo Brasileiro – e, com certeza, neste período seria inconcebível a execução de uma obra pública no centro da cidade como foi a do Elevado Costa e Silva (1971, o Minhocão), não só em função de haver uma percepção mais clara da deterioração gerada por uma via de trânsito elevada como por uma mentalidade distinta daquela dos anos de maior desenvolvimento e otimismo em relação às consequências do progresso. Essa mentalidade, própria dos tempos que correm, valoriza o significado cultural do centro histórico, o valor simbólico de edifícios que testemunharam fatos relevantes da história e, também, de ambiências coerentes. Ora, além do aparente descompasso entre essa mentalidade e a forma como as grandes cidades continuam sendo inexoravelmente reconstruídas tendendo a bairros indistintos, há certo descompasso entre a importância cultural atribuída ao centro histórico e determinadas políticas públicas de recuperação urbana. Tal é o caso, por exemplo, da recuperação do centro histórico de Salvador.

Diferentemente do Rio de Janeiro e São Paulo, que tiveram seus centros históricos reconstruídos apagando os traços dos antigos núcleos coloniais, o centro de Salvador manteve sua feição colonial com casarões dos séculos XVII e XVIII delimitando suas ruas e praças e teve sua importância histórico-cultural reconhecida: o Pelourinho foi tombado pela Unesco como Patrimônio da Humanidade em 1984. No entanto, os velhos imóveis do centro histórico de Salvador chegaram em situação de alarmante degradação ao final do século XX, ocupados por uma população carente, sem qualquer condição de investimento. A proposta da arquiteta Lina Bo Bardi, já mencionada, procurou conciliar a intervenção do poder público com a manutenção dos habitantes, transformando os casarões em residências econômicas ligadas a pequenos comércios e serviços. A intervenção que acabou sendo levada a cabo para a recuperação da área central de Salvador foi bastante radical com evacuação da área (nov. 1992) e substituição do uso. O governo[93] estadual considerou que a manutenção dos moradores da região central era incompatível com a revitalização proposta. Os imóveis foram adquiridos pelo poder público, reformados e alugados para comércio ou serviços. Em dois anos de obras foram recuperados 350 imóveis, sendo que muitos foram totalmente reconstruídos. Além da recuperação dos casarões (em que foram usadas técnicas tradicionais junto com estruturas metálicas e de concreto armado para escoramento e fixação), foram feitas nova rede de esgoto e de energia elétrica subterrânea. O colorido resultou de análise em laboratório de amostras retiradas dos imóveis. Lina Bo Bardi, quando fez sua proposta de intervenção em Salvador, tinha uma percepção clara do perigo do esvaziamento do significado cultural da região central da cidade e sua transformação em cenário para o turismo, o que daria aos velhos casarões uma injusta aparência de falsidade: "Não é um trabalho turístico, feito com a intenção de transformar o Pelourinho numa cidade sorvete"[94].

Nos últimos anos do século XX no Brasil, as intervenções urbanas de maior repercussão, especialmente internacional, foram as iniciativas voltadas a levar a cidade para as áreas de ocupação precária e espontânea. A favela, tradicionalmente encarada como ocupação provisória, um câncer a ser extirpado do tecido urbano, passou a receber a atenção de políticas públicas visando sua permanência integrada à cidade. Estas políticas públicas partem de certo grau de pragmatismo ao aproveitar o enorme investimento já despendido pelos moradores na construção de suas casas e pequenos negócios, mas também refletem o espírito do tempo em que a valorização do multiculturalismo abre espaço para a ideia de diferentes maneiras de entender a cidade e, sem dúvida, influencia a própria sensibilidade plástica da época, que valoriza o diverso, o fragmento, a multiplicidade.

Os morros do Rio de Janeiro abrigam algumas das favelas mais antigas do Brasil. Em que pese a permanência no tempo e a importância cultural dessas ocupações – algumas delas sinônimos do samba e do carnaval brasileiros – eram espaços ausentes das plantas oficiais da cidade e que não contavam com qualquer investimento público até que ocorreu, no princípio dos anos de 1990, uma radical mudança na política habitacional do município:

> O que a política habitacional do Município do Rio de Janeiro persegue atualmente é ampliar para a totalidade da população o acesso à cidade. A construção

de unidades habitacionais como atitude isolada já demonstrou ser uma estratégia inócua para o enfrentamento da questão habitacional. Hoje, é inadmissível pensar a moradia desprendida da tecitura urbana, tanto na sua acepção física – infraestrutura e equipamentos –, quanto na social – oportunidades de educação, emprego, saúde, lazer. É a produção da cidade (e não simplesmente de casas) a responsável por uma efetiva democratização dos benefícios urbanos[95].

A política habitacional do Rio de Janeiro voltada à integração entre cidade legalizada e cidade ilegal por meio de diversos programas concatenados – Favela-Bairro, Morar Legal, Morar Sem Risco, Morar Carioca etc. – buscou intervir na realidade a partir de uma alçada factível ao poder público municipal: ou seja, planos caso a caso, visando estender a cidade em meio às construções de ocupação ilegal, provendo o acesso de veículos, a regularização das propriedades, o estabelecimento de endereços, de áreas públicas, de serviços públicos (correio, educação, saúde, coleta de lixo) etc. Em que pese a desigualdade social brasileira e as condições perversas da atual etapa do capitalismo internacional, questões de certa forma paralisantes uma vez que não estão na alçada de um poder executivo municipal, essas políticas foram levadas a cabo dentro da ideia de que mexer em um dos fatores, no caso o espaço urbano, pudesse ter uma repercussão positiva, exercendo um poder transformador que rompesse com o círculo vicioso de descaso, feiura, insalubridade, violência. Eventualmente logrando a vitalidade e a dinâmica urbana nessas áreas. A estratégia do poder municipal no Rio de Janeiro, naturalmente, diz respeito à própria sobrevivência da cidade. Na atual competição mundial entre grandes cidades para atrair investimentos, o Rio se prejudica sobejamente pela violência urbana ligada ao narcotráfico. Nesse sentido, integrar ao tecido urbano os guetos dominados pelo tráfico, melhorando o acesso e aumentando a presença do Estado por meio de serviços públicos, é uma maneira de integrar, cooptar os moradores e minorar o poder dos chefes do tráfico.

Urbanisticamente, os programas cariocas[96] se basearam em algumas premissas sobre a cidade que nortearam as políticas públicas: a tentativa de valorizar e manter as características dos diferentes bairros, a manutenção da peculiaridade dos espaços nascidos informalmente, a tentativa de cooptar a população para um comprometimento com essas intervenções por meio das comunidades. Essas premissas em síntese partem do respeito às preexistências tanto materiais quanto de uso do espaço pela população: "Espaço que não é o vazio entre formas edificadas, mas o lugar do encontro, da história, da memória, do símbolo, das referências, da vida coletiva"[97]. São, talvez, dois os objetivos nas intervenções do Rio de Janeiro: procurar manter a qualidade urbana onde quer que ela ainda exista e fazer um esforço de remendar e integrar a cidade ilegal à cidade estabelecida. Ambos os objetivos apostam na continuidade, na integração, na multiplicidade de usos, na tentativa de evitar o isolamento e a formação de guetos.

Os bairros mais prósperos do Rio de Janeiro têm, em função da peculiaridade geográfica da cidade, duas faces bem distintas: a Zona Sul e a Barra da Tijuca. A Zona Sul, de ocupação mais antiga, é caracterizada por um *continuum* edificado. A Barra, com plano urbanístico moderno de Lúcio Costa, acabou tendo uma ocupação de edifícios soltos em meio ao lote com grande variedade de gabarito e alinhamento, configurando um espaço muito menos singular, mais caótico e de menor personalidade do que os bairros mais antigos. Ora, dentro da valorização do respeito às preexistências ambientais, a ideia é que uma construção nova em meio a um trecho urbano consolidado siga as mesmas regras de

98 Instalação de via de acesso no Fubá-campinho, Rio de Janeiro.

99 Vista da creche no Fubá-campinho, Rio de Janeiro.

implantação e volumetria das construções do entorno, o que por vezes conflita com a própria legislação, que foi concebida sob a ideia de transformação do espaço urbano em direção à cidade moderna. Essa legislação voltada à substituição da morfologia urbana tende, com o tempo, a descaracterizar os bairros mais antigos levando a uma indiferenciação. Nesse aspecto, a irregularidade das favelas, se entendida como uma qualidade de espaço socialmente significativa, também deve ser preservada contribuindo para a riqueza e multiplicidade do espaço urbano. Naturalmente, a premissa do respeito às preexistências ambientais tem reflexos na necessidade de mudança e flexibilização da legislação de uso do solo e, também, no próprio crédito imobiliário. Ao deslocar a política habitacional da produção de conjuntos habitacionais para a produção de cidade, o crédito direto ao morador para construção de seu imóvel livremente e não atrelado a determinado empreendimento imobiliário é mais coerente dentro dos objetivos traçados para a cidade.

A primeira etapa do programa Favela-Bairro foi iniciada em 1994 com verbas municipais e, a partir do sucesso inicial, foi possível obter financiamento do BID – Banco Interamericano de Desenvolvimento[98]. O arquiteto Sérgio Magalhães foi o responsável, em 1993, pela elaboração da política habitacional que criou os programas de intervenção no Rio de Janeiro voltados à "construção de cidade" e à integração da cidade ilegal e, como titular da Secretaria Municipal do Rio de Janeiro por duas gestões, foi responsável pela implantação desses programas. O Plano Diretor do Rio de Janeiro, de 1992[99], criou a figura de "área de interesse social especial" que deu o suporte legal para a regularização das favelas, com posse da terra para os moradores e normas de crescimento restrito e controlado.

Tanto o programa Favela-Bairro quanto o Rio-Cidade demandaram projetos específicos que foram desenvolvidos caso a caso por diferentes escritórios de arquitetura. Esses escritórios foram selecionados por meio de concurso público de desenho urbano organizado pelo IAB-RJ e aberto aos arquitetos estabelecidos no estado do Rio. No geral, os projetos do programa Favela-Bairro elegeram um eixo viário articulador, que congrega equipamentos e usos de interesse comum não só à favela como, eventualmente, aos bairros vizinhos[98][99]. Nas favelas de várzea, o eixo é dado pela canalização do córrego, com abertura de vias marginais e eventual remoção dos barracos que ficavam junto ao leito em local de enchente. Esses moradores removidos, restritos ao mínimo possível, demandaram construções novas que, ao lado dos equipamentos comunitários, respondem pela nova imagem da favela-bairro, ajudando a caracterizar praças públicas e vias principais. Nas favelas em encosta, por exemplo, no morro do Vidigal (1996-1998, arquiteto Jorge Jáuregui), foi criado um eixo viário articulador que parte da avenida Niemeyer e sobe até uma determinada cota na encosta do morro onde segue por um quilômetro dando acesso a vários equipamentos comunitários e culminando em um mirante. Em geral, os projetos privilegiam uma praça de articulação entre o espaço da favela, objeto da intervenção, e o bairro vizinho: uma praça que congregue os moradores na nova integração almejada.

Oscar Niemeyer, no princípio dos anos de 1950, rebatia as críticas de cunho social à arquitetura brasileira com o argumento de que o caminho para a resolução dos problemas sociais não passava pela arquitetura. Na época, quem acreditava que a arquitetura moderna, com a possibilidade da extrema racionalização construtiva e pré-fabricação dos componentes, tinha os meios para solucionar, com boa arquitetura, os déficits na área da construção civil, dificilmente aceitaria qualquer solução que conciliasse os enclaves de ocupação espontânea. Não cabia no pensamento urbano dos anos de 1950, dominado por uma ideia de ordem, uniformidade e extremo idealismo, aceitar a aglomeração caótica e insalubre das favelas. Somente a partir dos anos 60, com as críticas ao urbanismo moderno, a ideia de assimilar a favela começou a ser aventada, contando com a experiência precursora de Carlos Nelson Ferreira dos Santos na favela Brás de Pinha, já mencionada.

Na década de 1990, a política habitacional que levou ao programa Favela-Bairro contou com uma curiosa unanimidade. Embora não tenha sido criada por uma administração de esquerda, a proposta foi formulada de maneira cuidadosa sob o ponto de vista político ao procurar evitar remoções, manter peculiaridades espaciais, contar com organizações comunitárias e estar associada a políticas afirmativas, evitando, dessa forma, críticas mais virulentas. No seu realismo e pragmatismo exacerbados, essa política habitacional não deixa de apostar na arquitetura como instrumento ao alcance de políticas públicas, visando obter espaços agradáveis e de qualidade onde, em tese, as pessoas possam retomar um uso qualificado do espaço público e, mais que isso, no entendimento de que a própria qualidade do espaço é protagonista das relações sociais que se travam em seu meio.

6.
Revisitando os Mestres: Niemeyer, Mendes da Rocha

A retomada dos debates no panorama da arquitetura brasileira a partir de meados dos anos de 1980, não foi apenas um momento de surgimento e afirmação de novas gerações de profissionais interessados em abrir caminhos próprios, mas, igualmente – e como contraparte inevitável –, de revalorização da tradição moderna da arquitetura brasileira, na pessoa e obra de seus vários mestres. Entre outros motivos, porque estes literalmente seguem vivos até o final do século XX: apesar do desaparecimento de alguns[100], ainda era possível contar com a presença atuante de vários dos arquitetos da primeira geração moderna, como Lúcio Costa, Burle Marx, Lina Bo Bardi, Oscar Niemeyer. Presença superposta à de outros importantes arquitetos da segunda geração moderna brasileira, formados nos anos de 1950, época do concurso e construção de Brasília – ou seja, no momento de maior entusiasmo nacional e internacional com a arquitetura moderna brasileira: marca formativa indelével, que os manteve fiéis à sua afiliação moderna mesmo durante os ventos contrários dos debates da condição pós-moderna.

Essa extensão e permanência dos paradigmas modernos durante todo o século XX e entrando já no XXI, que caracteriza a realidade brasileira, é bastante peculiar se comparada ao panorama internacional do último quartel do século, e causava não pouca estranheza em debates latino-americanos da época – ao menos até começar a voga minimalista, que ajudou a reverter esse panorama, já na década de 1990. Essa constância da arquitetura brasileira é, de certa maneira, uma atitude saudável, ao menos naquilo que ela tem de resistência aos frequentes e superficiais modismos, que sucessiva e permanentemente varrem o campo da cultura arquitetônica, que parecem afetar em grau bem menor o panorama brasileiro. Essa relativa indiferença ao teor dos debates e questões internacionais parece ter sido uma reação à crise da opinião internacional sobre a realização de Brasília, fomentando um retraimento agravado (mas não causado) pela situação política nefasta instalada pelos governos militares. Mas se essa indiferença tem algo de positivo nem sempre é benéfica, pois também prejudica a possibilidade de se estabelecer uma visão mais sincrônica e complexa da arquitetura brasileira em relação ao panorama internacional. É comum, nos discursos dos arquitetos brasileiros, a crença na autonomia quase total da nossa arquitetura, a suposição de que ela se basta, o desconhecimento desdenhoso de tudo o que está além-fronteiras; ao mesmo tempo, esses discursos revelam um desejo exacerbado de originalidade que não admite o fato simples de que esse isolamento não é total nem pode ser, e que os temas contemporâneos seguem repercutidos, mesmo que indiretamente, na arquitetura brasileira pós-Brasília – até porque não é possível evitar essa contaminação.

Entretanto, a revalorização desses mestres das primeiras gerações de modernos brasileiros não resulta apenas de um quadro cultural idiossincrático de isolamento solipcista: se subsiste e se retroalimenta constantemente, é porque repousa sobre uma herança bastante fecunda de obras que seguem sendo iluminadoras, instigantes e polêmicas, mesmo para as novas gerações de arquitetos. Num ambiente de fim de século em que a arquitetura passa a ser cada vez menos uma questão cultural, reduzindo-se aos apertados limites definidos pelos padrões básicos de atendimento ao mercado imobiliário (mesmo quando estes resultem em obras de boa qualidade), os pequenos e grandes terremotos provocados por esses mestres e suas obras, sempre polêmicas, são sempre um fato notável, que deve ser mais detidamente examinado: um sopro de ar turbulento, mas, frequentemente, renovador.

Niemeyer, do Memorial em Diante

Oscar Niemeyer é sem dúvida um dos mais importantes arquitetos do século XX tanto no Brasil como no mundo, um dos pioneiros da modernidade arquitetônica brasileira, junto com seu mestre Lúcio Costa e um conjunto notável de excelentes arquitetos – como Jorge Moreira, Affonso Eduardo Reidy, os irmãos Roberto, entre outros – que conformaram, em um momento bastante precoce, os anos de 1935-1950, uma escola moderna brasileira que alcançou fama internacional pela qualidade de suas propostas, inclusive pela capacidade que demonstrava de adaptação dos ideais modernos a soluções de caráter genuinamente local.

Sua atividade profissional longeva, abrangendo sete décadas do século XX e outra década no século XXI, dificilmente pode ser entendida, entretanto, de maneira uníssona, como um contínuo homogêneo. A própria ênfase que o autor dá, em seus pronunciamentos, ao interesse pelas formas surpreendentes em sua busca pelo novo já seria razão suficiente para se examinar essa vasta produção buscando compreendê-la de maneira dinâmica, ou seja, percebendo que existem alguns momentos-chave transformadores, quando se notam nítidas reviravoltas ou descontinuidades no seu trabalho, seguidos de períodos de exploração e confirmação das pautas criativas que o autor escolhe priorizar. No caso de Niemeyer esse olhar se torna ainda mais relevante à medida que sua capacidade profissional leva a

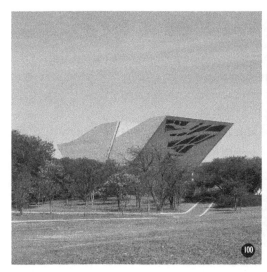
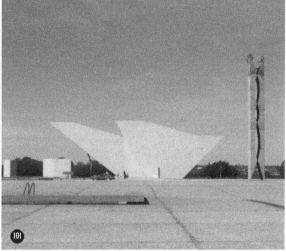

que seja chamado para complementar, alterar ou aditar novas obras em obras já existentes, também de sua autoria. Nesses casos, talvez se pudesse afirmar que, sendo a mesma pessoa, já não é de fato o mesmo artista, e que é justamente sua liberdade artística e criativa que faz com que suas novas obras não necessariamente estejam em conformidade (ou continuidade) estética com as anteriores.

Niemeyer de fato só reconhece uma transformação importante na cadência de seu trabalho, por ele mesmo indicada[101], e que teria ocorrido a partir do projeto do Museu de Caracas (1954) podendo ser identificada pelo menos desde o segundo projeto para o Parque do Ibirapuera em São Paulo (1951-1953), mas uma análise de sua obra parece indicar outras duas transições mais: uma delas a partir de 1968, cujo marco emblemático poderia ser o projeto para a sede da Editora Mondadori em Milão, quando passa a adotar como mote projetual para a concepção arquitetônica a exploração direta de grandes estruturas[102]; e uma outra, cujo marco inicial emblemático poderia ser o Panteão na Praça dos Três Poderes ● (1985), quando seus projetos se tornam cada vez mais esculturais e esquemáticos ●, menos preocupados com os usos a que aparentemente se destinam e progressivamente mais indiferentes ao seu entorno.

Essa periodização não pretende em absoluto classificar a obra de Niemeyer: abrangendo oito décadas e vários continentes, qualquer tentativa de resumi-la em termos simples será superficial. No entanto, ela pode ser operativa para lidar com um tema praticamente inesgotável, e, neste capítulo, pode servir de instrumento para nos atermos ao momento em exame, os anos de 1985-1995 – que, não por acaso, correspondem aproximadamente à quarta etapa de sua obra. Mesmo assim, ainda restariam ser examinados muitos projetos e obras; não sendo possível fazê-lo aqui, o tema será tratado através da seleção oportuna de apenas dois exemplos: o Memorial da América Latina em São Paulo (1988) e o Museu de Arte Contemporânea de Niterói, RJ (1991).

O Memorial da América Latina foi inaugurado, segundo opinava na época o arquiteto João Rodolfo Stroeter,

> no momento em que a arquitetura brasileira está indecisa quanto aos seus caminhos, tradicionalmente fiéis aos ensinamentos de Le Corbusier e do Movimento Moderno, assediada pelas forças da moda e pelos acontecimentos pós-modernos. Mas a arquitetura do Memorial não diminui essas incertezas, porque a obra atual de Niemeyer fica completamente incólume, imperturbável, intocada, à margem

de qualquer moda, de pós-modernismos, tendências *high-tech*, desconstrutivismos e outras linhas recentes da arquitetura contemporânea. Niemeyer segue seu caminho com coerência. Faz sua arquitetura. Tem seu estilo[103].

Stroeter reafirma a percepção de se tratar de um momento de transição na arquitetura brasileira, e reforça a noção corrente que vê na obra niemeyeriana uma qualidade de perenidade e indiferença à passagem do tempo. Mas, talvez, não porque a obra e o autor não se alterem, e sim porque sua força criativa é de tal maneira dominadora que chega a lançar, sobre seus antecedentes, um olhar modificador, de forma tal que cada obra recria o passado a partir de si mesma.

A inteligente e simpática análise de Stroeter corretamente ressalta a quase congruência entre arquitetura e estrutura na obra do Memorial: "cada vez mais o projeto de arquitetura coincide com o da estrutura". Cada vez mais, pois antes não era tanto assim: essa congruência estrutura/arquitetura nem sempre ocorreu ao longo do conjunto da obra de Niemeyer. Mesmo o concreto armado estando sempre presente desde o começo de sua trajetória, ainda próxima da influência dos paradigmas corbusianos, a estrutura portante independente nunca era deixada a nu, nem definia todos os espaços qual um manto, mas apenas era parte de um sistema arquitetônico bem mais complexo. As poucas exceções de protagonismo da estrutura ocorrem em programas especiais, e apenas quando se tornam estritamente necessárias para vencer um vão obrigatoriamente mais amplo, ou para criar uma ambiência mais peculiar – como, por exemplo, na Capela da Pampulha, também citada por Stroeter; mas, mesmo assim, a estrutura é pudicamente recoberta por belíssimos azulejos e coloridas pastilhas, indissociáveis das intenções mais amplas da concepção arquitetônica – que em absoluto estava acabada uma vez finda a execução da casca de concreto. De fato, o emprego do concreto deixado aparente e deliberadamente usado como textura comparece na obra de Niemeyer com força plena somente após meados da década de 1960, havendo raríssimas exceções anteriores.

Também é perspicaz a análise de Stroeter sobre a relativa indiferença de Niemeyer, no projeto do Memorial, com relação aos usos, afirmando que Niemeyer "não se amarra ao programa arquitetônico, não se deixa atrapalhar por ele, tem uma incrível habilidade para simplificá-lo quando é preciso, quando é complexo. Para Niemeyer, a forma não segue a função. O desejo da forma é mais forte, e impõe-se ao programa. A forma nasce antes, a forma é o problema essencial". A descrição resume adequadamente o que ocorre na obra do Memorial; mas não é uma característica de Niemeyer, ou da sua obra, em geral – mas apenas de seus projetos posteriores aos anos de 1980. Apesar de já haver em sua obra anterior uma tendência latente de secundarizar as questões funcionais, a importância dessa característica só passa a ser basilar porque estamos reexaminando sua obra à luz de sua confirmação plena no Memorial, e até para justificá-lo. Se é verdade que as colunas do Alvorada não são responsáveis por carregar todo o peso da construção, entretanto o uso palaciano da obra não deixa de ser plenamente atendido; o mesmo sucede no caso dos arcos regulares do Itamaraty, e até nos arcos variáveis da sede da Mondadori: certamente há nessas obras grande dose de inovação formal, mas nem por isso ela ocorre em detrimento do atendimento das questões programático-funcionais. Essa desconsideração com o programa é característica que passa a marcar com força as obras niemeyerianas principalmente após a década de 1980; mas, então, ela já não pode mais ser entendida como um defeito, e sim como uma condição. Pois seus clientes, governamentais ou não, em absoluto necessitam ou desejam um abrigo singelo e funcional, mas solicitam um projeto a Niemeyer principalmente porque aspiram receber um objeto único e inusitado, que brilhe e se distinga por sua marca de autoria – e não pelo atendimento de um simples conjunto de funções. Nesse sentido paradoxal suas obras atendem, plenamente, sua função.

Contraditoriamente, quando examinadas desde um ponto de vista urbanístico, talvez as obras de Niemeyer adotem, afinal, sempre uma atitude constante e imutável, permanecendo fiel aos ensinamentos do urbanismo racional e funcionalista moderno presentes nas obras completas de Le Corbusier, marcos que Niemeyer toma emprestados sempre de maneira literal, e até simplificada – embora o mesmo não possa ser dito sobre suas arquiteturas, nas quais, mesmo sendo devedor da contribuição corbusiana, Niemeyer entretanto rapidamente afirma seu próprio e peculiar caminho.

Ressalve-se que nas primeiras décadas de trabalho Niemeyer somente realiza obras de arquitetura de escala relativamente pequena ou média, e só passa a projetar obras em escala urbanística a partir dos anos de 1960, ou seja, posteriormente a Brasília, e, inicialmente, para clientes internacionais. Até então as suas arquiteturas, de menor ou maior porte, não propõem um ambiente urbano, mas aproveitam e dialogam com as diretrizes estabelecidas por outros renomados colegas urbanistas: no centro do Rio de Janeiro, subordinando-se e contraponteando o Plano Agache de remodelação urbana da cidade, do final da década de 1920 (como no exemplo notável do edifício Banco Boavista, 1946); em Brasília, dialogando com o Plano Piloto de Lúcio Costa; nas grandes cidades, trabalhando com as normas do urbanismo tradicional. Seu primeiro ensaio em grande escala, praticamente criando um contexto urbano é o Parque do Ibirapuera; mas a presença da grande marquise conectando boa parte do conjunto impede que os edifícios sejam vistos como objetos soltos e desconexos. No eixo monumental de Brasília, apesar da aparente separação dos edifícios, de fato há uma firme amarração que regula cada cheio e vazio, define as escalas e as visuais, controla o relacionamento entre cada peça desse complexo tabuleiro. Esse firme controle, que não deixa de ser fiel ao urbanismo do século XIX e aos paradigmas urbanos da cidade funcional do século XX, perde-se, ou é substituído por outras concepções, no momento em que Niemeyer passa a realizar projetos de escala urbana, já nos anos de 1960 em diante; embora nunca cheguem a ser propostas de planejamento, mas sempre de desenho urbano.

É o caso do Memorial:

> em suas duas obras mais recentes em São Paulo, o projeto Parque do Tietê e o Memorial da América Latina, infelizmente Niemeyer está sozinho [sem a colaboração de um outro colega urbanista]. É visível e patente a frouxidão das concepções urbanísticas de ambos os projetos. [...] Os edifícios estão postados ortogonalmente entre si, encostados nas divisas, de costas para elas e de frente para espaços 'livres' centrais ⑩ que não passam de imensos cimentados sem graça. E é só o que se pode dizer da implantação, em suma bastante primária. Não há preocupação com visuais, os eixos criados mal são perceptíveis, os acessos são difíceis, o excesso de grades prejudica a possível fluidez dos espaços, o metrô parece que chegou atrasado à festa, em vez de ser o dono da casa, o entorno foi solenemente esnobado[104].

Essa crítica radical da época da inauguração do Memorial não pretendia analisar a obra segundo a ordem das razões niemeyerianas, mas partia de uma perspectiva distinta: aquela conformada pelos debates em curso nas décadas de 1980-1990, no campo cultural e arquitetônico brasileiro, sobre os problemas resultantes da abordagem funcionalista do espaço urbano modernista, nascidos da aplicação mais ou menos mecânica dos paradigmas da Carta de Atenas (IV Ciam, reescrita por Le Corbusier). Não deseja opinar sobre a obra de Niemeyer, mas ressaltar a total incomunicabilidade entre a mesma e seu entorno urbano – um fato de certa forma também novo na obra de Niemeyer, até porque, como esclarece Stroeter, era a primeira vez que o arquiteto conseguia levar a cabo,

> em menor tempo e sem maiores interferências externas, esse conjunto marcante de edifícios, [pois até então] muitos outros de porte semelhante ficaram infelizmente no papel: cidade Negev, em Israel; Centro Cívico de Argel, Conjunto da Barra, Universidade Científica de Argel, Ilha de Lazer dos Emirados Árabes, Universidade de Gana, Exposição Internacional de Trípoli, Centro Administrativo de Recife, Centro Cívico do Parque Tietê.

A ampla divulgação e as várias polêmicas[105] em torno da concepção arquitetônica e urbanística do Memorial da América Latina confirmam o retorno de Niemeyer ao campo profissional da arquitetura brasileira, após duas décadas em que grande parte de suas obras vinham sendo construídas em outros países e para clientes privados; enquanto no Brasil é chamado principalmente a atender encargos públicos e obras de exceção, nas quais a visibilidade é tão importante, ou mais, quanto o abrigo de um uso específico.

Das obras que Niemeyer realizará na década de 1990, certamente a melhor acolhida pelo público e crítica foi o Museu de Arte Contemporânea de Niterói (1992-1998). Nem tanto por não ser possível fazer críticas ao projeto e à obra, mas porque seu poder de sedução é tão magnífico que todos os reparos acabam ficando soterrados pelo entusiasmo que a visita à obra consegue sempre despertar, mesmo ressalvando-se os problemas de execução que parcialmente a prejudicam.

O tema dos museus percorre toda obra de Oscar Niemeyer. Em sentido amplo talvez se pudesse considerar o Pavilhão do Brasil na Expo Mundial de Nova York como um quase-museu, por seu caráter expositivo. O mesmo raciocínio se poderia aplicar à cúpula do "Pavilhão das Artes" do Parque do Ibirapuera – atualmente conhecida pelo nome pouco adequado de Oca, pois diferentemente do que sua imagem externa possa sugerir, não se trata de um grande abrigo oco/oca, pois o vazio interior formado pela cúpula abatida abriga como que um outro edifício, conformado pela sucessão vertical de lajes, de desenho curvo e estelar, com grandes vazios verticais chegando inclusive ao nível do subsolo, sendo o conjunto conectado por rampas. Esse esquema projetual voltará a comparecer em projetos futuros, e terá destaque no projeto do Museu de Arte Moderna de Caracas, Venezuela (1954), onde comparece invertido, e no qual se consolida o jogo conformado pelo caráter escultórico externo e a complexidade de planos internos. A busca de simplicidade e pureza, mencionada por Niemeyer, atinge, no Museu de Caracas, um grau intenso e paradigmático; a forma compacta e monumental é arquitetura, porque é habitável, mas é também escultura, por seu fechamento exterior e por sua ênfase artística na surpresa e emoção.

Na Praça dos Três Poderes, em Brasília (1957-1960), situa-se o primeiro museu desenhado por Niemeyer construído para essa finalidade, configurando um momento discreto nessa praça de serenidade e monumentalidade clássicas. O notável edifício do Museu da Fundação de Brasília é quase uma galeria: um volume elevado simples fendido nas pontas, iluminado zenitalmente, mantendo exteriormente sua integridade escultórica, constituído por uma barra disposta não simetricamente sobre um único apoio, que também abriga o acesso. Nos anos de 1960 Niemeyer retoma, no projeto para o Museu da Exposição Barra'72 (1969), a ideia de uma grande estrutura apoiada no centro e com amplos balanços, novamente em forma de cálice. Diferentemente do Museu de Caracas e à semelhança do Museu de Brasília, o apoio é destacado do corpo suspenso e abriga as circulações verticais, mas está aqui centralizado, subindo como espinha dorsal do edifício até sustentar a laje da cobertura, da qual pendem os vários pavimentos a ela atirantados – como declara Niemeyer, tratava-se de uma estrutura "audaz, mas simples e precisa". Uma variante de projeto propõe uma fachada em arcos, criando movimento ondulante horizontal em contraponto com as formas escultóricas da cobertura. Mas será em outra escultura habitável, o Museu de Arte Contemporânea de Niterói (1991-1996), onde o arquiteto finalmente vai realizar alguns dos sonhos criativos pontuados em diferentes momentos de sua trajetória profissional.

É impressionante o caminho de aproximação ao MAC-Niterói: edifício singular, destacado na paisagem escarpada de um promontório rochoso●, voltado para a baía da Guanabara, relembrando, agora com a presença da água, o sítio montanhoso do Museu de Arte Moderna de Caracas. Não é apenas na implantação que essas duas obras se assemelham: Niemeyer afirma retomar em Niterói a ideia do cálice● de Caracas – tema também presente no Museu da Exposição Barra'72. Diferentemente deste e do Museu da Fundação de Brasília, onde o acesso se dá desde a base e apoio únicos, o MAC-Niterói tem seu acesso principal por uma rampa curva atingindo a parte superior do cálice● (solução próxima àquela dada ao Museu de Caracas). O volume não é opaco ou com pequenas aberturas (como em Caracas e Brasília), mas fendido horizontalmente em toda sua circunferência●: para sustentá-la é necessária uma grande ousadia estrutural que, entretanto, não se revela de maneira evidente, o que acentua formalmente a leveza e imponderabilidade do seu desenho e as belíssimas vistas da paisagem do Rio de Janeiro.

Como adendo, já no século XXI, se poderia mencionar também o Museu Oscar Niemeyer em Curitiba (2002), que parece culminar sua trajetória reunindo ousadia formal e estrutural e funcionalidade programática, que aqui se acomoda mais adequadamente ao se organizar em dois volumes: um longo edifício sobre poucos apoios● (projeto de 1969), reciclado[106] para abrigar as áreas expositivas●, e anexada à forma escultural do Museu – um "olho" elevado sobre o apoio único● –, que pode então brilhar como espaço representativo, mas não necessariamente funcional; mesmo estando separados no térreo pelo espelho d'água, ambos se conectam subterraneamente. O novo edifício é também uma variante do cálice:

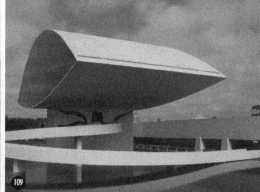
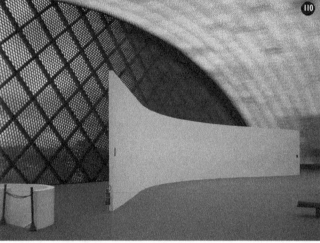

sobre o apoio único central situa-se uma laje dupla, ou plataforma habitável abrigando auditório e apoio; os espaços do Museu estão acima, abrigados sob um fechamento superior em laje curva. Essa complexidade interior não se revela imediatamente graças ao tratamento das fachadas em que os caixilhos reforçam a conformação em "olho", que dá unidade ao conjunto permitindo uma inteireza plástica manifesta em um exterior simples que abriga um interior complexo. Como a obra de Niemeyer: sob a imagem de singeleza inventiva, o olhar interessado revela muitas camadas de erudição referenciada.

Mendes da Rocha: Fiel a Si Mesmo

Tendo iniciado brilhantemente sua carreira no fim dos anos de 1950, o arquiteto Paulo Archias Mendes da Rocha segue sendo, já iniciado o século XXI, um dos arquitetos de maior destaque do panorama brasileiro, com uma repercussão internacional crescente[107]. Sem dúvida um arquiteto moderno pela sua formação, por seu temperamento, por suas obras, assim ele tem se mantido: no marco das grandes verdades modernas aprendidas em seu momento áureo. Suas obras dos anos 1950-1970 podem ser consideradas como marcos da arquitetura paulista de tendência brutalista daquele período, podendo-se destacar alguns exemplos notáveis pela sua singeleza e ousadia, como o Ginásio do Clube Paulistano (1957, em coautoria com João de Gennaro) e o pavilhão do

Brasil na Expo'70 em Osaka, Japão (1969, com a colaboração de Flávio Motta, Júlio Katinsky, Ruy Ohtake, Jorge Caron, Marcelo Nitsche e Carmela Gross, concurso nacional, 1º prêmio). Os anos de chumbo do regime militar mergulharam sua trajetória, como a de muitos contemporâneos seus, num compasso de espera, embora, mesmo nessa época, ele não deixe de produzir e experimentar.

Embora não se possa apontar nenhuma descontinuidade formal ou conceitual evidente na sua trajetória profissional que, ao contrário, caracteriza-se pela constância e reiteração dos temas projetuais e arquitetônicos, parece entretanto haver uma sutil transformação em sua obra, a partir do projeto do Museu da Escultura (1987-1992). É o mesmo arquiteto, com a mesma linguagem, mas algo de imponderável se altera, mais na sua obra que no seu discurso: sem alinhar-se com os debates formais e conceituais da crise da modernidade, passa a permitir-se cada vez mais uma complexidade explícita que, se bem estivesse sempre potencialmente presente em sua obra, transparece agora de maneira mais evidente.

Formado em arquitetura pela Universidade Mackenzie, em 1954, o arquiteto Mendes da Rocha notabilizou-se desde o início de sua trajetória profissional pela qualidade de seus trabalhos, cuja abrangência inclui uma ampla variedade de temas em uma centena de obras realizadas. Convidado por João Batista Vilanova Artigas para ser seu professor assistente, ingressou em 1960 como docente na Faculdade de Arquitetura e Urbanismo da USP, tendo sido afastado dela por motivos políticos (juntamente com Artigas e Jon Maitrejean) no período de 1969 a 1980, retornando quando institui-se a Anistia; em agosto de 1998, torna-se professor titular da FAU-USP, poucos meses antes de se retirar devido à aposentadoria compulsória. A par de sua atividade acadêmica sempre teve intensa atuação em órgãos de classe e associações culturais ligadas à arquitetura. Participou e venceu diversos concursos nacionais e internacionais e tem realizado conferências e participado em seminários e *workshops* no Brasil e no exterior. Sua obra vem sendo publicada em revistas nacionais e estrangeiras, recebendo, nos últimos anos, uma ampla consagração internacional.

Com apenas três anos de formado, Mendes da Rocha vence um concurso nacional para o projeto do Ginásio de Esportes do Clube Paulistano (1957-1961) com uma proposta audaciosa, reunindo concreto e tirantes de aço, aliando rigor de concepção e fluidez espacial e requalificando a ideia de um espaço público que é trazido, sem solução de continuidade, ao interior do edifício. Premiada na Bienal Internacional de Arte de São Paulo, essa obra do então jovem arquiteto marca o início de uma carreira profissional e de ensino que, apesar de sustada em parte pelas vicissitudes da política ditatorial que se instala no país nos anos 60, nunca chega de fato a ser estancada.

Assim é que, vencedor também de um concurso nacional, foi construído em 1970 seu projeto para o Pavilhão do Brasil na Exposição Mundial de Osaka, Japão, impondo-se pela qualidade e arrojo tecnológico combinados a uma simplicidade advinda de um grande refinamento e da elaboração conceitual: trata-se "apenas" do chão de Osaka que se eleva suavemente para sustentar, em três pontos, uma ampla cobertura que fornece a desejada sombra, destacando um quarto apoio em forma de duplo arco, enquanto as instalações subterrâneas atendem ao programa expositivo e administrativo. Novamente a economia de meios é posta a serviço de uma visão urbanística que faz do objeto arquitetônico não um protagonista, mas a consequência natural da necessidade de indicar o lugar de abrigo, tema que o arquiteto abordará outras e tantas vezes, de variadas maneiras.

É talvez também o caso do Museu Brasileiro da Escultura ⓘ (1987-1992), situado num terreno de esquina num dos mais prestigiados bairros residenciais de São Paulo e que se encontra atualmente rodeado de áreas em plena transformação especulativa, na dinâmica febril das cidades latino-americanas. A proposta é de novo a recriação do lugar: aproveitando sabiamente a nem tão grande declividade do terreno, as superfícies são trabalhadas de maneira a definir espaços que dão continuidade ao domínio público, abrigando o museu no nível inferior⑩, mas demarcando poderosamente a sua presença com um pórtico-viga, de pouca altura para não afrontar o entorno de casas, emoldurando a paisagem e qualificando a presença do novo equipamento.

As intervenções mínimas, com um grau de inteligência máximo, são a marca de várias de suas obras, destacando-se, entre as mais recentes, a refuncionalização da Pinacoteca do Estado de São Paulo (1993-1998) e o Centro Cultural Fiesp (1997-1998), ambas intervenções

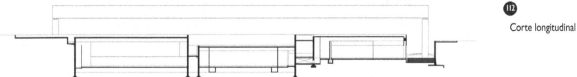

Corte longitudinal

em edifícios existentes onde, no caso da Pinacoteca, se acrescenta à construção eclética de tijolos do princípio do século apenas a cobertura de dois pátios internos e algumas pontes que vencem os vazios que estes criavam no percurso dos visitantes. No caso do Centro Cultural da Fiesp trata-se de uma intervenção nos níveis inferiores de acesso⬤ a uma pretensiosa e reiterativa torre dos anos 60 situada na avenida Paulista, centro financeiro e de negócios de São Paulo, que se define pela eliminação de um trecho de laje, liberando uma ampla área de grande altura voltada para a fachada da avenida que é requalificada como espaço semipúblico de transição – operação que faz vir à luz, como afirma Mendes da Rocha, as qualidades naturais do edifício (até então ocultas e necessitando da vara de condão do olhar interessado do arquiteto). Ele então acrescenta, com parcimônia e inegável cuidado, uma nova estrutura metálica quase miesiana que abriga a nova biblioteca e os espaços, encaixados com gentileza em meio à pesada estrutura existente⬤. Na Pinacoteca nada é modificado, mas tudo é transformado; na Fiesp, demolir foi tão importante quanto construir, e ambos os fatos se dão com precisão cirúrgica.

Embora Mendes da Rocha não tenha realizado um grande número de edifícios altos, os exemplares de sua autoria são sem dúvida excepcionais pela capacidade de questionar um tema tão passível de ser abordado de maneira pouco imaginativa, na fácil repetição tediosamente acrítica, que ele supera com galhardia. Um exemplo de sua engenhosidade é o edifício de escritórios Keiralla Sarhan (1984-1988), em que a ideia da disposição assimétrica e aparentemente desbalanceada dos elementos verticais e a posição de brises horizontais não alinhados aos pavimentos-tipo⬤ assegura uma leitura intrigante do objeto arquitetônico, conferindo-lhe uma qualidade urbana inusitada. Outro exemplo é o edifício de apartamentos Jaraguá (1984-1988), em que uma secção inteligente⬤ assegura ao usuário a bifrontalidade das fachadas⬤, desejo nascido da implantação urbana, e que se realiza na arquitetura como aprimoramento de uma solução construtiva que enfatiza de maneira radical o conceito de independência estrutural⬤.

Mendes da Rocha é também autor de algumas pequenas obras primas que, se bem que nascidas sempre de uma leitura atenta do lugar onde estão inseridas – seja uma movimentada avenida comercial em São Paulo, seja os amplos horizontes das colinas da cidade serrana de Campos de Jordão –, se constituem em resultados arquitetônicos surpreendentes e fascinantes em seu manejo de formas e materiais nada óbvios: necessitam do olhar interessado que, adentrando e percorrendo as construções, veja nelas o esforço acumulado da sabedoria que se manifesta pela absoluta ausência de exagero ou pretensão e pela adequação, seja à mundaneidade do consumo, seja à transcendência do espaço sagrado, como é o caso da loja Forma⬤ (1987-1992) e da Capela de São Pedro⬤ (1988-1990), em Campos do Jordão[108].

115
Vista do interior de um andar-tipo

Uma rápida resenha das obras do arquiteto Paulo Mendes da Rocha não poderia deixar de mencionar seus projetos envolvendo intervenções urbanas de grande porte, mesmo que ainda não realizados, onde o arquiteto combina a visão ampla de quem busca compreender a história não como fatalidade, mas como possibilidade de mudança sem renunciar à escala das proposições concretas, como é o caso do Projeto Baía de Vitória (1993), que não se limita apenas às grandes generalizações. Nos anos de 1970, Mendes da Rocha realiza uma série de projetos e estudos de urbanização.

Embora marcados pelo viés do "planejamento urbano" característico daquele momento, as análises e propostas gerais, promovidas com o auxílio de equipes interdisciplinares, são sempre complementadas com o desenho de edifícios e espaços urbanos efetivos, não só por convicção e temperamento do arquiteto, mas igualmente para postular um "efeito-demonstração" do que essas ideias urbanas poderiam gerar na escala do usuário, num entendimento concreto da conformação da paisagem urbana que, de certa maneira, se contrapõe ao uso exclusivo de índices e zoneamentos abstratos como únicos instrumentos de controle urbanístico. É o caso do projeto para o Concurso Urbano em Santiago do Chile (1972), da Reurbanização da Grota da Bela Vista em São Paulo (1974), da Proposta de Urbanização do Rio Cuiabá (1979).

De outro lado, não faltam, na trajetória do arquiteto Mendes da Rocha, algumas experiências de projetos de reciclagem de edifícios históricos. A primeira delas, de 1976, foi

▲ Vista do interior
◄ Vista da rua

▼ Detalhe da fachada
 ▼ Vista do interior

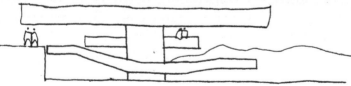

o projeto para transformar o conjunto dos monumentos remanescentes da Real Fábrica de Ferro São João do Ipanema, em Sorocaba (com vários edifícios do século XIX), no Centro Nacional de Engenharia Agrícola, filiado ao Ministério da Agricultura; no ano seguinte, foi a vez do projeto de reciclagem da Casa das Retortas em São Paulo (1977).

De maneira mais oblíqua – pois se trata de uma obra inteiramente nova – se poderia incluir no tema a Capela de São Pedro, junto ao Palácio do Governador em Campos do Jordão, (1988). Não se trata de uma reciclagem, mas o caráter de anexo de um edifício existente (se bem que de medíocre qualidade arquitetônica) é levado em consideração de maneira fundamental na definição do partido.

Se a questão da definição estrutural dos edifícios aparece como o tema mais enfático de grande parte de suas obras até os anos de 1970 –veja-se, por exemplo, o Ginásio do Clube Paulistano (1957), a Sede do Jóquei Club de Goiás (1963), a Residência Masetti (1970), ou a Escola Jardim Calux (1972) –, em outras tantas obras a intervenção no lugar é que de fato define o partido, mesmo que a ênfase estrutural esteja de alguma forma sempre presente, como parece ser o caso no projeto para o concurso do Clube da Orla em Guarujá (1963), o Hotel de Poxoréu (MT 1971), e mesmo o Pavilhão do Brasil na Expo'70 em Osaka (1969).

A fluidez espacial conseguida em grande parte de seus projetos, seja intervindo aparentemente pouco, seja criando com rigor espaços de grande concisão, comparece também, embora em outra clave, nas obras residenciais do arquiteto Mendes da Rocha. Poder-se-ia falar desse tema relacionando-o à sua série de casas. Por agora desejo ressaltar a ideia de "série" como conceito adequado numa definição genérica de sua obra residencial.

As obras residenciais do arquiteto Mendes da Rocha podem ser entendidas como uma série, já que elaboram e retomam, constante e incessantemente, alguns temas arquitetônicos – estruturais, construtivos, espaciais, ambientais etc –, empregando uma paleta bastante restrita de materiais e seguindo alguns "partidos" básicos que se desdobram em variações aparentemente ilimitadas, mas restritas, pois formalmente sempre próximas e identificáveis como elementos componentes de uma linguagem bastante pessoal. Definem-se assim, com muita clareza, na sua obra residencial, alguns dos temas caros à escola paulista, quais sejam o volume único, a ideia de casa-apartamento, a identidade entre estrutura e volumetria edificada, entre outros.

A noção de série pode também ser aqui empregada, senão como intenção prévia, ao menos como resultado constatável *a posteriori*, uma vez que uma de suas últimas obras residenciais, a Casa Gerassi (1989-1991), parece ser a realização do sonho de uma de suas primeiras casas, a sua residência no Butantã (1964). Trata-se do conceito de casa-apartamento, de um único piso, elevado do solo, repetitível e multiplicável [11]: a casa no Butantã, de fato duas casas iguais e vizinhas com escada de acesso independente, poderia sugerir uma proposta prototípica de superposição, aliada à sistematização do processo produtivo, sugerindo, enquanto desejo, a possibilidade futura de pré-fabricação. Na Casa Gerassi esses ideais reaparecem quintessenciados, mas ainda presentes, paradoxalmente atingidos ao ter sua construção executada, de fato, com elementos pré-fabricados [12], mas com um detalhamento sutilmente refinado, tirando proveito da contínua experimentação ao longo de um quarto de século, de variações e experimentações circunstanciadas de outras tantas casas por ele desenhadas, sempre sem perda do ideal utópico que as anima, seja ao nível do objeto arquitetônico, seja como proposta de uma urbanidade revisitada.

Tanto Oscar Niemeyer quanto Paulo Mendes da Rocha seguem profissionalmente atuantes no século XXI, e, portanto, as análises aqui incluídas se interrompem apenas porque limitadas pelo escopo temporal deste livro.

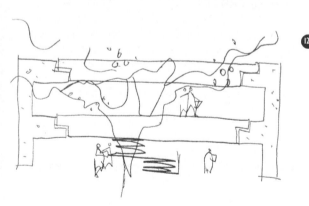

▲ *Croquis de concepção*
◀ *Vista do interior*

1. DOIS CONCURSOS

1 Sobre a polêmica, ver O Protesto de Arquitetos Participantes do Concurso [Biblioteca Pública do Rio de Janeiro], *Projeto*, n. 70, p. 50-55; Carta da Comissão Criada pelo IAB-RJ aos Arquitetos Participantes do Concurso Nacional de Projetos para a Biblioteca Pública do Rio de Janeiro, *Projeto* n. 71, p. 16; Ainda o Concurso da Biblioteca Pública do Rio de Janeiro, *Projeto*, n. 72, p.14.

2 Esse panorama não triunfal não decorre da observação dos exemplos dos mestres, sempre notáveis, mas da percepção dos resultados concretos obtidos pela disseminação geral, menos erudita e mais vulgar, de seus ensinamentos.

3 Com as exceções notáveis, evidentemente, que seria impossível apontar sem fazer o papel que cabia ao júri, e que este se eximiu de realizar – ou seja, o de não apenas selecionar o ganhador, mas pôr em valor e destacar outras propostas também de qualidade.

4 Ver texto de L. Fernández-Galiano, La Década Rosa: Tránsito Trivial por los Ochenta", *Arquitectura Viva*, n. 8, p. 5.

5 O júri era formado pelos arquitetos José Carlos Ribeiro de Almeida, Germano Galler, Roberto Martins Castelo, Walmyr Lima Amaral (IAB), Maria Luiza Ribeiro Lopes da Silva, Paulo Mendes da Rocha, diplomatas Luiz Jorge Rangel de Castro, Geraldo Veiga Rivello Junior e Paulo Fernandes Teles Ribeiro (Ministério das Relações Exteriores); arquiteto Dirceu Domingues da Cruz (Secretaria de Ciência e Tecnologia) e engenheiro Bruno Pagnoccheschi (Secretaria de Meio Ambiente). As informações sobre o concurso e os projetos premiados e mencionados foram publicadas nas revistas *Projeto* 138, 139 e *AU* 35, 36, onde constam também notícias e artigos sobre as polêmicas então ocorridas; o debate prossegue, epistolar, nas edições seguintes.

6 Pavilhão Brasileiro na Exposição Internacional de Nova York, 1939, arquitetos Lúcio Costa e Oscar Niemeyer; Pavilhão Brasileiro na Exposição Universal de Bruxelas, 1958, arquiteto Sérgio Bernardes; Pavilhão Brasileiro na Exposição Universal de Osaka, 1970, arquiteto Paulo Mendes da Rocha e equipe.

7 *Projeto Design*, n. 251, p. 134.

2. (AINDA) CONCURSOS PÚBLICOS DE ARQUITETURA

8 F. Segnini, "Retrato da Apatia": sobre a Ausência de Discussão no Concurso para Anexo da FAU-USP, *AU*, n. 24, p. 90.

9 A. C. Sant'Anna Jr., Concurso Paço em Osasco: Um Depoimento Comprometido, *AU*, n. 37, p. 89.

10 Plano coordenado por Stélio Novaes e Marcos Konder Netto.

11 Alder Catunda Muniz, Bruno Fernandes, Otávio Reis, Pedro da Luz Moreira, Roberto Nascimento.

12 Os arquitetos observaram também as abordagens "mimética" (cópia do edifício existente) e "neutra" (anódina).

13 L. P. Conde; M. Almada, Pluralismo Sadio, *AU*, n. 20, p. 77-85, citação p. 84.

14 Composição do júri: Eduardo Corona, Eduardo Kneese de Mello, Jon Vergareche Maitrejean, João Carlos Cauduro e Décio Tozzi.

15 Reprodução da Ata do resultado do concurso do anexo da FAU em texto de F. Segnini, Retrato da Apatia, *AU* n. 24, p. 90. Também sobre o concurso, na mesma revista: C. Bozzo, Referência sem Reverência, p. 78-82; A. C. Ribeiro, Vontade de Ser, p. 84-88 e E. Corona, Razões de um Concurso, p. 89.

16 Há um comentário afetivo de que o edifício tem excesso de área e falta de lugares, uma vez que os professores pesquisadores carecem de gabinetes para trabalho e atendimento dos alunos.

17 Composição do júri: João da Gama Filgueiras Lima, Roberto Martins Castelo, Érico Paulo Siegmar Weidle, Ivelise Maria Longhi Pereira da Silva, Eliane Rangel Silveira, Otto Toledo Ribas e Aleixo Anderson de Souza Furtado. Arquiteto consultor: Antonio Carlos Moraes de Castro.

18 Trecho do parecer do júri no concurso da Câmara Legislativa de Brasília, apud C. Bozzo, Assembléia, DF: Sutil Resgate de uma Modernidade, *AU*, n. 28, p. 37.

19 Depoimento de membro da comunidade em seminário preparatório para o concurso, FAU-USP, 12 ago. 1989.

20 Indicação do IAB: arquitetos Dácio Otoni, Antonio Carlos Sant'Ana e Jon Vergareche Maitrejean. Dos participantes do concurso: arquiteto Eduardo de Almeida. Da comunidade: engenheiro Oscar Rosseto.

21 Projeto premiado na XI Premiação do IAB-GB em 1973.

22 Ver Edson Mahfuz, Em Debate, a Crise dos Anos 80 e Tendências da Nova Década, na *Projeto*, n. 129, jan./fev. 1990, p. 143-157; e carta aberta de Sérgio Teperman a Edson Mahfuz em *Projeto* n. 131, abr./maio 1990, p. 8. Obs.: o arquiteto Edson Mahfuz ficou entre os quinze finalistas no concurso de Cerqueira César.

23 H. Fina; L. Margotto; M. Ursini; S. Bolívar; S. Salles (Núcleo de Arquitetura), Réplica a Edson Mahfuz e Sérgio Teperman, *Projeto*, n. 134, p. 11.

24 Alexandre Santos Loureiro e Givaldo Luiz Medeiros, texto de apresentação do projeto em *Projeto*, n. 135. out. 1990, p. 83.
25 Composição do Júri: Waldisa Rússio Camargo Guarnieri e Paulo Herkenholff (museólogos); Marcos Konder Netto, Carlos Henrique de Affonseca e Demitrius Leonel da Mata (arquitetos).
26 M. Konder Netto, Declaração de Voto, reproduzida nas revista *AU*, n. 31, p. 45-46; e *Projeto*, n. 135, p. 80-81.
27 Posicionamento do IAB-MG. *AU*, n. 31, p. 46.
28 Ata da Comissão. Reproduzida em *AU*, 1990, p. 45.
29 Texto Anexo da Comissão julgadora. Reproduzido em *AU*, n. 31, p. 46.
30 Hoje o Museu de Arte de BH funciona no antigo cassino da Pampulha (projeto de Oscar Niemeyer).
31 Composição do júri: Carlos César Eckman, César Bergstron, Luiz Paulo Conde, Carlos Eduardo Comas e Eduardo de Almeida.

3. HABITAÇÃO POPULAR: O DIREITO À ARQUITETURA

32 A quantidade de bons exemplos que poderiam potencialmente ajudar a renovar o panorama certamente se ampliaria enormemente se fossem mais bem conhecidas e estudadas as experiências brasileiras de todas as regiões, as experiências latino-americanas que conformam um amplo cabedal do maior interesse, e, evidentemente, a experiência de países que se notabilizaram pelo excelente atendimento do tema da habitação social, como a Holanda e a Alemanha, entre outros. Entre vários motivos, essa ampliação da constatação de exemplos sobre a habitação social, pode servir como uma maneira de ultrapassar a estagnação dos procedimentos locais, ainda estacionada nos paradigmas de meados do século XX. Sobre o assunto há excelentes trabalhos acadêmicos ainda não publicados, como, por exemplo: a tese de doutoramento *Cultura de Projeto: um Estudo das Ideias e Propostas para Habitação Coletiva* de Lizete Maria Rubano.
33 Sobre o assunto, ver a tese da professora L. M. Rubano op. cit.; e, também da mesma autora, Habitação Social: Temas da Produção Contemporânea, em *Vitruvius*, texto especial 469.
34 *Projeto*, n. 130, p. 110.
35 Passados outros vinte anos pode-se colocar uma dúvida cruel: porque os órgãos financiadores não foram chamados a participar ativamente dessa proposta, de maneira a evitar esse impasse final? Sua exclusão, seguida de seu retorno triunfante, configura uma situação que talvez pudesse ter sido superada por uma atitude mais realista, que colocasse maior empenho na negociação de uma solução viável, mesmo que intermediária; quem sabe menos inovadora, mas, finalmente, realizável. A tensão levada ao extremo – inovação *versus status quo* – apenas radicalizou uma situação, e perpetuou-a, em vez de resolvê-la a contento ou, ao menos, dar um passo para sua solução. Naturalmente, é mais fácil opinar com a distância do tempo: a iniciativa foi louvável e merecedora de aplausos. Por outro lado, se não compreendermos em que pode ter falhado, não aprenderemos com seu relativo fracasso.
36 O concurso ocorreu entre 1989 e 1990; inscreveram-se 289 equipes; participaram do processo final de seleção 51 trabalhos (Brás) e 29 trabalhos (Jardim São Francisco). Na primeira fase apresentaram-se os estudos preliminares; na segunda fase, os três primeiros colocados em cada uma das áreas apresentaram os anteprojetos; as duas equipes finalmente escolhidas foram contratadas para realizar os projetos executivos e acompanhar as obras, mas apenas a do Jardim S. Francisco foi construída. Destacam-se como publicações de época que trazem informações sobre todo esse processo: *AU*, n. 28, fev.-mar 1990, p. 23; *AU*, n. 30, jun.-jul. 1990, p. 48-63; *Projeto* n. 130, mar. 1990, p.110-111; *Projeto* n. 134, ago. 1990, p. 69-90.
37 Concurso do Brás. Vencedor: arquiteto Sylvio E. de Podestá. Finalistas: equipe Núcleo de Arquitetura (arquitetos Henrique Fina, Luciano Margotto, Marcelo Ursini, Sergio Bolívar, Sergio Salles); equipe Roberto Cláudio dos Santos Aflalo, Roberto Cláudio dos Santos Aflalo Filho, Luiz Felipe Aflalo Hermann, Gian Carlo Gasperini. Menções Honrosas: equipe Carlos Maximiliano Fayet, Cláudio Luiz Araújo, Guilherme Lopes da Silva, Décio Tozzi. Destaques: Ubyrajara Gilioli; equipe Mario Antonio da Silva Guerra Roque, Napoleão Ferreira da Silva Neto, Joel Campolina; equipe Ângelo Cecco Jr., Edna José Nagle, Rose Elaine Borges; equipe Luiz Paulo Conde, Mauro Neves Nogueira, Mauro Almada, José Silva Costa.
38 Concurso Jardim S. Francisco. Vencedor: equipe Demetre Anastassakis, Dayse Góis, Pedro Cascon, Sônia Le Cocq, Christiane Ammon, Canagé Vilhena, Cristina Haas, Eduardo Koatz, Hugo Biagi Filho, Lea Anastassakis, Carlos Fernandes, Fabio Doubs. Finalistas, equipe Guilherme Wendel de Magalhães, Lauresto Couto Esher, Marina de Barros Brisolla, Norberto Bardelli dos Santos, Antonio Carlos Ogando de Oliveira; equipe Alejandra Devecchi, Ana Lúcia Aurélio, Nuno de Azevedo Fonseca, Tânia Mara Martins Rossi.
39 Concursos posteriores, e mesmo a crítica da crítica pós-moderna, voltaram às questões: os quarteirões

fechados nem sempre resultam adequados, o piloti não precisa se tornar um espaço amorfo etc. Portanto, o que parece ter sido mais relevante no debate iniciado por esse concurso, não é a substituição de um esquema por outro, mas a possibilidade de não haver esquemas *a priori*.

40 Depoimento de Antonio Carlos Sant'Anna Jr., então diretor da Cohab-SP, em Um Concurso para Resgatar Projeto de Habitação Popular, *Projeto*, n. 130, p. 110.
41 M. I. Camargo, Melhoria de Qualidade nos Projetos de Habitação Popular, *Projeto*, n. 134, p.71.
42 Idem, ibidem.
43 Idem, ibidem.
44 Idem, ibidem.
45 A. C. Sant'Anna Jr., Genius Loci x Zeitgeist: o Dilema da Modernidade, *Projeto*, n. 134, p.72-73.
46 "Da Utopia à Construção: A Participação Popular na Política Habitacional em São Paulo" é o título de um encarte publicado na revista *Projeto*, n. 147, nov. 1991, p. 73-106, editado por N. Bonduki, R. Rossetto e S. Alli, tendo como retranca "A Habitação e a Cidade", resumindo as principais ações da gestão da prefeita Luiza Erundina no âmbito da Secretaria da Habitação (Sehab, secretária Ermínia Maricato), em especial a Superintendência de Habitação Social.
47 Idem, p. 73.
48 A Aventura da Habitação, *Da Utopia à Construção*, p. 76/ SP4.
49 Foi adotado como critério para contratação de arquitetos para elaborar as propostas da Habi privilegiar aqueles participantes dos concursos do Brás/S.Francisco que tivessem sido galardoados em algum nível.
50 F. L. Scagliusi; N. Bonduki, Uma Nova Política Habitacional, *AU*, n. 33, p. 59-60.
51 J. Wolf, Novas Tipologias: Conjugando a Casa Popular, *AU*, n. 33, p. 78-84.
52 Idem, p. 78.
53 Idem, p. 83. Sobre o concurso, ver também revista *Projeto*, n. 135, out. 1990, p. 107.
54 Conference Internationale de Recherche sur le Logement les Enjeux urbains de l'Habitat, realizada sob os auspícios da Unesco em Paris, julho de 1990.
55 L. F. Vaz; S. P. Taschner, Agenda para Debates: Habitação nos Anos 90, *Projeto*, n. 140, p. 87-88.
56 Do inglês *gentrification*, derivado de *gentry*, termo que designava, na Inglaterra medieval, os "nobres de nascimento"(N. da E.).
57 A Periferia Impregnada de Arquitetura, entrevista de Joan Villà a Denise Yamashiro, Guilherme Mazza Dourado e Hugo Segawa, *Projeto*, n. 162, p. 50-57. A entrevista foi transcrita e editada, formando um texto contínuo atribuído a Joan Villà.
58 J. Villà, Projetar a Periferia, revista *Rua*, n. 2, p. 63-78.
59 *Projeto* n. 162, p. 50.
60 Idem, ibidem.
61 Idem, p. 51-53.
62 Idem, ibidem.
63 Apud, H. Y. Sabbag, Projetar, na Fronteira da Realidade, *AU*, n. 22, p. 26-37.
64 Sobre o assunto, texto de A. C. Martinez, Problemas das Linguagens Arquitetônicas, *Projeto*, n. 183, p. 81-82.
65 Texto de R. V. Zein, A Condição Criativa da Construção, *Projeto*, n. 187, p. 52-59, citação: p. 54-57.
66 Idem, p. 52.

4. O COMPROMETIMENTO COM O LUGAR E A DIVERSIFICAÇÃO TECNOLÓGICA

67 Construtora Ita.
68 Engenheiro Hélio Olga entrevistado pela revista *Projeto Design*, n. 264, p. 6-8.
69 Uma das obras destacadas na premiação Gentileza Urbana de 1994.
70 Oscar Niemeyer chegou a projetar uma sede para a Escola no Parque Municipal de Belo Horizonte, no centro da cidade, porém a obra foi embargada pela Prefeitura Municipal.
71 Hoje funciona no imóvel uma loja da rede FNAC.
72 Com a instalação da FNAC um novo *layout* foi criado, em que a colocação de divisórias, nos diversos andares, entre o espaço da loja e a escada rolante, acarretou perda da transparência do edifício e empobrecimento da proposta original.
73 Foi criada a Equiphos, organização responsável pelo desenho e produção dos equipamentos hospitalares sob responsabilidade do *designer* Alex Peirano e do antropólogo Roberto Pinho.
74 Duração da obra: de setembro de 1992 a janeiro de 1994.
75 Escolhido na Alemanha Architect of Awa (Award Winning Architecture) e Destaque Obra Construída no III Prêmio Jovens Arquitetos, SP.

5. RECICLAGENS, ESPAÇOS DE CULTURA E CIDADE

76 Cf. H. Medeiros, Encontro de Gerações, *AU*, n. 39, p. 17.
77 M. Waisman, Olhar para o Futuro, *AU*, n. 61, p. 71.
78 Lina Bo Bardi, março de 1987. Texto reproduzido em Ladeira da Misericórdia: Plano Piloto, *Projeto*, n. 133, p. 49-56.
79 Com colaboração de Marcelo Ferraz e Marcelo Suzuki.
80 Ver texto de Lina Bo Bardi em M. C. Ferraz (org.), *Lina Bo Bardi*.
81 G. Campello, Paço Imperial Rio: Vestígios e Ausências, *AU*, n. 23, p. 90-95.
82 Idem, ibidem.
83 Idem, ibidem.
84 Projeto: 1987, Construção: 1988-1989.
85 Liberal de Castro, 1989, apud G. G. da Silva em O Novo Teatro José de Alencar, *Projeto*, n. 141, p. 85-88.
86 Na gestão de Fernando Moraes na Secretaria da Cultura.
87 O projeto da Sala São Paulo recebeu o Prêmio de Honra 2000 do USITT (United States Institute for Theatre Tecnology) e a "Menção Hors Concours" do Instituto dos Arquitetos do Brasil na premiação do IAB-SP, 2000.
88 Programa instituído em 1997 na gestão Mario Covas.
89 Ver R. V. Zein; A. R. Di Marco, *Sala São Paulo de Concertos*.
90 Naturalmente o termo moderno é excessivamente amplo. No entanto, o meio nacional majoritariamente considerava moderno, ou na continuidade do movimento moderno brasileiro (cuja origem como produção própria e peculiar remonta ao início da escola carioca), o plasticismo estrutural que vigorou até aproximadamente o início dos anos de 1980.
91 Paulo Mendes da Rocha Arquitetos Associados e Via Arquitetura, 1997. O projeto será comentado infra, no próximo capítulo.
92 Aludindo à tipologia das residências da antiga Missão Jesuítica.
93 O Plano de Ação Integrada para a renovação urbana e a recuperação arquitetônica da área central de Salvador foi realizado pelo Instituto do Patrimônio Artístico e Cultural (Ipac), autarquia ligada à secretaria da Educação e Cultura do Estado da Bahia.
94 Lina Bo Bardi em M. C. Ferraz, (org.), *Lina Bo Bardi*.
95 Arquiteto Sérgio Ferraz Magalhães, na época secretário Municipal de Habitação do Rio de Janeiro, respondendo à questão da revista *AU*: "Habitação: Quais as Condições Mínimas para uma Moradia Digna?", *AU*, n. 71, p. 36-37.
96 Além dos mais voltados à política habitacional, também foram feitos investimentos em bairros já estabelecidos, melhorando a infraestrutura e os espaços públicos, por meio do programa Rio-cidade.
97 Sérgio Magalhães, texto apresentado para a Conferência das Nações Unidas sobre Assentamentos Humanos – Habitat II – Prepcom, Nairobi, 1995. Reproduzido em S. F. Magalhães, *Sobre a Cidade*.
98 O Programa Favela-Bairro recebeu do BID o prêmio Projeto do Ano de 1998.
99 No governo César Maia (1992-1996), o arquiteto Luiz Paulo Conde era o Secretário Municipal de Urbanismo e Meio Ambiente.

6. REVISITANDO OS MESTRES: NIEMEYER, MENDES DA ROCHA

100 Como Rino Levi; Marcelo Roberto; Affonso E. Reidy; Vilanova Artigas; Carlos Millan.
101 Depoimento. *Módulo*, n. 9, p.3-6, fev. 1958. Cf. supra em Pós-Brasília, cap. 3, Niemeyer: Do Plasticismo Simbólico ao Partido Estrutural e ao Volume Escultórico para análise mais detida deste momento.
102 Niemeyer afirma frequentemente que sua obra "sempre" nasceu das preocupações estruturais. De fato, o assunto sempre esteve presente em sua obra, como aliás não poderia deixar de ser, já que forma plástica, estrutura e construção são sempre aspectos de um mesmo ímpeto artístico que caracteriza a criação arquitetônica. O que se destaca aqui é outra questão: até Brasília, aproximadamente, predomina em sua obra a forma plástica sobre as questões estruturais, que estão presentes para servi-la, e que, por assim dizer, se amoldam a ela. A partir de meados dos anos de 1960 Niemeyer vai, em boa medida, inverter o raciocínio criativo, tomando como mote plástico proposições estruturais ousadas e experimentais, fato aliás, em consonância com a tendência daquele momento, alimentada pelos debates do brutalismo. Naturalmente, a diferença de postura num e noutro caso pode ser considerada sutil, mas nem por isso é menos significativa.
103 J. R. Stroeter, Oscar e o Memorial, *Projeto*, n. 120, p.74-5, inclusive as citações a seguir.
104 R. V. Zein, Descubra os Sete Erros, *Projeto*, n. 120, p. 72-73. Sobre o Projeto Tietê ver análise crítica de C. E. D. Comas, Nemours-sur-Tietê, ou a Modernidade de Ontem, *Projeto*, n. 89, p. 90-93.

105 O arquiteto Joaquim Guedes manifestou críticas severas ao Memorial (*Revista USP*, mar.-maio, 1990) e teve resposta do arquiteto Carlos Lemos (*Folha de S. Paulo*, 4 jun. 1990, p. 3; publicação com cortes). Ambos os textos foram reproduzidos na íntegra pela *Projeto*, n. 136, nov. 1990, p. 99--106. Ver também textos de Edson Mahfuz; Marc Émery e Jean M. Lyonnet; Jorge Glusberg; Darcy Ribeiro e José Carlos Sussekind, revista *AU*, n. 24, jun./jul. 1989, p. 40-57.

106 Projeto de reciclagem de Brasil Arquitetura, arquitetos Marcelo Ferraz e Francisco Fannucci.

107 Confirmada pelo Prêmio Pritzker a ele outorgado em 2006.

108 Ver análises de C. E. Comas, "Paulo Mendes da Rocha: O Prumo dos 90", *AU*, n. 97, p. 102-109.

Contemporaneidade (1995-2000)

1.
A Arquitetura na Encruzilhada do Fim do Século

cidadão norte-americano desperta num leito construído segundo padrão originário do Oriente Próximo, mas modificado na Europa setentrional, antes de ser transmitido à América. Sai debaixo de cobertas feitas de algodão cuja planta se tornou doméstica na Índia; ou de linho ou de lã de carneiro, um e outro domesticados no Oriente Próximo; ou de seda cujo emprego foi descoberto na China. Todos esses materiais foram fiados e tecidos por processos inventados no Oriente Próximo. Ao levantar da cama faz uso dos mocassins que foram inventados pelos índios das florestas do Leste dos EUA e entra no quarto de banho cujos aparelhos são uma mistura de invenções europeias e norte-americanas, umas e outras recentes. Tira o pijama, que é vestuário inventado na Índia e lava-se com sabão que foi inventado pelos antigos gauleses, faz a barba que é um rito masoquístico que parece provir dos sumerianos ou do antigo Egito[1].

Esse parágrafo relata a difusão de hábitos e inventos pelo mundo, num tempo não necessariamente globalizado. Nos dias que correm poderíamos dizer que o pijama do cidadão americano, produzido na China, é idêntico a milhares de outros vendidos pelo mundo afora, o mesmo para as marcas dos produtos de higiene pessoal ou dos quitutes do café da manhã. Nos dias que correm parece pueril tratar da arquitetura de um determinado país com relativa exclusividade, como se as peculiaridades de sua história, de sua cultura e de seu meio físico tivessem a força de forjar uma produção peculiar, específica, cujas características indubitavelmente a distinguissem daquela de um outro país. Naturalmente, ao analisar uma produção circunscrita a determinada fronteira geográfica, serão inevitavelmente reunidas algumas obras mais ou menos expressivas que podem ser ordenadas cronologicamente, ou segundo variadas categorias e temas, configurando um conjunto que pode ser lido como definindo uma certa unidade; porém, até que ponto esse conjunto tem uma dimensão cultural coesa e significativa? Até que ponto evoca, satisfaz ou propõe uma solução para os anseios (atualmente talvez anacrônicos) de reforço ou consolidação de uma sensibilidade regional ou nacional ou será capaz de diagnosticar algum aspecto inusitado da contemporaneidade arquitetônica? Nesta época, talvez mais que em outras anteriores, o espírito do tempo ou uma identidade temporal universal parece suplantar abordagens de cunho regional. Afirmação que parece paradoxal num tempo de valorização do "multiculturalismo", que, entretanto, convive e comunga, em qualquer grande cidade do planeta, com uma realidade cultural, se não unívoca, bastante assemelhada.

As vanguardas que configuraram o movimento moderno, paralelamente a outras ideologias de seu tempo, entendiam que sua plena difusão inauguraria uma nova época que encerraria a sucessão dos tempos chegando a um patamar definitivo: quase o fim da história enquanto suceder aleatório e mutável, uma ruptura com o passado que coincidiria com o despontar de uma nova humanidade. E, ao mesmo tempo em que propugnava a internacionalização do mundo, descrevia, em termos relativamente restritos, a arquitetura que o acompanharia elogiando a técnica e a função, mas, igualmente cristalizando imagens que, embora negando a ideia de estilo, não escapava de definir-se segundo tropos formais e estilísticos[2]. Enquanto os discursos que passaram a acompanhar as realizações do movimento moderno se mantinham mais ou menos coesos em seus rasgos fundamentais, as formas (ou estilos) em que a modernidade se manifestava iam sofrendo suas metamorfoses no suceder das gerações e ao sabor de circunstâncias artísticas, técnicas, variadas, temperadas por diversos acentos locais[3]. A vontade de unidade final e definitiva na prática se fragmentava, e algumas das teorias arquitetônicas surgidas a partir da segunda metade do século XX propuseram, de diferentes maneiras, uma mesma ideia: que o movimento moderno pecava em negar a especificidade das realidades locais, com sua cultura, sua história, sua arquitetura, seus aspectos socioeconômicos, suas características climáticas etc. A complexidade da realidade tomava vulto frente à simplicidade da utopia totalizante e homogênea de um novo tempo de necessidades (e resultados) iguais para todos.

Se a pretensão positivista do movimento moderno, por seus aspectos de construção de um novo mundo uniformizado, avançou paralelamente à industrialização e urbanização do planeta, sua derrocada – ou talvez, paradoxalmente, sua vitória – deu lugar a um cenário múltiplo.

No início dos anos de 1980, a ideia de uma modernidade, ou de "modernidades" latino-americanas diversas e parcialmente destoantes daquela dos centros desenvolvidos, foi uma ferramenta conceitual importante para entender de maneira própria a produção plural que ocorria no subcontinente. No Brasil, como nos demais países da América Latina, a ideia de "desenvolvimento" se mantinha como um desafio, uma meta sempre postergada, naufragada em burocracia, incompetência e corrupção. Convinha então ativar a ideia de uma modernidade desenvolvida a partir das peculiaridades da região. Uma arquitetura engajada no desenvolvimento, mas num desenvolvimento próprio, comprometido com o aumento geral da qualidade de vida. Paralelamente, nos centros difusores, a produção arquitetônica se estilhaçou em teorias, conceitos ou propostas de pesquisa consideravelmente diversas entre si, que se contrapunham ou, alternativamente, levavam às últimas consequências a arquitetura do "estilo" moderno. Nesse cenário (aqui extremamente resumido e simplificado), a produção arquitetônica lá e cá corporificou uma considerável abertura formal e material.

Mas a partir da última década do século XX, essas teorias se aproximaram por sua constante valorização da forma e da obra arquitetônica como objeto único, nascido da conjunção quase artística entre o repertório formal do arquiteto e o local de inserção da obra. É possível arriscar a afirmação de que o contemporâneo em arquitetura, desde os últimos anos do século passado, já é reconhecível. Caracteriza-se pelo emprego da abstração em sólidos regulares ou não, denotando uma ampliação do mundo morfológico, pelo eventual uso de camadas sobrepostas de vedação, pela exploração dos materiais de acabamento na confecção de texturas, pelos anteparos que filtram a luz, com uso de materiais que permitem ampla gama de variação entre o transparente e o opaco, por lançar mão de contrastes – opacidade e transparência, peso e leveza, regra e liberdade –, por vezes na relação com o existente. O contemporâneo trabalha com a cidade híbrida e projeta seu lugar. Ou seja, seus momentos mais felizes são quando sua forma resulta tanto do conhecimento disciplinar aprofundado da modernidade enquanto tradição, quanto de uma leitura sensível do lugar, sendo concomitantemente parte da "manipulação" desse lugar.

A arquitetura contemporânea pode assumir uma ampla gama de configurações materiais, experiências plásticas tornadas possíveis em razão do avanço tecnológico dos materiais e das ferramentas de desenho, fazendo frente às inúmeras situações que se apresentam. O risco da gratuidade formal é apenas freado pelo senso de adequação, ou seja, cada circunstância ou situação irá apresentar restrições à escolha formal que, dependendo, poderá exaltar a rusticidade ou a alta tecnologia, uma materialidade maciça ou diáfana, uma forma contida ou explosiva. A escolha formal, por sua vez, pode impor suas regras implícitas: hierarquização, princípios organizativos, lógica construtiva. Naturalmente o leque extremamente aberto de possibilidades formais está ligado à disponibilidade financeira, onde há dinheiro – seja nos Emirados Árabes, nos países emergentes do leste asiático, nos EUA ou na Europa – ele existe e um conjunto de arquitetos de projeção internacional, europeus ou americanos, atua vendendo sua "marca", enquanto arquitetos das novas gerações pressionam para também ganharem reconhecimento em um cenário midiatizado onde a qualidade passa a ser medida pela divulgação e não o contrário.

Nesse cenário, a melhor parte (e simultânea e inevitavelmente, a parte mais divulgada) da produção contemporânea erudita brasileira parece razoavelmente inserida nesse espírito da época, ou seja, segue algumas dessas premissas compartilhadas mundo afora: tem procurado intervir no espaço perseguindo a abstração, trabalha com a cidade híbrida, constrói seu lugar e é pensada como obra única. Eventualmente, constrangimentos do meio – limitações tecnológicas e financeiras – colocam à disposição dos arquitetos brasileiros um catálogo de opções menor; e constrangimentos da aderência às tradições locais (como a plasticidade ou a ênfase estrutural) lhe dão um colorido local mais ou menos perceptível.

Em princípio a arquitetura deve proporcionar um grau de conforto físico e espiritual, ou intelectual, aos seres humanos a quem se destina. Entre os lugares comuns do pensamento contemporâneo em arquitetura, no que tange à sua característica de abrigo, está a valorização da ideia de "sustentabilidade": um conceito ambíguo, conservador tanto política quanto programaticamente. O mundo rico assumiu a "ideologia ambientalista" que tem justificado uma arquitetura de alta tecnologia, caso, por exemplo, entre outros, do Escritório Norman Foster[4]. Ao cooptar a ideia do edifício verde, o poder econômico tratou de certificá-lo com o código LEED (Leadership in Energy and Environmental Design)[5] que foi criado em 2000 pelo United States Green Building Council tendo como protótipo um arranha-céu de Nova York, o Condé Nast (Fox & Fowle). No Brasil, embora a ideia de uma arquitetura apropriada ao nosso clima tropical tenha sido ciclicamente valorizada[6], no começo do século XXI a questão da economia de energia ainda se restringe a um eco do debate internacional com sua apologia da alta tecnologia, sendo que o assunto não goza de especial relevância no meio local. Por exemplo, entre os elegantes paralelogramos de concreto e/ou vidro premiados na 7ª Bienal Internacional de Arquitetura de São Paulo, em 2007, só a Residência Pouso Alto (São Sebastião, SP, Newton Massafumi Yamato e Tânia Regina Parma) apregoou, com sua estrutura de concreto, madeira e metal, "princípios da arquitetura sustentável".

Muito se fala da retomada ou revalorização do moderno na arquitetura contemporânea brasileira[7]. O repertório de formas moderno segue como uma fonte tecnologicamente possível para atingir o "objeto único", com a dose de abstração requerida pelo espírito do tempo. Dois mestres modernos lideraram esse caminho na arquitetura contemporânea brasileira, fazendo uso do repertório moderno para criar uma arquitetura de convívio com a cidade real: precursoramente Lina Bo Bardi, com a ampliação do mundo de formas moderno pela aquisição de elementos da cultura popular, desde o projeto do Sesc-Pompeia (1977-1986), e, posteriormente, Paulo Mendes da Rocha, que passou a uma sutil subversão do repertório moderno, desde a loja da Forma (1988) e do Mube (1986-1992), ambos em São Paulo. Passados trinta e vinte anos respectivamente, essas sendas continuam sendo percorridas. Naturalmente, a reabilitação do moderno é um fenômeno universal que foi estimulado também por diversos estudos que atualizaram o movimento segundo a visão contemporânea, ressaltando sua complexidade, diversidade e inserção na tradição disciplinar, com raízes na tradição erudita acadêmica e renascentista, e com os frutos propostos pelo mundo morfológico gerado por seus criadores seminais[8].

Essa ideia de "reabilitação" do moderno, tomada em termos de Brasil ou de mundo, só faz sentido se o moderno for entendido de maneira ampla, como uma reforma profunda dos fundamentos da disciplina frente à modernização do mundo. Parece patente que alguns aspectos do movimento, como a idílica conciliação de cidade e natureza, ou a idealização das possibilidades sociais do desenvolvimento tecnológico, ou seja, um conjunto razoável de intenções que protagonizaram as invenções do início do século XX, sofreram desenvolvimentos irreversíveis. A ideia de reabilitação do moderno quando particularizada como a herança exclusiva de uma tradição moderna local deixa de corresponder à realidade observável. A produção contemporânea brasileira de qualidade, especialmente aquela protagonizada por arquitetos formados no máximo há vinte anos, revela maior liberdade na definição de materiais e formas, revê a tradição moderna mundial[9] na sua percepção ampliada e parece mais diretamente afetada ou constrangida por cada solicitação: "caráter" do programa, especificidades do local, exploração de materiais etc.

O meio arquitetônico nacional sofre de certa nostalgia ou de um anelo pela reconstrução de uma grande narrativa que novamente pudesse arregimentar corações e mentes, como havia ocorrido com os "anos dourados" do movimento moderno, com os grandes temas da industrialização da construção civil e da implantação do urbanismo moderno, que serviram de mote e inspiração para boa parte da arquitetura produzida até os anos de 1960. A coincidência temporal fortuita da perda das grandes narrativas com a implantação do regime político de exceção por muito tempo impediu uma análise mais objetiva dos fatos, ao sugerir uma conexão entre ambos que talvez não fosse de causa e efeito, mas de concomitância e reforço. Seja como for, sem a grande narrativa para lhe dar sentido *a priori*, a missão da arquitetura torna-se mais desafiante: como sensibilizar, por caminhos próprios à arte, o público a que se destina, ultrapassando sua mera característica de abrigo? Talvez o maior desafio da arquitetura brasileira seja voltar a ter importância e significado na cultura nacional, por si mesma, e não por representar um discurso de identidade nacional que já não pode mais sustentar. Dificilmente isso se dará por um caminho alheio ao desenho de espaços públicos significativos – sejam eles museus, escolas, estações de transbordo, praças, escadarias, passarelas –, entendidos como protagonistas de uma paisagem urbana. Que arquitetura será capaz de sensibilizar um público tão díspar quanto o das grandes cidades brasileiras?

O arquiteto indiano Charles Correa listou quatro forças na produção da arquitetura: a cultura (gigantesco reservatório, calmo e contínuo, mudando apenas gradualmente no decorrer dos anos); as aspirações (dinâmicas e voláteis); o clima (entendido para além das questões pragmáticas, uma vez que o clima condiciona a cultura e sua expressão); e, por fim, a tecnologia (cuja mudança requer a reinvenção de imagens míticas e valores)[10]. Talvez seja possível arriscar que na produção recente brasileira haja uma crise de aspirações, tomadas aqui no sentido de objetivos de significado mais amplo e norteador; ou talvez apenas ela não esteja resolvendo em escala cidadã um anseio, cada vez mais perceptível, de conciliação entre "progresso" e qualidade da paisagem urbana.

2.
Arquiteturas em Diálogo com as Paisagens Urbanas

> A arquitetura da paisagem deveria
> ser compreendida [...] como a culminação
> de um processo de formação no âmbito da
> arquitetura em relação com a construção
> do espaço público contemporâneo.
> [...] dentro da convicção de que a modelação
> do espaço público é a tarefa mais complexa
> e sutil, que mais necessita de inventiva,
> conhecimento técnico e preparação cultural,
> de quantas possam propor-se ao arquiteto[11].

Os Rios

arcelo Ferraz e Francisco Fannucci, sócios no Escritório Brasil Arquitetura são os autores da restauração e transformação em centro cultural e educacional do Conjunto KKKK, em Registro, cidade na região sul do estado de São Paulo que abrigou grande número de imigrantes japoneses chegados em torno de 1913[12]. Alguns armazéns de tijolos centralizavam a armazenagem da produção agrícola da comunidade e suas atividades industriais, comerciais e administrativas. Implantados ao longo das margens do rio Ribeira do Iguape, por onde as pessoas chegavam à cidade, os galpões sofreram um primeiro revés durante a Segunda Guerra Mundial quando a KKKK foi banida, o conjunto foi abandonado e, posteriormente, sua posse passou à família de um antigo

❶

❸

❷

funcionário da companhia por causa de dívidas trabalhistas. Com as mudanças na economia e crescente importância do transporte rodoviário, de 1950 em diante, o conjunto tornou-se economicamente superado e, em 1987, já estava bastante deteriorado, quando foi tombado pelo Condephaat e considerado de utilidade pública❶. A reciclagem dos galpões foi sugerida pelos próprios arquitetos, junto com um novo desenho paisagístico da orla urbana do rio, e implantada a despeito de inúmeras dificuldades em achar parceiros e financiadores. Com projeto do escritório (1996), o conjunto foi recuperado pela prefeitura de Registro e pela Fundação para o Desenvolvimento da Educação do Estado de São Paulo (FDE) e passou a atender a um programa múltiplo: Memorial da imigração japonesa – com acervo doado pelos descendentes dos imigrantes –, centro de convivência, de exposições e administração e centro de capacitação de professores da rede pública paulista. Na recuperação dos armazéns, os arquitetos procederam a uma atualização do conjunto demolindo os anexos, criando interiores novos, fechando o vão entre as duas duplas de galpões gêmeos com treliças de madeira compondo um pátio, anexando um volume externo para elevador ao edifício de três andares e construindo uma marquise em concreto que faz a ligação entre os prédios❷. Essas alterações, que tornaram os edifícios aptos a responder às novas funções, foram feitas dentro da premissa de valorização das qualidades intrínsecas que o conjunto oferecia e, naturalmente, a partir de uma visão comprometida com a sensibilidade plástica contemporânea. Para completar o programa atendido na recuperação do Conjunto KKKK, foi construído um teatro com capacidade para 250 pessoas. Esse edifício novo é um paralelogramo absolutamente branco implantado na sequência do alinhamento dos armazéns❸. Sólido geométrico onde foram apostas saliências nas duas faces menores: de um lado, a entrada do público, na outra, que descortina os antigos armazéns, o volume do palco reverso. Fora estas saliências que marcam grandes aberturas, o muro branco só é pontuado por gárgulas para escoamento da água pluvial, pequenas janelas quadradas que iluminam os ambientes auxiliares e uma portinhola lateral que permite acesso próximo ao palco.

 Esse trabalho presta tributo à recuperação dos galpões industriais feita pela arquiteta Lina Bo Bardi no Sesc-Pompeia vinte anos antes – e não é mera coincidência que Ferraz tenha sido um de seus principais colaboradores desde estudante. O trabalho do Sesc e a militância de Lina fecundaram os debates sobre preservação e ampliaram as ideias sobre o que deveria ser considerado importante para as identidades de nossas cidades. Ferraz e Fannucci também aceitaram, como ferramenta de desenho, um contraste radical entre edifícios velhos e novos, mas só aparentemente: edifícios velhos e novos compartilham, tanto no KKKK como no Sesc de Lina Bo Bardi, o mesmo gosto por materiais brutos e expostos que busca reconciliar indústria e manufatura, as necessidades e tecnologias contemporâneas e as necessidades artísticas perenes do ser humano.

 Em todo o processo que resultou na recuperação do Conjunto KKKK, os arquitetos tiveram a sensibilidade de perceber a qualidade intrínseca do espaço definido pelos velhos armazéns e a curva do rio, a importância do rio para a história de Registro e, assim, favorecer uma reaproximação entre ele e a cidade. O *site* da cidade de Registro mostra que a administração municipal foi sensibilizada pela ideia de trazer o rio para a vida urbana, como se vê no anúncio do parque ribeirinho de lazer:

> A restauração do KKKK é apenas uma parte do audacioso Projeto Parque Beira-Rio, onde pretende-se reurbanizar a área em torno do leito do rio [...] Dentro

de uma área arborizada, e com 150 mil metros quadrados, serão construídos *playground*, pistas para *jogging*, ciclovias, pavilhão coberto para a realização de festas, shows e exposições, além de quadras de futebol *society*, entre outros. Está previsto que toda a vegetação natural de mata ciliar será revigorada, além de abrigar uma pequena floresta de paus-mastro. A ideia é integrar o rio à cidade[13].

Em entrevista à revista *AU*[14], o arquiteto Marcelo Ferraz, indagado sobre o que poderia ser feito para proporcionar delicadeza às nossas cidades, sugeriu a integração delas ao seu rio, ribeirão ou riacho. E mais, que isso poderia ser um programa nacional, como o Monumenta[15]. A ideia pode parecer romântica, no entanto é triste a pobre cultura urbana da maior parte das cidades brasileiras, e começar pelo rio talvez não fosse má ideia – saneamento básico, controle de enchentes, para não mencionar os eventuais ganhos na característica do desenho urbano e de sua qualidade ambiental.

A Usiminas promoveu um concurso público de anteprojeto para construção de seu Centro Cultural de Ipatinga, às margens do rio Piracicaba, visando promover a aproximação da cidade com o rio e o Parque Florestal Estadual do Rio Doce. O primeiro lugar coube a uma equipe de arquitetos formados em 1992 pela UFMG: André Abreu, Anna Cristina Ávila, Gustavo Rocha Ribeiro, Ana Paula Valladares e Daniella Lichter. Num terreno a cavaleiro da baixada do rio, o programa foi organizado em edifícios independentes dispostos de maneira a compor uma praça central com coreto, anfiteatro, *deck* e mirante sobre o talude, de onde se descortina o rio e, mais além, a mata do Parque do Rio Doce na margem oposta ❹. Os edifícios foram concebidos prevendo o emprego do aço e de uma gama variada de materiais de vedação, com diversidade de texturas. Passagens cobertas e passarelas articulam parcialmente os blocos e ajudam a definir espacialmente a praça ❺. Vicissitudes levaram a uma mudança radical de planos: o projeto teve que ser refeito para funcionar como anexo de um shopping em construção na cidade, em terreno parcialmente circundado por uma rodovia. Nesse novo entorno bem mais inóspito, o projeto assumiu a curvatura do traçado rodoviário, dando as costas para a via de trânsito e voltando suas aberturas para um pátio interno em que um espelho d'água é uma pálida lembrança da antiga vizinhança com o rio ❻. Diferentemente da solução do Conjunto KKKK, no Centro Cultural de Ipatinga os materiais e texturas apontam para o acabamento industrial, exato e preciso.

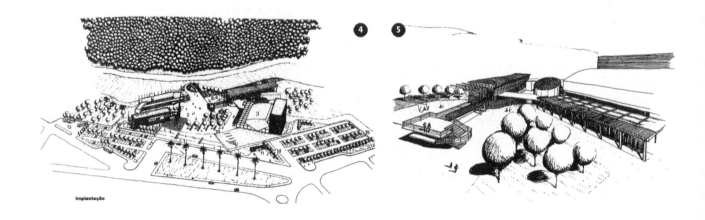

A Paisagem Construída

O planejamento de Curitiba foi coerente nas políticas públicas de manutenção do centro histórico e pode-se dizer que foi bem sucedido: o centro é vivo, seguro e relativamente bem preservado. Próximo ao Largo da Ordem, foi construído em 1995-1996 o Memorial da Cidade (projeto de Fernando Popp e Valéria Bechara, de 1992). O edifício ocupa integralmente um lote irregular que atravessa a quadra ligando a rua Claudino dos Santos à rua do Rosário❼. Com o singular programa de museu e praça abrigada, pela qual se cruza de uma rua à outra, o edifício é dominado por um grande pilar de concreto que sustenta uma estrutura radial de aço que alude à araucária, pinheiro símbolo do Paraná❽. A alusão segue numa vala do piso preenchida por pinhões de barro. A praça dominada pelo pinheiro artificial❾ dá acesso a uma ala que abriga o programa cultural do Memorial em quatro níveis, sendo que, do último, um terraço permite observar a cidade. Existe certa ambiguidade no espaço: a ideia de uma galeria urbana em continuidade com o passeio público, reforçada pela transparência da cobertura de vidro e pelo calçamento em paralelepípedo, parece prejudicada por certa qualidade impositiva do edifício, com sua complexidade e busca de um desenho marcante.

O escritório Núcleo Arquitetura, composto pelos arquitetos Luciano Margotto Soares, Marcelo Luiz Ursini e Sérgio Salles Souza, formados na segunda metade dos anos de 1980, projetou, em 2002, um terminal de ônibus urbano na Lapa, na cidade de São Paulo❿. A Lapa é um bairro tradicional que se formou ao lado de uma das antigas estradas de ferro que faziam a ligação com o interior do estado. Sua primeira linha de trem foi estabelecida em meados do século XIX, visando principalmente o escoamento da produção de café em direção ao porto de Santos. No início do século XX, armazéns e indústrias foram estabelecidos ao longo da estreita faixa de terra ao lado da ferrovia, e a área foi sendo cercada por construções destinadas à acomodação habitacional de caráter popular. Nas últimas décadas, as antigas construções do bairro, tanto os galpões abandonados do antigo uso industrial quanto muitas das pequenas casinhas geminadas, têm sido substituídos por torres destinadas à habitação de classe média. No entanto, a estação de trem da Lapa ainda é parte da rede de trens suburbanos da Grande São Paulo⓫ e o centro do bairro se mantém como importante ponto de transbordo no transporte público da metrópole, sendo que boa parte

▲ Implantação do conjunto

dele é provido por dúzias de linhas de ônibus que lotam as estreitas ruas da vizinhança. Tornou-se necessário abrigar os pontos finais de ônibus num terminal com o objetivo de minorar sua influência na progressiva degradação do centro da Lapa, onde existe um importante mercado municipal de alimentos, um vigoroso comércio popular além de estabelecimentos institucionais e culturais. É importante que se diga que na cultura brasileira, em geral, um terminal de ônibus tem uma imagem negativa associada a ambientes agressivos, com edifícios complexos, ao invés de gares de fácil apreensão. Na Lapa essa imagem não procede. Embora não caiba falar em "contextualismo" no senso estrito da palavra, os autores tentaram entender as qualidades e características do lugar e traduzi-los numa resposta adequada à solicitação, que foi entendida não de maneira estritamente funcional, atender as necessidades dos ônibus, mas, de maneira mais ampla, atender as necessidades dos cidadãos. Isso inclui tanto o passageiro que rapidamente passa pelo terminal quanto o idoso que faz uso da praça existente cuidadosamente preservada, mais o desenho urbano que ajuda a desenredar do tráfico pesado os passeios de pedestres em suas conexões com os edifícios institucionais próximos. Além disso, o projeto explora a possibilidade de transformação do terminal de ônibus em um marco de forma a induzir a revitalização dos

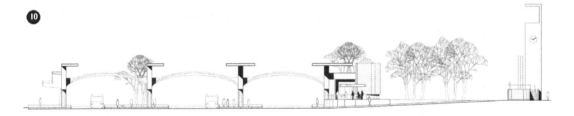

arredores. A dimensão do espaço é tão grande quanto possível para admitir mudanças imprevisíveis no futuro próximo; e também tão restrito quanto possível para definir um edifício – e não um grande espaço coberto sem forma definida. Isso coloca a questão de dotar o terminal de uma "fachada" que deveria ser apreendida não apenas pela monumentalidade da estrutura de grande dimensão na escala do transporte público, mas pela elegância de suas entradas, a curva gentil da parede de tijolos que encaminha a elas ⓭ – e dialoga com os velhos galpões industriais reciclados da vizinha Estação Ciência – e o tratamento cuidadoso da praça.

A Topografia

Do outro lado da cidade de São Paulo, o Poupatempo Itaquera (1998-2000) estende-se num entorno diferente: um vazio periférico numa região em sua maior parte não ocupada, onde as linhas de trem e metrô, mais o terminal de ônibus, são

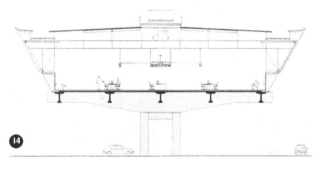

o principal acesso ao centro da cidade mas ainda com uma precária conexão com as imediações. O sítio apresenta uma depressão em forma de bacia; consequentemente os trens foram dispostos em trilhos elevados sob os quais ônibus e carros trafegam. Quando solicitado a desenhar a Agência de Serviços Públicos, o arquiteto Paulo Mendes da Rocha[16] optou por justapor uma terceira estrutura em forma de ponte adjacente às outras duas (o metrô e a ferrovia), e associar todas elas por meio de uma passagem perpendicular em nível circulatório inferior ao das plataformas; foi sugerido que esta passagem poderia ser estendida em ambos os lados para operar como uma ligação urbana entre os dois lados opostos dos trilhos, permitindo o acesso de pedestres ao equipamento.

Existe um precedente brasileiro – e não tão distante – a essa solução: o cruzamento dos dois eixos principais em Brasília, criando uma interconexão de vários níveis com diferentes fluxos que estão ligados mas adequadamente separados em camadas para dar a cada tipo de uso (carros, ônibus, metrô, pedestres) a melhor solução a suas necessidades particulares. Naturalmente, em Itaquera a solução parece ser completamente diferente, embora não tanto, uma vez que a questão parece ser a mesma: como criar um ponto central para aumentar a densidade urbana em qualidade, não em quantidade. Talvez estações e terminais tenham que funcionar como as catedrais de nossas cidades contemporâneas, centros substitutos para nossas cidades descentralizadas e espraiadas.

Usualmente, Mendes da Rocha prefere uma abordagem tecnológica em seus edifícios, tendo, a maioria deles, ousadas proposições, talvez para se ajustar a situações impossíveis – o que, absolutamente, não é um paradoxo ilógico em nossas cidades. Combinando concreto e aço, construção leve e pesada, ele e sua equipe propuseram um espaço público com flexibilidade suficiente para aceitar seu uso corrente e possíveis usos futuros imprevisíveis ao mesmo tempo em que é exemplar em sua funcionalidade programática. No entanto, raramente a arquitetura do dia a dia é unida à oportunidade de fazer marcantes declarações urbanas.

Mario Biselli e Arthur Katchborian, com admirável domínio formal e construtivo, vêm realizando obras que revelam uma busca incessante de novas propostas, mas não da inovação a qualquer custo. Os resultados são sempre elegantes e tendendo ao complexo, pois os autores são inquietos e ecléticos – no sentido de buscarem encontrar, em cada ocasião, "o estilo do encargo", como disse alguma vez James Stirling; sem que isso signifique perder sua individualidade criativa. Entre seus clientes tem estado presente a prefeitura de Barueri, município que compõe a região metropolitana de São Paulo e abriga importante centro empresarial e inúmeros condomínios horizontais de alto padrão. Os encargos[17] e a escolha dos arquitetos têm expressado um desejo, por parte da municipalidade, de identificação e diferenciação da cidade em meio à conurbação da metrópole.

O Ginásio Poliesportivo de Barueri (1999-2003), com capacidade para cinco mil pessoas, está situado numa das entradas da cidade pela estrada Castelo Branco, principal ligação entre Barueri e o centro de São Paulo. A proposta tira partido da implantação junto a um morro para acomodar parte das arquibancadas, sob as quais se situam as áreas de apoio; e abre-se, na fachada oposta, para uma praça monumental

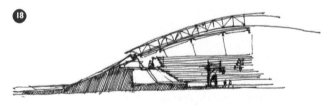

▼ Vistas do interior do edifício

de eventos que permite o ingresso no nível da quadra de esportes; os acessos também podem se dar nas duas extremidades menores da elipse, que são elevadas como taludes artificiais de maneira a atingir o nível das arquibancadas superiores[19]. O interesse maior sem dúvida está na solução da cobertura: dois arcos metálicos com 98 m de vão vencem o vão maior, sustentando o teto que também se apoia nas bordas limítrofes[20]. A opção por essa solução garante uma interessante transparência da face maior do volume voltada para a grande praça, valorizando sua inserção no lugar urbano.

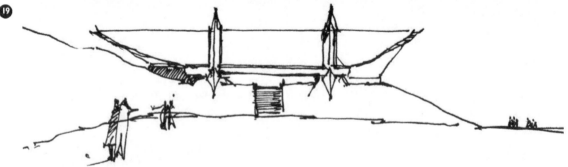

3.
Revendo as Narrativas sobre a Arquitetura Brasileira

> As teorias da arte, a arquitetura e o urbanismo têm a missão de seguir construindo novas interpretações[18].

ste livro se propõe a realizar uma revisão de meio século da arquitetura brasileira sem a pretensão de alcançar um levantamento completo – que seria talvez impossível –, optando por abordar essas décadas através de alguns cortes diagonais, revisitados a partir de alguns temas selecionados por sua relevância e pertinência, de maneira a proporcionar leituras variadas que apontem e explorem alguns momentos chaves, aceitando a constatação de haver uma diversidade e uma pluralidade de caminhos, cuja convivência simultânea e complexa não espera reduzir, mas sinalizar. Pretende assim lançar sobre o cenário uma rede de pesca, ou recobri-lo com uma fina teia de aranha – que, tal como a estrutura do livro, consiste em nós significantes separados por muitíssimos vazios intermediários e transparentes, cujo preenchimento, em alguns casos, já vem ocorrendo, por variadas vozes, possivelmente definindo tramas mais finas que virão paulatinamente a ser completadas, através de muitos outros estudos, e, principalmente, de muitos outros autores.

Propor a realização de um panorama nacional, que, entretanto, não pretende apoiar uma noção determinada de identidade cultural, não deixa de ser um ato contraditório. Ademais, adotar um recorte nacional implica na exclusão do resto do mundo, o que é sempre um risco potencial de chauvinismo, ou ao menos de aceitação de um certo isolamento. De fato, uma atitude recorrente nos estudos brasileiros de arquitetura da segunda metade do século XX tem sido seu relativo insulamento, um certo comprazimento em bastar-se, em seguirmos comodamente limitados por nossas amplas fronteiras, algumas vezes nos retroalimentando de nossos próprios passados. Que fique claro, portanto, que este livro não pretende assumir tal postura, muito ao contrário; que, ao se limitar a tratar da arquitetura brasileira, o faz apenas porque reconhece a necessidade de revisar certas pautas ainda mal estudadas mas muito precocemente esclerosadas, de maneira a quebrar certas cristalizações e assim poder, em seguida, melhor inserir tal produção numa realidade mais ampla e complexa – latino e ibero-americana, e também, necessariamente, internacional: tarefa futura a realizar-se.

E se assim for, cabe a pergunta: afinal, que importância pode ter, ou não, a arquitetura brasileira da segunda parte do século XX, quando examinada em confronto com um contexto mais amplo, e cada dia mais global?

Possivelmente nenhuma, ou muito pouca – ao menos se considerarmos como índice sua quase total ausência das resenhas históricas organizadas por autores do hemisfério norte a partir dos anos de 1970 ou posteriormente ao impacto de Brasília. Se assim for, tampouco parecerá provável que, por efeito de algum milagre (que sempre é possível desejar que aconteça), as arquiteturas brasileiras do século XXI voltem a chamar a atenção das publicações, dos curadores de exposições, e de outros mecanismos internacionais de validação e prestígio; ou que isso ocorra com frequência maior do que apenas o fato pontual e esporádico. E isso não acontecerá apenas por mérito ou demérito próprio, mas inclusive porque o foco dos debates arquitetônicos desde há muito já saiu do reconhecimento de atitudes "nacionais" (exceto quando se trata de reafirmar uma condição periférica e secundária) e repousa quase exclusivamente na valorização da ação de atores individuais, ou, quando muito, de ações conjuntas conformadas mais ou menos artificialmente, ou editorialmente, e que tendem a subir ou descer conforme as marés das modas ou a sequência midiática de estilos e tendências que passaram a avassalar o entendimento do campo cultural arquitetônico a partir de meados dos anos de 1970. Atualmente, quando ainda se fala de arquitetura espanhola, ou holandesa, ou japonesa etc., fala-se de fato de uma coleção mais ou menos díspar e sempre muito limitada de uns poucos autores e/ou obras de prestígio, fortuitamente reunidos por alguma coincidência temporal ou temática, ou, no mais das vezes, pela conveniência editorial das publicações e curatorial das instituições de maior prestígio cultural no pequeno mundo da arquitetura erudita planetária.

Assim, talvez não seja tão terrível o fato de não haver mais um reconhecimento, desde o exterior, de uma "brasilidade"; porque o que foi questionado, o que está ausente, o que não parece fazer mais falta alguma no panorama globalizado da contemporaneidade, são os debates se propondo a examinar qualquer tentativa de conformar uma "identidade", nacional ou regional – tema que até meados dos anos de 1980 ainda parecia ter certa importância em alguns círculos de debate. No século XXI, tal assunto só parece comparecer, no campo da arquitetura, quando devidamente diluído em meio a questões de ecologia e/ou sustentabilidade; pois, embora a preservação do patrimônio cultural de comunidades de interesse (linguístico, religioso, cultural etc.) seja fator considerado relevante, no ambiente multiculturalista do novo século, e em contraponto à homogeneização do mundo, pouco parece ter a ver com questões arquitetônicas que tenderam a pasteurizar-se e homogeneizar-se e a resultarem mais ou menos as mesmas em qualquer parte. Se esse for o quadro, supor uma "arquitetura brasileira" seria insistir no tema da busca, ou da reafirmação, de uma identidade; a qual, se existiu, talvez tenha sido perdida; ou quem sabe nunca existiu como coisa monolítica, tendo sido inventada e descrita apenas para atender interesses e circunstâncias que não mais vigem, cuja solidez há tempos se desmanchou no ar. Tarefa que, de qualquer maneira, parece ter pouco interesse ou pouco sentido, se vista desde um panorama global.

Talvez outra possibilidade seja a de encarar o tema da identidade não como ligado a um discurso coeso e denso, nem desejoso de alavancar propostas políticas retrógradas, mas apenas e simplesmente como o resultado do reconhecimento de que, apesar de tudo – tendo a globalização de um lado e os excessos do individualismo de outro –, algo imaterial e constante parece estar sempre a ponto de criar agregações regionais, nacionais, locais etc., permeando os fatos da cultura e do fazer humano (inclusive da arquitetura). Rever o tema da identidade nem tanto para nos distinguir de maneira taxativa de nossos vizinhos, mas sim o suficiente para justificar um recorte tal como o que foi proposto neste livro – se não por outro motivo, ao menos para delimitar sua abrangência. Esta seria a de reexaminar a arquitetura brasileira da segunda metade do século XX; inclusive porque, contra todas as expectativas, ela parece ter, ao menos em um certo grau, traços do que poderia ser um estatuto próprio. O conjunto dessa arquitetura revela-se como um patrimônio que convém reconhecer, que nos toca e concerne, do qual não podemos evitar de ser herdeiros; e seu estudo aqui talvez possa, mesmo que limitadamente, contribuir com algo para o conhecimento da arquitetura em geral.

Entretanto, o ato de herdar não é apenas o de assumir como nossas as riquezas e as alegrias que foram erigidas pelos que nos precederam e agora conformam bens de raiz pelos quais sentimos responsabilidade; é também ter de lidar com uma massa poderosa de enganos, desconfortos, tragédias, incompletudes e incompreensões que, ao mesmo tempo e inevitavelmente, se acumularam, incrustando-se de maneira quase indelével naquelas belezas que carinhosamente reconhecemos como nossas. Revisar a arquitetura da segunda metade do século XX é de certa maneira fazer um inventário, mesmo que limitado e incompleto, dessa herança de dupla face. E pode ser também a tarefa inglória de realizar um epitáfio, uma oração funerária: a arquitetura brasileira que nos precedeu segue viva mas, de certa maneira, não existe mais – então, viva essa arquitetura brasileira e as outras que se seguirão.

Vasculhar esse panorama em busca de seus índices e palavras-chave é a tarefa que consideramos ser necessário realizar, e que aqui se apresenta. Menos para envelopar o assunto pela veiculação de alguns esquemas simplificados, e mais como um passo a ser dado dentro de uma ampla tarefa, a da revisão das "grandes narrativas" sobre a arquitetura moderna brasileira, que herdamos e valorizamos enquanto obras e atos, mas cujo discurso não é possível continuar aceitando acriticamente. Ao renunciar a qualquer intento de dar continuidade, mais ou menos linear, aos discursos grandiosos que nos precederam, não pretendemos desconsiderá-los, apenas constatar o quanto eles parecem ter se esvaziado de sentido: cumpriram um papel, mas desde então o cenário mudou e o teatro está exibindo novos espetáculos. É assustador; mas talvez seja necessário aceitar a liberdade, e, com certeza, o desconforto, de vivermos hoje uma realidade fragmentária, ampla demais para ser enfeixada em palavras de ordem, em discursos esquemáticos triunfais e pretensamente eficientes, que embalam e consolam tanto quanto simplificam e enganam. O presente nos lança outros e novos desafios – e, para encará-los de maneira mais despejada, aqui jaz este trabalho, cujo anseio não é o de reafirmar a perfeição do ovo, mas o de romper sua superfície e respirar o ar, mesmo que irrespirável, do mundo.

1. A ARQUITETURA NA ENCRUZILHADA DO FIM DO SÉCULO

1 R. Linton, *O Homem*, p. 331.
2 Sobre o assunto ver texto de S. W. Goldhagen, Something to Talk About, *Journal of the Society of Architectural Historians*, n. 64, p. 144-167.
3 Sobre a impermanência e variedade sucessiva das formas modernas, ver tese de A. C. Martinez, *O Problema dos Elementos na Arquitetura do Século XX*.
4 Situação em que a propaganda enfatiza o funcionamento do edifício, sem entrar no mérito da totalidade de energia despendida no detalhamento, especificação e execução das peças ultratecnológicas que compõem o conjunto.
5 Há outros tipos de certificação, mas todos parecem confluir para os mesmos objetivos de validação e prestígio, mais do que de pesquisa propriamente dita.
6 Como, nos anos de 1980, a valorização da obra amazônica de Severiano Porto e Mário Emílio Ribeiro.
7 Ver: B. Padovano Arquitetura Brasileira Contemporânea: Caminhos, disponível em:<www.crea-mt.org.br/palavra_profissional.asp?id=21>, acesso em: 2/06/2008; ou L. Cavalcanti e A. C. do Lago, Ainda Moderno? Arquitetura Contemporânea Brasileira, *Arquitextos*, n. 066.
8 Ver nomes como Colin Rowe, Alan Colquhoun, ou mesmo William Curtis, autor do primeiro compêndio sobre o movimento moderno sem uma visão engajada e evolucionista do movimento.
9 Naturalmente, no caso dos arquitetos brasileiros, a herança local, com suas especificidades, é parte do repertório disponível.
10 Apud W. Curtis, *Arquitetura Moderna desde 1900*, p. 650.

2. ARQUITETURAS EM DIÁLOGO COM AS PAISAGENS URBANAS

11 I. Ábalos, *Atlas Pintoresco. Vol. 1: el Observatorio*, p. 48.
12 O Kaigai Kogyo Kabushiki Kaisha (KKKK) pertencia à Companhia Imperial Japonesa de Imigração, que era responsável por alguns empreendimentos equivalentes a esse de Registro, que atendia 450 famílias de imigrantes.
13 Disponível em: <www.registro.sp.gov.br>.
14 Entrevista a Simone Sayegh, Preservação da Vida, *AU*, n. 130, p. 48-51.
15 Programa federal criado no governo Fernando Henrique Cardoso e voltado à recuperação urbana de centros históricos tombados pelo Iphan.
16 Com Ângelo Bucci, Fernando de Mello Franco, Marta Moreira, Milton Braga.
17 Além do Ginásio Polidesportivo de Barueri, os arquitetos são autores de um monumento pelo cinquentenário da cidade e de um projeto para o Paço Municipal.

3. REVENDO AS NARRATIVAS SOBRE A ARQUITETURA BRASILEIRA

18 J. M. Montaner, *Sistemas Arquitectónicos Contemporâneos*, p. 9.

Bibliografia

ÁBALOS, Iñaki. *Atlas Pintoresco. Vol. 1: El Observatorio.* Barcelona: GG, 2005.
ACAYABA, Marlene Milan. *Residências em São Paulo: 1947-1975.* São Paulo: Projeto/Grupo Eucatex, 1986.
ANELLI, Renato (texto); GUERRA, Abílio (coordenação editorial); KON, Nelson (fotos). *Rino Levi: Arquitetura e Cidade.* São Paulo: Romano Guerra, 2001.
ARANTES, Pedro Fiori. *Arquitetura Nova. Sérgio Ferro, Flávio Império e Rodrigo Lefèvre: de Artigas aos Mutirões.* São Paulo: Editora 34, 2002.
ARTIGAS, João Batista Vilanova. *Caminhos da Arquitetura.* São Paulo: LECH, 1981.
BANHAM, Reyner. *Teoria e Projeto na Primeira Era da Máquina.* Tradução de A. M. Goldberger. São Paulo: Perspectiva, 1979.
_____. *El Brutalismo en Arquitectura: Ética o Estética?* Tradução de Juan Eduardo Cirlot. Barcelona: GG, 1966.
BARDI, Lina B. *Contribuição Propedêutica ao Ensino da Teoria da Arquitetura.* São Paulo: ed. do autor, 1957.
BASTOS, Maria Alice Junqueira. *Pós-Brasília: Rumos da Arquitetura Brasileira.* São Paulo: Perspectiva/Fapesp, 2003.
BECK, U.; GIDDENS, A.; LASH, S. *Modernización Reflexiva: Política, Tradición y Estética em la Orden Social Moderna.* Madrid: Alianza Universidad, 1994.
BENÉVOLO, Leonardo. *História da Arquitetura Moderna.* Tradução de Ana M. Goldberger. São Paulo: Perspectiva, 1976.
BICCA, Paulo R. S. *Arquiteto: A Máscara e a Face.* São Paulo: Projeto, 1984
BLOOM, Harold. *A Angústia da Influência: Uma Teoria da Poesia.* Rio de Janeiro: Imago, 2002.
BOHRER, Glênio Vianna; CANEZ, Anna Paula; COMAS, Carlos Eduardo Dias. *Arquiteturas Cisplatinas: Roman Fresnedo Siri e Eladio Dieste em Porto Alegre.* Porte Alegre: Ritter dos Reis, 2004.
BONDUKI, Nabil Georges. *Origens da Habitação Social no Brasil.* São Paulo: Estação Liberdade, 1998.
BONDUKI, Nabil Georges; Instituto Lina Bo; BARDI, Pietro Maria. *Affonso Eduardo Reidy.* Lisboa: Blau, 1999.
BOTEY, Josep. *Oscar Niemeyer: Obras y Proyectos.* Barcelona: GG, 1996.
BROWNE, Enrique. *Otra Arquitectura en América Latina.* México: GG, 1988.
BRUAND, Yves. *Arquitetura Contemporânea no Brasil.* Tradução de Ana M. Goldberger, 2. ed. São Paulo: Perspectiva, 1981.
CAMANGO, Márcia. *Villa Kyrial (Crônica da Belle Époque Paulistana).* São Paulo: Editora Senac, 2001.
CAMARGO, Mônica Junqueira de. *Joaquim Guedes.* São Paulo: Cosac&Naify, 2000.
CHOAY, Françoise. *O Urbanismo: Utopias e Realidades, uma Antologia.* Tradução de Dafne Nascimento Rodrigues. São Paulo: Perspectiva, 1979.

COLLINS, Peter. *Changing Ideals in Modern Architecture*. London: Faber and Faber, 1965.

COLQUHOUN, Alan. *Modernidade e Tradição Clássica: Ensaios sobre Arquitetura*. Tradução de Christiane Brito. São Paulo: Cosac&Naify, 2004.

COMAS, Carlos Eduardo Dias. *Projeto Arquitetônico: Disciplina em Crise, Disciplina em Renovação*. São Paulo: Projeto, 1986.

COMAS, Carlos Eduardo Dias; ADRIÀ, Miguel. *La Casa Latinoamericana Moderna*. México: GG, 2003.

COX, Cristián Fernández. *El Orden Complejo de la Arquitectura: Teoría Básica del Proceso Proyectual*. Santiago: Ediciones Universidad Mayor, 2005.

COX, Cristián F.; BROWNE, E.; COMAS, C. E.; SANTA MARIA, R.; LIERNUR, F.; DEWES, A.; WAISMAN, M. *Modernidad y Postmodernidad en América Latina, Estado del Debate*. Bogotá: Escala, 1991.

COX, Cristián Fernández; FERNÁNDEZ, Antonio Toca. *América Latina: Nueva Arquitectura: Una Modernidad Posracionalista*. México: GG, 1998.

CURTIS, William J. R. *Arquitetura Moderna desde 1900*. Tradução de Alexandre Salvaterra. 3 ed. Porto Alegre: Bookman, 2008.

CZAJKOWSKI, Jorge (org.). *Guia da Arquitetura Moderna do Rio de Janeiro*. Rio de Janeiro: Casa da Palavra/Prefeitura da Cidade do Rio de Janeiro, 2000.

DUDEQUE, Irã Taborda. *Espirais de Madeira*. São Paulo: Studio Nobel, 2002.

EVENSON, Norma. *Two Brazilian Capitals: Architecture and Urbanism in Rio de Janeiro and Brasília*. New Haven: Yale University Press, 1973.

FATHY, Hassan. *Construindo com o Povo: Arquitetura para os Pobres*. Tradução de Maria Clotilde Santoro. Rio de Janeiro/São Paulo: Salamandra/Edusp, 1980.

FERRAZ, Marcelo Carvalho (org.). *Lina Bo Bardi*. São Paulo: Empresa das Artes/Instituto Lina Bo e Pietro Maria Bardi, 1993.

FERRO, Sérgio. *A Casa Popular: Arquitetura Nova*. São Paulo: GFAU, 1979.

_____. *O Canteiro e o Desenho*. São Paulo: Projeto, 1979.

FICHER, Sylvia. *Os Arquitetos da Poli: Ensino e Profissão em São Paulo*. São Paulo: Edusp, 2005.

FICHER, Sylvia; ACAYABA, Marlene Milan. *Arquitetura Moderna Brasileira*. São Paulo: Projeto, 1982.

FICHER, Sylvia; SCHLEE, Andrey (orgs.). *O Arquiteto Oscar Niemeyer*. No prelo.

FOSTER, Hal. *The Anti-Aesthetic: Essays on Postmodern Culture*. Port Townsend: Bay Press, 1983.

FRAMPTON, Kenneth. *Modern Architecture: A Critical History*. 3 ed. London: Thames and Hudson, 1996.

FRAMPTON, Kenneth, QUANTRILL, Malcom (eds.). *Latin American Architecture: Six Voices. Studies in Architecture and Culture*. College Station: Texas A&M University Press, 2000.

FRASER, Valerie. *Precisions on the Present State of Architecture and City Planning*. Cambridge: MIT Press, 1991.

_____. *Building the New World. Studies in the Modern Architecture of Latin America 1930-1960*. London/New York: Verso, 2000.

GIDDENS, Anthony. *Modernidade Reflexiva*. São Paulo: Unesp, 1997.

GOLDHAGEN, Sarah W.; LEGAULT, Réjean. *Anxious Modernisms: Experimentation in Postwar Architectural Culture*. Montreal/Cambridge: Canadian Centre for Architecture/MIT Press, 2001.

GUIMARAENS, Cêça de (org.). *Arquitetura e Movimento Moderno*. Rio de Janeiro: UFRJ – FAU – PPGAU, 2006.

_____. Arquitetura. In: Ministério das Relações Exteriores do Brasil (org.), CD-Rom *Brasil em Foco*, 2006.

HAYS, Michael (org.). *Architecture Theory Since 1968*. Cambridge: MIT Press, 2002.

HELLER, Agnes. *A Theory of Modernity*. Oxford: Blackwell Publishers, 1999.

HOLANDA, Armando de. *Roteiro para Construir no Nordeste: Arquitetura como Lugar Ameno nos Trópicos Ensolarados*. Recife: Universidade Federal de Pernambuco, 1976.

HOLANDA, Frederico Rosa Borges de. *O Espaço de Exceção*. Brasília: Editora da UnB, 2002.

HOLSTON, James. *A Cidade Modernista: uma Crítica de Brasília e sua Utopia*. Tradução de Marcelo Coelho. São Paulo: Companhia das Letras, 1993.

IAB SP (org.). *Arquitetura e Desenvolvimento Nacional: Depoimentos de Arquitetos Paulistas*. São Paulo: Pini, [s/d].

IPPUC. *Memória da Curitiba Urbana: Depoimentos*. Curitiba: 1990.

IPPUC. *Memória da Curitiba Urbana: Cidade Industrial de Curitiba 18 anos*. Curitiba, 1991.

JEANNERET-GRIS, Charles-Édouard (Le Corbusier). *The Complete Architectural Works*. London: T&H, 1973.

JENCKS, Charles. *The Language of Post-Modern Architecture*. New York: Rizzoli. 1977.

KOURY, Ana Paula. *Grupo Arquitetura Nova: Flávio Império, Rodrigo Lefèvre e Sérgio Ferro*. São Paulo: Romano Guerra/Edusp, 2003.

LEMOS, Carlos A. C. *Arquitetura Brasileira*. São Paulo: Edusp/ Melhoramentos, 1979.

LINTON, Ralph. *O Homem: Uma Introdução à Antropologia*. São Paulo: Martins Fontes, 1976.

MAGALHÃES , Sérgio Ferraz. *Sobre a Cidade*. São Paulo: Pro Editores, 2002.
MAGALHÃES, Sérgio Ferraz; GUIMARAENS Cêça de; TAULOIS, Cláudio; FERREIRA, Flávio (orgs. e coords.). *Arquitetura Brasileira após Brasília: Depoimentos*. Rio de Janeiro: IAB-RJ, 1978, 3 v.
MAIA, Éolo; VASCONCELLOS, Jô; PODESTÁ, Silvio E. Apresentação de Juan Carlos Di Filippo. *3 Arquitetos*. Belo Horizonte: Pampulha, 1982.
_____. *3 Arquitetos 1980-1985*. Apresentação de Ruth Verde Zein. Belo Horizonte: Ed. Autores, 1985.
MARQUES, Sérgio Moacir. *A Revisão do Movimento Moderno? Arquitetura no Rio Grande do Sul dos anos 80*. Porto Alegre: Ritter dos Reis, 2002.
MINDLIN, Henrique E. *Modern Architecture in Brazil*. Rio de Janeiro/Amsterdam: Colibris, 1956.
MONTANER, Josep Maria. *Después del Movimiento Moderno: Arquitectura de la Segunda Mitad del Siglo XX*. Barcelona: GG, 1993.
_____. *La Modernidad Superada*. Barcelona: GG, 1997.
_____. *Sistemas Arquitectónicos Contemporâneos*. Barcelona: GG, 2008.
MORANDÉ, Pedro (coord.). *Taller América*. Edição de Distribuição Restrita, Santiago: [s.n.], 1983.
NESBITT, Kate (org.). *Theorizing a New Agenda for Architecture: an Anthology of Architectural Theory, 1965-95*. Princeton: Princeton Architectural Press, 1996.
NIEMEYER, Oscar, *Niemeyer*. Milan/ Belmont sur Lausanne: Mondadori/Alphabet, 1975/1977.
NOELLE, Louise. (org.). *Arquitectos Iberoamericanos Siglo XXI*. 1. ed. Ciudad de Mexico: Fomento Cultural Banamex, 2006.
NOSSO SÉCULO. São Paulo: Abril Cultural, 1980.
OCKMAN, Joan (org.). *Architecture Culture 1943-1968: a Documentary Anthology*. New York: Columbian University/Rizzoli, 1993.
PEDROSA, Mário, *Dos Murais de Portinari aos Espaços de Brasília*. Organizado por Aracy A. Amaral. São Paulo: Perspectiva, 1981.
PENTEADO, Hélio (Coord.). *Oscar Niemeyer*. São Paulo: Almed, 1985.
PESSÔA, José et al. *Anais do VI Seminário Docomomo Brasil: Moderno e Nacional* (CD-ROM e livro-resumo). Niterói: ArqUrb/UFF, 2005.
_____ (org.). *Moderno e Nacional*. Niterói: Editora da UFF, 2006.
PINHO, Roberto; FERRAZ, Marcelo. *João Filgueiras Lima, Lelé*. Lisboa/São Paulo: Blau/Instituto Lina Bo e P. M. Bardi, 1999.
PUNTONI, Álvaro [et al.] (org.). *Vilanova Artigas*. São Paulo: Instituto Lina Bo e P. M. Bardi/Fundação Vilanova Artigas, 1997.
ROWE, Colin. *The Mathematics of the Ideal Villa and Other Essays*. Cambridge: The MIT Press, 1982.
ROWE, Colin; KOETTER, Fred. *Collage City*. Cambridge: The MIT Press, 1978.
SEGAWA, Hugo. *Arquiteturas no Brasil 1900-1990*. São Paulo: Edusp, 1997.
SEGAWA, Hugo et al. *Arquiteturas no Brasil: Anos 80*. São Paulo: Projeto, 1988.
SERRAN, João Ricardo. *O IAB e a Política Habitacional*. Rio de Janeiro: Schema, 1976.
SMITH, Clive B. *Five Mexican Architects*. New York: Architectural Book Publishing Company, 1967.
SOARES, Dulce (coord.). *Guiarquitetura Brasília*. São Paulo: Empresa das Artes, 2000.
SOMEKH, Nádia. *A Cidade Vertical e o Urbanismo Modernizador*. São Paulo: Studio Nobel/ Edusp/Fapesp, 1997.
VILLAC, Maria Isabel; MONTANER, Josep Maria. *Mendes da Rocha*. Barcelona: GG, 1996.
WILSON, Colin St John. *The Other Tradicion of Modern Architecture*. London: Black Dog Publishing, 2007.
WISNIK, Guilherme. *Lúcio Costa*. São Paulo: Cosac&Naify, 2001.
WISSENBACH, Vicente (org.), *Catálogo da Mostra "Arquitetura Brasileira Atual"*. Centro de Arte y Comunicacion Buenos Aires; Centro Cultural São Paulo; Brasília IAB/DF; MAM Rio de Janeiro. São Paulo: Projeto, 1980.
WITTER, J. S. (Coord.). *Acervos do Museu Paulista/USP (Museu do Ipiranga)*. São Paulo: Imprensa Oficial, 1999.
XAVIER, Alberto (org.). *Lúcio Costa: Sobre Arquitetura*. Porto Alegre: CEUA/UFRGS, 1962.
XAVIER, Alberto; LEMOS, Carlos; CORONA, Eduardo. *Arquitetura Moderna Paulistana*. São Paulo: Pini, 1983.
ZANINI, Walter (org.). *História Geral da Arte no Brasil*. São Paulo: Instituto Walther Moreira Salles, 1983.
ZEIN, Ruth Verde. *O Lugar da Crítica: Ensaios Oportunos de Arquitetura*. São Paulo: ProEditores/Ritter dos Reis, 2001.
_____. *Três Momentos de Oscar Niemeyer em São Paulo*. Roteiros do Museu da Casa Brasileira, n. 1. São Paulo: MCB, 2007.
ZEIN, Ruth Verde; DI MARCO, Anita Regina. *Sala São Paulo de Concertos*. São Paulo: Alter Market, 2001.
ZÜCKER, Paul. *New Architecture and City Planning: a Symposium*. New York: Philosophical Library, 1944.

Trabalhos Acadêmicos:

ALMEIDA, Paulo de Camargo e. *Função Social do Arquiteto*. Tese para provimento de cátedra de n. 16. São Paulo: FAU-USP, s/d.

BASTOS, Maria Alice Junqueira. *Dos Anos 50 aos Anos 70: Como se Completou o Projeto Moderno na Arquitetura Brasileira*. Tese de doutoramento, FAU-USP, São Paulo, 2004.

BOHRER, Glênio Vianna. *CEASA-RS Espaço e Lugar na Arquitetura e Urbanismo Modernos*. Dissertação de mestrado, UFRGS, Porto Alegre, 1997.

BRUNA, Paulo. *Os Primeiros Arquitetos Modernos: Habitação Social no Brasil 1930-1950*. Tese de livre-docência, FAU-USP, São Paulo, 1999.

CABRAL, Maria Cristina Nascentes. *Racionalismo Arquitetônico de Lina Bo Bardi*. Dissertação de mestrado, PUC-RJ, Rio de Janeiro, 1996.

CABRAL, Neyde Ângela Joppert. *Arquitetura Moderna e o Alojamento Universitário: Leitura de Projetos*. Dissertação de mestrado, FAU-USP, São Paulo, 1997.

COMAS, Carlos Eduardo Dias. *Precisões Brasileiras sobre um Estado Passado da Arquitetura e Urbanismo Modernos*. Tese de doutoramento, Universidade de Paris VIII, Vincennes-Saint Denis, 2002.

ELHYANI, Zvi. *Oscar Niemeyer and the Outset of Speculative Urbanism in Israel after 1960*. Dissertação de mestrado, Faculty of Architecture and Town Planning, Technion Israel Institute of Technology, 2003.

GIMÉNEZ, Luis Espallargas. *Arquitetura Paulistana da Década de 1960: Técnica e Forma*. Tese de doutoramento, FAU-USP, São Paulo 2004.

MARTINEZ, Alfonso Corona. *O Problema dos Elementos na Arquitetura do Século XX*. Tese de doutoramento, UFRGS, Porto Alegre, 2004.

RUBANO, Lizete M. *Cultura de Projeto: um Estudo das Idéias e Propostas para Habitação Coletiva*. Tese de doutoramento, FAU-USP, São Paulo, 2001.

ZEIN, Ruth Verde. *Arquitetura Brasileira, Escola Paulista e as Casas de Paulo Mendes da Rocha*. Dissertação de mestrado, UFRGS, Porto Alegre, 2000.

_____. *Arquitetura da Escola Paulista Brutalista, 1953-1973*. Tese de doutoramento, UFRGS, Porto Alegre, 2005.

Artigos:

A NOVA Arquitetura Baiana. *Projeto*, São Paulo, n. 42, 1982.

AÇO na Construção: Investindo na Expansão do Mercado Interno. *Projeto*, n. 76, jun. 1985.

AFLALO E GASPERINI. Centro Empresarial Itausa. *Finestra*, São Paulo, n. 34, jul. 2003.

AINDA o Concurso da Biblioteca Pública do Rio de Janeiro. *Projeto*, São Paulo, n.72, fev. 1985, p. 14.

ALFIERI, Bruno. Rapporto Brasile. *Zodiac*, n. 6, maio, 1960.

ARTIGAS, Rosa Camargo; SILVA, Dalva Thomas. O Produto e a Embalagem. *AU*, São Paulo, n. 28, fev.-mar. 1990.

ARTIGAS, João Batista Vilanova. Aula do concurso para professor titular na FAU-USP. *Projeto*, São Paulo, n. 66, ago. 1984.

_____. Uma Falsa Crise. *Acrópole*, São Paulo, n. 319, julho, 1965.

_____. O Homem e a Arquitetura. O Conjunto Habitacional Cumbica. *Casa & Jardim*, Rio de Janeiro n. 160, maio, 1968.

_____. Publicação da Obra de Artigas, Quartel da Guarda Territorial do Amapá. *Projeto e Construção*, [s.l.] n. 16, março 1972.

BARDI, Lina Bo. Ladeira da Misericórdia: Plano Piloto. *Projeto*, São Paulo, n. 133, 1990.

BATISTA, Maurício Nogueira. Alguns Aspectos da Arquitetura Brasileira. *Arquitetura*, Rio de Janeiro, n. 44, fev. 1966.

BCN: PROJETO Castelo Branco. *Projeto*, n. 52, jun. 1983.

BICCA, Paulo R. S. Os Ídolos e o Despotismo do Projeto. *Projeto*, São Paulo, n. 17, dez. 1979.

BILL, Max. Textos e Depoimentos de Max Bill. *Habitat*, São Paulo, n. 2, jan.-mar. 1951.

_____. O Arquiteto, a Arquitetura, a Sociedade. *Habitat*, São Paulo, n. 14, jan. 1954.

BONDUKI, Nabil; ROSSETTO, Rossela (orgs.). Da Utopia à Construção: a Participação Popular na Política Habitacional em São Paulo. *Projeto*, São Paulo, n. 147, nov. 1991.

BORGES, Adélia. A Casa-Bola, uma Trajetória de Vida. *DI Design & Interiores*, São Paulo, n.17, dez. 1989.

BORSÓI, Acácio Gil. Entrevistado por Éride Moura. Arquitetura Não é Só Criatividade. *Projeto Design*, São Paulo, n. 257, jul. 2001.
BOZZO, Cláudia. Referência sem Reverência. *AU*, São Paulo, n. 24, jun.-jul. 1989.
_____. Assembléia, DF: Sutil Resgate de uma Modernidade. *AU*, São Paulo, n. 28, fev.-mar. 1990.
BRATKE, Carlos. *Cadernos Brasileiros de Arquitetura. Arquiteto Carlos Bratke*, n. 16, São Paulo: Projeto, 1985.
CALDEIRA, Altino Barbosa. Algumas Verdades e Mentiras sobre Éolo Maia. *Arquitextos*, n. 029.02, out.2002. Disponível em: <www.vitruvius.com.br>.
CAMARGO, Luiz Nogueira de; SISTER, Gabriel. Módulos Permitem Construir Universidade por Etapas. *Projeto e Construção*, São Paulo, n. 26, jan. 1973.
CAMARGO, Maria Inês. Melhoria de Qualidade nos Projetos de Habitação Popular. *Projeto*, São Paulo, n. 134, ago. 1990.
CAMPELLO, Glauco. Paço Imperial Rio: Vestígios e Ausências. *AU*, São Paulo, n. 23, abr.-maio 1989.
CARDOZO, Joaquim. Forma Estática, Forma Estética. *Módulo*, Rio de Janeiro, n. 10, agosto, 1958.
CARRANZA, Edite. Arquitetura e Contra-Cultura. *AU*, São Paulo, n. 112, p. 53-58, jul. 2003.
CAVALCANTI, Lauro; CORREA DO LAGO, André. *Ainda Moderno? Arquitetura Brasileira Contemporânea*. Rio de Janeiro: Nova Fronteira, 2006. Disponível em: *Arquitextos*, n. 66, nov. 2005, <http://www.vitruvius.com.br>.
CHAPÉU de Concreto para Enfrentar o Sol do Equador. *Projeto e Construção*, São Paulo, n. 16, mar. 1972.
CITES Nouvelles, centres urbains. *L'Architecture d'aujourd'hui*, n. 101, avril-mai 1962.
COMAS, Carlos Eduardo Dias. Nemours-sur-Tietê, ou a Modernidade de Ontem. *Projeto*, São Paulo, n. 89, jul. 1986.
_____. O Espaço da Arbitrariedade: Considerações sobre o Conjunto Habitacional do BNH e o Projeto da Cidade Brasileira. *Projeto*, São Paulo, n.91, set. 1986.
_____. Protótipo e Monumento, um Ministério, o Ministério. *Projeto*, São Paulo, n. 102, ago. 1987.
_____. O Esgotamento do Regionalismo. *AU*, São Paulo, n. 48, jun.-jul. 1993.
_____. A Legitimidade da Diferença. *AU*, São Paulo, n. 55, ago.-set., 1994.
_____. Paulo Mendes da Rocha: o Prumo dos 90. *AU*, São Paulo, n. 97, ago.-set. 2001.
CONDE, Luiz Paulo; NOGUEIRA, Mauro; ALMADA, Mauro; SOUZA, Eleonora Figueiredo de. Protomodernismo em Copacabana: Anônimo, mas Fascinante. *AU*, São Paulo, n. 16, fev.-mar. 1988.
CONDE, Luiz Paulo; ALMADA, Mauro. Pluralismo Sadio. *AU*, São Paulo, n. 20, out.-nov. 1988.
CONJUNTO HABITACIONAL Cecap-Cumbica. *Acrópole*, São Paulo, n. 372, abr. 1970.
CORDEIRO, Renato Caporali; PENNA, Lourival Caporali; PIMENTEL, Thaís Cougo. Conjunto JK: Estrutura de uma Utopia Urbana. *Projeto*, São Paulo, n. 81, nov. 1985.
CORONA, Eduardo. Editorial. *Acrópole*, São Paulo, n. 348, mar. 1968.
_____. Razões de um Concurso. *AU*, São Paulo, n. 24, jun.-jul. 1989.
COX, Cristián Fernández. Nuestra Identidad Sumergida. *CA*, Chile, n. 35, aug. 1983.
_____. Hacia una Modernidad Apropriada: Factores y Desafios Internos. *Summa*, Buenos Aires, n. 200-201, jun. 1984.
_____. Modernidad Apropriada. *Anales del SAL IV*, Tlaxcala: 1989.
CURTIS, William. Tipos para la Nueva Ciudad Industrial. *A&V*, Madrid, n.10, 1987.
DAHER, Luiz Carlos. O Espaço Arquitetônico Brasileiro dos Últimos Vinte Anos e a Formação Profissional do Arquiteto. Prêmio Henrique Mindlin, 1980. *Projeto*, São Paulo, n. 42, 1982. Edição Especial.
D'AQUINO, Flávio. Max Bill, o Inteligente Iconoclasta. *Habitat*, São Paulo, n. 12, set. 1953.
DE GENNARO, João Eduardo; JUDAS Y MANUBENS, Francisco Javier; CUPERTINO, Jaime Marcondes. Centro Empresarial Itaú Conceição. *Projeto*, São Paulo, n. 85, mar. 1986.
_____. *Projeto*, São Paulo, n. 117, dez. 1988.
_____. *Projeto Design*, São Paulo, n. 300, fev. 2005.
EQUIPE EDITORIAL. A Inserção do Arquiteto no Mercado de Trabalho e o Papel do IAB Hoje. *Pampulha*, Belo Horizonte, n. 1, nov.-dez. 1979.
ESPECIAL Brasília. *Acrópole*, São Paulo, n. 256-257, fev.-mar.1960.
_____. Entrevista: Lúcio Costa. *Pampulha*, Belo Horizonte, n. 1, nov.-dez. 1979.
FERNÁNDEZ-GALIANO, Luis. La Década Rosa: Trânsito Trivial por los Ochenta. *Arquitectura Viva*, Madrid, n. 8, out. 1989. Especial La Década Rosa. Arquitectura y Política en la Era de Reagan: del Posmoderno a la Deconstrucción.
FERRO, Sérgio. Arquitetura Nova. *Teoria e Prática*, São Paulo, n. 1, 1967.
FERRO, Sérgio. Entrevistado por Marlene Milan Acayaba. Reflexões sobre o Brutalismo Caboclo. *Projeto*, São Paulo, n. 86, abr. 1986.
FINA, Henrique; MARGOTTO, Luciano; URSINI, Marcelo; BOLÍVAR, Sergio; SALLES, Sérgio (Núcleo de Arquitetura). Réplica a Edson Mahfuz e Sérgio Teperman. *Projeto*, São Paulo, n. 134, set. 1990.
FÓRUM do Judiciário de Teresina. *Projeto*, São Paulo, n. 33, set. 1981.

GOLDHAGEN, Sarah Williams. Something to Talk About. *Journal of the Society of Architectural Historians*, Chicago, n. 64, 2, 2005.

GRINOVER, Lúcio. Texto de apresentação do projeto. *Acrópole*, São Paulo, n. 314, fev. 1965.

GUEDES, Joaquim; TADDEI, Pedro; SAWAYA, Sylvio; ITO, Takuji. Concurso para Biblioteca Central da Bahia. *Arquitetura*, Rio de Janeiro, n. 74, ago. 1968.

IAB-RJ. Aos Arquitetos Participantes do Concurso Nacional de Projetos para a Biblioteca Pública do Rio de Janeiro. *Projeto*, São Paulo, n. 71, jan. 1985.

JOHNSON, Philip. School at Hunstanton. *Architectural Review*, n. 116, September 1954.

KATINSKY, Júlio. O Arquiteto e a Cultura Brasileira nos Anos 80. *Módulo*, Rio de Janeiro, n. 84, mar. 1985.

KONDER NETTO, Marcos. Declaração de Voto. *AU*, São Paulo, n. 31, ago.-set. 1990.

_____. Declaração de Voto. *Projeto*, São Paulo, n. 135, out. 1990.

KOURY, Ana Paula. Documento Arquitetura Nova: Sérgio Ferro, Flávio Império, Rodrigo Lefèvre. *AU*, São Paulo, n. 89, abr.-maio 2000.

LARA, Fernando. Arquitetura Brasileira Volta às Páginas das Publicações Internacionais na Década de 90. *Projeto Design*, São Paulo, n. 251, jan. 2001.

LEFÈVRE, Rodrigo. Uma Crise em Desenvolvimento. *Acrópole*, São Paulo, n. 333, out., 1966.

LIMA, João Filgueiras (Lelé). Entrevistado pela revista *Módulo*, Rio de Janeiro, n. 57, fev. 1980.

_____. Mudança de Mentalidade. *AU*, São Paulo, n. 130, jan. 2005.

MACHADO, Lia Zanola; MAGALHÃES, Themis Quezado de. Brasília, Espace, Utopie et Modes de Vie. *Architectutre d'Aujourd'hui*, Paris, n. 251, juin 1987.

MAHFUZ, Edson. O Clássico, o Poético e o Erótico. *AU*, São Paulo, n. 15, dez. 1987- jan. 1988.

MARTINEZ, Alfonso Corona. Problemas das Linguagens Arquitetônicas, *Projeto*, São Paulo, n. 183, mar. 1995.

MARTINO, Arnaldo; BERGAMIN, Antonio et al. Memória do projeto. Concurso para a Secretaria da Agricultura 1º Prêmio. *Acrópole*, São Paulo, n. 357, dez. 1968.

MEDEIROS, Heloísa. Encontro de Gerações. *AU*, São Paulo, n. 39, dez. 91/jan. 92.

MELENDEZ, Adilson. Na Década que Separa Sevilha de Orlândia, Mudaram os Arquitetos ou Mudou a Crítica?. *Projeto Design*, São Paulo, n. 251, jan. 2001.

NIEMEYER, Oscar. Depoimento. *Módulo*, Rio de Janeiro, n. 9, fev. 1958.

_____. Forma e Função na Arquitetura. *Módulo*, Rio de Janeiro, n. 21, dez. 1960.

_____. Edifício de Niemeyer em Paris. *Projeto e Construção*, [s.l.], n. 18, maio 1972.

O PROTESTO de Arquitetos Participantes do Concurso [Biblioteca Pública do Rio de Janeiro]. *Projeto*, São Paulo, n. 70, dez. 1984.

OLGA, Hélio. *Projeto Design*, São Paulo, n. 264, fev. 2002.

OLIVEIRA, Nildo Carlos de. A Cidade se Apropria das Raízes, Espaço e Cor de Nova Arquitetura. *Projeto*, São Paulo, n. 97, mar. 1987.

PADOVANO, Bruno. A Arquitetura Brasileira em Busca de Novos Caminhos. *AU*, São Paulo, n. 4, fevereiro 1986.

_____. Arquitetura Brasileira Contemporânea: Caminhos. Disponível em: <www.crea-mt.org.br/palavra_profissional.asp?id=21>. Acesso em: 2.6.2008.

PENTEADO, Fábio; ARTIGAS, J. B. Vilanova; ROCHA, Paulo Mendes da et al. Transcrição do Debate Realizado com os Autores do Projeto, Professores e Alunos da FAU-USP sobre o Conjunto Habitacional de Cumbica. *Desenho*, n. 5, São Paulo, GFAU-USP, 1973.

PETRACCO, Francisco; MORSE, Nelson. Projeto para Casa Popular Experimental. *Acrópole*, São Paulo, n. 350, mai. 1968.

PROJETO PREMIADO na Bienal de Arquitetura de Goiânia. *Projeto e Construção*, [s.l.], n. 31, .jun. 1973.

PROJETO DO Núcleo Habitacional do Inocoop-Cafundá. *Projeto*, São Paulo, n. 32, ago., 1981.

REIDY, Affonso Eduardo. Catálogo da Exposição do Solar Grandjean de Montigny. Rio de Janeiro, 1985.

REIS, Francisco Assis. Manifesto de um Baiano. *AU*, São Paulo, n. 6, jun. 1986.

REIS FILHO, Nestor Goulart dos. Plano para uma Cidade Satélite. *Acrópole*, São Paulo, n. 319, jul. 1965.

RIBEIRO, Alessandro Castroviejo. Vontade de Ser. *AU*, São Paulo, n. 24, jun.-jul. 1989.

ROCHA, Paulo Mendes da. Unidade de Habitação Pré-Fabricada. *Acrópole*, São Paulo, n. 343, set. 1967.

RUBANO, Lizete Maria. Habitação Social: Temas da Produção Contemporânea. *Arquitextos*, n. 095, texto especial 469, abr., 2008. Disponível em: <www.vitruvius.com.br>.

RÜGGEBERG, Eduardo Subirats. Os Gigantes e a Cidade. *Projeto*, São Paulo, n. 92, out. 1986.

SABBAG, Hayfa Y. Projetar, na Fronteira da Realidade. *AU*, São Paulo, n. 22, fev.-mar. 1989.

SANT'ANNA JR., Antonio Carlos. Concurso Paço em Osasco: Um Depoimento Comprometido. *AU*, São Paulo, n. 37, ago.-set. 1991.

_____. Genius Loci x Zeitgeist: o Dilema da Modernidade. *Projeto*, São Paulo, n. 134, ago. 1990.
SANTOS, Carlos Nelson Ferreira. Moço, Eu Vim por Causa do Movimento, ou a Crença numa Cidade Democrática neste Mundo. *Projeto*, São Paulo, n. 44, out. 1982.
_____. Dizei-me Cidade Brasileira se Alguma Arquitetura há tão Bela e tão Altaneira. *Projeto*, São Paulo, n. 53, jul. 1983.
SAYEGH, Simone. Preservação da Vida. *AU*, São Paulo, n. 130, jan. 2005.
SCAGLIUSI, Francisco Luis; BONDUKI, Nabil. Uma Nova Política Habitacional. *AU*, São Paulo, n. 33, dez. 1990-jan. 1991.
SEGAWA, Hugo. Dilemas da Modernidade e da Tradição na Arquitetura Brasileira. *Projeto*, São Paulo, n. 131, abr.-maio 1990.
_____. A (Pesada) Herança da Arquitetura Moderna Brasileira. Comunicação apresentada ao VI Seminário de Arquitetura Latino-americana. Caracas, 1993.
_____. Hélio Duarte, Moderno, Peregrino, Educador. *AU*, São Paulo, n. 80, out.-nov. 1998.
SEGNINI, Francisco. Retrato da Apatia. *AU*, São Paulo, n. 24, jun.-jul. 1989.
SILVA, Geraldo Gomes da. O Novo Teatro José de Alencar. *Projeto*, São Paulo, n. 141, maio 1991.
_____. Documento: Armando de Holanda. *AU*, São Paulo, n. 69, dez.-jan. 1997.
SITUAÇÃO e Perspectivas do Pré-moldado no Brasil. *A Construção São Paulo*, São Paulo, n. 1462, fev. de 1976.
STROETER, João Rodolfo. Oscar e o Memorial. *Projeto*, São Paulo, n. 120, abr. 1989.
UM CONCURSO para Resgatar o Projeto de Habitação Popular. *Projeto*, São Paulo, n. 130, mar. 1990.
VASCONCELOS, Marcos de. III Premiação Anual do IAB-GB 1965. Casa do Próprio Arquiteto. *Arquitetura*, Rio de Janeiro, n. 44, fev. 1966.
VAZ, Lílian Fessler; TASCHNER, Suzana Pasternak. Agenda para Debates: Habitação nos Anos 90. *Projeto*, São Paulo, n. 140.
VILLÀ, Joan. Projetar a Periferia. *Rua*, Revista da Unicamp, São Paulo, n. 2, mar, 1996.
_____. Entrevistado por Denise Yamashiro, Guilherme Mazza Dourado e Hugo Segawa. A Periferia Impregnada de Arquitetura. *Projeto*, São Paulo, n. 162, abr. 1993.
WAISMAN, Marina. A Crítica Hoje no Mundo. *Projeto*, São Paulo, n. 71, jan. 1985.
_____. Olhar para o Futuro. *AU*, São Paulo, n. 61, ago.-set 1995.
WOLF, José. Novas Tipologias: Conjugando a Casa Popular. *AU*, São Paulo, n. 33, dez 1990-jan. 1991.
XAVIER, Alberto. Pós-Brasília, Pós-Milagre, Pós-Moderno. *Módulo*, Rio de Janeiro, n. 82, set. 1984.
ZEIN, Ruth Verde. Arquitetura Brasileira Atual. *Projeto*. São Paulo, n. 42, jul.-ago. 1982.
_____. Um Debate sobre o Rio de Janeiro e sua Arquitetura. *Projeto*, São Paulo, n. 46, dez. 1982.
_____. Acerca da Arquitetura Mineira, em muitas Fotos e alguns Breves Discursos. Fotos de Ludmila Ferolla. *Projeto*, São Paulo, n. 81, nov. 1985.
_____. Um Arquiteto Brasileiro: Severiano Mário Porto. *Projeto*, São Paulo, n. 83, jan. 1986.
_____. Da Verdade Estrutural à Expressão Formal. *Projeto*, São Paulo, n. 97, mar. 1987.
_____. Descubra os Sete Erros. *Projeto*, São Paulo, n. 120, abr. 1989.
_____. Luiz Paulo Conde, Reflexões na Prática. *Projeto*, São Paulo, n. 161, mar. 1993.
_____. A Condição Criativa da Construção. *Projeto*, São Paulo, n. 187, jul. 1995.
_____. Crítica de Arquitetura: Algumas Provas de sua Não Existência. *Projeto Design*, São Paulo, n. 267, maio 2002.
_____. A Década Ausente: É Preciso Reconhecer a Arquitetura Brasileira dos Anos 60-70. *Arquitextos*, n. 076.02, set. 2006. Disponível em :<www.vitruvius.com.br>.
_____. Brutalismo, sobre sua Definição (Mais: De Como um Rótulo Superficial é, Por Isso Mesmo, Adequado). *Arquitextos*, n. 084. 00, fev. 2007. Disponível em: <www.vitruvius.com.br>.

Revistas, Números Especiais:

ARS, Santiago, n. 10, mayo 1988; n. 11. jul. 1989.
GA Document. Special Issue 1970-1980. Edited by Yukio Futagawa. Tokyo, 1980.
MÓDULO. Concurso de Brasília. Rio de Janeiro, n. 8, 1957.
SUMMARIOS. América Latina: El Pensamiento Joven. Buenos Aires, n. 122, 1988.
2G. Max Bill, Architect. Barcelona, n. 29/30, mayo 2004.

Créditos das Imagens

Diálogos (1955-1965)

1   Casa de Vidro [São Paulo-SP, 1951]. L. Bo Bardi. São Paulo. Vista. Arquivo Instituto Lina Bo e P.M. Bardi. Foto: F. Albuquerque.
2   Escola Brasil Paraguai [Assunção, 1953]. A. E. Reidy. Vista geral. In: *Acrópole*, n. 309, ago. 1964.
3   Residência Carmen Portinho [Rio de Janeiro-RJ, c. 1950]. A. E. Reidy. Vista. Corte. In: *AU*, n. 47, abr.-maio 1993. Foto: Michel Aertsens.
4   Museu de São Vicente [São Vicente-SP, 1951]. L. Bo Bardi. Maquete. Arquivo Instituto Lina Bo e P.M. Bardi.
5   Estudo para o Masp [São Paulo-SP]. L. Bo Bardi. Desenho. Acervo da Biblioteca da FAU-USP.
6   Estudo para o MAM Trianon [São Paulo-SP, 1952]. A. E. Reidy. Corte. Arquivo RVZ.
7   MAM-RJ [Rio de Janeiro, 1953]. A. E. Reidy. Corte e vista aérea. *AU*, n. 47, abr.-maio 1993. Foto: Marcel Gautherot.
8   Concurso de Brasília [1957]. Projetos concorrentes. Plantas, perspectivas e maquetes de implantação. In: *Módulo*, n. 8, 1957. Arquivo RVZ.
9   Palácio da Alvorada [Brasília-DF, 1956-1958]. O. Niemeyer. Vista do edifício e construção e corte transversal. Foto: LBMM, 2003.
10 Palácio do Planalto [Brasília-DF, 1958]. O. Niemeyer. Vista parcial do edifício. Arquivo MAJB. Foto: LMM, 2003.
11 Crown Hall [Chicago, 1950-1956]. M. van der Rohe. Vista e interior.
12 Palácio da Justiça [Brasília-DF, 1956-1958]. O. Niemeyer. Vista do edifício. Arquivo MAJB. Foto: LMM, 2003.
13 Palácio do Itamaraty [Brasília-DF, 1956-1958]. O. Niemeyer. Vista parcial do edifício. Arquivo MAJB. Foto: LMM, 2003.
14 Tribunal de Contas do Paraná [Curitiba-PR, 1967]. R. L. Gandolfi e J. Sanshotene. Vista. Arquivo MAJB. Foto: MAJB, 2004.
15 Unidade de Habitação [Marselha, França, 1946-1949]. Le Corbusier.
16 Edifício de Aulas E-1 da Escola de Engenharia da Universidade de São Paulo [São Carlos-SP, 1953]. H. Queiroz Duarte e E. R. de Carvalho Mange. Perspectiva, corte esquemático e detalhe do sistema de dutos. In: *AU*, n. 80, out.-nov., 1998.
17 Galpão de uso geral [Brasília-DF, 1963]. O. Niemeyer. Planta, detalhe de montagem dos elementos pré-moldados, detalhe de encaixe dos painéis. In: *Módulo*, n. 32, mar. 1963.
18 Casas com pátio. M. van der Rohe [c. 1920]. Elevação e planta. In: *AU*, n. 122, maio, 2004, p. 69.

19 Galpão de uso geral [Brasília-DF, 1963]. O. Niemeyer. Vista externa. Arquivo MAJB. Foto: FMM, 2003. Pátio interno do Ceplan. In: *Módulo*, n.32, mar. 1963.
20 Galpão de uso geral [Brasília-DF, 1963]. J. Filguerias Lima. Esquema construtivo e montagem do mezanino. In: *Acrópole*, n. 369-370, jan.-fev. 1970. Detalhe da fachada. Arquivo MAJB. Foto: FMM, 2003.
21 ICC-UnB [Brasília-DF, 1963]. O. Niemeyer e J. Filgueiras Lima. Vista aérea e corte transversal. In: *Acrópole* n.369/370, jan.-fev. 1970.
22 ICC-UnB [Brasília-DF, 1963]. O. Niemeyer e J. Filgueiras Lima. Viga/piso com furo para passagem de tubulações. In: *Acrópole*, n. 369-370, jan.-fev. 1970. Vista do caminho de pedestres. Arquivo MAJB. Foto: FMM 2003. Vista da fachada lateral. Arquivo MAJB, foto: FMM, 2003.
23 Alojamento da Colina-UnB [Brasília-DF, 1963]. J. Filgueiras Lima. Arquivo MAJB. Foto FMM, 2003.
24 Alojamento da Colina-UnB [Brasília-DF, 1963]. J. Filgueiras Lima. Vista de conjunto. In: *Acrópole*, n. 369-370, jan.-fev. 1970.
25 Alojamento da Colina-UnB [Brasília-DF, 1963]. Montagem e esquema. Fonte: *Acrópole*, n. 369-370, jan.-fev. 1970. Detalhes dos elementos estruturais. Arquivo MAJB. Foto: FMM, 2003.
26 Escola do Senai-Sorocaba [Sorocaba-SP, 1960]. Lucio Grinover. Vista de conjuntos modulares em construção. In: *Acrópole*, n. 314, fev. 1965.
27 Escola do Senai-Sorocaba [Sorocaba-SP, 1960]. Lucio Grinover. Vista do ambiente interior. In: *Acrópole*, n. 314, fev. 1965.
28 Escola do Senai-Sorocaba [Sorocaba-SP, 1960]. Lucio Grinover. Detalhe de construção: forma. In: *Bem Estar*, n. 5/6, maio-jun. 1960.
29 Estação Ferroviária [Ribeirão Preto-SP, c.1960]. O. A. Bratke. Vista geral. In: *Acrópole*, n. 330, jul. 1966.
30 Estação Ferroviária de Uberlândia [Uberlândia-MG, c.1960]. O. A. Bratke. Detalhe de interior. Arquivo MAJB. Foto: FMM, 2003.
31 Residência M. de Vasconcelos [Rio de Janeiro-RJ, c. 1960]. M. de Vasconcelos. In: *Arquitetura*, n. 44, fev. 1966.
32 Posto de Puericultura [1961]. M. Fragelli. In: *Acrópole*, n. 276, nov. 1961. Foto: Michel Aertsens.
33 Residência Fragoso Pires [Rio de Janeiro-RJ, 1959]. M. Fragelli. In: *Arquitetura* n.41, nov. 1965.
34 Pavilhão Caio Alcântara Machado [Rio de Janeiro-RJ, 19966]. F. Mindlin Guimarães, M. Siag Landa e R. Loeb. Elevação e vista de interior. In: *Arquitetura*, n. 56, fev. 1967.
35 Cajueiro Seco [Jaboatão-PE, 1960]. A. G. Borsói. Sistema de pré-fabricação em taipa. In: *Arquitetura*, n. 40, out. 1965.
36 Escolas pré-fabricadas em madeira para o Governo do Amazonas. Severiano Porto. Perspectiva. In: *Arquitetura*, n. 40, out. 1965.
37 Escolas pré-fabricadas em madeira para o Governo do Amazonas. Severiano Porto. Corte esquemático. In: *Arquitetura*, n. 40, out. 1965.

Pós-Brasília (1965-1975)

1 Garagem de Barcos do Santa Paula Iate Clube [1961]. J. B. Vilanova Artigas e C. Cascaldi. Acervo da Biblioteca da FAU-USP.
2 Pavilhão Oficial do Brasil em Osaka. P. Mendes da Rocha, 1970. Desenho de J. L. Telles dos Santos.
3 Hospital Escola Santa Casa de Misericórdia (hoje Fórum Criminal) [São Paulo-SP, 1967]. F. Penteado. Arquivo do arquiteto.
4 Central Telefônica [Campos do Jordão-SP, 1973]. R. Ohtake. Arquivo do arquiteto. Foto: Calazans.
5 Escola Superior de Administração Fazendária [1973]. P. P. de Melo Saraiva. Fachada. Arquivo do arquiteto.
6 Aché Laboratórios Farmacêuticos [1970]. R. Ohtake. Vista aérea do conjunto. Arquivo R. Ohtake. Foto: Grupo Aché.
7 Balneário [Águas da Prata-SP, 1974]. J. W. Toscano, O. Toscano e M. Kamimura. Vistas parciais do edifício. Arquivo MAJB. Fotos FMM, 2004.
8 Rodoviária [Jaú-SP, 1973-1976]. J. B. Vilanova Artigas. Vista da estrutura. In: *Módulo*, n. 42, mar.-abr. maio, 1976.
9 Balneário [Jaú-SP, 1975]. J. B. Vilanova Artigas. Vista. Acervo da Biblioteca da FAU-USP.
10 Maison Jaoul. Le Corbusier. Vista do exterior e detalhes de acabamento interno.
11 Residência Waldo Perseu Pereira [São Paulo-SP, 1968]. J. Guedes e L. Guedes. Vista e planta. In: *Acrópole*, n. 360, abr. 1969. Foto: Joaquim Guedes.
12 Residência Arnaldo Wright [Rio de Janeiro-RJ, 1965]. P. Casé. Planta. In: *Arquitetura*, n. 44, fev., 1966.

13 Casa do Mar Casado [Guarujá-SP, 1964]. E. Longo. Vistas do interior, exterior e planta. Fotos: Leonardo Finotti, 2008.
14 Casa-Bola [São Paulo-SP, 1973-1979]. E. Longo. Vista aérea e do interior. Fotos: Leonardo Finotti, 2006. Corte. In: *Design & Interiores*, n.17, dez. 1989.
15 Secretaria da Agricultura do Estado de São Paulo [São Paulo-SP, 1968]. A. Martino, A. Bergamin,.J. Savoy de Castro, P. Bruna, J. Bueno Filho, A. M. de Biasi, A. Taalat e M. A. Tayata. Arquivo P. Bruna.
16 Secretaria da Agricultura do Estado de São Paulo [São Paulo-SP, 1968].A. Martino, A. Bergamin,.J. Savoy de Castro, P. Bruna, J. Bueno Filho, A. M. de Biasi, A. Taalat e M. A. Tayata. Vista do complexo em construção. Arquivo P. Bruna.
17 Secretaria da Agricultura do Estado de São Paulo [São Paulo-SP, 1968].A. Martino, A. Bergamin,.J. Savoy de Castro, P. Bruna, J. Bueno Filho, A. M. de Biasi, A. Taalat e M. A. Tayata. Detalhe de fachada em construção. Arquivo P. Bruna.
18 Aeroporto de Brasília [Brasília-DF, 1965]. O. Niemeyer. Vista geral do projeto. Desenho de SK.
19 Centro Musical da Barra [Rio de Janeiro-RJ, 1968]. O. Niemeyer. Elevação. Desenho de SK.
20 Museu da Barra [Rio de Janeiro-RJ, 1969]. O. Niemeyer. Elevação. Desenho de SK.
21 Sede da Editora Mondadori [Milão, 1968]. O. Niemeyer. Elevação. Desenho de SK.
22 Sede da Editora Mondadori [Milão, 1968]. O. Niemeyer. Elevação. Desenho de SK. Foto: Leonardo Finotti.
23 Sede da Editora Mondadori [Milão, 1968]. O. Niemeyer. Corte esquemático. Desenho de SK.
24 Sede da Fata. [Turim, 1974]. O. Niemeyer. Vista parcial do edifício. Desenho de SK.
25 Sede da Fata [Turim, 1974]. O. Niemeyer. Esquema de montagem. Desenho de SK.
26 Centro de Exposições e Museu [Trípoli, 1962]. O. Niemeyer. Implantação do complexo e detalhe. Desenho de SK.
27 Plano para a Cidade de Negev [1964]. O. Niemeyer. Vista geral de módulo de implantação. Desenho de SK.
28 Plano para a Cidade de Negev [1964]. O. Niemeyer. Esquema de implantação. Desenho de SK.
29 Centro de Negócios [Miami, 1972]. O. Niemeyer. Implantação. Desenho de SK.
30 Plano para Argel [1968]. Implantação. Desenho de SK.
31 Hotel da Ilha da Madeira [Portugal, 1966]. O. Niemeyer. Vista. Desenho de SK.
32 Centro Cívico [Argel, 1968]. O. Niemeyer. Vista. Desenho de SK.
33 Universidade, Bloco de aulas [Constantine, 1968-1972]. O. Niemeyer. Vista parcial. Desenho de SK.
34 Auditório da Universidade [Constantine, 1968-1972]. O. Niemeyer. Vista. Desenho de SK.
35 Auditório da Universidade [Constantine, 1968-1972]. O. Niemeyer. Vista frontal (esquema). Desenho de SK.
36 Hotel Nacional [Rio de Janeiro-RJ, 1970]. O. Niemeyer. Vista. Desenho de SK.
37 Torre em La Défense [Paris, 1973]. O. Niemeyer. Desenho de SK.
38 Sede do Partido Comunista Francês [Paris, 1968-1974]. O Niemeyer. Implantação. Desenho de SK.
39 Sede do Partido Comunista Francês [Paris, 1968-1974]. O Niemeyer. Vista. Desenho de SK.
40 Casa de Comando da Subestação de Uberaba [1969]. L. Grossman. Arquivo do arquiteto. In: *C.J. Arquitetura*, n. 3, nov.-dez. 1973-jan. 1974.
41 Quartel da Guarda Territorial do Amapá [Macapá-AP, 1971]. J. B. Vilanova Artigas. Maquete. Acervo da Biblioteca da FAU-USP.
42 Quartel da Guarda Territorial do Amapá [Macapá-AP, 1971]. J. B. Vilanova Artigas.Detalhe do pilar. Acervo da Biblioteca da FAU-USP.
43 Quartel da Guarda Territorial do Amapá [Macapá-AP, 1971]. J. B. Vilanova Artigas. Vista parcial do edifício. Acervo da Biblioteca da FAU-USP.
44 Fórum Judiciário [Teresina-PI, 1971-1972]. A. G. Borsói, J. Ferreira da Costa e G. Miranda. In: *Projeto*, n. 33, set. 1981.
45 Fórum Judiciário [Teresina-PI, 1971-1972]. A. G. Borsói, J. Ferreira da Costa e G. Miranda. Planta. In: *Projeto*, n. 33, set. 1981.
46 Reitoria da UnB [Brasília-DF, 1972-1975]. P. Zimbres. Vista do edifício e do pátio interno. Arquivo MAJB. Foto FMM, 2003.
47 Hotel Tambaú [João Pessoa-PB, 1966]. Sérgio Bernardes. Vista geral. In: Lemos, C. *Arquitetura Brasileira*. São Paulo: Melhoramentos/Edusp, 1979
48 Centro de Pesquisas e Desenvolvimento da Petrobrás [Ilha do Fundão-RJ, 1969]. Sérgio Bernardes. Vista aérea. In: *Guia da Arquitetura Moderna no Rio de Janeiro*.
49 Edifício-sede da Petrobrás [Rio de Janeiro-RJ, 1969-1973]. R. L. Gandolfi, J. H. Palma Sanchotene, A. A. Assad, L. Forte Netto, V. F. de Castro Neto e J. M. Gandolfi. In: *C.J. Arquitetura*, n. 3, nov., dez. 1973- jan., 1974.
50 Centro de Processamento de Dados do Banco do Brasil [São Paulo-SP, 1970]. M. e M. Roberto. Foto: Márcio Roberto.

51 Hospital Regional [Taguatinga-DF, 1968]. J. Filgueiras Lima. In: *AU*, n. 130, jan. 2005. Arquivo do arquiteto.
52 Secretarias de Estado no Centro Administrativo [Salvador-BA, 1974-1975]. J. Filgueiras Lima. Vista parcial do edifício. In: *Módulo Especial Arquitetura*, n. 1, mar. 1981. Foto: Marcel Gautherot. Elevação. Arquivo do arquiteto.
53 Secretarias de Estado no Centro Administrativo [Salvador-BA, 1974-1975]. J. Filgueiras Lima. Esquema de montagem. Arquivo do arquiteto.
54 Secretarias de Estado no Centro Administrativo [Salvador-BA, 1974-1975]. J. Filgueiras Lima. Corte esquemático. Arquivo do arquiteto.
55 Igreja do Centro Administrativo de Salvador [Salvador-BA, 1974-1975]. J. Filgueiras Lima.Vista do edifício e detalhe do interior. Foto: Sergio Ekerman.
56 Igreja do Centro Administrativo de Salvador [Salvador-BA, 1974-1975]. J. Filgueiras Lima. Detalhe das unidades estruturais. In: *Módulo Especial Arquitetura*, n. 1, mar. 1981. Foto: Sergio Ekerman.
57 Edifício para a Suframa [Manaus-AM, c. 1970]. S. Porto. Vista externa. In.: *Projeto*, n. 42, jul.-ago. 1982. Arquivo do arquiteto.
58 Edifício para a Suframa [Manaus-AM, c. 1970]. S. Porto. Implantação. In.: *Projeto*, n. 40, maio 1982.
59 Edifício para a Suframa [Manaus-AM, c. 1970]. S. Porto. Vista externa. In.: *AU*, n. 130, jan. 2005. Arquivo do arquiteto.
60 Edifício para a Suframa [Manaus-AM, c. 1970]. S. Porto. Detalhe da cobertura. In.: *Projeto*, n. 83, jan. 1986. Arquivo do arquiteto.
61 Edifício para a Suframa [Manaus-AM, c. 1970]. S. Porto. Detalhe do sistema de ventilação. In.: *C.J. Arquitetura*, n. 8, 1975. Arquivo do arquiteto.
62 Ceasa [Porto Alegre-RS, 1970-1974]. C. Araújo, C. M. Fayet, C. E. Comas e J. A. Gaudenzi. Pórtico e galpão dos comerciantes. Acervo João Alberto Fonseca da Silva, Centro Universitário Ritter dos Reis-Uniritter.
63 Ceasa [Porto Alegre-RS, 1970-1974]. C. Araújo, C. M. Fayet, C. E. Comas e J. A. Gaudenzi. Vista. Acervo João Alberto Fonseca da Silva, Centro Universitário Ritter dos Reis-Uniritter.
64 Ceasa [Porto Alegre-RS, 1970-1974]. C. Araújo, C. M. Fayet, C. E. Comas e J. A. Gaudenzi. Vista aérea do complexo. Acervo João Alberto Fonseca da Silva, Centro Universitário Ritter dos Reis-Uniritter.
65 Ceasa, Galpão do Produtor [Porto Alegre-RS, 1970-1974]. C. Araújo, C. M. Fayet, C. E. Comas e J. A. Gaudenzi. Vista externa. Acervo João Alberto Fonseca da Silva, Centro Universitário Ritter dos Reis-Uniritter.
66 Ceasa, Galpão do Produtor [Porto Alegre-RS, 1970-1974]. C. Araújo, C. M. Fayet, C. E. Comas e J. A. Gaudenzi. Vista interna. Acervo João Alberto Fonseca da Silva, Centro Universitário Ritter dos Reis-Uniritter.
67 Plano Urbano de Curitiba [PR, 1960-1980]. IPPUC. Pista exclusiva para ônibus expresso. Acervo IPPUC.
68 Plano Urbano de Curitiba [PR, 1960-1980]. IPPUC. Pedestrianização do centro urbano. Acervo IPPUC.
69 Plano para Cidade Satélite [Cotia-SP, 1965]. A. S. Bergamim, A. A. Martino, J. Kauffmann, J. G. Savoy de Castro, J. T. Yamasaki, L. Kupfer, M. Gorovitz, R. B.Lefèvre, S. Ferro e W. Hermann. Esquema do plano. In: *Acrópole*, n. 319, jul. 1965.
70 Plano para Cidade Satélite [Cotia-SP, 1965]. A. S. Bergamim, A. A. Martino, J. Kauffmann, J. G. Savoy de Castro, J. T. Yamasaki, L. Kupfer, M. Gorovitz, R. B.Lefèvre, S. Ferro e W. Hermann. Esquema do núcleo residencial. In: *Acrópole*, n. 319, jul. 1965.
71 Plano para Cidade Satélite [Cotia-SP, 1965]. A. S. Bergamim, A. A. Martino, J. Kauffmann, J. G. Savoy de Castro, J. T. Yamasaki, L. Kupfer, M. Gorovitz, R. B.Lefèvre, S. Ferro e W. Hermann. Esquema de circulação de pedestres e de veículos. In: *Acrópole*, n. 319, jul. 1965.
72 Plano para Cidade Satélite [Cotia-SP, 1965]. A. S. Bergamim, A. A. Martino, J. Kauffmann, J. G. Savoy de Castro, J. T. Yamasaki, L. Kupfer, M. Gorovitz, R. B.Lefèvre, S. Ferro e W. Hermann. Elevação. In: *Acrópole*, n. 319, jul. 1965.
73 Residências duplas-contrapostas Marieta Vampré. R. B. Lefèvre e S. Ferro. Corte, planta do pavimento superior e planta do térreo. In: *Acrópole*, n. 319, jul. 1965.
74 Cecap Cumbica [Guarulhos-SP, 1967]. J. B. Vilanova Artigas, F. Penteado e P. Mendes da Rocha. Vista parcial do conjunto. Acervo da Biblioteca da FAU-USP.
75 Cecap Cumbica [Guarulhos-SP, 1967]. J. B. Vilanova Artigas, F. Penteado e P. Mendes da Rocha. Planta-tipo dos blocos de habitação e corte transversal. In: *Acrópole*, n. 372, abr. 1970.
76 Cecap Cumbica [Guarulhos-SP, 1967]. J. B. Vilanova Artigas, F. Penteado e P. Mendes da Rocha. Plano do conjunto. Acervo da Biblioteca da FAU-USP.
77 Residência do arquiteto no Butantã [São Paulo-SP, 1964]. P. Mendes da Rocha. Escada. Arquivo do arquiteto. Foto: Cynthia Yendo.
78 Residência Mário Masetti [São Paulo-SP, 1964]. P. Mendes da Rocha. Vista do interior. Arquivo do arquiteto. Foto: Cynthia Yendo. Planta do pavimento superior. Arquivo R. V. Zein.

79 Residência do arquiteto no Butantã [São Paulo-SP, 1964]. P. Mendes da Rocha. Plantas e corte. Arquivo do arquiteto.
80 Cecap Cumbica [Guarulhos-SP, 1967]. J. B. Vilanova Artigas, F. Penteado e P. Mendes da Rocha. Axonométrica da montagem dos elementos pré-moldados. In: *Acrópole*, n. 372, abr. 1970.
81 Projeto para Casa Popular Experimental [1969]. F. Petracco e Morse. Implantação e esquemas. In: *Acrópole*, n. 350, mai. 1968.
82 Unidade de habitação pré-fabricada [1967]. P. Mendes da Rocha. Planta e corte. In: *Acrópole*, n. 343, set. 1967.

Crise e Renovação (1975-1985)

1 Sesc-Pompeia [São Paulo-SP, c. 1975]. L. Bo Bardi. Arquivo Instituto Lina Bo e P.M. Bardi. Foto: Sérgio Gikovate.
2 Sesc-Pompeia [São Paulo-SP, c. 1975]. L. Bo Bardi. Planta e *croquis* do auditório. Desenho de L. Bo Bardi Arquivo Instituto Lina Bo e P.M. Bardi.
3 Protótipo habitacional na favela São Remo [São Paulo-SP, c. 1975]. S. Sawaya e equipe. Vista e elevação. In: Projeto, n. 91, set. 1986
4 Protótipo habitacional na favela São Remo [São Paulo-SP, c. 1975]. S. Sawaya e equipe. Esquema construtivo. In: Projeto, n. 91, set. 1986.
5 Protótipo habitacional na favela São Remo [São Paulo-SP, c. 1975]. S. Sawaya e equipe. Esquema construtivo. In: Projeto, n. 91, set. 1986.
6 Tecnologia de pré-fabricação a partir de peças cerâmicas. Joán Villà. Arquivo do arquiteto.
7 Centro Administrativo BCN [Barueri-SP, 1976-1985]. L. M. Reiner e J. F. Camps Andreu. Vista aérea. In: *Projeto*, n. 52, jun. 1983. Foto: José Moscardi.
8 Centro Administrativo BCN [Barueri-SP, 1976-1985]. L. M. Reiner e J. F. Camps Andreu. Implantação e vista do conjunto. Fonte: *Projeto*, n. 52, jun. 1983. Foto: José Moscardi.
9 Centro Administrativo BCN [Barueri-SP, 1976-1985]. L. M. Reiner e J. F. Camps Andreu. Blocos de escritórios e vista de interior. In: *Projeto*, n. 52, jun. 1983.
10 Central Beher [Apeldoorn, 1967-1972]. H. Hertzberger. Vista do conjunto.
11 Central Beher [Apeldoorn, 1967-1972]. H. Hertzberger. Implantação.
12 Centro Administrativo BCN [Barueri-SP, 1976-1985]. L. M. Reiner e J. F. Camps Andreu. Esquema de apoios. In: *Projeto*, n. 52, jun. 1983.
13 Grupo escolar Vale Verde [Timóteo-MG, 1983-1985]. E. Maia, S. de Podestá e M. J. de Vasconcellos. Vista parcial do conjunto e do pátio interno. In: *Projeto*, n. 116, nov. 1988. Fotos: Éolo Maia.
14 Grupo escolar Vale Verde [Timóteo-MG, 1983-1985]. E. Maia, S. de Podestá e M. J. de Vasconcellos. Esquema de ventilação. Arquivo dos arquitetos.
15 Residência dos Padres Claretianos [Batatais-SP, 1982-1984]. A. Risi Jr. e J. M., N. de Carvalho. Vista do edifício. Arquivo A. Risi. Foto: Fioretto.
16 Residência dos Padres Claretianos [Batatais-SP, 1982-1984]. A. Risi Jr. e J. M., N. de Carvalho. Planta. Arquivo dos arquitetos.
17 Residência dos Padres Claretianos [Batatais-SP, 1982-1984]. A. Risi Jr. e J. M., N. de Carvalho. Detalhe da cobertura. Arquivo A. Risi. Foto: Julia Risi.
18 Conjunto de veraneio [Búzios-RJ, 1973]. L. C. Neves e equipe. Vista do conjunto. In: *A Construção em São Paulo* n.1358, fev. 1974.
19 Cecap-Quiririm [Taubaté-SP, 1973]. J. B. Esteves e I. Sancovski. Fachada de residência, vista do pórtico e maquete do conjunto. In: *Process Architecture*, n. 17, aug. 1980.
20 Biblioteca Central da UFMG [Belo Horizonte-MG, 1979]. M. P. de Barros. Maquete. In: *Pampulha*, n. 1, nov.-dez. 1979.
21 Sede do DAE [Belo Horizonte-MG, 1979]. M. A. Ferreira da Silva. Vista. In: *Pampulha*, n. 1, nov.-dez. 1979.
22 Banco de Desenvolvimento de Minas Gerais [Belo Horizonte, c. 1979]. M. V. Meyer, M. P. de Barros, H. Serpa e W. R. Abdalla. Vista. In: *Pampulha*, n. 1, nov.-dez. 1979.
23 Indústrias Micheletto [Contagem-MG, 1979]. M. V. Meyer. Vista parcial. In: *Pampulha*, n. 1, nov.-dez. 1979.
24 Residência Guy Geo [c. 1979]. W. R. Abdalla. Vista. In: *Pampulha*, n. 1, nov.-dez. 1979.
25 Sede Administrativa-Siderúrgica Minaço [Várzea da Palma-MG, c. 1979]. J. Campolina. Arquivo J. Campolina.
26 Biblioteca de Uberlândia, Módulo 1 [Uberlândia-MG, c. 1979]. S de Podestá e S. Vilela. Perspectiva. Arquivo S. de Podestá.

27 Edifício Terzaghi [MG, c. 1979]. M. A. Ferreira da Silva. Vista da fachada frontal. In: *Pampulha*, n. 1, nov.-dez. 1979.
28 Escola Técnica Federal de MG [c. 1979]. J. M. Torres Leal e P. H. Rocha. Perspectiva. In: *Pampulha*, n. 1, nov.-dez. 1979.
29 Condomínio Tinguá [MG, c. 1979]. E. Maia. Vista. In: *Pampulha*, n. 1, nov.-dez. 1979.
30 Ginásio de Esportes [Timóteo-MG, c. 1979]. F. Ramos e M. Castro. Elevação. In: *Pampulha*, n. 1, nov.-dez. 1979.
31 Igreja São Benedito [Uberaba-SP, c. 1979]. W. Schroden. Maquete. In: *Pampulha*, n. 1, nov.-dez. 1979.
32 Capela Velório de Bonfim [MG, c. 1979]. J. C. Laender de Castro e R. P. Manata. Vista. In: *Pampulha*, n. 1, nov.-dez. 1979.
33 Casa de morar [Contagem-MG, c. 1979]. M. M. Coelho e A. Hardy. Arquivo A&M Arquitetura. Foto: Márcio Ferreira.
34 Condomínio Barca do Sol [MG, 1975-1977]. E. Maia e M. Lima. Fachada. In: *Pampulha*, n. 1, nov.-dez. 1979.
35 Residência Domingos Gandria [MG, 1973]. E. Maia. Maquete. In: *Pampulha*, n. 1, nov.-dez. 1979.
36 Residência Estudantil no Bryn Mawr College [Pensilvânia, 1960-1965]. L. Kahn. Planta.
37 Assembleia Nacional de Daca [Bangladesh, 1964]. L. Kahn. Planta.
38 Hotel Verdes Mares [Ouro Branco-MG, 1976-1977]. E. Maia. Planta. In: *Pampulha*, n. 1, nov.-dez. 1979.
39 Hotel Verdes Mares [Ouro Branco-MG, 1976-1977]. E. Maia. Vista. In: *Pampulha*, n. 1, nov.-dez. 1979.
40 Edifício de apartamentos [Contagem-MG, 1979]. S. de Podestá, L. A. F. de Queiroz e P. S. M. Diogo. Perspectiva e maquete. Arquivo S. de Podestá.
41 Escola para Região A, 3º lugar [MG, 1981]. A. Hardy e M. Machado Coelho. Implantação. In: *Pampulha*, n. 6, abr.-maio 1982.
42 Escola para Região A, 3º lugar [MG, 1981]. A. Hardy e M. Machado Coelho. *Croquis* de A. Hardy. Arquivo A&M Arquitetura.
43 Escola para Vilas, 2º lugar [MG, 1981]. E. R. de Oliveira, E. W. Guimarães e K. Afonso. Implantação e esquema da unidade modular. In: *Pampulha*, n. 6, abr.-maio 1982.
44 Escola para Região B, 1º lugar [MG, 1981]. E. Maia, M. J. de Vasconcellos e S. de Podestá. Planta e elevações. Arquivo S. de Podestá.
45 Grupo Escolar Cachoeira do Vale [Timóteo-MG, 1983-1985]. E. Maia, M. J. de Vasconcellos e S. de Podestá. Vista. Arquivo S. de Podestá.
46 Residência Rubens e Cristina [Nova Lima-MG, 1983-1984]. E. Maia. Vista e *croquis*. In: *Projeto*, n. 73, mar. 1985.
47 Escola em estrutura metálica de crescimento misto, 1º lugar. J. Campolina. Perspectiva axonométrica e corte. In: *Pampulha*, n. 6, abr.-maio 1982.
48 Núcleo Habitacional Inocoop-Cafundá [Rio de Janeiro-RJ, 1981]. S. Ferraz Magalhães, A. L. de Magalhães, S. P. de Barros, C. S. de Barros e R. Rocha Velloso. Vista aérea. Arquivo S. F. Magalhães. Foto: Celso Brando.
49 Núcleo Habitacional Inocoop-Cafundá [Rio de Janeiro-RJ, 1981]. S. Ferraz Magalhães, A. L. de Magalhães, S. P. de Barros, C. S. de Barros e R. Rocha Velloso. Hipóteses de implantação. Arquivo S. F. Magalhães.
50 Núcleo Habitacional Inocoop-Cafundá [Rio de Janeiro-RJ, 1981]. S. Ferraz Magalhães, A. L. de Magalhães, S. P. de Barros, C. S. de Barros e R. Rocha Velloso. Fachada e detalhe de acesso. Arquivo S. F. Magalhães. Fotos: Equipe MPP.
51 Residência do arquiteto [Manaus-AM, 1971]. S. Porto. Planta. Arquivo do arquiteto.
52 Residência do arquiteto [Manaus-AM, 1971]. S. Porto. Vista da fachada e do elemento vazado do pátio interno. Arquivo do arquiteto.
53 Hotel Pousada da Ilha de Silves [Ilha de Silves-AM, 1979-1983]. S. Porto. Vista aérea. Arquivo RVZ.
54 Hotel Pousada da Ilha de Silves [Ilha de Silves-AM, 1979-1983]. S. Porto. Detalhes. Arquivo RVZ.
55 Hotel Pousada da Ilha de Silves [Ilha de Silves-AM, 1979-1983]. S. Porto. Interior. Arquivo RVZ.
56 Hotel Pousada da Ilha de Silves [Ilha de Silves-AM, 1979-1983]. S. Porto. Planta do pavimento superior. In: *Projeto*, n. 49, mar. 1983.
57 Hotel Pousada da Ilha de Silves [Ilha de Silves-AM, 1979-1983]. S. Porto. Planta da estrutura do telhado. In: *Projeto*, n. 49, mar. 1983.
58 Hotel Pousada da Ilha de Silves [Ilha de Silves-AM, 1979-1983]. S. Porto. Planta da cobertura. In: *Projeto*, n. 49, mar. 1983.
59 Universidade do Amazonas [AM, 1983-1988]. S. Porto. Implantação. In: *Projeto*, n. 83, jan. 1986. Vista aérea. Arquivo RVZ.
60 Universidade do Amazonas [AM, 1983-1988]. S. Porto. Caminhos cobertos. Arquivo RVZ.
61 Universidade do Amazonas [AM, 1983-1988]. S. Porto. Vistas dos pavilhões. In: *Projeto*, n. 83, jan. 1986.

62   Centro de Proteção Ambiental [Balbina-AM, 1983-1988]. S. Porto. Implantação geral. In: *AU*, n. 11, abr-maio 1987.
63   Centro de Proteção Ambiental [Balbina-AM, 1983-1988]. S. Porto. Planta de setor. In: *Projeto*, n. 125, set. 1989.
64   Centro de Proteção Ambiental [Balbina-AM, 1983-1988]. S. Porto. Planta da cobertura. In: *AU*, n. 11, abr-maio 1987.
65   Centro de Proteção Ambiental [Balbina-AM, 1983-1988]. S. Porto. Vista parcial do conjunto. In: *Projeto*, n. 125, set. 1989. Foto: Severiano Porto. Perspectiva. Arquivo do arquiteto.
66   Fábrica Memphis [Porto Alegre-RS, 1976]. C. G. de Araújo e C. O. Correa. Detalhe do módulo industrial. Arquivo C. G. de Araújo.
67   Fábrica Memphis [Porto Alegre-RS, 1976]. C. G. de Araújo e C. O. Correa. Vistas parciais da cobertura. Arquivo C. G. de Araújo.
68   Fábrica Memphis [Porto Alegre-RS, 1976]. C. G. de Araújo e C. O. Correa. Detalhe da cobertura. Arquivo C. G. de Araújo.
69   Fábrica Memphis [Porto Alegre-RS, 1976]. C. G. de Araújo e C. O. Correa. Implantação. Arquivo C. G. de Araújo.
70   Fábrica Memphis [Porto Alegre-RS, 1976]. C. G. de Araújo e C. O. Correa. Vista do complexo. Arquivo C. G. de Araújo.
71   Equipamentos do Parque dos Guararapes [Jaboatão dos Guararapes-PE, 1975-1978]. A. de Holanda. Vista da entrada. In: *AU*, n. 69.
72   Equipamentos do Parque dos Guararapes [Jaboatão dos Guararapes-PE, 1975-1978]. A. de Holanda. Vista da lanchonete. In: *AU*, n. 69.
73   Edifício-sede da Chesf [Salvador-BA, 1975-1982] A. Reis. Vista parcial do edifício. Arquivo A. Reis.
74   Edifício-sede da Chesf [Salvador-BA, 1975-1982] A. Reis. Vista parcial do edifício. Arquivo A. Reis.
75   Concurso para a Biblioteca Central da Bahia, 2º lugar [BA, c. 1960]. J. Guedes e equipe. Implantação e perspectiva. In: *Arquitetura*, n. 74.
76   Cidade de Caraíba [BA, 1976-1982]. J. Guedes. Vista aérea. Arquivo Escritório JG.
77   Cidade de Caraíba, edifícios centrais [BA, 1976-1982]. J. Guedes. Vista. Arquivo Escritório JG.
78   Cidade de Caraíba, residências [BA, 1976-1982]. J. Guedes. Vista. Arquivo Escritório JG.
79   Vilarejo da região. Arquivo Escritório JG.
80   Passarela [Salvador-BA, c. 1988]. J. Filgueiras Lima. Arquivo do arquiteto. In: *Projeto*, n. 114, set. 1988. Foto: Sérgio Gikovate.
81   Escolas [Salvador-BA, 1988-1992]. J. Filgueiras Lima. Baixo da égua, Plataforma e Pituaçu. Arquivo do arquiteto. Fotos: Celso Brando.
82   Creches para o MAIS [Salvador-BA, 1988-1992]. J. Filgueiras Lima. Vista externa. In: *AU*, n. 20, out.-nov. 1988. Foto: Agilberto Lima.
83   Creches para o MAIS [Salvador-BA, 1988-1992]. J. Filgueiras Lima. Esquema construtivo. In: *AU*, n. 20, out.-nov. 1988.
84   Creches para o MAIS [Salvador-BA, 1988-1992]. J. Filgueiras Lima. Vista interna. Arquivo do arquiteto. Foto: Celso Brando.
85   Centro Empresarial Itaú Conceição [São Paulo-SP, 1980-1985]. J. E. De Genaro, F. J. y Manubens e J. M. Cupertino. Vista aérea do conjunto. Arquivo J. Cupertino. Foto: Gal Opino.
86   Centro Empresarial Itaú Conceição [São Paulo-SP, 1980-1985]. J. E. De Genaro, F. J. y Manubens e J. M. Cupertino. Vista da praça. Arquivo J. Cupertino. Foto: Rubens Mano.
87   Centro Empresarial Itaú Conceição [São Paulo-SP, 1980-1985]. J. E. De Genaro, F. J. y Manubens e J. M. Cupertino. Vista dos acessos. Arquivo J. Cupertino. Foto: Rubens Mano.
88   Centro Empresarial Itaú Conceição [São Paulo-SP, 1980-1985]. J. E. De Genaro, F. J. y Manubens e J. M. Cupertino. Implantação. Arquivo J. Cupertino.
89   Centro Empresarial Itaú Conceição [São Paulo-SP, 1980-1985]. J. E. De Genaro, F. J. y Manubens e J. M. Cupertino. Planta andar-tipo. Arquivo J. Cupertino.
90   Centap Bradesco Seguros [Rio de Janeiro-RJ, 1982-1984]. L. P. Conde. Planta e corte. In: *AU*, n. 17, abr.-maio 1988.
91   Centap Bradesco Seguros [Rio de Janeiro-RJ, 1982-1984]. L. P. Conde. Pátio interno. In: *AU*, n. 17, abr.-maio 1988.
92   Centap Bradesco Seguros [Rio de Janeiro-RJ, 1982-1984]. L. P. Conde. Fachada dos fundos. *Projeto*, n. 80, out. 1985. Foto: Kako.
93   Ginásio da Fundação Bradesco [Osasco-SP, c. 1985]. Vista geral do edifício. In: *Projeto*, n. 107, fev. 1988.
94   Ginásio da Fundação Bradesco [Osasco-SP, c. 1985]. Implantação. In: *Projeto*, n. 107, fev. 1988.

95 Ginásio da Fundação Bradesco [Osasco-SP, c. 1985]. Vista do interior. In: *Projeto*, n. 107, fev. 1988.
96 Edifício rua Funchal [São Paulo-SP, 1976-1978]. C. Bratke. In: *Projeto*, n. 41, jun. 1982. Arquivo do arquiteto.
97 Morumbi Plaza [São Paulo-SP, 1980]. C. Bratke. Implantação. In: *Projeto*, n. 41, jun. 1982.
98 Edifício ARS [São Paulo-SP, 1982-1986]. C. Bratke. Praça. In: *Projeto*, n. 103, set. 1987. Foto: Carlos Fadon Vicente.
99 Edifício Citicorp [São Paulo-SP, 1984-1986]. P. Croce, R. Aflalo e G. Gasperini. Vista do edifício. Arquivo A&G. Foto: Arnaldo Papalardo.
100 Edifício Citicorp [São Paulo-SP, 1984-1986]. P. Croce, R. Aflalo e G. Gasperini. Interior e planta do pavimento térreo. Arquivo A&G. Foto: Arnaldo Papalardo.

Novos Rumos (1985-1995)

1 Biblioteca Pública [Rio de Janeiro-RJ, 1989]. G. Campello e equipe. Detalhe da fachada lateral e vista da entrada. In: *Projeto*, n. 117. Fotos: Vantoen e Daniel Casoy. Perspectiva e plantas. In: *AU*, n. 24, jun.-jul. 1989.
2 Sesc Nova Iguaçu [Nova Iguaçu-RJ, 1992]. B. Padovano e H. Vigliecca. Implantação. In: *Projeto*, n. 153, jun. 1992. Elevação. In: *AU*, n. 42, jun.-jul. 1992. Vista geral do complexo. Arquivo H. Vigliecca.
3 Pavilhão Brasileiro para a Exposição de Sevilha [1992]. A. Bucci, A. Puntoni, J. A. Villela, E. Dente e G. V. Puntoni. Maquete. Foto: Nelson Kon.
4 Clínica de Odontologia [Orlândia-SP, c. 2000]. M. Braga, M. Moreira, F. Franco e A. Bucci. Fachada. Foto: Nelson Kon.
5 Centro Administrativo da Cidade Nova [Rio de Janeiro-RJ, c. 1970] M. Konder Netto. Perspectiva. In: *AU*, n. 20, out.-nov. 1988.
6 Concurso Tribunal de Contas, 1º lugar [Rio de Janeiro-RJ, 1988]. A. Reis. *Croquis* do arquiteto. Arquivo do arquiteto.
7 Concurso Tribunal de Contas, 3º lugar [Rio de Janeiro-RJ, 1988]. Archi-5. Perspectiva axonométrica. In: *AU*, n. 20, out.-nov. 1988.
8 Concurso Anexo FAU-USP [São Paulo-SP, 1988]. A. Martino e equipe. Maquete. In: *AU*, n. 24, jun.-jul. 1989.
9 Concurso Anexo FAU-USP [São Paulo-SP, 1988]. J. de Almeida Pinto e equipe. Perspectiva. In: *AU*, n. 24, jun.-jul. 1989.
10 Concurso Anexo FAU-USP [São Paulo-SP, 1988]. S. Zanettini e equipe. Perspectiva. In: *AU*, n. 24, jun.-jul. 1989.
11 Concurso Anexo FAU-USP [São Paulo-SP, 1988]. J. de R. Perrone e equipe. Maquete. In: *AU*, n. 24, jun.-jul. 1989.
12 Concurso Anexo FAU-USP, 1º lugar [São Paulo-SP, 1988]. G. C. Gasperini e equipe. Maquete. In: *AU*, n. 24, jun.-jul. 1989.
13 Concurso Câmara Legislativa de Brasília, 1º lugar [Brasília-DF, 1989]. E. R. Francisco, F. M. Gonçalves, L. M. L. França, L. M. Freire, M. C. Vilariño e Z. de Almeida Lima. Maquete. In: *Projeto*, n. 131, abr./maio 1990.
14 Concurso Câmara Legislativa de Brasília, 2º lugar [Brasília-DF, 1989]. R. F. Rodino e C. R. M. Corrêa. Maquete. In: *Projeto*, n. 131, abr.-maio 1990.
15 Concurso Câmara Legislativa de Brasília, 3º lugar [Brasília-DF, 1989]. P. Pontes e Associados. Maquete. In: *AU*, n. 28, fev.-mar. 1990.
16 Igreja-matriz, 1º lugar [Cerqueira César-SP, 1989]. J. C. de Lima Filho. Implantação. In: *Projeto*, n. 128, dez. 1989.
17 Capela Ecumênica da Universidade Rural do Rio de Janeiro [RJ, c. 1974]. M. de Vasconcelos. Maquete. In: *A Construção em São Paulo*, n. 1358, 1974.
18 Igreja-matriz, 2º lugar [Cerqueira César-SP, c. 1989]. Maquete. Arquivo Núcleo de Arquitetura.
19 MABH, 1º lugar [Belo Horizonte-MG, 1990]. A. S. Loureiro e G. L. Medeiros. Maquete. Arquivo G. L. Medeiros. Foto: Sergio Roizenblit.
20 MABH, 3º lugar [Belo Horizonte-MG, 1990]. G. Zamoner Neto, L. T. Oba e R. M. Oba. Maquete. *Projeto*, n. 135, out. 1990.
21 Concurso Paço Municipal, 1º lugar [Osasco-SP, 1991]. J. B. Xavier e equipe. Perspectiva do conjunto. In: *AU*, n. 37, ago.-set. 1991.
22 Concurso Paço Municipal, 1º lugar [Osasco-SP, 1991]. J. B. Xavier e equipe. Perspectiva do pátio. In: *AU*, n. 37, ago.-set. 1991.

23 Concurso Paço Municipal, 2º lugar [Osasco-SP, 1991]. M. Patrinicola e equipe. Perspectiva. In: *AU*, n. 37, ago.-set. 1991.
24 Concurso Paço Municipal, menção-honrosa [Osasco-SP, 1991]. E. Mahfuz e equipe. Perspectiva. In: *AU*, n. 37, ago.-set. 1991.
25 Concurso Paço Municipal, 2º lugar [Osasco-SP, 1991]. E. Nagle e equipe. Maquete. Arquivo L. Espallargas.
26 Concurso Paço Municipal, menção-honrosa [Osasco-SP, 1991]. M. Ursini e equipe. Maquete. Arquivo Núcleo Arquitetura. Foto: Ricardo Migliorini.
27 Concurso Paço Municipal, menção-honrosa [Osasco-SP, 1991]. M. Biselli e equipe. Maquete. Arquivo dos arquitetos.
28 Concurso Brás de habitação popular, 1º lugar [São Paulo-SP, 1990]. S. de Podestá e equipe. Maquete e elevações. Arquivo. S. de Podestá. 2º lugar. H. Fina e equipe. Maquete. Arquivo Núcleo de Arquitetura. 3º lugar. Aflalo e Gasperini. Perspectiva. In: *Projeto*, n. 134, ago. 1990.
29 Concurso Jardim São Francisco, 1º lugar [São Paulo-SP, 1990]. D. Anastassakis e equipe. Maquete e implantação. In: *Projeto*, n. 134, ago. 1990. Elevação e construção em mutirão setor 8. *Projeto*, n. 147, nov. 1991.
30 Parque Europa [São Paulo-SP, c. 1990]. s/G Arquitetos. Implantação. *Projeto*, n. 147, nov. 1991.
31 Rio das Pedras [São Paulo-SP, c. 1990]. B. Padovano e H. Vigliecca. Vista parcial do conjunto. Arquivo H. Vigliecca. Foto: Andres Otero.
32 Sonda [São Paulo-SP, c. 1990]. Grupo Itapeti. Perspectiva. In: *Projeto*, n. 147, nov. 1991.
33 Paranapanema [São Paulo-SP, c. 1990]. D. Tozzi. Perspectiva. In: *AU*, n. 33, dez.-jan. 1990.
34 Minas Gás [São Paulo-SP, c. 1990]. U. Gilioli. Implantação. In: *AU*, n. 33, dez. 1990-jan. 1991.
35 Rincão [São Paulo-SP, c. 1990]. B. Padovano e H. Vigliecca. In: *Projeto*, n. 147, nov., 1991. Foto: Robson Martins.
36 Casarão Celso Garcia [São Paulo-SP, c. 1990]. C. Manetti e equipe. Maquete. In: *Projeto*, n. 147, nov. 1991.
37 Conjunto na favela Heliópolis [São Paulo-SP, c. 1990]. L. Espallargas, A. Cecco Jr, E. Nagle e R. Borges. Vista do conjunto. Arquivo L. Espallargas.
38 Pré-fabricação de cerâmica. J. Villà. Execução de painéis curvos. Arquivo do arquiteto.
39 Moradia Estudantil da Unicamp [Campinas-SP, 1989-1991]. J. Villà. Vistas parciais do conjunto. Arquivo do arquiteto.
40 Moradia Estudantil da Unicamp [Campinas-SP, 1989-1991]. J. Villà. Vista aérea. Arquivo do arquiteto.
41 Restaurante da Unicamp, atual Casa da Cultura [Campinas-SP, 1989-1991]. J. Villà. Vista aérea. Arquivo do arquiteto. Vista frontal. Arquivo do arquiteto. Foto: Nelson Kon.
42 Restaurante da Unicamp, atual Casa da Cultura [Campinas-SP, 1989-1991]. J. Villà. Interior. Arquivo do arquiteto.
43 Residência Hélio Olga [1987]. M. Acayaba. Vistas. Foto: Nelson Kon.
44 Creches do Estado de São Paulo [SP, 1988-1989]. R. Ohtake. Vista do jardim. Foto: José Moscardi Jr. Vista de interior. Arquivo ROAU.
45 Creches do Estado de São Paulo [SP, 1988-1989]. R. Ohtake. Vista do corredor. Arquivo ROAU. Foto: José Moscardi Jr.
46 Escola Guignard [Belo Horizonte-MG, 1989-1990]. G. Penna. Vista panorâmica. In: *Projeto*, n. 191, nov. 1995. Foto: Gil Prates.
47 Escola Guignard [Belo Horizonte-MG, 1989-1990]. G. Penna. Vista da fachada posterior. In: *AU*, n. 70, fev.-mar. 1997. Foto: Jomar Bragança.
48 Escola Guignard [Belo Horizonte-MG, 1989-1990]. G. Penna. Vista parcial da fachada forntal. In: : *AU*, n. 70, fev.-mar. 1997. Foto: Jomar Bragança.
49 Academia Mineira de Letras [Belo Horizonte-MG, 1989-1990]. G. Penna. Vista do conjunto. In: *Projeto*, n. 191, nov. 1995. Foto: Jomar Bragança.
50 Academia Mineira de Letras [Belo Horizonte-MG, 1989-1990]. G. Penna. Vista de interior. In: *Projeto*, n. 191, nov. 1995. Foto: Jomar Bragança.
51 Ópera de Arame [Curitiba-PR, 1991]. D. Bongestabs. Vista desde a ponte de acesso. Foto: FMM, 2004.
52 Ópera de Arame [Curitiba-PR, 1991]. D. Bongestabs. Vista da ponte de acesso. Foto: FMM, 2004.
53 Ópera de Arame [Curitiba-PR, 1991]. D. Bongestabs. Vista interna do auditório. Foto: FMM, 2004.
54 Ópera de Arame [Curitiba-PR, 1991]. D. Bongestabs. Implantação. In: *AU*, n. 43, ago.-set. 1992.
55 Ulma [Curitiba-PR, 1992]. D. Bongestabs. Vista geral. Foto: FMM, 2004.
56 Ulma [Curitiba-PR, 1992]. D. Bongestabs. Vista parcial do edifício. Foto: FMM, 2004.
57 Ulma [Curitiba-PR, 1992]. D. Bongestabs. Planta. In: *Projeto*, n. 170, dez. 1993.
58 Calçadão dos mascates [Recife-PE, 1993]. J. Brandão e R. L'Amour. Vista panorâmica. Arquivo dos arquitetos. Fotos: J. Brandão e R. L'Amour.
59 Calçadão dos mascates [Recife-PE, 1993]. J. Brandão e R. L'Amour. Corte esquemático. Arquivo dos arquitetos.

60 Calçadão dos mascates [Recife-PE, 1993]. J. Brandão e R. L'Amour. Vista dos quiosques de alimentação. Arquivo dos arquitetos. Foto: J. Brandão e R. L'Amour.
61 Ática Shopping Cultural [São Paulo-SP, 1995-1996]. P. Bruna. Vista panorâmica. Arquivo do arquiteto. Foto: Cristiano Mascaro.
62 Ática Shopping Cultural [São Paulo-SP, 1995-1996]. P. Bruna. Vista desde a praça. Arquivo do arquiteto. Foto: Cristiano Mascaro.
63 Ática Shopping Cultural [São Paulo-SP, 1995-1996]. P. Bruna. Implantação. Arquivo do arquiteto.
64 Ática Shopping Cultural [São Paulo-SP, 1995-1996]. P. Bruna. Vistas internas junto à fachada. Arquivo do arquiteto. Foto: Cristiano Mascaro.
65 Hospital Sarah [Salvador-BA, 1987]. J. Filgueiras Lima. Vista parcial do edifício. In: *AU*, n. 54, jun.-jul. 1994. Foto: José Carlos Almeida.
66 Hospital Sarah [Salvador-BA, 1987]. J. Filgueiras Lima. Vista do interior; sala de espera. In: *AU*, n. 54, jun.-jul. 1994. Foto: José Carlos Almeida.
67 Hospital Sarah [Salvador-BA, 1987]. J. Filgueiras Lima. Vista aérea do conjunto. In: *AU*, n. 54, jun.-jul. 1994. Foto: José Carlos Almeida.
68 Hospital Sarah [Salvador-BA, 1987]. J. Filgueiras Lima. Esquema de captação de brisa. In: *AU*, n. 54, jun.-jul. 1994.
69 Espaço Cultural de Palmas [Palmas-TO, 1994-1995]. P. H. Paranhos. Planta. Arquivo do arquiteto.
70 Espaço Cultural de Palmas [Palmas-TO, 1994-1995]. P. H. Paranhos. Arquivo do arquiteto.
71 Espaço Cultural de Palmas [Palmas-TO, 1994-1995]. P. H. Paranhos. Corte. Arquivo do arquiteto.
72 Colégio do Caraça [MG, 1986-1989]. R. Meniconi e M. E. Leal. Vista do edifício. Arquivo MAJB. Foto: FMM, 2008.
73 Colégio do Caraça [MG, 1986-1989]. R. Meniconi e M. E. Leal. Vista do interior. In: *AU*, n. 44, out.-nov. 1992. Foto: Jacques T. Rios.
74 Sobrados na Ladeira da Misericórdia [Salvador-BA, 1987]. L. Bo Bardi. Levantamento cadastral. Arquivo Instituto Lina Bo e P.M. Bardi.
75 Sobrados na Ladeira da Misericórdia. Bar dos Três Arcos [Salvador-BA, 1987]. L. Bo Bardi. Colocação de contrafortes e divisórias em placas de argamassa armada. Arquivo Instituto Lina Bo e P.M. Bardi. Foto: Marcelo Carvalho Ferraz, 1989.
76 Paço Imperial [Rio de Janeiro-RJ, 1980]. Vista do edifício antes do restauro. In: *AU*, n. 23, abr.-mai, 1989.
77 Paço Imperial [Rio de Janeiro-RJ, 1980-1990]. Vista do edifício após o restauro. In: *AU*, n. 23, abr.-mai, 1989.
78 Centro Cultural Dannemann [São Felix-BA, c. 1990]. P. Ormindo de Azevedo. Arquivo do arquiteto.
79 Centro Cultural Dannemann [São Felix-BA, c. 1990]. P. Ormindo de Azevedo. Detalhe de construção, a partir da fachada remanescente. Arquivo do arquiteto.
80 Centro Cultural Dannemann [São Felix-BA, c. 1990]. P. Ormindo de Azevedo. Vista interna, sala de exposições. Arquivo do arquiteto.
81 Centro Cultural Dannemann [São Felix-BA, c. 1990]. P. Ormindo de Azevedo. Pátio interno, detalhe. Arquivo do arquiteto. Foto: Paulo Ormindo de Azevedo.
82 Teatro José de Alencar [Fortaleza-CE, 1989-1990]. Método Engenharia/SPHAN. Fachada após a restauração. In: *AU*, n. 34, fev.-mar. 1991. Foto: Cristiano Mascaro.
83 Teatro José de Alencar [Fortaleza-CE, 1989-1990]. Método Engenharia/SPHAN. Vista do terraço.In: *AU*, n. 34, fev.-mar. 1991. Foto: Cristiano Mascaro. Detalhe do fechamento com vidro temperado no terraço. In: *Projeto*, n. 141, maio 1991.
84 Teatro José de Alencar [Fortaleza-CE, 1989-1990]. SPHAN. Interior, auditório. In: *AU*, n. 34, fev.-mar. 1991. Foto: Cristiano Mascaro.
85 Teatro Oficina [São Paulo-SP, 1984]. L. Bo Bardi. Vista do espaço cênico. Foto: Nelson Kon.
86 Teatro Oficina [São Paulo-SP, 1984]. L. Bo Bardi. *Croquis* do espaço cênico, de Edson Elito. In: *Projeto*, n. 135, out. 1990.
87 Nova sede da IBM [Curitiba-PR, 1985-1986]. A. Willer, J. Sanchotene e O. Mueller. Implantação e vista do palacete. In: *Projeto*, n. 107, fev. 1988. Foto: Daniel Katz.
88 Nova sede da IBM [Curitiba-PR, 1985-1986]. A. Willer, J. Sanchotene e O. Mueller. Vista parcial do edifício. In: *Projeto*, n. 107, fev. 1988. Foto: Daniel Katz.
89 Nova sede da IBM [Curitiba-PR, 1985-1986]. A. Willer, J. Sanchotene e O. Mueller. Detalhe do edifício. In: *Projeto*, n. 107, fev. 1988. Foto: Daniel Katz.
90 Casa de Cultura Mário Quintana [Porto Alegre-RS, 1987-1988]. F. Kiefer e J. Gorski. Vista da fachada. Foto: Flávio Kiefer.
91 Casa de Cultura Mário Quintana [Porto Alegre-RS, 1987-1988]. F. Kiefer e J. Gorski. Vista do interior, entrada. Foto: Flávio Kiefer.

92 Casa de Cultura Mário Quintana [Porto Alegre-RS, 1987-1988]. F. Kiefer e J. Gorski. Vista do interior, área de exposição. Foto: Flávio Kiefer.
93 Casa de Cultura Mário Quintana [Porto Alegre-RS, 1987-1988]. F. Kiefer e J. Gorski. Vista do interior da galeria de arte. Foto: Flávio Kiefer.
94 Pinacoteca do Estado [São Paulo-SP, 1993-1997]. P. Mendes da Rocha, R. Torres e Colonelli. Pátio. Arquivo do arquiteto. Foto: Nelson Kon.
95 Pinacoteca do Estado [São Paulo-SP, 1993-1997]. P. Mendes da Rocha, R. Torres e Colonelli. Vista aérea. Arquivo do arquiteto. Foto: Nelson Kon.
96 Pinacoteca do Estado [São Paulo-SP, 1993-1997]. P. Mendes da Rocha, R. Torres e Colonelli. Detalhe do interior. Arquivo do arquiteto. Foto: Nelson Kon.
97 Sala São Paulo [São Paulo-SP, 1997]. N. Dupré. Cobertura aposta no antigo edifício-sede. Acervo MAJB. Foto: MAJB.
98 Favela Fubá-Campinho [Rio de Janeiro-RJ, 1996]. J. Jauregui e H. Casé Planejamento Arquitetônico e Ambiental. Vista antes e depois da instalação de via de acesso. Arquivo J. Jauregui.
99 Favela Fubá-Campinho [Rio de Janeiro-RJ, 1996]. J. Jauregui e H. Casé Planejamento Arquitetônico e Ambiental. Vista da creche. Arquivo J. Jauregui.
100 Panteão na Praça dos Três Poderes [Brasília-DF, 1985]. O. Niemeyer. Vista. Foto: FMM, 2003.
101 Panteão na Praça dos Três Poderes [Brasília-DF, 1985]. O. Niemeyer. Vista. Foto: FMM, 2003.
102 Memorial da América Latina [São Paulo-SP, 1988]. O. Niemeyer. Ponte, pátio e edifício da biblioteca. Foto: MALB, 1997.
103 MAC-Niterói [Niterói-RJ, 1991]. O. Niemeyer. Vista panorâmica. Foto: FMM, 2003.
104 MAC-Niterói [Niterói-RJ, 1991]. O. Niemeyer. Vista do edifício. Foto: FMM, 2003.
105 MAC-Niterói [Niterói-RJ, 1991]. O. Niemeyer. Vista do pátio externo e rampa. Foto: FMM, 2003.
106 MAC-Niterói [Niterói-RJ, 1991]. O. Niemeyer. Vista do interior. Foto: FMM, 2003.
107 Museu Oscar Niemeyer [Curitiba-PR, 2002]. O. Niemeyer. Vista externa. Foto: FMM, 2004.
108 Museu Oscar Niemeyer [Curitiba-PR, 2002]. O. Niemeyer. Vista do interior. Foto: FMM, 2004.
109 Museu Oscar Niemeyer [Curitiba-PR, 2002]. O. Niemeyer. Vista externa. Foto: FMM, 2004.
110 Museu Oscar Niemeyer [Curitiba-PR, 2002]. O. Niemeyer. Vista do interior do olho. Foto: FMM, 2004.
111 Mube [São Paulo-SP, 1987-1992]. P. Mendes da Rocha. Vista panorâmica. Arquivo do arquiteto. Foto Andrés Otero e Nelson Kon.
112 Mube [São Paulo-SP, 1987-1992]. P. Mendes da Rocha. Corte. Arquivo do arquiteto.
113 Centro Cultural Fiesp [São Paulo-SP, 1997-1998]. P. Mendes da Rocha. Vista parcial da estrutura inserida no edifício. Arquivo do arquiteto. Foto: Dario de Freitas.
114 Centro Cultural Fiesp [São Paulo-SP, 1997-1998]. P. Mendes da Rocha. Vista da fachada. Arquivo do arquiteto. Foto: Dario de Freitas.
115 Edifício Keiralla Sarhan [São Paulo-SP, 1984-1988]. P. Mendes da Rocha. Vista da fachada e do andar-tipo. Arquivo do arquiteto. Fotos: Jorge Hirata.
116 Edifício Jaraguá [São Paulo-SP, 1984-1988]. P. Mendes da Rocha. *Croquis* da secção transversal. Arquivo do arquiteto.
117 Edifício Jaraguá [São Paulo-SP, 1984-1988]. P. Mendes da Rocha. Vista da fachada. Arquivo do arquiteto. Foto: Nelson Kon.
118 Edifício Jaraguá [São Paulo-SP, 1984-1988]. P. Mendes da Rocha. Vista da fachada. Arquivo do arquiteto. Foto: Nelson Kon.
119 Forma [São Paulo-SP, 1987-1992]. P. Mendes da Rocha. Vistas do exterior e interior. Arquivo do arquiteto. Fotos: Nelson Kon.
120 Capela de São Pedro [São Paulo-SP, 1988-1990]. P. Mendes da Rocha. Vista do edifício, detalhe do exterior, vista do interior e corte esquemático. Arquivo do arquiteto. Fotos: Cristiano Mascaro.
121 Casa Gerassi [São Paulo-SP, 1989-1991]. P. Mendes da Rocha. Fachada. Arquivo do arquiteto. Foto: Cynthia Yendo.
122 Casa Gerassi [São Paulo-SP, 1989-1991]. P. Mendes da Rocha. Interior e *croquis* do encaixe das vigas. Arquivo do arquiteto. Foto: Cynthia Yendo.

Contemporaneidade (1995-2000)

1 Conjunto KKKK [Registro-SP, 1996]. M. Ferraz e F. Fanucci. Vista geral antes da intervenção. Arquivo Brasil Arquitetura.

2   Conjunto KKKK [Registro-SP, 1996]. M. Ferraz e F. Fanucci. Vista do conjunto. Arquivo Brasil Arquitetura. Foto: Nelson Kon.
3   Conjunto KKKK [Registro-SP, 1996]. M. Ferraz e F. Fanucci. Vista do conjunto. Arquivo Brasil Arquitetura. Foto: Nelson Kon.
4   Centro Cultural Usiminas [Ipatinga-MG, c. 1995]. A. Abreu, A. C. Ávila, G. R. Ribeiro, A. P. Valladares e D. Lichter. Desenhos para o concurso, implantação. In: *Projeto*, n. 186, jun. 1995.
5   Centro Cultural Usiminas [Ipatinga-MG, c. 1995]. A. Abreu, A. C. Ávila, G. R. Ribeiro, A. P. Valladares e D. Lichter. Desenhos para o concurso, perspectiva. In: *Projeto*, n. 186, jun. 1995.
6   Centro Cultural Usiminas [Ipatinga-MG, c. 1995]. A. Abreu, A. C. Ávila, G. R. Ribeiro, A. P. Valladares e D. Lichter. Vistas. Arquivo Sito Arquitetura.
7   Memorial da Cidade [Curitiba-PR, 1995-1996]. F. Popp e V. Bechara. Planta térrea e vista do complexo. Arquivo F. Popp. Foto: Lina Faria.
8   Memorial da Cidade [Curitiba-PR, 1995-1996]. F. Popp e V. Bechara. Vista aérea. Arquivo F. Popp. Foto: Lina Faria.
9   Memorial da Cidade [Curitiba-PR, 1995-1996]. F. Popp e V. Bechara. Vista da praça. Arquivo F. Popp. Foto: Lina Faria.
10   Terminal de ônibus urbanos da Lapa [São Paulo-SP, 2002]. L. M. Soares, M. L. Ursini e S. S. Souza. Elevação lateral. Arquivo Núcleo Arquitetura.
11   Terminal de ônibus urbanos da Lapa [São Paulo-SP, 2002]. L. M. Soares, M. L. Ursini e S. S. Souza. Implantação. Arquivo Núcleo Arquitetura.
12   Terminal de ônibus urbanos da Lapa [São Paulo-SP, 2002]. L. M. Soares, M. L. Ursini e S. S. Souza. Vistas das plataformas do complexo. Arquivo Núcleo Arquitetura. Fotos: Nelson Kon.
13   Terminal de ônibus urbanos da Lapa [São Paulo-SP, 2002]. L. M. Soares, M. L. Ursini e S. S. Souza. Vista da face para a praça. Arquivo Núcleo Arquitetura. Foto: Nelson Kon.
14   Poupatempo Itaquera [São Paulo-SP, 1998-2000]. P. Mendes da Rocha. Corte transversal. Arquivo do arquiteto.
15   Poupatempo Itaquera [São Paulo-SP, 1998-2000]. P. Mendes da Rocha. Vistas parcial do edifício e do interior. Arquivo do arquiteto. Fotos: Patrícia Cardoso.
16   Poupatempo Itaquera [São Paulo-SP, 1998-2000]. P. Mendes da Rocha. Vista externa do edifício. Arquivo do arquiteto. Fotos: Patrícia Cardoso.
17   Ginásio de Esportes [Barueri-SP, 1999-2003]. M. Biselli e A. Katchborian. Vista da fachada do edifício. Arquivo Biselli+Katchborian. Foto: Nelson Kon.
18   Ginásio de Esportes [Barueri-SP, 1999-2003]. M. Biselli e A. Katchborian. *Croquis* de engate da estrutura, de Mário Biselli. Arquivo Biselli+Katchborian.
19   Ginásio de Esportes [Barueri-SP, 1999-2003]. M. Biselli e A. Katchborian. *Croquis* de Mário Biselli. Arquivo Biselli+Katchborian.
20   Ginásio de Esportes [Barueri-SP, 1999-2003]. M. Biselli e A. Katchborian. Vista do edifício. Arquivo Biselli+Katchborian. Foto: Nelson Kon.

Índice

Nomes

Aalto, Alvar 63; 298
Ábalos, Iñaki 396 n11
Abdalla, William Ramos 226; 227
Abreu, André 386
Acayaba, Marcos 18; 320
Acayaba, Marlene Milan 117; 185 n24; 190 n137, n138, n143; 200; 278 n71
Accioly, Abel 103 n60
Adrià, Miguel 45n25
Affonseca, Carlos Henrique de 371 n25
Aflalo e Gasperini 18; 281 n154; 307
Aflalo Filho, Roberto Cláudio dos Santos 371 n37
Aflalo, Roberto 272; 371 n37
Afonso, Kátia 232
Aguiar, Walmir Santos 145
Aleijadinho (Antônio Francisco Lisboa) 30; 224
Alexander, Christopher 201
Alfieri, Bruno 46 n35; 101 n6
Alli, Sergio 372 n46
Almada, Flávio 227
Almada, Mauro 277 n61, n62; 249; 370 n13; 371 n37
Almeida, Eduardo de 185 n11; 370 n20; 371 n31
Almeida, José Carlos Ribeiro de 370 n5
Almeida, Luiz Fernando de 278 n76
Almeida, Paulo de Camargo e 47 n48
Almeida, Victor de 278 n82
Amaral, Walmyr Lima 370 n5
Ammon, Christiane 371 n38
Amorim, Delfim [1917-1972] 252
Anastassakis, Demetre 309; 371 n38
Anastassakis, Lea 371 n38
Andrade Filho, Francisco Moreira de 278 n82
Andreu, Juan Francisco Camps 213
Anelli, Renato 260; 278 n76; 280 n152
APPUC Assessoria de Pesquisa e Planejamento Urbano de Curitiba 158
Arana, Mariano 223
Arantes, Pedro Fiori 101 n9
Araújo, Cláudio Luiz 153; 371 n37
Archi-5 294
Archigram 172; 186 n59
Argan, Giulio Carlo 190 n160
Arraes, Miguel 277n43
Artigas, João Batista Vilanova [1915-1985] 17;18; 19; 38; 44; 46 n31, n34, n35; 47 n48, n49; 74; 77; 78; 80; 81; 101 n6; 111; 112; 114; 115; 116; 144; 146; 171; 173; 174; 183; 184; 185 n6; 187 n71; 188 n114; 189 n122, n130; 190 n145; 200; 208; 224; 229; 235; 272; 276 n16; 362; 373 n100
Artigas, Rosa Camargo 280 n51

Assad, Abrão Anis 148
Aurélio, Ana Lúcia 371 n38
Ávila, Anna Cristina 386
Azevedo, Domingos 65
Azevedo, Paulo Ormindo de 338
Azevedo, Ramos de 344

Banham, Reyner [1922-1988] 76; 102 n41; 103 n50; 194
Bardi, Lina Bo [1914-1992] 16; 17; 18; 19; 37; 38; 42; 43; 47 n47; 57; 58; 81; 101 n12; 208; 211; 277 n42, n45; 335; 337; 341; 349; 353; 373 n78, n80, n94; 380; 385
Bardi, Pietro Maria 37; 101 n12
Barragán, Luís [1902-1988] 206; 207
Barros, Clóvis Silvestre de 22; 237
Barros, Marcio Pinto de 226
Barros, Silvia Pozzana de 222; 237
Barroso, Sabino 103 n60
Bastos, Maria Alice Junqueira 11; 15; 16; 17; 18; 19; 20 n1; 103 n44, n47; 185 n7; 276 n30
Batarce, Omar Ismail 278 n76
Batista, Mauricio Nogueira 108
Bechara, Valéria 387
Beck, Ulrich 195; 276 n8
Benevolo, Leonardo 102 n35
Bergamim, Antonio Sérgio 124; 167; 186 n38
Bergstron, César 371 n31
Bernardes, Sérgio 147; 370 n6
Biagi Filho, Hugo 371 n38
Bianco, Reginaldo 278 n76
Biasi, Ana Maria de 124
Bicca, Paulo R. S. 223; 279 n113
BID (Banco Interamericano de Desenvolvimento) 295; 351; 373 n98
Bill, Max 37; 41; 48; 43; 46n 40; 47 n45, n46; 58
Biselli, Mário 301; 390
Bittencourt, Álvaro 46 n31
Blois, Miriam 177 n48
Bloom, Harold 82; 103 n48
BNH (Banco Nacional de Habitação) 100; 116; 118; 123; 165; 166; 167; 180; 189 n134
Bofill, Ricardo 201
Bohrer, Glênio Vianna 156; 187 n90, n91
Bolívar, Sérgio 370 n23; 371 n37
Bonduki, Nabil 101 n12, n14; 188 n101; 190 n152; 309; 310; 311; 312; 372 n46, n50
Bongestabs, Domingos 323
Borba Filho, Hermilo 208
Borges, Adélia 186 n35
Borges, Bernardino Tático 145
Borges, Rose Elaine 311; 371 n37

Borsói, Acácio Gil [1924-2009]   72; 99; 112; 145; 206; 252; 280 n139;
Bortolon, Anderson   299
Botey, Josep   186 n48
Botta, Mario   229; 278n84; 294
Bozzo, Cláudia   370 n15, n18
Braga, José Neudson   312
Braga, Mário A.   277 n48
Braga, Milton   290; 396 n16
Brandão, José   325
Brasil Arquitetura   383
Bratke, Carlos   269; 270; 271; 277 n60; 281 n167
Bratke & Collet   269; 271
Bratke, Oswaldo Arthur   95; 154; 207; 208; 215; 270; 271
Brennand, Francisco   208
Breuer, Marcel   81
Brisolla, Marina de Barros   371 n38
Brizola, Leonel   256
Browne, Enrique   242; 243; 277 n35; 279 n121; 280 n126, n128, n129
Bruand, Yves   11; 12; 13; 15; 33; 34; 45n23; 46 n35; 74; 80; 200
Bruna, Paulo   16; 124; 188 n101
Bucaretchi, Maxim   277 n47
Bucci, Ângelo   289, 291, 396 n16
Bueno Filho, Jurandyr   124
Bullrich, Francisco   186 n56
Burle Marx, Roberto [1909-1994]   19; 59; 353
Bussab, Sami   186 n47

Cabral, Maria Cristina Nascentes   46 n33
Cabral, Neyde Ângela Joppert   103 n60, n66
Caixeta, Eline Maria Moura Pereira   101 n15
Caldas, Zanine   320
Caldeira, Altino Barbosa   278 n79, n82
Camango, Márcia   46 n30
Camargo, Maria Inês   372 n41
Camargo, Monica Junqueira de   16; 185 n26
Campello, Glauco   103 n60; 328; 337; 373 n81
Campos da Paz Jr., Aloysio   328
Campos, Ana Beatriz   278 n82
Campos, Candido Malta   184
Candilis, Georges   18; 167
Canez, Anna Paula   187 n91
Cânfora, Thais   278 n82
Cardozo, Joaquim   186 n45
Carneiro, Humberto Magalhães   312
Carneiro, Marília Dalva Magalhães   312
Carollo, Bráulio   299
Caron, Jorge   185 n9; 362
Carpe (Comissão de Construção, Ampliação e Reconstrução dos Prédios Escolares do Estado de Minas Gerais)   222; 224; 231; 232; 233

Carranza, Edite   185 n34
Carsalate, Flávio   321
Carvalho Jr., José Mário Nogueira de   216
Carvalho, Cristiana   236
Carvalho, Flávio de [1899-1973]   29
Carvalho, Tácito   278 n76
Cascaldi, Carlos   38; 47 n48; 112; 144. 146; 189 n130; 235
Cascon, Pedro   371 n38
Casé, Paulo   112; 120
Castelo, Roberto Martins   370 n5
Castro Neto, Vicente Ferreira de   148
Castro, Antonio Carlos Moraes de   370 n17
Castro, José Guilherme Savoy de   124; 167
Castro, Liberal de   338; 373 n85
Castro, Luiz Jorge Rangel de   370 n5
Castro, Milton   227
Cauduro, João Carlos   370
Cavalcanti, Lauro   101 n3; 396 n7
Cazzaniga, Alicia   186 n50
Cecco Jr., Ângelo   311; 371 n37
CDHU (Companhia de Desenvolvimento Habitacional e Urbano)   189 n115, n136
César, Roberto Cerqueira   346
Chateaubriand, Assis   37
Choay, Françoise   165
Cinasa (Construção Industrializada Nacional)   123
Coelho, Germano   208
Coelho, Mariza Machado   227; 232; 278 n82
Cohab Curitiba   158
Cohab São Paulo   306; 310; 372 n40
Collins, Peter   178
Colquhoun, Alan   276 n9; 396 n8
Comas, Carlos Eduardo Dias   16; 32; 45 n5, n6, n13, n18, n25; 46 n43; 101 n4; 109; 153; 154; 185 n13; 189 n134; 202; 203; 204; 222; 223; 239; 276 n9, n24, n29; 279 n98, n116; 371 n31; 373n 104; 374 n108
Conde, Luiz Paulo   16; 185 n4; 206; 219; 235; 236; 264; 277 n62, n64; 281 n157, n158; 294; 312; 370 n13; 371 n31, n37; 373 n99
Condephaat (Conselho de Defesa do Patrimônio Histórico, Arqueológico, Artístico e Turístico).   295; 340; 385
Conesp   232
Construtécnica   65; 174
Cooperativa de Arquitetos do Rio de Janeiro   311
Cordeiro, Renato Caporali   45 n21
Corona, Eduardo   189 n118; 190 n137, n138; 200; 370 n14, n15
Corrêa, Carlos Roberto M.   296
Correa, Cláudia Obino   222; 251
Correa, José Celso Martinez   341
Costa, Hilton   103 n60
Costa, José Silva   371 n37
Costa, Lúcio [1902-1998]   16; 17; 26; 29; 30; 31; 32; 42; 45 n7, n8, n11, n12, n13, n15; 53; 59; 65; 66; 76; 94; 102 n22;

108; 115; 128; 148; 186 n51; 203; 226; 238; 253; 259; 347; 350; 353; 354; 357; 370 n6
Costa, Janete Ferreira da 72; 145
Cox, Cristián Fernández 19; 242; 243; 244; 245; 273; 276 n11; 279 n116, n124; 280 n127, n132; 281 n160, n177
Croce, Aflalo e Gasperini 186 n50, 272
Croce, Plínio 272
Cruvínel, Luís Fernandi 145
Cruz, Dirceu Domingues da 370 n5
Cruz, Lina 176
Cunha, Álvaro 278 n76
Cunha, Mário Wagner Vieira da 47 n48; 189 n130
Cupertino, Jaime Marcondes 262; 281 n154
Curtis, William 118; 185 n28; 196 n8, n10
Czajkowski, Jorge 187 n80

D'Aquino, Flávio 42
Daher, Luiz Carlos 125
De Genaro, João Eduardo 262
Dely, Rafael 159; 159; 188 n97
Dente, Edgar 289; 295
Devecchi, Alejandra 371 n38
Di Filippo, Juan Carlos 229
Di Marco, Anita Regina 373 n89
Diderot, Denis 278 n91
Dieste, Eladio [1917-2000] 19; 154; 156; 207; 212; 222; 252
Diogo, Paulo S.M. 230
Doubs, Fabio 371 n38
Dourado, Guilherme Mazza 372 n57
Duarte, Hélio Queiroz 76; 82; 103 n53
Dubugras, Victor 46 n29
Dumont, Carlos Alexandre 278 n82
Dupré, Nelson 345
Duschenes, Ronaldo 185 n29

Eckman, Carlos César 46 n29; 371 n31
Elevado Costa e Silva (Minhocão) 348
Elito, Edson 341
Elwood, Craig 37
Émery, Marc 374 n105
Emurb (Empresa Municipal de Urbanização) 262
Erundina, Luiza 372 n46
Esher, Lauresto Couto 371 n38
Espallargas Giménez, Luis 103 n44; 311
Esteves, Jerônimo Bonilha 218
Esteves, Jorge Nauro [1923-2007] 187 n79
Evenson, Norma 185 n2

Fannucci, Francisco 19; 374 n106; 383; 385
Fathy, Hassan 200; 207; 222; 233; 276 n17
Fayet, Carlos Maximiliano 153; 154; 222; 312; 371 n37
FDE 385
Fecarotta, Paulo 277 n47

Federação das Associações de Favelas do Estado da Guanabara 188 n99
Fernandes, Bruno 370 n11
Fernandes, Carlos 371 n38
Ferolla, José Eduardo 228; 278 n82
Ferolla, Ludmila 278 n88
Ferraz, Geraldo 29; 31; 45 n7; 58; 59
Ferraz, Marcelo Carvalho 16; 19; 46 n36; 101 n10; 103 n64; 209; 277 n45; 373 n79, n80, n94; 374 n106; 383; 385; 386
Ferreira, Flávio 185 n4, n14; 277 n33, n64; 280 n144
Ferro, Sérgio 18; 86; 104 n74; 116; 117; 118; 119; 167; 169; 185 n21, n24; 200; 212; 279 n113
Ficher, Sylvia 186 n44; 190 n155; 200; 278 n71
Ficinski, Lubomir 187 n78
Figueiredo Ferraz, José Carlos de [1918-1994] 186 n47
Filgueiras Lima, João da Gama (Lelé) 17; 86; 89; 90; 92; 103 n60, n64; 149; 150; 152; 256; 257; 280 n149; 328; 329; 335; 370 n17
Fina, Henrique 370 n23; 371 n37
Fina, Wilson Maia 189 n132
Fonseca, Nuno de Azevedo 371 n38
Foster, Hal 279 n123
Foster, Norman 234; 235
Fox & Fowle 380
Fragelli, Marcelo 97; 98
Frampton, Kenneth 74; 102 n36; 242; 243; 279 n123, n126
França, Carlos Emiliano de 299
França, Lívia Maria Leite 296
Francisco, Eurico Ramos 296
Franco, Fernando de Mello 396 n16; 291
Franco, Luís Roberto de Carvalho 346
Franco, Mário 186 n47
Franco, Rogério 278
Frascino, Tito Lívio 185 n11
Fraser, Valerie 150; 187 n83
Freire, Luís Mauro 296
Freire, Paulo 208
Furtado, Aleixo Anderson de Souza 145; 370 n17

Gaia, Paulo Roberto 278 n76
Galler, Germano 370 n5
Galvão, Vera Braun 146
Gama, Ruy 188 n114; 190 n151
Gandolfi, José Maria 142; 148; 187 n78
Gandolfi, Roberto Luiz 72; 142; 148; 187 n78
Gasperini, Gian Carlo 102 n33; 272; 295; 371 n37
Gaudenzi, José Américo 153; 154; 222
Gennari, Rubens 189 n132
Ghiraldini, Milton 189 n132
Giddens, Anthony 276 n6, n8
Giedion, Sigfried 16; 31; 45 n14; 102 n21, n27
Gilioli, Ubyrajara 189 n130; 311; 371 n37

Glusberg, Jorge 201; 223; 374 n105
Góis, Dayse 371 n38
Goldhagen, Sarah Williams 25; 45 n1; 396 n2
Gomes, José Cláudio 295
Gomes, Virgílio Sosa 103 n60
Gonçalves, Fábio Mariz 296
Gontijo, Ronaldo Masotti 278 n82
Gorovitz, Matheus 167
Gorski, Joel 343; 344
Graves, Michael 294
Grecco, Paulo Orlando 227; 278 n82
Grinover, Lúcio 94; 154
Gropius, Walter 37; 47 n45
Gross, Carmela 185 n9; 362
Grossman, Léo 143
Grupo Itapeti de Arquitetura 311
Grupo Oficina 340; 341
Guarnieri, Waldisa Rússio Camargo 371 n25
Guedes, Joaquim [1932-2008] 17; 65; 114; 118; 120; 185 n14; 206; 220; 254; 255; 277 n56; 280 n147, n148; 298; 274 n105
Guedes, Liliana 65; 120; 185 n25
Guerra Neto, Abílio 16; 278 n76; 280 n152
Guimaraens, Cêça de 16; 101 n1, n3; 185 n4, n14; 204; 277 n33, n64; 280 n144
Guimarães, Edmundo de Werna 232
Guimarães, Flávio Mindlin 98
Gutiérrez, Ramon 279 n120

Haas, Cristina 371 n38
Habi (Superintendência de Habitação Popular) 310; 311; 312; 372 n49
Hardy, Álvaro (Veveco) 227; 228; 232; 278 n82
Heep, Franz 185 n34
Heller, Agnes 276 n7
Herkenholff, Paulo 371 n25
Hermann, Luiz Felipe Aflalo 371 n37
Hermann, Waldemar 167
Hertzberger, Herman 214
Holanda, Armando de [1940-1979] 252; 280 n140
Holanda, Frederico Rosa Borges de 185 n1
Hollein, Hans 201
Holston, James 185 n1
Hora, Abelardo da 208; 277 n43
Horta, Cid 226; 227

IAB 165; 185 n12; 208; 370 n5, n20
  IAB-GB 97; 98; 120; 218; 246; 247; 370 n21
  IAB-MG 231; 299; 371 n27
  IAB-RJ 114; 205; 187 n85; 206; 247; 277 n33, n56, n64; 280 n143, n144; 352; 370 n1
  IAB-RS 278 n73
  IAB-SP 120; 207; 208; 216; 277 n66; 297 373 n87
Império, Flávio [1935-1985] 18; 104 n74; 116; 117; 212; 341

Instituto Internacional para Conservação de Energia 188 n98
Ipea (Instituto de Pesquisa Econômica Aplicada) 328
Iphan 396 n15
IPPUC (Instituto de Pesquisa e Planejamento Urbano de Curitiba) 158; 160; 161; 188 n94, n96
Ita, construtora 372 n67
Ito, Tokuji 280 n147

Jáuregui, Jorge 352
Jeanneret-Gris, Charles-Édouard 190 n148
Jencks, Charles 200
Johnson, Philip 37; 75; 102 n39
Judas y Manubens, Francisco Javier 262; 281 n154

Kahn, Louis 19; 31; 213; 214; 215; 224; 229; 230; 270; 271
Kamimura, Massayoshi 114; 152
Kassoy, Júlio 186
Katchborian, Arthur 390
Katinsky, Júlio Roberto 185 n9; 189 n130; 278 n75; 362
Kauffmann, Jeny 167
Kazuma, Mauro 299
Kertész, Eduardo de Mello 328
Kertész, Mário 256; 335
Kiefer, Flávio 343; 344
Koatz, Eduardo 371 n38
Koetter, Fred 276 n10
Kon, Nelson 280 n152
Konder Netto, Marcos 294; 299; 370 n10; 371 n25, n26
Koolhaas, Rem 201
Koury, Ana Paula 101 n9; 104 n74; 185 n17, n30
Krier, Leon 201
Kubitschek, Juscelino 85; 86
Kupfer, Luiz 167

L'Amour, Ronaldo 325
Laender de Castro, José Carlos 227; 231; 278 n82
Laender, Paulo 278 n82
Landa, Marklen Siag 98
Lara, Fernando 204; 276 n32
Laranjeira, Andréa Araújo 277 n68; 279 n114
Larraín, Sergio 242
Lash, Scott 276 n8
Le Cocq, Sônia 371 n38
Le Corbusier 19; 30; 31; 32; 37; 39; 42; 47 n46; 53; 63; 65; 74; 76; 78; 81; 84; 102 n31; 116; 117; 118; 119; 121; 128; 133; 134; 150; 152; 172; 178; 179; 189 n132; 203; 207; 218; 230; 232; 238; 272; 355; 357; 358
Leal, Maria Edwiges S. 335
Leão, Carlos 128
Lefaivre, Liane 242
Lefèvre, Rodrigo Brotero [1938-1984] 18; 104 n74; 116; 117; 119; 121; 167; 169; 188 n114; 212; 341
Legault, Réjean 45 n1

Léger, Fernand 31; 45n 14; 102 n21
Legorreta, Ricardo 297
Lemos, Carlos Alberto Cerqueira 71; 102 n28; 190 n137, n138; 200; 374 n105
Lerner, Jaime 16; 158; 187 n78; 323
Levi, Rino [1901-1965] 37; 38; 58; 85; 134; 260; 373 n100
Lichter, Daniella 386
Lima Filho, Joaquim Caetano de 297
Lima, Márcio 229; 230
Lima, Zeuler Rocha Mello de Almeida 296
Lindenberg, Nestor 189 n132
Linton, Ralph 396 n1
Lobo, Maria Cristina Souza 277 n68; 279 n114
Loeb, Roberto 98
Longo, Eduardo 120; 121; 185 n34; 186 n35; 229
Lopes, Eurico Prado 222
Lopes, João Marcos A. 277 n48; 316
Loureiro, Alexandre Santos 298; 371 n24
Lyonnet, Jean M. 374 n105

M.M.M. Roberto Arquitetos (irmãos Roberto) 58; 64; 65; 85 ; 186 n56; 354
Macedo, Josué 146
Machado, Lia Zanola 102 n19
Machado, Manoel da S. 189 n132
Machado, Reinaldo Guedes 278 n82
Magalhães, Ana Luiza Petrik 222; 237
Magalhães, Guilherme Wendel de 371 n38
Magalhães, Paulo 99
Magalhães, Sérgio Ferraz 185 n4, n14; 222; 235; 236; 237; 277 n33, n56, n64; 280 n144; 351; 373 n95, n97
Magalhães, Themis Quezado de 102 n19
Mahfuz, Edson da Cunha 16; 45 n17; 204; 276 n9; 301; 370 n22, n23; 374 n150
Maia, César 373 n99
Maia, Éolo [1942-2002] 18; 216; 223; 224; 227; 229; 230; 231; 232; 233; 234; 278 n77, n79, n82
Maitrejean, Jon Vergareche 362; 370 n14, n20
Manata, Roberto Pinto 227
Manetti, Cláudio 311
Mange, Ernest Robert de Carvalho 76; 82
Margotto Soares, Luciano 370 n23; 371; 387
Maricato, Ermínia 372 n46
Marone, Duilio 38
Marques, Sérgio Moacir 16; 278 n73; 280 n137
Martinez, Alfonso Corona 276 n9; 316; 372 n64; 396 n3
Martino, Arnaldo A. 124; 167; 186 n38; 188 n114; 295
Martorano, Nicola 277 n47
Masi, Domenico de 240
Mata, Demitrius Leonel da 371 n25
Matarazzo, família 37
Mazza, Márcio 277 n47
MCP (Movimento de Cultura Popular) 208; 277 n43

Medeiros, Givaldo Luiz 298; 371 n24
Medeiros, Heloísa 373 n76
Melendez, Adilson 290; 291
Mello, Eduardo Kneese de 208; 370 n14
Melo, Bernardo de 338
Melo, Vital Pessoa de 206
Mendes da Rocha, Paulo Archias 17; 18; 19; 20 n1; 81; 112; 171; 175; 176; 182; 184; 187 n67; 189 n121; 190 n137, n142, n143, n149, n158; 229; 344; 347; 353; 361; 362; 364; 366; 368; 369; 370 n5, n6; 373 n91; 380; 390
Meniconi, Rodrigo 335
Método Engenharia 340
Meyer, Marcus Vinicius 226; 227; 278 n82
Milanez, Paulo 277 n48; 316
Millan, Carlos [1927-1964] 17; 65; 81; 115; 141; 373 n100
Milliet, Sergio 46 n31
Mindlin, Henrique E. 15; 16; 102 n27; 174
Miranda, Gilson 72; 145
Montaner, Josep Maria 13; 15; 31; 45 n14; 185 n33; 190 n142; 218; 277 n58; 278 n69; 396 n18
Monumenta 386
Moore, Charles 201; 230; 278 n87
Moraes, Fernando 373 n86
Morandé, Pedro 242; 279 n122
Moreira, Jorge Machado 354
Moreira, Marta 291; 396 n16
Moreira, Pedro da Luz 370 n11
Morse, Nelson 180
Motta, Flávio 185 n9; 189 n130; 362
Moura, Éride 187 n75; 280 n138
Mueller, Oscar 342
Muller, Ana Lúcia 277 n48; 316
Müler, Hans 187 n79
Muniz, Alder Catunda 370 n11

Nagle, Edna José 301; 311; 371 n37
Nankran, Sandra 278 n82
Nascimento, Celso 159; 188 n93, n96
Nascimento, Roberto 370 n11
Nervi, Píer Luigi 256
Nesbitt, Kate 279 n125
Netto, Luiz Forte 142; 148; 187 n78
Neves, Christiano Stockler das 345; 346
Neves, Luís Carlos 218
Niemeyer, Oscar 16; 17; 19; 26-27; 29-34; 35; 37; 42; 43; 45 n17, n27; 47 n49; 59; 67-74; 81; 86; 87; 89; 90; 94; 102 n30; 108; 113; 114; 115; 116; 118; 127-139; 141; 142; 143; 149; 150; 152; 186 n48, n51, n53, n54, n55, n57, n58; 187 n61, n66, n69; 188 n112; 200; 226; 253; 257; 352; 353; 354-361; 369; 370 n6; 371 n30; 372 n70; 373 n102
Nitsche, Marcelo 185 n9; 362
Nogueira, Mauro Neves 45 n13; 204; 235; 236; 264; 277 n61, n62; 371 n37

Novaes, Stélio   370 n10
Núcleo de Arquitetura   370 n23
Nunes, Ailton Lelis   145
Nunes, Renato   188 n114

Oba, Leonardo Tossiaki   298
Oba, Raquel Millani   298
Ockman, Joan   102 n21
Ohtake, Ruy   17; 81; 103 n62; 113; 115; 185 n9; 224; 320; 362
Olga, Clovis Felippe   189 n132
Olga, Hélio   320; 372 n68
Oliveira, Antonio Carlos Ogando de   371 n38
Oliveira, Elias Rodrigues de   232
Oliveira, Heloisa Gama de   312
Oliveira, Marcelo Alves de   299
Oliveira, Paulo Marcos de Paiva   103 n65
ONU   188 n98
Otoni, Dácio   370 n20
Oyarzun, Fernando Pérez   276 n9

Padovano, Bruno   217; 277 n57; 295; 396 n7
Padovano e Vigliecca Arquitetos   288; 311
Pagani, Carlo   46 n36
Pagnoccheschi, Bruno   370 n5
Palanti, Giancarlo   174
Papadaki, Stamo   31; 45 n15
Paranhos, Paulo Henrique   330
Parma, Tânia Regina   380
Patrinicola, Maurício   301
Paz, Octavio   242
Pedrosa, Mário   32; 45 n16
Peixoto, Milton A.   189 n132
Penna, Gustavo   227; 321; 322
Penna, Lourival Caporali   45 n21
Penteado, Fabio   17; 18; 81; 113; 171; 173; 190 n150
Penteado, Hélio   102 n23
Pereira, Ivo Arzua   158
Pereira, Margareth Romão   281 n157
Pereira, Miguel   223; 278 n71
Perrone, Rafael   295
Petracco, Francisco   180; 181
Petrina, Alberto   45 n13
Piano, Renzo   207; 234
Pimentel, Roderico   104 n73
Pimentel, Thaís Cougo   45 n21
Pinheiro, Haroldo   329
Pinheiro, João Paulo   278 n76
Pinho, Roberto   103 n64
Pini, editora   200
Pinto, Evandro   103 n60
Pinto, José de Almeida   295
Podestá, Sylvio Emrich de   18; 216; 224; 227; 230; 231; 232; 278 n82; 371 n37

Pompéia, Roberto   277 n48
Pontes, Paulo   297
Popp, Fernando   387
Portinho, Carmen   59
Porto, Severiano   18; 100; 152; 153; 154; 156; 187 n86; 215; 222; 246; 247; 248; 249; 250; 251; 396 n6
Portoghesi, Paolo   201
Prado, Paulo   37
Puntoni, Álvaro   289; 187 n72; 190 n159
Puntoni, Geraldo Vespasiano   188 n114; 289

Quatremère de Quincy   109 n160
Queiroz, Luiz Antonio Fontes de   230; 278 n82
Quintana, Mário   343

Ramalho Jr, Joel   142
Ramos, Fernando   227
Ramos, Otávio   278 n82
Rauch, John   201
Rebello, Yopanan   277 n48
Reidy, Affonso Eduardo [1909-1964]   19; 20 n1; 33; 42; 57-60; 76; 81; 101 n14, n15; 114; 128; 142; 180; 238; 354; 373 n100
Reiner, Lélio Machado   213
Reis Filho, Nestor Goulart dos   167; 168; 185 n29
Reis, Francisco Assis   206; 216; 253; 254; 277 n53; 280 n142; 294
Reis, Otávio   370 n11
Reis, Teresa M.dos   236
Ribas, Otto Toledo   370 n17
Ribeiro, Alessandro Castroviejo   370 n15
Ribeiro, Darcy   86; 374 n105
Ribeiro, Gustavo Rocha   386
Ribeiro, José Silva   277 n68; 279 n114
Ribeiro, Mário Emílio   152; 156; 215; 247; 248; 396 n6
Ribeiro, Mauricio Andrés   278 n82
Ribeiro, Paulo Fernandes Teles   370 n5
Ricouer, Paul   242; 279 n125
Ricoy, Torres e Colonelli   344
Risi Jr., Affonso   216
Rivello Junior, Geraldo Veiga   370 n5
Roberto, Marcelo [1908-1964]   247; 373 n100
Roberto, Márcio   149
Roberto, Maurício   149
Rocha, Paulo Henrique   227
Rogers, Richard   207
Rondino, Roberto Franklin   296
Roque, Mario Antonio da Silva Guerra   371 n37
Rosembaun, Nathan   278 n82
Rosseto, Oscar   370 n2
Rossetto, Rossela   372 n46
Rossi, Aldo   201; 203; 294; 297; 307
Rossi, Tânia Mara Martins   371 n38

Rowe, Colin 45 n3; 65; 103n46; 193; 194; 195; 196; 276 n1, n9, n10; 396 n8
Rozenwajn, Uziel K. 278 n82
Rubano, Lizete Maria 371 n32, n33
Ruchti, Jacob 46 n31
Rudolph, Paul 37
Rüggeberg, Eduardo Subirats 208; 277 n44; 333

S/G Arquitetura, Restauro e Planejamento 311
Sabbag, Hayfa Y. 372 n63
Salles Souza, Sérgio 370 n23; 371 n37; 387
Salles, Francisco de Almeida 46 n31
Salmona, Rogelio [1929-2007] 207; 223
Sanchotene, José Hermeto Palma 148; 342
Sancovski, Israel 218
Sant'Anna Jr., Antonio Carlos 306; 309; 370 n9; 372 n40
Santos, Carlos Nelson Ferreira dos 161; 165; 188 n100, n105, n106; 222; 352
Santos, Norberto Bardelli dos 371 n38
Saraiva, Pedro Paulo de Melo 65; 81; 113; 186 n47; 312
Sawaya, Sylvio 212; 280 n147, n148
Sayegh, Simone 396 n14
Scagliusi, Francisco Luis 372 n50
Scarpa, Carlo 298
Schlee, Andrey 186 n44
Schmidt, Ana Maria 278 n82
Schroden, Wagner 227
Scott-Brown, Denise 278 n87
Segawa, Hugo 16; 103 n43, n53; 142; 156; 187 n64, n65; 204; 276 n23, n31; 372 n57
Segnini, Francisco 295; 370 n8, n15
Sehab (Secretaria de Habitação e Desenvolvimento Urbano da Prefeitura de São Paulo) 306; 310; 372 n46
Serete Engenharia 158
Serpa, Humberto 226
Serran, João Ricardo 188 n107
Sert, Josep Lluís 31; 45 n14; 102 n21
Serviço do Patrimônio Histórico e Artístico Nacional (SPHAN) 338; 347
Sidney, William 312
Silva Neto, Napoleão Ferreira da 371 n73
Silva, Dalva Thomas 280 n151
Silva, Geraldo Gomes da 280 n141; 373 n85
Silva, Guilherme Lopes da 371 n37
Silva, Ivelise Maria Longhi Pereira da 370 n17
Silva, Marco Aurélio Ferreira da 226; 227
Silva, Maria Luiza Ribeiro Lopes da 370 n5
Silva, Miguel Juliano e 186n47
Silveira, Eliane Rangel 370 n17
Siqueira, Thales 278 n82
Sistema Financeiro da Habitação (SFH) 165
Siza, Alvaro 322
Smith, Clive B. 277 n36

Smith, Gordon 201
Smithson, Alison e Peter 16; 18; 43; 75; 76; 102n38
Soares, Dulce 187 n77
Somekh, Nádia 281 n165
Souza, Eleonora Figueiredo de 277 n61, n62
Souza, Maria Adélia Aparecida de 212
Spadoni, Francisco 278 n76
Stern, Robert 278 n87
Stirling, James 82; 390
Stroeter, João Rodolfo 355; 356; 358; 373 n103
Suassuna, Ariano 208
Sussekind, José Carlos 374 n105
Suzuki, Marcelo 373 n79

Taalat, Alfredo 124
Taddei, Pedro 280 n147, n148
Tagliaferi, Eduardo 278 n82
Taller América 242
Tamaki, Teru 185 n11
Tange, Kenzo 186 n50
Taschner, Suzana Pasternak 314; 372 n55
Taulois, Cláudio 185 n4, n14; 277 n33, n64; 280 n144
Tavares, Isabel 277 n47
Tayata, Marcos A. 124
Teixeira, Herbert 278 n82
Telles, Luiz Benedito de Castro 222
Telles, Sophia 45 n13
Teperman, Sérgio 370 n22, n23
Testa, Clorindo 186 n50
Tigerman, Stanley 201
Tinoco, Marcelo 277 n46
Torres Leal, José Maria 227
Toscano, João Walter 17; 81; 114; 152
Toscano, Odiléa 114; 152
Tozzi, Décio 311; 370 n14; 371 n37
Turnbull, William 230
Tzonis, Alexander 242

Unesco 349; 372 n54
Ungers, Mathias 201
Ursini, Marcelo Luiz 301; 370 n23; 371 n37; 387

Vainer, André 209
Valladares, Ana Paula 386
Valle, José de Freitas 37
Vampré, Marieta 169
van der Rohe, Mies 19; 30; 32; 37; 53; 63; 68; 69; 70; 71; 74; 78; 81; 87; 103 n60; 143; 148; 234; 279 n109
van Eyck, Aldo 156
Vasconcellos, Maria Josefina de 18; 216; 224; 230; 231; 232; 278 n82
Vasconcelos, Marcos de 97; 98; 185 n32; 297
Vaz, Lílian Fessler 314; 372 n55

Velloso, Rui Rocha 222; 237
Venturi, Robert 201; 229; 278 n87
Via Arquitetura 373 n91
Vilariño, Maria do Carmo 296
Vilela, Saul 227; 278 n82
Vilhena, Canagé 371 n38
Villà, Joan 18; 213; 277 n49; 314; 315; 316; 318; 372 n57, n58
Villac, Maria Isabel 190 n142
Villela, José Oswaldo A. 289
Visconti, Maria Giselda C. 185 n111; 188 n114
Vorcaro, Miguel 278 n82

Waisman, Marina [1920-1997] 19; 202; 203; 276 n25; 279 n120; 333; 373 n77
Warchavchik, Gregori 29; 37; 38; 58
Weidle, Érico Paulo Siegmar 146; 370 n17
Wiederspahn, Theo 343
Wilheim, Jorge 16; 158
Willer, Alfred 342
Wilson, Colin St John [1922-2007] 5 n2
Wisnik, Guilherme 45 n13
Wissenbach, Vicente 201; 223; 276 n14, n22; 277 n66
Wolf, José 312; 372 n51
Wright, Frank Lloyd 81

Xavier, Alberto 16; 45 n8, n9, n15; 190 n137, n138; 200, 278 n75
Xavier, João B. 300

Yamasaki, Júlio T. 167
Yamasaki, Minoru 115; 276 n18
Yamashiro, Denise 372 n57
Yamato, Newton Massafumi 380
Yurgel, Marlene 295

Zamoner Neto, Guilherme 298
Zanettini, Siegbert 295
Zanini, Walter 276 n15
Zechmeister, Freuza 227; 278 n82
Zein, Ruth Verde 11; 15; 16; 17; 19; 20 n1; 46 n34, n38; 47 n49; 101 n2, n8; 102 n37, n38; 103 n42; 185 n10, n19; 186 n44, n49; 189 n114, n133; 190 n,137, n138, n143, n190; 204; 276 n31; 278 n72, n78; 279 n97, n109, n110, n117; 280 n136; 281 n157, n162, n175; 372 n65; 373 n89, n104
Zenghelis, Elia 201
Zevi, Bruno 37; 46 n36; 102 n22
Zimbres, Paulo 146
Zücker, Paul 45 n14; 102 n21
Zvi, Elhyani 186 n57

Lugares e eventos

Aeroporto de Brasília 130
Alojamento da Colina 92; 93; 94; 98; 190 n145
Academia Mineira de Letras, anexo da 322
Anexo FAU-USP 295
Anhembi Tênis Clube 144
Argel 135, 136
Assembléia Nacional de Daca 230
Ática Shopping Cultural (atual Fnac) 326
avenida Luiz Carlos Berrini 268; 269; 270; 271; 277n60; 281n164
avenida Paulista 38; 101 n16; 208; 272; 273; 274; 364
avenida Tiradentes 344

Bairro Athayde 135
Balneário de Águas da Prata 114; 152
Balneário Municipal de Jaú 115
Banco Borges & Irmão 22
Banco de Desenvolvimento de Minas Gerais 226
Bauhaus 255
BCN (Banco de Crédito Nacional) 213; 214; 215; 277 n52
Biblioteca Central da Bahia (concurso) 254; 280 n148
Biblioteca central da UFMG 226
Biblioteca Módulo 01 227

Biblioteca Pública de Buenos Aires 186 n50
Biblioteca Pública do Rio de Janeiro 285; 286; 287; 370 n1
Bienal de Arquitetura de Goiânia 187 n70, n73
Bienal de São Paulo 97
 VI Bienal de São Paulo 97
 VIII Bienal de São Paulo 98
 X Bienal de São Paulo 253
Bienal Internacional de Arquitetura de Buenos Aires 247
Bienal Internacional de Arquitetura de Santiago do Chile 255
Bienal Internacional de Arquitetura de São Paulo, 1ª 37; 185 n12; 187n70
Bosque Zaninelli [Curitiba, PR] 324
Boston Symphony Hall 345
Brás de Pinha 161; 352

Cajueiro Seco 99
Câmara Legislativa de Brasília 296; 300; 370 n18
Capela da Pampulha 356
Capela de São Pedro 364; 368
Capela ecumênica da Universidade Rural-RJ 297
Capela Velório de Bonfim 227
Caraíba 206; 220; 254; 255
Carta de Atenas 119; 161; 189 n132; 358

Carta de Veneza 335
Casa da Cultura em Goiânia 145
Casa das Retortas 368
Casa de Comando da Subestação de Uberaba 143
Casa de Vidro 58
Casa do Benin 335
Casa do Jornalista (concurso público) 231; 279 n99
Casa do Mar Casado 121
Casa do Olodum 335
Casa Dominó 102 n31; 121
Casa em Cadenazzo 229
Casa Gerassi 190 n142; 368
Casa Stern 230
Casa Sudgen 102 n38
Casa Tugendhat 69
casa-bola 122; 186 n35
Casarão Celso Garcia 311
casas com pátios 87; 103 n60
Ceasa de Porto Alegre 152-153; 154; 153; 222
Cecap-Cumbica (Conjunto Habitacional Zezinho Magalhães Prado) 171; 172; 173; 175; 176; 178; 179; 182; 183; 185 n6; 188 n114; 189 n119, n133; 190 n138, n141, n158
Cecap-Quiririm 218
Centap Bradesco Seguros 264; 265
Centrais Elétricas do Rio São Francisco – Chesf 253; 254
Central Beher 214; 215
Central Telefônica de Campos do Jordão 113
Centro Administrativo de Recife 358
Centro Administrativo de Salvador 150; 253
Centro Cívico da Argélia 136
Centro Cívico de Argel 358
Centro Cívico do Parque Tietê 358
Centro Cultural Banco do Brasil 348
Centro Cultural Dannemann 338
Centro Cultural de Ipatinga 386
Centro Cultural Fiesp 347; 363; 364
Centro Cultural Le Havre 136
Centro Cultural Mário Quintana 343
Centro Cultural São Paulo 222
Centro de Exposições e Museu em Trípoli 134
Centro de Negócios de Miami 135
Centro de Pesquisas e Desenvolvimento da Petrobrás 147; 148
Centro de Processamento de Dados do Banco do Brasil 149
Centro de Proteção Ambiental de Balbina 250; 251
Centro Empresarial Itaú Conceição 262; 281 n154
Centro Georges Pompidou 207
Centro Médico Albert Schweitzer 253
Centro Musical da Barra 128; 130
Centro Nacional de Engenharia Agrícola 368
Ceplan-UnB 86; 87
Chandigarh [Índia] 74
Cia Mogiana de Estradas de Ferro 95; 154; 215
Ciam 24; 36; 358

Cidade de Deus 264; 265
Cidade Universitária da USP 212
Cidade Universitária de Paris 84
Citrohan 78
City Pinheiros 190 n142
Clínica de Odontologia de Orlândia 290
Clube da Orla em Guarujá 368
Clube de Diamantina 33
Clube do Trabalhador e Escola de Música do Sesi de Fortaleza 156
Clube Sírio 186 n47
Clube Social Girassol 227
Colégio do Caraça 335; 337
Columbia University 204
Companhia Imperial Japonesa de Imigração 396 n12
Complexo Cultural Júlio Prestes 345
Complexo Turístico Internacional de San Sebastian 187 n78
Concurso Urbano em Santiago do Chile (projeto) 366
Condé Nast 380
Condomínio Barca do Sol 229
Condomínio Tinguá 227; 229
Congresso Nacional 133
Conjunto Comercial Morumbi Plaza 271
Conjunto da Barra 358
Conjunto de Cotia 171
Conjunto da Gávea 238
Conjunto de Pedregulho 42; 114; 142; 180; 238
conjunto do BCN 214; 215
Conjunto Habitacional Água Branca, 311
Conjunto Habitacional Minas Gás 311
Conjunto Juscelino Kubitschek 32; 33
Conjunto KKKK 383; 385; 386; 396 n12
Convento de La Tourette 118; 218
Convento dos Dominicanos 130
Crown Hall 70; 71

Docomomo Brasil 101 n2 (seminário) 103 n47 (SP)

Edifício ARS 271
Edifício Banco Boavista 357
Edifício Castelo Branco 137
Edifício Citicorp 272; 273
Edifício Copan 32; 33; 142; 152
edifício da fábrica Duchen 32; 33; 113
Edifício da Rede Bandeirantes 321
edifício de apartamentos em Contagem 230
Edifício de Aulas E-1 17; 82
edifício de escritórios da Rua Funchal 203 271
Edifício de Pesquisa Médica Alfred Newton Richards 214; 281 n171
edifício de secretarias do Congresso Nacional 137
Edifício do Suframa 152; 153; 154; 215; 222; 247; 250; 251
Edifício do Supremo Tribunal Federal 69; 71; 130

Edifício dos Diários Associados 38
Edifício Jaraguá 364
Edifício Keiralla Sarhan 364
Edifício Liberdade 32; 33
Edifício Oswaldo Bratke 281 n173
edifício-sede da Cia. Estrada de Ferro Sorocabana 345; 346
Edifício-sede da editora Mondadori 132; 355; 356
Edifício-sede da Fata 133
edifício-sede da Fiesp 346
Edifício-sede da Petrobrás 148
Edifício-sede da Peugeot 272
Edifício-sede das Nações Unidas 32
Edifício-sede do DAE 226
Edifício-sede do Partido Comunista Francês 142; 143; 150; 152
Edifício Terzaghi 227
Escola Brasil-Paraguai 33
Escola de Administração Fazendária 113
Escola de Arquitetura da UFPe 252
Escola de Belas Artes da UFBa 280 n142
Escola de Belas Artes do Recife 145; 252
Escola de Engenharia de São Carlos 17; 76
Escola de Hunstanton 75
escola de Ulm 41; 42
Escola Guignard 321
Escola Jardim Calux 368
Escola Júlia Kubitschek 32; 33
escola Nacional de Belas Artes 145; 252
Escola Senai de Sorocaba 94; 154
Edifício Sudameris 272
Escola Técnica de Minas Gerais 227
Espaço Cultural de Palmas 330
Esplanada dos Ministérios 133
Estação Ciência 389
Estação de trem da Lapa 387
Estação Júlio Prestes 345
Exposição Internacional de Trípoli 358

Faculdade de Arquitetura do Mackenzie 141
Faculdade Nacional de Arquitetura 29
Faec- Salvador 329; 335
FAU de Belas Artes 314
FAU-PUC de Campinas 224
FAU-UFRJ 264
FAU-USP 43; 46 n41; 146; 362
favela São Remo [São Paulo, SP] 212
Favela-Bairro 236; 350; 351; 352; 373 n98
floresta amazônica 245
Fórum Criminal de São Paulo 113
Fórum do Judiciário de Teresina 72; 145

Galeria CAYC 223
galpão de uso geral da UnB 89; 257

garagem de barcos do Santa Paula Iate Clube 112
Ginásio de Esportes de Brasília 137
Ginásio de Esportes do Clube Paulistano 361; 362; 368
Ginásio de Esportes em Timóteo 227
Ginásio Esportivo Polivalente da Fundação Bradesco 264; 265; 267
Ginásio Polidesportivo de Barueri 390; 396 n17
Grupo Escolar Cachoeira do Vale 233; 234
Grupo Escolar Vale Verde 216; 233

Ham Common 82
Heliópolis 311
Hospital Distrital de Brasília (atual Hospital de Base) 328
Hospital Escola Santa Casa de Misericórdia 113
Hospital Regional de Taguatinga 150
Hospital Sul América 32; 33
Hospitais da Rede Sarah 328
    Hospital do Aparelho Locomotor de Brasília 328
    Hospital do Aparelho Locomotor de Salvador 329
    Centro de Reabilitação 328
    centro de tecnologia 329
Hotel da Ilha da Madeira 136
Hotel de Diamantina 33
Hotel de Poxoréu 368
Hotel Fortaleza 229
Hotel Majestic 343
Hotel Nacional 138; 149
Hotel Pousada da Ilha de Silves 222; 248; 249
Hotel Tambaú 147
Hotel Verdes Mares 230

IBM Office Building 115
IBM sede regional 342
ICC-UnB 89; 90; 134; 136; 186 n53
Igreja São Benedito 227
Ilha de Lazer dos Emirados Árabes 358
Illinois Institute of Technology 70
indústria Aché Laboratórios Farmacêuticos 113
Indústria Memphis 222; 251; 280 n137
Indústrias Micheletto 227
Instituto de Tecnologia de Armour 70
Instituto Metalúrgico 138
Instituto Salk 281 n171
Itauplan 262

Jacarezinho, bairro 277 n49
Jardim São Francisco 307; 308; 309; 311; 371n36
Jardim Vitória Régia 320

Laboratório de Habitação da Unicamp 213; 314
Lapa, bairro da 208; 387; 388
Liceu de Artes e Ofícios 344
loja da Forma 380

MABH 298; 299; 300; 371 n30
Maison Jaoul 118; 119
MAM-RJ 33; 46 n31; 58; 60; 76; 101n16
MAM-SP 37; 41; 60
Mangabeiras 321
Marabá 254
marquise do Ibirapuera 33; 34
Masp 37; 38; 41; 58; 59; 60; 101 n16; 208
Memorial da América Latina 137; 139; 355; 356; 357; 358
Memorial da Cidade (Curitiba) 387
Memorial da Imigração Japonesa 385
Memorial Juscelino Kubitscheck 139
Ministério da Educação e Saúde-RJ 16; 30; 42; 115; 128; 148; 185 n5; 203
Ministério da Justiça 72
Ministério das Relações Exteriores 101 n1; 129; 289; 370 n5
Ministério do Exército 130
Moma Nova York 31; 206
Monumento Tortura Nunca Mais 139
Moradia Estudantil da Unicamp 316
morro de Santo Antônio-RJ 148
morro do Vidigal-RJ 352
Mube-SP 362; 380
Museu da UnB 134
Museu da Bahia 150
Museu da Língua Portuguesa-SP 348
Museu das Missões-RS 347
MAC-USP 33
Museu de Arte Contemporânea de Niterói 355; 358; 359
Museu de Arte Moderna da Bahia 208
Museu de Arte Moderna de Caracas 32; 34; 67; 68; 127; 128; 355; 359
Museu do Imaginário do Povo Brasileiro-SP 348
Museu Exposição Barra'72 128; 130; 131; 359
Museu Oscar Niemeyer-PR 137; 359; 361
Museu São Vicente-SP 60
Musikvereinsaal de Viena 345

Negev 134; 135; 136; 186 n59; 188 n112; 358
Núcleo Habitacional do Inocoop-Cafundá 222; 237

Oca (Palácio das Artes-SP) 34; 358
Ópera de Arame 323; 324; 325
Orfanato de Amsterdã 156

Paço Imperial do Rio de Janeiro 337; 338
Paço Municipal de Barueri 396 n17
Paço Municipal de Osasco 300
Palacete Leão Junior 342
Palácio da Alvorada 68; 69; 71; 111; 129; 133; 356
Palácio do Itamaraty 72; 102 n34; 113; 129; 130; 132; 289; 356
Palácio do Planalto 69; 70; 71; 130

Palácio dos Arcos 129; 227
Palácio Vertical de Belo Horizonte 138
Palazzo dei Congressi em Veneza 229
Pampulha 33; 42; 113; 115; 118; 128; 253; 356; 371 n30
Panteão da Liberdade 129; 139; 355
Parque de Lazer da Gameleira 231
Parque do Ibirapuera 32; 33; 37; 98; 127; 186 n43; 355; 357; 358
Parque Europa 311
Parque Guinle 17; 42; 94; 238
Parque Histórico Nacional dos Guararapes 252; 253
Parque Municipal Conceição 263
Parque Paulo Leminski 323
Pavilhão Brasileiro na Exposição Internacional de Nova York 30; 128; 358
Pavilhão Brasileiro na Exposição Universal de Bruxelas 370 n6
Pavilhão Brasileiro na Exposição Universal de Osaka 112; 187 n67; 362; 368; 370 n6
Pavilhão Caio Alcântara Machado 98
Pavilhão da Agricultura do Parque do Ibirapuera 33
Pavilhão de Barcelona 69
Pavilhão do Brasil na Exposição Universal de Sevilha 289; 290; 302
Pavilhão Suíço 84
Pelourinho 349
Pinacoteca do Estado-SP 19; 344; 345; 346; 348; 363; 364
Plano Agache 357
Plano de Renovação Urbana da Cidade Nova 294
Plano Piloto de Brasília 47; 67; 165; 174; 189 n132; 357
Plano Voisin 65
Posto de Puericultura 97; 98; 104 n71
Poupatempo Itaquera 389
Pousada dos Guanavenas 280 n135
Praça Central da UnB 134; 137
Praça da Luz 344
Praça dos Omaguás 326
Praça dos Três Poderes 129; 133; 355; 359
Pritzker, prêmio 206; 374 n107
Projeto Baía de Vitória 366
Projeto Carajás 254
Projeto Cura 262
Projeto para Casa Popular experimental 180
Projeto Parque Beira Rio 385
projeto Parque do Tietê 357
Proposta de Urbanização do Rio Cuiabá 366
Pruitt-Igoe 276 n18

Quartel da Guarda Territorial do Amapá 144

Reitoria da Universidade de Brasília 146
Residência Arnaldo Wright-RJ 120
Residência Boris Fausto 86
Residência Canoas-RJ 32; 34
Residência Chiyo Hama 103 n62

Residência Dalton Toledo 118
Residência de Hóspedes da Fazenda Santa Tereza 227
Residência Domingos Gandria 229
Residência dos Borges da Costa 322
Residência dos Padres Claretianos 216; 217-218
Residência Edmundo Cavanellas 32; 34
Residência Guy Geo 227
Residência Marcos Tadeu 229
Residência Mário Masetti 176; 177; 190 n139; 338
Residência no Butantã 368
Residência Paulo Galassi 227
Residência Pouso Alto 380
Residência Renan Alvim 229
Residência Ronaldo Bittencourt 226
Residência Rubens & Cristina 234
Residência Tasso Fragoso Pires 98
Residência Waldo Perseu Pereira 120; 298
residências estudantis do colégio Bryn Mawr 230
Restaurante Chapéu de Palha 247
restaurante Coaty 337
Restaurante da Unicamp 316; 318
Reurbanização da Grota da Bela Vista 366
Rincão (conjunto habitacional) 311
Rio Comprido (bairro, RJ) 264
Rio das Pedras (conjunto habitacional) 311
rio Ribeira do Iguape 383
Rio-Cidade 373 n90

Sainsbury Center for Visual Arts 235
Sala São Paulo 345; 346; 348; 373 n87
salão de feiras do Anhembi 187 n84
Secretaria da Agricultura do Estado de São Paulo 123; 124
Secretarias de Estado no Centro Administrativo de Salvador 150
Sede Administrativa da Siderúrgica Minaço 227
Sede do Jóquei Club de Goiás 368
Semana de Arte Moderna 37
Seminários de Arquitetura Latino-americana (SAL) 243; 244; 245; 280 n130, n131
Serra do Curral 321, 322
Sesc Nova Iguaçu 258; 287; 289

Sesc-Pompeia 18; 208; 209; 211; 380; 385
Shizuoka Press & Broadcasting Center 186 n50
sobrados na Ladeira da Misericórdia 335; 337
Sonda (conjunto habitacional) 311
Strada Novíssima 201

Teatro José de Alencar-CE 338
Teatro Oficina 341
terminal de ônibus urbano da Lapa 387
Torre de La Défense 138
Toulouse-le-Mirail (projetos para) 167
Tribunal de Contas do Município de São Paulo 186 n50
Tribunal de Contas do Paraná 72
Tribunal de Contas do Rio de Janeiro 294

UERJ (Universidade Estadual do Rio de Janeiro) 236
UFMG (Universidade Federal de Minas Gerais) 226; 321; 386; 277 n54
UnB (Universidade de Brasília) 86; 87; 89; 90; 92; 94; 98; 134; 146; 185 n8
Unidade de Habitação de Marselha 76; 118; 168; 170; 172; 238
United States Green Building Council 380
Universidade Colúmbia 204
Universidade Científica de Argel 358
Universidade da Pensilvânia 214; 215; 281 n171
Universidade de Constantine 134; 136; 137; 186 n60
Universidade de Cuiabá 137
Universidade de Gana 358
Universidade do Amazonas 249; 250
Universidade Mackenzie 362
Usiminas 386
USP (Universidade de São Paulo) 82; 212

Vale do Camurujipe 256
Vila Mara 311
Villa Kyrial 37
Villa Savoye 179

Yamanashi Press & Radio Center 186 n50

Zac de Dieppe 135

Arquitetura e Urbanismo na Perspectiva

Quadro da Arquitetura no Brasil. Nestor Goulart Reis Filho [D018]
Planejamento Urbano. Le Corbusier [D037]
Bauhaus: Novarquitetura. Walter Gropius [D047]
Morada Paulista. Luís Saia [D063]
A Arte na Era da Máquina. Maxwell Fry [D071]
Cozinhas, Etc. Carlos A. C. Lemos [D094]
Os Três Estabelecimentos Humanos. Le Corbusier [D096]
Vila Rica. Sylvio de Vasconcellos [D100]
Território da Arquitetura. Vittorio Gregotti [D111]
Teoria e Projeto na Primeira Era da Máquina. Reyner Banham [D113]
Cidades: O Substantivo e o Adjetivo. Jorge Wilheim [D114]
Arquitetura, Industrialização e Desenvolvimento, Paulo J. V. Bruna [D135]
A Construção do Sentido na Arquitetura. J. Teixeira Coelho Netto [D144]
Arquitetura Italiana em São Paulo. Anita Salmoni e Emma Debenedetti [D173]
A Cidade e o Arquiteto. Leonardo Benevolo [D190]
Escritura Urbana: Invasão da Forma, Evasão do Sentido. Eduardo de Oliveira Elias [D225]
Crise das Matrizes Espaciais: Arquitetura, Cidades, Geoplítica, Tecnocultura. Fábio Duarte [D287]
Primeira Lição de Urbanismo. Bernando Secchi [D306]
Conversas com Gaudí. Cesar Martinell Brunet [D307]
A (Des)Construção do Caos: Propostas Urbanas para São Paulo. Sergio Kon e Fábio Duarte (orgs.) [D311]
A Cidade do Primeiro Renascimento. Donatella Calabi [D316]
A Cidade do Século Vinte. Bernardo Secchi [D318]
A Cidade do Século XIX. Guido Zucconi [D319]
Por Uma Arquitetura. Le Corbusier [E027]
Espaço da Arquitetura. Evaldo Coutinho [E059]
O Urbanismo: Utopias e Realidades – Uma Antologia. Françoise Choay [E067]
A Regra e o Modelo: Sobre a Teoria da Arquitetura e do Urbanismo. Françoise Choay [E088]
Arquitetura Pós-Industrial. Raffaele Raja [E118]
Cidades do Amanhã. Peter Hall [E123]
Nos Jardins de Burle Marx. Jacques Leenhardt (org.) [E150]
A Casa Subjetiva. Ludmila de Lima Brandão [E181]
Arquitetura e Judaísmo: Mendelsohn. Bruno Zevi [E187]
A Casa de Adão no Paraíso. Joseph Rykwert [E189]
Pós-Brasília: Rumos da Arquitetura Brasileira. Maria Alice J. Bastos [E190]
Metrópole: Abstração. Ricardo Marques de Azevedo [E224]
A Idéia de Cidade. Joseph Rykwert [E234]
Interior da História. Marina Waisman (E308)
O Culto Moderno dos Monumentos. Alois Riegl (EL64)
Espaço (Meta)Vernacular na Cidade Contemporânea. Marisa Barda [K26]
História da Arquitetura Moderna. Leonardo Benevolo [LSC]
Arquitetura Contemporânea no Brasil. Yves Bruand [LSC]
História da Cidade. Leonardo Benevolo [LSC]
Área da Luz. Roberto C. César, Luiz R. C. Franco e Paulo J. V. Bruna [LSC]
Brasil: Arquiteturas após 1950 [LSC]
A Coluna Dançante: Sobre a Ordem na Arquitetura. Joseph Rykwert (LSC)

Este livro foi impresso em Cotia,
nas oficinas da Meta Brasil,
para a Editora Perspectiva.